Adenauer
Rhöndorfer Ausgabe

Adenauer
Rhöndorfer Ausgabe

Stiftung Bundeskanzler-Adenauer-Haus

Herausgegeben
von Rudolf Morsey und
Hans-Peter Schwarz

Siedler Verlag

Heuss – Adenauer
Unserem Vaterlande zugute

Der Briefwechsel 1948 – 1963

Bearbeitet

von Hans Peter Mensing

Siedler Verlag

»Dem Wanderkameraden durch zehn Schicksalsjahre, Konrad Adenauer, freundschaftlich zugeeignet. Bonn, 12. Sept. 1959 Theodor Heuss«

»Herrn Bundespräsident Theodor Heuss in Erinnerung an gemeinsame Mühen, Sorgen und Erfolge.

Bonn, 12.9.1959

K. Adenauer«

Inhalt

Einführung in die Edition

Die Veröffentlichung des Briefwechsels zwischen Konrad Adenauer und Theodor Heuss hat eine Vorgeschichte, die schon für sich genommen ein Stück Zeitgeschichte ist. Erstmals erfuhr die breitere Öffentlichkeit von wichtigen Teilen dieser Korrespondenz, als sie sich während der »Präsidentenkrise« vom Frühjahr 1959 kontrovers zuspitzte.

Der Konflikt

Adenauer hatte in einer Rundfunk- und Fernsehansprache am 8. April 1959 seine Kandidatur für die Wahl des Nachfolgers von Heuss im Amt des Bundespräsidenten auch so begründet: »Die Stellung, die Aufgabe und die Arbeit des Bundespräsidenten werden in der deutschen Öffentlichkeit und damit auch in der internationalen Öffentlichkeit zu gering eingeschätzt. Sie ist viel größer, als man schlechthin glaubt.«[1]

Dieses Urteil konnte – beabsichtigt oder nicht – auch als eine Abwertung der bisherigen, nahezu zehnjährigen Amtsausübung durch Heuss verstanden werden. Mit um so größerer Spannung wurde dessen Reaktion erwartet. Wer dann wann – im ›inner circle‹ oder Umkreis der Ämter – dem Erwartungsdruck nachgab und wie, in welchem Umfang einzelne Hauptstadt-Journalisten informiert wurden, läßt sich nicht mehr rekonstruieren.

Die Schlagzeilen der folgenden Tage aber sprachen für sich: »Brief aus der Villa Hammerschmidt in das Palais Schaumburg. Heuss: Bundeskanzler soll seine Rundfunkrede erläutern.« – »Heuss schreibt dem Kanzler. Bonn vermutet kritische Stellungnahme zu Adenauers Rundfunkrede.« »Heuss verstimmt/Brief an Adenauer. Über die Rechte des Kanzlers und des Bundespräsidenten.« – »Heuss tadelt Dr. Adenauer. Brief nach Cadenabbia.«[2]

Die Antwort aus dem norditalienischen Urlaubsort des Bundeskanzlers kam bald, auch darüber wurde ausführlich berichtet: »Adenauer beantwortet Heuss-Brief. Inhalt des Kanzlerschreibens geheim/Entschuldigung für Rundfunkrede?« – »Adenauer sucht ein Mißverständnis aufzuklären. Die Antwort an Heuss/›falscher Eindruck in der Öffentlichkeit‹.« – »Adenauer stellt richtig. Gute Beziehungen zu Heuss ungetrübt – Briefwechsel abgeschlossen.«[3]

Der letzten Meldung lagen bereits die Erläuterungen zugrunde, mit denen der stellvertretende Regierungssprecher *Werner Krueger* zehn Tage nach der öffentlichen Erklärung Adenauers den skandalumwitterten Briefwechsel vom 9. und 13. April 1959 (zu dem auch ein damals nicht mehr registriertes Heuss-Schreiben vom 14.4.1959 gehört) [4] für »sachlich abgeschlossen« erklärte. Ohne auf den Inhalt der beiden brisanten Briefe näher einzugehen (sie seien »naturgemäß vertraulich«), wies *Krueger* weiter darauf hin: »Ein solcher Briefwechsel ist nichts außergewöhnliches. Der Präsident und der Bundeskanzler haben auch schon früher Briefe über sachliche Fragen der staatlichen Notwendigkeit gewechselt.« [5]

Damit wurde, über den einmaligen Anlaß hinaus, der Blick erstmals auch auf die Gesamtkorrespondenz gelenkt. Daß sie erst heute, zum 40jährigen Bestehen der Bundesrepublik Deutschland, 30 Jahre nach dem eben erwähnten Eklat publiziert werden kann, ist seinerzeit schon vom ersten Bundespräsidenten begründet worden. So erschien es ihm nicht nur aus Sorge um die eigene »historische Reputation« [6] als »eine ›patriotische Notwendigkeit‹, über Kontroversen (und entsprechende Korrespondenz) mit dem Palais Schaumburg, zuletzt noch in der Frage der Kandidatur Adenauers zum Bundespräsidenten ..., die sich in für ihn verletzenden Formen abspielte ..., nichts an die Öffentlichkeit zu geben.« [7]

Zudem war sich Heuss (1920–1933 Dozent für Zeitgeschichte an der Deutschen Hochschule für Politik in Berlin, 1948 ernannt zum Honorarprofessor für Politische Wissenschaft und neuere Zeitgeschichte an der Technischen Hochschule in Stuttgart) der Grundregeln bewußt, denen die Veröffentlichung amtlicher Schriftstücke und politisch sensibler Schriftwechsel unterliegt. Er habe, schrieb er unter dem unmittelbaren Eindruck der Auseinandersetzung – des »headline-Sensationellen« (Heuss) [8] – vom April 1959, mit Adenauer »persönlich nie Streit gehabt, aber wir haben in vielen, vielen persönlichen und sachlichen Dingen verschiedene Auffassungen vertreten, nicht in der Grundlinie der Politik. Wir haben auch manche Briefe gewechselt, die vielleicht, falls er sich dafür interessiert, einen Historiker in zwanzig bis dreißig Jahren beschäftigen mögen.« [9]

Ungeachtet der 30jährigen Sperrfrist, die für solches Schriftgut heute wie damals gilt, hat sich Heuss nach dem Ausscheiden aus dem Amt, bei den intensiven autobiographischen und publizistischen Arbeiten seiner letzten Lebensjahre, mit dieser Frage dann wieder unbefangener befaßt. Im April 1963, wenige Monate vor seinem Tod am 12. Dezember 1963 sprach er davon, »noch Adenauer zu überleben und dann den Briefwechsel mit ›seinem Kanzler‹ über die Präsidentenkrise von 1959 herauszugeben. Da Adenauer in einem Brief ihm bestätigt habe, daß er, Heuss, ihm stilistisch weit überlegen sei, werde das Duell wohl zu seinen Gunsten ausgehen.«[10] Der Besucher, dem er dies anvertraute, der Publizist *Paul Wilhelm Wenger,* hat über die Absichtserklärung nicht nur in seinem Nachruf auf Heuss berichtet. Er machte sie auch aktenkundig, als vier Jahre später, nach dem Tod auch Adenauers am 19. April 1967 direkte Rücksichtnahme auf die Korrespondenzpartner einer Publikation nicht mehr entgegenstand. Aus einem Vermerk *Thomas Dehlers* vom 1. Juli 1967 geht hervor, Heuss habe an jenem 4. April 1963 gegenüber *Wenger* zum Ausdruck gebracht: »... daß er größtes Gewicht darauf lege, daß seine Briefe an Adenauer nach dessen Tod veröffentlicht werden. Heuss hat dabei als selbstverständlich angenommen, daß er Adenauer überlebt.«[11] Das war übrigens auch eine der letzten schriftlichen Bekundungen des drei Wochen später verstorbenen Justizministers im ersten Kabinett Adenauer, der zugleich ein recht eigenwilliger Wegbegleiter seines Parteifreundes Theodor Heuss war.

Der Dehler-Vermerk war für Parteifreunde aus der FDP bestimmt, die sich nach dem Ende der Ära Adenauer und der dreijährigen Übergangsregierung Erhard während der Großen Koalition erstmals in die Opposition verwiesen sah, also auch in Regierungsverantwortung und Zuständigkeit für Freigabe und Veröffentlichung amtlichen Aktenmaterials nicht mehr eingebunden war. Bereits Anfang Juni 1967 hatte auf einem Landesparteitag der Berliner FDP *Hans Reif* geargwöhnt, Bonn halte den Briefwechsel Adenauer–Heuss als »geheime Staatssache« zurück.[12] So konnte im liberalen Lager offener, ohne administrative Zwänge erörtert werden, was sich angesichts der Sperrfristenproblematik für die Entscheidungsbefugnis der Regierung *Kiesinger/Brandt* und das Bundespräsidialamt unter dem Heuss-Nachfolger *Heinrich Lübke* naturgemäß, nach wie vor, anders darstellen mußte.

Am 28. Juni 1967, in einer aktuellen Fragestunde des Deutschen Bundestages, beantwortete der Parlamentarische Staatssekretär beim Bundeskanzler, *Karl Theodor Freiherr von und zu Guttenberg,* Fragen des FDP-Abgeordneten *William Borm* nach der Archivierung und nach dem Zeitpunkt der Veröffentlichung der Korrespondenz wie folgt: »Die Bundesregierung sieht im gegenwärtigen Augenblick keine Veranlassung, einer Veröffentlichung dieses Briefwechsels näherzutreten und sieht auch keine Veranlassung, einem größeren oder kleineren Kreise von Mitgliedern dieses Hauses die hier infrage stehenden Briefe zugänglich zu machen. ... Ich glaube, daß man hierbei in Betracht ziehen muß, daß in diesem Schriftwechsel Sachvorgänge enthalten sind, die noch immer aktuell sind, und daß darin auch von Personen die Rede ist, die noch im politischen Leben stehen. ... daß die Akten von Behörden, die an das Zwischenarchiv und später an das Bundesarchiv abgegeben werden, zur gegebenen Zeit der wissenschaftlichen Forschung zur Verfügung stehen werden. Die Frage, wann die gegebene Zeit sein wird, steht im Ermessen der abgebenden Behörden.«[13] Dabei kam der offiziellen Position zugute, daß auch sie – wie die des Fragestellers – mit eigenen Worten des ersten Bundespräsidenten legitimiert werden konnte. So zog *Guttenberg* Zitate aus Heuss-Briefen vom 14. Dezember 1959 und vom 18. Januar 1961 heran: »Es ist staatsmännische Notwendigkeit, daß der Briefwechsel mit Adenauer trotz unendlichem Ansturm von Neugierigen verwahrt geblieben ist.« – »Die interessanten Teile in der Zeit des Bundespräsidentenamts werden gewiß lange nicht veröffentlicht werden können, etwa der ganze farbige Briefwechsel, der bei einer Reihe wichtiger Dinge zwischen dem Kanzler und mir geführt worden ist.«[14]

Es nimmt nicht wunder, daß sich das der FDP damals nahestehende Nachrichtenmagazin »Der Spiegel« mit diesen Auskünften nicht zufriedengab. Dort war, fast schon wie im Werkstattbericht späterer zeitgeschichtlicher Forschung, kurz darauf zu lesen: »Aus der Registratur des Bonner Bundeskanzleramtes ließ sich Kurt Georg Kiesingers Parlamentarischer Staatssekretär vorletzte Woche ein angestaubtes Faszikel bringen. [Er] las, was keiner seiner Kollegen im Deutschen Bundestag bisher zu Gesicht bekommen hat: Den politischen Schriftwechsel zwischen ... Theodor Heuss und Konrad Adenauer. ... Einige der ... Briefe trugen ursprünglich einen Geheimstempel, doch wurde diese Klassifizierung im Laufe der Jahre aufgegeben. Andere Schreiben, die ihren aktuellen Bezug verloren hatten, wanderten ins Zwischenarchiv in Bad Godesberg, eine Art Relaisstation zwischen Bonner Ämtern und Koblenzer Bundesarchiv. Übrig blieben etwa 25 Briefe, die nun sowohl im Bundespräsidialamt wie im Kanzleramt aufbewahrt werden.«[15]

Von den Nachlässen beider Politiker und der in ihnen erhaltenen persönlichen Korrespondenz, die den kleinen Kernbestand amtlicher Dokumente um mehr als das Zehnfache erweitert, war in der politischen und publizistischen Debatte des Jahres 1967 noch nicht die Rede. Dabei hatte Adenauer, von dem ähnlich skrupulöse Erwägungen wie die von Heuss zum Pro und Contra der Publikation nicht bekannt sind, mit der Materialauswahl für den im Todesjahr erschienenen dritten Band seiner Erinnerungen nachdrücklich auf die Ergiebigkeit seines eigenen Archivs aufmerksam gemacht.[16] Zwar bezog er die April-Korrespondenz und ihre Begleitumstände nur knapp resümierend in die Darstellung ein.[17] Doch eröffnete er das umfangreiche Kapitel zur Bundespräsidentenwahl 1959 nach dem aktengetreuen Prinzip des »audiatur et altera pars« mit dem vollständigen Erstabdruck der Ende Dezember 1958/Anfang 1959 verfaßten »Bemerkungen zur Bundespräsidenten-Frage« von Heuss.[18] Damit waren, nach mehrjährigen Mutmaßungen, direkter Zugang und eigene Meinungsbildung zum geschichtlichen Sachverhalt möglich; denn das zentrale Memorandum des Bundespräsidenten zählt als Bestandsaufnahme seiner Amtszeit, besonders auch als Kommentar zur Nachfolge-Diskussion, zu den unverzichtbaren Voraussetzungen gerade auch der Briefe vom 9. und 13. April 1959.

Die vorerst letzte Station auf dem langen Weg zur Erhellung des ominösen Vorgangs wurde 1970 erreicht. Das 1964 gegründete und 1971 wieder aufgelöste Theodor Heuss Archiv in Stuttgart veröffentlichte Auszüge aus den »Tagebuchbriefen« von Heuss an seine enge Vertraute *Toni Stolper*[19], die mit ersten inhaltlichen Einzelheiten die Beweggründe des Bundespräsidenten und die Hintergründe des Konflikts erkennbarer machten. Dort las man etwa: »Vielleicht schreibe ich noch an Ad[enauer] einen groben Brief, dessen Ansprache so ungefähr den Satz enthielt, daß sich aus dem BuPrä Amt noch etwas machen lasse« (9. April). – »Der Brief an Ad[enauer] ging handschriftlich ab. Ich muß annehmen, daß er mich in dem an sich sehr munteren Gespräch am Montag [6. April] ganz schlicht belogen hat« (10. April). – »Es mag sein, daß Du meinen Brief an Ad[enauer] zu schroff findest – das würde ich durchaus verstehen, denn Du kannst unmöglich die hiesigen Interna überblicken, ich selber ja auch nur unvollkommen. ... Vielleicht war es etwas zuviel, daß ich von den vielen ›Dummheiten‹ des Kabinetts sprach und von dem ›sinnlosen Wort‹ der ›Politik der Stärke‹ – aber ich mußte halt einmal ein paar Dinge schriftlich niederlegen, da gesprochene Worte verhallen« (11. April). – »Ad. teilt mir mit, daß er durch meinen Brief ›verletzt‹ geworden und schildert dann sehr eingehend ... Interna in der CDU-Entwicklung. Ich kann Dir diesen Brief nicht senden, da er so vertraulich gemeint ist, daß ich ihn nicht zum Photokopieren geben will ... : Er war *nicht* taktvoll, und dies nicht aus bösem Willen, sondern aus Mangel an Formulierkraft« (14. April).[20]

Auf der Grundlage dieser neuen Informationen wich dann mit zunehmender Distanz die vom zeitgenössischen Hörensagen, von Vermutungen und Empfindlichkeiten geprägte Betrachtungsweise einer gelasseneren wissenschaftlichen Bewertung. Sowohl die 1972 vorgelegten Untersuchungen der Bundespräsidentenwahl von *Wolfgang Wagner*[21] und *Klaus Gotto*[22] als auch die 1976 erschienene, noch heute grundlegende Heuss–Adenauer-Studie von *Eberhard Pikart*[23] trugen zum besseren Verständnis der Vorgänge vom Frühjahr 1959 bei. Doch konnten die fraglichen Dokumente mit ersten Zitaten nur auszugsweise verwendet werden.[24] Den vollen Wortlaut bringt erst diese Edition.

Die Korrespondenz

Erregte jahrelang nur das Detail Neugier und öffentliches Interesse, so erscheinen heute Umfang und Ausmaß des Briefwechsels Adenauer-Heuss bemerkenswert. Ihre in dieser Ausgabe erstmals veröffentlichten 273 Briefe aus dem gesamten Zeitraum ihrer Beziehungen (vom 20. November 1948, kurz nach dem ersten Kennenlernen im Parlamentarischen Rat[25], bis zum 15. Oktober 1963, als Adenauer das Kanzleramt verließ und Heuss im Sterben lag) sind als derart dichte Korrespondenz schon an und für sich erstaunlich genug.
Ein Briefwechsel zwischen dem Bundespräsidenten und dem Bundeskanzler läßt auf den ersten Blick offiziellen Schriftverkehr erwarten. Bei den überschaubaren Verhältnissen in Bonn, angesichts der Nachbarschaft von Villa Hammerschmidt und Palais Schaumburg ist in solcher Korrespondenz zunächst die Behandlung der gemeinsam zu lösenden Aufgaben zu vermuten: schriftliche Vereinbarungen zu Gesetzgebungsverfahren und Ernennungsvorschlägen, Weitergabe oder Vorlage von Dokumenten und Urkunden, auch die Vorbereitung und Abstimmung von Terminen.
Auslandsreisen, Geburtstage, Weihnachtsfest und Jahreswechsel werden hin und wieder Anlaß sein, um neben den Amtsgeschäften mit privatdienstlichen Schreiben persönliche Akzente zu setzen. Briefe aber und regelmäßige Briefwechsel als besondere Form des Gedankenaustauschs, der Vermittlung von Meinungen und internen Beurteilungen – auch einmal subjektiver Empfindungen und ungeschützter Einschätzungen schwieriger Situationen – sind mit landläufigen Vorstellungen von Arbeitsabläufen und Entscheidungsprozessen in der Bundeshauptstadt schwer vereinbar. Dafür sind dort, vom telefonischen Kontakt ganz abgesehen, genügend Gelegenheiten zu Begegnung und Aussprache gegeben. Die zahlreichen repräsentativen Verpflichtungen – Staatsbesuche und Empfänge, Konferenzen, Verbandstagungen und Kongresse, nicht zuletzt gesellschaftliche Ereignisse – erleichtern direkte Fühlungnahme und Unterrichtung.
Was Präsident und Kanzler, ungeachtet ihres jeweiligen persönlichen Verhältnisses, unter vier Augen nicht zur Sprache bringen, wird möglichst rasch und reibungslos zwischen ihren Ämtern, namentlich ihren engsten Mitarbeitern, geregelt. Der Chef des Bundespräsidialamtes nimmt an den Kabinettssitzungen teil, so daß auch auf der höchsten Entscheidungsebene Informationsfluß und unmittelbare Meinungsbildung gewährleistet sind. Zwar werden eigener Eindruck und mündliche Mitteilung zur Vergewisserung und späteren Verfügbarkeit durch Vermerke und Noti-

zen aktenkundig gemacht; auch nimmt die Schriftlichkeit gerade in den obersten Bundesbehörden ständig zu. Doch der Brief, die Briefkultur im eigentlichen Sinn, nimmt sich in dem in 40jähriger Verfassungspraxis ausgeprägten Erscheinungsbild Bonns eigenartig fremd aus.

Die Adenauer–Heuss-Edition kann dazu beitragen, den sicher oberflächlichen Gesamteindruck zu verändern. Für die entscheidende Gründungs- und Stabilisierungsphase der Bundesrepublik (in der allerdings das informelle System noch nicht verfestigt und quasi institutionalisiert war) beweist die Korrespondenz der maßgeblichen ersten Amtsinhaber geradezu das Gegenteil. Beide nutzten ihren Briefwechsel, um sich – nach anfänglichem Zögern, zwischenzeitlich mit einigen längeren Unterbrechungen – beständig über die unterschiedlichsten politischen wie auch privaten und familiären Ereignisse und Entwicklungen auf dem laufenden zu halten.

Die Eigenarten amtlicher Korrespondenz kommen in der Tat auch in einigen ihrer Schreiben zum Ausdruck – so im Umfeld der drei in die Amtszeit von Heuss fallenden Regierungsbildungen Adenauers von 1949, 1953 und 1957[26] oder bei den Revirements vom Juni 1955 und Oktober 1956.[27] Darüber hinaus weist einer der wenigen bereits bekannten Bestandteile ihrer Korrespondenz Merkmale eines staatlichen Hoheitsaktes auf: der Austausch abgestimmter Stellungnahmen zur Frage der Nationalhymne im Frühjahr 1952, der nun zum ersten Mal im Kontext lückenlos dokumentiert werden kann.[28] Wenn Heuss in dieser für seine frühe Amtszeit und für sein Amtsverständnis essentiellen Frage eigene Vorstellungen nicht verwirklichen konnte[29], so wird sein Nachgeben zumindest im Formalen dadurch kompensiert, daß er – wie die Edition vor Augen führt – den Adenauer-Brief gleich mit entwarf, der dann von den Beamten beider Stäbe nur noch »entheusst«[30] und in den ausschlaggebenden Formulierungen ins Amtsdeutsch einer offiziellen Verlautbarung gebracht werden mußte. Das »Amt des Briefschreibers«[31] – Heuss auf den Leib geschrieben, auf seine Leidenschaft zugeschnitten – auch einmal in dieser Variante der Federführung für andere nachzuweisen, gehört zu den besonders interessanten Aspekten des vorliegenden Bandes.[32]

Von diesem bemerkenswerten Fall abgesehen sind die »Briefe über sachliche Fragen der staatlichen Notwendigkeit« *(Krueger)* wie übrigens auch der heftige Schlagabtausch 1959 für die kontinuierlichen schriftlichen Kontakte eher atypisch. Im Vordergrund steht vielmehr der durchweg verbindliche, beide in einem immer engeren »Vertrauensverhältnis«[33] verbindende, erst respektvolle, dann von wachsender Sympathie getragene Dialog. Dafür sprechen die genuin politischen wie die ausgesprochen privaten Schreiben, vertrauliche Situationsanalysen wie familiäre

Mitteilungen, Urlaubsbriefe, Kartengrüße, Weihnachts- und Geburtstagswünsche.
Das eine oder andere Stück der letzten Kategorie (vornehmlich aus der abschließenden Korrespondenz der Jahre 1959–1963) mag weniger bedeutsam erscheinen. Doch im Ensemble erhalten auch diese unauffälligen Vorgänge ihren Stellenwert. Sie erhellen die, im besten Sinne, konventionellen Gewohnheiten fortwährender wechselseitiger Anteilnahme, selbst in Zeiten starker anderweitiger Beanspruchung. Was im Briefwerk oft nur als Überbrückung oder gar belanglos erscheint, ist kennzeichnend für die in der Generation von Konrad Adenauer und Theodor Heuss (der eine bei Amtsantritt 73 Jahre alt, der andere 65) noch sehr lebendige Tradition freundschaftlichen Umgangs. Sich einmal nur mit wenigen Zeilen Glück und Gesundheit zu wünschen, verflüchtigt sich zwischen ihnen, in den heute vielleicht floskelhaft anmutenden Formulierungen dieser Briefe, keineswegs zur nichts-sagenden Selbstverständlichkeit, im Gegenteil. Wer so eng neben- und miteinander in politischer Verantwortung für den staatlichen Neuaufbau arbeitet, dabei zugleich private und familiäre Schicksalsschläge zu verwinden hat – den Verlust des Ehepartners 1948 *(Gussie Adenauer)* [34] und 1952 *(Elly Heuss-Knapp)* [35] – und sich darüber hinaus, im hohen Lebensalter, immer häufiger mit den Grenzen der eigenen physischen Leistungsfähigkeit konfrontiert sieht, der vermag das gleichbleibende wohlwollende Interesse des anderen zu schätzen. – Der Band gibt also die Höhen und Tiefen wieder, die jeder über längere Zeiträume hinweg geführte Briefwechsel durchläuft.

Die Gespräche

Dieser Briefwechsel ist die *erste* zum *gesamten* Zeitraum, nicht nur zu einzelnen Phasen der Ära Adenauer edierte Quellengruppe. Er vermittelt Informationen und Erkenntnisse zu einer Vielzahl zeitgeschichtlicher Vorgänge. In ihm kommen zentrale Fragen der Außen- und Innenpolitik ebenso zur Sprache wie entlegenere, vielfach in Vergessenheit geratene Einzelprobleme der 50er und frühen 60er Jahre. Doch so breit das Spektrum auch ist, kann es nicht alle Themen dieser anderthalb Jahrzehnte erfassen. Der briefliche Dialog endet dort, wo der mündliche beginnt – oft kommt das rechtzeitige Gespräch der Korrespondenz zuvor, sein Gegenstand muß nicht auch noch schriftlich dargelegt und diskutiert werden.
In diesem Sinne sind den Kontakten zwischen Adenauer und Heuss als wesentliche Komponente ihre häufigen Zusammenkünfte und Unterre-

dungen hinzuzuzählen. Die Bedeutung dieser Begegnungen ist von der Forschung schon früh erkannt worden: »In diesem regelmäßigen Gedankenaustausch zwischen Präsident und Kanzler wird man den Angelpunkt der amtlichen Beziehungen zwischen den beiden Persönlichkeiten sehen müssen« *(Pikart)*.[36] In welchem Ausmaß sie diese Möglichkeit der Information und Abstimmung nutzten, ist auch an der Korrespondenz mit den in ihr oft enthaltenen Terminabsprachen und -bestätigungen ablesbar. Nimmt man die entsprechenden Hilfsmittel der beiden Nachlässe hinzu – für Heuss seine Tagesnotizbücher (die von ihm selbst wie auch die in seinem Vorzimmer geführten)[37], für Adenauer die Terminkalender und Besucherlisten des Bundeskanzlers bzw. des Bundeskanzleramtes[38] –, so lassen sich für die gemeinsame Amtszeit insgesamt ca. 80 Treffen im kleinsten Kreis (nur mit den beiderseits engsten Mitarbeitern), weitere 120 im erweiterten nachweisen. Für die Zeit vom 15.9.1949 bis zum 15.9.1959 ergibt dies folgende Relation der Briefe zu den Begegnungen und Gesprächen: 1949=4:2; 1950=20:14; 1951=29:16; 1952=30:15; 1953=29:23; 1954=17:27; 1955=23:19; 1956=25:33; 1957=13:20; 1958=15:20; 1959=11:14.

Auf bestimmte Situationen, Zeiten besonderer politischer Anspannung in Bonn und im westlichen Bündnissystem übertragen, läßt der Vergleich genauer erkennen, daß sich die zeitweilige Verdichtung der direkten Kontakte auch auf Intensität und Inhalt der Korrespondenz auswirken kann. Hierfür einige Beispiele auf der Grundlage des derzeitigen Kenntnisstandes.

Während der sicherheits- und bündnispolitischen Kontroverse des Spätsommers 1950, die zum Rücktritt *Gustav Heinemanns* als Bundesinnenminister führte, sahen sich Adenauer und Heuss sechsmal; in den vier Briefen der Monate August–Oktober aber fand diese Thematik keinerlei Niederschlag. Fünf Begegnungen im November 1951, in dem die entscheidende Verhandlungsphase um Deutschland- und EVG-Vertrag begann, stehen zwei Schreiben zu ganz anderen Sachverhalten gegenüber. Ähnlich die Diskrepanz in den wechselvollen Wochen ab Anfang März 1952, in denen weder die sowjetische »Notenoffensive« noch der Streit um die Westverträge oder der Auftakt der Wiedergutmachungsverhandlungen mit Israel brieflich behandelt wurden. Um so häufiger, wiederum fünfmal, war Gelegenheit zum Gespräch gegeben. Jeweils neun Zusammenkünfte sind nachweisbar für die Zeiträume März–Mai 1953 (Ratifizierung der Westverträge durch Bundestag und Bundesrat) und Januar–März 1954 (Berliner Viermächtekonferenz über Deutschland; Billigung der Ersten Wehrergänzung zum Grundgesetz durch den Bundestag), während im durchaus regen Briefwechsel dieser Monate (zehn bzw. fünf Schreiben) die Akzente ganz anders gesetzt wurden.

Der in Briefen nicht erwähnten Wiederwahl von Heuss am 17.7.1954 gingen vier Gesprächstermine voran; der entsprechenden Empfehlung Adenauers an den CDU-Bundesvorstand lag, wie Heuss bereits am 5.5. 1954 einem Freund mitteilte (»aber dies vertraulich«) »eine Abrede«[39] zugrunde. Die Vorgeschichte des Kanzlerbesuchs in Moskau im September 1955 klingt in den Urlaubsbriefen der Vorwochen mehrfach an; das Ereignis selbst aber und die Ergebnisse wurden ohne weitere Auswirkung im Briefwerk gleich nach der Rückkehr Adenauers besprochen. Acht Begegnungen im Januar/Februar 1956, sieben im September/Oktober desselben Jahres lassen darauf schließen, daß das Ausscheiden der FDP aus der Regierungskoalition (25.2.) und die daraus resultierende Kabinettsumbildung (16.10.) die beiden häufiger beschäftigte, als aus den anders gewählten Schwerpunkten der damaligen Schreiben (sechs bzw. fünf) hervorgeht. Schließlich fällt das Nachlassen der Korrespondenz im zweiten Halbjahr 1958 auf, mit einer fast viermonatigen Unterbrechung von August–Dezember. Statt dessen konnten die in dieser Zeit aktuellen Themen – Adenauers erstes Treffen mit *de Gaulle* (14./15.9.), das sowjetische Berlin-Ultimatum (27.11.), nicht zuletzt auch die öffentliche Auseinandersetzung wegen der Heuss-Nachfolge – bei zumindest sechs Unterredungen erörtert werden.

Häufig wurden die Gesprächstermine Adenauer–Heuss schon unmittelbar anschließend bekannt, durch kurze Pressenotizen oder durch weitgehend standardisierte Mitteilungen im Bulletin der Bundesregierung (nach dem Muster ›Der Bundeskanzler beim Bundespräsidenten ... zu einem eingehenden Gespräch über die augenblicklichen politischen Probleme‹).[40] Über Verlauf und Inhalt der ca. 80 von Amts wegen geführten Gespräche wissen wir seit geraumer Zeit, dank eines ersten Hinweises von *Ulrich Scheuner* 1966: »Stets ... wohnt der Staatssekretär des Präsidialamtes solchen Unterredungen bei und fertigt über sie Aufzeichnungen.«[41] Doch stehen diese bis 1957 von *Manfred Klaiber,* danach von *Karl Theodor Bleek,* vereinzelt auch von *Hans Bott* oder von Heuss selbst geschriebenen vertraulichen Protokolle der Forschung nach wie vor nicht uneingeschränkt zur Verfügung. Mit ihnen den Briefwechsel zu unterlegen, war somit auch im Rahmen dieser Edition – über die bloße Benennung der Quellen hinaus[42] – nicht möglich.

Größere Verständnisschwierigkeiten ergeben sich daraus aber nicht; denn zu 30 der ab Mai 1955 geführten Gespräche liegen in den Tagebuchbriefen von Heuss zum Teil sehr ausführliche eigene Wiedergaben des Bundespräsidenten vor.[43] Zusätzlich – zugleich ergänzend für die Vorjahre – sind im Heuss-Nachlaß Materialien zugänglich (so Korrespondenzen mit *Klaiber, Bleek* und *Bott*)[44], die zur Rekonstruktion weiterer Begegnungen beitragen.

Auch mit Hilfe des Adenauer-Nachlasses lassen sich solche Lücken schließen. Beispielsweise gibt es zu den amtlich offenbar nicht protokollierten Beratungen vom 9. Dezember 1952, die Heuss am Folgetag zur Zurücknahme seines im Juni 1952 dem Bundesverfassungsgericht zugeleiteten Gesuchs um ein Rechtsgutachten zum EVG-Vertrag veranlaßten[45], bis heute kaum ein authentischeres Dokument als das in den »Teegesprächen 1950–1954« veröffentlichte Wortprotokoll über Adenauers Journalistengespräch vom 10.12.1952.[46]
Da Heuss seinerseits zu dieser »schwierigsten Frage seiner Amtszeit« *(Pikart)*[47] keine Briefe an den Bundeskanzler schrieb, ist darauf hinzuweisen, daß zur Verdeutlichung seiner Position andere Schreiben dieser Tage aus seinem Nachlaß durchaus herangezogen werden können. Die Briefedition Heuss – ein vordringliches Desiderat der Zeitgeschichtsforschung – wird diese wie auch die vielen anderen Einzelheiten und die Zusammenhänge der Amtsausübung des ersten Bundespräsidenten hoffentlich bald dokumentieren. Zum Dilemma des Dezember 1952 ist von einer solchen Ausgabe u. a. die vollständige Wiedergabe der folgenden Schreiben zu erwarten: »... nach meiner Beurteilung der rechtspolitischen Situation ist sowohl von Parteien wie vom Gericht ein Wechsel in den grundsätzlichen Stellungnahmen vollzogen worden, durch den die Voraussetzungen meines Ersuchens vom Sommer im Elementaren verwischt schienen« (am 11.12.1952 an den niedersächsischen Ministerpräsidenten *Hinrich Wilhelm Kopf*).[48] – »Es gibt im politischen Leben Augenblicke, wo man auf den ebenen Weg politischer Popularität verzichten muß. Das nehme ich durchaus auf meine eigene Verantwortung. Ich kenne auch die Reden, die einmal heißen: ›Der Heuss ist nur eine Repräsentationsfigur. Er sollte doch einmal das und das tun.‹ Wenn er aber einmal etwas tut, dann heißt es: ›Er verdirbt den Sinn seiner Stellung.‹ ... Sie dürfen überzeugt sein, daß ich weder die Haltung der Koalition noch die der Opposition durchweg für glücklich gehalten habe. ... werde zunächst einmal abzuwarten haben, wie die Begründung von Karlsruhe ausfallen wird. Ich glaube kaum, daß sich je ein Bundespräsident ein Gutachten wird einholen können, wenn das Gutachten schon vor einem evtl. anhängigen Rechtsverfahren einen rechtsverbindlichen Entscheidungscharakter hat und damit jeden echten Parteienstreit ausschließt« (am 13.12.1952 an den baden-württembergischen Justizminister *Viktor Renner*).[49] – »In den Entscheidungen bin ich mir meiner eigenen Verantwortung vollkommen bewußt, und Ihr Wort, daß ›Recht ist, was Adenauer nutzt‹, empfinde ich als eine fast etwas an meine Ehre gehende Mitteilung« (am selben Tag an den SPD-Bundestagsabgeordneten *Friedrich Wilhelm Wagner*).[50]

Dokumentation und Kommentar

Der vorliegende Band umfaßt alle nachgewiesenen Schreiben der Jahre 1948–1963. Dabei stützt sich die Edition im wesentlichen auf den im Bundesarchiv (Koblenz) aufbewahrten zeitgeschichtlich-politischen Teil des Heuss-Nachlasses, auf den von der Stiftung Bundeskanzler-Adenauer-Haus (Bad Honnef/Rhöndorf) betreuten Adenauer-Nachlaß sowie auf die an das Bundesarchiv/Zwischenarchiv (Hangelar) abgegebenen Akten des Bundespräsidialamtes und des Bundeskanzleramtes. Diese vier Hauptüberlieferungen werden in einigen Fällen aus anderen Quellen ergänzt.[51] Dank der Verzahnung der verschiedenen Bestände und der zwischen ihnen gegebenen Vergleichsmöglichkeiten kann der Leser also davon ausgehen, daß ihm – auf dem aktuellsten Forschungsstand – die Gesamtausgabe dieser Korrespondenz vorliegt.

Allerdings sind einige geringfügige Überlieferungslücken in Rechnung zu stellen. Dies gilt für solche Vorgänge, die aufgrund späterer brieflicher Rückbezüge oder der Erwähnung in anderen Zusammenhängen zwar indirekt nachweisbar sind, aber in keinerlei schriftlicher Ausfertigung mehr vorgefunden wurden.[52] Ebenfalls ist nicht auszuschließen, daß einzelne Schriftstücke, die in heute noch nicht zugänglichen Sachakten abgelegt wurden, mit der weiteren Freigabe durch Präsidial- und Kanzleramt oder durch involvierte Ressorts (z. B. das des Äußeren für die Amtszeit Adenauers als Außenminister 1951–1955) erst zukünftig bekannt werden.

Das Prinzip der Vollständigkeit ist auch dahingehend zu relativieren, daß die Anlagen des Briefwerks nicht zum Abdruck gelangen. Es handelt sich dabei um Reden oder Essays des Bundespräsidenten, um Aufzeichnungen und Aktennotizen des Bundeskanzlers oder auch Abschriften der von beiden bisweilen beigelegten Schreiben an andere. Ihre Einbindung war nach Inhalt, Form und Umfang mit den Erfordernissen der bilateralen Briefedition nicht vereinbar. Ohnehin wurden die meisten dieser Vorlagen schon früher veröffentlicht, beispielsweise die Heuss zugesandten Schriftwechsel Adenauers mit *Kurt Schumacher, John Foster Dulles* oder *Thomas Dehler.*[53] Gleiches gilt für die weitaus größte Zahl der Adenauer übermittelten publizistischen Arbeiten von Heuss.[54]

Ausnahmen bestätigen auch hier die Regel. So wird die Edition von fünf Briefen um Texte (A-Dokumente) erweitert, die in unmittelbarer Zuordnung zur Korrespondenz den politischen Kontext verdeutlichen.[55] Dazu gehört auch die Aufzeichnung des Bundespräsidenten »Zur Feier der Rückgliederung des Saarlandes« vom 3. Dezember 1956.[56] Sie soll beispielhaft zeigen, was in der politischen Praxis wohl häufiger vorkam. Heuss, so bemerkt *Arnulf Baring*, »verfaßte ... gern, wie das so seine Art war, mehrseitige Gedankenskizzen, die er als Briefe oder kleinere Denkschriften den jeweils Zuständigen zuschickte, wobei er freilich beim Bundeskanzler immer wieder erleben mußte, daß sie wenig beachtet abgelegt wurden.«[57] Im Briefwechsel mit Adenauer konnte das aber nur in diesem Fall konkret ermittelt werden.[58]

Wie der Briefwechsel wird jeder einzelne Brief vollständig wiedergegeben: ungekürzt von der Anrede über die regelmäßig wiederkehrenden Bestandteile (Rückfrage und Auskunft zum Gesundheitsstand; Empfehlung an die Angehörigen) bis hin zur Grußformel, da gerade an den äußeren Merkmalen die Entwicklung einer so langjährigen Beziehung erkennbar ist. Somit wird auch bei punktueller Benutzung des Bandes ein Gesamteindruck des jeweiligen Vorgangs vermittelt – der inhaltliche Kern und die pointierte Aussage in einer markanten Sentenz bleiben eingebunden in die von den Briefschreibern gewählte, für beide nie unwesentliche Form.

Der schnellen Orientierung dienen bereits die in den Kopfzeilen gleichförmig wiederholten Ortsangaben. Wo geschrieben – wohin geschickt: zeigt bei dem häufigen Wechsel der Aufenthaltsorte sofort, ob stärker die private Absicht (z. B. eines Urlaubsgrußes) oder aber der dienstliche Charakter (der innerhalb Bonns ausgetauschten Schreiben) überwiegt. Fehlen diese Informationen, so sind sie weder in den Vorlagen enthalten, noch konnten sie mit anderen Hilfsmitteln zweifelsfrei eruiert werden.

Die sonstigen formalen Fragen beantwortet der Kommentar. Dort wird zunächst, in der vorgeschalteten *-Anmerkung die Herkunft der Dokumente nachgewiesen. Die erste archivische Angabe bzw. Signatur bezeichnet nach Möglichkeit die Erstausfertigung der Briefe in der eigenhändigen oder maschinenschriftlichen Originalvorlage. Bei Erwähnung weiterer Fundorte werden die besonderen Überlieferungsformen (Abschrift, Durchschlag, Kopie, mitunter auch Entwurf) spezifiziert.

Darüber hinaus weisen die Dokumentenbeschreibungen auf Bearbeitungsvermerke hin, auch auf die an der Abwicklung eines Vorgangs beteiligten Mitarbeiter, auf die Weitergabe von Briefen an Dritte und auf den früher bereits – das gilt für etwa ein Siebtel des Briefwerks – erfolgten Abdruck in anderen Editionen und Dokumentationen.

In enger Verbindung mit den quellenkundlichen Angaben stehen die textkritischen Anmerkungen. Die hierzu im Briefteil verwendeten ‹keilförmigen Klammern› und ihre alphabetisch angeordneten Erläuterungen machen handschriftliche Veränderungen, Formulierungsvarianten, Auslassungen und sonstige Abweichungen zwischen Druckvorlagen und wichtigen Parallelüberlieferungen sichtbar. Die in mehreren Briefen erscheinenden [eckigen Klammern] markieren kleinere Textergänzungen und Korrekturen des Bearbeiters, die wegen offensichtlicher Unstimmigkeiten und formaler Mängel erforderlich waren – so bei falscher Interpunktion oder orthographischen Irrtümern, die bei den amtlichen Übertragungen eigenhändiger Heuss-Briefe unterliefen. Die Eigentümlichkeiten der Schreibweise und des Briefstils von Adenauer und Heuss bleiben aber in jedem Fall gewahrt.

Einen weiteren Schwerpunkt des Kommentars bilden die biographischen Angaben zu den Jahren 1948–1963. Wegen der Vielzahl der erwähnten Personen werden in aller Regel nur die für diesen Zeitraum relevanten Daten aufgenommen (jeweils bei der ersten Nennung eines Namens; das Auffinden der Vita wird durch die Typographie des Personenregisters erleichtert). Vollständige Lebensläufe der Zeitgenossen und Weggefährten, besonders auch der Familienangehörigen von Heuss und Adenauer, finden sich in früheren Veröffentlichungen des Theodor Heuss Archivs einerseits (Aufzeichnungen 1945–1947; Tagebuchbriefe 1955/1963), in den Publikationen der Stiftung Bundeskanzler-Adenauer-Haus andererseits (der vierbändigen Edition der Briefe Adenauers 1945–1953, der dreibändigen seiner Teegespräche 1950–1961).

Die Korrespondenz ist, wie oben angedeutet, in beiden Nachlässen wie in den amtlichen Akten eingebunden in vielschichtigen Schriftwechsel mit anderen Politikern oder mit den jeweiligen Freunden und Mitarbeitern; sie wird durch Vermerke, Aktennotizen und Anlagen ergänzt. Da die zwischen dem Bundespräsidenten und dem Bundeskanzler erörterten Themen oft erst in diesem Kontext besser verständlich sind, werden im Kommentar charakteristische Auszüge aus diesen Materialien wiedergegeben. Zu wichtigen Teilaspekten kann der interessierte Leser, wie jeweils in den Fußnoten angegeben, auf bereits publizierte Briefwechsel zurückgreifen (Adenauer–*von Brentano;* Heuss–*Dehler*), zu anderen auf sachthematisch und institutionengeschichtlich ausgerichtete Editionen (z.B. der Kabinettsprotokolle 1949–1952 und der Protokolle des CDU-Bundesvorstandes 1950–1953), nicht zuletzt auch auf die Memoiren weiterer einflußreicher Politiker aus der Gründergeneration der Bundesrepublik Deutschland und einzelner Akteure der 50er Jahre (*Herbert Blankenhorn, Felix von Eckardt, Eugen Gerstenmaier, Wilhelm G. Grewe, Kurt Georg Kiesinger, Otto Lenz, Reinhold Maier, Erich Mende, Carlo Schmid.)*

Die zitierte Literatur wurde so ausgewählt, daß sie weiterführende Informationen bietet und zum jeweiligen Themenkomplex den besten Überblick über den heutigen Wissensstand ermöglicht. Doch wirft die Korrespondenz auch Fragen auf, die mit den heute zugänglichen schriftlichen

Quellen noch nicht beantwortet werden können. Um so wertvoller war die Hilfe, die der Bearbeiter bei seinen ersten Klärungsversuchen solcher Probleme von zahlreichen Zeitzeugen und Institutionen erhielt. Ihnen allen angemessenen Dank zu sagen, würde den Rahmen dieser Einführung sprengen; im einzelnen sind die schriftlichen und mündlichen Auskünfte im Quellen- und Literaturverzeichnis aufgeführt (S. 491 f.).

Über die gezielte Unterstützung bei speziellen Fragestellungen weit hinaus reichte das großzügige Entgegenkommen bei Aktenfreigabe und Druckgenehmigung, mit dem – nach Vermittlung durch das Bundesarchiv – die zuständigen Stellen des Bundespräsidialamtes und Bundeskanzleramtes die Veröffentlichung ermöglichten. Ebenso hilfreich war das wohlwollende Interesse, mit dem die Familien Adenauer und Heuss die Edition in allen Phasen der Bearbeitung begleiteten. Ihren Anregungen, besonders auch ihren Leihgaben – namentlich von Frau *Ursula Heuss-Wolff,* Basel – ist es zu verdanken, daß dieser Band mit seinen vielen privaten und familiären Aspekten den Anspruch erheben kann, die »große Hochachtung und menschliche Freundschaft«[59] zu belegen, die Konrad Adenauer und Theodor Heuss neben und unabhängig von politischen Beziehungen verband.

Rhöndorf im April 1989

Hans Peter Mensing

Anmerkungen zur Einführung

1 Zur Rundfunk- und Fernsehansprache Adenauers vom 8.4.1959 ist das Manuskript in StBKAH 02.19 erhalten. Druck: Konrad *Adenauer,* Erinnerungen 1955–1959, S. 514f. Die hier wiedergegebenen Sätze wurden am Folgetag u. a. von der »Frankfurter Allgemeinen« veröffentlicht.

2 In der Reihenfolge werden zitiert: »General-Anzeiger« (Bonn), »Frankfurter Rundschau«, »Hamburger Abendblatt« und »Abendpost« (Frankfurt/Main), alle nach ihren Ausgaben vom 18.4.1959.

3 »Frankfurter Rundschau« und »Frankfurter Allgemeine« vom 20.4.1959, »Münchner Merkur« vom 21.4.1959.

4 Die drei Briefe werden in dieser Edition unter Nr. 216, 217 und 218 veröffentlicht.

5 Die Ausführungen *Kruegers* vor der Bundespressekonferenz werden nach der »Welt« vom 21.4.1959 zitiert.

6 Die Formulierung ist dem Heuss-Brief vom 14.4.1959 entnommen; vgl. Nr. 218.

7 So, unter Verwendung eines Heuss-Briefes an Alfred *Grosser* vom 8.7.1960, Karl Dietrich *Bracher,* Theodor Heuss und die Wiederbegründung der Demokratie in Deutschland, S. 43.

8 Vgl. Nr. 218.

9 Aus einem Schreiben an Benno *Reifenberg* vom 23.4.1959 (in BA, NL Heuss, Nr. 188), zit. n. Eberhard *Pikart,* Theodor Heuss und Konrad Adenauer, S. 140.

10 Vgl. Paul Wilhelm *Wenger,* Theodor Heuss. Sein Wahlspruch lautete: »Gerechtigkeit erhöhet ein Volk«, in: »Münchner Merkur« vom 20.12.1963. – Zu dem hier angesprochenen stilistischen Vergleich vgl. den unter Nr. 11 abgedruckten Adenauer-Brief vom 8.1.1950.

11 Vgl. AdL, NL Dehler N 1-3026. – Den Hinweis auf diesen Vermerk verdankt der Bearb. Frau Dr. Monika *Faßbender,* Archiv des Deutschen Liberalismus, Gummersbach.

12 Hierzu ist eine Aufzeichnung in BA, VS B 122/17 erhalten. Vgl. a. den Artikel »Auf Wunsch eines Professors stellte die FDP bohrende Fragen« in der »Welt« vom 1.7.1967.

13 Vgl. Verhandlungen des Deutschen Bundestages, 5. Wahlperiode (116. Sitzung), Stenographische Berichte, Bd. 64, S. 5758.

14 Vgl. a.a.O., S. 5757.

15 Vgl. »Der Spiegel«, Nr. 29 (1967), S. 22f.

16 Vgl. Konrad *Adenauer,* a.a.O., S. 483-551.

17 Vgl. a.a.O., S. 517.

18 Vgl. a.a.O., S. 483-490. – Das Memorandum wird unter Nr. 213 auch in diese Edition einbezogen.

19 Vgl. Theodor Heuss. Tagebuchbriefe 1955/1963.

20 Vgl. a.a.O., S. 422f. Vgl. a. Werner *Stephan,* Theodor Heuss über Konrad Adenauer, in: »liberal«, Jg. 12 (1970), H. 1, S. 897-908 (hier S. 905f.).

21 Vgl. Wolfgang *Wagner,* Die Bundespräsidentenwahl 1959, passim.

22 Vgl. Klaus *Gotto,* Adenauer, die CDU und die Wahl des Bundespräsidenten 1959, passim.

23 Vgl. Eberhard *Pikart,* a.a.O., S. 125-146.

24 Vgl. a.a.O., S. 15, 46, 49, 79, 154.

25 »Politiker, die auf lange Jahre öffentlicher Tätigkeit zurückblicken, wissen voneinander, auch wenn sie sich persönlich noch nicht begegnet sind. So waren mir Theodor Heuss' Leben und Schriften seit vielen Jahren bekannt, und es mag ein Zufall sein, daß wir im Berlin der Weimarer Zeit nicht zusammengetroffen sind, obwohl seine Tätigkeit im Reichstag und meine Funktion im Preußischen Staatsrat uns wohl hätten zusammenführen können. Daher war es in gewisser Weise überraschend, daß wir uns 1948 im Parlamentarischen Rat zum ersten Male unmittelbar begegneten«, aus dem Beitrag *Adenauers* in: Hans *Bott*/Hermann *Leins* (Hrsg.), Begegnungen, S. 157-161 (hier S. 157). – »Ich bin ja in der seltsamen Lage, was gewiß z. T. an mir selber liegt und meinem Mangel an Betriebsamkeit, daß ich Herrn Dr. Adenauer persönlich gar nicht kenne ...«, so die (nach dem heutigen Erkenntnisstand) *erste* Erwähnung Adenauers in der früheren Heuss-Korrespondenz (Schreiben vom 2.7.1948 an Wolfgang *Glaesser;* vgl. BA, NL Heuss, Nr. 56. Den Hinweis auf dieses Dokument verdankt der Bearb. Prof. Dr. J. C. *Heß,* Amsterdam). Zur Vorgeschichte und Anbahnung der Kontakte wird unter Nr. 133 A der besonders aufschlußreiche Heuss-Brief an den Adenauer-Biographen Paul *Weymar* vom 18.2.1955 erstmals veröffentlicht.

26 Vgl. Nr. 6, 114, 115, 191.

27 Vgl. Nr. 143, 144, 179.

28 Vgl. Nr. 74, 75 – dazu Nr. 41, 42, 64, 71, 71A, 225, 226, 227. Hierzu neuerdings auch Kabinettsprotokolle 1952, S. LXVIII–LXXII.

29 Vgl. Eberhard *Pikart,* a.a.O., S. 95-98.

30 So die eigene Formulierung von Heuss in Nr. 225.

31 Hierzu Eberhard *Pikart* in seiner Einleitung der Tagebuchbriefe, S. 17-30.

32 Ähnliche Hilfestellung wird durch zwei Heuss-Entwürfe für Adenauer-Schreiben an Otto *Grotewohl* und Nikita *Chruschtschow* nachgewiesen; vgl. Nr. 25, 25 A, 230.

33 Vgl. Konrad *Adenauer,* Erinnerungen 1955–1959, S. 88.

34 Gussie *Adenauer* geb. *Zinsser* war am 3.3.1948 an den Folgen ihrer Inhaftierung im Kölner Gestapo-Gefängnis Brauweiler (Herbst 1944) verstorben; hierzu vgl. die zahlreichen Angaben in den Adenauer-Briefen 1945–1947, 1947–1949.

35 Vgl. Nr. 80, 81, 82.

36 Vgl. Eberhard *Pikart,* a.a.O., S. 80.

37 Vgl. BA, NL Heuss, Nr. 482.

38 Vgl. StBKAH 04.01 (1949/50) – 04.16 (16.8.1963–15.10.1963).
39 Schreiben an Boguslaw *Dohrn* in BA, NL Heuss, Nr. 124.
40 Diese Meldungen werden zur Verifizierung der schriftlichen Terminvereinbarungen durchgehend im Kommentar nachgewiesen; vgl. z.B. Nr. 151, Anm. 1, Nr. 169, Anm. 6, Nr. 185, Anm. 3, Nr. 209, Anm. 7.
41 Vgl. Ulrich *Scheuner,* Das Amt des Bundespräsidenten, S. 42. Vgl. a. Eberhard *Pikart,* a.a.O., S. 80.
42 Vgl. z.B. Nr. 23, Anm. 2, Nr. 58, Anm. 1, Nr. 84, Anm. 1, Nr. 143, Anm. 7, Nr. 178, Anm. 12, Nr. 185, Anm. 3, Nr. 191, Anm. 1, Nr. 209, Anm. 7.
43 Vgl. Tagebuchbriefe, S. 41, 45f., 59, 63f., 88, 101, 136, 159f., 197, 214, 217, 251, 259, 264, 269, 272, 291, 298f., 307, 316f., 322, 328, 358f., 369, 392f., 404f., 419f., 438f., 442, 461.
44 Vgl. BA, NL Heuss, Nr. 63 (Bleek, Bott), 159 (Klaiber).
45 Vgl. Nr. 83, Anm. 3, Nr. 84, Anm. 1.
46 Vgl. Adenauer, Teegespräche 1950–1954, S. 365-390.
47 Vgl. Eberhard *Pikart,* a.a.O., S. 100.
48, 49, 50 Vgl. BA, NL Heuss, Nr. 307.
51 Vgl. Nr. 33, 36, 55, 56.
52 Vgl. Nr. 91, Anm. 1, Nr. 117, Anm. 1, Nr. 125, Anm. 4, Nr. 141, Anm. 1, Nr. 250, Anm. 1.
53 Vgl. Nr. 73, 148, 150, 153, 154.
54 Vgl. z.B. Nr. 26, 48, 58, 78, 142, 175, 202, 210, 237, 243.
55 Vgl. Nr. 9A, 25A, 71A, 133A.
56 Vgl. Nr. 180A.
57 Vgl. Arnulf *Baring,* Außenpolitik in Adenauers Kanzlerdemokratie, S. 171.
58 So konnte auch die dem Heuss-Brief vom 29.9.1953 beigelegte Niederschrift zur Situation nach der Bundestagswahl vom 6.9.1953 und zur zweiten Regierungsbildung Adenauers (die wegen der Einwirkung von Heuss auf die Besetzung des Justizministeriums – zuungunsten von Thomas *Dehler* – größere Aufmerksamkeit beansprucht) nicht nachgewiesen werden; vgl. Nr. 114, Anm. 4.
59 Vgl. Nr. 274.

Briefe

Nr. 1
24. November 1948 (Bonn): Heuss an Adenauer, Bonn

Verehrter Herr Präsident[1]!

Darf ich Ihnen die folgende Bitte vortragen. Am 11. und 12. Dez. soll, seit längerer Zeit vorbereitet, in Heppenheim an der Bergstraße ein Parteitag der demokratischen und liberalen Parteien der Westzonen stattfinden[2]. Der Beschluß des Ältestenrates, von Ende des November ab durchzutagen[3], hat mich zu dem Versuch veranlaßt, eine Verlegung des Termins bzw. des Ortes zu veranlassen, das ist aber leider nicht mehr möglich. Ich möchte, da man schon wiederholt auf die Wünsche der einzelnen Parteien eingegangen ist, die Bitte aussprechen, den 11. Dezember entweder tagungsfrei zu lassen oder es doch so einzurichten, daß keine Abstimmungen an diesem Tage stattfinden, da alle Mitglieder unserer Gruppe bei dieser Zusammenkunft werden anwesend sein müssen[4].
Mit freundlicher Empfehlung! H[eus]s

Nr. 2
19. Dezember 1948 (Stuttgart-Degerloch): Heuss an Adenauer, Rhöndorf

Verehrter Herr Dr. Adenauer,

es ist eine ziemlich bunte und auch etwas zufällige Portrait-Galerie, die in dem beiliegenden Buche[1] gesammelt wurde. Aber bei dem Gang durch ein Museum muß man ja auch nicht vor jedem Bild stehenbleiben. Mir soll es recht sein, wenn einiges Ihr Interesse findet. Ins Rheinisch-Westfälische zielt, neben den Studien über Harkort[2] und Krupp[3], die kleine Arbeit über Jacob Mayer[4], den man auch im »Revier« kaum dem Namen nach kennt.
Mit guten Wünschen zu Weihnacht und zum neuen Jahr

Ihr erg[ebener]
Theodor Heuss

Im Parlamentarischen Rat

S. 22 oben: Eröffnungssitzung am 1. September 1948, während der Ansprache des nordrhein-westfälischen Ministerpräsidenten Karl Arnold

S. 22 unten: neben Adenauer seine Tochter Libet

S. 23 oben: zwischen Paul Löbe und Hans-Christoph Seebohm

S. 23 unten: Verkündung des Grundgesetzes am 23. Mai 1949, v. l. n. r.: Helene Weber, Hermann Schäfer, Adolph Schönfelder, Christian Stock

Nr. 3

28. Dezember 1948 (Rhöndorf): Adenauer an Heuss, Stuttgart-Degerloch

Herzlichsten Dank[1]. Ihnen und Ihrer Gattin[2] alles Gute zum neuen Jahr.

Konrad Adenauer.

Nr. 4

14. Januar 1949 (Bonn): Adenauer an Heuss, Bonn

Sehr geehrter Herr Heuss!

Unter Bezugnahme auf unsere Besprechung[1] überreiche ich in der Anlage Abschrift meines Schreibens[2] an Herrn Blücher[3]. Auf Wunsch werde ich Ihnen gern sagen, was ich Herrn Pferdmenges[4] gegenüber erklärt habe. Was Herr Blücher Herrn Pferdmenges gesagt hat, weiß ich nicht, da ich Herrn Pferdmenges noch nicht gesprochen habe[5].

Mit vielen Grüßen

Ihr

Adenauer

Nr. 5

12. August 1949 (Bonn): Adenauer an Heuss, Stuttgart-Degerloch

Sehr geehrter Herr Dr. Heuss!

Zur Erinnerung an die Verabschiedung des Grundgesetzes am 8. Mai 1949[1] wurde ein Faksimiledruck der Urschrift des Grundgesetzes hergestellt. Im Auftrage des Präsidiums des Parlamentarischen Rates beehre ich mich, Ihnen ein Stück dieses Faksimiledrucks zu überreichen[2].

Mit vorzüglicher Hochachtung!

Adenauer

Nr. 6

19. September 1949 (Bonn): Adenauer an Heuss, Bad Godesberg

Sehr geehrter Herr Bundespräsident[1]!

Hiermit beehre ich mich, Ihnen zu Ihrer Information meine vorläufigen Vorschläge der für die kommende Bundesregierung in Aussicht genommenen Persönlichkeiten vorzulegen.

ABCDEFGHIJKLMNOPQRSTUVWXYZABCDEFGHIJKLMNOPQRABCDEFGHIJK

Das ABC des Parlamentarischen Rates

Bonn, 23. Mai 1949

Th. H.

ABCDEFGHIJKLMNOPQRSTUVWXYZABCDEFGHIJKLMNOPQRABCDEFGHIJK

K

Kurt und Konrad, diese beiden,
keiner konnte keinen leiden,
kracht der eine wie in Bern,
kommt das Echo rasch von fern,
Komponisten im Krakehlen.
Kinder, lasset Euch empfehlen,
kürzet, da nun jeder funkte,
Eure Kunst der Kontrapunkte.

Theodor Heuss über Konrad Adenauer und Kurt Schumacher

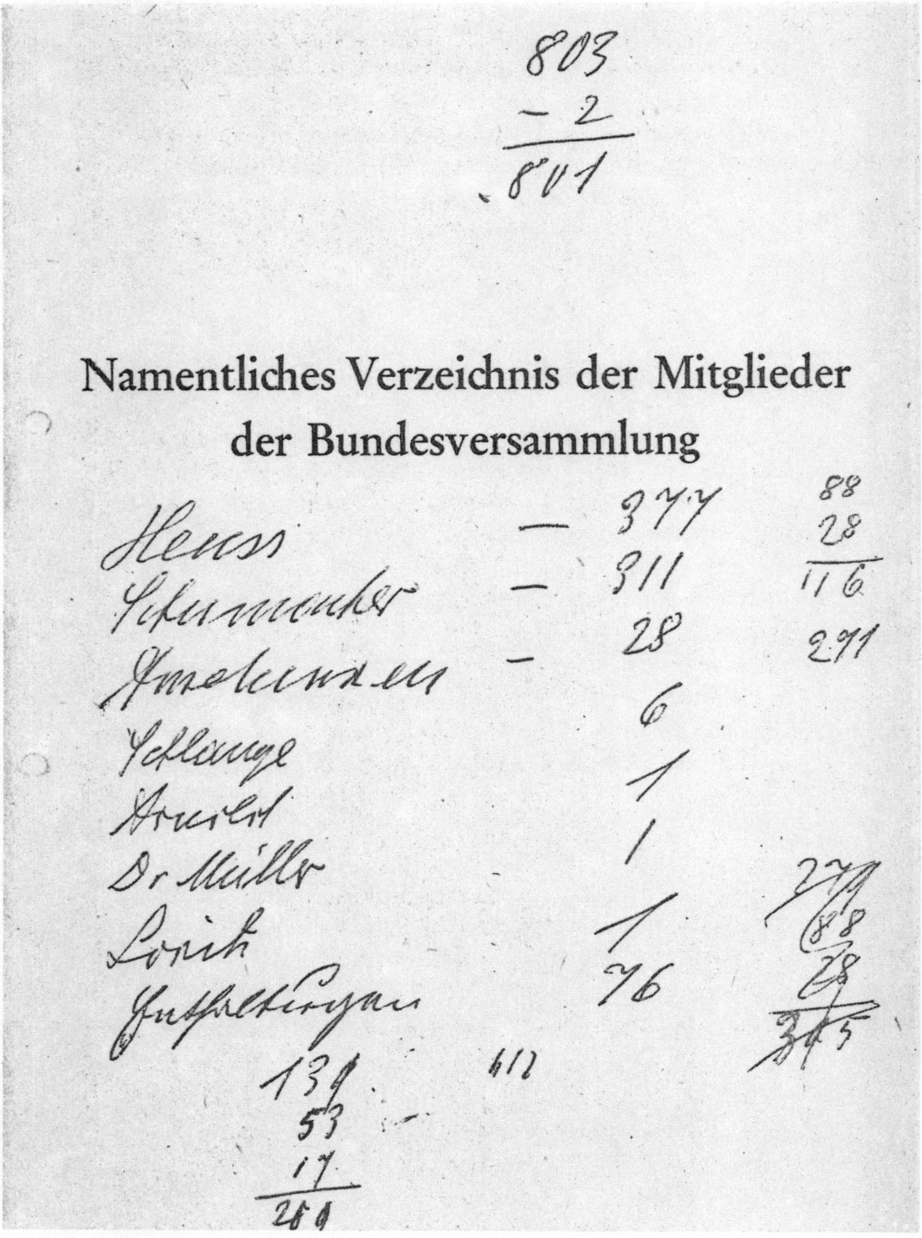
Namentliches Verzeichnis der Mitglieder
der Bundesversammlung

Eigenhändige Notizen Adenauers zu den Ergebnissen des ersten und zweiten Wahlganges der Bundesversammlung vom 12. September 1949

800

Heuss	416
Schum.	312
Amelunxen	30
Schl.	2
Enth.	37
Ung.	3

Druck: Bonner Universitäts-Buchdruckerei Gebr. Scheur, Bonn, Arminiusstraße

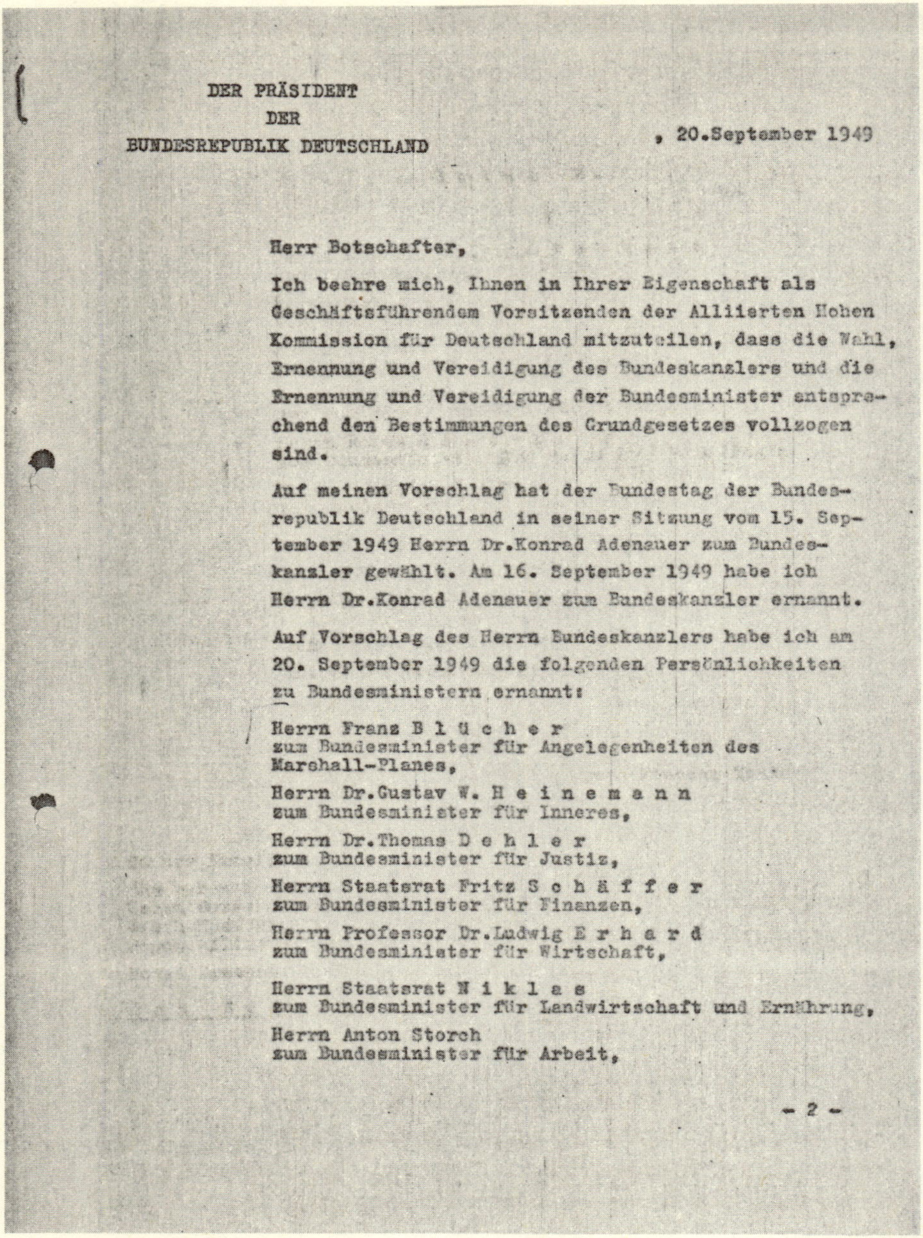
DER PRÄSIDENT
DER
BUNDESREPUBLIK DEUTSCHLAND

, 20.September 1949

Herr Botschafter,

Ich beehre mich, Ihnen in Ihrer Eigenschaft als Geschäftsführendem Vorsitzenden der Alliierten Hohen Kommission für Deutschland mitzuteilen, dass die Wahl, Ernennung und Vereidigung des Bundeskanzlers und die Ernennung und Vereidigung der Bundesminister entsprechend den Bestimmungen des Grundgesetzes vollzogen sind.

Auf meinen Vorschlag hat der Bundestag der Bundesrepublik Deutschland in seiner Sitzung vom 15. September 1949 Herrn Dr.Konrad Adenauer zum Bundeskanzler gewählt. Am 16. September 1949 habe ich Herrn Dr.Konrad Adenauer zum Bundeskanzler ernannt.

Auf Vorschlag des Herrn Bundeskanzlers habe ich am 20. September 1949 die folgenden Persönlichkeiten zu Bundesministern ernannt:

Herrn Franz B l ü c h e r
zum Bundesminister für Angelegenheiten des Marshall-Planes,

Herrn Dr.Gustav W. H e i n e m a n n
zum Bundesminister für Inneres,

Herrn Dr.Thomas D e h l e r
zum Bundesminister für Justiz,

Herrn Staatsrat Fritz S c h ä f f e r
zum Bundesminister für Finanzen,

Herrn Professor Dr.Ludwig E r h a r d
zum Bundesminister für Wirtschaft,

Herrn Staatsrat N i k l a s
zum Bundesminister für Landwirtschaft und Ernährung,

Herrn Anton Storch
zum Bundesminister für Arbeit,

- 2 -

Heuss am 20. September 1949 an André François-Poncet zu Ernennung und Vereidigung des Bundeskanzlers und der Bundesminister

Herrn Dr. Hans Christoph S e e b o h m
zum Bundesminister für Verkehr,

Herrn Hans S c h u b e r t h
zum Bundesminister für Post,

Herrn Eberhard W i l d e r m u t h
zum Bundesminister für Wohnungsbau,

Herrn Dr. Hans L u k a s c h e k
zum Bundesminister für Angelegenheiten der Vertriebenen,

Herrn Jakob K a i s e r
zum Bundesminister für gesamtdeutsche Fragen,

Herrn Heinrich Hellwege
zum Bundesminister für Angelegenheiten des Bundesrates.

Die Vereidigung des Bundeskanzlers und der Bundesminister durch den Bundestagspräsidenten ist in der Sitzung des Bundestages am 20. September 1949 erfolgt.

Genehmigen Sie, Herr Botschafter, die Versicherung meiner ausgezeichnetsten Hochachtung

gez. Theodor Heuss

Seiner Excellenz
dem Hohen Kommissar der Französischen Republik
Herrn Botschafter André François-Poncet
Geschäftsführendem Vorsitzenden der
Hohen Alliierten Kommission in Deutschland
Hotel Dreesen
B a d G o d e s b e r g

Die endgültige Liste darf ich Ihnen morgen vormittag überreichen und gleichzeitig mündlich erläutern[2].
Mit dem Ausdruck meiner ausgezeichneten Hochachtung bin ich

Ihr sehr ergebener
A[denauer]

Nr. 7
26. Oktober 1949 (Bad Godesberg): Heuss an Adenauer, Bonn

Verehrter Herr Bundeskanzler!

Einem kurzen Protokoll der Kabinettssitzung[1] entnahm ich, daß der Herr Bundespostminister[2] angeregt hat, bei der Schaffung einer für das Bundesgebiet einheitlichen Briefmarke mein Bildnis zu verwenden[3]. Herr Ministerialdirektor Dr. Klaiber[4] hat mir bestätigt, daß dieser Plan erörtert wird.
Nun möchte ich Sie und die Herren des Kabinetts bitten, von diesem Gedanken Abstand zu nehmen. Ich bitte Sie, das nicht für eine Koketterie der Bescheidenheit zu halten, sondern es ist eine sehr ernsthafte Überlegung. Mein Bemühen muß sein und ist es, in dem Stil der sogenannten Repräsentation und in der Aufgabe, den Staat im Volksgefühl zu integrieren, von all den Formen mich zu distanzieren, die in der nationalsozialistischen Zeit üblich gewesen sind. Ich möchte nie als der Nachfolger Hitlers wirken und also auch nicht jetzt gleich beim Beginn meines Amtes die Gewöhnung dieser Zeit übernehmen.
Ich weiß gut genug, daß sozusagen technisch ein Bild von mir ein verhältnismäßig bequemer Ausweg wäre, da ein unmittelbar wirksames und nicht bestrittenes Symbol uns leider noch fehlt. Daß die kommende gemeinsame Briefmarke als Leistung graphischer Kunst besser sein mag als manches Beispiel der deutschen Vergangenheit, ist auch mein lebhaftester Wunsch. Ich persönlich würde keine Bedenken haben, in einer guten Gestaltung den traditionellen Adler zu verwenden, aber es mag auch etwas anderes gefunden werden[5]; bloß soll niemand sagen: gerade wie bei Hitler.
Mit bestem Gruß

Ihr
Theodor Heuss

Beim Besuch des amerikanischen Außenministers Dean Acheson in Bonn (November 1949)

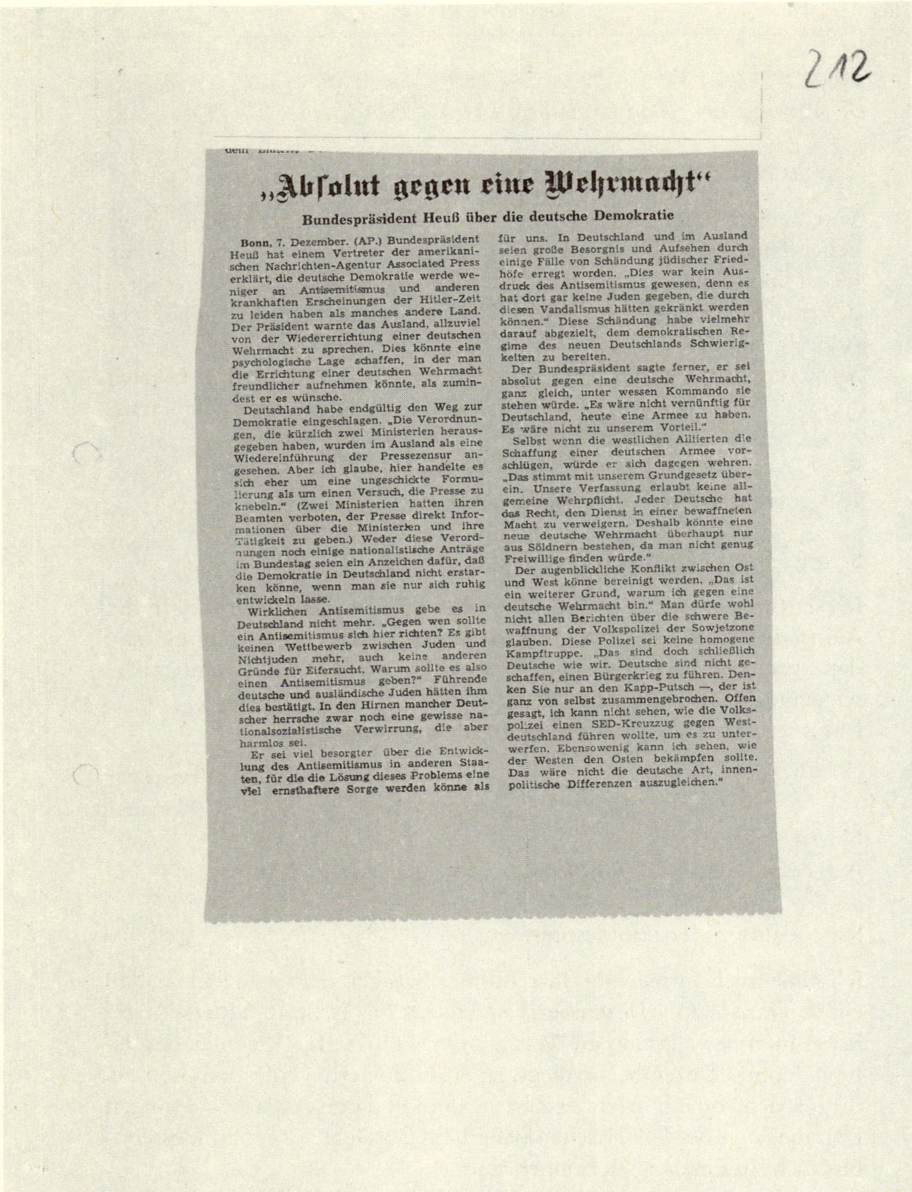

212

„Absolut gegen eine Wehrmacht"

Bundespräsident Heuß über die deutsche Demokratie

Bonn, 7. Dezember. (AP.) Bundespräsident Heuß hat einem Vertreter der amerikanischen Nachrichten-Agentur Associated Press erklärt, die deutsche Demokratie werde weniger an Antisemitismus und anderen krankhaften Erscheinungen der Hitler-Zeit zu leiden haben als manches andere Land. Der Präsident warnte das Ausland, allzuviel von der Wiedererrichtung einer deutschen Wehrmacht zu sprechen. Dies könnte eine psychologische Lage schaffen, in der man die Errichtung einer deutschen Wehrmacht freundlicher aufnehmen könnte, als zumindest er es wünsche.

Deutschland habe endgültig den Weg zur Demokratie eingeschlagen. „Die Verordnungen, die kürzlich zwei Ministerien herausgegeben haben, wurden im Ausland als eine Wiedereinführung der Pressezensur angesehen. Aber ich glaube, hier handelte es sich eher um eine ungeschickte Formulierung als um einen Versuch, die Presse zu knebeln." (Zwei Ministerien hatten ihren Beamten verboten, der Presse direkt Informationen über die Ministerien und ihre Tätigkeit zu geben.) Weder diese Verordnungen noch einige nationalistische Anträge im Bundestag seien ein Anzeichen dafür, daß die Demokratie in Deutschland nicht erstarken könne, wenn man sie nur sich ruhig entwickeln lasse.

Wirklichen Antisemitismus gebe es in Deutschland nicht mehr. „Gegen wen sollte ein Antisemitismus sich hier richten? Es gibt keinen Wettbewerb zwischen Juden und Nichtjuden mehr, auch keine anderen Gründe für Eifersucht. Warum sollte es also einen Antisemitismus geben?" Führende deutsche und ausländische Juden hätten ihm dies bestätigt. In den Hirnen mancher Deutscher herrsche zwar noch eine gewisse nationalsozialistische Verwirrung, die aber harmlos sei.

Er sei viel besorgter über die Entwicklung des Antisemitismus in anderen Staaten, für die die Lösung dieses Problems eine viel ernsthaftere Sorge werden könne als für uns. In Deutschland und im Ausland seien große Besorgnis und Aufsehen durch einige Fälle von Schändung jüdischer Friedhöfe erregt worden. „Dies war kein Ausdruck des Antisemitismus gewesen, denn es hat dort gar keine Juden gegeben, die durch diesen Vandalismus hätten gekränkt werden können." Diese Schändung habe vielmehr darauf abgezielt, dem demokratischen Regime des neuen Deutschlands Schwierigkeiten zu bereiten.

Der Bundespräsident sagte ferner, er sei absolut gegen eine deutsche Wehrmacht, ganz gleich, unter wessen Kommando sie stehen würde. „Es wäre nicht vernünftig für Deutschland, heute eine Armee zu haben. Es wäre nicht zu unserem Vorteil."

Selbst wenn die westlichen Alliierten die Schaffung einer deutschen Armee vorschlügen, würde er sich dagegen wehren. „Das stimmt mit unserem Grundgesetz überein. Unsere Verfassung erlaubt keine allgemeine Wehrpflicht. Jeder Deutsche hat das Recht, den Dienst in einer bewaffneten Macht zu verweigern. Deshalb könnte eine neue deutsche Wehrmacht überhaupt nur aus Söldnern bestehen, da man nicht genug Freiwillige finden würde."

Der augenblickliche Konflikt zwischen Ost und West könne bereinigt werden. „Das ist ein weiterer Grund, warum ich gegen eine deutsche Wehrmacht bin." Man dürfe wohl nicht allen Berichten über die schwere Bewaffnung der Volkspolizei der Sowjetzone glauben. Diese Polizei sei keine homogene Kampftruppe. „Das sind doch schließlich Deutsche wie wir. Deutsche sind nicht geschaffen, einen Bürgerkrieg zu führen. Denken Sie nur an den Kapp-Putsch —, der ist ganz von selbst zusammengebrochen. Offen gesagt, ich kann nicht sehen, wie die Volkspolizei einen SED-Kreuzzug gegen Westdeutschland führen wollte, um es zu unterwerfen. Ebensowenig kann ich sehen, wie der Westen den Osten bekämpfen sollte. Das wäre nicht die deutsche Art, innenpolitische Differenzen auszugleichen."

Bericht der »Frankfurter Allgemeinen« vom 9. Dezember 1949 über ein AP-Interview mit Theodor Heuss (zu Dok. Nr. 9)

Nr. 8

9. Dezember 1949 (Bad Godesberg): Heuss an Adenauer, Bonn

Verehrter Herr Bundeskanzler!

Von meinem Freund, Prof. Dr. Hohmann[1] in München, der nicht nur ein bedeutender Mediziner ist, sondern aus der Naumann[2]-Schule kommt, früher auch politisch sehr aktiv gewesen war, erhalte ich den beiliegenden Brief mit einem Personalvorschlag für die geplante Stelle für jüdische Angelegenheiten[3].

Mit freundlichem Gruß

Ihr ergebener
gez. Th. Heuss

Nr. 9

10. Dezember 1949 (Bonn): Adenauer an Heuss, Bad Godesberg

Sehr geehrter Herr Bundespräsident,

Ich darf mir die Frage erlauben, ob Ihr am 7. Dezember Vertretern der Associated Press gegebenes Interview, das großes Aufsehen erregt hat, dem in der »Frankfurter Allgemeinen Zeitung« vom 9. Dezember 1949 wiedergegebenen Wortlaut[1] entspricht.

Mit dem Ausdruck meiner ausgezeichnetsten Hochachtung

Ihr sehr ergebener
Adenauer

Nr. 9 A

[9.] Dezember 1949 (Bonn): Entwurf des Adenauer-Schreibens

Sehr geehrter Herr Bundespräsident,

Ich fühle mich verpflichtet, Ihre Aufmerksamkeit darauf zu lenken, daß ein von Ihnen am 7. Dezember Vertretern von »Associated Press« gegebenes Interview, das mir im Wortlaut der »Frankfurter Allgemeinen Zeitung« vom 9. Dezember vorliegt, zu Schlußfolgerungen führen könnte, die mit den von mir in letzter Zeit wiederholt dargelegten Auffassungen über die Frage der militärischen Sicherheit[1] des Gebietes der Bundesrepublik nicht in Einklang zu bringen sind.

Ich habe erst gestern die Hohen Kommissare[2] anläßlich einer der regelmäßig wiederkehrenden Besprechungen darauf aufmerksam gemacht, daß in der Ostzone eine reguläre deutsche Armee unter Führung deutscher, zum Teil nichtkommunistischer Offiziere aufgestellt wird, die im

Falle eines Konflikts zwischen Rußland und den Vereinigten Staaten eine sehr ernsthafte Bedrohung der Bundesrepublik darstellt. Entgegen den mehrfach von ausländischer Seite geäußerten Zweifeln, ob diese deutschen Truppen sich im Ernstfall Rußland gegenüber loyal verhalten würden, habe ich mit Nachdruck festgestellt, daß es sich bei diesen Truppen meist um junge Jahrgänge hande‹ le › [a], die ‹ im Ernstfall › [b] zweifellos den ihnen gegebenen Befehlen Folge leisten würden. Diese Entwicklung in der Ostzone werde von der deutschen Bevölkerung im Westen mit größter Besorgnis und Unruhe verfolgt. Ich hatte deshalb im Anschluß an meine Darlegungen über die deutsche Armee in der Ostzone, die im übrigen auf einwandfreien Informationen beruhen, an die Hohen Kommissare die dringende ‹ Bitte › [c] gerichtet, bei ihren Regierungen darauf hinzuwirken, daß diese ‹ ... › [d] in einer besonderen Erklärung den ‹ militärischen › [e] Schutz des Gebietes der Bundesrepublik gewährleisten.
Die Ausführungen des an »Associated Press« gegebenen Interviews entkräften weitgehend meine den Hohen Kommissaren gemachten Darlegungen. Ich bitte, Verständnis dafür zu haben, wenn ich in diesem Falle darauf hinweise, daß ‹ nach dem › [f] Grundgesetz die Richtlinien der Politik der Bundesregierung vom Bundeskanzler zu bestimmen sind [3].

Nr. 10
4. Januar 1950 (Bad Godesberg): Heuss an Adenauer, Rhöndorf

Verehrter Herr Bundeskanzler,
lieber Dr. Adenauer!

Zu Ihrem Geburtstage [1] darf ich Ihnen, auch für meine Frau, herzliche und aufrichtige Glückwünsche aussprechen; sie gelten vor allem Ihrer Gesundheit und Ihrer Arbeitskraft. Manchmal bin ich in Sorge, daß Sie sich übernehmen. Aber es ist gut, daß auch Sie eine gelassene Seele besitzen.
Meine engeren Mitarbeiter hier oben stöhnen etwas darunter, wie viele Bücher ihr Chef (und seine Frau!) geschrieben haben. Denn sie meinen, das müsse nun alles gelesen werden, aus Höflichkeit u.s.f. Wenn es mir Freude macht, Ihnen ein kleines Büchlein zu schicken, für Ihre Bibliothek, so dürfen Sie sich von solcher seelischen Zumutung entlastet halten.
Wir sind bekanntlich beide gegen die »Remilitarisierung« [2]. Aber ein alter Publizist verzichtet nicht gerne auf die Bildhaftigkeit, die ihm das historische Militärwesen zur Verfügung stellt. Wenn ich die Naumann-Biographie [3] als die Artillerie in meinem Arsenal bezeichnen darf und die »Deut-

Heuss-Zeichnung des Siebengebirges mit der Viktorshöhe (16. Oktober 1949)

THEODOR HEUSS

Bad Godesberg, 4. 1. 1950.

Verehrter Herr Bundeskanzler,
lieber Dr. Adenauer!

Zu Ihrem Geburtstage darf ich Ihnen, auch für meine Frau, herzliche und aufrichtige Glückwünsche aussprechen; sie gelten vor allem Ihrer Gesundheit und Ihrer Arbeitskraft. Manchmal bin ich in Sorge, daß Sie sich übernehmen. Aber es ist gut, daß auch Sie eine gelassene Seele besitzen.

Meine engeren Mitarbeiter [illegible] stöhnen etwas darüber, wie viele Briefe ihr Chef (und seine Frau!) geschrieben haben. Denn sie meinen, das müsse nun alles gelesen werden, und schließlich doch u.s.f. Wenn es mir Freude macht, Ihnen ein kleines Briefchen zu schicken, für Ihre [illegible], so dürfen Sie sich von solcher belästigenden Zumutung entlastet halten.

Wir sind bekanntlich beide gegen die „Remilitarisierung". Aber ein alter Publizist verzichtet nicht gern auf die Schalkhaftigkeit,

Zu Dok. Nr. 11

die Ihnen das historische Militärwesen zur Verfügung stellt. Wenn ich die Naumann-Biographie als die Artillerie in meinem Arsenal begreifen darf und die „Deutschen Gestalten" als Infanterie, dann fungiert das beiliegende Bändchen - Schattenbeschwörung als leichte Kavallerie, bestimmt zur Aufklärung eines historischen Geländes, aber für den Ernstfall doch mehr Spielerei und eigentlich der Gegenstand launenhaften Vergnügens. Das Büchlein bringt also weniger Wissenschaft als vergnügliche Artistik.

Vielleicht macht es Ihnen in einer gelockerten Stunde Spaß oder hilft es Ihnen zu einer solchen.

Mit freundlicher Begrüßung

Ihr erg. Theodor Heuss

schen Gestalten«[4] als Infanterie, dann fungiert das beiliegende Bändchen »Schattenbeschwörung«[5] als leichte Reiterei, bestimmt zur Aufklärung eines historischen Geländes, aber für den Ernstfall doch mehr Spielerei und eigentlich der Gegenstand sinnenhaften Vergnügens. Das Büchlein bringt also weniger Wissenschaft als vergängliche Artistik.
Vielleicht macht es Ihnen in einer gelockerten Stunde Spaß oder hilft es Ihnen zu einer solchen.
Mit freundlicher Begrüßung

Ihr erg[ebener]
Theodor Heuss

Nr. 11
8. Januar 1950 (Rhöndorf): Adenauer an Heuss, Bad Godesberg

Sehr verehrter Herr Bundespräsident, lieber Freund –
ich hoffe, daß ich das sagen darf –.

Ihrer Frau und Ihnen danke ich recht herzlich[1]. Sie wissen, daß mein Stil etwas dürftig ist, aber was ich sage, kommt von Herzen. So auch mein Dank.
Ich »stöhne« nicht über Ihre Bücher, ich empfinde ihre Lektüre als Erholung und Ablenkung von den oft sehr lästigen und drückenden Tagesarbeiten. –
Ich freue mich, wenn Sie heruntersteigen[2] nach Bonn, und wenn man dann öfter sich austauschen kann[3], ich habe ein dienstliches und ein menschliches Verlangen danach.
Ich danke Ihnen nochmals und bin mit vielen Grüßen an Ihre Gattin und Sie

Ihr
K. Adenauer

Nr. 12
7. April 1950 (Bonn): Adenauer an Heuss, Bad Godesberg

Sehr verehrter Herr Heuss!

Lassen Sie mich auf diesem Wege Ihnen und Ihrer verehrten Gattin ein frohes Osterfest wünschen. Ich hatte gehofft, noch vor Ostern zu Ihnen hinaufkommen zu können. Es geht aber trotz des besten Willens nicht. Ich werde mir erlauben, Mittwoch früh bei Ihnen anzurufen, ob ich Sie im Laufe des Mittwoch nachmittag besuchen kann[1].
Mit vielen Grüßen Ihrer Gattin und Ihnen.

Ihr Ihnen sehr ergebener
Adenauer

Der erste Fünfmarkschein (zu Dok. Nr. 13)

Nr. 13

8. April 1950: Heuss an Adenauer, Rhöndorf

Verehrter, lieber Herr Adenauer!

Ihr Ostergruß[1] wird von meiner Frau und mir herzlich erwidert.
Es soll mir sehr lieb sein, wenn Sie den Mittwoch nachmittag für einen Besuch frei halten können. Es gibt ja immer allerhand zu reden.
Ich habe in den letzten Tagen eine wenig erfreuliche Begegnung gehabt, und zwar die mit dem Fünfmarkschein[2], der als erste graphische Leistung für die Bundesrepublik Deutschland Zeugnis ablegen soll. Man kann wahrscheinlich tiefe Symbolik treiben – oder nennt man dies Verfahren Allegorik, daß der Stier wohl von den Weiden aus Texas die Europa als leichte Last (oder Beute) auf seine Hörner genommen hat. Aber das ganze ist für mein Gefühl schauderhaft; ich sehe schon, wie die Klagen der Künstler und anderer Leute bei mir eindringen. Wir haben zwar, glaube ich, noch kein Bundeskriminalamt[3], aber Sie könnten doch wohl feststellen lassen, wer an diesem Verbrechen wider die Menschlichkeit die Schuld trägt[4].
Mit freundlichen Grüßen Ihr

gez. Theodor Heuss

Nr. 14

1. Mai 1950 (Bad Godesberg): Heuss an Adenauer, Rhöndorf

Zum frohen und ernsten Fest[1] senden herzliche Wünsche

Theodor und Elly Heuss

Nr. 15

6. Mai 1950 (Rhöndorf): Adenauer an Heuss, Bad Godesberg

Sehr geehrter, lieber Herr Heuss!

Ihnen und Ihrer verehrten Gattin danke ich herzlich für Ihre inhaltsvollen Glückwünsche[1].
Mit vielen Grüßen, und Empfehlungen für Ihre Gattin,

Ihr ergebener
Adenauer

Bei der Eröffnungsvorstellung der Passionsspiele Oberammergau (Mai 1950)

Nr. 16

27. Mai 1950 (Bad Godesberg): Heuss an Adenauer, Rhöndorf

Verehrter Herr Bundeskanzler,

Zu meinem Schrecken erfahre ich, daß die Erkältung vorübergehend doch einen schlimmeren Charakter angenommen hat[1]. Ich hoffe, daß die Pfingsttage von Ihnen ernsthaft zum Ruhehalten benützt werden können, damit die alte Spannkraft bald wiedergewonnen ist, und Ihr Befinden von Anfälligkeiten verschont bleibt.
Ich selber muß heute via Turnervereinigung in Frankfurt die letzten »Staatsbesuche« in Stuttgart[2] und in Tübingen[3] erledigen. Man hat mir noch Besuche in Pforzheim und Karlsruhe dazwischen gestopft und eine Unzahl von Reden und Ansprachen vorgeschrieben. Ich will froh sein, wenn ich am 6. Juni alles glücklich hinter mir habe, doch kommt dann gleich die Deutsche Landwirtschaftsgesellschaft[4].
Empfehlen Sie mich bitte Ihrer Tochter[5] und nehmen Sie meinen aufrichtigen Pfingstgruß entgegen.

Ihr
Theodor Heuss

Nr. 17

28. Mai 1950 (Rhöndorf): Adenauer an Heuss, Bad Godesberg

Sehr verehrter Herr Bundespräsident!

Herzlich danke ich Ihnen für Ihre freundlichen Worte und guten Wünsche vom 27. Mai[1]. Zum Glück ist die Lungenentzündung bei mir schnell erkannt und dann kupiert worden.
Ich hoffe, daß Sie von Ihrer Tournée, die bei dem schlechten Wetter keine reine Freude sein wird, gesund zurückkommen.
Mit herzlichen Pfingstgrüßen an Ihre Gattin und Sie, auch von meiner Tochter, wie immer,

Ihr
Adenauer

Nr. 18

12. Juli 1950 (Bonn): Adenauer an Heuss, Bad Godesberg

Sehr geehrter Herr Bundespräsident!

Am 13. Juli werde ich für etwa drei bis vier Wochen einen Erholungsurlaub antreten. Ich werde mich nach Bürgenstock in die Schweiz begeben[1]. In Anbetracht der außerordentlich gespannten Lage[2] sehe ich mich jedoch leider nicht in der Lage, wie ich es gern getan hätte, mich während die-

ser Zeit ganz von den Regierungsgeschäften zurückzuziehen. Ich werde daher ein kleines Büro mit nach Bürgenstock nehmen. Ich bin dort telefonisch auf einer besonderen Leitung jederzeit unter der Nummer 041 – 68375 erreichbar[3].
Ihrer Frau Gemahlin und Ihnen wünsche ich weiterhin recht gute Erholung.

Mit vorzüglicher Hochachtung Ihr sehr ergebener
Adenauer

Nr. 19
14. August 1950 (Bonn): Adenauer an Heuss, Bad Godesberg

Sehr geehrter Herr Bundespräsident!

Ich gestatte mir, Ihnen mitzuteilen, daß ich mit dem heutigen Tage meine Dienstgeschäfte in Bonn wieder aufgenommen habe[1].

Mit vorzüglicher Hochachtung Ihr sehr ergebener
Adenauer

Nr. 20
6. September 1950 (Bonn): Adenauer an Heuss, Bad Godesberg

Sehr verehrter Herr Bundespräsident!

Gestern sprach ich mit Herrn Klaiber über den Akt am Donnerstag[1]. Ich beabsichtige, nur ganz wenige einleitende Sätze zu sagen und keine Übersicht zu geben über das, was in diesem Jahre vor sich gegangen ist. Ich meine, daß weder die Bundesregierung noch der Bundestag in eigener Sache sprechen sollten. Dagegen ist der Bundespräsident als höchste über den Parteien stehende Instanz wohl in der Lage, einen solchen Überblick zu geben, und darum möchte ich Sie herzlich bitten.
Sie werden wissen, welch defätistische Stimmung in weiten Kreisen unserer Bevölkerung plötzlich Platz gegriffen hat[2]. Ich hoffe, daß es gelingen wird, sie auch morgen etwas zu zerstreuen.
Mit vielen Grüßen Ihr sehr ergebener
(Adenauer)

Heuss besucht Adenauer auf dem Bürgenstock (21. Juli 1950)
links oben: mit Ernst Ludwig Heuss und Lotte Adenauer

Kabinettssitzung (1950)

Nr. 21

20. Oktober 1950 (Bad Godesberg): Heuss an Adenauer, Bonn

Sehr geehrter Herr Bundeskanzler,

eine Rückfrage hat mir bestätigt, daß die Nachricht, der bisherige Bundestagspräsident Dr. Erich Köhler[1] sei als Generalkonsul für Australien in Aussicht genommen, zutrifft – das Gerücht will dazu wissen, er habe eine Berufung in den auswärtigen Dienst zu einer Art von Bedingung für den Verzicht auf das Bundestags-Präsidentenamt gemacht.
Sie wollen es mir nicht verübeln, wenn ich zum Ausdruck bringe, daß dieser Vorgang mir arge Beschwerden macht. Und zwar dies nicht in Ansehung der Persönlichkeit des Dr. Köhler, zu dem ich immer liebenswürdige persönliche Beziehungen unterhalten habe – über das mehr oder weniger bewährte Geschick seiner parlamentarischen Geschäftsführung[2] fehlt mir das eigene Urteil.
Als sachlich peinlich empfinde ich aber dies – und darauf würde ich hingewiesen haben, wenn das Problem mit mir erörtert worden wäre –, daß ein Politiker, der, ob mit Recht oder Unrecht, innenpolitisch keine »gute Presse« hat, auf einen nicht unwichtigen Außenposten gesetzt werden soll. Das wird als Vorgang psychologisch in Deutschland ungünstig wirken; das Gerede wird aufkommen, daß eine »Versorgung« vorliege[3]. Aber ich fürchte, die Position Dr. Köhlers wird auch in Australien von Anbeginn darunter leiden, daß man dort kolportieren wird, der Mann sei »abgeschoben« worden. Sein Rückhalt in der Heimat wird bezweifelt werden. Und Australien scheint mir ein sehr wichtiger Posten zu sein, zum mindesten zur Beobachtung der weltpolitischen Entwicklung – der Außenminister Spender[4], der uns kürzlich besuchte, ist eine wichtige Figur für alle Pazifik-Kombinationen[5]. Aber auch das Einwanderungsproblem, über das wiederholt australische Besucher mit mir gesprochen haben, wird sein sonderliches Gewicht erhalten.
Es ist mir schier eine seelische Nötigung, Ihnen diese meine Empfindung darzulegen. Ich halte die Frage unserer Auslandsvertretungen für ein so diffiziles Kapitel, daß ich es, bei allem Wissen um das System der kommunizierenden Röhren zwischen Außen- und Innenpolitik, als eine Beschwernis empfinde, wenn innenpolitische Entlastungsbedürfnisse in diesen Bereich hineinwirken.
Das soll natürlich keinen Augenblick so verstanden werden, als ob ich irgendwelche grundsätzliche Bedenken hätte, Parlamentarier in den

Außendienst zu übernehmen[6] – nach 1918 hat man mit dem Verfahren einige vortreffliche Erfahrungen gemacht[7]. Aber …
Ich denke, wir werden den Fall bald einmal besprechen[8].
Mit freundlichen Grüßen Ihr
Theodor Heuss

Nr. 22
23. Oktober 1950 (Bonn): Adenauer an Heuss, Bad Godesberg

Sehr geehrter Herr Bundespräsident!

Nach meiner Rückkehr vom ersten CDU-Parteitag in Goslar[1] finde ich Ihren Brief vom 20. Oktober[2] vor betr. Herrn Köhler. Zu Herrn Köhler möchte ich vorläufig folgendes sagen. Herr Köhler hat als Präsident des Bundestages versagt[3]. Er war nicht in der Lage, ein Parlament von diesem Umfang richtig zu leiten. Gegen seine Person liegt nichts vor. Als Vorsitzender des Wirtschaftsrates der Bizone[4] hat er sich unzweifelhaft große Verdienste erworben. Als Vorsitzender des Wirtschaftsrates hatte er nicht nur die Leitung des Wirtschaftsrates in seinen Sitzungen, sondern der Vorsitzende des Wirtschaftsrates hatte, da der Wirtschaftsrat kein eigentliches Parlament war, sehr viel Verhandlungen mit den Alliierten zu führen. Nach übereinstimmenden Berichten, die ich bekomme und die ich auch früher erhalten habe, hat Herr Köhler bei diesen Verhandlungen sehr gut gewirkt und für die Bizone viel erreicht. Ich glaube, wenn man gegeneinander abwägt sein Versagen bei der Funktion als Präsident des Bundestages und seine unbestrittenen Erfolge bei der Leitung des Wirtschaftsrates, so wird man von einem »Abschieben« wirklich nicht sprechen können. Die Eigenschaften, die Herr Köhler bei diesen Verhandlungen gezeigt hat, machen ihn, wie ich glaube, auch durchaus geeignet, einen diplomatischen Posten zu versehen. Es kommt hinzu, daß Sie, wie Sie selbst, sehr verehrter Herr Präsident, in Ihrem Brief ausgeführt haben, der Auffassung sind, daß neue Männer in den Auswärtigen Dienst genommen werden müssen.
Ich darf mir erlauben, möglichst bald nach meiner Rückkehr mit Ihnen über die Sache zu sprechen[5].
Mit freundlichen Grüßen Ihr ergebener
(Adenauer)

Nr. 23

27. November 1950 (Bad Godesberg): Heuss an Adenauer, Bonn

Verehrter Herr Bundeskanzler,

In der Anlage überreiche ich Ihnen die Niederschrift eines meiner Mitarbeiter über das gestrige Gespräch mit Dr. Schumacher[1], das sehr lange dauerte[2]. Es war auch Ihnen gegenüber mein Bedürfnis, den Wunsch auszudrücken, daß die Berliner Wahlsituation[3] die Parteienproblematik nicht verschärfe. Diesen *allseits* gedachten Wunsch verbinde ich mit der Hoffnung, daß Sie eine gute Reise haben[4].
Mit freundlichem Gruß Ihr
Theodor Heuss

Nr. 24

4. Dezember 1950 (Rhöndorf): Adenauer an Heuss, Bad Godesberg

Sehr verehrter Herr Bundespräsident!

Herzlich danke ich Ihnen für die Mühe, die Sie sich mit Herrn Dr. Schumacher gegeben haben und für die Übersendung der Niederschrift[1].
Die Berliner Wahl hat ja nun einen Ausgang für Ihre[2] und meine Partei genommen[3], wie wir sie uns besser nicht wünschen können. Ich glaube, daß dieser Ausgang im Auslande tiefen Eindruck machen wird, daß sie aber auch die Erwartungen der SPD etwas unterdrücken wird.
Ich darf mir erlauben, in den nächsten Tagen anzurufen, um zu hören, wann ich zu Ihnen kommen kann[4].
Mit freundlichen Grüßen Ihr ergebener
Adenauer

Nr. 25

4. Dezember 1950 (Bad Godesberg): Heuss an Adenauer, Bonn

Verehrter, lieber Herr Bundeskanzler,

ich ahne nicht, was Sie für Absichten gegenüber dem Brief des Herrn Grotewohl[1] hegen, ich kenne den Wortlaut und die stilistische Haltung dieses Briefes nicht, sondern habe nur die Fassung der »Frankfurter Allgemeine Zeitung« vor mir[2].
Vielleicht haben Sie sich schon Gedanken gemacht, ob und wie Sie hierauf reagieren werden[3]. Ganz ohne Reaktion sollte, nachdem der Mann sozusagen die hiesige Regierung anerkannt hat, die er bisher nur als Spalter und amerikanischen Agenten behandelte, das Schreiben nicht

bleiben, und nach meinem politischen Gefühl erträgt die Unruhe, die durch diese Tage geht, keine pointierte Verschärfung.
Sie wissen, Herr Bundeskanzler, daß ich weiß, daß *Sie* die »Richtlinien der Politik«[4] bestimmen, aber Sie nehmen es mir nicht übel, wenn ich den Versuch gemacht habe, Ihnen als formale Eventualität ein bißchen Ihrer großen Belastung abzunehmen, d. h. ich lege Ihnen einfach einmal den Entwurf eines Briefes vor, wie ich ihn mir ungefähr vorstelle. Welche Formschnörkel Herr Grotewohl gewählt hat[5], weiß ich nicht, spreche ihn aber sehr bewußt mit einem Titel nicht an, sondern mit seinem Namen[6].
Mit freundlichem Gruß Ihr
gez. Th. Heuss

Nr. 25 A
[4. Dezember 1950]: Heuss-Entwurf einer Antwort Adenauers an Grotewohl

Sehr geehrter Herr Grotewohl,

indem ich den Empfang Ihres Schreibens bestätige, worin Sie Verhandlungen, wie Sie schreiben, »im Geiste ehrlicher Verständigung« über die Bildung eines Gesamtdeutschen Konstituierenden Rates vorschlagen, verkenne ich nicht, daß für alle Deutschen, die an dem Gedanken einer wieder zu verwirklichenden staatlichen Einheit festhalten, gleichviel, in welcher Zone sie wohnen, der gegenwärtige Zustand eine schwer erträgliche seelische Last darstellt, von seinen sozialen und wirtschaftlichen Folgeerscheinungen ganz abgesehen.
Die Voraussetzungen eines fruchtbaren Gespräches erscheinen mir aber nicht gegeben. Die Regierung der Bundesrepublik Deutschland ist nicht in der Lage, die demokratische Legitimation der öffentlichen Machtbildung anzuerkennen, wie sie sich in der sowjetisch besetzten Zone gestaltet hat. Sie hat das nach dem Verfahren der »Wahl« im Oktober[1] eindeutig zum Ausdruck gebracht, und sie weiß, daß sie dabei nicht bloß für die überwältigende Mehrheit der in der Bundesrepublik Deutschland wohnenden Menschen, sondern auch für sehr weite Kreise der mittel- und ostdeutschen Bevölkerung gesprochen hat[2].

Bei der Unterzeichnung eines Gesetzes
(Dezember 1950)

Nr. 26

22. Dezember 1950 (Bad Godesberg): Heuss an Adenauer, Bonn

Verehrter, lieber Herr Bundeskanzler,

mit dem Bücherschreiben, das mir früher die Chance gab, nette Weihnachtsgeschenke aus der leichten Hand weiterzureichen, ist es ja nun vorbei. Aber ein Verleger kam auf den Gedanken, einen Vortrag, den ich vor bald 5 Jahren vor Tübinger Studenten gehalten habe[1], neu zu drucken und so will ich Ihnen das kleine Heftchen mit guten Wünschen senden. Es muß mir freilich fraglich erscheinen, ob Sie Zeit finden, es zu lesen, aber die Dinge, die ich auf Seite 19-20 von Bismarck[2] damals gesagt habe[3], interessieren Sie vielleicht. Wir haben ja ein paarmal das Bismarck-Gespräch leicht begonnen[4].

Mit freundlichen Weihnachtsgrüßen Ihr

Theodor Heuss

Nr. 27

23. Dezember 1950 (Bonn): Adenauer an Heuss, Bad Godesberg

Sehr verehrter Herr Bundespräsident!

Die beiden Schriften[1], die Sie mir freundlichst übersandten, nehme ich mit nach Haus. Ich hoffe, daß ich während der Weihnachtszeit doch einige ruhige Stunden finde, um sie lesen zu können. Ich danke Ihnen aber besonders dafür, daß Sie so freundlich meiner gedacht haben.

Ich wünsche Ihnen, daß Sie in Ihrem neuen Haus[2] ein Heim finden. Ich wünsche das Ihnen und Ihrer verehrten Frau Gemahlin, die ich bestens von mir zu grüßen bitte. Ich darf Ihnen nochmals ein gesegnetes Weihnachtsfest wünschen und bin mit vielen Grüßen

Ihr

Adenauer

Nr. 28

28. Dezember 1950 (Bonn): Heuss an Adenauer, Bonn

Verehrter, lieber Herr Bundeskanzler,

Kurz vor Weihnachten war eine dreigliedrige Vertretung der Arbeitgeberverbände[1] bei mir, gestern 7 Mann stark der Vorstand des Deutschen Gewerkschaftsbundes[2] unter Führung von Dr. Böckler[3]. Die Initiative lag in beiden Fällen bei den Besuchenden.

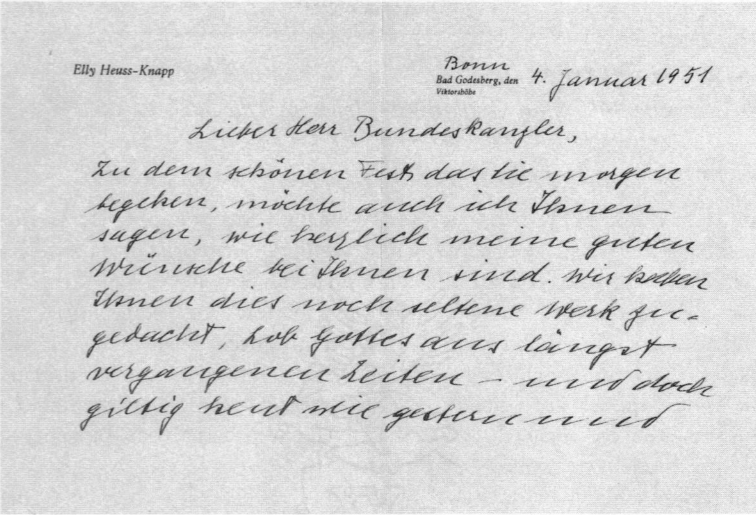

Elly Heuss-Knapp

Bonn
Bad Godesberg, den 4. Januar 1951
Viktorshöhe

Lieber Herr Bundeskanzler,
Zu dem schönen Fest das Sie morgen begehen, möchte auch ich Ihnen sagen, wie herzlich meine guten Wünsche bei Ihnen sind. Wir haben Ihnen dies noch seltene Werk zugedacht, Lob Gottes aus längst vergangenen Zeiten – und doch gültig heut wie gestern und

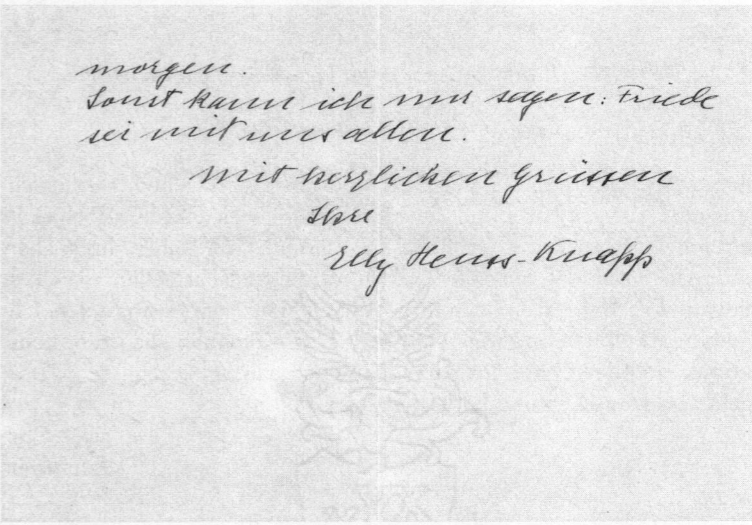

morgen.
Sonst kann ich nur sagen: Friede sei mit uns allen.
Mit herzlichen Grüssen
Ihre
Elly Heuss-Knapp

Elly Heuss-Knapp am 4. Januar 1951: »Lieber Herr Bundeskanzler, zu dem schönen Fest, das Sie morgen begehen, möchte auch ich Ihnen sagen, wie herzlich meine guten Wünsche bei Ihnen sind. Wir haben Ihnen dies noch seltene Werk zugedacht, Lob Gottes aus längst vergangenen Zeiten – und doch gültig heut wie gestern und morgen.
Sonst kann ich nur sagen: Friede sei mit uns allen.Mit herzlichen Grüßen /.../«

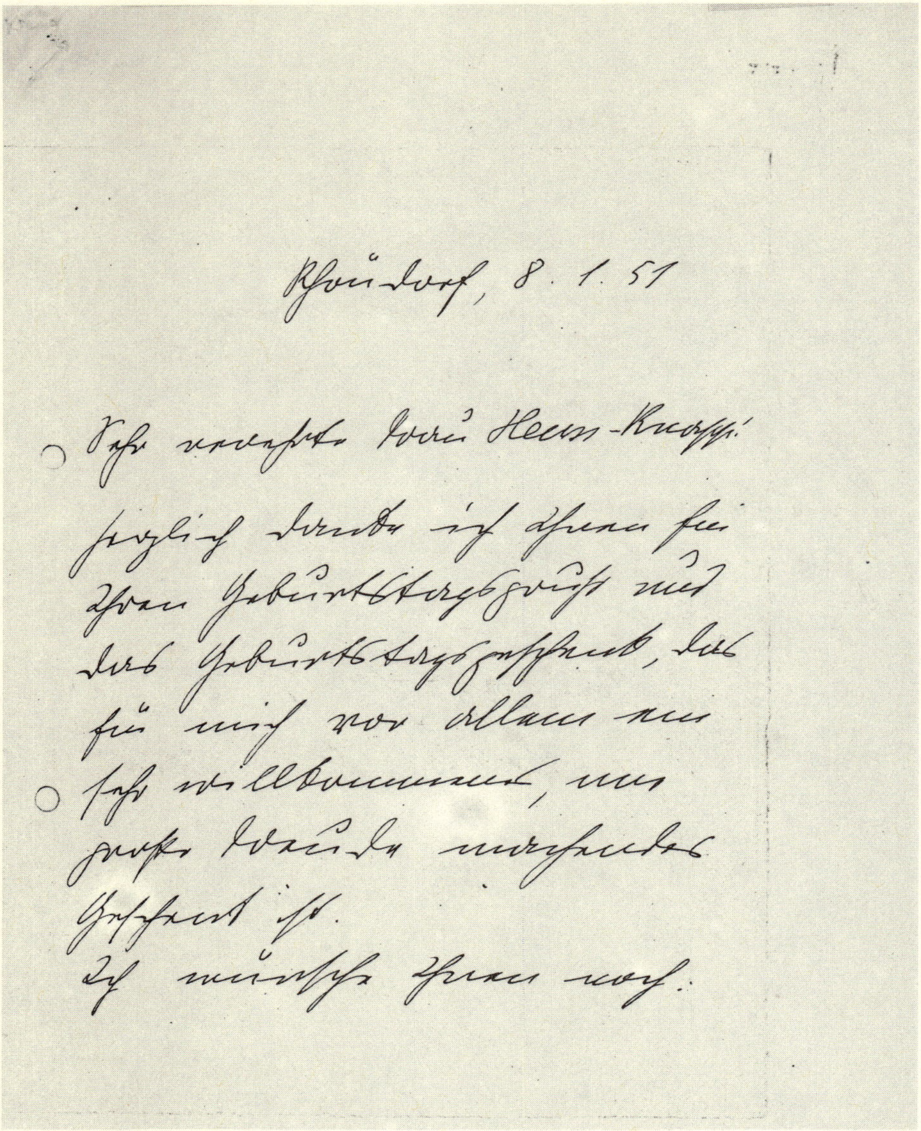
Rhöndorf, 8.1.51

Sehr verehrte Frau Heuss-Knapp!

Herzlich danke ich Ihnen für Ihren Geburtstagsgruß und das Geburtstagsgeschenk, das für mich vor allem ein sehr willkommenes, mir große Freude machendes Geschenk ist.
Ich wünsche Ihnen noch.

Adenauers Antwort vom 8. Januar 1951: »Sehr verehrte Frau Heuss-Knapp! Herzlich danke ich Ihnen für Ihren Geburtstagsgruß und das Geburtstagsgeschenk, das für mich vor allem ein sehr willkommenes, mir große Freude machendes Geschenk ist. Ich wünsche Ihnen nochmals von Herzen im neuen Jahr eine recht gute Gesundheit, damit Sie Ihren zahlreichen und großen Aufgaben sich ganz widmen können.
Mit herzlichen Grüßen /.../«

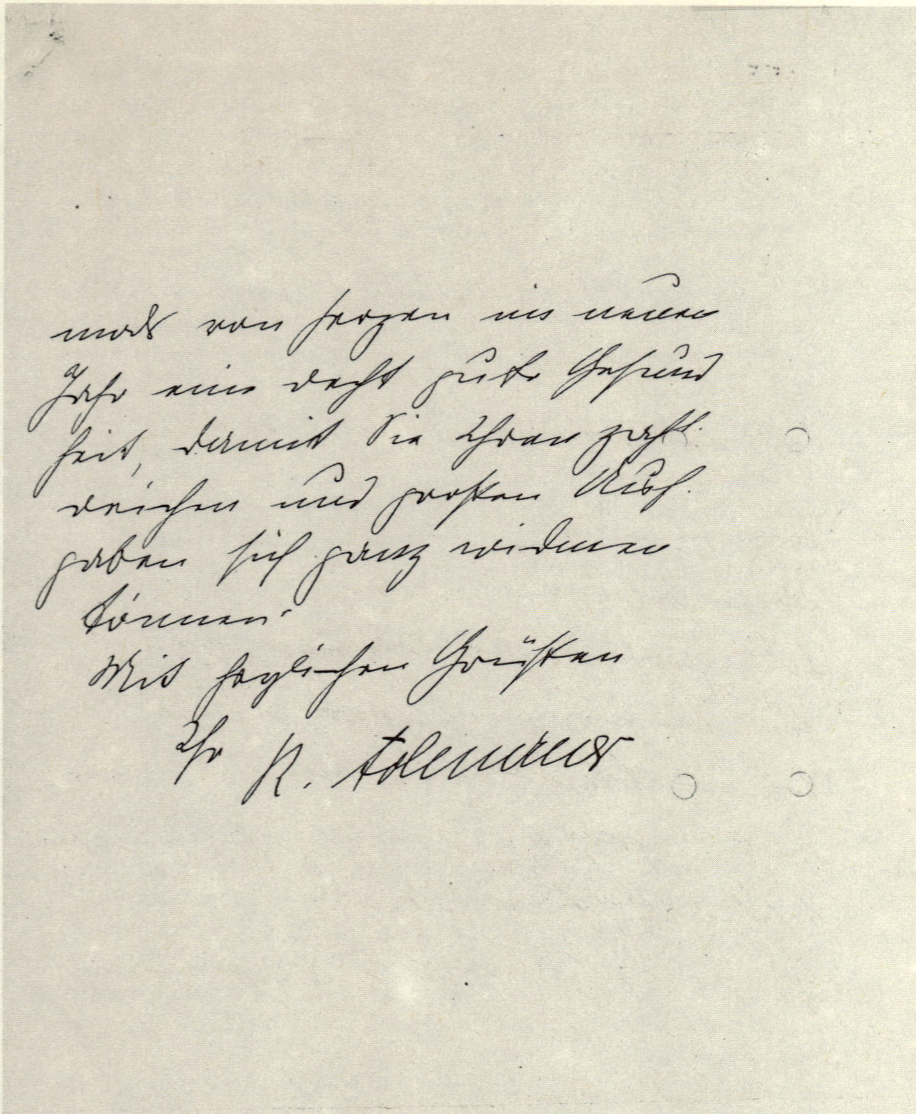
und von Herzen ein neues
Jahr mit recht guter Gesund-
heit, damit Sie Ihren pflicht-
reichen und großen Auf-
gaben sich ganz widmen
können.
Mit herzlichen Grüßen
Ihr K. Adenauer

Es waren beide Male Gespräche von etwa 1 1/2 Stunden Dauer, in der wir die verschiedenen sozialpolitischen und sozialwirtschaftlichen Probleme abschritten[4]. Beide Male ging das Gespräch etwas auf die Pointe, Sie, Herr Bundeskanzler, möchten die Leute doch noch einmal an den runden Tisch rufen[5]. In meiner Sylvesteransprache habe ich den Komplex selber vorbereitet und ihn jetzt noch etwas in dieser Richtung abgetönt[6].

Vielleicht wäre es ganz gut, wenn wir uns in den kommenden Tagen einmal kurz über die taktische und psychologische Behandlung des Komplexes unterhalten könnten[7], ohne daß ich Sie aus Ruhe (?) oder Arbeit herausreiße.

Entweder komme ich einmal zu Ihnen herüber, um mich am Palais Schaumburg[8], das ich noch nie betrat, zu erfreuen, oder Sie sehen sich an, was wir aus dem Kasten der »Villa Hammerschmidt« gemacht haben[9]. Bei dem sogenannten Neujahrsempfang reicht es ja doch nicht zu einem verständigen Gespräch. Dr. Böckler will, wie ich spüre, Sie auch demnächst aufsuchen[10].

Mit guten Grüßen Ihr

Theodor Heuss

Nr. 29

29. Dezember 1950 (Rhöndorf): Adenauer an Heuss, Bonn

Sehr verehrter Herr Bundespräsident!

Herr Böckler hat mir vor einiger Zeit durch Herrn Minister Lehr[1] sagen lassen, er würde es begrüßen, wenn unter meinem Vorsitz noch einmal Verhandlungen über das Mitbestimmungsrecht stattfinden würden[2]. Ich habe darauf mit Herrn Minister Storch[3] gesprochen. Herr Storch ist wie ich der Auffassung, daß man bis nach Neujahr warten solle. Nun wird vielleicht eine besonders gute Atmosphäre dadurch geschaffen werden, daß Herr Böckler und ich gleichzeitig am 4. Januar das Ehrenbürgerrecht der Stadt Köln erhalten werden[4]. –

Ich versuche, zwischen Weihnachten und Neujahr etwas mich meiner Familie zu widmen und etwas mir Ruhe zu verschaffen. Ich muß aber gestehen, die außenpolitischen Fragen sind so schwer und so drückend[5], daß man zu einer wirklichen Entspannung nicht kommt. Ich darf, vorausgesetzt, daß es Ihnen recht ist, am 2. oder 3. Januar – ich überschaue die Lage noch nicht – anrufen, ob ich für ein Stündchen zu Ihnen herüberkommen kann[6].

Ihrer verehrten Gattin und Ihnen wünsche ich von Herzen alles Gute für das Jahr 1951.

Mit vielen Grüßen Ihr

(Adenauer)

Nr. 30

18. Januar 1951 (Bonn): Adenauer an Heuss, Bonn

Sehr verehrter Herr Bundespräsident!

Lassen Sie mich Ihnen und Ihrer sehr verehrten Frau Gemahlin nochmals für alle Ihre guten Wünsche, die Sie mir anläßlich meines 75. Geburtstages zum Ausdruck gebracht haben[1], auf das herzlichste danken. Mit ganz besonderer Freude und Bewegung habe ich auch Ihr wertvolles Geschenk, die Sammlung vorgregorianischer Kirchenmusik[2], aus Ihren Händen entgegengenommen.

Mit dem Ausdruck meiner ausgezeichnetsten Hochachtung und ergebensten Grüßen bin ich

Ihr

Adenauer

Nr. 31

31. Januar 1951 (Bonn): Adenauer an Heuss, Bonn

Sehr verehrter Herr Bundespräsident!

Zu Ihrem Geburtstage[1] übermittle ich Ihnen mit diesem Blumengruß nochmals meine herzlichsten Wünsche für Ihr neues Lebensjahr, das Sie und Ihre hochverehrte Frau Gemahlin in bester Gesundheit, in Frieden und möglichst frei von Sorgen, verleben sollen.

Möge uns die Kraft beschieden sein, die schweren Probleme, die noch vor uns liegen, zum Wohle des gesamten deutschen Volkes und zur Erhaltung des Friedens in der Welt zu lösen. Dies ist mein aufrichtiger Wunsch für das Jahr, das Sie heute beginnen.

Mit den besten Grüßen bin ich Ihr Ihnen sehr ergebener

Adenauer

Nr. 32

31. Januar 1951 (Bonn): Adenauer an Heuss, Bonn

Sehr verehrter Herr Bundespräsident!

Im Namen des Bundeskabinetts darf ich Ihnen zu Ihrem Geburtstage die herzlichsten Glückwünsche aussprechen und der Hoffnung Ausdruck

75. Geburtstag Adenauers (5.Januar 1951)

geben, daß Sie als Bundespräsident noch lange dem deutschen Volke in diesen schweren Jahren des Wiederaufbaues mit Ihrer Erfahrung und Tatkraft erhalten bleiben mögen.
Das aufrichtige Vertrauen, das sich zwischen Ihnen und der Bundesregierung entwickelt hat, wird auch in Zukunft die Lösung der schweren und verantwortungsvollen Aufgaben erleichtern, die uns gestellt sind.
Mit den besten Grüßen bin ich

Ihr Ihnen sehr ergebener
(Adenauer)

Nr. 33
3. Februar 1951 (Bonn): Adenauer an Heuss, Bonn

Sehr geehrter Herr Bundespräsident!

Anliegend übersende ich Ihnen eine Aufzeichnung meiner Gedanken zur gegenwärtigen Lage[1]. Ich bitte, diese Skizze vertraulich zu behandeln.
Mit besten Grüßen

Ihr ergebener
(Adenauer)

Nr. 34
15. März 1951 (Bonn): Heuss an Adenauer, Bonn

Verehrter Herr Bundeskanzler,

es liegt mir daran, einige der in unserem heutigen Gespräche[1] erörteten Fragen auch für Ihre Überlegungen festzuhalten.
Daß Sie neben dem Bundeskanzleramt die Führung des Auswärtigen Amtes übernommen haben, wird billiger Weise von allen denen verstanden werden, die bei dem gegenwärtigen und währenden staats- und völkerrechtlichen Stand der Bundesrepublik das Ineinander der Funktionen sehen und begreifen. Aber die Kritik an der Entscheidung, die sich ja jetzt schon gemeldet hat[2], wird auf die arbeitstechnische Überlastung hinweisen: wie wird es dem *einen* Mann gelingen, neben der ungeheuren Last der sonstigen Pflichten den Aufbau des werdenden Körpers ‹ . . . ›[a] zu bewältigen? Es kommt mir darauf an, Sie und die Bundesregierung gegenüber einer von solcher Betrachtung drohenden Stimmung und Verstimmung abgeschirmt zu wissen.
Zweierlei scheint mir dabei empfehlenswert. Die mannigfachen Schwierigkeiten, in den letzten anderthalb Jahren zu der gemäßen konsularischen Außenvertretung zu kommen[3], sind mir ‹ nicht unbekannt geblieben ›[b], aber ich habe es oft als eine rechte Last empfunden, wie lange es mit den Ernennungen gedauert hat (und wie lange sich einige der Ernann-

ten die Zeit nahmen, ihren Posten anzutreten). Bei der Überführung des konsularischen in den diplomatischen Charakter der Außenvertretungen sollte unter allen Umständen ein schleppendes Verfahren vermieden bleiben. Ich wiederhole meine Anregung, der sich durch Monate hinziehenden haushaltsmäßigen Durchbehandlung der neuen Situation in dem Sinn vorzugreifen, daß die Außenvertreter, wo dies nun eben schon möglich ist, möglichst rasch mit der Amtsbezeichnung des Gesandten (oder Botschafter) ausgestattet werden[4]. Das bedeutet zum mindesten »optisch« eine Wahrnehmung der gegebenen Chance.
Ich darf dann auch meine Anregung wiederholen, Sie möchten in der Ihnen geeignet erscheinenden Form bald einmal mitteilen, daß auf den außerhalb ‹ der Bundesrepublik › [c] stattfindenden Ministerbegegnungen, an denen Deutschland teilhaben wird, der Herr Vizekanzler Ihre Vertretung wahrnehmen wird. Die personelle Identität zwischen Bundeskanzler und Außenminister ist ja bei solchen Begegnungen nicht frei von Schwierigkeiten. Die Kritik hat ja auch dieses Problem schon aufgesucht: der Bundeskanzler kann doch nicht »in der Welt herumfahren« (denn es wird auch im Außenminister eben doch der Kanzler gesehen). Da Herr Blücher in der internationalen Konferenz-Praxis seine Erfahrungen besitzt[5], wird mit einer entsprechenden Erklärung auch diese Seite der Einwände abgebogen sein.
Mit freundlichen Grüßen Ihr

gez. Th. Heuss

Nr. 35

2. April 1951 (Bonn): Heuss an Adenauer, Bonn

Verehrter Herr Bundeskanzler,

in den letzten Wochen gingen ein paarmal Nachrichten durch die Presse, in denen Namen von angeblich für die deutsche Vertretung beim Vatikan[1] in Aussicht genommenen Persönlichkeiten mitgeteilt wurden. Man sah den Notizen nicht an, ob sie ernsthaft waren, ob Versuchsballons, ob hinter ihnen Störabsichten lagen. Die üblichen Dementis blieben dann nicht aus.
Die Kundgebung des Bischofs D. Dibelius[2] auf der evangelischen Generalsynode in Hamburg[3], die heute von der Presse mitgeteilt wird: daß die evangelische Kirche die Besetzung der Botschaft beim Heiligen Stuhl durch einen Angehörigen der evangelischen Kirche erwarte, scheint mir die Folge dieser zwiespältigen Erörterungen. Ich halte den Vorgang als solchen für unglücklich und unerwünscht, er schließt sich zudem nicht

ganz logisch an eine für sich sehr begrüßenswerte Distanzierung, die der leitende Bischof zu den tagespolitisierenden Stellungnahmen einiger anderer hervortretender Repräsentanten des kirchlichen Lebens vollzogen hat[4]. *Keine* Kirche hat nach meiner Auffassung einen Anspruch, auf die Entscheidungen in der Amtsbesetzung des deutschen Außendienstes einzuwirken. Diese Dinge stehen ausschließlich im *politischen* Raum.
Aber eben die politische Beurteilung gewinnt vor dieser Frage einen sehr komplexen Charakter. Wir beide haben uns einmal im Oktober oder November des vergangenen Jahres über das Problem unterhalten[5], etwas am Rande und im Zusammenhang mit der Gesamtüberlegung, ob, wo und inwieweit die Konfessionszugehörigkeit eines Diplomaten zu dem konfessionellen Grundcharakter des Landes, in dem er beglaubigt wird, passen sollte oder gar müsse, um seine Wirkungskraft zu heben. Ich selber, aus einiger Kenntnis der diplomatischen Geschichte der letzten achtzig Jahre, legte dem Gesichtspunkt ein geringes Gewicht bei, gab aber den Rat, in der Vertretung beim Vatikan von der Usance nicht abzuweichen, daß ein evangelischer Mann die erste Stelle einnehme, und zwar aus keinem anderen Grund als aus dem, daß solches Abweichen von einem katholischen Kanzler vollzogen, als bewußtes Politikum bewertet werden würde.
Die Entwicklung der Dinge hat mir in stärkerem Maße Recht gegeben als ich vermutete. Es sind bei mir, seit die Frage der diplomatischen Missionen eine Aktualisierung erfuhr[6], einige »Demarchen« ‹...›[a] gemacht worden von evangelischen Politikern der CDU und der DP, und zwar von Herren, die ich glaube als loyale Förderer der Regierungspolitik betrachten zu dürfen. Die FDP hat sich in dieser Sache noch nie mir gegenüber geäußert, ich weiß nicht, ob sie sich damit beschäftigt hat. Eine Meinung der SPD ist mir offiziell auch nicht zugegangen. Doch habe ich aus einem länger zurückliegenden zufälligen Gespräch den Eindruck behalten, daß man dort die Entscheidung aufmerksam erwartet, um sie, je nachdem agitatorisch, gegen das Kabinett oder Sie persönlich nützen zu können. Bei Schumacher wie bei Niemöller[7] ist ja, wie ich zu spüren glaube, so verschieden sie sind, auch eine Art von »antirömischen Affekt«[8], wenn ich den Begriff verwenden darf, als Bindung vorhanden. Die evangelische Kirche als solche hat sich in der Angelegenheit erfreulicherweise bisher nicht an mich gewandt; ich hätte ihr nur ihre Unzuständigkeit zu bestätigen gehabt.
Ich will nun also nicht ein Plädoyer für die »Tradition« halten, die mit W. v. Humboldt[9] und Niebuhr[10] beginnt – denn Traditionen können von der Geschichte konsumiert werden und sind in diesem Bereich nicht heilig. Aber daß sie für heilig gehalten werden, ob mit Recht oder

Unrecht, gibt ihnen ein sachliches Gewicht. Eine katholische Vertretung beim Heiligen Stuhl würde, so muß ich nach meinen Beobachtungen fürchten, eine für die Fahrt des Regierungsschiffes höchst unangenehme Lockerung in der Ruhelage des Ballastes (die sowieso gelegentlich gefährdet ist) verursachen.

Im Hintergrund meiner Sorgen aber steht der Eindruck, den die Entscheidung für eine katholische Vertretung bei der überwiegend evangelischen Bevölkerung der Ostzone machen könnte bzw. der agitatorisch ihr vermittelt werden würde, ohne daß uns von hier, bei unzweifelhafter innerer Zwiespältigkeit der westdeutschen politischen Gruppen, eine kräftige und überzeugende Gegenwirkung möglich wäre. Das muß ganz realistisch gesehen werden. Für die Beeinflussung primitiver kirchlicher und unkirchlicher Volkskreise würde mit solchem Vorgang ein Agitationselement geschaffen werden, das in dem peinlichen Rück-Echo auch für die westdeutsche Situation störend werden müßte.

Wollen Sie es bitte nicht falsch verstehen, daß ich das alles so ausführlich zu Papier bringe – es könnte ja auch im Gespräch behandelt werden und wird ja auch so behandelt werden[11]. Mir liegt entscheidend daran, daß keine Besprechungen erfolgen, die Hoffnungen erwecken, um mit Enttäuschungen zu endigen. Daß mich selber ausschließlich staatspolitische Überlegungen leiten, wissen Sie – ich darf mir ruhig bestätigen, daß in meinem ganzen Leben ein spezifischer protestantischer Konfessionalismus nie eine Rolle gespielt hat.

Natürlich ist durch meinen Kopf auch diese und diese Überlegung gegangen: hast Du selber jemanden vorzuschlagen? Ich möchte nicht in das Reservoir des Bundestages greifen, wo ich »an sich« jemanden wüßte. Aber ich will von mir aus das Mandat als Weg in die Diplomatie nicht forcieren. Es ist aber in dem Hin und Her die Persönlichkeit des Fürsten von Hohenlohe-Langenburg[12] vor das Bewußtsein getreten – der Großvater[13] war Statthalter in Elsaß-Lothringen, der Vater[14] Kolonialstaatssekretär. Ich ahne nicht von der Ferne, ob der Mann bereit wäre, in solch ein Amt zu treten. Er hat mich einmal, als ich in Stuttgart Kultminister[15] war, aufgesucht, und ich habe von dem eingehenden Gespräch über christliche Jugend- und Flüchtlingsfürsorge einen menschlich vortrefflichen Eindruck behalten. Er, der meines Wissens auch mit der britischen Königsfamilie verwandt ist, hat damals starke Beziehungen zu den Quäkern gepflegt – er verbindet, das war wenigstens der Eindruck, das Weltmännisch-Sichere mit dem Menschlich-Gütigen. Ich weiß nicht, ob er sich parteipolitisch zu irgend einer Gruppe zählt – aber er führt einen alten angesehenen Namen und würde, wie mir scheint, in die historische Würde der römischen Curie, als Träger einer geschichtlichen deutschen

Familie sich gut einfügen. Daß ich ihn nenne, hat keinen anderen Sinn, als diesen, in Ihre Überlegungen solche Möglichkeit mit aufzunehmen. Er ist nicht »mein Kandidat« – die Vertrautheit mit seinen intellektuellen Fähigkeiten fehlt. Aber der Brief soll nicht bloß Fragezeichen enthalten[16].
Mit freundlichen Grüßen

Ihr
Theodor Heuss

Nr. 36
5. April 1951 (Bonn): Adenauer an Heuss, Bonn

Sehr verehrter Herr Bundespräsident!

Auf Ihr Schreiben vom 2. April ds. Js.[1] darf ich erwidern, daß die Entwicklung dieser Angelegenheit ganz außerordentlich bedauerlich ist. Auf katholischer Seite ist man natürlich aufs äußerste verstimmt[2]. Ich darf Ihnen im folgenden mal darlegen, was man auf katholischer Seite sagt. Am Vatikan ist niemals ein Katholik deutscher Botschafter gewesen, weil man annahm, daß er bei einem Konflikt zwischen Vatikan und Deutschland nicht genügend frei sei, um den deutschen Standpunkt entschieden zu vertreten. Sie werden verstehen, sehr verehrter Herr Bundespräsident, daß eine solche Einstellung äußerst verletzend für die deutschen Katholiken ist. Es spricht daraus die gleiche Mentalität, wie sie während der ganzen preußischen Zeit zu beobachten war.
Ich darf darauf hinweisen – was Ihnen vielleicht unbekannt ist –, daß z. B. zum ersten Male seit Beginn der preußischen Herrschaft am Rhein im Kriege 1914–18 ein Katholik, Freiherr von Schorlemer[3], Oberpräsident in Koblenz geworden ist. Aus den gleichen Ressentiments gegenüber den Katholiken ist in Köln und Trier, die beide Sitze von katholischen Bischöfen sind, seit Beginn der preußischen Herrschaft am Rhein zuerst nach 1918 ein Katholik Regierungspräsident geworden[4]. Ich selbst erinnere mich noch sehr gut daran, daß bis zum Jahre 1918 auf den Vorschlägen, die zwecks Ordensverleihung nach Berlin gingen, bei Katholiken von der damaligen königlichen Regierung der Vermerk gesetzt wurde: »Ist zwar Katholik, aber im übrigen königstreu.« Sie werden verstehen, sehr verehrter Herr Bundespräsident, daß deswegen diese starke Strömung, die von evangelischer Seite gegen die Bestellung eines Katholiken als Botschafter beim Vatikan entfacht ist, einen sehr unangenehmen Widerhall auf katholischer Seite gefunden hat.
Es wird von katholischer Seite auch darauf hingewiesen, daß noch niemals ein katholischer Minister derartig für die Interessen der katholischen

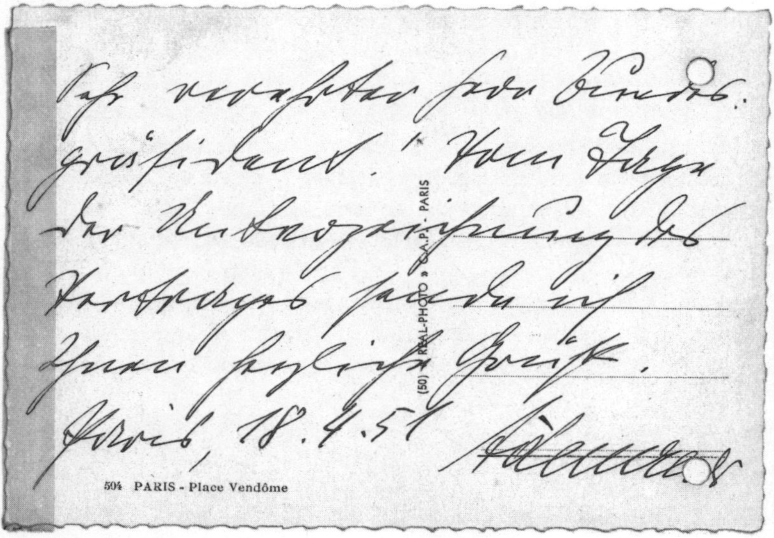

18. April 1951, Gruß aus Paris: »Sehr verehrter Herr Bundespräsident! Vom Tage der Unterzeichnung des Vertrages sende ich Ihnen herzliche Grüße. /.../«

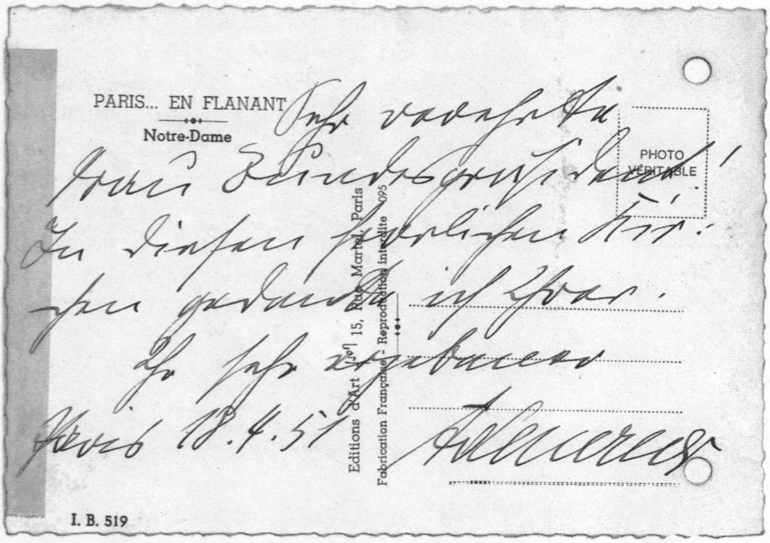

18. April 1951, Gruß aus Paris: »Sehr verehrte Frau Bundespräsident! In diesen herrlichen Kirchen gedenke ich Ihrer. Ihr sehr ergebener /.../«

Kirche öffentlich eingetreten ist wie etwa Herr Heinemann[5] für die Interessen der evangelischen Kirche.
Es wird weiter auf katholischer Seite darauf hingewiesen, daß gegenüber den Angriffen des letzten Jahres, die insbesondere durch Herrn Pfarrer Niemöller geführt wurden, »in Rom gezeugt, in Washington geboren«[6], die Katholiken und insbesondere die katholischen Bischöfe eine musterhafte Zurückhaltung gezeigt haben.
Ich darf ferner darauf hinweisen, daß die katholischen Bischöfe in ihrer Kritik an der Politik der Länder und der Bundesregierung und überhaupt in politischen Angelegenheiten im Gegensatz zu maßgebenden Kreisen der evangelischen Kirche sich vorbildlich zurückgehalten haben.
Ganz vertraulich darf ich Ihnen sagen, daß zwar der Päpstliche Stuhl sich ganz zurückhält in der Angelegenheit, daß ich aber zuverlässige Nachricht darüber habe, daß der Heilige Vater[7] selbst erwartet, daß ein Katholik Botschafter wird.
Ich werde mir erlauben, demnächst mit Ihnen die Angelegenheit mündlich zu besprechen[8]. Sie macht mir ernste Sorgen. Ich lege Ihnen in der Anlage[9] eine Darstellung bei, die die Entwicklung der Vertretung beim Päpstlichen Stuhl zeigt.
Es wird Sie besonders interessieren, daß kein anderer als Bismarck seinerzeit einen Katholiken als Botschafter vorgeschlagen hat[10], der dann allerdings wegen seiner besonderen Haltung vom Päpstlichen Stuhle als nicht willkommen bezeichnet worden ist. Ich denke mir, sehr verehrter Herr Bundespräsident, daß Sie bei Ihrem Sinn für Humor in der Geschichte mit besonderem Interesse gerade hiervon Kenntnis nehmen werden.
Mit freundlichen Grüßen und besonderer Ergebenheit

Ihr
Adenauer

Nr. 37
20. April 1951 (Bonn): Heuss an Adenauer, Bonn

Verehrter Herr Bundeskanzler!

Gestern sollte Ministerialdirektor Dr. Klaiber Sie bei der Rückkunft[1] in Wahn in meinem Auftrag begrüßen. Aber die Beanspruchung bei der Automobil-Ausstellung in Frankfurt[2] hat sich zeitlich so hinausgezögert, daß es mit den Stunden nicht mehr zureichte. Nun sollen diese Zeilen ein Grußwort des Dankes für die große Arbeit der verwichenen Tage sein – ich denke mit Ihnen, auch wenn wir beide keine Illusionisten sind, daß der Erfolg der Mühen geschichtlichen Rang besitzt[3]. Das Gefühl

dafür scheint mir auch in der Bevölkerung vorhanden zu sein, und es ist wohl gut, wenn in solcher Atmosphäre auch *bald* die Frage der parlamentarischen Ratifizierung angepackt wird[4].
Hoffentlich haben Sie die Strapazen gut hinter sich gebracht – ich freue mich, wenn Sie mir bald einmal von den menschlichen und politischen Eindrücken des Pariser Aufenthaltes erzählen können[5].
Wie immer

Ihr
gez. Th. Heuss

[PS] Noch raschen Dank für die zwei Karten, die mir eben vorgelegt wurden[6].

Nr. 38
27. April 1951 (Bonn): Adenauer an Heuss, Bonn

Sehr verehrter Herr Bundespräsident!

Ich hatte schon kürzlich die Gelegenheit genommen, um mit Ihnen über die Schaffung eines Verdienstabzeichens für langjährige Arbeit in einem privaten oder öffentlichen Betrieb zu erörtern[1]. Ich möchte auf diese Angelegenheit noch einmal zurückkommen, da sie nach allen Umfragen, die ich gehalten habe, mir von größter Wichtigkeit erscheint.
Es ist unbedingt erforderlich, etwas zu schaffen, das breite Volksschichten in eine engere innere Verbundenheit zum heutigen Staate bringt. Die Schaffung einer Medaille für 25jährige Arbeit in privaten oder öffentlichen Betrieben würde einen sehr großen Kreis von Personen erfassen. Ich würde sogar geneigt sein, noch weiter zu gehen und ein Arbeitsverdienstkreuz für 40jährige oder 50jährige Tätigkeit vorzusehen. Von besonderer Wichtigkeit erscheint es mir aber, daß eine solche Stiftung möglichst noch am 1. Mai verkündet würde. Es würde damit eine Möglichkeit gegeben sein, dem 1. Mai den Charakter eines rein sozialistischen Feiertages zu nehmen und ihm dafür das neutralere Gesicht eines Tages der Würdigung der Arbeit durch den Staat zu verleihen. Ich glaube nicht, daß es erforderlich wäre, daß diese Ehrenzeichen bei der Verkündung vorliegen. Sie könnten vielmehr in Ruhe geschaffen werden, und die ersten Ehrenzeichen könnten vielleicht anläßlich der Wiederkehr des Tages des ersten Zusammentritts des Bundesparlaments[2] im September ausgegeben werden[3]. Da mir die Sache sehr am Herzen liegt, habe ich Herrn Dr. Lenz[4] gebeten, diese Angelegenheit noch einmal mündlich zu erörtern.
Mit den besten Grüßen

Ihr sehr ergebener
(Adenauer)

Mit Elly Heuss-Knapp, bei einer Sammlung für das Müttergenesungswerk (17. April 1951)

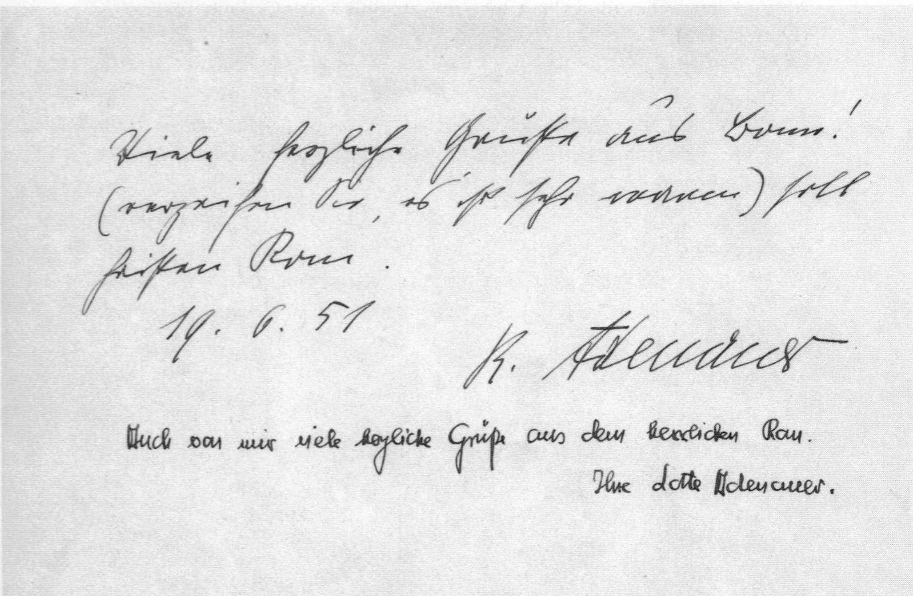
Viele herzliche Grüße aus Bonn!
(verzeihen Sie, es ist sehr warm) soll
heißen Rom.
19. 6. 51
K. Adenauer

Auch von mir viele herzliche Grüße aus dem herrlichen Rom.
Ihre Lotte Adenauer.

19. Juni 1951, Gruß aus Rom: »Viele herzliche Grüße aus Bonn! (verzeihen Sie, es ist sehr warm) soll heißen Rom.«

Nr. 39

26. Mai 1951 (Bonn): Heuss an Adenauer, Bonn

Verehrter Herr Bundeskanzler!

Zum 7. Juni abends 8 Uhr habe ich die deutschen parlamentarischen Mitglieder beim Europa-Rat[1] zusammen mit den mit der Materie befaßten Herren des Auswärtigen Amtes zum einfachen Essen gebeten. Ich darf Sie bitten, sich den Abend vorzumerken und würde mich sehr freuen, wenn Sie an dem Zusammensein teilnehmen könnten[2].

Mit freundlichen Grüßen

Ihr

gez. Th. Heuss

Nr. 40

19. Juni 1951 (Bonn): Heuss an Adenauer, Bonn

Verehrter Herr Bundeskanzler,

der beiliegende Brief bezieht sich nur auf die Frage der sogenannten Nationalhymne[1].

Ich möchte aber nicht haben, daß allein der Ausdruck einer Gegensätzlichkeit Sie hier erwartet, sondern will Ihnen zugleich doch einen freundlichen Willkomm-Gruß senden[2]. Ich hoffe, daß neben dem guten politischen Verlauf, den man aus der Presse spüren durfte, der persönliche Gewinn bei Ihrer ersten Begegnung mit Italien erfrischend und bereichernd gewesen ist.

Es wird gut sein, wenn wir in den nächsten Tagen die Gelegenheit zu einer Besprechung wahrnehmen. Im Bundespräsidialamt hat man die Urlaubsdispositionen so getroffen, daß ich am 30. Juni mit dem seltsamen Umweg über Detmold und Lemgo wieder für einige Wochen nach Aschau in Oberbayern fahre[3].

Mit freundlichen Grüßen

Ihr

Theodor Heuss

Nr. 41

19. Juni 1951 (Bonn): Heuss an Adenauer, Bonn

Verehrter Herr Bundeskanzler,

es tut mir aufrichtig leid, in diesem Brief eine sachliche und persönliche Beschwernis zum Ausdruck bringen zu müssen.

Als ich in der vorigen Woche in Köln, um einen acte de présence zu machen, dem Tennisspiel um den Davis Cup beiwohnte[1], erfuhr ich in einem beiläufigen Gespräch, Sie hätten bei einem Empfang von Sportlern den Rat gegeben, bei den sportlichen Begegnungen den »3. Vers des Deutschlandliedes spielen zu lassen«[2]. Ich habe natürlich darauf verzichtet, diese Sache nach ihrem Termin und nach ihrer Authentizität zu präzisieren, um nicht dadurch die Verschiedenheit der Auffassung zwischen uns beiden zu markieren, aber ich darf Ihnen sagen, daß ich – die Richtigkeit dieser Mitteilung vorausgesetzt – doch einigermaßen betroffen war. Ich selber hatte vor einigen Monaten bei einer Besprechung mit den Herren vom Olympischen Komitee[3], die durch eine Presseindiskretion verursacht war, meinen anderen Standpunkt vorgetragen und war im ganzen einem guten Verständnis begegnet. Jetzt soll Ihre Äußerung eine innere Verwirrung verursacht haben.

Es ist ja nun so, daß es gar nicht möglich ist, den »3. Vers spielen zu lassen«, denn den gibt es als melodische Figur gar nicht. Es gibt eben nur die eine Melodie, die notwendigerweise die traditionalen Wortassoziationen weckt, von denen ich bei allem Respekt vor der Geschichte die Deutschen wegbringen möchte, um sie an das Pathos der Nüchternheit, das auch seine innere Größe und Würde haben kann und wird, heranzuführen[4].

Die heutigen Zeitungen zeigen ja nun, daß Sie in Rom bei einer Pressekonferenz zu dem Problem Stellung genommen haben. In der »Welt«[5] heißt es, daß Sie sich dahin äußerten, »eine Nationalhymne könne einem Volk nicht durch Beschlüsse von oben ›beigebracht‹ werden, sie müsse vom Bewußtsein des ganzen Volkes getragen sein«. In der »Frankfurter Allgemeine Zeitung«[6] heißt es, Sie hätten zu der Frage geäußert: »Dafür sei Deutschland noch nicht genügend zur Ruhe gekommen. Er wandte sich dagegen, daß die Nationalhymne vom Staatsoberhaupt bestimmt wird.«

Da ich ja auch mit Presseberichterstattungen zum Teil sehr seltsame Erfahrungen gemacht habe, kann ich offen lassen, welche Formulierung von Ihnen gewählt wurde, aber die Richtung Ihrer Äußerung ist unverkennbar. Ich stehe nicht an, Ihnen mein aufrichtiges Bedauern darüber auszusprechen, daß Sie diese mich doch immerhin überraschende Stellungnahme öffentlich eingenommen haben. Ich will diese Zeilen nicht mit staatsrechtlichen Erwägungen belasten, ich halte es aber politisch für sehr unerwünscht und für sehr überflüssig, hier eine Diskrepanz unserer Auffassungen sichtbar gemacht zu haben, was nach meiner Meinung durchaus vermeidbar war. Die Angelegenheit muß zwischen uns, wenn möglich, zu einer Klärung gebracht werden. Es handelt sich für mich in der Frage der sogenannten Nationalhymne nicht um eine Sache des rechthaberischen Eigensinns, sondern des Versuches einer politischen

Erziehung und der Geduld. Es darf nicht der Zustand eintreten, daß die einen meinen, wenn man das singt, macht man dem Heuss, wenn man das andere singt, macht man dem Adenauer eine Freude. Dies aber kann die Folge Ihrer Äußerungen sein, und mein Bestreben, mit einem neuen Versuch zu beginnen[7], war ja gerade die Einsicht, in der mich manche Vorgänge des letzten Jahres[8] bestärken mußten, diese ganze Geschichte dem historisch bestimmten Ressentiment der verschiedenen Färbungen zu entziehen[9].

Mit freundlichen Grüßen

Ihr
Theodor Heuss

Nr. 42

26. Juni 1951 (Bonn): Adenauer an Heuss, Bonn

Sehr verehrter Herr Bundespräsident!

Obgleich ich Sie morgen nachmittag aufsuchen darf, möchte ich Ihnen doch sofort auf Ihren Brief vom 19. Juni[1] antworten.

Vor einiger Zeit waren drei Herren vom Olympischen Komitee bei mir[2], um mit mir die Angelegenheit der Zuziehung der Ostzone[3] zu besprechen. Im Laufe dieser Besprechung kam die Rede darauf, was gespielt werden solle, wenn die deutsche Mannschaft einen Sieg erringe. Ich habe darauf erwidert, ich würde dann an ihrer Stelle das Deutschlandlied spielen lassen, da ein anderes Lied im Auslande nicht bekannt sei. Übrigens haben die Herren vom Olympischen Komitee mir nichts davon gesagt, daß sie mit Ihnen über die gleiche Frage gesprochen haben.

In Rom ist folgendes gewesen: Ich wurde in einer Pressekonferenz gefragt, ob die italienische Regierung mit mir darüber gesprochen habe, was sie bei meiner Landung spielen lassen solle. Es war dort eine militärische Formation mit einer Kapelle auf dem Flugplatz angetreten[4]. Ich habe darauf den Herren erwidert, ich hätte den Vertretern der italienischen Regierung sagen lassen, ich bäte nichts zu spielen. Ich habe den Journalisten dann weiter gesagt, Deutschland sei noch nicht genügend zur Ruhe gekommen, daß die Frage der Nationalhymne gelöst werden könne. Eine Nationalhymne müsse ja von dem Bewußtsein des ganzen Volkes getragen werden. Ich bitte Sie also, den Satz, den die »Frankfurter Allgemeine Zeitung« bringt, als den Vordersatz, und den entstellten Satz, den »Die Welt« bringt, als Nachsatz zu bringen[5]. Dann erst wird der Sinn meiner Äußerung verständlich.

Ich darf mir erlauben, morgen auf die Angelegenheit zurückzukommen[6].

Mit freundlichen Grüßen

Ihr sehr ergebener
Adenauer

Heuss-Zeichnung, Frauenchiemsee (13. Juli 1951; zu Dok. Nr. 43)

Nr. 43
22. Juli 1951 (Aschau, Chiemgau/Oberbayern): Heuss an Adenauer, Bürgenstock, Schweiz

Verehrter, lieber Herr Bundeskanzler,

Gestern war Dr. Klaiber hier[1], um mir einiges vom Ausgang der legislativen Tätigkeit zu berichten. Es ist sehr bedauerlich, daß die Sache mit dem Bundesverfassungsgerichtshof[2], mit dem Investitionsgesetz[3] und mit dem sogenannten Feststellungsgesetz[4] nicht noch zur Erledigung kommen konnte.
Dr. Klaiber hat mir auch eingehend von den Überlegungen berichtet, die über den Termin der Zweijahresfeier der Bundesrepublik angestellt wurden. Danach kommt der 7. September, der im vergangenen Jahr gewählt worden war[5], nicht in Frage, zumal zu diesem Termin führende Parlamentarier noch durch die Tagung der interparlamentarischen Union beansprucht sind[6].
Dr. Ehlers[7] hat nun vorgeschlagen, den 14. September, die Eröffnungssitzung des Bundestags, etwas feierlicher zu gestalten. Das Kabinett hat aber beschlossen[8], den 12. September zu nehmen, an dem sich die Wahl des Bundespräsidenten zum zweiten Mal jährt, und damit der Feier einen vom parlamentarischen Ablauf getrennten Charakter zu geben.
Mir persönlich ist diese Terminverschiebung recht erwünscht, weil ich seit geraumer Zeit als nächsten Anlaß eines Besuches in Berlin[9] die Wiedereröffnung des zerstörten Schiller-Theaters angenommen habe. Es fallen auf den Anfang September in Berlin auch noch ein paar andere »repräsentative« Geschichten. Ich werde also vom 3. bis zum 7. oder 8. September in Berlin sein.
Im vergangenen Jahr hatte ich gegen den 12. September die Einwendung gehabt, daß ich nicht selber sozusagen die Festrede zum Termin meiner Wahl halten könne. Aber diese psychologische Hemmung fällt dann weg, wenn nun dies Mal ein anderer redet. Ich habe 1950 ja wesentlich deshalb auf Anregung von Minister Kaiser[10] geredet, um einiges zu den angekündigten »Wahlen« der Ostzone[11] sagen zu können. Aber ich bin der Auffassung, daß der Bundespräsident nicht gewohnheitsmäßig zum Festredner an diesem Termin in Aussicht genommen werde. Es ist ja nicht ausgemacht, ob der, der einmal mein Nachfolger sein wird, zu solchen Dingen Talent besitzt.
Was nun die Gestaltung der Feier anlangt, so habe ich folgende Idee: man müßte, Sie müßten den Regierenden Bürgermeister von Berlin, Ernst *Reuter*[12], um die Gedenkrede bitten. Ich habe keine Ahnung, ob er

es tun würde, aber ich bin geneigt zu glauben, daß er es tun wird. Reuter hat ja die Fähigkeit, mit kräftigen Formulierungen eindrucksvoll zu sprechen, so daß er also der Aufgabe vom festlich-repräsentativen her völlig gewachsen sein wird. Aber das ist ja nicht das Entscheidende. Ich würde es politisch für sinnvoll halten in diesem Augenblick a) einen Mann der politischen Opposition aufzufordern, der in den großen Fragen der kommenden Monate der Regierungspolitik im Ganzen näher steht als der eigentliche Oppositionsführer; b) den Sprecher Berlins jetzt zum Sprecher der Bundesrepublik zu machen, würde gesamtpolitisch wirkungsvoll sein und wohl auch nützlich, um die ja immer vorhandenen populären Stimmungen und Verstimmungen im hin und her zwischen Berlin und Westdeutschland etwas auszulöschen.

Ich hatte diesen Gedanken kürzlich schon einmal in einem Telefongespräch Dr. Klaiber mitgeteilt. Er hat ihn, wie er mir gestern erzählte, auch mit einigen Herren des Kabinetts, wohl auch mit Herrn Dr. Globke[13] besprochen. Die Anregung schien zunächst als Überraschung gewirkt zu haben, dann aber doch als des Nachdenkens recht wert empfunden worden zu sein.

Ich möchte mit diesen Zeilen sie Ihnen unmittelbar vortragen und um ihre Überprüfung bitten. Die Aufforderung an Reuter sollte dann wohl von Ihnen ausgehen[14].

Die Frage des sogenannten Verdienstkreuzes[15] ist in interministeriellen Besprechungen weiterbehandelt worden. Der Entwurf eines Erlasses, der mir vorgelegt wurde, ist von mir einstweilen stilistisch durchgearbeitet, d. h. nach meiner Meinung verbessert worden. Er wird Ihnen dann wohl auch bald – wenn mir Dr. Klaiber über den letzten Stand noch einmal berichtet haben wird –, zugeleitet werden. Es wird notwendig sein, in diesem Gesamtkomplex bald auch ein vertrauliches Gespräch mit den zuständigen Leuten der Besatzungsmächte zu führen. Denn unvermeidlich wird die ziemlich prekäre Frage der alten Militärorden dann auftauchen[16].

Ich hoffe, daß Sie gutes Wetter hatten[17]. Bei uns war die erste Zeit schön, dann fast eine Woche lang Regen, der aber jetzt gewichen ist. Leider habe ich mir die zweite Hälfte des Urlaubs vor drei Tagen verpfuscht. Als ich am Donnerstag dem in Ruhpolding urlaubenden Ministerpräsidenten Ehard[18] meinen Gegenbesuch machte, hatte ich bei der Überquerung eines Lattenverschlags einen ungeschickten Sturz gemacht. Ich leide seit Jahrzehnten unter einer »habituellen Luxation« der rechten Schulter bzw. des rechten Schultergelenks. Der Oberarm kugelte wieder aus und wurde in Narkose wieder eingerenkt. Aber es gab einen ziemlich starken Bluterguß, und nun ist mein ganzer rechter Arm in Ruhelage fest an den

Leib bandagiert, so daß ich auf dringende ärztliche Verordnung leider ein paar Verpflichtungen (Sängerfest in Mainz, Germanisches Nationalmuseum [19] in Nürnberg) absagen mußte. Der Vorgang ist nicht nur recht schmerzhaft, sondern auch sehr ärgerlich. Aber ich muß jetzt sehr brav sein, und mein Gewinn an Ferienzeichnungen [20] wird durch dieses Ungeschick sehr gering bleiben.
Mit guten Grüßen und Wünschen auch von meiner Frau und meinem Sohn [21].

Ihr
Theodor Heuss

Nr. 44
24. Juli 1951 (Bürgenstock): Adenauer an Heuss, Aschau, Chiemgau/ Oberbayern

Wünsche von ganzem Herzen baldige Genesung [1].
Brief folgt [2].
Verbindliche Grüße Adenauer

Nr. 45
24. Juli 1951 (Bürgenstock): Adenauer an Heuss, Aschau, Chiemgau/ Oberbayern

Sehr verehrter, lieber Herr Bundespräsident!

Ihren Unfall [1] bedauere ich außerordentlich. Ich könnte mir denken, daß die Sache sehr schmerzhaft gewesen ist. Ich hoffe, daß Sie einen strengen Arzt haben, denn ich weiß aus einem ähnlichen Fall, daß gerade die Auskugelung des Schultergelenkes – wenn nicht sofortige und energischste Maßnahmen ergriffen und längere Zeit durchgeführt werden – sehr langwierige Komplikationen mit sich bringt. Nun scheint ja Ihr Arzt energische Sofortmaßnahmen ergriffen zu haben. Jetzt kommt die für den Patienten notwendige Geduld. Davon wünsche ich Ihnen eine große Portion. Ich glaube, Sie können auch in aller Ruhe Ihren Urlaub verlängern. Bis zum Zusammentritt des Bundestages [2] wird sich innenpolitisch kaum etwas ereignen. Ich werde Anfang August zum Ministerrat nach Straßburg [3] fahren und lasse Sie dann über das Ergebnis der Besprechungen mündlich unterrichten [4].
Der Bundestag war zum Schluß vor seinem Auseinandergehen in einer derartigen nervösen Spannung und Überreizung, daß man ernste Sorgen haben konnte. Es machen sich überhaupt im gesamten Bundestag, und

insbesondere auch in unseren Koalitionsfraktionen Spannungen bemerkbar[5], die bedenklich sind. Überall versuchen Interessenten einen zu starken Einfluß auszuüben. Aber darüber darf ich einmal ausführlich sprechen, wenn Sie wieder in Bonn sind[6].

Nun zum 12. September[7]. Ich hörte von dem Gedanken, Herrn Reuter zu bitten, die Rede zu übernehmen, schon in Bonn. Ich habe von vorneherein dagegen Bedenken gehabt, und diese Bedenken haben sich noch vertieft. Ich möchte die Feier aus allen parteipolitischen Erwägungen und Aspekten auf die Dauer heraushalten. Im vorigen Jahre hat der Bundespräsident gesprochen, der über den Parteien steht. Wenn wir jetzt einen ausgesprochenen Parteimann – gleichgültig, welcher Partei er angehört – sprechen lassen, würden wir notwendigerweise gezwungen werden, im nächsten Jahre ein ausgesprochenes Mitglied einer anderen Partei sprechen zu lassen, usw. Ich hatte den Gedanken, man sollte in diesem Jahre einen Historiker die Rede halten lassen, der, losgelöst von parteipolitischen Gesichtspunkten und auch in etwa losgelöst von den politischen Tagesfragen, sprechen würde. Ich bitte Sie, sehr verehrter Herr Bundespräsident, sich diesen Gedanken auch einmal durch den Kopf gehen zu lassen und, wenn er Ihren Beifall findet, vielleicht auch darüber nachzudenken, welcher Historiker in Frage käme.

Abgesehen von dem allgemeinen oben von mir hervorgehobenen Gesichtspunkt würde ich auch Bedenken dagegen haben, ein führendes Mitglied der Sozialdemokratischen Partei sprechen zu lassen. Wie ich schon erwähnt habe, steht der Bundespräsident, der im vorigen Jahre sprach, über den Parteien. Wenn in diesem Jahre zum ersten Male nach dem Bundespräsident ein Parteipolitiker sprechen würde, dürfte das nach meiner Meinung kein Mitglied der SPD sein; wir würden dadurch weit über die Koalitionsparteien hinaus Anstoß erregen. Vielleicht würde das sogar als Nachlaufen gegenüber der Opposition gewertet werden. Ich verspreche mir gar keine Einwirkung von der Beauftragung Reuters auf die SPD, insbesondere nicht auf Herrn Schumacher. Herr Schumacher und Herr Neumann[8], Berlin, lehnen Herrn Reuter absolut ab[9], um keinen stärkeren Ausdruck zu gebrauchen. Herr Schumacher würde die Bestellung von Herrn Reuter geradezu als einen Affront gegen seine Führerschaft betrachten und sich dementsprechend verhalten. Man würde sogar nach meinem Empfinden die Stellung Reuters, der einen schweren Kampf mit Herrn Neumann in Berlin kämpft, noch erschweren. Aber das sind für mich Erwägungen zweiter Ordnung, für mich ist der Gesichtspunkt maßgebend, diese Feier von allen parteipolitischen Aspekten möglichst freizuhalten und deswegen einen Herrn zu bitten, der nicht parteipolitisch abgestempelt ist[10].

Ich war froh, als ich hier eintraf, denn die letzte Zeit in Bonn war wirklich in höchstem Maße unerfreulich. Die vergangene Woche hatten wir schöne Tage, jetzt regnet es auch hier.
Bitte lesen Sie alle Pressenachrichten über die Pleven-Plan-Verhandlungen[11] unter dem Gesichtspunkt, daß auch die offiziellen Mitteilungen sehr vorsichtig gehalten sind.
Empfehlen Sie mich Ihrer sehr verehrten Gattin, die sich hoffentlich gut erholt.
Ihnen wünsche ich von Herzen eine möglichst baldige Genesung, möglichst wenig Behinderung und viel Geduld.
Mit vielen Grüßen wie immer Ihr
(Adenauer)

Nr. 46
28. Juli 1951 (Bürgenstock): Adenauer an Heuss, Bonn

Sehr verehrter, lieber Herr Bundespräsident!

Inzwischen werden Sie, wie ich hoffe, ohne auf dem Transport besondere Schmerzen gehabt zu haben, in Bonn eingetroffen sein. Ihr Entschluß, nach Bonn zurückzukehren, hat mich, nachdem der Oberarmbruch festgestellt war, sehr beruhigt, einmal wegen der ärztlichen Betreuung und dann auch, weil man sich ja, wenn man nicht in Ordnung ist, am besten zu Hause fühlt. Ich darf wohl meine sehr dringende Bitte wiederholen, Ihr Temperament etwas zu zügeln und Geduld zu haben, vor allem aber dem Arzt[1] wirklich zu folgen.
Gestern war ich in Bern[1]. Ich habe dem Bundespräsident[3] und dem Bundesrat Petitpierre[4] einen Besuch gemacht. Darnach war ein Frühstück. Alles verlief in wirklicher Harmonie.
Die beiden nächsten Wochen werde ich allerhand zu tun haben. Ich werde zuviel Leute hier sehen müssen wegen der schwebenden politischen etc. Fragen[5]. Aber damit möchte ich Sie in dem Stadium, in dem diese Fragen z. Zt. sind, nicht behelligen.
Grüßen Sie vielmals Ihre verehrte Gattin. Vor allem aber wünsche ich Ihnen recht baldige Wiederherstellung.
Mit herzlichen Grüßen Ihr sehr ergebener
(Adenauer)

Nr. 47

31. Juli 1951 (Bürgenstock): Adenauer an Heuss, Bonn

Sehr verehrter, lieber Herr Bundespräsident!

Hoffentlich macht Ihre Besserung gute Fortschritte. Ich wäre sehr dankbar, wenn ich gelegentlich etwas darüber hören könnte.
Heute werden die Herren Staatssekretär Hallstein[1], Ministerialdirektor Blankenhorn, Herr Blank[2] und Professor Grewe[3] bei mir sein, um mit mir die Fragen des Verteidigungsvertrages[4] und Besatzungsstatuts[5] zu besprechen. Ich habe Herrn Hallstein gebeten, Sie zusammen mit Herrn Blank nach seiner Rückkehr aufzusuchen, um Sie zu unterrichten[6].
Nächsten Freitag bin ich in Straßburg[7]. Das Wesentlichste ist dort eine vertrauliche, inoffizielle Besprechung der Außenminister am Abend. Über das Ergebnis werde ich Ihnen auch demnächst Mitteilung zukommen lassen[8].
Mit besten Empfehlungen an Ihre verehrte Gattin und herzlichen Grüßen bin ich

Ihr
(Adenauer)

Nr. 48

3. August 1951 (Bonn): Heuss an Adenauer, Bürgenstock, Schweiz

Verehrter, lieber Herr Bundeskanzler!

Freundlichen Dank für Ihre Zeilen[1]. Ich befinde mich in dem etwas eigentümlichen Zustand des totalen Eingegipstseins. Eigentlich hätte man mich jetzt nach Bayreuth[2] ausleihen und in der Statisterie der Gralsritter als weißgepanzerten Mann unterbringen können. Da ich aber ein passionierter Gegner von Bayreuth als einer der Quellen der politischen Romantik der Deutschen bin[3], ist es doch besser, daß ich dieser Gastrolle ausgewichen bin. Ich hatte ja schon vorher in seltsamen Korrespondenzen abgelehnt[4], den Spuren des Herrn Hitler auf den Festhügel und nach Wahnfried zu folgen.
Wie Sie sehen, betrachte ich meine Situation mit einigem Galgenhumor. Prof. v. Redwitz[5] kontrolliert den Heilprozeß durch Röntgenaufnahmen. Schmerzen habe ich keine. Die werden aber beginnen, wenn Bewegungsübungen und Massage einsetzen. Einen Termin, wann ich wieder beweglich sein werde, weiß der Arzt noch nicht zu sagen. Ich möchte natürlich gern die Zusage an Berlin, das aus der Zerstörung wieder errichtete Schiller-Theater am 5. September einzuweihen[6], aufrechterhalten können.

Noch in Aschau hatte ich einen Besuch des Herrn Bundesfinanzministers Schäffer[7], der mir seine Sorgen wegen der Haltung der Koalitionsparteien vortrug. Das Problem ist, wie ich glaube, von ihm richtig gesehen, daß, wenn er in die Verhandlungen mit dem Petersberg einsteigt wegen der Besatzungskosten usf., seine innenpolitische, d. h. parlamentarische Situation nicht als gefährdet erscheint[8]. Wir haben auch die staatsrechtliche Problematik zwischen Bundesrat und Bundestag in der Frage der »Zustimmung« des Bundesrates bei der Gesetzgebung über 108 GG[9] besprochen. Die juristischen Gutachten sind nicht einheitlich, aber das Gesetz ist noch nicht an mich herangebracht worden. Die Angelegenheit ist ja ein Musterbeispiel für die vorgesehene Möglichkeit, daß der Bundespräsident sich beim Bundesverfassungsgericht ein Gutachten erbitten kann, denn die Fassung des Grundgesetzes selber läßt ja aus dem Kompromißcharakter der damaligen Lösungen heraus eine mehrdeutige Interpretation zu, je nachdem, wie man die Akzente wählt[10].

Ich habe mit Herrn Schäffer verabredet, daß ich mit den maßgebenden Herren der FDP in der Steuerfrage bald einmal Fühlung nehme[11]. Die Schwierigkeiten scheinen mir eigentlich weniger in einer sachlichen Differenz zu liegen als in psychologischen Vorbehalten.

Gestern hatte ich den Herrn Vizekanzler Blücher zu mir gebeten, um mir über den Verlauf der Konferenzen mit den Gewerkschaftsvertretern[12] berichten zu lassen. Er bestätigte mir, daß die Besprechungen atmosphärisch gut gegangen sind und daß man eher zu einer Lockerung als zu einer Versteifung kam. In Untergruppen sollen nun die Sachgespräche weitergeführt werden. Aber darüber wird Blücher Sie ja ins Bild gesetzt haben.

Wie Herr v. Herwarth aus dem Kabinett berichtete (Dr. Klaiber ist jetzt auch in den Urlaub gefahren), hat man dort die Frage des Verdienstkreuzes besprochen[13]. Das Kabinett war mit Ministern schwach besetzt[14]. Die Auffassung schien überwiegend aber die zu sein, mit der Verkündigung dieses Verdienstkreuzes[15] noch zu warten, bis die Frage der alten Militärorden[16] geklärt sei. Ich selber teile diese Auffassung nicht. Mein Gedankengang war ja der, am 12. September diese Geschichte herauszubringen, um mit dem Termin einen gewissen Integrationseffekt, der auf den Staat ausgerichtet ist, zu erzielen. Ein beliebiger anderer Termin, der ein paar Monate später liegen würde, ist ohne solche Bezüglichkeit. Die Anregung, die auch gegeben wurde, um der historischen Kontinuität willen den 18. Januar zu wählen, halte ich für total falsch, denn der 18. Januar ist ja der Termin, an dem 1701 ein ziemlich mäßiger hohenzollerscher Kurfürst sich als Friedrich I.[17] und König von Preußen etablierte. (Die Wahl des Termins im Jahre 1871 war psychologisch auf Wilhelm I.[18] abgerichtet.)

Ich möchte meinen, daß man das neue Verdienstkreuz nun eben einmal kreiert und mitteilt, daß der Verleihungstag für die durchschnittlichen Beamten- und sonstigen Auszeichnungen der 1. Mai sein soll. Gleichzeitig wird in einem Kommuniqué mitgeteilt, entweder, daß man einen Ausschuß[19] beauftragt hat, dem Bundespräsidenten Vorschläge über die früheren Militärorden zu unterbreiten, oder daß man sagt, die Frage der Militärorden werde zu einer gesetzlichen Regelung gebracht werden (denn die juristische Auffassung geht zum Teil dahin, daß eine gesetzliche Regelung notwendig sei).
Da nun ein Gesetz der Alliierten das Tragen der alten Militärorden verbietet[20], muß nach meiner Meinung folgendes gemacht werden: Dem Petersberg wird von Ihnen, oder von jemanden, den Sie damit beauftragen, mitgeteilt, daß der Bundespräsident beabsichtige, ein allgemeines Verdienstkreuz zivilen Charakters für politische, wirtschaftliche, kulturelle usw. Leistungen zu stiften. Wenn diese Stiftung erfolge, werde ganz automatisch die Frage nach dem Schicksal der früheren Orden in die Phantasie der Menschen treten. Es werde erwartet, daß das verbietende Gesetz der Alliierten in einem einfachen Akt der Benachrichtigung als nicht mehr in Wirksamkeit angesehen werde. Es muß aber bei den deutschen Stellen eine interne Klarheit vorliegen. Nach meiner persönlichen Auffassung sind Orden mit dem Hakenkreuz schlechthin unmöglich, und zwar nicht, weil das außenpolitisch zu Erörterungen führen müßte, sondern weil es auch für unzählige Deutsche unerträglich wäre, diesem Symbol den Charakter einer weitergehenden Ehre und Würde anzuerkennen. Wir haben uns darüber nie unterhalten, aber ich möchte der Meinung sein, daß hier unsere Auffassungen sich begegnen.
Ich schreibe Ihnen deshalb ausführlich darüber, weil die ganze Angelegenheit ja ihre prekäre Seite hat. Bloß glaube ich nicht, daß viel gewonnen wird, wenn man sagt, das könne erst später geregelt werden, und um dieses »später« willen verzichtet man jetzt.
Ich selber habe qua Person zu allen diesen Dingen gar kein inneres Verhältnis, aber ich weiß, daß gewisse staatspolitische Erwägungen dafür sprechen, der Sache nicht auszuweichen. Ich habe vor ein paar Wochen Herrn Christian Fette[21] von dem Plan erzählt wie auch in meinem Auftrag Dr. Klaiber Herrn Ollenhauer[22] unterrichtet hat, der, wie es scheint, die Angelegenheit, wenn auch natürlich ohne Enthusiasmus, so doch mit Verständnis zur Kenntnis nahm und für die Mitteilung dankbar war, die erfolgte, damit nicht unerwartete Querschüsse kommen. Ob von seiten der SPD mir gegenüber noch eine sozusagen offizielle Stellungnahme erfolgen wird, weiß ich nicht.

Das Modell des Kreuzes ist in den Einzeldingen noch nicht befriedigend, vor allem ist der Entwurf der Münze, der mir vorgelegt wurde, recht trivial.
Ich denke, daß ich in den nächsten Tagen durch die Herren Hallstein und Blank die angekündigte Unterrichtung erhalten werde[23].
Entschuldigen Sie, daß der Brief etwas ausführlich geworden ist. Ich habe Ihnen, glaube ich, einmal erzählt, daß ich in den Nachtstunden des Mai und Juni für einen Neudruck der »Gedanken und Erinnerungen« von Bismarck eine Einleitung geschrieben habe[24]. Ich erhielt dieser Tage ein paar Korrekturabzüge und nehme mir die Freiheit, Ihnen ein Exemplar zu schicken, doch ohne Obligo, daß Sie es jetzt lesen. Aber die Klärung der Beziehungen der Deutschen zu Bismarck ist ja mit ein Politikum geblieben bezw. immer neu geworden. Meine Einleitung denkt ja wesentlich an junge Leser[25], die von dem geschichtlichen Atem der Bismarck'schen Zeit gar nicht mehr erreicht worden sind.
Mit freundlichen Grüßen und guten Wünschen, auch von meiner Frau,

Ihr
Th. Heuss

Nr. 49
6. August 1951 (Bürgenstock): Adenauer an Heuss, Bonn

Sehr verehrter, lieber Herr Bundespräsident!

Haben Sie vielen Dank für Ihren Brief vom 3. August.[1] Herrn v. Redwitz kenne ich als Arzt und als Mensch gut[2]. Ich glaube, Sie sind da in sehr guten Händen. Wenn es einmal notwendig sein sollte, auch einen Orthopäden hinzuzuziehen, so weiß ich, daß in Köln ein sehr guter Orthopäde ist. Er ist Professor an der Universität. Ich habe den Namen augenblicklich nicht gegenwärtig.
Hoffentlich wird aber eine Hinzuziehung eines Orthopäden überhaupt nicht notwendig werden.
Ich bin durchaus Ihrer Ansicht, daß man nicht mit dem Verdienstkreuz wartet, bis die Frage der Militärorden geregelt ist[3]. Die Frage der Militärorden muß in zweiter Linie kommen. Voraussichtlich wird am Samstag dieser Woche General Hays[4] zu mir kommen, dann kann ich mit ihm schon einmal wegen der Militärorden Fühlung nehmen. Diese Frage steht in engstem Zusammenhang mit der Frage des Verteidigungsbeitrages.
Morgen abend kommen die Vertreter der Gewerkschaften hierher[5]. Die beiden einander entgegengesetzten Strömungen, die wohl am besten durch die Namen vom Hoff[6] und Freitag[7] charakterisiert werden, sind vertreten. Ich hoffe, daß bei der hier herrschenden friedlichen Atmosphäre wir wenigstens ein Stück weiter kommen.

THEODOR HEUSS

158

BONN, 26. August 1951
Koblenzer Straße 135

27. Aug 1951 18 30

Herrn
Bundeskanzler Dr. Konrad A d e n a u e r
B o n n
Palais Schaumburg

Betrifft: Anmerkung zur Frage des Verdienstkreuzes .

1.) Bundespräsidentielle Verordnung über das Verdienstkreuz der Bundesrepublik bedarf der Gegenzeichnung des Bundeskanzlers und des Innenministers.

2.) In der Verordnung wird am besten ein Termin vermieden werden, der die sozusagen routinemäßige Verleihung der Auszeichnung festlegt, da der von mir vorgeschlagene 1. Mai von dem DGB als unfreundliche Handlung empfunden würde. Meine Meinung, diesem Termin, der ja seit 1919 Staatsfeiertag ist, eine spezifisch staatliche Integration zu geben, wird bei den Gewerkschaften zumindest zum Teil nicht aufgenommen, da sie sich zu sehr an die bombastische Vergewaltigung dieses Tages durch Hitler erinnern mit Musterbetrieben usf., usf. Die Praxis würde dann wohl die sein, daß man auch am 1. Mai Orden verleiht, aber im übrigen die etwas mühsame individuelle Streuung versucht und für die Beamtenschaft, Behördenangestellte usf. den Stiftungstag durchschnittlich nimmt. Soll es der 7. oder soll es der 12. September sein ?

3.) Im Gespräch mit Dr. Schumacher, der ja die Sorge hatte, daß dieses Verdienstkreuz Eifersucht und Mißtrauen schaffen könne, wurde die Zahl der "Klassen" beanstandet. Ich selber bin in diesen Dingen völlig ohne Erfahrung und würde das Gefühl haben, daß man auch mit wenigen auskommt. Ich wies ihn daraufhin, daß die Stufung wesent-

- 2 -

Zu Dok. Nr. 50

Sobald ich zurück bin – ich hoffe am 18. zurückzukehren –, werde ich mir erlauben, Ihnen auch über die Koalition und ihre Wahlaussichten einen längeren Vortrag zu halten[8].
Ich habe mehr zu tun, als mir lieb ist. Ich habe kaum einen freien Tag. Zur Zeit sind Herr Abs[9] und Herr Pferdmenges hier. Es handelt sich um die Londoner Schuldenregelung[10].
Ich danke Ihnen für die Zusendung der Korrekturbogen über Bismarck[11]. Ich habe sie noch nicht lesen können aus Mangel an Zeit. Das Bild Bismarcks ist ja so verschieden. Ich bin sehr gespannt auf dasjenige, das Sie von ihm zeigen.
In Straßburg[12] war es entsetzlich heiß. Die Atmosphäre war sehr freundlich. England nimmt einen völligen Stellungswechsel in der Europa-Frage vor. In ganz vertrautem Kreise habe ich ein Bild der innen- und außenpolitischen Lage, wie sie sich für uns darstellt, gegeben. Ich bin bei den meisten der Außenminister auf volles Verständnis gestoßen. Schuman[13] enthielt sich jeder Äußerung. Das liegt aber wohl daran, daß dort nur ein geschäftsführendes Kabinett ist[14].
Ihrer Gattin und Ihnen recht viele Grüße Ihr ergebener
(Adenauer)

Nr. 50
26. August 1951 (Bonn): Heuss an Adenauer, Bonn

1.) Bundespräsidentielle Verordnung über das Verdienstkreuz[1] der Bundesrepublik bedarf der Gegenzeichnung des Bundeskanzlers und des Innenministers.
2.) In der Verordnung wird am besten ein Termin vermieden werden, der die sozusagen routinemäßige Verleihung der Auszeichnung festlegt, da der von mir vorgeschlagene 1. Mai von dem DGB als unfreundliche Handlung empfunden würde. Meine Meinung, diesem Termin, der ja seit 1919 Staatsfeiertag ist[2], eine spezifisch staatliche Integration zu geben, wird bei den Gewerkschaften zumindest zum Teil nicht aufgenommen, da sie sich zu sehr an die bombastische Vergewaltigung dieses Tages durch Hitler erinnern mit Musterbetrieben usf., usf.[3] Die Praxis würde dann wohl die sein, daß man auch am 1. Mai Orden verleiht, aber im übrigen die etwas mühsame individuelle Streuung versucht und für die Beamtenschaft, Behördenangestellte usf. den Stiftungstag durchschnittlich nimmt. Soll es der 7. oder soll es der 12. September sein?
3.) Im Gespräch mit Dr. Schumacher[4], der ja die Sorge hatte, daß dieses Verdienstkreuz Eifersucht und Mißtrauen schaffen könne, wurde die Zahl der »Klassen« beanstandet. Ich selber bin in diesen Dingen völlig

ohne Erfahrung und würde das Gefühl haben, daß man auch mit wenigen auskommt. Ich wies ihn darauf hin, daß die Stufung wesentlich um der Dekorierung der verschiedenen Kategorien von Angehörigen der Auswärtigen Missionen willen erforderlich sei. Die SPD wird, wie ich glaube, keine grundsätzliche Opposition gegen das Verdienstkreuz machen. Ob die Stufungen zum Gegenstand der Ironisierung gemacht werden, vermag ich nicht zu übersehen. Dr. Schumacher meinte, die demokratischen Sozialisten seien nicht in verschiedene Klassen aufgespalten.

4.) Der Erlaß über das Verdienstkreuz muß unabhängig von der Frage der ehemaligen Kriegsorden[5] erlassen werden. Aber es muß dann zur gleichen Zeit ein Kommuniqué über diesen Komplex, der ja zahllose Menschen unmittelbar interessiert, hinausgehen[6].

Ich selber habe das Gefühl, daß dieses Kommuniqué nicht als »Verlautbarung« des Bundesinnenministeriums erfolgen sollte. Ebenso sollte man vorher auch Sorge tragen, daß mitgeteilt wird, daß ein Ausschuß[7] gebildet sei, um dem Bundespräsidenten und der Bundesregierung mit möglichster Beschleunigung Vorschläge über das Tragen von Kriegsorden zu machen. Es muß aber in dem Kommuniqué schon zum Ausdruck kommen, daß der Bundespräsident und die Bundesregierung die Auffassung haben, daß die Form des Hakenkreuzes mit so viel Leid und Unrecht gerade auch für das deutsche Bewußtsein verbunden ist, daß es nicht mehr als das Symbol einer allgemeinen staatlichen und einer persönlichen Würde erscheinen dürfe.

Dieser Vorschlag eines Ausschusses, in dem die unmittelbar Beteiligten sich zu einer Verständigung finden müssen, hat, wie die Unterhaltung ergab, auch die Zustimmung von Dr. Schumacher. Die Sache erhält damit eine weitere Mitverantwortung.

5.) Die Auffassung des Bundesjustizministers[8], wie sie mir von Staatssekretär Dr. Strauß[9] vorgetragen wurde, hält den Erlaß eines Bundesgesetzes für notwendig. Nach Dr. Dehlers Rechtsauffassung ist an sich dieses Ordenswesen vor 1933 jetzt schon vor dem seinerseitigen Einspruch der Alliierten unabhängig [sic!]. Diese Rechtsauffassung wird zum Teil bestritten. Sie bedürfte eventuell einer Klärung. Dr. Strauß hält aber die gesetzgeberische Form wesentlich deshalb für notwendig, weil Strafbestimmungen notwendig seien, um der mißbräuchlichen Verwendung nicht zugelassener Ordensformen mit einer Rechtsunterlage entgegentreten zu können. Trifft diese Auffassung zu, dann muß die politische Erledigung dieses Gesetzes vorbereitet sein, damit nicht eine ungeschickt verlaufende Bundestagsdebatte den Integrationswert der ganzen Maßnahme verdirbt.

6.) Mit alliierten Stellen ist, wie ich weiß, inoffiziell über die Frage schon bei einigen Gelegenheiten gesprochen worden[10], und es ist dabei eine Atmosphäre des Verstehens vorhanden gewesen. Für die praktische Regelung ergeben sich zwei Möglichkeiten: entweder das Gespräch des Bundeskanzlers mit den Hohen Kommissaren, dem eine Sistierung des Alliierten Antikriegs- und Parteiordens-Gesetzes[11] durch die Alliierten formal folgt, oder Austausch von Briefen, die inhaltlich vorher aufeinander abgestimmt sind. Es darf dabei nicht der Eindruck entstehen, als ob der Verzicht auf das Hakenkreuz eine von der anderen Seite gestellte Bedingung sei, denn die Ablehnung muß für die verantwortliche deutsche Seite selber von vornherein eine nicht diskutierte Selbstverständlichkeit sein.

Th. H.

Nr. 51

13. September 1951 (Bonn): Heuss an Adenauer, Bonn

Verehrter Herr Bundeskanzler,

aus Anlaß der Stiftung des Verdienstordens[1] der Bundesrepublik Deutschland hatten wir der Öffentlichkeit verabredungsgemäß bekanntgegeben, daß Bundespräsident und Bundesregierung einen besonderen Ausschuß unabhängiger Sachverständiger[2] bilden werden mit der Aufgabe, Vorschläge für eine Regelung des Tragens von früher verliehenen Tapferkeitsauszeichnungen auszuarbeiten. Als Vorsitzenden des Ausschusses hatten wir Bundesminister Wildermuth[3] vorgesehen, der mir aber mit Schreiben vom 7. September d. J. seine Bedenken gegen diese Berufung mitteilt[4]. Ich nehme an, daß er auch Sie inzwischen von seiner Stellungnahme unterrichtet hat. Ich glaube, die Bedenken Wildermuths würdigen zu müssen, und meine nun, wir sollten wenigstens mit einem Teil der Verantwortung für diese heikle Frage auch die SPD sichtbar betrauen.

Es ist mir deshalb der Gedanke gekommen, den SPD-Bundestagsabgeordneten Helmut Bazille[5], Hauptverbandsführer des Verbandes der Kriegsbeschädigten und Kriegshinterbliebenen, zu bitten, den Vorsitz dieser Sachverständigenkommission zu übernehmen. Aus meinem kürzlichen Gespräch mit dem neu gewählten Vorsitzenden des Verbandes deutscher Soldaten, Generaloberst a. D. Friessner[6], mit dem auch die Frage des Tragens ehemaliger Kriegsauszeichnungen von mir eingehend erörtert wurde, habe ich entnehmen können, daß von dieser Seite die Betrauung des Abgeordneten Bazille mit dieser Aufgabe lebhaft begrüßt würde. Wenn Sie damit einverstanden wären, würde ich gern den Versuch machen, Bazille für diese nicht unwichtige Sache zu gewinnen[7].

Mit guten Grüßen

Ihr

Theodor Heuss

Nr. 52
14. September 1951 (Bonn): Adenauer an Heuss, Bonn

Sehr verehrter Herr Bundespräsident!

Die in Ihrem Brief vom 13. September[1] angeschnittene Frage haben wir heute im Kabinett besprochen[2]. Herr Ministerialdirektor Klaiber hat es übernommen, Sie zu unterrichten.
Mit den verbindlichsten Grüßen stets Ihr
(Adenauer)

Nr. 53
14. September 1951 (Bonn): Heuss an Adenauer, Bonn

Lieber Herr Dr. Adenauer!

Ernst Glaeser[1], den ich persönlich literarisch seit Jahren gut kenne, hat mich gebeten, einen Empfang bei Ihnen zu vermitteln, der nun kein Interview im zeitungstechnischen Sinn als Ergebnis haben soll, sondern es ihm erleichtern, eine eventuelle literarische Porträtstudie mit unmittelbarer Selbstkontrolle zu zeichnen.
Ich weiß nicht, ob Sie von den dichterischen Arbeiten Glaesers dies oder jenes kennen. Er ist ein gepflegter Stilist und verfügt über eine sehr nuancierte Ausdruckskraft.
Er hat vor geraumer Zeit einmal begonnen, in der »Stuttgarter Zeitung« alle paar Monate eine Porträtstudie über die leitenden Ministerpräsidenten zu schreiben, die ihm auch alle eine persönliche Unterhaltung ermöglicht haben, wodurch diese Studien viel mehr Atmosphäre bekommen haben als das bei vergleichbaren sonstigen journalistischen Versuchen der Fall war. Alle diese Dinge sind nicht als irgendwelche parteimäßigen Apotheosen geschrieben, sondern Versuche, Typisches und Individuelles auszuweisen.
Ich habe Glaeser mitgeteilt, daß ich Sie bitten wolle, eine Anfrage von ihm günstig aufzunehmen, habe ihn aber auch gebeten, zunächst einmal an Ihren Persönlichen Referenten[2] einige der Studien zu senden, damit Sie selber durch die Möglichkeit der Lektüre sich von dem Charakter des Unterfangens ein Bild machen können. Die Studie über mich[3] hat freilich ein bißchen ihre Akzente dadurch bekommen, daß ich Glaeser die vor Jahren einmal niedergeschriebenen Jugenderinnerungen[4] zur Lektüre gab. Mit dieser Studie hat Glaeser die »Länderebene« verlassen und sich auf die sogenannte »Bundesebene« begeben und, falls er auf dieser sich

Zu Dok. Nr. 54
Mit Zeichnung der Isola dei Pescatori (12. Oktober 1951)

weiter bewegen sollte, möchte er natürlich nicht verfehlen, möglichst bald Ihnen seine Aufwartung zu machen[5].

Mit freundlichen Grüßen
Ihr
gez. Th. Heuss

Nr. 54

13. Oktober 1951 (Locarno): Heuss an Adenauer, Bonn

Verehrter lieber Herr Dr. Adenauer,

jetzt, da wir vor der Heimfahrt stehen[1], ist nach ungewissen Nebelwochen die terminübliche Sonne gekommen. Der Arm wird tüchtig trainiert[2], ich sitze [ohne Kontrolle] in ital. Osterien: »hier bin ich Mensch, hier darf ich's sein!« Zeitung und Radio sagen mir aber täglich die Grenzen dieser Erlaubnis. Ich hoffe, Sie kommen gut und frisch durch die Unruhe dieser Tage.

Mit herzl. Gruß
Ihr
Th. Heuss
und Elly Heuss-Knapp

Nr. 55

23. Oktober 1951 (Bonn): Heuss an Adenauer, Bonn

Verehrter Herr Bundeskanzler!

Es ist Ihnen vielleicht bekannt, daß ich vor einer Reihe von Jahren eine große Biographie über den Stuttgarter Industriellen und Sozialpolitiker Robert Bosch[1] geschrieben habe. Diese Biographie ist, wie ich kürzlich von einem der mir befreundeten Herren in der Leitung der Firma erfuhr, höchst seltsamerweise von den Amerikanern zum Teil als Unterlage ihrer Argumentationen in ihren Auseinandersetzungen über die »Entflechtungen« benutzt worden. Ich habe den Herren darauf kürzlich mitgeteilt, daß ich gern bereit bin, ihnen ein paar Zeilen, die sie dem Gericht vorlegen können, über die Entstehung und die Natur dieses Werkes von mir aus zu schreiben.

Im Zusammenhang damit erhielt ich dieser Tage von einem der Herren des Direktoriums einen längeren Brief, in dem er mich bat (die Industriellen sind ja mit der Sache auch befaßt), eventuell bei einer Besprechung mit Ihnen auch noch eine bestimmte Haltung der Regierung zu ersuchen[2]. Soweit ich unterrichtet bin, ist ja der Komplex den Herren Blücher und Erhard[3] bekannt. Ich halte es für das Zweckmäßigste, Ihnen und Herrn Blücher einfach einen Durchschlag des Briefes zu senden. Vielleicht sagt er Ihnen nichts Neues, aber er mag als »Aide-mémoire« zweck-

Heuss-Zeichnung des Collegio in Ascona (13. Oktober 1951; zu Dok. Nr. 54)

dienlicher sein, als wenn wir in einer Besprechung die Dinge zu rekonstruieren versuchen[4].

Mit guten Wünschen für Ihre baldige Genesung

Ihr
Theodor Heuss

Nr. 56

12. November 1951 (Bonn): Adenauer an Heuss, Bonn

Sehr verehrter Herr Bundespräsident!

Mit bestem Dank bestätige ich den Eingang Ihres Schreibens vom 23. Oktober 1951[1], in dem Sie das Entflechtungsverfahren Bosch behandeln. Von Ihren Ausführungen habe ich mit Interesse Kenntnis genommen.

Der Fall Bosch wird bereits seit mehr als einem Jahr zusammen mit den Fällen Deutsche Gold- und Silberscheideanstalt (DEGUSSA), Vereinigte Glanzstoffwerke und Siemens & Halske ausschließlich vom Bundesministerium für Wirtschaft bearbeitet[2]. Da trotz aller Bemühungen eine grundsätzliche Auflockerung der alliierten Haltung nicht hat erreicht werden können, arbeiten im Augenblick das Bundesministerium für Wirtschaft und das Bundesministerium für den Marshall-Plan gemeinsam den Entwurf einer Note aus, in der ich die Alliierte Hohe Kommission ‹ ersuche ›[a], den Berufungstermin vom 20. November absetzen zu lassen[3] und die Entscheidung der Frage, ob die Firma Bosch eine übermäßige Zusammenballung von Wirtschaftsmacht darstellt, den deutschen Behörden zu über‹ tragen ›[b].

Die Begründung der Note bereitet insofern besondere Schwierigkeiten, als der Eindruck eines Eingriffes in ein schwebendes Gerichtsverfahren unter allen Umständen vermieden werden muß.

Da auf dem Gebiet der Dekartellisierung und Entflechtung eine Aufhebung der bisherigen alliierten Vorbehalte erst für den Fall in Aussicht gestellt worden ist, daß befriedigende deutsche Gesetze erlassen werden, lassen sich über den voraussichtlichen Ausgang meiner persönlichen Intervention in Sachen Bosch leider keine Voraussagen machen. Denn die Ansichten darüber, welche deutschen Gesetze als »befriedigend« betrachtet werden können, gehen ‹ ... ›[c] noch sehr stark auseinander[4].

Mit vielen Grüßen bin ich

Ihr
gez. Adenauer

Nr. 57

29. November 1951 (Bonn): Heuss an Adenauer, Bonn

Verehrter Herr Bundeskanzler!

Darf ich Ihnen, von Nürnberg jetzt etwas bedrängt, einmal unmittelbar eine Frage vorlegen, die mit den Herren Bundesministern Schäffer und Dr. Lehr schon wiederholt besprochen wurde. Es handelt sich um die Stellung des Bundes beim Wiederaufbau des im Bombenkrieg weithin zerstörten Germanischen National-Museums [1] in Nürnberg.

Vor 3 1/2 Jahren wurde ich im Einverständnis mit der damaligen bayerischen Regierung gebeten, den Vorsitz des Verwaltungsrates des Germanischen National-Museums zu übernehmen. Ich glaube, es geschah auch mit deshalb, weil ich in den Jahren 1945–46, damals Kultminister in Württemberg-Baden [2], mich sofort bereit erklärte, für dieses Land die weitere solidarische Mitverantwortung des übrigen Deutschland für dieses Institut auszusprechen.

Als ich zum Bundespräsidenten gewählt worden war, habe ich sämtliche Ehrenämter und Vorstandsmitgliedschaften, die ja unsereins nach 1945 fleißig aufgesucht haben, niedergelegt. Aber dieses Amt habe ich, wie Sie sich erinnern mögen, in Übereinstimmung mit Ihnen beibehalten, da es sich ja in seiner inneren Sinngebung mit dem Amt des Bundespräsidenten verträgt und weil mir gerade dieses Museum von meiner Jugend her lieb und vertraut blieb.

Früher wurde das Germanische National-Museum finanziell vom Reich, dem Land Bayern und der Stadt Nürnberg im wesentlichen getragen. Aus sogenannten Pflegschaften in ganz Deutschland kamen auch private Leistungen. Das Land Bayern hat sich um die Wiederherstellung des Museums große Verdienste erworben. Die Fürsorge für das Museum ist dann in das Königsteiner Abkommen [3] zwischen den Bundesländern mit aufgenommen worden. Aber es ist doch einer der Fälle, bei denen sich die Problematik über die Grenzen der Zuständigkeit von Land und Bund für kulturelle Angelegenheiten reibt. Es gibt deren ja mehrere.

Das Germanische National-Museum ist im Jahre 1852 durch den fränkisch-bayerischen Freiherrn v. Aufseß [4] ins Leben gerufen worden. Es war nach den Enttäuschungen der Jahre 1848/49 die erste neue Sammlung eines gesamtdeutschen Bewußtseins. Daß im kommenden Jahr die 100. Wiederkehr dieses Gründungstages begangen werden kann, gibt ein Stück weit eine symbolische Verpflichtung. Es ist denn auch geplant, eine würdige Feier vorzubereiten [5].

Der überlokale und überbezirkliche Sinn des Museums ist nie bestritten gewesen. Herr Bundesfinanzminister Schäffer hat dann auch als ein Freund des Werkes im vergangenen Jahr für den Wiederaufbau den Betrag von 100.000,– DM aus Bundesmitteln zur Verfügung gestellt. In den Planungen, die vom Bundesinnenministerium und dem Kulturpolitischen Ausschuß des Bundestages aufgenommen und unterstützt wurden, war vorgesehen, daß eine weitere Rate 200.000,– DM und eine dritte Rate 100.000,– DM umfassen solle. Freilich sind die staatspolitischen Entscheidungen aus den Ihnen ja wohlbekannten Gründen nicht so vorangekommen wie man es wünschen mußte. Der Konflikt zwischen Bund und Ländern über den Anteil der Einkommensteuer wie auch sonstige Differenzen in der Frage der Steuerarten haben ein Element der Unsicherheit gebracht, dem aber auf der anderen Seite die vordringlichen Restaurierungsarbeiten zur Rettung der noch gut erhaltenen Gebäude, insbesondere auch des Kreuzgangs, sich nicht einfach anpassen konnten. Die alte Kirche im Komplex des Museums steckt mitten im Aufbau, der nicht sistiert werden kann, ohne daß neue Wertminderungen eintreten. Da mit dem Weitergang der Subvention gerechnet werden durfte, ist eine akute starke Handwerkerverschuldung eingetreten, die mit den Anlaß bedeutet, daß man sich erneut an mich gewandt hat.
Der Herr Bundesfinanzminister hat mir vor einiger Zeit mitgeteilt, daß er die Frage vor das Kabinett bringen wolle[6]. Nun ist es ja nicht meine Sache, auf die Tagesordnungen der Kabinettssitzungen, die wahrlich genug bestürmt sind, Einfluß nehmen zu wollen. Aber ich wollte mir erlauben, Ihnen den Komplex doch einmal vorzutragen, um so mehr, als wir in der letzten Sitzung des Verwaltungsrates eine Anregung des neuen Direktors Dr. Grote[7] dankbar aufgenommen haben, in dem Germanischen National-Museum auch eine kulturgeschichtliche Sammlung von Dokumenten jener Landschaften und Landsmannschaften zusammenzubringen, die heute zu den abgetrennten Gebieten gehören, aber in ihren geschichtlichen Leistungen nun eben als Elemente deutscher Schöpferkraft aus dem Osten und Südosten sichtbar bleiben sollten. Ich kann mir keine würdigere Stelle vorstellen als das Germanische National-Museum. Wenn dieses Ziel erreicht werden kann, dann wird auch sehr viel deutsches Kulturgut vor dem Verlust und Verschleiß in privaten Händen gesichert sein, wie auch davor, evtl. in politisch ungeschickter Weise verwendet zu werden. Ich selber habe ja in dieser Sache bereits mit dem früheren Staatssekretär v. Bismarck[8] Fühlung genommen, damit er die landsmannschaftlichen Verbände für diese Sache interessiert. Die Wiederinstandsetzung des Museums, dessen Schätze zu 95% gerettet

sind, ist also eine metapolitische Aufgabe mit politischer Auswirkung. Eine Durchschrift dieses Briefes lasse ich auch an die Herren Bundesminister Schäffer und Dr. Lehr gehen[9].

Mit freundlichen Grüßen Ihr

gez. Th. Heuss

Nr. 58

21. Dezember 1951 (Bonn): Heuss an Adenauer, Bonn

Verehrter, lieber Herr Bundeskanzler!

Die beiden kleinen Schriften, die in dem abgelaufenen Jahr von mir erschienen sind[1], mögen Sie nicht beunruhigen in dem Sinne, als ob ich ein Bücherschreiber geblieben wäre, während Sie sich um Europa sorgen. Es sind beides nur »Vorträge«, die mein Verleger für isoliert druckwürdig hielt, da sie ein begrenztes Gebiet behandeln. Ich habe dagegen nichts einzuwenden gehabt, weil der eine oder andere vielleicht die eine oder andere Anregung daraus empfangen kann.

Ich bin nun kokett genug, Ihnen auch die Wiedergabe einer meiner kleinen Zeichnungen zu übersenden[2]. Zu der beigefügten Reproduktion bin ich auf folgende Weise gekommen: Reader's Digest will irgendeine Sammlung der Hobbys von zeichnenden und malenden Nichtkünstlern bringen. Da war nun auch ein Mann bei mir, der in meinen Skizzenbüchern ein paar kleine Zeichnungen nicht so sehr nach ihrem Kunstwert als nach den Motiven heraussuchte. Unter der Auswahl befand sich auch die etwas stürmische Skizze von Maria Laach.

Maria Laach bedeutet ja aber nun in Ihrem Leben mehr als eine Stätte, die man aus kunsthistorischem Interesse besucht, und so darf ich hoffen, daß Sie die tiefere Bezüglichkeit, die ich in der Sendung aussprechen möchte, empfinden[3].

Mit guten Grüßen zum Fest und der Hoffnung, daß es in der nächsten Zeit einmal zu einem zeitlich weniger gehemmten Gespräch[4] über mancherlei Dinge kommt.

Ihr

Theodor Heuss

Nr. 59

3. Januar 19[52] (Rhöndorf): Adenauer an Heuss, Bonn

Sehr verehrter, lieber Herr Bundespräsident!

Die schöne Zeichnung[1] ist mir doppelt lieb: wegen der Hand, die sie geschaffen hat, und wegen des Gegenstandes, den sie darstellt. Lassen Sie mich Ihnen recht herzlich dafür danken.

Mit vielen Grüßen, wie immer,

Ihr

K. Adenauer

Nr. 60

9. Januar 1952 (Bonn): Adenauer an Heuss, Bonn

Sehr verehrter Herr Bundespräsident!

Ich darf darauf aufmerksam machen, daß in der Presse schon von einer »Inflation von Verdienstkreuz[1]-Verleihungen« die Rede ist. Mir scheint die Verleihung des großen Verdienstkreuzes an die in der Anlage[2] genannten Herren Konsequenzen zu ziehen in anderen Ländern und auch innerhalb der Bundesregierung.

Z. B. scheint mir die Tätigkeit des Herrn Dr. Janz[3] bei der Badischen Staatskanzlei während 4 Jahren kein Anlaß zu sein zur Verleihung eines solchen Ordens.

Das gleiche gilt für den Vorschlag bezüglich des Rektors der Universität Freiburg[4].

Ich bitte zu erwägen, ob nicht allgemeine Richtlinien für die Verleihung aufgestellt werden können, damit man nicht zu unabsehbaren Konsequenzen kommt[5].

Mit besten Grüßen

Ihr sehr ergebener

(Adenauer)

Nr. 61

10. Januar 1952 (Bonn): Heuss an Adenauer, Bonn

Verehrter Herr Bundeskanzler!

Für die nicht unterschriebene Rückgabe des letzten Ordensvorschlages (Ihr Brief vom 9.1.52)[1] bin ich Ihnen, vertraulich gesagt, in gewissem Sinn dankbar, weil uns der Eifer von Herrn Staatspräsidenten Dr. Wohleb[2] sowieso bereits Beschwernis gemacht hat.

Wohleb ist »ganz groß« in die Sache eingestiegen und hat hier etwas mehr Vorschläge eingereicht als alle anderen Vorschlagsberechtigten zusam-

mengenommen[3]. Wir haben auch schon darauf aufmerksam gemacht, daß er das ihm zugesprochene Maß in den höheren Klassen einfach überschritten hat. Wir haben Badens Vertreter heute in einer persönlichen Unterhaltung mitteilen lassen, daß wir zunächst diese letzte Vorschlagsliste hier ruhen lassen, weil eine Zurückreichung doch etwas wie eine Brüskierung wirken könnte, woran natürlich niemand etwas gelegen sein kann. Dr. Wohleb hat offenbar eine stärkere Vorstellung als manche andere seiner Kollegen von der sogenannten Integrationswirkung – um diesen modisch gewordenen Begriff nun auch einmal von mir aus zu verwenden.
Einige der Länder sind bis jetzt sehr zurückhaltend. Wie mir scheint, eigentlich nicht aus bösem Willen, sondern weil eine zusätzliche Phantasie und Entscheidungsfreudigkeit erwartet wird.
Daß die Presse gelegentlich über die Ordensverleihungen Witze macht, muß hingenommen werden. Die Veröffentlichung wird ja in einiger Zeit an »Sensation« verlieren und in die Lokalblätter übergehen. Aus den Briefen, die hierher kommen, sehen wir dann doch, daß ziemlich viele, zumal ältere Menschen sich angenehm angesprochen fühlen. Und einigen der Ministerpräsidenten ist es schon recht erwünscht gewesen, der eigenen Überlegungen über eine Ehrung enthoben zu sein. Etwa der Ministerpräsident von Hessen, Herr Zinn[4], war uns direkt dankbar für die Anregung, den Vorschlag für Dr. Richard Merton[5], den Vorsitzenden des Stifterverbandes der Notgemeinschaft der deutschen Wissenschaft, einreichen zu können.
Vielleicht werden wir uns auch über diesen Komplex bezw. die sich aus der bisherigen Praxis ergebenden Erfahrungen unterhalten können. Wir selber müssen hier ja behutsam vorgehen, nachdem wir die Länderregierungen mit völliger Bewußtheit so stark eingeschaltet haben, denn im übersehbaren Raum ist ja die Auswahl doch immer stärker in ihrem Ergebnis gesichert.
Mit freundlichen Grüßen Ihr
Theodor Heuss

Nr. 62
12. Januar 1952 (Bonn): Heuss an Adenauer, Bonn

Lieber Herr Bundeskanzler!

Heute – Samstag früh – habe ich den Verlauf der gestrigen Lesung des Schumanplan-Gesetzes[1] im Bundestag mir aus der »Neuen Zeitung«, die einen großen Bericht gebracht hat[2], vergegenwärtigt. Ich habe daraus

ersehen, daß Sie selber noch wiederholt in die Auseinandersetzung eingreifen mußten und wie wirkungsvoll Sie das getan haben[3].
Ich habe die Empfindung, daß die Debatte im ganzen – von ein paar überflüssigen Störungszwischenfällen abgesehen – einen ordentlichen Verlauf genommen hat, der freilich für Sie eine außerordentliche physische Belastung darstellen mußte.
Ich möchte Ihnen mit diesen Zeilen meinen Glückwunsch aussprechen, daß es gelungen ist, dieses bedeutungsvolle Gesetz mit einer doch recht eindrucksvollen Stimmenmehrheit zur Verabschiedung zu bringen. Es scheint mir gerade auch in dem Zahlenverhältnis eine Erleichterung für den Fortgang der Verhandlungen gegeben zu sein.
Mit Dank, guten Grüßen und Wünschen Ihr

Theodor Heuss

Nr. 63

14. Januar 1952 (Bonn): Adenauer an Heuss, Bonn

Sehr verehrter Herr Bundespräsident!

Über Ihren Brief vom 12. Januar[1] bin ich aufrichtig erfreut und danke Ihnen sehr dafür. Es liegt eine schwere Arbeit hinter allen Beteiligten, aber ich hoffe doch, daß das Ergebnis der Arbeit uns und Europa dem Frieden näher bringt.
Mit herzlichen Grüßen Ihr sehr ergebener

(Adenauer)

Nr. 64

24. Januar 1952 (Bonn): Heuss an Adenauer, Bonn

Sehr geehrter Herr Bundeskanzler!

Wie mir berichtet wurde, hat das Kabinett in seiner Sitzung vom 22. Januar[1] stark darauf gedrängt, den Bundespräsidenten zu veranlassen, jetzt endlich das »Deutschlandlied« als Nationalhymne[2] zu deklarieren; einige der Herren Minister scheinen dabei entdeckt zu haben, daß meine Zurückhaltung gegenüber brieflich oder mündlich vorgetragenen Wünschen, die in der gleichen Richtung gingen, daran »schuld« sei, daß jetzt die Beschränkung auf die dritte Strophe schon schwieriger sei, weil bereits vielfach das ganze Lied gesungen werde. Ich gehe jetzt darauf nicht ein, das ist eine These ex post.
Wir waren uns darüber doch wohl einig, daß die Antwort auf die Frage, so oder so, ruhen solle, bis die Wintersport-Veranstaltungen in Norwe-

gen[3] vorbei seien. Man hat im Kabinett beschlossen, bei der norwegischen Regierung vertraulich anfragen zu lassen, ob »Bedenken« vorliegen, jetzt mit diesem Lied zu kommen[4]. Ich würde, hätte man meinen Rat erbeten, diesem Schritt widerraten[5]. Nicht bloß weil ich (wie Sie) von dem Geheim-Bleiben solcher Beschlüsse nicht allzuviel halte und fürchte, das Bekanntwerden würde höchst peinlich wirken: man läßt sich, heißt es dann, von einem Kleinstaat seine Nationalhymne konzessionieren oder nicht. Es ist ja nicht eigentlich ein »Skandal« bei den Sportveranstaltungen, vor dem man Sorge haben muß. Ich treibe keinen Wintersport, aber freies Gelände und kalte Luft sind nicht die Atmosphäre für Krach-Situationen. Aber die warme Luft von Redaktionsstuben gebiert derlei – ich kenne mich darin aus – fortgesetzt. Dies eben wollte ich unter allen Umständen vermieden wissen, daß wir eine Presse-Erörterung bekommen, die nach Holland, Belgien usf.[6], die nach Deutschland übergreift und die einfach, da es sich um das berühmte Irrationale handelt, die europäischen Gespräche stört. Das ist öffentlich nicht darzulegen. Aber Sie dürfen überzeugt sein: auf mich wirken, so sehr ich natürlich das Gewicht der sogenannten »nationalen Symbole« zu würdigen weiß und sie selber in einigen Entscheidungen zu mehren suchte, die Bekundungen der parteipolitischen Ungeduld nur sehr schwach. Die staatspolitische Verantwortung im großen Sinn ist nicht hier plaziert. Und ich erlebte vor ein paar Wochen die Überraschung: der Führer des Sportbundes[7] (das ist sehr vertraulich) äußerte mir seine Sorge, ich könnte etwa unter dem Parteiendruck in der Sylvester-Ansprache ein pater peccavi sprechen und von Rudolf Alexander Schröder[8] zu Hoffmann von Fallersleben mich zurückbekennen – er war höchst erleichtert, als ich ihm sagen konnte, das sei nicht geplant. Denn er fürchtete davon Böses als journalistische Vorerörterung für Oslo – *die* Leute haben nicht vergessen, daß die Norweger sich am längsten gegen die Rückkehr der Deutschen in den olympischen Kreis gewehrt haben. (Viele Politiker haben natürlich vergessen, daß Deutschland Norwegen überfallen hat und »nehmen übel«.)

Ein zweites: In zwei Spätsommergesprächen[9] mit Staatssekretär Dr. Lenz wurde statuiert: man solle, man könne das »Deutschland-Lied« nicht »gegen die Arbeiterschaft« oktroyieren. Ich hatte kurz vorher mit Fette ein Gespräch[10]: Orden[11] ja, Deutschland-Lied nein. Dr. Lenz hatte aus seinen Gesprächen mit den Herren des DGB einen anderen Eindruck; nach meiner Erinnerung habe in dem Gespräch nur Freitag von der I.G. Metall abgelehnt. Bei der späteren Begegnung aber las Dr. Lenz einen Brief vor, der auch zu den Orden ja, zu dem Deutschland-Lied nein sagte. Das Gespräch, das ich mit Dr. Schumacher (wohl Ende August)[12] hatte, war gegen Hoffmann von Fallersleben[13] wie gegen R. A. Schröder gleich negativ. (»Schwäbisch-protestantischer Nationalchoral« – er fand die Gesprächspointe so hübsch, daß er sie ein paar Tage später auch vor der Presse wiederholte.) Ich habe seitdem mit niemandem von der SPD oder dem DGB über diese Frage verhandelt. Wie Sie sich erinnern mögen, waren für meinen Versuch, die Deutschen von dem lauten Traditional-Patriotismus zu trennen und sie zu einem tragisch verhaltenen Nationalgefühl zu führen (was *keine* der Parteien, ob rechts, Mitte, links, aus Denkbequemlichkeit verstehen wollte), unliebsame Vorgänge beim Intonieren des »Deutschland-Liedes« bei überparteilichen Veranstaltungen mit maßgebend. Ich kann heute, zumal die »Regierungsparteien« den Weg gingen, der ihnen zweckdienlich erschien, nicht Propagandist in einer offenbar mir mißglückten Sache werden – mit einer heiteren Wehmut denke ich an den Abend, da das Kabinett so schön und eifrig und ganz begabt Singprobe auf der Viktorshöhe hielt[14]. Doch das ist Feuilleton! *Politisch* ist die Frage, ob es gelingt, die SPD und den DGB zum mindesten zu einer neutralen Haltung in dieser Frage zu gewinnen, ohne daß die ganze Sache als ein Spezialkapitel von »Remilitarisierung« und »Verteidigungsbeitrag« erscheint. (Das »Deutschland-Lied« war, wie man mir sagt, nie Marschlied, hat aber durch den Kriegsbericht über die sinnlose Opferung junger Studentenregimenter bei Langemarck[15] seine soldatische Weihe erhalten.) Ich möchte Ihnen die Überlegung nahebringen, ob Sie, da das Kabinett diese Sache zu seiner gemacht hat, in dieser Richtung eine Klärung erreichen können. Daß die SPD als Masse in dieser Frage nicht einheitlich fühlt, ist mir völlig klar, teils um Eberts[16] willen, teils weil auch bei ihr viele Leute einfach keine neuen Worte und Noten lernen wollen.

Wenn eine solche Klärung erfolgt ist, die doch die Gewähr bieten müßte, daß die Wiedererweckung des »Deutschland-Liedes« nicht zur Verschärfung der innenpolitischen Gegensätze führt, dann möchte ich jedenfalls davon absehen, das Lied in der Form Eberts feierlich zu »proklamieren«[17]. Das habe ich den Herren von der FDP, die das von mir erbaten, mit kühler Klarheit gesagt[18]. Das ist kein enttäuschter oder gekränkter Eigensinn, wie wohlmeinende Leute glauben. Aber ich habe, soweit die Eigenentscheidung frei war, immer Wert darauf gelegt, nicht Dinge zu tun, die meiner Auffassung und meinem Wesen widersprechen.

Über einen möglichen Weg bezw. die mir angemessene Formulierung würde dann zu sprechen sein, wenn diese Vorfragen geklärt sind. Auch scheint mir bei den Befürwortern des »Deutschland-Liedes« als Nationalhymne noch keine einheitliche Meinung zu bestehen, ob nur die dritte Strophe oder das ganze Lied neu belebt werden soll.

Es war eine harte Zumutung an Sie, diesen langen Brief, der fast eine Abhandlung wurde, ganz zu lesen. Aber da ich in dieser Angelegenheit,

übrigens nach Rücksprache mit dem Kabinett und sämtlichen Parteiführern[19], von denen nur Herr Hellwege[20] grundsätzliche Bedenken gemeldet hatte, vordergründig geworden war, habe ich, der ich leider, wie ich Ihnen neulich sagte, nie »Aufzeichnungen« in meinem Leben gemacht habe, ein gewisses geschichtliches Interesse daran, meine Position auch vor einer »taktischen« Entscheidung einmal schriftlich niederzulegen[21].
Mit bestem Gruß

Ihr
gez. Th. Heuss

Nr. 65
26. Januar 1952 (Bonn): Heuss an Adenauer, Bonn

Verehrter Herr Bundeskanzler!

Diese Zeilen sind ein leichter Aufschrei meines Sprachgefühls und ein Appell an Ihr »liturgisches« Empfinden.
Heute früh wurde mir zur Unterzeichnung die Ernennungsurkunde für Dr. Anton *Pfeiffer*[1] vorgelegt. In dieser heißt es, daß ich ihn »zum Botschafter der Besoldungsgruppe B 7 A in Brüssel« ernenne. Man kann die Gestaltung einer solchen Urkunde natürlich verschieden bewerten: rein als technische Angelegenheit, man kann ihr aber auch einen bescheidenen Symbolgehalt zurechnen.
Sprachlich würde ich sagen, daß Dr. Pfeiffer nicht der Botschafter der Besoldungsgruppe ist, sondern der Bundesrepublik Deutschland. Man müßte also schon einfügen »in der Besoldungsgruppe«. Aber gerade das empfinde ich auf der anderen Seite als eine unmittelbare Peinlichkeit. Mir selber sind ja die Buchstaben und Ziffern der Besoldungsgruppe nichts anderes als kabbalistische Zeichen, weil ich in meinem Leben nie mit diesen Einordnungen zu tun hatte. Aber es wehrt sich – auch wenn ich und weil ich weiß, daß es gerade etwa bei den Botschaftern und Gesandten verschiedene Einstufungsgruppen gibt – auch das ästhetische Empfinden dagegen, auf einem Dokument solcher Art (was bei der durchschnittlichen Beamtenkategorie nie der Fall ist) von der Besoldungsgruppe zu reden und die Geheimzeichen B 7 A beizufügen.
Sagen wir doch einfach »zum Botschafter in Brüssel« und in einem Annexblatt wird durch einen Rechnungsrat kommentiert, daß es sich in Brüssel um eine Besoldungsgruppe B 7 A handele, aber nicht auf einer Büttenpapierurkunde, die von uns beiden gezeichnet ist[2].
Mit freundlichem Gruß

Ihr
gez. Theodor Heuss

Nr. 66

30. Januar 1952 (Bonn): Heuss an Adenauer, Bonn

Verehrter Herr Bundeskanzler!

Sie mögen sich bitte unserer letzten Unterhaltung [1] erinnern: es war mir von hervorragender katholischer Seite nahe gelegt worden, den Herrn Kardinal Erzbischof Dr. Frings [2] mit dem Großkreuz des Verdienstordens auszuzeichnen. Ich konnte mitteilen, daß ich daran selber schon gedacht hatte – zufällig war mir in einem »Terminkalender« für 1952, den ich durchblätterte, die Notiz entgegengetreten, daß Dr. Frings am 6.2. seinen 65. Geburtstag feiern kann.

Nun haben ja alle solche Dinge in Deutschland, wegen der Kirchenspaltung, ihre ebenso interessante wie unbequeme Paradoxie. Daß ich (neben Dr. Beyerle [3] und W. Keil [4]) Anfang Dezember bei meinem Stuttgarter Besuch den mir seit Jahrzehnten nahestehenden evangelischen Alt-Landesbischof D. Wurm [5] mit dem Großen Verdienstkreuz auszeichnete, wurde in evangelisch-kirchlichen Kreisen dankbar empfunden, aber aus München kamen die Anmerkungen: schön, aber warum nicht zuerst oder gleichzeitig Faulhaber [6]? Die Antwort war uns leicht: Ihr habt ihn ja nicht vorgeschlagen. Das »Versäumnis« wurde dann gerne nachgeholt. Ich selber wollte den Neujahrsempfang nicht als Solist des Groß-Kreuzes begehen – also regte ich Paul Löbe [7] an. Gut – doch das sollte nicht isoliert sein. So ergab sich dann das für den Sinn des Ordens eindrucksvolle Weihnachts-Trifolium: Schmidt-Ott [8] – Faulhaber – Löbe. Das freute dann die Altpreußen und Gelehrten, die Katholiken, den größeren Teil der Sozialdemokraten.

Aber nicht jene Protestanten, die ordenskundig sind und entdeckten, daß Faulhaber eine Stufe höher lag als Wurm; daß ein Kardinal etwas mehr an geschichtlicher »Aura« besitzt als ein noch so verehrungswürdiger (und mir persönlich vertrauensvoll verbundener) evangelischer Landesbischof, kann ich einem Gebildeten klar machen, aber nicht dem »Mann auf der Straße« und den Konfessionsstatistikern.

Die Sache war »gutzumachen«, indem ich den derzeitigen Präsidenten der Evangelischen Kirche Deutschlands, D. Dibelius, nun auch mit dem Großkreuz auszeichnete. Sie erinnern sich aus früheren Unterhaltungen vielleicht, daß ich zu D. Dibelius sehr alte Beziehungen habe aus der Zeit, da er in Schöneberg Pfarrer war und meine Frau lebhaft an der kirchlichen Gemeindearbeit teilnahm – er hat meinen Sohn konfirmiert und getraut [9]. Ich nahm mir vor, bei meinem seit Monaten festgelegten nächsten Berliner Besuch (»Grüne Woche«) [10] die Frage mit ihm zu besprechen.

Diese Absicht bekam inzwischen ihre etwas termingebundene Aktualisierung wegen der katholischen Demarche, die von Dr. Frings handelte. Ich konnte und wollte gegenüber der Anregung Dr. Frings, mit dem ich auch persönlich sehr angenehm stehe, nicht ablehnend sein, zumal ich selber schon an ihn gedacht habe, aber die Aussprache mit Dibelius ergab dies: er akzeptierte durchaus den Sinn, ihn und Frings gleichzeitig im gleichen obersten Rang auszuzeichnen, bat mich aber, jetzt davon Abstand zu nehmen. Ich muß Ihnen, obschon es eine grausame Zumutung ist, nahelegen, den Brief durchzulesen, den ich in dieser Sache an D. Dibelius geschrieben habe[11], nachdem in meinem Auftrag Dr. Klaiber den Erzbischof in Köln aufgesucht hatte. Wir können ja staatspolitisch selber unmöglich wünschen, daß Dibelius (und auch etwa Lilje[12], dessen Sprengel auch in die Sowjetzone reicht) durch die Annahme eines westdeutschen Ordens in ihrer seelsorgerischen oder verwaltungstechnischen Aufgabe sich beengt fühlen.
Ich bitte nun also Sie und Herrn Dr. Lehr, den Vorschlag für Kardinal Frings, der Ihnen dieser Tage zugehen wird, gegenzuzeichnen und von der Bekanntmachung Kenntnis zu nehmen, die ich D. Dibelius noch zur Zustimmung vorlege. Die »protokollarischen Formalien« sind noch nicht verabredet. Ich schlage dem Erzbischof vor, daß er an seinem Geburtstag, dem 6. Februar, eine Stunde bestimmen möge, in der ich in einer kleinen Feier ihm die Insignien hier selber überreiche (ähnlich wie bei Paul Löbe). Der Termin ist ja politisch sehr bedrängt. Ich würde es für nett halten, wenn Sie eventuell, falls Dr. Frings den Vormittag wählt, selber ihm die Ehre geben würden[13]. Sonst könnte Sie Staatssekretär Dr. Lenz vertreten. Für sehr angemessen würde ich es halten, wenn Dr. Lehr, der ja doch im Bunde die »Zuständigkeit« für Kirchensachen wie für das Verdienstkreuz verwaltet, anwesend sein könnte – ich lasse auch ihm zur Unterrichtung die Durchschriften dieser Briefe und des Entwurfes der Bekanntmachung zugehen.
Mit freundlichen Grüßen Ihr
Theodor Heuss

Nr. 67
17. März 1952 (Bonn): Adenauer an Heuss, Bonn

Sehr verehrter Herr Bundespräsident!

Da ich schon am Dienstag früh nach Paris[1] muß, habe ich leider nicht mehr meine Absicht ausführen können, Sie vor meiner Abreise dorthin aufzusuchen. Ich wollte mit Ihnen namentlich über die Regierungsbil-

Vor einer Feierstunde im Beethovenhaus Bonn
(anläßlich des 125. Todestages von Ludwig van Beethoven;
26. März 1952)

dung im Südweststaat[2] sprechen. Ich habe Herrn Staatssekretär Lenz gebeten, Ihnen die Angelegenheit vorzutragen, und bitte, ihm einen Termin zu geben[3].

Mit vielen Grüßen wie immer (Adenauer)

Nr. 68

29. März 1952 (Rhöndorf): Adenauer an Heuss, Bonn

Sehr verehrter Herr Bundespräsident!

Meine Parteifreunde[1] aus dem Südweststaat waren gestern bei mir. Die lange Aussprache ergab folgende theoretischen Möglichkeiten einer Regierungsbildung im Südweststaat[2]:

1) Große Koalition bestehend aus CDU, SPD und FDP.
   Meine Parteifreunde waren der Auffassung, daß sich die Landtagsfraktion der CDU damit nicht einverstanden erklären würde. Die Folge einer solchen Regierungsbildung würde auch sein, daß das Bestreben Arnolds[3], in Nordrhein-Westfalen eine große Koalition zu bilden[4], nicht mehr aufzuhalten sein würde. Die Abstimmung Nordrhein-Westfalens im Bundesrat würde dadurch zuungunsten der Bundesregierung beeinflußt werden.
2) Koalitionsregierung CDU und SPD.
   Von seiten der sozialdemokratischen Verhandler war hierfür eine gewisse Neigung gezeigt worden. Ich persönlich stehe einer solchen Regierungsbildung aus Gründen, die ich nicht weiter auseinanderzusetzen brauche, nicht sympathisch gegenüber.
3) Regierungsbildung FDP und SPD.
   Durch eine solche Regierungsbildung würde in die Koalition in der Bundesregierung ein schwerer Konfliktstoff getragen werden. Eine solche Koalition würde ferner ein sehr schlechter Auftakt für die Bundestagswahlen 1953 sein[5].
   Endlich würde dadurch die Mehrheit für die Bundesregierung im Bundesrat verloren gehen. Die SPD würde in einer solchen Koalition als stärkster Partner die meisten Kabinettssitze für sich verlangen. Damit wären die Stimmen des Südweststaates im Bundesrat für die Bundesregierung verloren.
4) Koalition CDU und FDP.
   Meine Parteifreunde sind zu einer solchen Koalition durchaus bereit. Ich glaube, daß etwaige Schwierigkeiten schließlich überwunden werden können.

Ich wäre Ihnen, sehr verehrter Herr Bundespräsident, besonders dankbar, wenn Sie auch weiter der Frage Ihr Interesse zuwenden würden[6]. Ihrer Gattin wünsche ich eine recht gute Reise[7] und Erholung. Ich bitte Sie, mich ihr zu empfehlen.

Mit vielen Grüßen, wie immer, Ihr sehr ergebener

(Adenauer)

Nr. 69

30. März 1952 (Bonn): Heuss an Adenauer, Bonn

Verehrter Herr Bundeskanzler,

wie ich Ihnen kürzlich erzählte[1], hatte ich zum letzten Mittwoch Herrn Oberlandesgerichtspräsidenten Dr. Schetter[2] wegen der A.A.-Geschichten zu mir gebeten[3]. Ich kenne Dr. Sch. aus unserer gemeinsamen Reichstagstätigkeit – wir haben nicht nur nahe beisammen gesessen[4], sondern auch in einem wichtigen Ausschuß eine gleich gerichtete Arbeit getan. Daraus war ein gutes kollegiales Verhältnis entstanden. Als ich vor ein paar Wochen erfuhr, daß Sie ihn in der A.A.-Sache mit Untersuchung und Bericht beauftragt hatten[5], fand ich das eine ganz ausgezeichnete Entscheidung. Denn Sch. ist eine innerlich unabhängige Richterfigur und zugleich erfahren genug, auch für politische Fragen und Personen ein Judicium zu besitzen. Die Unterhaltung mit ihm hat mir dann auch, wie ich erwartete, manche Klärung gebracht. –

Den heutigen Sonntag habe ich nun dazu benutzt, seinen großen Bericht zu lesen. Vielleicht ist er *zu* groß, aber er ist bemüht, unvoreingenommen und loyal seine Feststellungen mitzuteilen. Ich fürchte, Sie selber werden gerade bei der gegenwärtigen Zeitbedrängnis nicht dazu kommen, ihn in extenso zu lesen. Aber ich wiederhole meine Anregung, Dr. Sch. einmal anzuhören[6]. Denn er hat, was ich vorher nicht wußte, als »Beobachter« auch an den Sitzungen des Untersuchungsausschusses[7] teilgenommen und kann etwas über die Technik des »Verfahrens« erzählen.

Ich weiß nicht, durch wen sein Zwischenbericht an den »Bayerischen Rundfunk« gekommen ist[8]. Die Art, wie der Bericht dort gebraucht wurde – ich habe mir das Manuskript verschafft –, grenzt an Verhöhnung des Mannes.

Mit guten Grüßen Ihr

Theodor Heuss

Nr. 70
2. April 1952 (Bonn): Adenauer an Heuss, Bonn

Sehr verehrter Herr Bundespräsident!

Haben Sie verbindlichsten Dank für das Schreiben vom 30. März 1952[1], mit dem Sie mir von Ihrer Fühlungnahme mit dem Oberlandesgerichtspräsidenten Dr. Schetter in der Personalangelegenheit des Auswärtigen Amts Kenntnis geben. Ich habe mir den Bericht von Dr. Schetter noch einmal vorlegen lassen und hoffe, ihn in den ruhigen Tagen vor oder nach Ostern eingehender studieren zu können. Leider hat meine sehr starke dienstliche Inanspruchnahme es bisher nicht zugelassen, Dr. Schetter zu empfangen, aber ich hoffe, unmittelbar nach Ostern dazu zu kommen[2].

Mit besten Grüßen

Ihr sehr ergebener
gez.: Adenauer

Nr. 71
6. April 1952 (Bonn): Heuss an Adenauer, Rhöndorf

Verehrter Herr Bundeskanzler,

morgen fahre ich für acht Tage nach Badenweiler, Schloß Hausbaden, wohin meine Frau sich vor einer Woche begeben hat – ich freue mich, Ihre Bereitschaft mitteilen zu können, daß Sie mit ihr das Gespräch über die Rettung der Familie führen wollen[1] – ich finde diesen ihren Einfall sehr glücklich.

Dr. Lenz konnte an Dr. Klaiber auch die Nachricht geben, daß Sie dem Vorschlag, die Sache mit der Nationalhymne[2] nach meinen Überlegungen zu einem Ende zu bringen – wird es ein Ende sein? – zustimmen. Einzelformulierungen werden wir ja im Austausch rasch so ordnen können, daß beide Briefpartner sich finden[3]. Ich halte es auch für angebracht, daß das Kabinett unterrichtet wird[4]. Aber unter zwei Voraussetzungen: a) daß dies nur ganz knapp vor der Veröffentlichung des Briefwechsels geschieht – Sie haben mir selber Ihre Sorge wegen mancher Indiskretion schon mitteilen müssen, und b) daß der Vorgang eben nur zur Kenntnisnahme gegeben wird. Denn es ist mir eine etwas lästige Vorstellung, eventuell über dieses Komma oder über jene Wortwahl Belehrungen annehmen zu sollen.

Sie wollen aber eine Bemerkung verstatten, die ich, fast pflichtmäßig, nicht unterdrücken kann. So eindringlich, wirkungsvoll und wohl auch angebracht am Freitag abend Ihr Appell an die Journalisten war[5], die nächsten Monate in ihrem geschichtlichen Gewicht zu begreifen – ich

bin doch arg erschrocken, *wie* sehr Sie Ihre Sorgen ausbreiteten und zwar auch für die Ohren der ausländischen Presse-Attachés. Die Demokraten in USA waren da als Faktor gar nicht mehr existent (und haben doch noch bis nächsten März die Geschäfte in der Hand), und wie ist es, wenn der republik. Partei-Apparat Taft[6] *vor* Eisenhower[7] bringt? Wer hat es in der Hand, zu verhindern, daß die Leute berichten: »A. hält Wahlrede für E.«[8]. Hoffentlich passiert nichts.
Sie wollen, bitte, diese besorgten Sätze freundlich aufnehmen.
Ich bewundere die Elastizität, mit der Sie in diesen letzten 14 Tagen das und das und das bewältigt haben[9] – aber jetzt sollen Sie eine rechte und kräftigende Osterruhe haben!
Mit guten Grüßen und Wünschen Ihr
gez. Theodor Heuss.

Nr. 71 A
3. April 1952 (Bonn): Heuss-Memorandum zur Frage der Nationalhymne

Die Klärung der Frage der Nationalhymne habe ich mir seit geraumer Zeit so zurechtgelegt, daß sie in einem Briefwechsel zwischen dem Herrn Bundeskanzler und mir ihre Regelung findet[1]. Ich habe deshalb einmal niedergeschrieben, wie ich mir diesen Briefwechsel denke und auch ein Schreiben des Herrn Bundeskanzlers an mich entworfen.
Das Schreiben des Herrn Bundeskanzlers ist wesentlich auf das außenpolitische Bedürfnis eingestellt. Er schreibt mir sozusagen als Außenminister. Das scheint mir für die politische Gesamtsituation das für ihn heute Richtige zu sein, damit er nicht, nachdem auf dem CDU-Parteitag in Karlsruhe[2] das Deutschland-Lied gesungen wurde, als der Vollstrecker eines Parteienwunsches erscheint.
Meine Antwort hat mit sehr bewußter Absicht einen viel mehr persönlichen als sogenannten staatspolitischen Charakter. Das ist gewiß leicht zu kritisieren, aber die Tonlage ist mit voller Absicht gewählt.
Die »feierliche Proklamation«, die manche Leute von mir erwarten, widerspricht nicht nur meiner persönlichen Art und der Stellung, die ich in dieser Frage eingenommen habe, sondern sie würde die Rezeption des Deutschland-Liedes bei den ablehnenden Gruppen absolut erschweren. Daß ich die Ablehnung des Deutschland-Liedes wegen der jahrelangen Nachbarschaft zum Horst-Wessel-Lied[3] seelisch verstehe, wird von mir genauso bewußt vorgetragen wie der Hinweis, daß Hoffmann von Fallersleben ein Schwarz-Rot-Goldener war und die, die heute nach ihm rufen, nun auch in der Flaggenfrage die Konsequenzen ziehen sollen. Ich glaube, daß auch dieser Gedankengang für ablehnende Gruppen eine Erleichterung schafft.

Eine Einwendung wird sagen, daß mein Brief nicht nur zu persönlichen Duktus' sei, sondern für die Zeitungen im Umfang zu groß. Mir persönlich wird es genügen, wenn der Briefwechsel in extenso in drei, vier wesentlichen Zeitungen abgedruckt wird, damit er sozusagen historisch-dokumentarisch wurde [4]. Sein Inhalt wird in den Einzelformulierungen, über die sich viele ärgern mögen, bei der Schnelltechnik im Vergessen, die heute üblich ist, bald weggeschwunden sein. Ich halte mich aber auch für verpflichtet, mich vor Rudolf Alexander Schröder und Hermann Reutter [5], die ich zu dem gemeinsamen Versuch aufgefordert hatte [6], zu stellen.

Der Briefwechsel sollte nach meinem Gefühl so um den 9./10. Mai herum bekanntgegeben werden. Die Maifeiern sollen vorbei und die Fragen des Generalvertrags [7] noch nicht geregelt sein. Es ist mir früher einmal nahegelegt worden, die Hymne an dem Tag der wiedergewonnenen Souveränität, das hieß damals mit dem Aufhören des Besatzungsstatuts zu verkünden. Ich habe den Gedanken von vornherein völlig abgelehnt und hoffe, daß niemand auf ihn zurückkommen wird. Denn, ohne daß ich natürlich den Vorgang als solchen in seinem historischen Gewicht verkenne – eine Pathetisierung solcher Art würde innen- wie auch außenpolitisch überflüssige Diskussionen anregen, während die Geschichte, vor allem für den einzelnen »kleinen Mann« draußen, zunächst weiterläuft, wie sie am Tage vorher war. Würde man durch eine Hymnenverkündung an diesem Tag heraustreten wollen, so würde man gerade auch den Gegnern des Generalvertrages das Sich-mit-der-Hymne-abfinden-können seelisch erschweren, und das wäre politisch vollkommen abwegig. Ich habe ja auch mit voller Absicht die Helgoland-Frage [8] von der Nationalhymne getrennt gehalten, weil ich Angst vor dem weiteren Einbruch der Banalisierung des vaterländischen Gefühls habe.

Ich bitte, die Anregung zu diesem Briefwechsel und seinen Gedankengang völlig vertraulich zu behandeln. Ich selber verhalte mich gegenüber den ja immer wieder kommenden Bitten um das Deutschland-Lied und gegenüber den Warnungen vor dem Deutschland-Lied vollkommen passiv und lasse immer nur antworten, daß der Bundespräsident sich vorbehalte, eine Regelung dann zu treffen, wenn er es für richtig hält.

Über Einzelformen wird man sich ja evtl. noch unterhalten müssen. Aber damit bitte ich fest rechnen zu wollen, daß man eine pathetische Geste von mir nicht erwarten darf.

gez. Theodor Heuss

Nr. 72

12. April 1952 (Rhöndorf): Adenauer an Heuss, Badenweiler

Ihrer Gattin und Ihnen wünsche ich von Herzen ein gesegnetes und frohes Osterfest.

Konrad Adenauer
Bundeskanzler

Nr. 73

25. April 1952 (Bonn): Adenauer an Heuss, Bonn

Sehr geehrter Herr Bundespräsident!

In der Anlage übersende ich Ihnen den Schriftwechsel mit Herrn Dr. Schumacher zur Kenntnisnahme[1].

Mit freundlichen Grüßen

Ihr ergebener
(Adenauer)

Nr. 74

29. April 1952 (Bonn): Adenauer an Heuss, Bonn

Sehr geehrter Herr Bundespräsident!

Die Frage einer »National-Hymne« ist in den vergangenen zwei Jahren wiederholt zwischen uns besprochen worden[1]. Ich achtete, wenn auch mit Zweifel an dem Gelingen, Ihren Versuch[2], durch einen neuen Text und durch eine neue Melodie über die unliebsamen Zwischenfälle hinwegzukommen, die bei der Wiedergabe oder bei dem Absingen des ‹...› [a]»Deutschland-Liedes« sich ereignet haben; es sollte vermieden bleiben, hier einen neuen Streit in unser Volk zu tragen.
Sie haben mir selber gelegentlich zum Ausdruck gebracht, daß Sie das Bemühen als gescheitert betrachten müssen[3]. Die Gründe mögen jetzt unerörtert bleiben. Als das Kabinett Sie vor Monaten durch mich bitten ließ[4], sich für die dritte Strophe des »Deutschland-Liedes« zu entscheiden, gab ich zu, daß Ihre damalige Gegenargumentation eine innere Berechtigung besaß.
Inzwischen ist nun die Frage dringend geworden, und ich muß den Wunsch der Bundesregierung darum pflichtgemäß wiederholen. Sie wissen selber um die Lage, in der bei amtlichen Veranstaltungen unsere ausländischen Vertretungen sich befinden. Ich will in diesem Augenblick die innerdeutschen Gefühlsmomente, deren Gewicht von uns beiden gleich hoch gewertet wird, gar nicht in Anschlag bringen. Es ist wesentlich der

außenpolitische Realismus, der uns, Ihnen wie mir, nahelegen muß, die Entscheidung nicht weiter hinauszuzögern; ich möchte auch hoffen dürfen, und glaube, dazu Grund zu haben, daß die innenpolitischen Vorbehalte, die sich auf den Mißbrauch des »Deutschland-Liedes« durch die Vernichter des alten Deutschland beziehen, an Schärfe verloren haben – war es doch der Reichspräsident Friedrich Ebert, der das »Deutschland-Lied« durch eine staatsmännische Entscheidung ‹ zur Nationalhymne erklärte[5]. › [b]

Daher ‹ die erneute Bitte › [c] der Bundesregierung, ‹ das Hoffmann-Haydn'sche Lied › [d] als Nationalhymne anzuerkennen. ‹ Bei staatlichen Veranstaltungen soll die dritte Strophe gesungen werden. › [e]

Mit freundlichen Grüßen Ihr

gez. Adenauer

Nr. 75

2. Mai 1952 (Bonn/Berlin): Heuss an Adenauer, Bonn

Sehr geehrter Herr Bundeskanzler!

Sie haben recht: ich wollte vermieden wissen, daß in öffentlichen Veranstaltungen mit einem vaterländischen Akzent, gleichviel wie ihre Ausdehnung oder wie ihr Rang sei, ein Mißklang ertöne, weil sehr, sehr viele Menschen unseres Volkes Haydns[1] große Melodie nur eben als Vorspann zu dem »dichterisch« und musikalisch minderwertigen Horst-Wessel-Lied im Gedächtnis haben, dessen banale Melodie den Marsch-Takt in ein Volksverderben abgab[2].

Doch das ist es nicht allein. Als mich die Frage nach einer Nationalhymne bewegte – und das liegt innerlich längst vor meiner Wahl zum Bundespräsidenten –, glaubte ich, daß der tiefe Einschnitt in unserer Volks- und Staatengeschichte einer neuen Symbolgebung bedürftig sei, damit wir vor der geschichtlichen Tragik unseres Schicksals mit zugleich reinem und freiem Herzen, in klarer Nüchternheit des Erkennens der Lage bestehen werden. Ich weiß heute, daß ich mich täuschte. Ich habe den Traditionalismus und sein Beharrungsbedürfnis unterschätzt. Man hat mir wegen meines Planes manche herzhafte Zustimmung gegeben, und zwar aus schier allen heute wesentlichen politischen Gruppen, man hat mich bewegend, entrüstet, töricht, banal in zahllosen Briefen, Telegrammen, Resolutionen belehrt, daß man in der Not die Vergangenheit nicht verleugne usf. usf. Wenn mich jemand über geschichtliches Würdegefühl belehren wollte, habe ich das kühl auf die Seite geschoben. Denn ich bin stolz und selbstbewußt genug, zu meinen, daß einige meiner in

der Vergangenheit liegenden literarischen und wissenschaftlichen Arbeiten der deutschen Würde bekömmlicher waren als die Leistung mancher »prominenter« Protestler von heute, die besser schweigen.
Da ich kein Freund von pathetischen Dramatisierungen bin und mit mir selber im Reinen bleiben will, muß ich nach meiner Natur auf eine »feierliche Proklamation« verzichten [3]. Wenn ich also der Bitte der Bundesregierung nachkomme, so geschieht das in der Anerkennung des Tatbestandes [4].
Ich möchte daran zwei Erwartungen und Wünsche knüpfen. In den letzten Jahren habe ich, zum Teil durch recht prominente Mitglieder aus den Reihen der CDU, der FDP, der SPD Versicherungen erhalten, wie richtig, wie falsch das sei, was ich versucht habe – es wäre ein Glück, wenn nun das Kapitel der Parteienauffassungen abgeschlossen wäre, das auch in einigen Landtagen abgehandelt wurde. Zum anderen: Man hatte mir nahegelegt, bei der Freigabe von Helgoland den erwarteten Akt der »Proklamation« zu vollziehen [5], weil bekanntlich auf dieser Insel Hoffmann seine Verse gedichtet hat. Das ist nun so: Hoffmann von Fallersleben war ein Schwarz-Rot-Goldener, sogar leicht verärgert, daß nach 1870 sein Gedicht gar nicht in Aufnahme kam [6]. Ich würde sehr froh sein, wenn alle, die sich jetzt in Briefen und Entschließungen und Artikeln so lebhaft zu ihm bekannt haben, auch die Folgerungen daraus weiter ziehen, und es wäre verdienstlich, Herr Bundeskanzler, wenn die Bundesregierung mit dafür sorgen könnte, daß diese Farben bei festlichen Anlässen, da man die Worte von Hoffmann von Fallersleben singen will und singen wird, nicht bloß an den Amtsgebäuden wehen, sondern von den Mitgliedern der Gruppen, die sich dafür in Beschlüssen erklärt haben, als das Symbol unseres Staates auch öffentlich bekannt würden [7].
Mit guten Grüßen

Ihr
Theodor Heuss

Nr. 76
10. Mai 1952 (Bonn): Adenauer an Heuss, Bonn

Sehr geehrter Herr Bundespräsident!

Ich möchte nicht verfehlen, Ihnen für Ihr Schreiben vom 2. Mai 1952 [1] und die Anerkennung des Deutschland-Liedes als Nationalhymne auch im Namen des Kabinetts nochmals meinen verbindlichsten Dank auszusprechen. ‹ . . . › [a]
Die Anregung, daß die Farben der Bundesrepublik mehr als bisher gezeigt werden, will ich auch meinerseits gern aufgreifen. Ich habe mich

bereits mit dem Herrn Innenminister in Verbindung gesetzt und ihn gebeten, beschleunigt alle Möglichkeiten zu prüfen, die hierzu beitragen können[2].

Mit den besten Grüßen

Ihr

(Adenauer)

Nr. 77

12. Juli 1952 (Bonn): Heuss an Adenauer, Bonn

Verehrter Herr Bundeskanzler,

solange Ihre gedankliche Arbeitszeit von der bevorstehenden Bundestagsdebatte[1] über den Deutschlandvertrag beansprucht war, habe ich mich zurückgehalten, Ihnen meine erneuten Sorgen vorzutragen über den Ablauf und den Ausgang des parlamentarischen Untersuchungsausschusses über das Auswärtige Amt[2]. Ich weiß aus unseren Gesprächen, daß das auch Ihre Sorgen waren und sind[3]. Erneut [sic!] wurden sie bei mir dadurch, daß ich vor einigen Tagen das Manuskript der Kommentierung dieser Dinge durch den Bayerischen Rundfunk las, die geradezu als »Hörspiel« aufgemacht war[4].

Wir haben uns ja daran gewöhnen müssen, daß Indiskretionen zu einem ekelhaften Instrument des politischen Kampfes geworden sind. – Ich halte mich also nicht weiter darüber auf, daß durch irgendeinen Vertrauensbruch der Bericht des Ausschusses, den amtlich wohl noch niemand kennt, in dieser karikierenden Art der Öffentlichkeit nahe gebracht worden ist. Aber geradezu gefährlich erscheint mir, daß am Schluß dieses »Hörspiels« in suggestiver Weise als das Gegebene ausgesprochen wird, solchen Ausschuß zu einer Art von Dauer-Ausschuß zu machen, und wenn irgendwo »neues« Material auftaucht, dies und dies und dies Verfahren gegen diesen und diesen Beamten zu erneuern. Die Andeutungen, wer etwa infrage käme, sind nicht verschwiegen.

Daß das Verfahren der Untersuchung gelegentlich ruchbar wurde, war wenig erfreulich; die Anweisung, die Vorschriften der Strafprozeßordnung als Grundlage zu nehmen, scheint eine gelegentlich recht eigentümliche Interpretation gefunden zu haben, indem die »Zeugen« als Angeklagte behandelt wurden. Ich bin kein Jurist und kenne die prozessualen Schattierungen nicht, aber es wäre gut, wenn, womöglich aus dem Parlament, die Notwendigkeit des korrekten Verfahrens unterstrichen würde.

Meine größere Sorge aber ist die, daß die Grenzen zwischen Exekutive und Legislative völlig verunklart werden. Gewiß hat die Legislative, hat

Nach der Unterzeichnung des Deutschlandvertrages
(26. Mai 1952)
oben: mit Anthony Eden und Ivone Kirkpatrick
unten: mit Robert Schuman

das Parlament, auch das Recht und die Pflicht, die Regierung zu »kontrollieren«[5], auch ihre Personalpolitik. Aber wenn, wie aus dem Rundfunkbericht zu folgern ist, der Ausschuß mit Zensuren arbeitet, die von dem Einzelnen der Beamten sagt, die dürfen nur so, die dürfen nicht so, wenn überhaupt verwendet werden, so überschwemmt ein solches Verfahren doch die Grenzen der Zuständigkeit.

Mir will es scheinen, hier handle es sich nicht mehr um die umstrittene Personalpolitik eines Amtes (das Verfahren läßt sich morgen auf jedes beliebige Ministerium erstrecken), sondern um eine verfassungsrechtliche Grundfrage. Das ist meine Sorge, die ich Ihnen mit allem Ernst vortragen möchte. Es geht nicht darum, dem Parlament sein Recht beschneiden zu wollen, sondern gerade auch um des Parlamentes willen seine Aufgabe von den einzelnen Entscheidungen der Executive wie auch von einer quasi justizgläubigen Politik freizuhalten für seine eigentliche Aufgabe. Ich weiß nicht, ob der Bericht selber Andeutungen enthält, wie der Rundfunkvortrag am Schluß sie ausspricht – aber ich bin der Meinung, daß dieser Gedanke bei der Plenardebatte mit Deutlichkeit von Ihnen oder von dem Bundesjustizminister angepackt und abgelehnt werden müßte[6].

Ich möchte Sie also sehr bitten, dieser Angelegenheit Ihre ganze Aufmerksamkeit zu widmen und, wenn es zeitlich zu machen [ist], sie selber vor dem Bundestag durchzuführen. Ich habe Ihnen schon einmal vor einigen Monaten gesagt[7], daß die Auswirkungen Ihrer starken Erfolge in der Außenpolitik eines Beamtenkörpers bedarf, dessen Glieder nicht von dem und dem Journalisten (oder Abgeordneten) als Freiwild oder Ringscheiben für Schießübungen behandelt werden dürfen. – Sie dürfen nicht dem sensationierten Interesse der mit Ressentiments belasteten Leute ausgeliefert sein.

Es will mir deshalb auch wichtig erscheinen, wenn möglichst bald die ja in Aussicht genommene Etatisierung einiger der »leitenden« Angestellten des »A.A.« erfolgt, wenn möglich *vor der parlamentarischen Diskussion.* Ich habe es als eine etwas unglückliche Situation empfunden, daß Männer, die lange Dienstjahre hinter sich haben, denen auch der parlamentarische Ausschuß die »Unbedenklichkeit« ihrer weiteren Beschäftigung bestätigt hat, in diesem eigentümlichen Schwebezustand belassen blieben, nur »Angestellte« zu sein, während ihre nachgeordneten Mitarbeiter im Beamtenrecht stehen; gerade weil einige dieser Herren auch in dem bayerischen Rundfunk sozusagen »unter das Gesetz ihrer weiteren Verfolgung gestellt worden sind«, würde ich eine recht baldige Etatisierung als ein Stück vorweg genommener Beantwortung an ihnen betrachten und sie für nicht unwirksam halten.

Daß diese ganzen Geschichten einzureihen sind in die Versuche einer Zermürbung der politischen Schlagkraft der Bundesrepublik, brauche ich Ihnen nicht zu sagen. Die Akteure werden diese Taktik z. T. mit voller Bewußtheit vollziehen, zum anderen vermutlich zum größeren Teil aus Torheit oder zur Abreagierung von Ressentiments mitspielen, aber es ist eine Frage der Staatsraison, aus dieser Atmosphäre den Komplex herauszubekommen. Will man schon gute Leute für diesen Beruf gewinnen, so dürfen sie nicht vor die Überlegung gestellt bleiben, daß gerade das A.A., wie es ja schon übrigens früher der Fall war, in Sonderheit den politischen Attacken ausgesetzt bleiben soll. Ich glaube, es ist heute schon vielerlei Schaden im Auslande um dieser Geschichten willen entstanden.
Mit freundlichen Grüßen

Ihr
gez. Th. Heuss

Nr. 78
14. Juli 1952 (Bonn): Heuss an Adenauer, Bonn

Verehrter Herr Bundeskanzler!

Zu Ihrer Unterrichtung übersende ich Ihnen einen Brief, den ich mit Sperrfrist zum 20. Juli für die Veröffentlichung freigegeben habe[1].
Ich bin im Laufe der letzten Monate von sehr verschiedenen Seiten gebeten worden, zu der Sache der Diffamierung von Angehörigen der aktiven Widerstandsgruppen etwas zu sagen[2]. Vor allem auch ist mir die Frage wiederholt nahegebracht worden, ob man hier wieder und da wieder eine Beleidigungsklage erheben solle. Ich selber halte ja von Gerichtsverhandlungen über geschichtliche Vorgänge vor einem beliebigen Amtsgericht nicht sehr viel und empfinde auch deutlich genug, wie mangelhaft der Ehrenschutz in Deutschland durchgebildet ist. Vielleicht kann meine Bemerkung darüber in dem beiliegenden Brief beitragen, daß das Publikum diese Dinge mit stärkerer moralischer Empfindlichkeit sieht.
Ich möchte Sie bitten, von diesem beabsichtigten Schritt freundlich Kenntnis zu nehmen.
Mit den besten Grüßen

Ihr
gez. Th. Heuss

hat B.P. vorgel. [illegible]

Bonn, 21. 7. 52

Sehr verehrter, lieber Herr Heuss!

Lassen Sie mich Ihnen bitte auch einmal ganz persönlich sagen, wie sehr ich mit Ihnen fühle, und dass ich mit Ihnen empfinde, welch schweren Verlust Sie erlitten haben. Wir alle wollen Ihnen helfen. Mir geht das Hinscheiden

Ihrer Gattin sehr nahe.
In herzlichstem Beileid
Ihr
K. Adenauer

Zu Dok. Nr. 80

Nr. 79

21. Juli 1952 (Bonn): Adenauer an Heuss, Bonn

Sehr geehrter Herr Bundespräsident!

Ich danke Ihnen sehr für Ihr Schreiben vom 14. Juli 1952[1], in dem Sie die inzwischen erfolgte Veröffentlichung Ihres Schreibens an ein Opfer des 20. Juli ankündigten. Ich bin überzeugt, daß der Brief, gerade weil er aus Ihrer Feder kommt, auf die Öffentlichkeit starken Eindruck gemacht hat.

Mit freundlichen Grüßen

Ihr sehr ergebener
Adenauer

Nr. 80

21. Juli 1952 (Bonn): Adenauer an Heuss, Bonn

Sehr verehrter, lieber Herr Heuss!

Lassen Sie mich Ihnen bitte auch einmal ganz persönlich sagen, wie sehr ich mit Ihnen fühle, und daß ich mit Ihnen empfinde, welch' schweren Verlust Sie erlitten haben[1]. Wir alle wollen Ihnen helfen. Mir geht das Hinscheiden Ihrer Gattin sehr nahe.

In herzlichstem Beileid

Ihr
K. Adenauer

Nr. 81

22. Juli 1952 (Bonn): Adenauer an Heuss, Bonn

Sehr verehrter Herr Bundespräsident!

Zu meinem großen Leidwesen ist es mir unmöglich, an den Trauerfeierlichkeiten am Mittwoch und Donnerstag teilzunehmen[1]. Ich muß heute zu der Außenministerkonferenz nach Paris[2] fliegen und kann erst Freitag zurückkommen. Es stehen so wichtige Dinge auf der Tagesordnung, daß ich unbedingt selbst anwesend sein muß.

Ich bin mit der nochmaligen Versicherung meiner aufrichtigen Teilnahme

Ihr sehr ergebener
(Adenauer)

Nr. 82

25. Juli 1952 (Bonn): Heuss an Adenauer, Bonn

Verehrter lieber Herr Adenauer,

darf ich Ihnen, nachdem wir gestern die sterbliche Hülle meiner Frau in die Erde gesenkt haben, mit diesen Zeilen noch einmal herzlich danken für die wiederholte Bekundung Ihrer Teilnahme[1].

Sie haben wohl selber gespürt, daß meine Frau mein Verhältnis zu Ihnen und ihre Beziehungen zu Ihnen nie »amtlich« betrachtete, sondern menschlich begriff und menschlich begriffen wissen wollte[2].

Die gemeinsame Freude an den Blumen[3] war dabei gewiß eine liebenswürdige Zugabe, aber nicht entscheidend. Die Entschlafene, ein innerlich freier und großer Mensch, gab ihre Zuneigung der Kraft eines unabhängigen und in den Verantwortungen tapferen Sinnes.

Nach Erziehung und Art ein Feind alles Subalternen gestaltete und erfüllte sie ihr Leben, indem sie an sich selber, in den kleinen wie in den großen Dingen, die höchsten Ansprüche stellte und diesen das Maß ihrer Pflichten entnahm, aber auch das Maß ihres Urteils und ihres Empfindens.

Ich danke Ihnen für die freundschaftlichen Gesinnungen, die Sie der Hingeschiedenen immer gezeigt haben und die ihr wohlgetan haben.

Ihr

Theodor Heuss

[PS] Darf ich beifügen, wie dankbar ich bin für die ausgezeichnete Unterstützung, die ich in diesen Tagen durch die Mitglieder des A.A. (Protokoll) erfahren durfte; sie halfen, die unumgänglichen technischen Dinge rasch und mit Takt zu erledigen[4].

Nr. 83

6. Dezember 1952 (Bonn): Heuss an Adenauer, Bonn

Sehr geehrter Herr Bundeskanzler!

Da ich gestern abend in der hiesigen Philosophischen Gesellschaft, nicht aus Genußsucht, sondern aus Sachinteresse, mir einen Vortrag über die Verschlungenheit schwäbischer Theologie und schwäbischer Philosophie anhörte[1], habe ich über den Einzelverlauf der Debatte[2] bislang eine nur ungenügende Vorstellung – doch habe ich vorhin Teile der Auseinandersetzungen noch erhalten und gesehen, daß Sie selber noch ein paar-

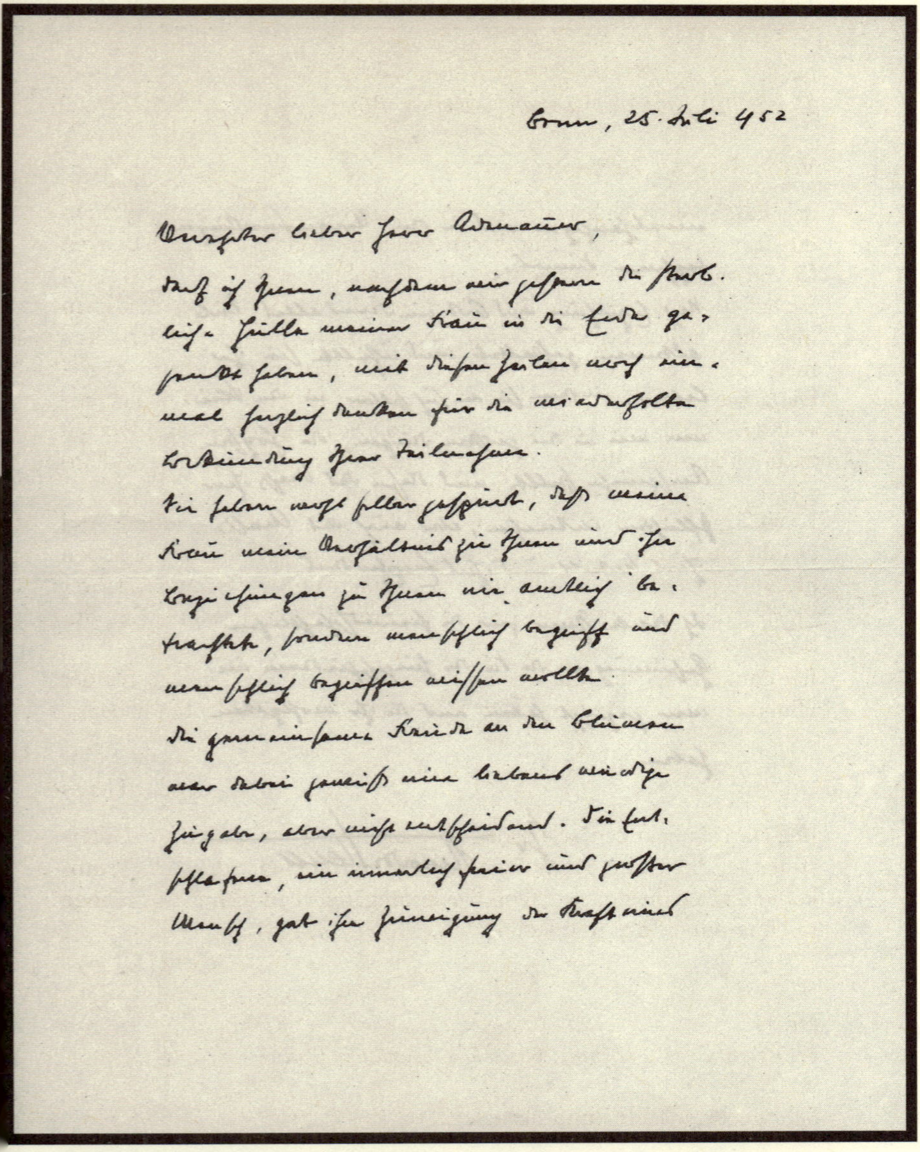

Bonn, 25. Juli 952

Verehrter lieber Herr Adenauer,

darf ich Ihnen, nachdem wir gestern die sterbliche Hülle meiner Frau in die Erde gesenkt haben, mit diesen Zeilen noch einmal herzlich danken für die wiederholte Bekundung Ihrer Teilnahme.

Sie haben wohl selber gespürt, daß meine Frau mein Verhältnis zu Ihnen und ihre Beziehungen zu Ihnen nie ämtlich betrachtete, sondern menschlich begriff und menschlich begriffen wissen wollte.

Die gemeinsame Freude an den Blumen war dabei gewiß eine liebenswürdige Zugabe, aber nicht entscheidend. Die Entschlafene, ein innerlich freier und großer Mensch, gab ihre Zuneigung der Kraft eines

Zu Dok. Nr. 82

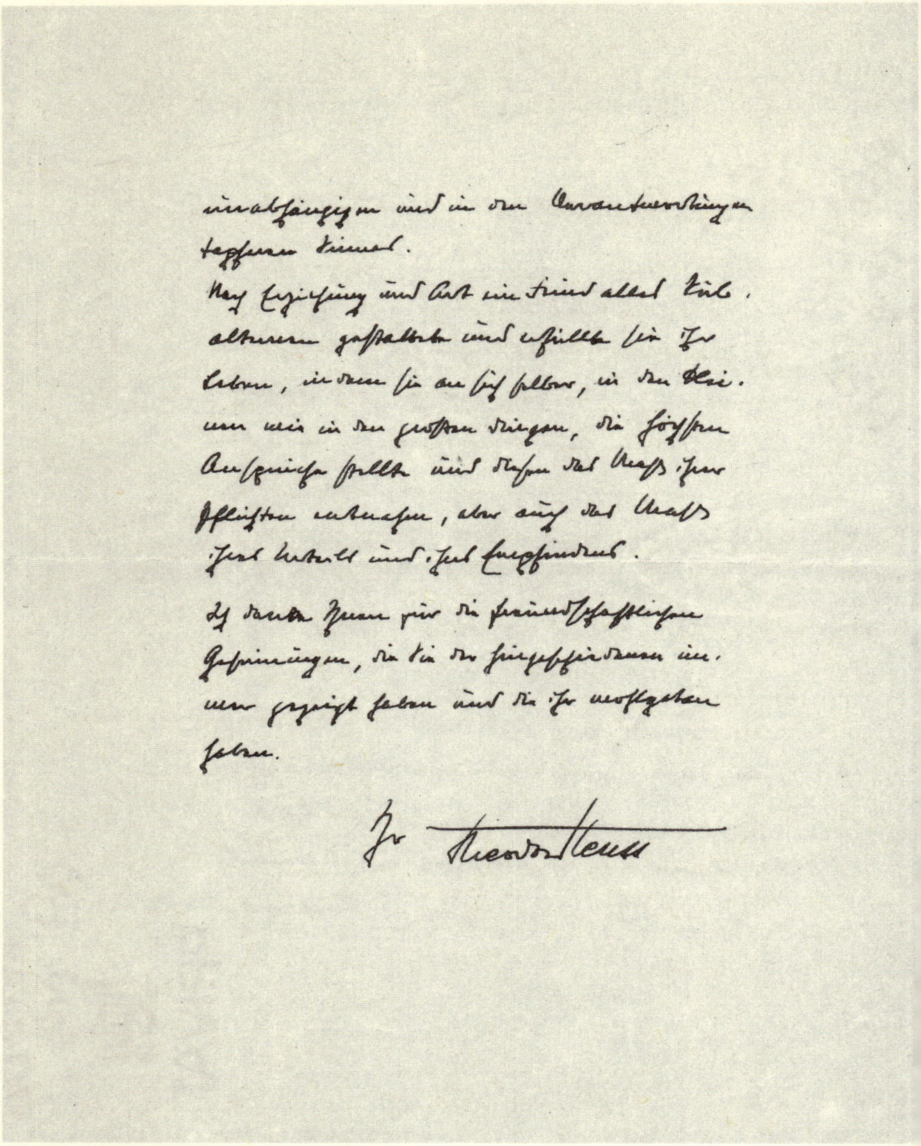
unabhängigen und in der Verantwortung tapferen Dienst.

Nach Erziehung und Art ein feines altes Kulturerbe gestaltete und erfüllte Sie Ihr Leben, in dem Sie an sich selber, in den Kleinen wie in den großen Dingen, die höchsten Ansprüche stellten und diesen das Maß Ihrer Pflichten entnahmen, aber auch das Maß Ihres Urteils und Ihres Empfindens.

Ich danke Ihnen für die freundschaftlichen Gesinnungen, die Sie der Hingeschiedenen immer gezeigt haben und die ihr wohlgetan haben.

Ihr Theodor Heuss

darf ich beifügen, wie dankbar ich Ihnen für die ausgezeichnete Unterstützung, die ich in diesen Tagen durch die Mitglieder des A.A. (Protokoll) erfahren durfte; sie halfen, die unumgänglichen technischen Dinge rasch und mit Takt zu erledigen.

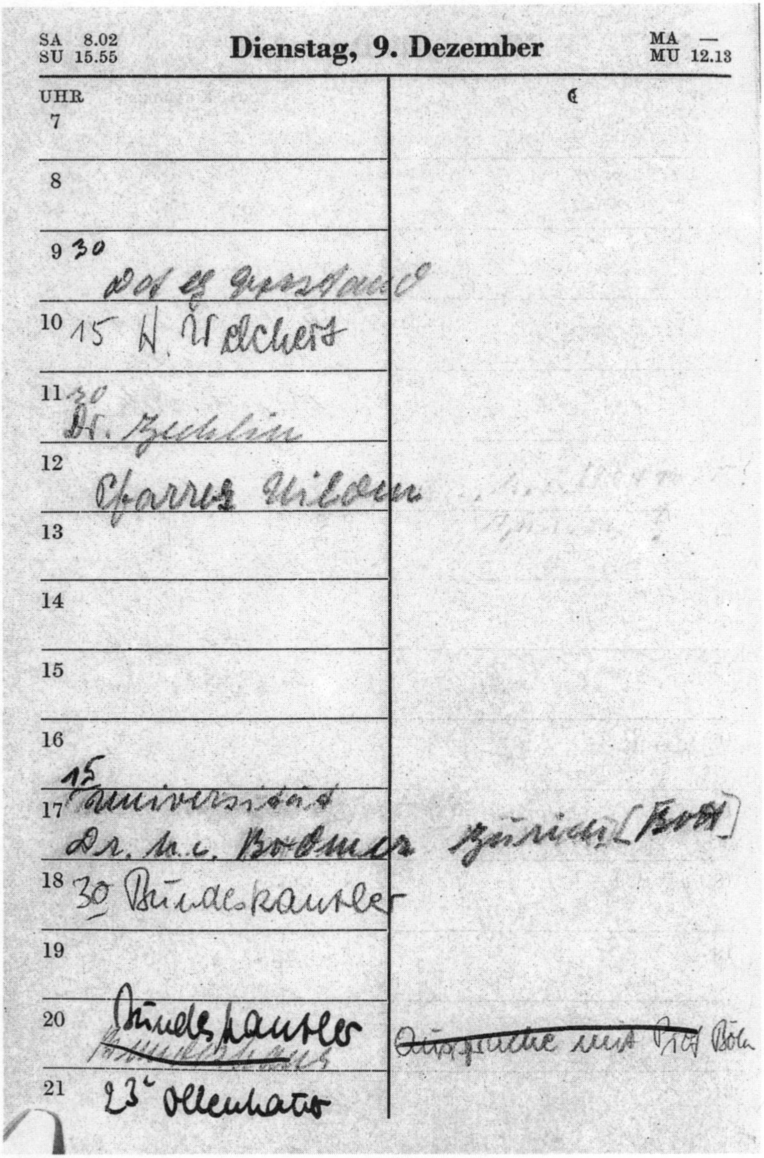
SA 8.02
SU 15.55
Dienstag, 9. Dezember
MA —
MU 12.13
UHR
7
8
9 30
10 15
11 30
12
Pfarrer Wilhelm
13
14
15
16
15 Universität
17
Dr. h.c. Bodmer Zürich
18 30 Bundeskanzler
19
20 Bundeskanzler
21 23

Termine des Bundespräsidenten (9. Dezember 1952)

mal in die Diskussion eingreifen mußten. Hoffentlich war die zugemutete Anspannung für Ihre Gesundheit nicht zu stark – die einführende Rede offenbarte am Rundfunk[3] eine eindrucksvolle Frische. Nun sollten Sie ein paar Tage ausruhen. Das Stimmenverhältnis ist, wie mir scheint, befriedigend – ich höre, daß die Zedenten der FDP bei der dritten Lesung zustimmend votieren wollen[4].
Es werden noch Tage kommen, die feste Nerven fordern[5] – ein Glück, daß Sie diese haben und behalten werden.
Mit guten Grüßen

Ihr
Theodor Heuss

Nr. 84
15. Dezember 1952: Heuss an Adenauer, Bonn

Sehr geehrter Herr Bundeskanzler!

Mein Terminplan sieht so aus: ich habe meinem Sohn seit längerer Zeit zugesagt, die Woche des Weihnachtsfestes bei ihm in Lörrach zuzubringen; die Reise ist auf Sonntag den 21. Dezember angesetzt. Dr. Klaiber bleibt hier und hütet das Amt.
Nun liegt mir aber sehr viel daran, vorher noch eine eingehende und nicht zu sehr von anderen Beanspruchungen bedrängte Unterhaltung mit Ihnen führen zu können[1]: wie stellt sich für Ihre Phantasie und für Ihren Willen der Ablauf der werdenden Dinge dar? Ich muß mir darüber ja auch meine Gedanken machen. Wenn Ihre Begegnung mit Herrn Ollenhauer schon vorher stattfinden könnte[2] – um so besser!
Mit freundlichen Grüßen

Ihr
(gez.) Theodor Heuss

Nr. 85
19. Dezember 1952 (Bonn): Heuss an Adenauer, Bonn

Verehrter Herr Bundeskanzler!

Man tut, was man kann, um seine »Nächsten« zu entlasten.
Min.Rat Bott[1], der mich ja nun seit Jahrzehnten kennt, hat einige stilistische Änderungsvorschläge gemacht und an dem Rand vermerkt, um den Entwurf[2] im Wortvorrat, wie er sagt, etwas zu »entheussen«[3].
Mit freundlichen Grüßen

Ihr
Theodor Heuss

Nr. 86

20. Dezember 1952 (Bonn): Heuss an Adenauer, Bonn

Verehrter, lieber Herr Bundeskanzler!

Ob für Sie die Weihnachtstage Stunden der Behaglichkeit bringen werden[1]?
Wir haben das Erinnerungsbüchlein, das meine Frau vor bald zwanzig Jahren geschrieben hat und das seit langer Zeit vergriffen ist, wieder neu herausgegeben[2]. Es erscheint denen, die es von früher kennen, als ein liebenswürdiges Selbstporträt. Sicher wird es, denke ich, doch Ihrer Tochter Freude machen.
Mit guten Grüßen und Wünschen zum Fest

Ihr
gez. Th. Heuss

Nr. 87

20. Dezember 1952: Adenauer an Heuss, Lörrach

Sehr verehrter, lieber Herr Bundespräsident!

Am hl. Abend sind meine Gedanken bei Ihnen. – Ich wünsche und hoffe, daß Sie bei Ihrem Sohne erfüllte Tage haben[1].
Mit herzlichen Grüßen, wie immer,

Ihr
K. Adenauer

Nr. 88

29. Dezember 1952 (Rhöndorf): Adenauer an Heuss, Lörrach

Sehr verehrter, lieber Herr Bundespräsident!

Hoffentlich haben Sie dort, bei Ihrem Sohne, Tage wirklicher Erholung. Ich hoffe auch, daß die Krankheit Ihres Sohnes wieder ganz geheilt ist. Aber, bitte, sagen Sie ihm: er muß sich noch einige Zeit schonen.
Ich danke Ihnen für Ihre Weihnachtsgabe[1]. Sie war mir in Erinnerung an Ihre verehrte Gattin besonders lieb und wertvoll.
Für das Jahr 1953 wünsche ich Ihnen von Herzen alles Gute.
Ich bin, wie immer,

Ihr sehr ergebener
(Adenauer)

77. Geburtstag Adenauers (5.Januar 1953)

Nr. 89

13. Januar 1953: Adenauer an Heuss, Bonn

Sehr verehrter, lieber Herr Bundespräsident!

Ihre Geburtstagsgabe hat meinen Respekt vor den Weinen Ihrer Heimat weiter erhöht[1]. Haben Sie vielen Dank dafür, vor allem aber für Ihre gütigen Wünsche.

Mit ergebenen und herzlichen Grüßen

Ihr
K. Adenauer

Nr. 90

30. Januar 1953 (Bonn): Heuss an Adenauer, Bonn

Verehrter, lieber Herr Bundeskanzler!

Wollen Sie sich bitte das Folgende einmal auch durch den Kopf gehen lassen.

Von unseren Auslandsvertretern sind nach meiner Erinnerung Hausenstein[1], Wohleb und Jaenicke[2] mit dem Verdienstkreuz, und zwar natürlich in verhältnismäßig hohen Rängen, ausgestattet[3]. Bei Hausenstein hat man die Gelegenheit seines 70. Geburtstages wahrgenommen, bei den anderen Herren ihre sozusagen innerdeutsche Vorleistung mit gewürdigt.

Nun scheint es mir doch richtig zu sein, die Dekorierung von Schlange-Schöningen[4] in Aussicht zu nehmen. Es wird ja bei der kommenden coronation[5], wie ich annehme, ein Mitglied des Kabinetts die Bundesregierung vertreten, aber Schlange-Schöningen wird ja nun auch bei so und so viel Gelegenheiten vorher und nachher mit im Spiele sein müssen. Ich selber habe ja von dem Neujahrsempfang und von vielen Gelegenheiten bei der Übergabe der Beglaubigungsschreiben einen lebhaften Eindruck davon, was diese Ordensgeschichten innerhalb der diplomatischen Welt für eine Wertung erfahren.

Nun ist es so, daß ja am 19. Februar die europäischen Missionschefs hier sein werden[6], also wohl auch Schlange-Schöningen. Ich würde natürlich nicht auf die Idee kommen, etwa den Abend, den die Herren bei mir verbringen sollen, dazu zu benutzen, ihm nun den Orden zu überreichen, da dann das Rechnen losgeht: Wann komme ich dran? Aber ich habe gemerkt, daß es manchen doch ganz willkommen ist, wenn gerade die hohen Stufen des Ordens, sofern es sich ohne Krampf ermöglichen läßt, von mir persönlich mit einer kleinen Würdigung der Gesamtleistung überreicht werden. Das würde ich also in einer Zwischenstunde auch

am 19. oder 20.2. hier tun können und gut tun können, da ich Schlange seit bald drei Jahrzehnten persönlich kenne[7].
Ich rege also an, daß von Ihrer Seite ein entsprechender Antrag in der nächsten Zeit hier eingereicht wird.
Mit den besten Grüßen Ihr
gez. Th. Heuss

PS. Vielleicht interessiert Sie aus dem beigelegten Stück das Woher[8].

Nr. 91
3. Februar 1953 (Bonn): Heuss an Adenauer, Bonn

Verehrter lieber Herr Bundeskanzler!

Für die Wärme der Worte, mit denen Sie meines Geburtstages gedacht haben[1], darf ich Ihnen herzlich danken.
Das Unternehmen mit Garmisch-Partenkirchen[2] war etwas anstrengend – ich mußte in den zwei Tagen sechs Reden[3] mit wechselnder Thematik improvisieren. Aber es ging. Wichtiger: die Sorge mancher Leute, daß der Höhenunterschied zwischen Zugspitze (wirklich: Spitze) und der Talsohle mir abträglich sein werde, erfüllte sich nicht. Ich spürte überhaupt nichts davon und kann das nun Martini[4] und anderen vorrenommieren. Diese Sparte Ihrer Wünsche wird also, denke ich, in Ordnung bleiben.
Es ist mir lieb, wenn wir uns bald, womöglich ohne Terminhetze, aussprechen können.
Dank auch für die schönen Blumen und
gute Grüße Ihr
Theodor Heuss

Nr. 92
4. Februar 1953 (Bonn): Heuss an Adenauer, Bonn

Verehrter Herr Bundeskanzler!

In der Anlage überreiche ich Ihnen auch zur Kenntnisnahme den Durchschlag eines Briefes, den ich vor meiner Reise nach Garmisch-Partenkirchen[1] an den Herrn Bundesfinanzminister Schäffer gerichtet habe[2]. Über die darin behandelte Frage haben wir uns ja einige Male unterhalten[3].

Ich hoffe, daß Ihnen nun diese leichte Aktion von mir sachlich willkommen ist. Ob und was ich in dieser Angelegenheit evtl. tun könne, hat mich schon sehr lange beschäftigt.
Mit freundlichen Grüßen Ihr
Theodor Heuss

Nr. 93
22. Februar 1953: Adenauer an Heuss, Bonn

Sehr verehrter Herr Bundespräsident!

Daß ich mich auf schriftlichem Wege von Ihnen verabschiede, entschuldigen Sie bitte mit meinem Rekonvaleszenten-Stadium[1].
Irgend etwas, was Ihnen noch nicht bekannt sein dürfte, habe ich nicht zu berichten.
Herr François-Poncet hat gestern eine Stunde lang beteuert[2], Bidault[3] sei fest entschlossen, die Ratifizierung durchzuführen[4], die Zusatzprotokolle seien vielleicht etwas unglücklich formuliert u.s.w.
Kirkpatrick[5] war heute bei mir. Die brit. Regierung sei der Ansicht, die 5 andern EVG-Staaten sollten so schnell wie möglich ratifizieren, dann könne man auf Frankreich einen so massiven Druck ausüben, daß es dem nicht widerstehen könne.
Mir geht es einigermaßen, fieberfrei, aber schlapp.
Ich hoffe trotzdem meinen Mann in Rom[6] zu stehen, bei dem Ernst der Situation bin ich dort nötig.
Mit ergebenen Empfehlungen und herzlichen Grüßen Ihr
K. Adenauer

Nr. 94
12. April 1953 (San Francisco–Chicago): Adenauer an Heuss, Bonn

Sehr verehrter, lieber Herr Bundespräsident!

Lassen Sie mich Ihnen zuerst einen kurzen Bericht über meine Reise[1] geben. Die Überfahrt war – bis auf den letzten Tag – wegen des stürmischen Wetters kein reines Vergnügen. –
New York ist abstoßend, Aufnahme allenthalben sehr gut.
Washington war ausgezeichnet. Verhandlungen mit Eisenhower, der Ihre Grüße bestens erwidert, und Dulles[2] gut und erfolgreich. Eisenhower war besonders freundlich.
San Francisco war ein voller Erfolg.
Wir sind jetzt auf dem Fluge nach Chicago. Es kommen noch schwere

Außenministerkonferenz in Rom
(24. Februar 1953)

Beim Fußball-Länderspiel Deutschlad–Österreich
(22. März 1953 in Köln), rechts Peco Bauwens

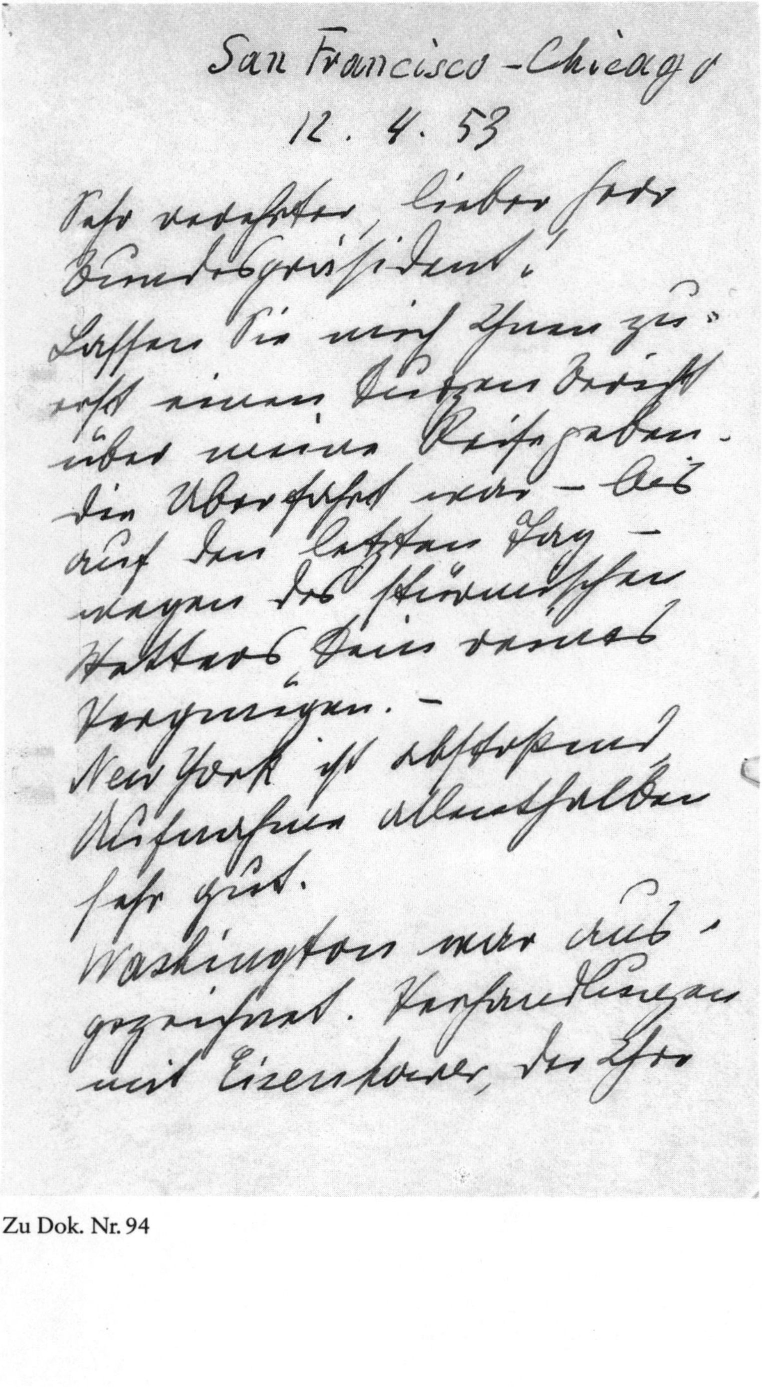

San Francisco-Chicago
12. 4. 53

Sehr verehrter, lieber Herr
Bundespräsident!
Lassen Sie mich Ihnen zu-
erst einen kurzen Bericht
über meine Reise geben.
Die Überfahrt war – bis
auf den letzten Tag –
wegen des stürmischen
Wetters kein reines
Vergnügen. –
New York ist abstossend
Aufnahme allenthalben
sehr gut.
Washington war aus-
gezeichnet. Verhandlungen
mit Eisenhower, der Ihr

Zu Dok. Nr. 94

Grüße bestens erwidert
und Dulles gut und erfolg-
reich. Eisenhower war be-
sonders freundlich.
San Francisco war ein
voller Erfolg.
Wir sind jetzt auf dem
Fluge nach Chicago. Es
kommen noch schwere
Tage; aber es scheint, daß
ich alles besser überstehe,
als ich gedacht hatte.
Ich hoffe, daß es Ihnen gut
geht, und bin mit den ange-
legentlichen Empfehlungen
und herzlichen Grüßen
wie immer Ihr

K. Adenauer

Tage; aber es scheint, daß ich alles besser überstehe, als ich gedacht hatte. Ich hoffe, daß es Ihnen gut geht, und bin mit angelegentlichen Empfehlungen und herzlichen Grüßen wie immer

Ihr
K. Adenauer

Nr. 95
20. April 1953 (Bonn): Heuss an Adenauer, Hamburg

Verehrter lieber Herr Bundeskanzler!

Das Fernsehen ist zwar eine höchst fragwürdige Erfindung [1]. Aber gestern abend hat man mich vom Arbeitstisch doch weggeholt und vor den Apparat geholt, damit ich mich überzeugen könne: Sie sind wieder da [2]! Und ich begleitete Sie dann durch das Gedränge – die Situation ähnelte, im Bild, jener vor ein paar Wochen am Kölner Stadion [3].
Ich beglückwünsche Sie zu dem erfolgreichen Verlauf Ihrer Fahrt, bewundere Ihre Elastizität und freue mich darauf, wenn die ersten bedrängenden Arbeitstage nach Ihrer Rückkehr überstanden sind, Näheres über den Sachverlauf der Besprechungen und über Ihre persönlichen Eindrücke zu erfahren [4].
Mit guten Grüßen wie immer

Ihr
Theodor Heuss

Nr. 96
20. April 1953 (Hamburg): Adenauer an Heuss, Bonn

Gestern abend sind wir alle glücklich gelandet [1]. Wegen meines Parteitages [2] Rückkehr erst Mittwoch spät. Werde mir erlauben, Donnerstag um Termin zu bitten [3]. Mit dem Erfolg der Reise bin ich sehr zufrieden.
Verehrungsvolle Grüße

Adenauer

Nr. 97

20. April 1953 (Bonn): Heuss an Adenauer, Bonn

Verehrter Herr Bundeskanzler,

gewiß gibt es heute vordringlichere Dinge als das, was ich Ihnen in den folgenden Zeilen vortragen möchte. Aber die Sache scheint mir schier symptomatisch.

In einer Ordensangelegenheit bin ich durch das Auswärtige Amt in eine etwas peinliche Situation gebracht worden. Im Oktober 1952 hatten Sie mir vorgeschlagen, den Generalkonsul a. D. Wilhelm *Stoller*[1] (zuletzt in Basel) mit dem Großen Verdienstkreuz des Verdienstordens der Bundesrepublik auszuzeichnen. Diesen Vorschlag habe ich damals besonders gern aufgenommen, weil die ziemlich plötzliche und in den psychologischen Begleitumständen herbe Verabschiedung[2] Stollers aus Basel ein nicht ganz harmonisches Ende seiner langen tadelsfreien Beamtenlaufbahn bedeutet hat. Die Verleihungsurkunde ist von mir am 10. November 1952 unterzeichnet und mit den Ordensinsignien am 11. November 1952 dem Auswärtigen Amt zur Aushändigung übersandt worden.

Seither sind über fünf Monate ins Land gegangen. Durch einen reinen Zufall erfahre ich jetzt, daß Herr Stoller den Verdienstorden überhaupt nicht ausgehändigt erhalten hat. Eine in meinem Auftrag erfolgte Rückfrage der Ordenskanzlei des Bundespräsidialamtes beim Protokoll des Auswärtigen Amtes hat ergeben, daß die Urkunde und die Ordensinsignien seit dem 12. November 1952 bei Herrn Staatssekretär Prof. Dr. Hallstein liegen. Ich will annehmen, daß Hallstein sich die persönliche Aushändigung vorbehalten hat, sie ist aber einfach nicht erfolgt. Ich muß es, deutlich ausgesprochen, als einen Mangel an Achtung ansehen, wenn eine von mir unterzeichnete Verleihungsurkunde monatelang in nicht bearbeiteten Aktenstößen herumliegt. Auf den Beliehenen aber müßte es einen höchst merkwürdigen Eindruck machen, wenn er eines Tages eine vor langen Monaten datierte Urkunde überreicht erhält.

Es scheint mir das Gemäße zu sein, daß Sie veranlassen, mir die Urkunde mit den Ordensinsignien zurückzustellen. Ich werde dann Herrn Stoller zu mir bitten und den Orden mit einem neuen Datum in der Urkunde ihm persönlich überreichen.

Bundeskanzlei und Bundespräsidialamt arbeiten in den recht heiklen Ordensangelegenheiten immer besonders prompt und präzise zusammen; es müßte dies auch beim Auswärtigen Amt möglich sein, sofern man dort auf eine organisatorische Verbesserung bedacht bleibt, was, wie Sie wissen, ein alter Wunsch von mir ist.

Mit guten Grüßen gez. Theodor Heuss

Nr. 98

1. Mai 1953: Adenauer an Heuss, Bonn

Hochverehrter Herr Bundespräsident!

Für den so anerkennenden und so gütigen Brief[1], den Sie nach meiner Rückkehr aus Amerika an mich richteten, danke ich Ihnen sehr.
Sie wissen, welch' großen Wert ich auch auf Ihr rein persönliches Urteil lege; darum habe ich mich über Ihren Brief besonders gefreut.
In hoher Verehrung und mit ergebensten Grüßen Ihr
K. Adenauer

Nr. 99

26. Mai 1953 (Bonn): Heuss an Adenauer, Bonn

Verehrter, lieber Herr Bundeskanzler!

Wie Sie wissen, habe ich die Friedensklasse des Pour le mérite im vergangenen Jahr vor dem Sterben gerettet[1]. Die sich aus sich selber ergänzende Gemeinschaft hat sich im Spätjahr auf die historisch überkommene Ziffer von 30 Mitgliedern ergänzt. Bei der Wiederkehr des Stiftungstages, der der 31. Mai 1842 gewesen war, sollen nun die revidierten Statuten hier in Bonn beschlossen werden und auch die von mir gestellte Frage beantwortet, ob wieder, wie es bei der Gründung durch Alexander von Humboldt[2] geschehen war, von den deutschen Mitgliedern ausländische Gelehrte und Künstler als nicht stimmberechtigte Träger des Ordens hinzugewählt werden können. Diese Bestimmung war nach 1918 fallen gelassen worden, weil die Weimarer Verfassung Orden verboten hatte[3] und damit auch die technischen Voraussetzungen, solche an Ausländer zu überreichen, wegfielen. Ich selber halte die Wiederaufnahme dieser Bestimmung für nützlich, da sie im geistigen Raum wieder Beziehungen herstellt. Geschichtlich ist der Orden von Franzosen, Engländern und Italienern, die heute noch großen Rang im Bewußtsein besitzen, getragen worden, so daß also hier keine Sorge vorliegt, daß eine Wichtigtuerei sich meldet, die, worüber wir beide uns einig sind, ja eine gefährliche Neigung der Deutschen ist.
Die Beratungen der Träger des Ordens werden am 1. Juni stattfinden. Ich selber bin am 31. Mai in Ulm (Deutscher Feuerwehrtag!![4]), fahre aber in der Nacht zurück und habe die anwesenden Ordensträger zum 1. Juni abends zum Essen bei mir geladen. Ich würde es sehr nett finden, wenn Sie sich den Abend evtl. auch freihalten könnten und an dem Zusammensein, zu dem ich auch noch Herrn Minister Dr. Lehr und einige seiner Mit-

arbeiter aus dem Bundesinnenministerium laden will, teilnehmen würden[5]. Ich könnte mir denken, daß es für Sie nicht ohne Reiz wäre, mit einigen dieser zum Teil recht hervorragenden Leute bei dieser Gelegenheit zusammenzusein. Es ist freilich noch nicht gewiß, wer kommen wird. Die Liste der Mitglieder lege ich Ihnen zu Ihrer Orientierung bei.
Mit freundlichem Gruß

Ihr
Theodor Heuss

Nr. 100
27. Mai 1953 (Bonn): Adenauer an Heuss, Bonn

Sehr verehrter Herr Bundespräsident!

Es wird mir eine Freude sein, am 1. Juni teilnehmen zu können[1].
Mit herzlichen Grüßen

Ihr sehr ergebener
(Adenauer)

Nr. 101
29. Mai 1953 (Bonn): Heuss an Adenauer, Bonn

Verehrter lieber Herr Dr. Adenauer,

Bott hat treulich vermeldet, daß das 13. Enkelkind, das Sie mir vor ein paar Wochen avisiert haben, jetzt brav eingetroffen ist[1].
Meine guten Glückwünsche für den Großvater und die Eltern – der Bub wird sich dereinst das, was wir Menschen für Glück zu halten uns angewöhnt haben, selber zu modeln lernen müssen.
Wie immer

Ihr
Theodor Heuss

Nr. 102
30. Mai 1953 (Bonn): Heuss an Adenauer, Bonn

Verehrter, lieber Herr Bundeskanzler!

Die beiliegende Notiz[1] aus dem Christlich-Demokratischen Pressedienst, die ich Sie zu lesen bitte, hat mich, was bei mir selten vorkommt, stark verärgert. Ich habe bei dem Herausgeber[2] und Verfasser des Pressedienstes dann persönlich telefonisch angerufen, was noch seltener vorkommt, und ihm alle Verbalinjurien verabreicht, die mir aus meinem schwäbischen Wortschatz zur Verfügung stehen: ‹ … ›[a]. Ich habe natürlich nicht insistiert, die Quelle dieser böswilligen Geschichte zu erfahren – da ich selber alter Pressemann[3] bin, hätte ich es dem Herrn Junges, der mir an sich als nett und ordentlich geschildert wird, ja übelnehmen müssen, wenn er die Quelle gesagt hätte. Er erzählte mir, daß er fast zufällig Zeuge eines Gespräches gewesen sei, das aber nicht von Journalisten geführt worden war. Er habe auch selber schon vor ein paar Stunden, offenbar von der »Quelle« her, die Anregung erhalten, die Sache in Ordnung zu bringen.

An sich ist der Vorgang ein Skandal. Ich selber habe mir über die Vertretung der Bundesrepublik bei den Londoner Festlichkeiten[4] keinen Augenblick Gedanken gemacht, weil mir für derlei – das ist vermutlich ein Nachteil meiner Natur – das Organ fehlt. Ich habe die Vorschläge, die Klaiber und Herwarth mir vortrugen, akzeptiert und die Angelegenheit für eine Sache des Kabinetts und des Auswärtigen Amtes gehalten. Ihnen wird der Vorwurf gemacht oder die Klugheit zugesprochen, daß Sie meinen Ambitionen der Delegationszusammenstellung zuvorgekommen seien. Ich war darüber böse und gekränkt und habe Klaiber zurückgezogen! Ich ertrage es, von irgendjemand für so dumm gehalten zu werden, daß ich mich über derlei aufregen könnte und daß ich aus konstruierten innenpolitischen Gekränktheiten das Recht zu außenpolitischen Taktlosigkeiten ableite, aber der Vorgang hat mich doch etwas bestürzt. Deshalb schreibe ich Ihnen, obwohl die Sache ja eine Bagatelle ist, mit der Bitte, daß auch von Ihrer Seite das völlig Unmögliche dieses Verfahrens einer CD-Korrespondenz den Herren gegenüber festgestellt wird[5].

Ich höre von Bott, daß Sie sich in der Kabinetts-Sitzung mit Dehlers neuesten Eskapaden[6] befaßt haben. Dehler hat schon vorher einen Brief von mir erhalten[7]. Darüber können wir uns vielleicht am Montag nebenher kurz besprechen[8].

Mit freundlichen Grüßen Ihr

Theodor Heuss

Nr. 103

30. Mai 1953 (Rhöndorf): Adenauer an Heuss, Bonn

Sehr verehrter Herr Bundespräsident!

Die Anlage Ihres Briefes vom 30. d. Mts.[1], Abschrift aus dem Christlich-Demokratischen Pressedienst, kam mir völlig überraschend. Es geht mir wie Ihnen, ich ärgere mich darüber, soweit mein Naturell es zuläßt, bin aber vor allem böse, daß ein Mann wie Herr Junges ein derartiges Zeug verzapft.
Ich werde in der Sache noch Schritte tun und darf dann vielleicht darauf zurückkommen[2].
Mit ergebenen und freundlichen Grüßen Ihr
(Adenauer)

Nr. 104

7. Juni 1953 (Rhöndorf): Adenauer an Heuss, Bonn

Sehr verehrter, lieber Herr Bundespräsident!

Von Herzen danke ich Ihnen für Ihre Glückwünsche[1]. Das ist der 3. Enkel, den mir das Jahr 1953 bringt[2], zwischen allen Sorgen einige Lichtblicke.
Ich darf mich wohl bald wieder einmal melden, mein Herz auszuschütten[3].
Mit herzlichen Grüßen Ihr sehr ergebener
K. Adenauer

Nr. 105

16. Juni 1953 (Bonn): Adenauer an Heuss, Bonn

Sehr verehrter Herr Bundespräsident!

In Beantwortung Ihres Briefes vom 30. Mai 1953[1] betr. Notiz des Christlich-Demokratischen Pressedienstes (CDP) »Warum Klaiber nicht zur Krönung fährt« darf ich Ihnen mitteilen, daß ich über das Bundespresseamt den CDP auf die Unrichtigkeit seiner Information habe hinweisen lassen und deutlich zum Ausdruck gebracht habe, daß gerade er alle seine Nachrichten besonders sorgfältig auf ihre Richtigkeit zu untersuchen habe. Der CDP erklärte mir, daß er angesichts der sonstigen Vertrauenswürdigkeit der Quelle glaubte, im vorliegenden Falle von einer Nachprüfung absehen zu können.

Ich nehme an, daß nunmehr die Angelegenheit mit der von Ihnen gewünschten Berichtigung an gleicher Stelle durch den CDP und mit dem zum Ausdruck gebrachten Bedauern des Vorfalles als erledigt angesehen werden darf.

Mit freundlichen Grüßen

Ihr sehr ergebener
(Adenauer)

Nr. 106

8. Juli 1953 (Post Seeg bei Füssen/Allgäu): Heuss an Adenauer, Bühlerhöhe

Verehrter, lieber Herr Bundeskanzler!

Die ersten acht Tage meines Urlaubs[1] im bayerischen Allgäu waren total verregnet, wie im vergangenen September, so daß man sich draußen kaum aufhalten konnte. Gestern war der erste sozusagen sonnige Tag. Die Berge, die sonst als große Wand vor meiner Stube liegen, sind bis heute noch nicht einheitlich sichtbar geworden. Aber die Abseitigkeit des Platzes hat den Vorzug einer völligen Ruhe. Ich habe zunächst Denkschriften und dergleichen aufgearbeitet und mich dann höchst abwegig beschäftigt mit einem in sieben Schreibmaschinenbänden zusammengefaßten Briefwechsel meines Schwiegervaters Georg Friedrich Knapp[2] mit dem bedeutenden Hamburger Bankier Bendixen[3] über die »Theorie des Geldes«[4], fast als wollte ich in diese Dinge einsteigen, was keineswegs der Fall ist. Aber es ist als Nebenweg ungewöhnlich reizvoll, die teils gelehrte und teils menschlich intime Aussprache zweier bedeutender Männer einmal in Ruhe zu lesen. Ich hatte mir diese Aufgabe für eine weniger verhetzte Zeit schon lange vorgenommen.

Der Blick auf die Zeitungen ist keineswegs sehr ermunternd. Ich bin ziemlich unglücklich, daß eine so schroffe Tonlage eingesetzt hat, ohne daß ich nach den Zeitungsmeldungen feststellen kann, wie es eigentlich losging. Nach einigen Bemerkungen der Presse hat Wuermeling[5] die Tonlage überspannt[6], als ob die Schmähung der FDP den Haupttenor einer Wahlauseinandersetzung abgeben soll. Auf der anderen Seite hat Reinhold Maier[7] mit seinen historischen Pointierungen zu wolkig gesprochen[8], denn das Groteske ist, daß in der Terminbindung seiner Polemik gegen Bayerns Stellung im Jahre 1945/46, wie sie auch gewogen werde, eigentlich Hoegner[9] angegriffen wurde und ganz gewiß nicht Schäffer. Aber offenbar muß nun dieses Stück Wahlbewegung eben hingenommen werden.

Es ist ewig schade, daß man in Württemberg-Baden den Rat nicht befolgte, den ich vor 5/4 Jahren beiden Gruppen gab[10]: auf die Formulierung von Grundrechten völlig zu verzichten und einfach den Staatsaufbau zu

beschließen, dabei aber in einer Präambel auf die Fassung des Bonner Grundgesetzes hinzuweisen, die ja von allen in Frage kommenden Fraktionen damals akzeptiert wurde.
Ich wünsche Ihnen jetzt möglichst viel Ruhe[11] und für den Wahlkampf eine Rhythmisierung Ihrer Beanspruchungen, die nicht zu einer Überforderung Ihrer physischen Kräfte führt. Denn Sie müssen ja zum Herbst über alle Ihre Kräfte verfügen können.
Klaiber schreibt mir heute, daß das Kabinett wünscht, daß ich nun doch am 7.9. in Bonn rede[12]. Ich hatte gehofft, daß der Beschluß über den 17.Juni[13] dies hinfällig werden lasse, denn die Aufgabe ist inhaltlich und redetechnisch bei dem schier unmöglichen Termin höchst kompliziert. Aber darüber kann man sich ja dann noch Gedanken machen.
Mit herzlichen Grüßen und der Bitte um freundliche Empfehlungen für Fräulein Lotte

Ihr
Theodor Heuss

PS. Grüßen Sie bitte auch Herrn Dr. Stroomann[14]. Ich hoffe, er ist mit Ihnen so zufrieden wie mit mir im August 1949, da er auch nichts Interessantes zu entdecken wußte.

Nr. 107
13. Juli 1953 (Bühlerhöhe): Adenauer an Heuss, Post Seeg bei Füssen/Allgäu

Sehr verehrter, lieber Herr Bundespräsident!
Sie sind geradezu beneidenswert, weil Sie die prachtvolle Gabe haben, abseits von der Politik und dem ganzen Teufelskram, der damit zusammenhängt, wissenschaftliche und literarische Wege zu gehen[1]. Ich bin seit dem 6.7. hier. Es herrscht eine unheimliche Stille, nur das Telefon rasselt zu oft. Besuche habe ich mir bisher glücklich vom Leibe gehalten, ob es auf die Dauer gehen wird, weiß ich nicht.
Über die Führung des Wahlkampfes unter den Koalitionsfraktionen bin ich empört. Ich habe Herrn Wuermeling sofort, als ich den Bericht darüber in der Zeitung las, einen entsprechenden Brief geschrieben[2]. In der Antwort wies er zurück auf Reinhold Maier[3]. Nun kommt die Deutsche Partei und macht ungefähr den verrücktesten aller Beschlüsse. Ihr Direktorium hat beschlossen, »mit keiner Partei irgendeine Wahlvereinbarung einzugehen, sondern unbeirrt für sich allein den geraden Weg zu gehen«, wie Herr Hellwege in einem Brief mir schrieb, »auch wenn die Partei dadurch Mandate einbüßen würde«[4]. Ich habe ihm geantwortet, das sei eine hervorragende Politik[5]. Aber alles in allem genommen macht mir

dieser gegenseitige Krakeel etwas Sorge. Gleicherweise aber nehmen die Russen der Opposition manche Trümpfe weg[6].
Herr Stroomann läßt sich Ihnen empfehlen, auch Frau Stroomann.
Die Idee, am 7. September eine Feier abzuhalten[7], finde ich absurd. Es kann ja kein Mensch dort hinkommen. Bitte sprechen Sie mit Bonn darüber, ich werde es auch tun.
Ich erhielt von Herrn Haußmann[8], Stuttgart, ein eigenartiges Telegramm[9]. Aus dem Telegramm ersehe ich, daß die CDU in Baden-Württemberg mich als Spitzenkandidat aufstellen will für die Landesliste[10]. Er beschwört mich, das nicht zuzulassen, weil sonst evtl. große Schwierigkeiten entstehen würden, auch hinsichtlich der Bildung der zukünftigen Bundesregierung. Ich habe ihm geantwortet, daß ich nächsten Mittwoch hier Parteivorstandssitzung[11] habe und dann mit meinen Herren die Sache besprechen würde. Ich erlaube mir aber, Sie über diese Bitte des Herrn Haußmann zu orientieren.
Mit recht herzlichen Grüßen, denen sich meine Tochter Lotte anschließt, und allen guten Wünschen bin ich wie immer

Ihr
(Adenauer)

Nr. 108
15. Juli 1953 (Post Seeg bei Füssen/Allgäu): Heuss an Adenauer, Bühlerhöhe

Verehrter, lieber Herr Bundeskanzler!

Freundlichen Dank für Ihren Brief vom 13.7.[1]. Gestern war Dr. Klaiber bei mir mit einer großen Anzahl von Gesetzen, Ernennungen, Gnadengesuchen usf. usf. Er hat mir dabei auch einen Brief des Herrn Bundesinnenministers überbracht wegen der geplanten Feier am 7. September[2]. Ich habe an Dr. Lehr nun einen ziemlich eingehenden Brief diktiert, von dem ich Ihnen einen Durchschlag sende[3]. Es war mir interessant zu erfahren, daß Sie selber diesem Plan mit ähnlicher Skepsis gegenüberstehen wie ich. Ich hatte nur vor ein paar Wochen Dr. Lehr die Rede halb zugesagt, da man »offenbar sonst keinen Dummen fände« – worauf er sehr nett und graziös antwortete: »Herr Bundespräsident, dieses Wort ist im Kabinett nicht gefallen.« Diese Antwort hat mir seinerzeit viel Spaß gemacht.
Über die politische Taktik und Technik von Dr. Wolfgang Haußmann, über die Sie mir berichtet haben[4], mich brieflich auszusprechen, wollen Sie mir bitte erlassen.
Das Wetter bleibt wankelmütig. Aber einen reizenden Sonntag habe ich in dem wunderschönen, völlig unzerstörten Landshut zugebracht. Nur

Heuss-Zeichnung der Maximilianshöhe bei Schwelten (17. Juli 1953; zu Dok. Nr. 108)

ist es draußen so naß und windig geblieben, daß ich meine eigentliche Ferienaufgabe, das geruhsame Landschaftszeichnen, noch nicht absolviert habe[5].

Meine Mahnung bleibt: Lassen Sie sich in der Anlage Ihres Wahlkampfes nicht überfordern, sondern legen Sie ein paar Ruhetage ein.

Wie ich von Klaiber gestern erfuhr, werden Sie vielleicht am 4. August mein Gast sein mit dem japanischen Kronprinzen[6]!

Mit guten Wünschen und Grüßen Ihr

Theodor Heuss

Nr. 109

21. Juli 1953 (Bühlerhöhe): Adenauer an Heuss, Post Seeg bei Füssen/Allgäu

Sehr verehrter, lieber Herr Bundespräsident!

In der Zwischenzeit habe ich Bericht bekommen über die Vorgänge im Kabinett bezüglich der Feier am 7.9.[1]. Man war sehr geteilter Ansicht, hat sich dann aber für den 7. September entschlossen. Ich denke aber, die Mehrheit des Kabinetts wird einsehen, daß diese Feier an dem Tage nicht angebracht ist.

Mir geht es mit dem Wetter wie Ihnen. Viel, viel Regen, seltener Sonnenschein. Ich finde, daß ich mich relativ gut erhole, trotzdem ich viel gestört werde.

Nach dem mündlichen Bericht, den mir Herr Blankenhorn erstattet hat und nach weiteren Mitteilungen, die ich bekommen habe, können wir mit Washington[2] sehr zufrieden sein. Der größte Erfolg von Washington ist unzweifelhaft der, daß die drei Westmächte wieder einig sind. Die Einigkeit war ja durch die Rede Churchills[3], der übrigens doch recht krank ist, sehr gestört worden. Man hat sich in Washington im wesentlichen geeinigt auf Vorschläge, die ich in einem Brief, den ich Blankenhorn mitgegeben hatte, gemacht hatte[4]. Man war zwar zuerst sehr unwillig, als ungerufen Herr Blankenhorn plötzlich erschien, nachher war man aber doch recht zufrieden mit den von mir gemachten Vorschlägen.

Am Freitag, den 24., kehre ich nach Bonn zurück. Am Sonntag, den 26., werde ich für die CDU den Wahlkampf in Dortmund eröffnen[5]. Ich wünschte, die dann kommenden, von vielem Spektakel erfüllten Wochen wären schon vorüber. Ich werde Ihrem guten Rat folgen und immer einen Ruhetag oder 2 Ruhetage einschieben, aber ich fürchte, ich werde doch ordentlich herhalten müssen.

Ich werde mich sehr freuen, Sie demnächst wohlbehalten wiederzusehen[6], und bin mit ergebenen und herzlichen Grüßen, denen sich meine Tochter anschließt,

Ihr
Adenauer

Nr. 110

10. August 1953: Adenauer an Heuss, Bonn

Sehr verehrter, lieber Herr Bundespräsident!

Leider konnte ich heute nicht kommen, ich wurde immer wieder aufgehalten. Heute abend muß ich nach Hamburg[1], Herr Staatssekretär Hallstein wird Sie morgen über Baden-Baden[2] und den heutigen Besuch Bidaults unterrichten[3]. Beides war sehr gut, insbesondere auch der Besuch Bidaults.
Mit herzlichen und ergebenen Grüßen

Ihr
K. Adenauer

Nr. 111

14. August 1953 (Bonn): Heuss an Adenauer, Bonn

Mein lieber Herr Bundeskanzler!

Hoffentlich war Ihr Herumreisen bei der plötzlichen Hitze nicht zu anstrengend[1].
Darf ich in folgender Sache Ihre freundliche Aufmerksamkeit erbitten: Es hat mich heute unser Generalkonsul Dr. Riesser[2] besucht, von dem ich mir einige Auskünfte über deutsch-amerikanische Dinge erbat. Er selber trug mir dann aber auch ein eigenes Anliegen vor: Dr. Riesser wird am 17. September 66 Jahre alt und muß mit der Wahrscheinlichkeit seiner Außerdienststellung rechnen, wenn nicht vor dem 1. September, an dem das Beamtengesetz[3] mit dem Aktivwerden des Personalausschusses in Kraft tritt, das Kabinett eine Entscheidung trifft. Bis zu diesem Zeitpunkt ist es in der Lage, eine Amtsverlängerung aus eigenem Entscheid auszusprechen.
Ich will nicht auf die materielle Frage eingehen, ob für das Generalkonsulat bzw. für die von Herrn Dr. Riesser im Auftrag wahrgenommene Beobachter-Aufgabe bei der UNO im Auswärtigen Amt bereits Personalpläne vorliegen. Mir selber ist davon nichts bekannt. Ich schreibe Ihnen diese Zeilen deshalb, damit Sie sich, da ja wohl nur noch zwei Kabinettssitzungen[4] vermutlich mit reichem Inhalt vor dem 1. September stattfinden, vielleicht gleich einmal die Sache in Ihre Überlegungen aufnehmen.

Außenministerkonferenz in Baden-Baden
(8. August 1953)

Mit Otto Dibelius, Hermann Ehlers und Ludwig Erhard

Ich vermag von mir aus nicht zu übersehen, wie die dienstliche Leistung von Herrn Dr. Riesser beurteilt wird und welchen Eindruck Sie selber bei Ihrem USA-Besuch[5] von seiner Stellung gewonnen haben. Was ich von Freunden, die im Laufe der letzten Jahre von drüben mich besucht haben, gehört habe, war eigentlich immer sympathisch.
Ich selber würde die Auffassung haben, sofern nicht eine ungewöhnliche Kraft für die Aufgabe zur Verfügung steht, daß es sich vertreten läßt, jetzt einfach innerhalb der nächsten Kabinettssitzungen eine Verlängerung auszusprechen, weil die UNO-Verhandlungen des Herbstes ja vermutlich den Korea-Komplex und damit die ganze Ostasien-Problematik diskutieren werden[6], wie ja wohl auch die Haltung der Sowjetunion zur Kriegsgefangenenfrage[7] jetzt ein Diskutandum der UNO geworden ist, und es ist vielleicht gut, zum mindesten vor dieser Themenstellung jemanden, der den Arbeitsbetrieb und die beteiligten Menschen schon seit einiger Zeit kennt, in der Aufgabe zu belassen.
Es ist die Beengtheit der Termine, die mich veranlaßt, diese Zeilen an Sie zu schreiben, die ich auch Staatssekretär Hallstein zur Kenntnis zuleite mit dem ausdrücklichen Vermerk, daß nicht Herr Dr. Riesser mich um diesen Schritt gebeten hat.
Mit den besten Grüßen

Ihr
(gez.) Th. Heuss

Nr. 112

19. August 1953 (Bonn): Adenauer an Heuss, Bonn

Sehr verehrter Herr Bundespräsident,

Wie Sie wahrscheinlich wissen werden, hat Herr Bundesminister Lehr morgen, am 20. August, seinen 70. Geburtstag. Wo er sich aufhält, habe ich bisher nicht in Erfahrung bringen können. Vielleicht wissen Sie nicht, daß Herr Lehr nicht wieder als Kandidat für den Bundestag aufgestellt worden ist[1]. Auch meine Bemühungen sind ergebnislos geblieben. Wie ich höre, ist Herr Lehr völlig gebrochen durch diese Nichtwiederaufstellung. Bei den Überlegungen, wie man ihm etwas Trost geben könnte, bin ich auf den Gedanken gekommen, ob Sie ihm nicht zum 70. Geburtstag das Verdienstkreuz verleihen wollen[2]. Ich weiß, daß seinerzeit das Kabinett sich auf den Standpunkt gestellt hat, keinem aktiven Minister das Verdienstkreuz zu verleihen. Aber rebus sic stantibus kann man viel-

leicht von diesem Beschluß absehen. Ich werde mich noch mit Herrn Blücher in Verbindung setzen und ihn bitten, seine Meinung dem Präsidialamt telefonisch mitzuteilen.
Mit ergebensten Grüßen wie immer Ihr
Adenauer

Nr. 113
19. August 1953 (Bonn): Heuss an Adenauer, Bonn

Verehrter lieber Herr Bundeskanzler!

Bei der Rückkehr aus dem Filmtheater[1] habe ich Ihren Brief[2] vorgefunden, außerdem auch feststellen können, daß meine Geburtstagsglückwünsche, die ich schon vor ein paar Tagen diktiert habe, bereits abgesandt waren. (Ich lege Ihnen einen Durchdruck bei[3].)
Normalerweise würde ich Dr. Lehr in diesem Brief ja die Auszeichnung angekündigt haben. Dr. Lehr, der ja selber dabei mitgewirkt hat, daß die Frage der Dekoration amtierender Minister zunächst ausgesetzt bleiben soll, müßte, wenn ich ihm jetzt die Auszeichnung ins Haus schicke (er scheint verreist zu sein), den Eindruck haben, daß ich seine Wiederkehr nicht erwarte. Da ich aber nun erst heute früh erfahren habe, daß er auch nicht mehr in den Bundestag zurückkehren soll, ist es sicher besser, auch vor der Öffentlichkeit, daß sie nicht kombinieren kann, ich sei in diese Entscheidung »eingeweiht« gewesen oder dergleichen.
Ich habe eine Schlußbemerkung gemacht, daß ich hoffe, ihn bald zu sehen, und bei dieser Gelegenheit würde ich dann von der Absicht ihm etwas erzählen. Jetzt scheint mir die Anregung bei der knappen Zeit die Gefahr einer Panne zu sehr in sich zu tragen.
Mit freundlichen Grüßen Ihr
Theodor Heuss

Nr. 114
29. September 1953 (Bonn): Heuss an Adenauer, Bühlerhöhe

Verehrter, lieber Herr Bundeskanzler!

Bei Ihrem Abschiedsbesuch[1] vor der Fahrt zur Bühlerhöhe[2] sagte ich Ihnen, daß ich beabsichtige, mir einmal die Situation, wie ich sie nach dem 6. September[3] sehe, niederzuschreiben[4]. Das ist nun geschehen, aber freilich nicht in einem Zuge, da eine ganze Anzahl von hiesigen und auswärtigen Verpflichtungen mit Reden und Konferenzen dazwischentraten. Die Folge wurde, daß das schriftliche Selbstgespräch, das ich an drei

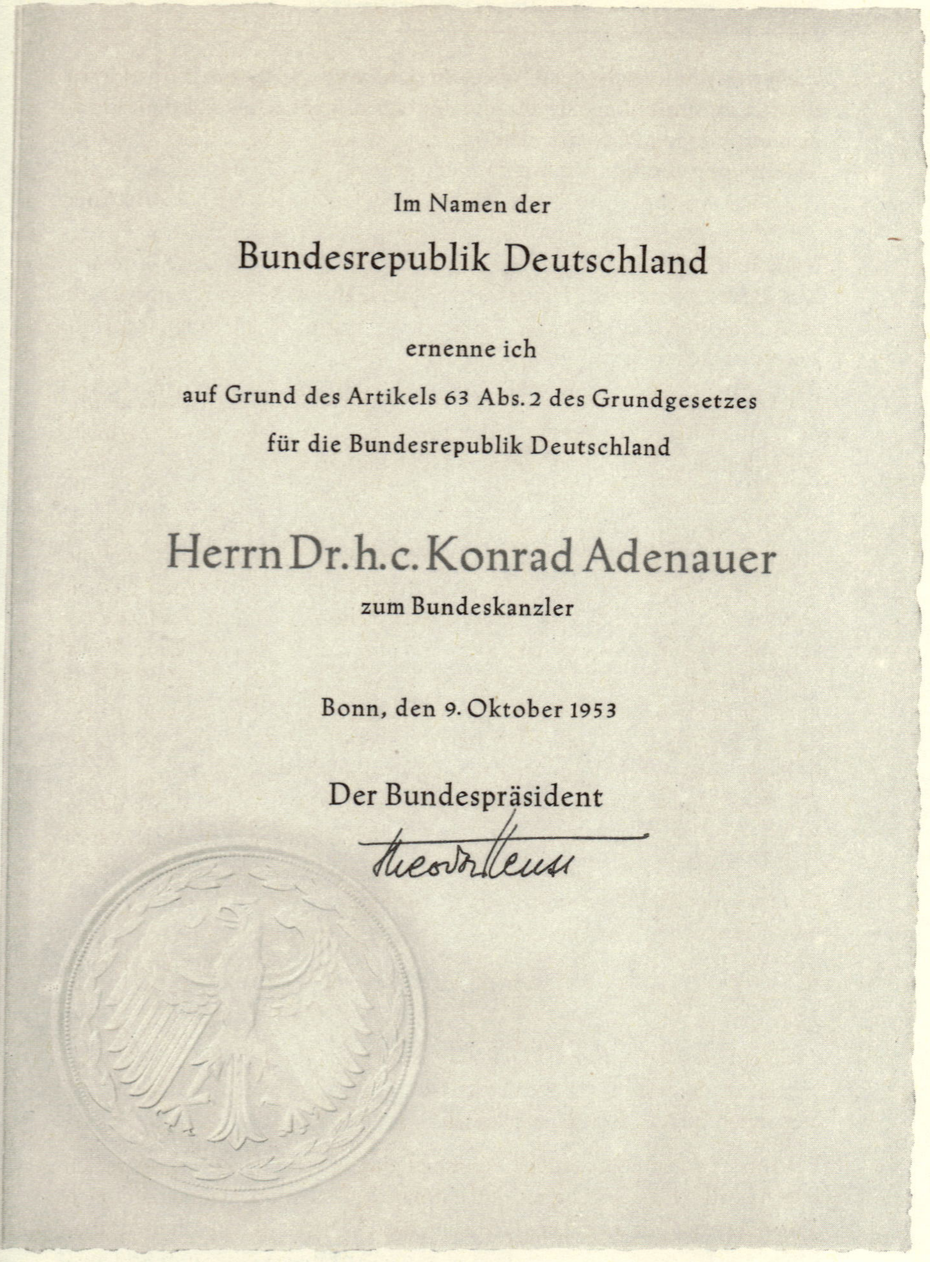

Im Namen der

Bundesrepublik Deutschland

ernenne ich

auf Grund des Artikels 63 Abs. 2 des Grundgesetzes

für die Bundesrepublik Deutschland

Herrn Dr. h. c. Konrad Adenauer

zum Bundeskanzler

Bonn, den 9. Oktober 1953

Der Bundespräsident

Theodor Heuss

Ernennungsurkunde zum Bundeskanzler

isolierten Abenden geführt habe, etwas sehr länglich geriet. So ist es fast eine Zumutung, daß Sie diese lange Niederschrift als Urlaubslektüre genießen sollen, aber mir scheint, Ihr Urlaub ist ja bereits im Sinne der Flucht vor dem Alltag und seinen Pflichten etwas fragwürdig geworden. Sie werden selber beim Durchlesen spüren, wo die Dinge mehr den Charakter der Notiz haben, die meine termingebundene Auffassung von der Lage fixieren soll, und wo mehr an die Phantasie und an das Mitdenken des Lesers gedacht ist. Denn es sind auch eine Anzahl von Anregungen drin enthalten, zumal für die Regierungserklärung[5], die Ihnen willkommen sein könnten.
Hoffentlich hatten Sie immer ordentliches Wetter und doch auch etwas Beschaulichkeit.
Darf ich noch eine mir ziemlich ärgerliche Geschichte anfügen:
Ich habe dieser Tage die Nummer 39 des »Spiegels« vom 23.9. vorgelegt erhalten, in der Aufsätze über den Herrn Botschafter Dr. Wohleb[6] und über den Herrn Gesandten Holzapfel[7] sich finden. Nun stehe ich wohl nicht in Verdacht, ein Freund der dort geübten Publizistik zu sein, aber ich glaube, Sie müssen sich diese Dinge ansehen. Denn ich halte es für durchaus möglich, daß derlei Geschichten jetzt »mangels Ware« dazu dienen werden, in parlamentarische Anfragen oder dergleichen sich zu verwandeln. Wo und wie diese Leute in Hannover zu intimen persönlichen Briefen (Wohleb) kommen, ist mir schlechterdings unerfindlich, wie auch die Quellen von Klatsch-Details in der Schweizer Sache. Ich selber bin schon in die eigentümliche Situation gekommen, auf diese Publikationen angesprochen worden zu sein, bevor ich sie kannte.
Mit freundlichen Grüßen, auch an Ihre Tochter, Ihr

Theodor Heuss

Nr. 115

1. Oktober 1953 (Bühlerhöhe): Adenauer an Heuss, Bonn

Sehr verehrter, lieber Herr Bundespräsident!

Am Samstag, den 3., beabsichtige ich zurückzufahren. Professor Stroomann, der sich Ihnen empfehlen läßt, rät mir dringend ab, nach Berlin zu fliegen[1], ich soll jeden Tag hier noch nützen, besonders da seit gestern nach vielen schlechten Tagen zum ersten Mal schönes Wetter ist.
Ich darf mir wohl erlauben, am 5.oder 6.X. – je nachdem, was ich in Bonn vorfinde – Sie zu bitten, mich zu empfangen[2]. Ich darf daher wohl

alles, was ich mir so überlegt habe, zurückstellen bis zu meinem mündlichen Vortrag.
Mit verehrungsvollen und herzlichen Grüßen bin ich wie immer

Ihr sehr ergebener
(Adenauer)

Nr. 116
14. Dezember 1953 (Bonn): Heuss an Adenauer, Bonn

Verehrter, lieber Herr Bundeskanzler!

Wie ich Ihnen neulich sagte[1], wollte ich in diesem Jahr Ihnen den Entwurf meiner Neujahrsansprache vorlegen, zumal um der außenpolitischen Abtönung willen[2]. Ich habe den Entwurf gestern niedergeschrieben, weil ich die Rede nämlich bereits am Donnerstag auf das Band zu sprechen habe. Sollte durch irgendwelche plötzlichen Ereignisse noch eine Änderung erzwungen werden, so ist das ja technisch von Lörrach[3] aus in Freiburg zu machen.
Aber nun dies: Ich werde bereits am Donnerstag abend Bonn verlassen, um am 18.12. ein Round-table-Gespräch mit Spätestheimkehrern im Hannöverschen zu führen[4]. (Neulich hatte ich hier eines[5], das atmosphärisch ausgezeichnet verlief.) Dann werde ich noch ein neues Kriegsversehrten-Erholungsheim besichtigen und anschließend direkt nach Lörrach zu meinem Sohn fahren. Ich darf Sie doch bitten, es zu ermöglichen, daß wir uns vor meiner Abreise in den nächsten Tagen noch einmal sprechen können[6]. Die Tage sind mit einer Ausnahme (Dienstag 11.30 Uhr, wo von auswärts jemand kommt[7]) für diesen Zweck freigehalten, nur die Abende mit Weihnachtsfeiern im Hause besetzt.
Hoffentlich waren die letzten Reisen und schwierigen Konferenzen[8] nicht zu anstrengend für Sie.
Mit herzlichen Grüßen Ihr

Theodor Heuss

Nr. 117
26. Dezember 1953 (Lörrach): Heuss an Adenauer, Rhöndorf

Verehrter lieber Herr Bundeskanzler!

Das war eine sehr freundliche, mich aber auch leicht beschämende Überraschung, dem schönen Griechenlandbuch und den liebenswürdigen Zeilen unter dem Weihnachtsbaum zu begegnen[1]. Haben Sie für beides herzlichen Dank. Die Wochen vor dem Fest wurden, wie das ja, auch für Sie, Schicksal geworden ist, von Erledigungspflichten usf. aufgefressen.

Sie werden, hoffe ich, gespürt haben, daß die Glückwünsche, die ich noch in Bonn für Dr. Lotte schrieb[2], auch zu Ihnen ziehen sollten. Das Helioswerk ist mit dem besten Verständnis angelegt und wunderbar in der Ausstattung. Mit ganz wenigen Ausnahmen haben die Abbildungen eigene Erinnerungen[3] geweckt. Es ist bald ein Vierteljahrhundert, da ich mich einige Wochen zwischen den Zeugen der hellenischen Antike herumtreibend erfühlte, wie beredt sie auf dem Heimatboden zu sprechen wußten! Wenn Ihr Griechenlandplan[4] durchgeführt sein wird, werden auch Sie diese beglückende Erfahrung machen.
Leider haben wir auch hier ein reichlich verpfuschtes Wetter, eisige, nasse, unfreundliche Kälte. Mit dem Auslüften der Sinne ist es nicht viel. Aber die »Terminarbeiten« sind wenigstens geringer geworden. Ganz haben sie mich nicht freigegeben.
Mit herzlichen Grüßen für Sie und die Familie und alle guten Wünsche für die Bewahrung Ihrer Kraft, um des Vaterlandes willen,

Ihr
(gez.) Theodor Heuss

Nr. 118
4. Januar 1954 (Bonn): Heuss an Adenauer, Bonn

Verehrter lieber Herr Bundeskanzler,

die Creszens des Rotweins, der Ihnen gut schmecken möchte, liegt vier Kilometer von meiner Geburtsgemeinde[1] entfernt. In meiner frühen Kindheit habe ich dort nicht Weinqualität studiert, aber die im Gedächtnis gebliebene früheste Begegnung mit deutscher Staats- und Confessionspolitik bewußt erlebt: im altwürttembergischen Raum ein Flecken und eine Burg, die bis 1803 ein Besitz des Deutschordens geblieben war.
Ich will mit solcher Mitteilung nicht den Genuß philologisch-pedantisch belasten, aber sagen, daß in dem Glas nebenbei auch allerhand Besinnliches wartet.
Gute Grüße und Wünsche

Ihr
Theodor Heuss

Verleihung der Sonderstufe des Großkreuzes des
Verdienstordens der Bundesrepublik Deutschland (30. Januar 1954)

Nr. 119

5. Februar 1954 (Bonn): Heuss an Adenauer, Bonn

Verehrter, lieber Herr Bundeskanzler!

Das empfinde ich als sehr freundschaftlich, daß Sie Botts unbefangener Aufforderung, in das Orchester mit einzutreten, das er für eine Festgabe zu meinem 70. Geburtstag zusammengestellt hat[1], trotz des Übermaßes an Arbeit und Verpflichtungen Folge leisten konnten[2]. Dafür möchte ich Ihnen herzlich danken.

Das Buch wird ja wohl in der Zwischenzeit auch in Ihre Hand gekommen sein. Es ist ein etwas erstaunliches Buch geworden, weil ja die verschiedensten Persönlichkeiten und Typen, die verschiedensten beruflichen, politischen und weltanschaulichen Herkünfte sich bereit gefunden haben, an dieser Symphonie, wenn ich das Arrangement von Bott so nennen darf, mitzuwirken. Manche der Mitarbeiter werden vielleicht etwas unsicher herumgucken, wer denn sonst noch in dem Orchester sitzt, aber ich möchte hoffen dürfen, daß die Spielleute sich untereinander vertragen.

Ich danke Ihnen für die Würdigung meiner Arbeit im Parlamentarischen Rat[3] und meiner Bemühungen, in dem Amt, in das das Schicksal mich gesetzt hat, nach meinen Kräften dem Wohle unseres Volkes zu dienen. Sie werden wohl kaum dazu kommen, das Buch zu lesen, aber auf ein paar Beiträge, wie etwa auf den von Carl J. Burckhardt[4], den von François-Poncet[5], den von dem Abt von Maria Laach[6] und auch auf die nette Studie von Reinhold Maier[7] darf ich Sie doch hinweisen. Auch Sprangers[8] Beitrag gibt allerhand Anregung zur grundsätzlichen Überlegung.

Da die Bibliophilen einen sehr sehr alten Aufsatz von mir ausgegraben haben und ihn mir als Geburtstagsgabe neu drucken ließen[9], habe ich die Gelegenheit, den Teilnehmern an den »Begegnungen« einen Gegengruß zu senden. Sie werden diesen Versuch eines jungen Menschen, formal-ästhetisch in ein noch nicht klargestelltes Thema einzudringen, wohl kaum lesen können. Aber ich möchte Sie doch bitten, diese kleine Arbeit mit Nachsicht entgegenzunehmen.

Mit dankbarem Gruß

Ihr

Theodor Heuss

Nr. 120

7. Februar 1954: Adenauer an Heuss, Bonn

Sehr verehrter lieber Herr Bundespräsident!

Inzwischen wird die Flut der Glückwünsche etwas abgeebbt sein. Ich erlaube mir daher, Ihnen auch schriftlich meinen von Herzen kommenden Dank für die mir verliehene große Auszeichnung [1] und insbesondere auch für die Worte, mit denen Sie sie mir übergeben haben [2], auszusprechen. Ich war dadurch sehr ergriffen.
In treuer Ergebenheit und mit herzlichen Grüßen Ihr
K. Adenauer

Nr. 121

7. Februar 1954 (Bonn): Heuss an Adenauer, Bonn

Verehrter lieber Herr Bundeskanzler,

das Bundespräsidialamt ist eine zwar verhältnismäßig kleine, aber durch Klaibers und Botts Geschick gut funktionierende Behörde. Dieser siebzigste Geburtstag hat sie demoliert!
Das betrifft auch den Fall Adenauer. Sie hatten die Freundlichkeit, mir die Ansichten vom Rhein zu senden, die mich als graphische Leistung wie kulturgeschichtlich interessierten. Aber davon, daß ein Brief [1] beigelegt war, hatte ich bei der Übergabe keine Notiz genommen. Mea culpa!
Jetzt wird die Überschwemmung dieser Tage langsam kanalisiert – über 30 000 Zusendungen, um Balkes [2] Defizit zu regulieren – und nun erhalte ich Ihren Brief – in Ihre Hand ist inzwischen mein Dank gekommen für Ihren Beitrag in den »Begegnungen« [3].
Nun darf ich Ihnen, in sehr später Nachtstunde, die bereits als frühester Morgen begriffen werden möchte, für Ihren Brief mit diesen Zeilen danken – mein nächtlicher Partner, das Diktaphon, ist schon ausgeleiert und erschöpft.
Ich habe Ihren Brief als das Echo empfunden auf Worte, die noch gar nicht gesprochen waren, auf die Empfindungen, denen ich am 30. Januar in unserer ersten Begegnung [4] Ausdruck zu geben versuchte.
Mit dankbarem Gruß Ihr
Theodor Heuss

Nr. 122
28. Februar 1954 (Bonn): Heuss an Adenauer, Bonn

Verehrter lieber Herr Bundeskanzler!

Quod non est in actis, non est in mundo …
Dem mündlichen Dank für die schönen Leuchter, die mir das Kabinett zu meinem 70. Geburtstage geschenkt hat[1], darf ich nun mit diesen Zeilen auch den schriftlichen folgen lassen. Das hat sich ein bißchen verzögert … Ich habe mir dies nicht weiter übel genommen, weil ich aus der sorgfältigen Lektüre der Kabinettsprotokolle weiß, daß das »Vertagen« nichts Ungewöhnliches ist. Deshalb durfte und darf ich damit rechnen, daß man nicht zu pedantisch auf den Termin erpicht ist und Verständnis hat, wenn Verpflichtungen »erledigt« wurden, wo diese Erfahrungen nicht so vorausgesetzt werden dürfen.
Sie selber haben sich inzwischen davon überzeugen können[2], daß die so schöne Gabe einen nobeln und höchst würdigen Tafelschmuck an festlichen Abenden darstellt … nicht nur ich, auch die anderen sollen und werden sich daran freuen.
Ich möchte Sie bitten, meinen herzlichen Dank auch den Herren Bundesministern zu übermitteln.
Mit freundlichen Grüßen

Ihr
Theodor Heuss

Nr. 123
2. April 1954 (Bonn): Heuss an Adenauer, Bonn

Verehrter lieber Herr Bundeskanzler,

nun hat die so reizvolle antike griechische Vase einen hübschen Platz gefunden in der Vitrine, der meine Frau allerhand kleine Kostbarkeiten anvertraut hat und waren es nur die Kostbarkeiten der dankbaren Erinnerung an eine Reise, an einen teuren Menschen. Ich darf Ihnen noch einmal herzlich danken und zwar nicht bloß für die hübsche Gabe als solche, sondern dafür, daß Sie meiner in dem Trubel zwischen Alphaios und Papagos, zwischen Erzub und Inönü gedacht haben[1].
Ich darf dem Dank einen kleinen Hinweis anfügen. Dieser Tage besuchte mich Dr. Kurt Hahn[2], den ich seit 1918 kenne[3]. Ich weiß nicht, ob er Ihnen schon einmal begegnet ist: er war der Mitarbeiter des Prinzen Max[4], vermutlich der Verfasser von dessen Memoiren[5], der eigentliche Begründer der Schule in Salem, wegen seiner jüdischen Herkunft seit 1933 in England, auch dort Leiter eines Landschulheims (der engl. Prinzgemahl[6] war in Salem sein Schüler).

Er hat pädagogisch nicht nur Einfälle, sondern Erfahrungen. Nun erzählte er mir, Schlange-Schöningen, mit dem er zusammen war, wolle Sie bitten, habe Sie gebeten, ihn einmal zu empfangen[7] – er möchte auch Ihr Interesse gewinnen für ein System von Kurzschulen, in denen das Ethos der Menschenrettung in Gefahr als erzieherische Grundkraft begriffen wird. Ich habe ihm in Schleswig-Holstein bei einem Beginn geholfen[8], in England hat er diesen Versuch breiter und erfolgreich entwickelt.
Warum ich das schreibe, hat einen einfachen Grund: Sie werden in den kommenden Wochen sehr herb beansprucht sein[9]. Ihre Mitarbeiter werden vielleicht, mit den allerbesten Gründen, sagen: also mit derlei den Bundeskanzler jetzt verschonen! Aber dieser Brief möchte Ihnen sagen: es wird für Sie nicht uninteressant sein, von Hahn Pläne und Erfahrungen sich knapp vortragen zu lassen. Ganz primitiv scheint es sich für mich darum zu handeln, eventuell in die Lenkung des Jugendplanes[10] diese Anregungen stärker einfließen zu lassen.
Adresse von Hahn: Schloß Salem bei Überlingen.
Gute Grüße Ihr
Theodor Heuss

Nr. 124
16. Juni 1954 (Bonn): Heuss an Adenauer, Bonn

Verehrter lieber Herr Bundeskanzler!

Wir haben uns einmal kurz über die Kontroverse zwischen Ihnen und Erhard[1] über das Sparen als Tugend oder als Untugend unterhalten[2]. Ich will Ihnen gewiß nicht zumuten, meine große grundsätzliche Rede über das Problem des Sparens, die ich vor bald zwei Jahren in Stuttgart hielt[3], zu lesen, aber vielleicht macht es Ihnen Spaß, die kleine Ansprache einmal durchzusehen, die ich vor einigen Tagen in Wiesbaden hielt[4], wobei ich versuchte, den rednerischen Gegensatz zwischen Erhard und Butschkau[5] aufzulösen.
Mit den besten Grüßen Ihr
Theodor Heuss

Besuch von Königin Elisabeth II. in Bonn
(12. Juli 1954)

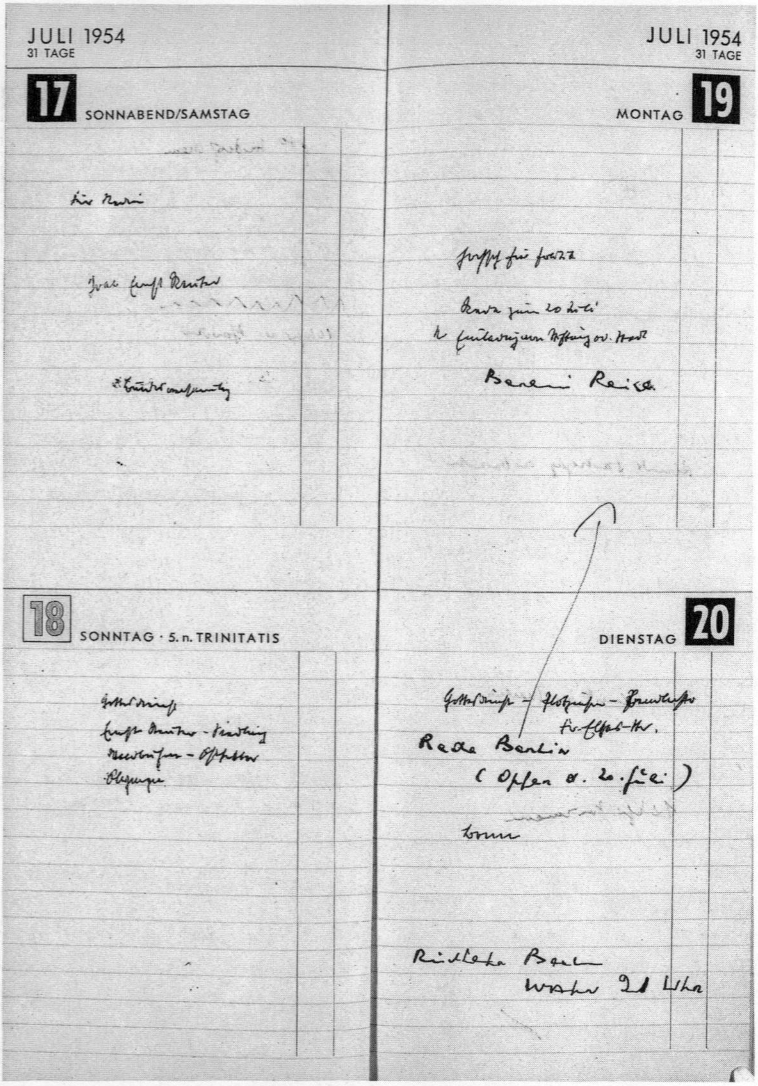

Termine des Bundespräsidenten (17.–20. Juli 1954)

Nr. 125
4. August 1954 (Bonn): Heuss an Adenauer, Bühlerhöhe

Verehrter, lieber Herr Bundeskanzler!

Wie Sie sich denken mögen, habe ich in den letzten 14 Tagen oft an Sie gedacht. Es hat mir dabei leid getan, daß diese böse Geschichte John[1], die mir selber in mancher Hinsicht noch völlig rätselhaft ist, Ihnen den so wohlverdienten Urlaub belastet. Ich selber dachte, die Freiwilligkeit des Übergangs vorausgesetzt, zunächst an die Affäre Rudolf Hess[2], dann denke ich an den Fall Gereke[3], der ja völlig wirkungslos blieb, und halte es nicht für ausgeschlossen, daß in ein paar Monaten John eine peinliche Anekdote geworden sein wird. Aber ich bitte, mich auf diese Prophetie nicht festzulegen.
Auf meinem Schreibtisch liegt noch Ihr freundliches Grußwort[4], das mich mit den schönen Blumen hier empfing. Sie nehmen bitte den Dank auch mit Verspätung noch entgegen. Die letzten zwei Wochen waren, zumal schon im Amt Urlaub eingebrochen ist, sehr stark belastet.
In der nächsten Woche werde ich selber für 14 Tage an zwei Plätze in den Bayerischen Wald fahren[5]. Schäffer verspricht sich dadurch eine Fremdenverkehrsanregung in diesem abgelegenen und armen Gebiet[6]. Ende August geht dann wieder das Reden und Reisen los[7]. Abgeschlossen habe ich diese Zugabe meines Amtes mit zwei Ansprachen auf der ersten großen Veranstaltung der katholischen Jugend seit 1932, die in Dortmund stattfand und einen, wie mir scheint, vortrefflichen Verlauf genommen hat[8]. Einmal sprach ich in einer Werkhalle vor etwa 7000 jungen Arbeitern, das andere Mal vor vielleicht 16000 jungen Menschen in der Westfalenhalle. Der Paderborner Erzbischof Jaeger[9] war mein Mitredner.
Heute komme ich nun noch mit einer dienstlichen Bitte. Bei der letzten Sitzung des Kapitels der Friedensklasse des Pour le mérite[10] ist der Wunsch zum Ausdruck gekommen, diesen Orden, den ich ja vor ein paar Jahren vor dem Aussterben in des Wortes wahrster Bedeutung gerettet habe, in eine deutlichere Verbindung mit der Bundesrepublik zu bringen. Der Orden war ja ursprünglich eine preußische Stiftung gewesen, ohne je auf Preußen beschränkt gewesen zu sein. Wir haben jetzt diese Tradition auf die Bundesrepublik übernommen, ohne daß ich das für eine Usurpation halte. Ich habe damals den Herren vorgeschlagen, die Bitte um Übernahme des Protektorates und um die Bestätigung der Statuten mir zu unterbreiten. Ich würde dann bei der Bestätigung um Ihre Gegenzeichnung bitten, damit der Vorgang in seiner auch rechtspolitischen Bedeutung bestätigt wird.

Dies also nun ist meine Bitte, Sie möchten das beiliegende Schreiben, das an den Ordenskanzler, Herrn Prof. Littmann[11], gesandt werden wird, gegenzeichnen[12].
Das Ordenskapitel ist statutenmäßig berechtigt, bis zu 30 ausländische Mitglieder, die im übrigen kein Stimmrecht besitzen, zu Mitgliedern zu berufen. Die Herren haben begriffen, daß man das nur im vorsichtigen und langsamen Tempo tun kann. Es sind acht Herren gewählt worden, wobei zuerst persönliche Rückfragen erfolgen. Ich selber habe, à la suite der Sache stehend, die Rückfragen bei den mir befreundeten Albert Schweitzer[13], Hermann Hesse[14] und Carl J. Burckhardt, dem Schweizer Historiker, Dichter und Diplomaten, übernommen und von allen eine dankbare Zusage erhalten, um so mehr als gerade dieser Orden ja auch im Bewußtsein der Fremde in seiner Würde ohne Anfechtung geblieben war.
Wir hatten hier in Bonn ein paar sehr heiße Tage. Jetzt ist das Wetter wieder in Ungewißheit, was es mit sich anfangen soll. Ich hoffe sehr, daß Ihnen ein von der Witterung unabhängiges erholsames Wandern und Ruhen möglich gewesen ist[15].
Mit herzlichen Grüßen Ihr

Theodor Heuss

Nr. 126
6. August 1954 (Bühlerhöhe): Adenauer an Heuss, Bonn

Sehr verehrter Herr Bundespräsident!

Über die Sache John habe ich heute auf vielfaches Verlangen im Rundfunk gesprochen[1]. Ich habe aber die Sache eingepackt in eine Reihe anderer Ausführungen[2], weil es mir nicht für richtig erschien, wenn der Bundeskanzler nur über diese Angelegenheit sprechen wird. Ich darf mir erlauben, Ihnen einen Durchschlag dieser Rundfunkansprache beizulegen. Leider hat mich diese dumme Sache wirklich sehr viel belästigt durch die ständigen Telefonate, durch die Besuche der Minister und Staatssekretäre bei mir.
Die Entwicklung der Dinge in Paris[3], die natürlich sehr viel wichtiger sind, beschäftigen wohl jeden denkenden Politiker intensiver. Es scheint, daß, wenn Mendès-France[4] nicht gestürzt wird über die Tunesienfrage[5], die Nationalversammlung unter seinem Druck eine gute Mehrheit für EVG aufbringen wird.
Ich habe über Ihre Ansprachen auf Versammlungen im Industriegebiet[6] gelesen und mich aufrichtig über die Tatsache selbst und über das, was Sie gesagt haben, gefreut.

Das Schreiben an das Ordenskapitel habe ich an das Bundespräsidialamt zurückgeschickt[7].
Ich wünsche Ihnen im bayerischen Wald Ruhe, frische Luft, Sonne – nicht zuviel – und überhaupt alles Gute.
Mit herzlichen Grüßen bin ich, wie immer, sehr verehrter Herr Bundespräsident,

Ihr ergebener
Adenauer

Nr. 127
25. August 1954 (Bühlerhöhe): Adenauer an Heuss, Bonn

Sehr verehrter lieber Herr Bundespräsident!

Ich bin im Begriff, eine längere Niederschrift über die Brüsseler Konferenz[1] zu diktieren. Ich werde mir erlauben, sie Ihnen zuzuschicken wenn ich sie fertig habe. Ich möchte mich heute damit begnügen, Ihnen das Ergebnis zu sagen.
Man kann sie nicht als eine negative Etappe im Verlaufe dieser ganzen Entwicklung bezeichnen. Als positiv ist zu bewerten, der Zusammenhalt der fünf Länder im europäischen Geiste. Die Tatsache ist um so bemerkenswerter, als ihr keine Absprache vorangegangen ist und als es sicher sowohl dem holländischen[2], dem belgischen[3] und luxemburgischen[4] Außenminister nicht leicht gewesen ist, so entschieden gegen den französischen Ministerpräsidenten Stellung zu nehmen. Ich bin auch nicht der Auffassung, daß eine Ratifizierung in Paris nicht erfolgen wird[5]. Es sind dort sowohl in der Fraktion Pinay[6], wie bei den Radikalsozialisten, den Sozialisten und dem MRP starke Kräfte tätig, die Ratifizierung durchzusetzen. Mendès-France wird nicht die Vertrauensfrage stellen. Ich betrachte das nicht als ein ungünstiges Zeichen. Wenn er die Vertrauensfrage gestellt hätte, hätte er im Falle eines Scheiterns zurücktreten müssen. Er will aber sein Geschick nicht mit dem der EVG verbinden.
Mendès-France bin ich sehr unvoreingenommen gegenüber getreten. Mein Urteil gegenüber ihm schwankte[7]. Ich habe aber, ich bitte, das streng vertraulich zu behandeln, im Laufe der Verhandlungen die Überzeugung gewonnen, daß er EVG nicht will und daß irgendeine Verbindung zwischen ihm und Molotow[8] besteht. Er ist sehr begabt, aber auch sehr unwahr. Er ist nach Brüssel gekommen in der bestimmten Überzeugung, daß es ihm, der große innere Erfolge errungen hat, möglich sei, auch außenpolitisch durchzusetzen, was er will. Damit ist er geschei-

Heuss-Zeichnung, Englburg (24. August 1954; zu Dok. Nr. 128)

tert. Zweifellos ist dieses Scheitern für ihn auch innenpolitisch eine große Schlappe. Wir Deutsche müssen jetzt in Ruhe abwarten, was die Pariser Nationalversammlung in der nächsten Woche tut.
Noch eins darf ich hinzufügen. Entgegen den von Paris aus verbreiteten Nachrichten war seine Besprechung mit Churchill für ihn völlig negativ[9].
Mein Urlaub ist durch alle diese Geschichten naturgemäß sehr gestört. Dazu kommt noch dieses scheußliche Wetter. Aber einstweilen hoffen wir auf das Wort »post nubila Phoebus«[10].
Ich hoffe, daß es Ihnen gut geht.
Mit herzlichen Grüßen, wie immer

Ihr
Adenauer

[PS] ‹Ich erlaube mir, die inzwischen fertig gewordene Niederschrift beizufügen.[11]›[a]

Nr. 128
27. August 1954 (Englburg): Heuss an Adenauer, Bühlerhöhe

Verehrter lieber Herr Bundeskanzler!

Morgen fahre ich, mit einigen Zwischenstationen (Weinbaukongreß Heilbronn usf.)[1], wieder nach Bonn zurück, und es sieht so aus, als ob das Wetter diese Gelegenheit wahrnehmen wollte, schön zu werden – wohl der dritte Tag in diesem Urlaub ohne Regen. »Urlaub« konnte man es wohl kaum nennen – es war schier jeden Tag etwas los[2], d. h. »etwas« ist ein zu kleines Wort: Besuche, Empfänge, Besichtigungen von Industrie und Handwerk, kirchliche und staatliche Würdenträger – daneben einige Kunstexkursionen. Immerhin: ich glaube, es war richtig, daß ich dieses etwas strapaziöse Unternehmen absolviert habe.
Es waren aber meine Gedanken auch bei Ihnen und bei der argen Problematik, die sich zusätzlich aus der Schmidt-Wittmack-Geschichte[3] ergab. Mit Klaiber waren wir täglich in telefonischer Verbindung, so daß ich vom Wesentlichen immer unterrichtet war – aber das Hintergründige und Atmosphärische der Brüsseler Besprechungen[4] werde ich erst ganz begreifen, wenn Sie mir davon erzählt haben werden[5].
Aber nun sollen Sie, nachdem Ihre Ferien auch genug ramponiert werden, noch ein Maximum an Erholung sich gönnen – Bott behauptet, daß ein Hoch von den Azoren her die Freundlichkeit habe, sich Mitteleuropa zu nähern. Das soll auch für Ihr Bühlerhöhe-Dasein zum Gewinn werden.
Mit herzlichen Grüßen und Wünschen

Ihr
(gez.) Theodor Heuss

Nr. 129
24. Oktober 1954 (Bonn): Heuss an Adenauer, Rhöndorf

Verehrter, lieber Herr Bundeskanzler!

Wenn freilich auch für mich die abgelaufene Woche dicht besetzt war mit sehr heterogenen Terminverpflichtungen[1], waren die Gedanken, Sorgen und Wünsche immer auch bei Ihnen und Ihrer Arbeit in Paris[2] – nun möchte ich, nach der Heimkehr, Ihnen den Dank aussprechen für die zähe und zugleich elastische Unverdrossenheit, in der Sie halfen, das deutsche Schicksal ein großes Stück weiter aus dem Elend von 1945 hinauszuführen.
Leider war hier nichts mitgeteilt worden über den Termin Ihrer Rückkehr – es wäre für Dr. Klaiber eine gerne wahrgenommene Pflicht gewesen, Ihnen diese meine Empfindungen unmittelbar zum Ausdruck zu bringen.
Ich darf nun herzlich wünschen, daß die bewundernswerte Spannkraft, die Ihnen erlaubte, mit diesen Mühen fertig zu werden, Sie auch bei dem neuen Abenteuer Ihrer Weltinspektion begleite[3] – dann aber muß der stürmische Rhythmus etwas reguliert werden!
Alles Gute!

Ihr dankbarer
Theodor Heuss

Nr. 130
1./2. Dezember 1954 (Bonn): Heuss an Adenauer, Bonn

Verehrter Herr Bundeskanzler!

Wenn Sie von Berlin[1] zurück sind, werden wir uns wohl bald sprechen können[2].
Heute muß ich Ihnen aber ein paar Zeilen schreiben, um einen Groll loszuwerden, was freilich wenig christlich ist, weil ich Sie wahrscheinlich damit auch nicht erfreuen werde.
Vor ein paar Tagen hat der Bundesgrenzschutz im Bayerischen große »Manöver« abgehalten[3] – ich unterstelle einmal, daß das auch für diese Art von quasi-militärischen Formationen heute notwendig ist, weil ja Nachrichtenwesen, Bewegungstechnik und dergleichen ein verbands- oder gruppenmäßiges Operieren zur Überprüfung der Ausbildung erfordern.
Ich erfahre im zufälligen Gespräch[4], daß man dazu auch, obwohl es ja eigentliche »Militärattachés« bei den ausländischen Vertretungen nicht gibt, aus diesem Bezirk Gäste eingeladen hat – das gehört, wie ich vermute, in das Kapitel der sogenannten »Angabe«, die ja eine Traditions-

krankheit in diesem Lebensbereich darstellt, denn es ist sehr unwahrscheinlich (was man vielleicht sagen wird): die Gäste mögen ein Bild bekommen, wie ungenügend die Waffen seien und dergleichen.
Doch deshalb schreibe ich nicht. Ich las aber in der Presse, daß der Chef der Ausbildung, Herr Matzky[5], den ich bei ein oder zwei Begegnungen glaubte als einen einsichtigen Mann kennengelernt zu haben, Erklärungen abgab, der Grenzschutz müsse auf 60.000 Mann erhöht werden. Mag er das – ich will über Notwendigkeit oder Zwecklosigkeit jetzt kein Wort verlieren. Aber wie kommt Herr Matzky dazu, solche Erklärungen abzugeben, und dies in einem Augenblick, wo in Frankreich, wo in England, wo auch in – Deutschland Strömungen antisoldatischer Natur zurückgedrängt bleiben müssen! Herr Matzky wollte der Regierungspolitik gewiß keine Schwierigkeiten machen – wollte er es, so hätte er schwerlich ein erfolgreicheres Verfahren dazu wählen können.
Sie werden, denke ich, diese meine Auffassung teilen, daß derlei vom Staatlichen her gesehen schlechterdings eine *Unmöglichkeit* ist. Ich bitte Sie, die Form zu finden, in der diese Auffassung den leitenden Herren des Bundesgrenzschutzes mit aller Eindeutigkeit zum Bewußtsein gebracht wird[6]. Diese Herren haben keine öffentlichen Erklärungen von politischer Relevanz abzugeben oder doch nur, wenn sie dazu ermächtigt sind[7].
Meine Reaktion auf diesen Vorgang mag übertrieben heftig sein – aber wir dürfen ihn wohl nicht bloß mit einem nachsichtigen Achselzucken ‹betrachten›[a]. Denn damit ist ein Präzedenzfall hingenommen, der ein lästiges und schließlich gefährliches »Brauchtum« nach sich zieht.
Mit freundlichen Grüßen

Ihr
Theodor Heuss

Nachschrift (2. Dezember 1954)

Den gestern verfaßten Brief lasse ich unverändert – er hat in seiner ‹Besorgtheit›[b] inzwischen, wie ich heute früh sah, durch eine Demarche von François-Poncet eine zwar sehr ärgerliche, aber eigentlich nicht erstaunliche Bestätigung erfahren[8].
Wir wollen Offiziere, die selber keine Politik »machen«, aber doch wenigstens bescheidene Vorstellungen von Politik besitzen[9]. Ich nehme an, sie werden alle von ihrer fachlichen Verantwortung sprechen. Das mögen sie dann Ihnen oder mir erzählen, aber nicht sich damit breit tun.

Eintreffen in London vor der Neunmächtekonferenz
vom 27. September–3. Oktober 1954

Mit John F. Dulles
(28. Oktober 1954 in Washington)

Nr. 131

9. Dezember 1954 (Bonn): Heuss an Adenauer, Bonn

Verehrter Herr Bundeskanzler!

Wie ich höre, haben auch Sie von der Rechtswissenschaftlichen Fakultät der Johann Wolfgang-Goethe-Universität zu Frankfurt in der Neurath[1]-Angelegenheit einen Brief erhalten[2] und beabsichtigen, bei der Verwaltungsleitung der Stiftung der Universität eine Demarche machen zu lassen, um die Herren zur offiziellen Zurücknahme des Schreibens zu veranlassen. Ich kenne das Schreiben, das Ihnen vorgelegt wurde, nicht, aber es wird vermutlich eine ähnliche Grenzüberschreitung sein, wie ich sie in dem Brief an mich sehe[3].

Ich selber bin geneigt, Ihnen eine Demarche bei der Universitätsverwaltung zu widerraten. Nach meiner Kenntnis der Professoren werden sie das als einen Eingriff in ihre Selbstverwaltung betrachten oder als eine Begrenzung ihrer Äußerungsfreiheit und dann die Geschichte vielleicht an die Öffentlichkeit tragen, die in der Zwischenzeit mit anderen Dingen sich zu beschäftigen begonnen hat. Ich halte es für richtig, nach meiner Art scharf und unmittelbar zu antworten. Ich lasse Ihnen zur Kenntnisnahme einen Durchdruck des Briefes zugehen, den ich als Antwort entworfen habe und wegzuschicken gedenke[4].

Mit freundlichen Grüßen

Ihr

Theodor Heuss

Nr. 132

18. Dezember 1954: Heuss an Adenauer, Bonn

Verehrter lieber Herr Bundeskanzler!

Wenn ich mir erlaube, Ihnen ein eben neu erschienenes Buch[1] von mir auf den Weihnachtstisch zu legen, so bin ich weit entfernt davon zu erwarten, daß Sie sich eifrig hinsetzen, um es zu lesen. Sie haben im Augenblick andere Dinge zu tun.

Das Buch ist im Jahre 1947 geschrieben, um die Geschichtsprobleme des Jahres 1848 etwas zu verdeutlichen. Es ist aber mehr als dies und will den Versuch machen, den Rhythmus der deutschen Verfassungsgeschichte durch das ganze 19. Jahrhundert zu zeigen im Zusammenhang mit den machtpolitischen Konstellationen in Europa. Ich habe für den Neudruck, den der Verlag im letzten Frühjahr von mir erbat, während meines Kissinger Aufenthalts im April das Schlußkapitel, das bis an die Gegenwart heranführt, hinzugefügt. An der Stelle wird das Buch im gewissen Sinn politisch[2].

Ich möchte Ihnen für die Feiertage von Herzen im Familienkreise die Ruhe wünschen, die Ihnen ja in den verwichenen Wochen wahrlich höchst intensiv geraubt worden ist.
Mit guten Grüßen und Wünschen Ihr
(gez.) Th. Heuss

Nr. 133
20. Dezember 1954 (Bonn): Adenauer an Heuss, Bonn

Sehr verehrter Herr Bundespräsident!

Der Schriftsteller Paul *Weymar*[1], Sylt, schreibt im Auftrage des Verlages Kindler und Schiermeyer, München, eine Biographie über mich. Einige Kapitel davon werden in der »Revue« erscheinen[2]. Herr Weymar ist z. Zt. in Bonn. Er hat mich gebeten, ihm einen Empfang bei Ihnen zu vermitteln, weil er gern etwas Persönliches hören möchte[3]. Herr Weymar ist ein sehr zuverlässiger und anständiger Mann. Ich wäre Ihnen dankbar, wenn Sie ihn nach Ihrer Rückkehr nach Bonn empfangen würden. Den Besprechungstermin würde mein Vorzimmer an Herrn Weymar weiterleiten.
Mit sehr herzlichen Grüßen bin ich Ihr sehr ergebener
(Adenauer)

Nr. 133 A
18. Februar 1955 (Bonn): Heuss an Paul Weymar, Kampen/Sylt

Sehr geehrter Herr[1]!

Die rasche Zusage, Ihnen für ein Lebensbild des Herrn Bundeskanzlers mit Erinnerungen aus der Zeit des Parlamentarischen Rates einiges an Unterstützung zu geben, ist in der Durchführung nicht ganz einfach. Natürlich gibt es aus dieser Zeit, vom September 1948 bis Mai 1949, mancherlei an charakteristischen Anekdoten, an Kontroversen und Verständigungen; doch manches davon scheint mir noch zu zeitnahe zu sein und der Gefahr ausgesetzt, aus dem Chronikal-Historischen ins Politisch-Aktuelle transponiert zu werden.
Aus einer Zurückhaltung, die wahrscheinlich falsch war, hatte ich einige der vorangegangenen Konferenzen gemieden; die Ministerpräsidenten der Länder sollten – das war damals meine Meinung – in ihrem von den Besatzungsmächten angeregten oder bedingt zugewiesenen Auftrag, die Möglichkeiten einer erweiterten Gemein-Staatlichkeit zu überprüfen und technisch vorzubereiten, nicht durch unmittelbare Parteiwirksamkeiten

beeinflußt werden. Das hatte zur Folge, daß ich, außer den nächsten politischen Freunden und wenigen Kollegen aus dem alten Reichstag oder aus der engeren Heimat, beim Zusammentreten des Parlamentarischen Rates im September 1948 kaum einen Menschen persönlich kannte. Auch Konrad Adenauer nicht[2]! ‹ Natürlich war mir seine historisch-politische Rolle einigermaßen vertraut, seine wagenden Leistungen und Planungen als Oberbürgermeister von Köln[3], seine Fähigkeit, den preußischen Staatsrat durch seine Führung zu profilieren[4] – als dessen Präsident war er sogar in meine Vorlesungen über die innerdeutsche Geschichte nach 1918 geraten[5]. Es hatte sich seiner ziemlich frühe eine gewisse Legendenbildung bemächtigt, so gering das Romantische in ihm angelegt ist. Ich will nicht sagen, daß ich »neugierig« war, ihn als ein Stück deutscher Geschichte kennenzulernen – es war mir rasch, nach den ersten Gesprächen, die gar nichts vorsichtig Abtastendes und Erkundendes besaßen, klar, daß mir nicht der Verwahrer einer erfolgreichen und dann geplagten Vergangenheit gegenüberstand, sondern höchst aktive und elastische Gegenwärtigkeit, die – unausgesprochen – um die Aufgabe der Zukunft wußte. ›
Die Mitglieder des Parlamentarischen Rates denken gerne und, wie ich aus Gesprächen weiß, manche mit einer gewissen Rührung an diese Monate, da das Grundgesetz geformt wurde. Die Menschen waren natürlich mit verschiedenen Auffassungen über organisatorische Zweckmäßigkeiten und staatstheoretische Grundlegungen zusammengekommen, sie unterschieden sich wohl auch in dem Urteil über das Sachgewicht, das in der gelegentlich abwehrenden und mißtrauenden Bewertung dieses und dieses Satzes durch die Organe der – in sich selber nur mühsam geeinten – Besatzungsmächte sich meldete. Es war letztlich doch ein Gefühl der Kameradschaftlichkeit vorhanden – nur wenige schlossen sich davon aus –, das geholfen hat, über die heute schier vergessenen Schwierigkeiten hinwegzuhelfen. Denn im Ziel, so oder so im Detail geformt, war man sich einig.
‹ Der Abgeordnete Adenauer präsidierte dem Rat. Da das Schwergewicht der Sacharbeit naturgemäß in den Ausschüssen lag, trat er nur bei den nicht sehr häufigen Plenarsitzungen in die öffentliche Belichtung – auf Carlo Schmid[6], der den Hauptausschuß leitete, lagen Mühe und Verantwortung, das Ergebnis der Einzelberatungen in der Gesamtformung zu dirigieren – er hat diesem Auftrag, und nicht nur technisch, meisterhaft genügt. Ich glaube nicht, daß Adenauer Mitglied eines Ausschusses war. Doch wußte er immer, was hier beschlossen war, wo man dort nicht recht weiterkam. Dann berief er zu den formlosen interfraktionellen Besprechungen ein. Darüber gibt es, glaube ich, keine Protokolle, wenn

nicht ein sehr braves Mitglied sie für sich (und für die Geschichte) verfaßt haben sollte. Diese Besprechungen aber waren zumeist entscheidend. Denn hier setzte Adenauers großartiges Talent ein, das in den Kontroversen der juristischen – und der weltanschaulichen – Spezialisten Verwirrte oder Verwinkelte zu vereinfachen – die Fülle der eigenen Erfahrung gab die Exempel, wie das und das in dieser, wie es sich in jener rechtsgültigen Paragraphenfigur im praktischen Leben der Verwaltung auswirke.›

Wahrscheinlich noch wichtiger als solches helfende Eingreifen war, wenn man das so nennen darf, die Hintergrundsfunktion des Präsidenten. ‹Er war, um dieser Stellung willen, rein technisch, *die* Figur für die Hohen Kommissare bezw. deren Repräsentanten[7]. Gewiß waren auch sonst Mitglieder des Rates mit diesen Männern in Fühlung gekommen, zumal die Vorsitzenden der Fraktionen, der Ausschüsse – es waren Gespräche, in denen man sich ermunterte, sich aushorchte, Argumente wechselte und etwas wie Atmosphäre zu schaffen versuchte, oft ungewiß, wie der Rang, der Einfluß, die innere Stimmung des Partners einzuschätzen seien. Bei dem Präsidenten Adenauer lag die Frage etwas anders, schon mehr auf der offiziellen, wenn auch nicht »amtlichen« Ebene: ohne »Bestallung« – denn wer hätte ihn ernennen sollen? – war er schon in diesen Monaten auf ganz natürliche Weise der Sprecher der werdenden Bundesrepublik gegenüber den westlichen Mächten geworden. Und das wurde für ihn, von der eigenen Konzeption ganz abgesehen, die Lehrzeit, mit den Denkgewöhnungen der »anderen«, so wenig fixiert sie im einzelnen sein mochten, vertraut zu werden.›

Das Schicksal hatte meinen Freunden von der FDP und mir, rein arithmetisch, eine »Schlüsselstellung« zwischen den beiden viel größeren Parteigruppen der CDU/CSU und SPD zugemutet. Es kam wohl darauf an, daß das nicht bloß Arithmetik sei und bleibe. ‹Ich glaube, das Wesentliche war, daß der Vorsitzende der CDU und der Vorsitzende der FDP – bei einer menschlich vertrauensvollen Aussprachemöglichkeit mit den im Parlamentarischen Rat führenden Mitgliedern der SPD – sich in einer illusionslosen Realistik begegneten, in der sie die deutsche, die europäische Situation und die Weltlage beurteilten. So unterschiedlich die landsmannschaftlichen und die politischen Herkünfte sein mochten – die verwandte Erkenntnis der Wirklichkeit besaß eine bindende Kraft und schuf von Anbeginn der Begegnung das Verhältnis der freien, unbefangenen Aussprache, das sich, ohne jeden Bruch, in das spätere »amtliche« Verhältnis fortsetzte.›

‹Freilich, in der Zeit des Parlamentarischen Rates gab es eine Situation – oft erzählte Anekdote! – da ich dem so würdig als entschieden seines

Amtes waltenden Präsidenten leichten Kummer bereitete. In einer kulturpolitisch polemisierenden Rede erfuhr ich den dauernden ostentativen Beifall eines kommunistischen Abgeordneten[8]. Ich sah schon die headlines der Presse vor mir und sagte, Akt der Notwehr, dem animierenden Zwischenrufer, sehr schwäbisch, er möge jetzt einmal sein Maul halten. Das war nicht fein, wie ich durch die Glocke erfuhr, die der Präsident Adenauer sofort erklingen ließ. Kommt der Ordnungsruf, den ich mit Talent in alten parlamentarischen Zeiten zu vermeiden verstanden hatte? Er drohte, aber er kam nicht, sondern nur die rhetorische Frage, ob in dem Wort eine Beleidigung beabsichtigt gewesen. Da die meisten bei dieser Flucht ins Derbe, wenn auch zum Teil wohl erstaunt, gelacht, konnte ich replizieren, daß ich ihm eine Freude machen wollte. Der Präsident begnügte sich mit dieser Replik. Ich erzähle Ihnen diese Anekdote, weil sie charakteristisch ist für das parlamentarische Würdegefühl des Präsidenten, dem ich damals ganz gewiß nicht entsprach – aber auch für seine Fähigkeit, formale Entgleisungen auf eine charmante Weise in Ordnung zu bringen.› Auch der Abgeordnete Renner, mein damaliger Gegenspieler, war mit dieser Lösung recht zufrieden.
Nun bin ich in einer späten Nachtstunde ins Plaudern gekommen und dabei recht ungewiß, ob das, was ich niederschrieb, dem entspricht, was Sie erwarteten, zumal ich ja die Anlage und den Duktus Ihrer Arbeit nicht kenne. Für eine historisch-wissenschaftliche Betrachtung sind diese Sätze ungenügend – ich sagte Ihnen ja schon, warum sie ungenügend sein *müssen*. Aber vielleicht vermitteln sie Ihnen für Ihr Unterfangen einiges von der Bonner politischen Atmosphäre in den Monaten, da es uns, unter Konrad Adenauers Leitung, darum ging, Möglichkeiten einer gemeindeutschen Zukunft rechtsstaatlich neu zu begründen.

gez. Theodor Heuss

Nr. 134
22. Dezember 1954: Adenauer an Heuss, Lörrach

Sehr verehrter, lieber Herr Bundespräsident!

Herzlich danke ich Ihnen für Ihre guten Wünsche und das sie begleitende Buch[1]. Ich bin immer wieder froh, wenn ich mit meinen Kümmernissen bei Ihnen war, so viel Verständnis gefunden zu haben. – Das Thema Ihres Buches hat mich von jeher interessiert, ich danke Ihnen vielmals dafür.
Das Buch, das ich Ihnen zu Weihnachten geben möchte, entführt einen völlig aus unserer trüben Gegenwart. Ich hoffe, daß es Ihnen Erholung bietet, wie es sie mir gebracht hat.

Zu Weihnachten Ihnen und Ihren Angehörigen von ganzem Herzen alles Gute, ebenso für 1955, das uns anscheinend doch weiter bringen wird[2]. Mit herzlichen Grüßen bin ich

Ihr sehr ergebener
Adenauer

Nr. 135
3. Januar 1955 (Lörrach): Heuss an Adenauer, Rhöndorf

Verehrter Herr Bundeskanzler,
lieber Herr Dr. Adenauer!

Dr. Klaiber wird meine »offiziellen» Glückwünsche zum Geburtstag überbringen und Bott wird besorgt sein, daß wieder einige Flaschen Rotwein aus meinem Heimattal in Ihr Haus kommen[1] – aber diese paar Zeilen sollen nun doch persönlich noch die besten Glückwünsche zu Ihnen tragen. Sehr ausruhsam waren die Weihnachtstage ja nicht, wegen der pariser Spannungen[2] – wir hatten hier alles schon darauf eingerichtet, daß ich die Sylvester-Ansprache[3] in Teilen umbauen müsse, schwierig, weil sie, auf Band gesprochen, schon bei den Rundfunkanstalten war; nun ging es noch mit den vagen Worten[4], die ich gewählt hatte.
Ich hoffe, daß der Aufenthalt auf der Bühler Höhe[5] die Ausruhemöglichkeit bringt, derer Sie jetzt beraubt waren.
Für das schöne Weihnachtsbuch[6] darf ich Ihnen danken; es betrachtet mich etwas mit der Resignation: wann wirst du dazu kommen, dich etwas aus dieser Zeit zu lösen und zu den »Müttern« zu gehen?
Heute abend werde ich, als Gast bei seiner basler Schwester, mit Carl J. Burckhardt zusammensein[7], aber kein Gespräch über das Saar-Kommissariat[8] mit ihm beginnen. Aus dem Brief an einen gemeinsamen Bekannten, der ein paar Wochen zurückliegt, weiß ich, daß er das Experiment von Danzig[9], auch wenn die Lage nur schwer vergleichbar ist, nicht wiederholen will[10].
Mit herzlichen Grüßen und Wünschen

Ihr
Theodor Heuss

Nr. 136
29. Januar 1955 (Bonn): Adenauer an Heuss, Berlin

Sehr verehrter, lieber Herr Bundespräsident!

Ihre Abwesenheit von Bonn[1] macht es leider unmöglich, daß wir – das ist das Kabinett und ich persönlich – Ihnen gegenüber zum Ausdruck bringen, wie sehr wir Ihnen alles Gute für Ihr neues Lebensjahr wünschen. Gott möge Sie nicht nur Ihrer Familie, sondern auch uns und

dem gesamten deutschen Volk noch lange in so bewundernswerter Frische erhalten.
Ich erlaube mir, Ihnen ein Buch zu übersenden von Carl J. Friedrich [2] »Das Zeitalter des Barock«, das Sie, wie ich glaube, interessieren wird.
In herzlicher Verbundenheit

Ihr sehr ergebener
(Adenauer)

Nr. 137
1. Februar 1955 (Bonn): Heuss an Adenauer, Bonn

Verehrter lieber Herr Bundeskanzler!

Schade, daß Sie nun an den paar Abendessen, die sich jetzt drängen [1], nicht teilnehmen können. Mich selber bewegen, wie Sie sich denken können, bei der starken Beanspruchung, die der Geburtstag so reichlich mit sich bringt, keine sonderlichen Lustgefühle für die Veranstaltungen, die aber offenbar sein »müssen«. Ich hatte gerade gehofft, daß sich dann Gelegenheit zu dem und jenem Austausch ergeben würde [2].
Für die freundlichen Glückwünsche [3] und das schöne Buch besten Dank. Den Verfasser, der ein Bruder des Direktors Friedrich [4] von der Harburger Phoenix ist und seit langer Zeit bei Harvard lehrt, kenne ich seit vielen Jahren, und es interessiert mich, wie er an den historischen Stoff herangeht.
Mit herzlichen Grüßen

Ihr
Theodor Heuss

Nr. 138
7. März 1955 (Bonn): Heuss an Adenauer, Bonn

Verehrter lieber Herr Bundeskanzler!

Diese paar Zeilen haben nichts mit der augenblicklichen innerdeutschen und weltpolitischen Situation zu tun.
Kürzlich hat mir Professor Dr. Theodor Klauser [1] (Bonn, Nassestr. 11a), der ein großer Mann in der christlichen Archäologie ist und den ich persönlich sehr gern habe, im Auftrag des Verlags den Beginn eines Lexikon [2] über Antike und Christentum gebracht, und wir kamen dann in ein längeres Gespräch über die Entwicklung der Situation der deutschen Institute in Rom, wo er ja selber längere Zeit geweilt hat.
Professor Klauser hat mir dann auch seine Sorgen über den Zustand und die Lebensfähigkeit des deutschen Instituts Campo Santo [3], das ja in der Nähe der Peterskirche liegt, vorgetragen, war aber so einsichtig, von mir

selber kein Geld zu verlangen. Die bescheidenen Fonds, die ich habe, werden ja ausschließlich für kleine soziale Unterstützungen verwendet. Aber da Dr. Klauser mir erzählte, daß er auch Ihr Interesse für dieses Institut gewinnen wollte[4], habe ich ihm von mir aus gesagt, ich würde gern, soweit es notwendig sein sollte, dafür eine Stütze sein. Mir selber kam dabei der Gedanke, den ich auch Herrn Klauser entwickelte, daß auch hier, wenn es mit größerem Takt geschieht, als es leider sonst bei gelegentlichen Aktionen des Bundesministeriums für gesamtdeutsche Fragen erfolgt, etwas Wichtiges getan werden könnte, nämlich dies, daß die Bundesrepublik, ohne daß das irgendwie plakatiert werden könnte, jungen katholischen Klerikern aus der Sowjetzone einen Stipendienaufenthalt [im] Campo Santo oder vielleicht auch in der Anima ermöglichen könnte. Es hat vielleicht etwas Paradoxes, daß nun ein katholisches Institut in Italien sozusagen als gesamtdeutsches Anliegen begriffen wird. Aber Klauser war von diesem meinem Einfall sichtlich beeindruckt, und ich will ihn auch nur in Ihre Überlegungen mit hereingeben. Zunächst, so scheint es, bedarf das Institut einer gewissen Auffrischung der Gebäulichkeiten und was so dazu gehört. Aber ich würde bitten, daß Sie diese Fragen auch einmal selber überlegen wollen. Es kann sein, daß Salat[5] dafür Sinn hat. Für mich selber ist eine sehr eingehende Besprechung mit dem Nuntius[6] über die Situation der katholischen Priesterausbildung in der Sowjetzone der Anlaß gewesen, diese Dinge in ihrem Gesamtcharakter zu verfolgen, und ich habe leicht die Empfindung, daß auch hier die Möglichkeit für junge katholische Kleriker aus der Sowjetzone, durch ein natürlich nicht plakatiertes Stipendium in einem der römischen und doch sehr angesehenen Seminare eine Fortbildung zu erhalten, eine sinnvollere Anwendung von Geldern sein könnte, als sie nach meiner oberflächlichen Beurteilung bei manchen Leistungen des Gesamtdeutschen Ministeriums sonst gesehen werden könnte. Denn dort entstehen persönliche Beziehungen und auch eine gemeindeutsche Verantwortung. Man darf ja auf evangelischer wie auf katholischer Seite die Bedeutung der Kirche im seelischen Raum der Einheit der deutschen Dinge nicht hoch genug einschätzen[7].

Mit freundlichen Grüßen Ihr

(gez.) Th. Heuss

Nr. 139

16. März 1955 (Rhöndorf): Adenauer an Heuss, Bonn

Sehr verehrter Herr Bundespräsident!

Aufgrund Ihres Briefes vom 7.3. versuche ich dem deutschen Institut Campo Santo irgendwie zu helfen[1]. Ich werde mir erlauben, Ihnen von dem Ergebnis noch besondere Mitteilung zu machen[2].
Ich hoffe, am Donnerstag meinen Dienst wieder in vollem Maße aufnehmen zu können[3].
In Verehrung und Hochachtung Ihr sehr ergebener
(Adenauer)

Nr. 140

5. Mai 1955 (Bonn): Adenauer an Heuss, Bonn

Frankreich und Großbritannien haben um 12 Uhr die Ratifizierungsurkunden für Deutschlandvertrag[1] und Truppenstationierungsvertrag[2] hinterlegt[3]. Da die Vereinigten Staaten und die Bundesrepublik die Hinterlegung bereits vorgenommen hatten[4], sind die Verträge in Kraft getreten. Das Besatzungsregime ist damit beendet. Die Bundesrepublik Deutschland ist souverän. Ich gestatte mir, Ihnen, Herr Bundespräsident, hiervon Mitteilung zu machen.

Nr. 141

11. Mai 1955 (Bad Kissingen): Heuss an Adenauer, Bonn

Verehrter, lieber Herr Bundeskanzler!

Freundlichen Dank für Ihren Brief und Ihre Anregung wegen einer Auszeichnung von Dr. Klaiber[1]. Diese Frage ist ja, wie Sie wohl annehmen können, von mir schon wiederholt in Erwägung gezogen und auch besprochen worden, nämlich bei meinem 70. Geburtstag, und dann bei der 5jährigen Wiederkehr meines Amtsantrittes im September 1954, wo ich einige Herren des Bundespräsidialamtes auszeichnen wollte; ich habe das damals zurückgestellt, weil ungefähr zum gleichen Zeitpunkt die erste Gerichtsverhandlung über die sehr ärgerlichen Veruntreuungen im Bundespräsidialamt angesetzt war[2], und das wollte ich dann zeitungsmäßig nicht in der Nähe haben. (Die Gerichtsverhandlung hat dann wegen Erkrankung des Delinquenten erst im Frühjahr stattgefunden.) – Ich habe erst vor ein paar Wochen mit Klaiber die Frage wieder angeschnitten,

Abendempfang beim Bundespräsidenten am Tag der Wiedererlangung der Souveränität (5. Mai 1955)

und damals hatten wir die Idee, den nächsten September abzuwarten und auch hier einige andere Herren mit zu »bedenken«: Bott! Die Stufungen müssen mit einiger Diplomatie angefaßt werden.
Am Freitag wird mir ja Klaiber von Ihren Pariser Eindrücken[3] berichten. Am Samstag erwarte ich nach dem gegenwärtigen Stand der Dinge Mr. Conant[4].
Ich habe einige hochturbulente Tage hinter mir. In München hatte ich drei Reden[5] zu halten, wobei die große Rede über die Bewertung der Technik vor ein paar tausend Menschen stattfand. Die Schiller-Feier mit Thomas Mann[6] am Stuttgarter Großen Theater ist ausgezeichnet verlaufen[7]. Weil ich seine Rede vorher kannte, konnte ich manche sachliche »Lücke« schließen. Die ängstliche Betrachtung, die das gesamtdeutsche Ministerium gegenüber diesem ganzen Vorgang zum Ausdruck gebracht hatte[8], war völlig deplaciert.
Nun will ich also ein paar Wochen in Kissingen[9] ganz brav diät [!] leben, spazierengehen und Bäder nehmen. Mein Sohn und Frau Dr. Stolper[10] aus New York sind mit von der Partie. Heute wird auch Dr. Pferdmenges mit seiner Frau erwartet[11]. Es ist natürlich schade, daß ich nun Ihre Pariser Eindrücke nicht aus erster Hand empfangen kann, aber Klaiber wird nach dem Kabinett am Freitag hierher fahren, mir berichten und am anderen Tag bei Conant's Besuch »assistieren«.
Ich hoffe sehr, daß Sie die Pariser Strapazen in der bewährten Elastizität durchgestanden haben, und überdenke, ob nicht auch für Sie wieder bald ein Pausieren angebracht wäre.
Mit herzlichen Grüßen Ihr

Theodor Heuss

Nr. 142

20. Mai 1955 (Bad Kissingen): Heuss an Adenauer, Bühlerhöhe

Verehrter, lieber Herr Bundeskanzler!

Aus den Zeitungen sehe ich, daß eine Konferenz die andere jagt. Hoffentlich aber reicht es doch daneben auch etwas zum Ausruhen und Spazierengehen[1]. Das letztere, was mir in Bonn ja völlig fremd geworden ist, wird von mir trotz ziemlicher Kälte in der Rhönlandschaft brav praktiziert.
Es wird zweifelhaft, ob Sie in diesen Tagen für Schiller Interesse haben. Aber meine Stuttgarter Rede vom 8. Mai ist inzwischen gedruckt worden[2]. Sie kann, da ich sie an Thomas Mann anschloß, kein abgerundetes Schiller-Bild geben. Sie war ja auch zeitlich begrenzt, aber vielleicht inter-

essieren Sie die Teile, da ich den 8. Mai 1945 mit aufgenommen habe [3], und wie ich mich ohne arge Polemik gegenüber der Tagespolitisierung des Dichters durch die Pankower Größen abgesetzt habe [4].
Mit guten Grüßen! [Heuss]

Nr. 143
22. Mai 1955 (Bühlerhöhe): Adenauer an Heuss, Bad Kissingen

Sehr verehrter, lieber Herr Bundespräsident!

Erlauben Sie mir zunächst, Ihnen herzlichst zu danken für Ihren Brief und für die Übersendung Ihrer Schiller-Rede, die ich heute morgen erhielt [1]. Ich bin in ziemlichem Trubel, und ich glaube, daß diese Schiller-Rede darin eine willkommene Erholung sein wird.
Ich will Sie jetzt in Ihrem Urlaub nicht mit allen Fragen, die zur Zeit schweben, belästigen, aber einige Fragen sind doch dringender Natur. Ich will versuchen, sie Ihnen in folgendem klarzulegen.

1) *Das Kabinett.*
Herr Hellwege wird, wie man mit größter Wahrscheinlichkeit annehmen kann, am 26.5. Ministerpräsident in Niedersachsen werden und dann von seinem Amt als Bundesminister enthoben werden [2]. Nun ist Herr Hellwege persönlich, als ich ihm von der Möglichkeit sprach, nunmehr das Kabinett zu verkleinern, vorstellig geworden, ich möchte doch bis auf weiteres einen Nachfolger für ihn vorschlagen, weil sonst allgemein gesagt werden würde, sein Ministerposten sei offenbar völlig überflüssig gewesen. Darin liegt etwas Wahres. – Bitte deuten Sie diesen Satz, wie Sie ihn für richtig halten. – Aber es kommt ein weiterer Grund hinzu, der es, glaube ich, doch politisch für richtig erscheinen läßt, den Ministerposten wieder zu besetzen. Das Verhältnis zum Bundesrat ist nicht gut. Herr Schäffer und auch Herr Schröder [3] sind die beiden Mitglieder des Kabinetts, die im Bundesrat auf große Hindernisse stoßen und die der Bundesrat nicht gern mag. Wenn jetzt dieser Ministerposten nicht wieder besetzt würde, so würde – fürchte ich – der Bundesrat darin eine große Unfreundlichkeit sehen und die bestehenden Schwierigkeiten würden vergrößert werden. Ich glaube, daß es daher richtig ist, einen Nachfolger für Herrn Hellwege zu ernennen. Die Deutsche Partei hat mich darum gebeten und Herrn v. Merkatz [4] vorgeschlagen. Sie kennen Herrn v. Merkatz und werden ihn, ebenso wie ich, sehr schätzen. Ich möchte Ihnen also demnächst vorschlagen, Herrn von Merkatz zum Bundesminister für Angelegenheiten des Bundesrates zu ernennen.

2) Ich hatte Freitag und Samstag hier die Herren Blank, Heusinger[5], Speidel[6], ferner Globke. Über den Verlauf der Verhandlungen möchte ich Ihnen gern demnächst mündlich berichten[7] und mich hier darauf beschränken zu sagen, daß ich doch etwas erschüttert war über die mangelhaften verwaltungsmäßigen Vorbereitungen. Wir werden aber namentlich im Hinblick auf gewisse Strömungen in der amerikanischen Öffentlichkeit – auf die ich im Laufe meines Briefes noch zu sprechen kommen werde – so schnell wie möglich zur Aufstellung von Freiwilligen, nachdem die dazu notwendigen Gesetze ergangen sind, kommen müssen[8]. Ich hoffe, daß es trotz der Einsichten, die ich in die Dienststelle Blank nunmehr getan habe, möglich sein wird, die Gesetze vor den Ferien des Bundestages zur Verabschiedung bringen zu können. Es wird notwendig sein, Herrn Blank baldigst zum Verteidigungsminister zu ernennen, und ich möchte mir erlauben, Ihnen dies in nächster Zeit vorzuschlagen.
Die Frage der Ernennung eines Staatssekretärs für Herrn Blank ist noch wichtiger, als ich es bisher geglaubt habe. Nun hat schon vor meiner Abreise nach hier Herr Dehler mir einen Brief geschrieben, in dem er die Stelle des Staatssekretärs in diesem Ministerium für seine Fraktion beansprucht[9]. Es ist ja zunächst sehr ‹ ungewöhnlich ›[a], daß eine Fraktion einen Staatssekretär für sich beansprucht, da bei dem engen Zusammenarbeiten zwischen dem Minister und dem Staatssekretär doch auch auf die Meinung des Ministers Rücksicht genommen wird. Aber davon abgesehen halte ich es für völlig ausgeschlossen, den Posten des Staatssekretärs nach parteipolitischen Rücksichten zu besetzen. Ich hatte vor einiger Zeit durch Herrn Globke den früheren Senator Dudek[10], Hamburg, anfragen lassen, ob er bereit sei, Staatssekretär in einem Verteidigungsministerium zu werden. Ich hatte an Herrn Dudek nicht gedacht, weil er Sozialdemokrat ist, sondern weil er ein anerkannt tüchtiger Mann mit starkem Rückgrat ist, der seinerzeit auch unter Noske[11] bei dem Aufbau der Reichswehr gearbeitet hatte. Herr Dudek hat mir sagen lassen, er sei mit Freuden bereit, ich möchte aber die Zustimmung seiner Partei veranlassen. Das habe ich abgelehnt zu tun und ihm antworten lassen, es sei seine Angelegenheit, wie er sich mit seiner Partei auseinandersetze[12]. Herr Ollenhauer hat dann von sich aus mir mitgeteilt[13], seine Partei könne keinem Mitglied die Erlaubnis geben, den Posten zu übernehmen. Auf meine eindringliche Vorstellung, daß es sich bei dem Aufbau der deutschen Wehrmacht um ein entscheidendes Problem für die deutsche Zukunft handele und daß er deswegen nochmal mit seinen Parteifreunden die Sache besprechen möge, hat er mir

versprochen, das zu tun. Er hat mir dann in der letzten Unterredung, die ich am Samstag, den 14. Mai, mit ihm gehabt habe, gesagt, es sei unmöglich, daß seine Partei einem ihrer Mitglieder die Zustimmung gebe[14].

Ich weiß nun noch nicht, wen man auf den Posten des Staatssekretärs dort berufen soll. Ich bin aber unter allen Umständen entschlossen, ihn nicht parteipolitisch besetzen zu lassen, insbesondere kommt Herr Mende[15], um den es sich in der ganzen Frage handelt, nicht dafür in Frage.

3) Nun zur Hauptsache:

Ich darf Ihnen, sehr verehrter Herr Bundespräsident, damit Sie meine folgenden Ausführungen verstehen, ein Vorkommnis erzählen, das im Jahre 1951, als ich auf dem Bürgenstock war[16], sich abgespielt hat. Es kamen die Herren v. Brentano[17], Krone[18], Strauß[19] und Lenz und verlangten von mir, daß ich in nächster Zeit den Posten des Außenministers an Herrn *v. Brentano* abgeben sollte. Ich habe den Herren erwidert, ich dächte nicht daran, es würde sachlich völlig falsch sein, wenn ich jetzt mitten in den Verhandlungen den Posten abgäbe. Ich beabsichtigte aber keineswegs, dauernd das Amt zu behalten, sondern würde es abgeben, sobald die Verträge abgeschlossen seien. Als dann im August 1954 durch die bekannte Abstimmung der französischen Nationalversammlung Deutschlandvertrag-EVG-Vertrag erledigt wurden[20], schien Herr v. Brentano zu erwarten – vielleicht kann Ihnen Herr Dr. Pferdmenges darüber Auskunft geben –, daß ich nunmehr das Amt des Außenministers niederlegen werde. Ich habe das natürlich nicht getan, weil sich sofort Verhandlungen anschlossen mit Dulles, Eden[21], die Londoner Konferenz[22] und dann die Pariser Konferenz[23], weil ich diese ganzen Dinge doch von Anfang an mitbearbeitet hatte und daher sehr gut informiert war, und weil ich endlich bei den Beteiligten der anderen Staaten ein gewisses Kapitel an Vertrauen mir erworben hatte. Wir haben nunmehr diese Vertragswerke zum Abschluß gebracht, die Aufnahme in NATO ist vollzogen. Ich hatte und ich habe die Absicht, Sie zu bitten, sehr verehrter Herr Bundespräsident, mich aus dem Amt als Außenminister zu entlassen und Herrn von Brentano zu ernennen. Sie hatten gewisse Bedenken bezüglich des Herrn v. Brentano, und ich teile diese Bedenken[24]. Diese Bedenken haben sich bei mir in gewisser Hinsicht noch verstärkt, weil ich gerade in den letzten Tagen und bei dem gestrigen Besuch des Herrn v. Brentano bei mir gesehen habe, wie außerordentlich empfindlich er reagiert auf jede ihn berührende Meldung in der Öffentlichkeit[25]. Diese Empfindlichkeit ist gerade für einen deutschen Außenminister eine schlechte Beigabe. Auf der anderen Seite haben wiederholte Aussprachen zwischen ihm und mir ergeben, daß er völlig in der Richtung der bisher von uns verfolgten Politik liegt.

Nun haben sich aber – ich muß das hier erwähnen – die außenpolitischen Aspekte seit meiner Abreise von Paris erheblich zu unseren Ungunsten verschoben. Die Russen haben sehr geschickt die Österreich-Frage[26] und jetzt die jugoslawische Frage[27] benutzt, um den Gedanken eines neutralen Gürtels in Europa in der Weltöffentlichkeit zur Diskussion zu bringen[28]. Es ist das für uns ein sehr gefährliches Thema. Ein solcher Gürtel – ich glaube, ich brauche Ihnen das nicht näher auseinanderzusetzen – wäre das Ende Deutschlands und auch Europas. Aber der Gedanke gewinnt an Boden und hat namentlich an Boden gewonnen in den Vereinigten Staaten. Die Äußerungen, die Eisenhower auf einer Pressekonferenz gemacht hat[29], klangen für uns Deutsche geradezu beängstigend. Dulles behauptete, daß er von dieser Äußerung nichts gewußt habe[30]. Ich habe auch zu Dulles volles Vertrauen und glaube ihm das. Aber die Tatsache bleibt bestehen, daß Eisenhower in einer Pressekonferenz eine solche Bemerkung gemacht hat, und daß sie doch bei ernst zu nehmenden Zeitungen ‹in Amerika›[b] Widerhall gefunden hat. Die deutsche Außenpolitik ist also plötzlich nach dem Abschluß der Verträge in eine sehr gefährliche Situation gekommen. In der »Neuen Zürcher Zeitung«, soviel ich mich erinnere, ist gesagt worden, es sei die gefährlichste Situation, in der Deutschland je gewesen sei. Ich stehe nun vor der Frage, was ich tun soll bezüglich des Außenministeriums. Für die Beibehaltung durch mich sprechen folgende Umstände:

1) Ich kenne die ganze Entwicklung auf das Genaueste.
2) Ich habe ein gutes persönliches Verhältnis zu Pinay und zu Kirkpatrick, der für die englische Außenpolitik besonders bedeutungsvoll ist. Vor allem aber besteht ein besonders gutes persönliches Verhältnis zwischen Dulles und mir. Dulles sagte mir bei dem Abschiedsbesuch[31], den er mir in Paris machte, in Anwesenheit seines Begleiters und Hallsteins, daß ich der einzige europäische Staatsmann sei, zu dem er wirkliches Vertrauen habe.

Gegen die Beibehaltung durch mich sprechen folgende Erwägungen:

1) Ich habe diese Zusagen gemacht und darf, auch wenn die Umstände anders geworden sind, Herrn von Brentano nicht bloßstellen und muß meine Zusagen halten.
2) Manche Verhältnisse innerhalb der Bundesregierung, namentlich im Arbeitsministerium – Sozialreform[32] – verlangen dringend

mein persönliches Eingreifen. So lange ich aber das Außenministerium habe, bin ich schon aus Mangel an Zeit dazu nicht in der Lage.
3) Gewisse Gebiete des Außenministeriums habe ich bisher ausschließlich Herrn Hallstein überlassen müssen. Daß der Außenminister sich um diese Dinge nur sehr im entferntesten bekümmert, ist auf die Dauer nicht gut.

Von den Änderungen im Kabinett muß ich natürlich die Koalition vorher in Kenntnis setzen, wobei ich darauf hinweisen kann, daß schon bei der Bildung der Regierung[33] in Aussicht genommen war, daß im gegebenen Augenblick Herr v. Brentano und Herr Blank Bundesminister werden würden. Es kann also keine Koalitionsfraktion aus der Ernennung dieser Herren irgendwelche Ansprüche für sich herleiten.

Ich beabsichtige also trotz der oben von mir geschilderten in der Entwicklung der außenpolitischen Lage begründeten Bedenken, Ihnen, sehr verehrter Herr Bundespräsident, vorzuschlagen, mich aus dem Amt als Außenminister zu entlassen und Herrn von Brentano zu bestellen. Ich möchte aber folgenden Vorbehalt dabei gegenüber Herrn von Brentano machen, und ich möchte Sie bitten, mir zu sagen, ob Sie damit einverstanden sind. Ich will das mir nach Artikel 65 GG zustehende Recht, die Richtlinien der Politik zu bestimmen[34], und das daraus resultierende Informationsrecht in bezug auf das Außenministerium genau interpretieren in einem Brief an Herrn v. Brentano[35], und zwar etwa dahin, daß ich mir die »Führung in europäischen-, US- und SU-Fragen und in den sich aus den jetzt beginnenden Konferenzen ergebenden Fragen« bis auf weiteres vorbehalte. Das würde nicht bedeuten, daß v. Brentano davon ausgeschlossen sein sollte, aber die Führung muß bei mir liegen aus den oben von mir erwähnten Gründen. Diese Führung würde auch in sich schließen, was sich aber auch aus dem Artikel 65 GG bei der Wichtigkeit des ganzen Fragenkomplexes, der nun aufgerollt wird, ergibt, daß ich auch unter Umständen als Vertreter der Bundesregierung an Außenministerkonferenzen teilnehmen würde. Brentano kann ruhig dabei sein.

Ich glaube, nach reiflicher Überlegung, auf diese Weise eine Lösung gefunden zu haben, die eine Schädigung deutscher Interessen ausschließt. Für wie lange diese Unterstreichung meiner Rechte aus dem Art. 65 GG gelten soll, müßte ich mir je nach der Entwicklung vorbehalten. Ich wäre Ihnen sehr dankbar, sehr verehrter, lieber Herr Bundespräsident, wenn Sie mir eine Antwort durch den Überbringer dieses Briefes, Herrn Ministerialrat Kilb[36], zukommen lassen könnten.

Nun ist am 1. Juni eine Außenministerkonferenz der Staaten der Montanunion in Taormina[37]. Es handelt sich nicht um sehr wesentliche Punkte. Die Hauptfrage wird sein die Nachfolgeschaft Monnets[38] und eine etwaige Erweiterung der Montanunion. V. Brentano möchte liebend gern schon als Außenminister an dieser Sitzung teilnehmen[39]. Ich darf es Ihnen überlassen zu entscheiden, ob Sie, ehe Sie in all diesen Fragen eine Entscheidung treffen, einen mündlichen Bericht und eine Aussprache mit mir ‹ und den in Frage kommenden Herren › [c] wünschen oder ob Sie sie nach diesem Brief nicht mehr für notwendig halten. Wenn Herr v. Brentano schon zum 1.Juni in Taormina als Außenminister sein soll, ist die Zeit allerdings sehr kurz. Ich werde am Mittwoch, den 25.5., die 3 Botschafter aus Paris, London und Washington hier empfangen[40], fahre Donnerstag vormittag zurück, habe Donnerstag nachmittag eine Koalitionsbesprechung über die außenpolitische Debatte am Freitag[41] und müßte dann sehen, ob es überhaupt noch möglich ist, eine zweite Koalitionsbesprechung über die Veränderungen im Kabinett nach dieser Debatte herbeizuführen. Ob das gelingen wird so kurz vor Pfingsten, weiß ich nicht.

Wenn Sie, Herr Bundespräsident, eine mündliche Besprechung mit mir wünschen, so wäre es mir lieb, wenn sie baldigst nach Ihrer Rückkehr stattfinden würde[42], da ich am 10. oder 11. nach USA muß[43]. Ich soll den Ehrendoktor der Harvard-Universität am 16.Juni bekommen. Ich muß dann am 17.Juni wieder in Bonn sein zu der Feier[44] und werde ‹ vor dem 16.Juni › [d] möglichst Eisenhower und Dulles zu sprechen versuchen.

Herr Dr. Pferdmenges ist ‹ . . . › [e] in Ihrem Sanatorium. Er ist von mir nicht über alle Einzelheiten der letzten Zeit unterrichtet. Aber er kennt die Dinge wohl im allgemeinen. Wenn Sie vertraulich mit ihm etwas besprechen wollen, so werde ich keine Bedenken dagegen haben.

Hoffentlich haben Sie besseres Wetter als ich und hoffentlich auch weniger Unruhe. Bühlerhöhe liegt zu nahe bei Bonn.

Mit recht herzlichen Grüßen bin ich, wie immer

Ihr sehr ergebener
Adenauer

PS: In der Zwischenzeit hat sich Dank der energischen Vorstellungen, die ich durch Herrn Krekeler[45] bei Herrn Dulles erheben ließ[46], die Situation in Amerika wieder geändert. Herr Dulles hat Herrn Krekeler erklärt, daß er von der Rede des Präsidenten Eisenhower gar nichts gewußt habe. Er werde sofort sorgen, daß die Meinung in den Vereinigten Staaten anders gelenkt werde.

Ich schreibe Ihnen dies noch nachträglich, sehr verehrter Herr Bundespräsident, einmal um hinzuweisen auf die Labilität der amerikanischen öffentlichen Meinung und die große Unkenntnis in europäischen Angelegenheiten, die dort bis zum Präsidenten hin herrscht.

In seinem Vortrag in der NATO wies Herr Dulles darauf hin, daß drei Mitglieder der gegenwärtigen Eisenhowerschen Regierung aus Kalifornien stammten und daher vornehmlich nach Asien hin blickten. Anscheinend hat man in Amerika nicht begriffen, daß die besprochene Neutralitätspolitik in Europa Sowjetrußland den Rücken frei machen würde für eine stärkere Haltung nach Osten zu. Und diese Vorgänge bestärken mich in meiner Besorgnis. Sie veranlassen mich auch dazu – betrachten Sie das bitte nicht als Überheblichkeit – meinen Einfluß auf Dulles rechtzeitig zur Geltung zu bringen und sie bestärken mich darum in meinem Vorsatz, auch wenn Brentano Außenminister ist, die Führung dieser Angelegenheiten in der Hand zu behalten. Ich darf noch ein Wort hinzufügen zur Erläuterung von »Führung«. Selbstverständlich würde diese »Führung« nur in bestimmten besonderen Fällen auch nach außen zu Tage treten.

Adenauer

Nr. 144
23. Mai 1955 (Bad Kissingen): Heuss an Adenauer, Bühlerhöhe

Verehrter, lieber Herr Bundeskanzler,

Schönen Dank für Ihren eingehenden Brief[1]. Ich will sehen, die Hauptpunkte knapp zu beantworten.

1.) Ministerium für Bundesrat soll bleiben, weil es sonst zu sehr ad personam Hellwege konstruiert erscheint. Daß der Bundesrat selber seine Auflösung als Kränkung empfinden würde, glaube ich nicht – er hat sich nicht viel darum gekümmert. Aber Merkatz, der gerne Staatsrecht treibt, kann es vielleicht stärker profilieren und dann gelegentlich dem Ausgleich dienen. [Anmerkung: Das niedersächsische Kabinett scheint durch den vermutlichen Kultusminister Schlüter[2] eine unfrohe Vorbelastung zu erhalten. Ich kenne ihn nicht, überhaupt keinen der FDP-Fraktion. Aber man hat, in Verkennung meiner staatsrechtlichen (und parteipolitischen) Möglichkeiten, mich hier telefonisch gebeten, gegen den Mann zu intervenieren! Er sei zwar Viertelsjude, deshalb kein Nazi gewesen, dialektisch den Übrigen weit überlegen – aber einige Bücher, die er als Verleger gestartet hat, sind menschlich peinliche Ressentiment-Propaganda. Ich habe zwei davon gelesen.]

2.) Blank wird wohl Verteidigungsminister werden müssen, eine andere Wahl wäre eine schockierende Desavouierung der bisherigen Arbeit; er soll auch bei den paar Konferenzen mit den fremden Mächten die Sache ordentlich gemacht haben. Bloß bitte ich zu empfehlen oder von ihm

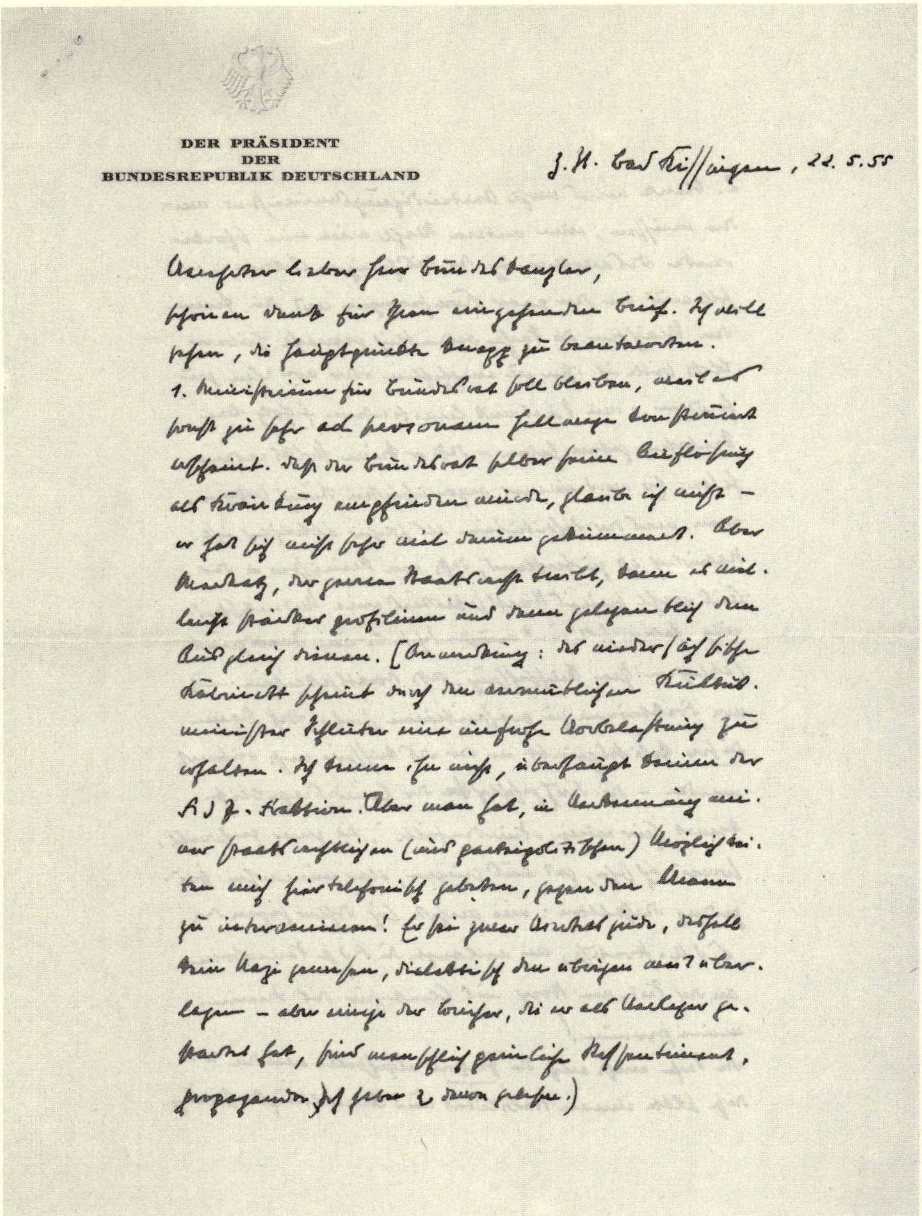

DER PRÄSIDENT
DER
BUNDESREPUBLIK DEUTSCHLAND

z. Zt. Bad Kissingen, 22. 5. 55

Verehrter lieber Herr Bundeskanzler,

schönen Dank für Ihren eingehenden Brief. Ich will sehen, die Hauptpunkte kurz zu beantworten.

1. Ministerium für Bundesrat soll bleiben, weil es sonst zu sehr als personale Hilfsanlage konstruiert erscheint. Daß der Bundesrat selber seine Auflösung als Kränkung empfinden würde, glaube ich nicht – er hat sich nicht sehr viel darum gekümmert. Aber Merkatz, der ganz staatsrechtlich denkt, kann es vielleicht stärker profilieren und dem gelegentlich dem Ausgleich dienen. [Anmerkung: das niedersächsische Kabinett scheint durch den unvermeidlichen Rücktritt Minister Schlüters eine einfache Vorbelastung zu erhalten. Ich kenne ihn nicht, überhaupt keinen der FDP-Fraktion. Aber man hat, in Verkennung meiner staatsrechtlichen (und parteipolitischen) Möglichkeiten mich hier telefonisch gebeten, gegen den Mann zu intervenieren! Er sei zwar Viertel-Jude, deshalb kein Nazi gewesen, vielleicht den übrigen weit überlegen – aber einige der Bücher, die er als Verleger gedruckt hat, sind unverhüllt gräuliche Ressentiment-Propaganda, ich habe 2 davon gelesen.)

Zu Dok. Nr. 144 (Auszüge)

hatten dann ein etwa 2 stündiges Gespräch mit Dr. Scheidemann, das sich auch in ein paar Notizen [illegible]. Ich entnehme es mir Ihr Fall, meine an den Wechsel der Nachkriegsregierungen gebundene Ver-tel über die weltpolitischen Vorkommnisse wiederzu-schreiben.

Ich komme, da ich am 4. Juni Verwaltungsrat des Germanischen Nationalmuseums in Nürnberg zu leiten habe, entweder an diesem Tag spätabends od. am 5. 6. zurück und bin die nächsten 2½ Tage noch ziemlich frei – ich lege großen Wert darauf, womöglich in dieser Zeit dies und das mit Ihnen zu besprechen.

—

Heute hatten wir, seit langer Zeit, den ersten warmen, freien schönen Tag! Ich wünsche Ihnen von Herzen, daß trotz der Sorgen und Kränkungen ein bißchen Erholung heraus gekommen ist.

Mit guten Grüßen

Ihr Theodor Heuss

zu fordern, – wie Sie es mit limitiertem Erfolg bei *Seebohm*[3] getan haben[4] –, daß er keine Volksreden halte. Er wird immer organisierten Krach bekommen, was der Situation als solcher abträglich ist. Natürlich ist zutreffend, daß ein Minister in der Auswahl seines Staatssekretärs eine Mitentscheidung haben soll und muß. Ich teile im Staatsgrundsätzlichen Ihre Auffassung, daß Staatssekretäre nicht von Fraktionen zu präsentieren sind. Doch kann *dieser* Gesichtspunkt in der Diskussion nicht outriert werden. Die Frühgeschichte der Bundesrepublik kennt hier einige Sündenfälle, die zwar personell, soweit ich sehe, gut ausgingen, aber immerhin Präzedenz darstellten: wie wehrte sich Dehler gegen den CDU-Strauß[5], wie verlangte die FDP Sauerborn[6] neben Storch und Bleek[7] für das Innenministerium!

Die Sache muß auf die Person abgestellt werden, und diese sollte innere Stabilität und Verwaltungserfahrung haben; denn es kommen mit Kasernen, Verpflegung, Rechtssituation eine ganze Anzahl sehr komplexer Verwaltungsdinge auf den Mann zu. Mende erscheint mir persönlich zu unerfahren in solchen Dingen – außerdem bedarf diese Stelle keines Rhetors. Ich würde alle die politischen Ehrgeize in den gedachten Verteidigungsrat[8] verfrachten und würde zur Überlegung anheimgeben, dieses Gremium, wenn es entstehen sollte, dem Amt des Bundespräsidenten irgendwie zu verbinden. (Ich war zwar nie Soldat, bin aber in diesen Dingen nicht ganz geschichtsunkundig.) Den Gedanken der FDP, den Verteidigungsminister unter ein anderes Gesetz zu stellen als die übrigen Minister, halte ich, staatlich gedacht, für einen auf Kurzschluß abgerichteten Einfall[9]. Bei der Suche nach einem qualifizierten Staatssekretär will ich mich, bei freilich begrenzter Personalkenntnis, gerne beteiligen, verzichte aber jetzt darauf, Namen aufzuschreiben.

3.) Nun der Fall A.A. – er ist sachlich und personell der Schwierigste. Ich habe Ihnen meine Sorge schon ausgesprochen: Brentano und Hallstein geben kein gutes Gespann. Sie sind beide klug, aber vorbelastet mit der Hypothek persönlicher Empfindlichkeit. In der politischen Sachauffassung werden sie weitgehend übereinstimmen, aber ob H[allstein] von B[rentano] sich Direktiven geben läßt, ist mir, bei aller beamtlichen Loyalität, ungewiß. Nun sind Sie Brentano gegenüber im Wort – das sehe ich ein; Sie müssen sich, auch gegenüber der CDU-Fraktion, vor dem Vorwurf sichern, daß Sie mit dem Fraktionsvorstand nicht seriös gerechnet hätten. In unserer letzten Unterhaltung[10] sprach ich Ihnen schon davon, daß der Goodwill, den Sie qua Person in der westlichen Welt besitzen, aktiv werden bzw. bleiben müsse, auch wenn Sie das A.A. formal abgegeben haben. Daß das intern möglich sein wird, bezweifle ich nicht. Das Außenbild zu gestalten, wird schwieriger sein. Um bei der heutigen Situation zu bleiben: Sie müßten bei den internationalen Konferenzen dabei sein, wenn Faure[11] und Eden antreten, aber bei Dulles, Pinay, Macmillan[12] wegbleiben. Das aber würde sachlich unrichtig sein. Natürlich gibt es für die Lösung der Frage keine Generalformel. Es kommt a) auf das persönliche Verhältnis und b) auf die Sachformulierung an. Der Satz in Ihrem Brief, über die gedachten Außenministerkonferenzen mit geschichtlichem Gewicht: »Brentano kann ruhig dabei sein«, wird, glaube ich, der Problematik nicht ganz gerecht. B[rentano] darf, um sein »Gesicht nicht zu verlieren« – er muß für die Welt z. T. wohl erst eines erhalten – nicht bloß als Ihr junger Mann figurieren, sondern muß vorher, muß nachher bei solchen Konferenzen vorhanden sein. Denn sonst werden die zweitrangigen Dinge, die er wahrzunehmen hat, in ihrem Eindruck entwertet – was die kleineren Staaten, die wir doch pflegen müssen, »übelnehmen«. Da muß also die rechte Form gefunden werden, die nach der Situation variabel sein wird. Nur darf, zum mindesten nach außen, der Amtsbeginn B[rentano]'s aber nicht mit einer erkennbaren Entwertung einsetzen. Diffizile Frage, vertraulich und vertrauensvoll zu klären: werden die Botschafter von USA, England, Frankreich auch in Zukunft *Sie* aufsuchen oder wie üblich den Außenminister – das variiert nun eben nach dem Gewicht der Dinge.

Ich übersehe nicht, da ich ihn nicht genau genug kenne, ‹ B[rentano]'s persönlichen Ehrgeiz ›[a], deutsche Geschichtsfigur zu werden. Er darf nicht das Gefühl haben, daß er wesentlich nur zuständig sei für »ferner liefen«. Ich würde ihm suggerieren, daß er eine großartige Aufgabe vor sich sehe, ein richtiges A.A. aufzubauen, was von Ihnen, bei Ihrer Überforderung als Kanzler und Parteichef, nicht geleistet werden konnte und wofür auch Hallstein mit seinem Talent zur rationalen Argumentation das Entscheidende schuldig blieb, die Atmosphäre. Seine Menschenkenntnis, in der Fraktionsführung geschult, bilde hier die Basis für eine Arbeit, die auf lange Sicht von entscheidendem Gewicht sei. (Stresemann[13], der von mir lange nicht so hoch gewertet wird wie es in der Legende geschieht, hat hier unzweifelhaft Verdienste, weil die Leute gerne mit und unter ihm arbeiteten.)

Briefe, die man nach Mitternacht schreibt, haben den Nachteil, zu lange zu werden. Doch kam ich erst am Abend von meiner Würzburger Abrede[14] zurück und hatte dann ein etwa zweistündiges Gespräch mit Dr. Pferdmenges, das sich auch in ein paar Nebenwege verlief. Ich versage es mir deshalb, mein an den Wechsel der Nachrichtentemperaturen gebundenes Urteil über die weltpolitischen Kontroversen niederzuschreiben.

Ich komme, da ich am 4. Juni [den] Verwaltungsrat des Germanischen

In Mürren (19.Juli 1955)
oben: mit Tochter Ria Reiners und Heinrich von Brentano

oben: mit Toni Stolper (vermutlich 1949)
unten: bei einem Empfang des Deutschen Journalisten-Verbandes, mit Helmut Cron

Nationalmuseums in Nürnberg zu leiten habe[15], entweder an diesem Tag spät abends oder am 5.Juni zurück und bin die nächsten zweieinhalb Tage noch ziemlich frei – ich lege großen Wert darauf, eventuell in dieser Zeit dies und dies mit Ihnen zu besprechen[16].
Heute haben wir, seit langer Zeit, den ersten regenfreien schönen Tag! Ich wünsche Ihnen von Herzen, daß trotz der Sorgen und Konferenzen ein bißchen Erholung herausgekommen ist.
Mit guten Grüßen Ihr
Theodor Heuss

Nr. 145
30. Juli 1955 (Mürren): Adenauer an Heuss, Bonn

Sehr verehrter, lieber Herr Bundespräsident!

Wie ich annehmen darf, hat insbesondere Herr Blankenhorn Sie über den Verlauf der Genfer Konferenz[1] unterrichtet[2].
Wir können ja mit dem Verlauf der Konferenz zufrieden sein, weil sie ihren Zweck erfüllt hat, und weil die im Oktober stattfindende Außenministerkonferenz[3] ja erst wirkliche Fortschritte bringen sollte.
Mir macht Sorgen die Wirkung des Verhaltens der Russen auf die öffentliche Meinung, insbesondere in den Vereinigten Staaten, in London und in Deutschland. Ich erlaube mir, eine kurze Niederschrift darüber beizufügen[4].
Die erste Woche war durch Genf bei verhältnismäßig gutem Wetter recht ausgefüllt. Nach einigen Tagen echten Gebirgsregens scheint jetzt wieder eine Besserung der Wetterlage eingetreten zu sein.
Ich hoffe sehr, daß es Ihnen gut geht und daß Sie bald auch Ihren Urlaub[5] in Ruhe antreten können.
Mit verehrungsvollen und ergebenen Grüßen wie immer Ihr
Adenauer

Nr. 146
31. Juli 1955: Heuss an Adenauer, Mürren, Schweiz

Verehrter Herr Bundeskanzler!

Freundlichen Dank für Ihre Zeilen[1] und die beigelegte Niederschrift[2]. Ich hatte über Genf ja von Klaiber den Bericht, den Blankenhorn dem Kabinett gegeben hat. Am vergangenen Mittwoch hatte ich für eine Abendstunde Herrn von Brentano zu mir gebeten[3], der mir dann auch nach dem

Bericht über die Besprechung in Mürren den sehr eingehenden, vermutlich von Blankenhorn und Grewe verfaßten schriftlichen Gesamtbericht zur Durchsicht übergab[4].

Die Situation bleibt nun freilich höchst undurchsichtig, weil zumal in Genf offenbar ein wechselseitiges Einladen in Gang gekommen ist, worüber sich die Menschheit als solche zu freuen scheint. Der Tatbestand der Begegnungen, die irgendwie Termine auch des kommenden Jahres schon umfassen, hat wohl etwas Suggestives, denn die Menschen sagen sich, bis dorthin wird also nichts »passieren«. Mich beschäftigt natürlich auch vor allem die Frage, ob und wie das Vorgespräch in Paris zwischen Maltzan[5] und Winogradow[6] über Termin und eventuelle thematische Umgrenzung Ihrer Moskauer Reise[7] in Gang kommt. Ich sagte auch Herrn von Brentano, es müßte wohl mit der Möglichkeit gerechnet und also taktisch hier sehr überlegt werden, daß die Russen evtl. auf dem Moskauer Treffen den dortigen Vertreter der DDR mit für Auskünfte oder dergleichen heranziehen oder gar plötzlich Grotewohl mit anwesend sein würde[8].

Selbst in Deutschland, soweit ich das verfolgen kann, wechseln die Temperaturen der Beurteilung auch innerhalb der gleichen Gruppen, und es ist etwas überflüssig, daß aus Mangel an Stoff Pressemeldungen losgegangen sind, wie wohl die deutsche Delegation zusammengesetzt sein werde[9], wer wohl deutscher Vertreter in Moskau werden würde usf. Es kann natürlich niemand übersehen, ob, wenn ein richtiges Gespräch zwischen China und USA beginnt[10], die europäischen Dinge etwas absinken. Denn wenn ich aus mancherlei Gesprächen mir ein Bild über die amerikanischen Grundströmungen zu machen versuche, so ringen dort miteinander – vielleicht ist dieses Wort aber schon etwas zu dramatisch gewählt – die Kräfte, die im asiatischen Raum die wesenhaften Interessen von USA gelagert sehen, mit denen, die die europäische Problematik als psychologisch und weltpolitisch vordringlich betrachten.

Ich wünsche Ihnen so sehr, daß Sie nun doch gutes Wetter bekommen. Brentanos Schilderung hat mir gezeigt, daß ich nichts für Mürren wäre. Ich bin doch eben ein ausgesprochener Mittelgebirgsmensch und will in der Landschaft, wenn es irgend geht, noch die Spuren des Menschen und seiner gestaltenden Einsicht und Phantasie sehen. Hoffentlich haben Sie niemanden in der Nähe, der Ihnen fortgesetzt sagt, wie der oder der Berg heißt. Ich selber habe es immer, wenn ich im Hochgebirge war, ein bißchen lustig gefunden, daß die Menschen so stolz darauf waren, die Berge benannt zu haben. Aber ich fürchte, was ich Ihnen da erzähle, markiert zu sehr den Snob in mir!

Wir haben hier einen Wechsel von Kühle und Schwüle. Klaiber ist in den Urlaub gefahren, Bott kommt aus ihm zurück. Ich selber habe in den letzten Abenden einen komplizierten Essay »Über das Maßstäbliche in der geschichtlichen Würdigung«[11] geschrieben und gehe jetzt an die Vorbereitung einer großen Rede für Augsburg (1000-Jahr-Feier)[12], wozu mir aber noch ein paar andere Dinge einfallen müssen als das Übliche. Dann kommt eine Rede für den Juristentag Anfang September in Berlin[13]. Ein etwas fragwürdiges Unterfangen bei meiner Skepsis gegenüber den rechtsschöpferischen Fähigkeiten dieser Zeit. In der zweiten Hälfte des August werde ich wohl ganz bescheiden und vielleicht sogar etwas behaglich in Lörrach im Hause meines Sohnes sein und in der Umgebung das und das zeichnen. Mein Sohn hat die Auffassung, daß die kleine Enkeltochter[14], bald 8-jährig, jetzt in einem sehr reizenden Zustand sei. Von Lörrach aus werde ich wahrscheinlich, wenn es paßt, ein paar Freundesbesuche im Hin und Her in der Schweiz machen (vielleicht Carl J. Burckhardt am Genfer See)[15].
Mit vielen guten Grüßen und Wünschen für etwas mehr Ruhe als der Beginn der Ferien Ihnen schenkte,

Ihr
gez. Theodor Heuss

Nr. 147
4. August 1955 (Mürren): Adenauer an Heuss, Bonn

Sehr verehrter Herr Bundespräsident!

Heute war Herr Hallstein bei mir. Wir haben einige Stunden über die Vorbereitungen der Moskau-Konferenz[1] gesprochen. Er wird zu Ihnen kommen, um Sie zu unterrichten[2].
Gern werde ich mich der Bildhauerin[3] nach meiner Rückkehr von Moskau zur Verfügung stellen. Ich bin sehr gespannt, ob ein Künstler in so wenig Zeit ein Portrait schaffen kann.
Wir haben sehr schlechtes Wetter, aber die Höhenluft – Mürren liegt ja 1650 m hoch – wirkt doch sehr gut. Darin erblicke ich den Hauptvorteil des Hochgebirges, wenn man, wie ich, kein Kletterer ist.
Ihren Essay »Über das Maßstäbliche in der geschichtlichen Würdigung«[4] werde ich mit großem Interesse lesen. Den Juristen, d. h. nicht nur den ausübenden und lehrenden Juristen, sondern den Gesetzgebern, die in ihrer Art ja auch Juristen sind, werde ich ein mahnendes Wort sagen, denn es ist um die ganze Juristerei schauderhaft bestellt[5].
Mit verehrungsvollen Grüßen bin ich, wie immer

Ihr
Adenauer

Yrsa von Leistner, Bronzebüste 1955 (zu Dok. Nr. 147)

Nr. 148

19. August 1955 (Mürren): Adenauer an Heuss, Lörrach

Sehr verehrter Herr Bundespräsident!

In der Anlage füge ich bei einen Brief von mir an Staatssekretär Dulles vom 9. August und seine Antwort vom 15. August[1]. Ich nehme an, daß die beiden Schreiben Ihr Interesse finden werden.
Ich wünsche Ihnen recht gute Erholung und bin
mit verehrungsvollen und herzlichen Grüßen wie immer Ihr
Adenauer

Nr. 149

30. August 1955 (Lörrach/Tumringen): Heuss an Adenauer, Bonn

Verehrter, lieber Herr Bundeskanzler!

Nun kann ich nur hoffen, daß trotz der mancherlei Turbulenz der zurückliegenden Wochen Mürren für Sie genügend ausruhsam gewesen ist. Ich selber bin ja seit vierzehn Tagen in dem kleinen Haus, das mein Sohn sich an einem Hügel über Lörrach gebaut hat, und im Grunde genommen habe ich eigentlich noch nie so ungestörte Ferien haben können, weil es keine neugierigen Hotelgäste und keine abzuweisenden Deputationen gibt. Ganz faul kann ich freilich doch nicht sein, da ich für den Juristentag[1] und Fürsorgetag[2] und anderes im September Reden vorzubereiten hatte, aber ich habe auch einiges gezeichnet, zumal als ich drei Tage bei Carl J. Burckhardt am Genfer See war[3].
Am Sonntag komme ich nach Bonn zurück. Bott benachrichtigt mich heute, daß für Montag, 18.00 Uhr, eine Begegnung mit Ihnen verabredet ist.
Dr. von Brentano hat mich ja eingehend informiert[4]. Ich habe auch den Entwurf Ihrer Einleitungsansprache gelesen und habe meinerseits sachlich keine Erinnerungen zu machen, bloß würde ich, wie ich Dr. von Brentano nach der freilich nur oberflächlichen Durchsicht bereits sagte, an einigen Stellen antithetisch deutlicher pointieren[5].
Wegen der landsmannschaftlichen Kundgebung in Berlin[6] erbat man von mir für eine Sondernummer ein Grußwort, das ich aber ablehnte, da ich seit Jahren keine Gruß- und Geleitworte mehr verfasse[7]. – Ich hätte sonst eigentlich gar nichts anderes zu tun –, aber ich entwarf einen für den Baron Manteuffel[8] bestimmten Brief, den Bott wohl in der Zwischenzeit im Entwurf auch an Staatssekretär Globke zur Kenntnis gegeben hat[9].

Das Wetter war in den letzten Tagen ins Herbstliche ausgewichen, aber doch ganz schön.
Mit besten Grüßen

Ihr
Theodor Heuss

[PS] ‹ Ziemlich viel Sorge machen mir die Nachrichten über den Anlauf der Saar-Dinge (Ney[10], Schneider[11]); wären jetzt nicht die Geschichten in Nordafrika[12], so würde die französ. Presse schrecklich toben und die Atmosphäre verderben. ›[a]

Nr. 150
26. September 1955 (Bonn): Adenauer an Heuss, Bonn

Sehr verehrter Herr Bundespräsident!

Erlauben Sie mir, Abschrift eines Briefes zu übersenden, den ich heute leider gezwungen war, an den Vorsitzenden der FDP-Fraktion im Deutschen Bundestag zu richten[1].

Mit ausgezeichnetster Hochachtung

Ihr ergebener
Adenauer

Nr. 151
12. Oktober 1955 (Bonn): Heuss an Adenauer, Rhöndorf

Verehrter, lieber Herr Bundeskanzler,

Diese Zeilen wollen Ihnen nur, nebenbei pflichtgemäß »bundesväterlich«, zur Bravheit und Geduld zureden[1]. Sie müssen jetzt Ihren Tatendrang zügeln, denn Sie dürfen es nicht, den ärztlichen Rat bagatellisierend, dazu kommen lassen, daß Sie mit ungesichertem Gesundheitszustand sich in die Geschäfte stürzen. Dabei weiß ich wohl, daß meine eigene Legitimation, in dieser Sphäre Prediger der Tugendhaftigkeit zu sein, arg limitiert ist. Aber Sie müssen sich jetzt diesen unbequemen Zwängen der Ruhe unterwerfen.
Sonst verlaufen sich alle guten Wünsche, die in diesen Tagen zu Ihnen kommen und bei denen auch die meinigen sich einreihen, ins Ungewisse.
Alles Gute und herzliche Grüße

Ihr
gez. Theodor Heuss

Nr. 152
12. Oktober 1955: Adenauer an Heuss, Bonn

Lieber, verehrter Herr Bundespräsident!

Herzlich danke ich Ihnen für Ihren guten Brief[1]. Es geht mir besser, aber bei dieser Art von Lungenentzündung muß man Geduld haben.
Als ich vorige Woche nach Luxemburg fuhr[2], hatte ich schon Fieber, aber ich wollte das Zusammentreffen nicht absagen, weil unser Verhältnis zu Frankreich durch die Saargeschichte sehr belastet ist[3]. Donnerstag wollte ich unbedingt zum Kabinett, damit Blank endlich einen Staatssekretär bekam[4]. Es war die höchste Zeit. Mit Herrn Bergemann[5] hatte ich gesprochen[6], er hat abgelehnt, da er sich dieser Aufgabe körperlich und geistig nicht mehr gewachsen fühle[7].
Ich würde es sehr begrüßen, sehr verehrter Herr Bundespräsident, wenn Sie zu einem Transport »Unbelasteter« nach Friedland führen[8]. Alle würden sich besonders freuen.
Mit ergebenen und herzlichen Grüßen wie immer Ihr
K. Adenauer

Nr. 153
22. November 1955 (Bonn): Adenauer an Heuss, Bonn

Sehr verehrter Herr Präsident!

Die außenpolitische Situation ist nach dem Scheitern der Genfer Konferenz[1] so schwierig und gefahrvoll, daß die Bundesrepublik nur bei konsequenter Fortführung ihrer bisherigen Politik hoffen kann, die Verbindung mit dem Westen aufrecht zu erhalten und die Wiedervereinigung Deutschlands in Freiheit herbeizuführen. Da in den Kreisen der FDP leider Stimmen maßgebender Mitglieder laut geworden sind, die eine Änderung der bisherigen Außenpolitik im Auge haben, habe ich mich zu meinem Bedauern gezwungen gesehen, an die Bundestagsfraktion der FDP das in Abschrift anliegende Schreiben zu richten. Nach meiner Auffassung muß die die Außenpolitik der Regierung tragende Koalition bei den Bundestagsdebatten über die außenpolitische Lage am 1. und 2. Dezember 1955[2] geschlossen auftreten, wenn nicht Unsicherheit bei den westlichen Mächten und neue Hoffnungen auf eine schwankende Haltung der Bundesrepublik in Sowjetrußland geweckt werden sollen.
Bei der Bedeutung der Angelegenheit würde ich Ihnen gerne darüber mündlich Vortrag gehalten haben[3], leider läßt aber die heutige Witterung einen Besuch nicht zu.
In steter Verbundenheit Ihr ergebener
Adenauer

Nr. 154

25. November 1955 (Bonn): Adenauer an Heuss, Bonn

Sehr verehrter Herr Präsident!

Anliegend übersende ich Ihnen Abschrift eines Briefes, den ich heute an die Bundestagsfraktion der FDP, zu Händen ihres Vorsitzenden Dr. Dehler, gerichtet habe[1].

In steter Verbundenheit

Ihr ergebener
Adenauer

Nr. 155

15. Dezember 1955: Adenauer an Heuss, Bonn

Hochverehrter, lieber Herr Bundespräsident!

Ihnen und Ihren Angehörigen wünsche ich ein schönes und frohes Weihnachtsfest.
Es würde mich freuen, wenn das beiliegende Buch[1] Sie interessieren würde.
Mit ergebenen und herzlichen Grüßen

Ihr
K. Adenauer

Nr. 156

16. Dezember 1955 (Bonn): Heuss an Adenauer, Bonn

Verehrter, lieber Herr Bundeskanzler!

Für die freundlichen Worte und für das Buch, das Sie mir sandten, darf ich Ihnen herzlich danken[1] – es hat noch in dem Koffer Platz gefunden, der mich nach Lörrach begleiten wird[2]. Dort hoffe ich, die Zeit zu finden, mich mit seinem Inhalt etwas vertraut zu machen – die Fragestellung, die ich der Durchsicht entnahm, ist mir als solche nicht ganz fremd geblieben. Ich kriege es nun, in der Reisevorbedrängnis, nicht recht fertig, ein Äquivalent aufzutreiben. Es war Ihnen als Weihnachtsgabe das Buch »Würdigungen«[3] zugedacht – ich habe die Sache dann früher »gestartet«, weil ich mir überlegte, daß dies sinnvoller sei, das Buch in Ihre Rekonvaleszenz zu senden[4] als in die Überfülle von Weihnacht und Geburtstag. Es scheint mir, daß das richtig war; Sie haben mir über diese Sammlung, die Bott so geschickt rhythmisiert hat, freundliche Worte gesagt.

THEODOR HEUSS

Würdigungen

REDEN

AUFSÄTZE UND BRIEFE

AUS DEN JAHREN

1949 - 1955

HERAUSGEGEBEN VON HANS BOTT

ERSCHIENEN IM

RAINER WUNDERLICH VERLAG

HERMANN LEINS

TÜBINGEN

»Konrad Adenauer zugeeignet mit herzlichen Wünschen für die Genesung
Bonn, 1. Nov. 1955 Theodor Heuss«

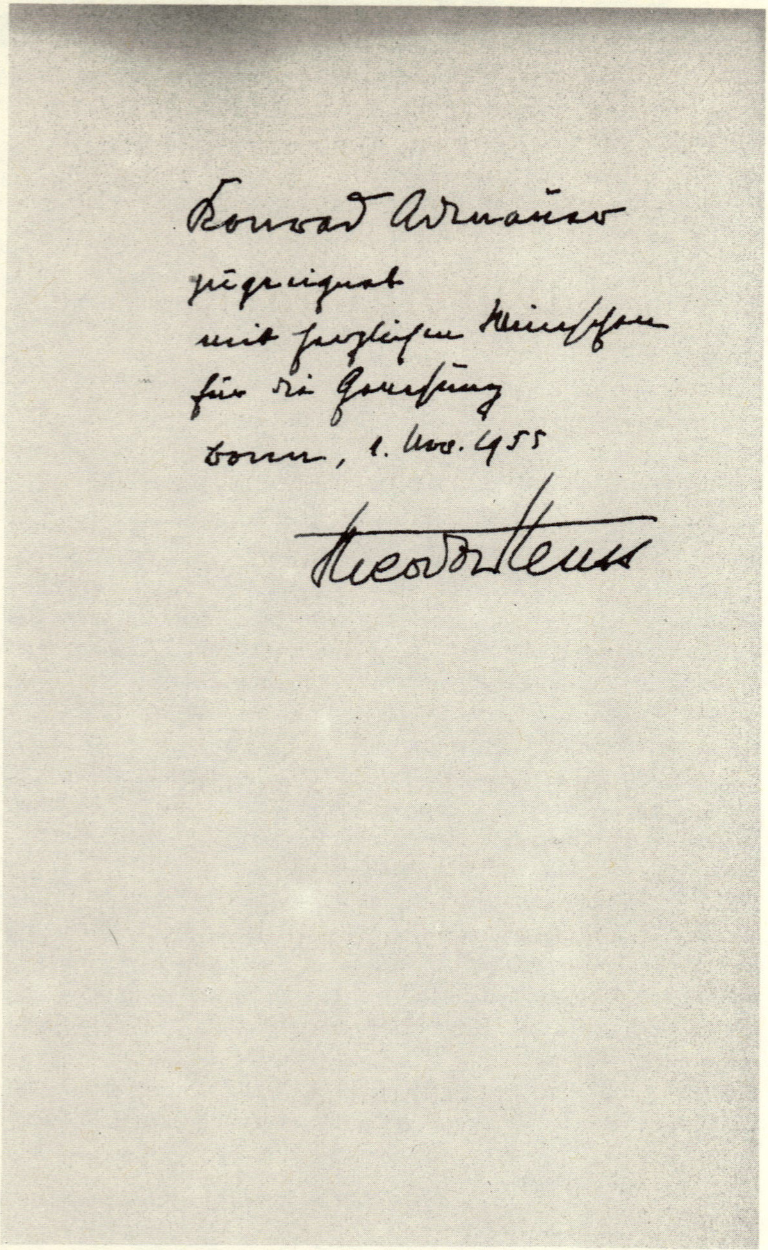
Konrad Adenauer
zugeeignet
mit herzlichen Wünschen
für die Genesung
Bonn, 1. Nov. 1955

Theodor Heuss

Da ich Ihnen aber nun schlechterdings nicht eine gedruckte Einladung zu dem »aus Anlaß usf.« am 4. Januar[5] geplanten »Empfang« senden kann, Sie aber doch schließlich eingeladen werden müssen, bitte ich, diese Zeilen auch als »Einladung« anzunehmen.
Verbringen Sie, soweit derlei heute möglich, ruhige Tage, und verabschieden Sie die Restbestände der Antibiotica.
Alles Gute!
Wie immer

Ihr
Theodor Heuss

Nr. 157
20. Dezember 1955 (Bonn): Heuss an Adenauer, Bonn

Sehr geehrter Herr Bundeskanzler!

Vier Jahre sind vergangen, seit Sie sich freundlicherweise bereit erklärten, bei der Eröffnung der DANKSPENDE DES DEUTSCHEN VOLKES[1] mitzuwirken und in einer Rede, die über alle Sender übertragen wurde, das deutsche Volk zur Beteiligung aufzufordern[2]. Heute steht das Werk, das damals begonnen wurde, vor dem Abschluß. In diesen Wochen übergeben die deutschen diplomatischen Vertretungen befreundeten Nationen in drei Erdteilen die Kunstwerke, die von der DANKSPENDE DES DEUTSCHEN VOLKES angekauft wurden.
Über das, was die DANKSPENDE DES DEUTSCHEN VOLKES beabsichtigt und geleistet hat, unterrichtet Sie das beigefügte Buch[3]. Wir übersenden es Ihnen, um Rechenschaft abzulegen und zugleich, um dem Dank Ausdruck zu geben, den wir Ihnen schulden.
Die vielen Schreiben, die unserer Stiftung nach Überreichung der Gaben aus dem Ausland zugegangen sind, haben bewiesen, daß der Entschluß richtig war, deutsche Kunstwerke als Gruß des Dankes zu wählen. Der symbolische Wert der Gabe ist überall verstanden, die Gesinnung, von der wir uns leiten ließen, ist Tausenden von Menschen jenseits der Grenzen nahegebracht worden.
Wir hoffen, daß das, was bei Planung und Durchführung der DANKSPENDE uns erfüllte, aus dem beigefügten Buch zu Ihnen spricht. Herzlich danken wir Ihnen dafür, daß Sie uns halfen, dies Werk in so glücklicher Weise zu beenden[4].

Mit ausgezeichneter Hochachtung
Theodor Heuss

Heuss-Zeichnung der Klosterruine Heisterbach im Siebengebierge
(27. August 1901; zu Dok. Nr. 158)

80. Geburtstag Adenauers (5. Januar 1956)

Nr. 158
4. Januar 1956 (Bonn): Heuss an Adenauer, Rhöndorf

Verehrter Herr Bundeskanzler,
lieber Dr. Adenauer!

Wollen Sie es mir gestatten, die Geburtstagsgabe, die meine Glückwünsche begleiten soll[1], ganz einfach und sehr persönlich zu halten: ich schicke Ihnen eine Kohlezeichnung von Maria Laach[2]. Sie wissen, ich bin in diesen Bereichen ein Feriendilettant und habe einige Scheu, dritten meine »Kunst« aufzudrängen. Aber da Maria Laach Ihnen selber in bedrängter Zeit teuer wurde, lassen Sie sich von der Bezüglichkeit dieser kleinen Gabe anrühren; sie will nicht mit den Farb-Künsten der USA-Kollegen konkurrieren, bittet aber um einen bescheidenen privaten Platz.
Daneben darf ich ein bißchen kokett sein und Ihnen, zur transitorischen Erheiterung, die Photokopie einer Zeichnung mitsenden, die ich in einem sehr sehr alten Skizzenbuch fand – als 17jähriger Pennäler wanderte ich den Rhein herab[3], das Zeichnen mit dem Stift war noch brav und ganz ohne Schielen nach einer Genialität des Striches. Mich hat dieses »Wiedersehen« nach mehr als einem halben Jahrhundert gerührt.
Diese Zeilen sind so »unamtlich« wie die Gabe »unrepräsentativ« ist – von derlei werden Sie in diesen Tagen genug zu spüren bekommen. Meine Glückwünsche suchen den Raum des Menschlichen, in dem sie sich gut geborgen wissen und mit dem Gefühl des aufrichtigen Dankes für Vertrauen und Verstehen verbunden bleiben[4].

Ihr
Theodor Heuss

Nr. 159
4. Januar 1956 (Bonn): Adenauer an den Vorstand der Dankspende des Deutschen Volkes, zu Händen des Herrn Bundespräsidenten Professor Dr. Theodor Heuss, Bonn

Hochverehrter Herr Bundespräsident!

Vielmals danke ich Ihnen für die Übersendung des Rechenschaftsberichtes der Dankspende des Deutschen Volkes[1]. Ich hoffe sehr, daß durch die Übersendung dieser Gaben manches getilgt worden ist, was an Ablehnung gegen das deutsche Volk unter den anderen Völkern noch vorhanden war.
Darf ich mir eine Bemerkung erlauben. Ich sehe in dem Verzeichnis der

Empfänger der Kunstwerke eine ganze Reihe von kirchlichen Einrichtungen und Kirchen[2]. Ich glaube, man würde diesen wohl eine größere Freude gemacht haben, wenn man ihnen Kunstwerke religiösen Charakters gesandt hätte.
Ich beglückwünsche Sie zu der Vollendung des Werkes und bin mit ausgezeichneter Hochachtung

Ihr ergebener
Adenauer

Nr. 160
9. Januar 1956 (Bonn): Heuss an Adenauer, Bonn

Verehrter Herr Bundeskanzler!

Freundlichen Dank für Ihre Zeilen über den Abschluß der Dankspende des deutschen Volkes[1]. Wir dürfen in der Tat sehr zufrieden sein mit dem Echo, das diese Unternehmung, in die wir ja viel Liebe und Mühe hineingesteckt haben, draußen gefunden hat.
Ich darf eine kleine Bemerkung zu der Frage machen, ob nicht stärker kirchliche Motive hätten berücksichtigt werden sollen. Vielleicht gibt das Buch darüber keinen genügenden Eindruck. An der Vermittlung der Gaben, die ja sehr viel an Kirchen gegangen sind, war sowohl der Caritas-Verband wie das Evangelische Hilfswerk sehr intensiv und mit großer Freudigkeit beteiligt. Von den graphischen Stücken haben auch eine ganze Anzahl einen religiösen Charakter. Vor allem sind ja für spezifisch kirchliche Zwecke verschiedene Formen von Altarleuchtern aus einer ungeheuer großen Konkurrenz ausgewählt und auch gern entgegengenommen worden. Es mag Sie interessieren, daß eine besondere Sorgfalt in der Verständigung mit der Kurie in Rom gepflogen werden mußte, da der Heilige Vater wünschte, daß in der Kirche San Eugenio eine Darstellung der Auferstehung der Mutter Gottes gebracht werde[2]. Dafür hat es mancherlei an Entwürfen, die verworfen, abgeändert und angenommen wurden, gegeben. Das Bild wird nun als Mosaik gestaltet werden. Eine interessante Aufgabe, deshalb nicht ganz leicht, weil es sich um eine Kirche des ausgehenden 19. Jahrhunderts handelt. Wir waren uns natürlich völlig klar darüber, daß die Haltung des Papstes in den Fragen der Nachkriegszeit von eminenter geschichtlicher Bedeutung gewesen ist und im Gedächtnis so bleiben wird. Ich habe selber an diesen Dingen unmittelbar Anteil genommen, so sehr ja der Jury sonst die freie Entscheidung überlassen blieb, aber es liegt mir daran, Ihnen zum Ausdruck

zu bringen, daß auch von kirchlicher Seite, zumal von den amerikanischen Stellen, die Gaben von Deutschland freundschaftlich aufgenommen worden sind, insbesondere die Altarleuchter, bei denen ein Vermerk, daß sie aus der Dankspende stammen, angebracht ist.
Mit besten Grüßen Ihr
gez. Theodor Heuss

Nr. 161
10. Januar 1956: Heuss an Adenauer, Bonn

Verehrter, lieber Herr Bundeskanzler!

Es macht mir Spaß, das, wenn auch etwas peinlich hochmütige, aber doch auf der anderen Seite so charakteristische Jugendbildnis, um das Sie mich baten[1], Ihnen mit guten Grüßen senden zu können.
Ihr
gez. Th. Heuss

Nr. 162
30. Januar 1956: Adenauer an Heuss, Bonn

Sehr verehrter, lieber Herr Bundespräsident!

Bitte sehen Sie in meinem recht von Herzen kommenden Glückwunsch zu Ihrem Geburtstag keinen Verstoß gegen Ihr Gebot, Ihre Geburtstagsruhe zu respektieren[1]. Ich wünsche Ihnen noch viele Jahre geistiger und körperlicher Schaffenskraft. Ich wünsche sie Ihnen aus dem Gefühle menschlicher Verbundenheit und aus der Überzeugung heraus, wie notwendig Sie für das deutsche Volk sind. Das beiliegende Buch soll eine Vorbereitung für Ihre griechische Reise[2] sein.
Mit recht herzlichen Wünschen bin ich Ihr sehr ergebener
K. Adenauer

Nr. 163
3. Februar 1956 (Bonn): Heuss an Adenauer, Bonn

Verehrter lieber Herr Bundeskanzler,

für den so freundlichen Brief[1] zum Geburtstage sage ich Ihnen herzlichen Dank – mein Wunsch, ihn »ganz privat« zu begehen, entspringt einfach der Arbeitsüberlastung, in der Bott und ich seit der schweren Erkrankung von Klaiber stecken. Zudem wollte ich ja den Deutschen in meiner Sylvesteransprache[2] das Drauflos-Feiern abgewöhnen; runde Zahlen wie Ihr achtzigster, wie mein siebzigster waren »in Ordnung«, und wenn die

Bei der Eröffnung des neuen Bayernhauses in Bonn (9. Februar 1956), v.l.n.r.: Erich Ollenhauer, Wilhelm Hoegner, Josef Wintrich

Gesundheit brav bleibt, kann ja zum 75. in drei Jahren dies und jenes nachgeholt werden.
An dem Buch über die griechischen Vasen habe ich mich schon erfreut. Hoffentlich gehen die politischen Entscheidungen der kommenden Wochen [3] so, daß Sie ohne zu große Sorgen sich den notwendigen Urlaub [4] gestatten werden – Ihr Entschluß, jetzt hierzubleiben, ist ja sachlich verständig; er darf aber keine ungeschickten Folgen haben.
Mit den besten Grüßen

Ihr dankbarer
gez. Theodor Heuss

Nr. 164
29. März 1956 (Bonn): Heuss an Adenauer, Ascona, Schweiz

Verehrter, lieber Herr Bundeskanzler!

Es ist mir das Folgende als Anregung eingefallen: ob Sie feststellen lassen wollen, wo Otto Braun [1], der frühere preußische Ministerpräsident, beigesetzt ist, in Ascona oder in Locarno, wo er zuletzt wohnte? Ich weiß nicht, ob er dort schon eine richtige Grabstätte erhalten hat, aber es würde vielleicht eine ganz freundschaftliche Wirkung haben, wenn Sie an seinem Grab einen Strauß niederlegen lassen würden.
In der gestrigen Kabinettssitzung hat, wie ich von Dr. Klaiber erfuhr, die Anregung eine Rolle gespielt, daß die Regierung eine Aktion zur Freilassung des Großadmirals Dönitz [2] machen möge, der in Spandau erkrankt ist. Die Mitteilungen über seine Krankheit oder Wiedergenesung oder Wiedererkrankung in den Zeitungen sind widerspruchsvoll. Dem Mann in irgend zu helfen, ist natürlich ein sachliches und menschliches Gebot. Dr. Klaiber hat die Herren im Kabinett aber darauf aufmerksam gemacht, daß zur Zeit Besprechungen mit dem Großadmiral Raeder [3] eingeleitet sind, er möge weder zu einer Tagung des Marine-Bundes, noch zur Kieler Woche kommen und auch nicht auf seinem Ehrenbürgerrecht insistieren [4], was ja auf eine so ungeschickte Weise hochgekommen ist und bereits Gegenstand englischer Zeitungen wurde. Der Plan ist, daß Raeder mir einen Brief schreibt, von dem wir aber noch nicht wissen, wie er ausfällt, und daß ich ihm dann eine entsprechende Antwort stilisiere. Dr. Klaiber hat die Herren im Kabinett auch darauf hingewiesen, was er von mir erfahren hatte, daß Sie selber in unserem Gespräch [5] über diesen Komplex sehr nachdrücklich Ihre Sorge aussprachen, daß, wenn die Marinegeschichten einen auf Raeder abgestellten demonstrativen Charakter erhielten, das außenpolitisch jetzt schwer erträglich wäre. Man hat infolgedessen auch zunächst die Sache zurückgestellt und will Ihre Entscheidung erst einholen. Mich selber bewegt ja die Frage, die ich Ihnen

kurz vortrug, ob nicht Spandau nach vorangegangener Unterhaltung mit den Vertretern der drei Westmächte Gegenstand eines Gesprächs mit Herrn Sorin[6] werden könnte. Ich selber würde es nicht für völlig ausgeschlossen halten, daß im Zusammenhang mit dem anti-stalinistischen Wirbel, der in Moskau gemacht wird[7], unter Umständen das Spandau-Problem von der russischen Seite positiv angepackt wird, um a) eventuell die Westmächte in leichte Verwirrung zu bringen oder b) in Deutschland eine ungesicherte innere Diskussion auszulösen. Ich hielt es für richtig, Sie über diese Situation kurz zu unterrichten.
Im übrigen habe ich ein bißchen Mitleid mit Ihnen, daß Sie gleich in eine etwas unwirtliche Wetter- und Wohnungssituation gekommen sind. Wir haben hier heute einen schönen Frühlingstag und hoffen sehr, daß die Stimmung der Natur ein paar Tage anhält. Ich werde nun gar nichts unternehmen, aber das Haus ist mit Besuch aus der nahen Verwandtschaft angefüllt[8].
Gute Osterwünsche für Sie und Ihre Tochter Ihr

Theodor Heuss

Nr. 165
30. März 1956 (Ascona): Adenauer an Heuss, Bonn

Sehr verehrter, lieber Herr Bundespräsident!

Aus einem richtigen Frühlingstage heraus – dem ersten seit meiner Abreise[1] – sende ich Ihnen recht herzliche Ostergrüße. Ich hoffe, daß Sie auch Ostern Sonne haben und Freude am beginnenden Frühling. – Von Bonn etc. etc. kann ich mich in Gedanken noch nicht lösen, es ist alles zu sehr in Bewegung in der Übergangsepoche, in der wir zu leben verurteilt sind. Auf dem Monte de Verità, auf dem ich nach Irrfahrten gelandet bin, bei dem etwas komischen v. d. Heydt[2], ist, wie ich glaube, auch nicht die Wahrheit zu Hause[3]. Die Leute leben so unbekümmert in den Tag hinein, daß man staunen muß. –
Ich habe die große künstlerische Vergangenheit des Tessin nicht gekannt, sie und die Tessiner Sonne, wenn sie scheint, kennenzulernen, ist eine Freude. –
Ihnen und Ihrer Schwägerin[4] geht es hoffentlich recht gut; ich fand Sie bei meinem letzten Besuch[5] zu meiner Freude in besonders guter Verfassung.

Mögen Sie ein recht schönes und frohes Osterfest feiern, das ist mein aufrichtiger Wunsch.
Mit verehrungsvollen und herzlichen Grüßen bin ich, wie immer,

Ihr treu ergebener
K. Adenauer

Nr. 166
3. April 1956 (Bonn): Heuss an Adenauer, Ascona, Schweiz

Verehrter, lieber Herr Bundeskanzler!

Für Ihren freundschaftlichen handgeschriebenen Brief[1], der brav am Ostersonntag hier eintraf, darf ich Ihnen herzlich danken. Ich habe mich gefreut, ein Wort von Ihnen zu hören und war gerührt, daß Sie nun persönlich geschrieben haben. Was ich vor ein paar Tagen an Sie diktierte, hat sich ja nun mit Ihren freundlichen Grüßen und Wünschen gekreuzt.
Ihre guten Wünsche haben mich in einem etwas wenig österlichen Zustand angetroffen. Ich habe am Karsamstag einen Parkspaziergang gemacht, um mich des Stockes zu entwöhnen, und dachte an nichts Böses, aber da der rechte Fuß noch nicht ordnungsgemäß hin und her gebeugt werden kann, stolperte ich[2]. Knie und Gesicht sind etwas ramponiert, und nun scheint durch eine ungeschickte Bewegung eine Nervenzerrung im linken Oberschenkel entstanden zu sein, die ziemlich schmerzhaft ist. Ich habe schnell den Kirchgang abgesagt, damit die Bonner mich nicht mit einem verletzten Gesicht sehen, redete mich mit »Grippe« heraus, die ja zeitüblich ist, und ärgerte mich über mich selber, da ich an den Ostertagen mit den mancherlei Verwandten, die im Hause sind, behagliche Stunden verbringen wollte.
Ich will mir jetzt noch einen mir nahe befreundeten Orthopäden heranholen[3]. Vielleicht, daß man mir mit Schuhwerk eine größere Gehsicherheit verschaffen kann.
Hoffentlich wird das Wetter bei Ihnen nun schön. Hier war es an den Feiertagen relativ kühl. Falls ich nicht etwas unbeweglich wäre, würde ich im Obergeschoß mein Tessiner Skizzenbuch heraussuchen[4] und Ihnen ein paar Ausflugsvorschläge für die zum Teil sehr reizvollen Seitentäler machen, wobei freilich die Straßen auch für den Wagen frei sein müssen. Im Collegio von Ascona, das einen netten Innenhof hat, halten Benediktiner (Dependance von Einsiedeln) Gymnasium. Und sehr lohnend ist es, einen Abstecher ins Italienische zu machen und von Stresa aus die Isola Bella zu besuchen. Der Fürst Borromeo wird Ihnen die Park-

anlage und das Innere des großartigen Palais' ebenso gern zeigen wie mir im Jahre 1951[5].
Meine Schwägerin läßt Ihre freundlichen Grüße herzlich erwidern.

Ihr
Theodor Heuss

Nr. 167
3. April 1956 (Ascona): Adenauer an Heuss, Bonn

Sehr verehrter, lieber Herr Bundespräsident!

Ich hatte festgestellt, daß die Urne mit den Überresten des Herrn Otto Braun nach Hamburg oder nach Kassel gebracht worden ist[1].
Ich finde den Ausweg in der Sache Raeder – vorausgesetzt, daß Raeder vernünftig ist – gut[2]. Keinesfalls darf im Auslande unsere neue Marine durch unvernünftige frühere Offiziere geschädigt werden.
Ich finde auch gut, nach Abschluß der Londoner Verhandlungen[3], die mir Sorge machen, mit den Vertretern der Westmächte und dann mit Sorin wegen Spandau zu sprechen[4].
Das Wetter ist hier wechselnd. Nach einem sonnigen Vormittag zieht sich wieder alles zu. Die Vegetation soll einen Monat zurück sein. Aber immerhin, man hat doch einen gewissen Abstand von den politischen Kleinigkeiten, und dadurch erholt man sich doch.
Ich sende Ihnen recht herzliche Grüße und bin wie immer

Ihr ergebener
Adenauer

Nr. 168
22. April 1956: Adenauer an Heuss, Bad Mergentheim

Sehr verehrter, lieber Herr Bundespräsident!

Morgen gehe ich wieder nach Bonn. Es sieht ja ziemlich wild dort aus: Finanzfragen – Schäffer[1], Soldatengesetz[2] und noch andere schwierige Dinge. Dazu die Frage der »Dissidenten«[3]. –
Ich las kurz nach Ihrem Unfall[4] in der Zeitung, daß Sie diplomatische Vertreter empfangen haben, und habe daraus zu meiner Freude gesehen, daß die Folgen des Unfalls Sie nicht weiter belästigt haben. –
Ich habe mich nicht schlecht erholt; wäre das Wetter besser gewesen, wäre auch die Erholung besser geworden. Das Wetter war hier viel schlechter als in Bonn. Aber immerhin, ich habe mich doch ziemlich erholt. –
Ich hoffe, daß Ihnen die Kur[5] recht gut bekommt, damit Sie von Ihrer

Reise nach Griechenland[6] viel haben. Von Griechenland zur Außenpolitik gehen die Gedanken schnell, und auf dem Gebiete sieht es m. E. sehr schlecht aus[7].
Ich sende Ihnen von Herzen kommende Grüße und Wünsche.
Wie immer bin ich

Ihr Sie sehr verehrender
Adenauer

Nr. 169
30. April 1956 (Bad Mergentheim): Heuss an Adenauer, Bonn

Verehrter lieber Herr Bundeskanzler,

für den freundlichen Brief[1], den Sie mir vor der Abreise von Ascona schrieben, habe ich mich nicht bedankt, weil ich wußte, was an schwierigen Dingen und was an zeitraubenden Aufgaben diesen Heimkehrer unmittelbar erwarteten. Klaiber sagte mir aber, daß Sie frisch an die Geschäfte herangingen – ich möchte nur hoffen, daß die Stuttgarter Tage[2] nicht zu viel gleich wieder von Ihnen abgefordert haben.
Mein Drei-Wochen-Urlaub neigt sich dieser Tage auch zum Ende: schlechtes Wetter und guter Masseur sind seine Charakteristika. Der Mann hofft, daß die törichte Fußschädigung durch den überflüssigen Sturz wieder ganz wegzukriegen sei[3]. Mit dem Aufenthalt im Freien war es schier gar nichts: *eine* Zeichnung bis jetzt als Ausbeute! Dafür geschichtlich ganz anregende Teestunden bei dem fränkischen Hochadel, den Hohenlohe und Löwenstein – es steckt viel Schönes in den alten Schlössern[4].
Am Sonntag abend bin ich wieder in Bonn – ich hoffe sehr, daß wir, vor meiner Abreise nach Hellas[5], neben den paar offiziellen Geschichten, die uns gemeinsam anfordern, eine gute Zeit zu einer Aussprache über die »anstehenden« Dingen aussparen können[6].
Schöne Grüße wie immer

Ihr
Theodor Heuss

Nr. 170
11. August 1956 (Bonn): Heuss an Adenauer, Bühlerhöhe

Verehrter, lieber Herr Bundeskanzler!

Morgen fahre ich für etwa 12 Tage in die Nähe von Münstereifel[1]. Dort habe ich kürzlich, schier aus Zufall, ein Haus entdeckt, in dem man als paying guest unterkommen kann. Es ist von hier in einer guten Stunde

Handzeichnung des Herrn Bundespräsidenten Theodor Heuss

VERLAG ARS LITURGICA . MARIA LAACH

24. VIII. 1156 — 1956
800-Jahrfeier der Weihe der Abteikirche zu Maria Laach

Heuss-Zeichnung der Abtei Maria Laach (24. April 1949),
nach der Reproduktion auf einer Ansichtskarte; zu Dok. Nr. 170

zu erreichen, so daß das »Regieren«, d. h. Unterschriftenmachen und dergleichen, keine Unterbrechung erfahren wird.
Zurückkehren werde ich zu dem 800-Jahr-Fest der Abtei Maria Laach[2]. Die Leute waren dort so nett, die Fotokopie einer Zeichnung, die ich während des Parlamentarischen Rates einmal herunterschmierte, mit meiner Einwilligung als Postkarte zu vervielfältigen[3]. Ich lege Ihnen das Stück spaßeshalber bei. Es ist ja sozusagen die Unterlage der Skizze, die ich Ihnen im Januar gesandt habe[4].
Aber ich schreibe Ihnen ja nun nicht dieserhalb, sondern möchte Sie bitten, die beiliegende Ansprache, die ich auf dem Empfang des Evangelischen Kirchentages im Römer gehalten habe[5], zu lesen, zumal die Schlußpartien, in denen ich den »verfaßten Organen« der Kirche das Recht abspreche, für politische Entscheidungen sich eine Art von Sonderzuständigkeit zuzuwenden. Ich mußte die Dinge vorsichtig formulieren, aber sie sind, wie ich aus mancherlei folgenden Gesprächen entnehmen konnte, gut verstanden und von manchen Menschen sehr herzlich begrüßt worden. Rührend war, daß, als ich nachts um 1/2 11 Uhr den Römer verließ, um zurückzufahren, Tausende aus der Sowjetzone mich erwarteten, so daß ich auf Gerstenmaiers und Zinns Drängen noch eine improvisierte größere Ansprache hielt[6].
Sie werden ja, wie wir schließlich alle, gegenwärtig genug in Sorgen drinstecken; ich möchte Ihnen aber noch eine persönliche Sorge – verzeihen Sie – aufladen: das sind Reden und Äußerungen des Ministers Theodor Blank[7]. Man kann sich mit ihm ja gut und sogar realistisch unterhalten, und er hat sich auch ein paarmal Meinungsäußerungen von mir durchaus zugänglich gezeigt, aber ich habe früher schon einmal darauf aufmerksam gemacht, daß man ihn jetzt nicht zu öffentlichen Reden herausstellen soll. Damals war meine Sorge die organisierte Krachmacherei, die in seine Versammlungen getragen wurde, und die eine psychologische Rückwirkung auf das Ausland haben mußte, die nicht erwünscht ist. Meine neueste Sorge wendet sich nun dagegen, wie er vor Soldaten zu sprechen beginnt. Durch die SPD-Presse läuft, daß er neulich einmal gesagt hat, die Soldaten müßten wieder ein Beispiel im »Vorsterben« geben[8]. Solche Sprüche, die meinethalben sinnvoll waren in der Zeit, da die Einzelwaffe im Nahkampf, im Frontangriff, in der Verteidigung eines besonderen Punktes bedeutsam war, hängen einem, verzeihen Sie, wenn ich mich so derb ausdrücke, gegenüber der anonymen Tragik des modernen Krieges einfach zum Hals heraus. Auch sonst scheint wieder das alte Vokabular fröhliche Urständ zu erfahren, und in ihm wird die Notwendigkeit, für die Militärdinge ein herbes neues Ethos zu schaffen, das auch einer neuen Sprache bedarf, begraben. Sie können ja einen Menschen

auch nicht umwandeln, aber ich kann meine Sorge vor einer traditionellen Banalisierung dieser Dinge vor mir selber nicht verbergen.
Nun hoffe ich, daß Sie doch Zeit zu Spaziergängen und zu pfleglichem Ausruhen gefunden haben[9]. Wir hatten hier nach ewiger Regnerei vier wunderschöne sonnige Tage, die auch nicht zu heiß waren, aber jetzt leben wir schon wieder in der Erwartung des nächsten Regens.
Mit guten Grüßen und Wünschen

Ihr
Theodor Heuss

Nr. 171
14. August 1956 (Bühlerhöhe): Adenauer an Heuss, Bonn

Sehr verehrter, lieber Herr Bundespräsident!

Vor allem lassen Sie mich meiner Freude darüber Ausdruck geben, daß Sie die nächsten Wochen zu Ihrer Erholung benutzen wollen[1]. Wir gehen so aufregenden Zeiten entgegen, daß jeder von uns möglichst gekräftigt ihnen entgegengehen muß[2]. Die Umgegend von Münstereifel ist sehr schön. Hoffentlich werden Sie dort nicht belästigt.
Herrn Blank habe ich geschrieben und ihn aufmerksam gemacht auf die Schwierigkeiten, die er durch derartige Reden hervorruft[3]. Ich habe ihn gebeten, bis auf weiteres alles Reden zu unterlassen. Ich weiß, daß sein in Dortmund lebender Bruder[4] großen Einfluß auf ihn hat und habe ihm Durchschlag des Briefes zur vertraulichen Verwendung übersandt. Hoffentlich nützt es etwas.
Besonders dankbar bin ich für Ihre Ausführungen auf dem evangelischen Kirchentag in Frankfurt. Ich finde sie vorzüglich. Ich bin seit geraumer Zeit empört über die Einmischung von evangelischen kirchlichen Stellen in politische Fragen. Aber als Katholik mußte ich ja schweigen. Wenn von katholischer Seite etwas Ähnliches gekommen wäre, hätte ich nicht geschwiegen. Ich bin wirklich sehr froh, daß Sie gesprochen haben[5].
An der Feier zum 800-jährigen Jubiläum von Maria Laach kann ich leider nicht teilnehmen[6], weil ich mir meine Ferien nicht zerreißen lassen möchte. Ich habe hier sowieso täglich 5 bis 6 Stunden Arbeit.
Das Wetter ist sehr wechselnd. Viel Sturm und Regen, wenig Sonnenschein. Ein genaues Abbild der politischen Sphäre.
Ich habe Herrn von Brentano gebeten, auf der Londoner Konferenz unbedingt an Europa zu denken[7]. Ich glaube, die Verwirklichung Europas in irgend einer Form ist unsere einzige Rettung.
Mit sehr herzlichen Grüßen bin ich wie immer

Ihr Ihnen besonders ergebener
Adenauer

Nr. 172
15. August 1956 (Bad Münstereifel): Heuss an Adenauer, Bühlerhöhe

Verehrter, lieber Herr Bundeskanzler!

Seit Sonntag abend bin ich also für zehn Tage in einem schön abgelegenen Haus bei Münstereifel[1], gehe etwas spazieren und lese entsetzlich viel, wozu ich ja in Bonn nie kommen kann.
Vorgestern erhielt ich einen Brief von Frau Dr. Toni Stolper, die, Ihrer Anregung entsprechend[2], am Freitag mit Sir Ivone Kirkpatrick zusammen gewesen ist. Das Gespräch hat zwei Stunden gedauert. Eine intime Frühstückseinladung bei Herwarth gab den Rahmen. Da ich eine meiner Mitarbeiterinnen von Bonn hier habe, diktierte ich aus Frau Stolpers Brief die Stellen, in denen sie von dem Gespräch einiges erzählt. Ich denke, das Atmosphärische daran wird Sie interessieren[3]. Frau Stolper kommt am 29. August noch einmal zu mir nach Bonn und wird wohl so gegen Mitte September nach New York zurückfliegen. Ich glaube, es würde ihr Freude machen, wenn in dieser Zeit noch einmal eine Begegnung stattfinden könnte, bei der vielleicht das eine oder andere an Eindrücken zu ergänzen wäre[4]. Sie wird ja in England mit vielen Menschen aus der Bildungsschicht zusammenkommen. Ihr Schwiegersohn[5] ist ein junger Gelehrter, und da sie eine sehr kluge Beobachterin ist, wird sie, wenn sie mit denen oder jenen Kreisen in diesen Wochen drüben zusammenkommt, atmosphärisch dies oder jenes mit aufnehmen.
Ich habe, seit ich hier bin, im ganzen ordentliches Wetter und finde es doch ganz gut, einmal ein paar Tage von den ewigen Empfängen, von relativ gleichgültigen Ausländern, die ihren little trip for Europe machen[6], befreit zu sein. Skeptisch bin ich etwas beim Blick in die Zeitung[7], ob Sie auch zwischendurch einen Tag der Entspannung geschenkt erhalten oder sich gönnen, wie man das sagen will.
Mit herzlichen Grüßen Ihr
gez. Th. Heuss

Nr. 173
28. August 1956 (Bühlerhöhe): Adenauer an Heuss, Bonn

Sehr verehrter, lieber Herr Bundespräsident!

Die Ausführungen von Frau Stolper haben mich sehr interessiert[1]. Ich würde mich sehr freuen, sie noch einmal sprechen zu können. Soweit ich meinen Kalender überschaue, würde das aber nur möglich sein am Freitag, den 31. August. Wenn ich mir einen Vorschlag erlauben darf, so

Heuss-Zeichnung, Münstereifel (24. August 1956; zu Dok. Nr. 172)

wäre es der, an diesem Tage um 17 Uhr zu Ihnen zu einer Tasse Tee zu kommen[2].
Ich hoffe, daß Ihr Zufluchtsort wirklich so still geblieben ist, wie Sie es annahmen. Ich denke mir, daß die 800-Jahrfeier der Abtei Maria Laach[3] sehr schön war. Ich konnte leider nicht hingehen, da ich mir meine Ferien nicht völlig zerstören wollte. Sie sind genügend zerstört[4].
Mit verehrungsvollen und herzlichen Grüßen wie immer Ihr

Adenauer

Nr. 174
4. September 1956 (Bonn): Heuss an Adenauer, Bühlerhöhe

Verehrter lieber Herr Bundeskanzler,

Dr. Klaiber teilt mir mit, daß Dr. Globke ihm in Ihrem Auftrag die Frage einer Auszeichnung des Herrn Flick[1] erneut vorgelegt hat[2] – diese Sache ist ja wiederholt an mich herangebracht worden.
Es gibt nun eine Anzahl von Herren, sehr viele sind es nicht, bei denen sich Einsicht oder Instinkt gegen wiederholte Vorschläge gewehrt haben. Zu ihnen gehört auch Herr Flick. Ich nehme an, daß ich seine Funktion in der deutschen Staats- und Wirtschaftsgeschichte nicht falsch sehe: Er ist ein höchst versierter Käufer und Verkäufer von Aktienpaketen – das ist eine schöne Sache, bei der man verdient, aber sich nicht notwendigerweise Verdienste erwirbt.
Ich möchte Herrn Flick nicht Unrecht tun – aber mein Stilgefühl, wenn ich es so nennen darf, sträubt sich gegen diesen Typus[3].
Freundschaftlichen Gruß Ihr

gez. Theodor Heuss

Nr. 175
22. September 1956: Heuss an Adenauer, Bonn

Verehrter, lieber Herr Bundeskanzler!

Wie ich in der Zeitung las, werden Sie auf dem Gewerkschaftskongreß in Frankfurt das Wort ergreifen[1]. Ich selber habe dort vor zwei Jahren eine ziemlich große Rede gehalten[2], und ohne mein Zutun hat ein Bekannter meines Sohnes diese Rede zusammen mit einer früheren, in der ich auch über Arbeiterfragen gesprochen habe, ein bißchen zu pompös drucken lassen[3].
Ich ahne nicht, ob die seinerzeit auch im Bulletin abgedruckte zweite Rede einmal in Ihre Hand gekommen ist, aber ich gestatte mir, sie Ihnen

Empfang des liberianischen Staatspräsidenten Tubman
(9. Oktober 1956)

doch vorzulegen, damit Sie sehen können, in welcher Art ich mich mit den Problemen auseinandersetzte (ab S. 23).

Mit freundlichen Grüßen

Ihr

gez. Theodor Heuss

Nr. 176

27. September 1956 (Bonn): Adenauer an Heuss, Bonn

Sehr verehrter Herr Bundespräsident!

Haben Sie vielen Dank für Ihr Schreiben vom 22. September 1956[1]. Es war sehr freundlich von Ihnen, mir Ihre beiden Reden zu übersenden, in denen ich mit großem Nutzen gelesen habe.

Mit ergebensten Grüßen bin ich wie immer

Ihr

Adenauer

Nr. 177

8. Oktober 1956 (Bonn): Heuss an Adenauer, Bonn

Lieber Herr Bundeskanzler!

Sie werden sicher genau wie ich über die zunehmende Zahl der fremden »Staatsbesuche« in der Bundesrepublik seufzen[1]. Dazu möchte ich Ihnen heute einige Überlegungen nahebringen.

Sicherlich ist die wachsende Beliebtheit der Bundesrepublik als Reiseziel für ausländische Staatsoberhäupter, Ministerpräsidenten und Minister ein gutes Zeichen für die Wiederaufnahme der Bundesrepublik im Kreise der Völker und für die Zurückgewinnung der politischen und wirtschaftlichen Bedeutung unseres Landes. Andererseits sind aber doch manche dieser Besuche – und dazu gehören vor allem die, welche sich selbst eingeladen haben – nur eine strapaziöse Belastung ohne wesentlichen politischen oder wirtschaftlichen Gewinn. Wir haben nun für die nächsten Monate noch ein überreiches Programm vor uns. Wie ich höre, werden Staatspräsident *Gronchi*[2], Premierminister *Eden*[3] sowie die Ministerpräsidenten von Luxemburg[4] und Pakistan[5] erwartet – sicherlich Besuche von politischer Bedeutung. Auch der Besuch des Staatspräsidenten von Costa Rica[6] war offenbar einfach deshalb nicht abzuwehren, weil er offiziell von den Nachbarländern England, Frankreich und Italien eingeladen ist und dort entsprechend gefeiert wird. Ich meine, nun sollten wir es aber vor den Wahlen[7] unbedingt bei dem schon sehr reichen Programm belassen und alle weiteren Anzapfungen, die Bundesrepublik mit einem Staatsbesuch zu beglücken, mit Rücksicht auf das Wahljahr rundweg ablehnen.

Dann noch ein Wort zur Ausgestaltung der Staatsbesuche: Ich habe immer darauf gedrängt, diese Besuche zwar in würdiger Form, aber doch nicht in übertriebener Aufmachung unter zu großem Kostenaufwand hier durchzuführen. Ich glaube, wir haben dafür auch bisher eine richtige Form gefunden. Immer häufiger haben sich aber in letzter Zeit die hiesigen diplomatischen Vertreter der ausländischen Staatsbesucher, insbesondere auch aus den überseeischen Gebieten, bei uns darauf berufen, in welch opulenter Form die offiziellen Staatsgäste in unseren Nachbarländern empfangen würden. Der Präsident von Liberia[8] wird z.B. von einem italienischen Kriegsschiff von Monrovia nach Rom gebracht, die Franzosen schicken ihm einen Sonderzug mit Begrüßungsdelegation nach Rom, so daß wir gar nicht anders können, als ihm auch einen deutschen Sonderzug nach Paris entgegenzusenden. Dieser Wettstreit der westeuropäischen Länder auf diesem Gebiet scheint mir sehr ungut und bedarf meiner Meinung nach dringend einer Koordination.
Ob dabei auch der Umfang der »Geschenke« erörtert werden kann? Gegenüber dem Orient, wo derlei nach meiner Karl May-Kenntnis[9] zum »Brauchtum« gehört, ist dies wohl kaum möglich, und die Ordens-Sache muß ja wohl wegbleiben. Aber *diese* Geschenke! Da ich selber fest entschlossen bin, keines der Dinge, die bei mir gelandet sind oder noch landen werden, als Privateigentum zu behandeln, wird sich bei der Bundesrepublik das seltsamste Raritäten-Kabinett ansammeln – cui bono?
Ich würde vorschlagen, einmal – vielleicht im Rahmen der Westeuropäischen Union – eine Konferenz der Protokoll-Chefs (und gegebenenfalls der Oberhofmarschälle) einzuberufen mit dem Ziel, für die verschiedenartigen ausländischen Staatsbesuche in diesen Ländern protokollarische Rahmenvorschriften ausarbeiten zu lassen, um den leidigen Wettbewerb zwischen diesen Ländern auf dem Gebiet der Staatsbesuche auch im Interesse der Kostenersparnis zu unterbinden[10].
Mit herzlichem Gruß Ihr

Theodor Heuss

Nr. 178

23. Oktober 1956 (Bonn): Heuss an Adenauer, Bonn

Sehr geehrter Herr Bundeskanzler!

Im vergangenen Frühjahr hat der Bundestag eine breit angelegte Aussprache über Fragen der sogenannten Kulturpolitik durchgeführt[1]. Manche mochten seine verfassungsrechtliche »Zuständigkeit« für diesen Problemkreis bestreiten – »Ländersache« –, und in einem unmittelbaren

Sinn mußte das Unterfangen deshalb ja auch folgenlos bleiben. Aber die sozusagen moralische Seite dieser an Argumentationen und Hinweisen so reichen Erörterung kann nicht gut unterschätzt werden. Ich glaube, darüber ein Urteil zu besitzen. Seit meinem Amtsantritt habe ich Wert darauf gelegt, mit den freien und den amtlichen Gremien, die der Förderung der wissenschaftlichen Arbeit gewidmet sind, guten Kontakt zu halten, um des Staates willen, zu dem die gelehrten Kreise in den Vergangenheiten ein oft mehr passives Verhältnis besaßen, aber auch um der Sache willen, die ja schließlich in Teilen mit meiner eigenen beruflichen und auch wissenschaftlichen Arbeit in einem unmittelbaren Konnex steht[2]. Kein Wunder, daß in den Gesprächen auf Kongressen, bei Besuchen, durch briefliche Anfrage oder Anregung diese Sorgen und Erwartungen meinem Bewußtsein immer gegenwärtig gehalten werden. Die nüchterne Mitteilung: »Aber liebe Leute, dafür habe ich doch keinerlei amtliche Zuständigkeit«, wirkt dabei für alle Beteiligten etwas langweilig. Und ich spüre, daß die, wenn man so sagen kann, konkrete Echolosigkeit der Bundestagsdebatte vom Frühjahr Enttäuschungen zu schaffen beginnt.

Die Meinung, die dabei gelegentlich vorgetragen wird, an den offenkundigen Mängeln einer rationellen Wissenschaftspolitik trage das Fehlen eines Bundes-Kultusministeriums die Schuld, halte ich für falsch. Man kann *für,* man kann *gegen* ein solches Ressort ganze Kolonnen von Thesen aufmarschieren lassen. Die Auseinandersetzung, in die wir durch die Entwicklung der Naturwissenschaft und der Technik, durch die Nachwuchs-Sorgen, durch den Rhythmus der staatlichen (oder stiftungsmäßigen) Wissenschaftspolitik, gleichviel ob »freier« oder »totalitärer« Artung, einfach gezwungen sind, darf mit dieser Frage, die an das Grundgesetz rührt und damit legislativ völlig irreal ist, gar nicht belastet werden, denn sie müßte, wie die Dinge liegen, a) einen lediglich theoretischen Charakter haben und Zeitverlust verursachen, b) sie würde ganz unweigerlich Ressentiments wecken, auch wenn man unterstellen wollte, ein solches Bundesministerium sollte nur die »grundsätzlichen« Dinge behandeln, die »Verwaltung« aber möge Ländersache bleiben. Das würde nichts Gescheites – ich glaube, eine unmittelbare Kommunikation ist für die Realisation der Aufgaben nur ein Gewinn. Ich persönlich halte dafür, daß etwa eine gewisse »Konkurrenz« nicht nur der Hochschulen, sondern auch der Hochschulverwaltungen in der Zeit vor 1933 der deutschen Wissenschaftsentwicklung im ganzen recht förderlich gewesen ist. Die Dinge von ehedem sind freilich mit heute nicht mehr vergleichbar. Der im inneren Ausgleich leistungsfähige Vor-Staat Preußen fällt weg, und die finanzielle Struktur der Länder der Bundesrepublik ist zu unterschiedlich.

Doch mache ich diese Niederschrift nicht, um persönliche, gar historische Meinungen vorzutragen, sondern es beschäftigt mich die Sorge, wie die vorhandenen Mittel, die ganz gewiß, vergleichen wir die deutschen Dinge mit dem Ausland, einer sehr bedeutenden Steigerung bedürfen, zum höchsten Wirkungsgrad gebracht werden können. Die Länder haben im »Königsteiner Abkommen«[3] ein Verfahren entwickelt, wie, nach einem Schlüssel, für bestimmte kulturell als gesamtdeutsche Verpflichtung anerkannte Aufgaben die Finanzbasis gesichert werde, eine wohltätig wirkende Einrichtung, nur dem elementaren Bedürfnis nicht mehr gewachsen. Die Konferenz der Kultusminister ist ja dauernd auch mit diesem Fragenkreis befaßt und darum für das Suchen nach der rechten Antwort ein Sammelbecken der Erfahrungen.
Die Bundesministerien ihrerseits verfügen, das ist zum Teil traditionell, auch über Etatmittel für wissenschaftliche Aufgaben, und ich denke, sie sind gelegentlich ganz sinnvoll angewandt. Aber weiß man dort, was an anderer Stelle gearbeitet wird? Es kann dabei dies vorkommen: eine quasi-wissenschaftliche Unternehmung wendet sich hierhin mit der Bitte um Förderung, blitzt ab, doch in einem anderen Haus hat man ein anderes Urteil, gibt ein paar zehntausend Mark, die glatt verplempert sind – zufällig eine eigene Beobachtung. Sie wird öfters vorkommen. Das Geschick eines Bittstellers und die Sachkunde eines Referenten regulieren dann die Wissenschaftsförderung der Bundesrepublik.
Die Anregung geht dahin, daß zwischen dem Bund und den Ländern eine Verständigung erfolgt über ein Organ, das die Rationalisierung der gelehrten Arbeit betreut und überwacht, um einen maximalen Nutzeffekt zu erzielen, Leerlauf und Doppelarbeit auszuscheiden, Vordringlichkeiten festzustellen. Kein »Forschungsministerium«[4], das die »Gefahr« des vorwiegend Behördlichen mit all dem Drum und Dran einschließlich des Rechnungshofes[5] notwendig weckt. Ich nehme die Anregung auf, die vor geraumer Zeit gegeben wurde, einen »Zentralrat« zu bilden, der vom Bund, von den Ländern paritätisch besetzt wird, und einer der einzelnen Größenordnung entsprechenden Anzahl von Gelehrten, für die der Vorstand der Max-Planck-Gesellschaft[6] oder der Forschungsgemeinschaft[7] das Modell geben kann. Ich könnte mir vorstellen, daß man 20 bis 25 Leute nimmt; das würde heißen: nicht auf jedes Land einen Vertreter (dann wird die Sache gleich zu umfänglich). Es wäre Sache der Länder, sich eventuell auf eine geringere Zahl von Leuten untereinander zu verständigen – so wird es seit Jahren etwa im Verwaltungsrat des Germanischen Nationalmuseums praktiziert, dessen Vorsitz ich nach meinem Amtsantritt 1949 beibehalten habe[8].
Was die Strukturierung eines solchen »Rates« betrifft, bezw. seine Legiti-

mation, so habe ich mich in den Gesprächen nicht gegen die wiederholte Anregung gewehrt, er möge, nach Vorschlägen, die dem Bundespräsidenten von den »zuständigen« Stellen vorgelegt werden, eventuell unter dem Recht, einige ziffernmäßig festgelegte Mitglieder in eigener »Vollmacht«, diesen Rat »berufen«, etwa nach dem Vorbild einer Royal Commission in England. Ich glaube, vor der Vermutung gesichert sein zu dürfen, daß es mir irgend darauf ankomme, eine Perle in meine »Krone« zu fügen. Es fehlt in der deutschen Staatspraxis an Präzedenzfällen, wenn man nicht an meinen Auftrag an den verstorbenen Reichswehrminister Dr. Geßler[9] denkt, einen Gutachterausschuß (den wir personell verabredeten) für die Geschichte mit den Kriegsorden zu leiten[10], und an den »Personalgutachterausschuß«[11], der formal dem Bundespräsidialamt angefügt wurde, und dessen von den Fraktionen benannte Mitglieder durch mich berufen wurden. Der »Rückgriff« auf den Bundespräsidenten hat den sachlichen Vorzug, daß hier wohl weitgehend das Mißtrauen ausgeschaltet bliebe, es handle sich entweder um einen Über- oder Vor-Griff der Bundesregierung oder um das Bedürfnis der Länderregierungen, ihre kulturelle Souveränität wie einen rocher de bronze zu stabilisieren. Für meine Vorstellung kann es sich im Werden um etwas wie ein gentlemen agreement handeln, das außerhalb der (legitimen) Überlegung des Parteivorteils bleibt. Eine Behördenapparatur neuen Charakters würde sich dabei erübrigen, wenn, was mir möglich erscheint und wohl auch räumlich seit dem Umbau erreichbar, ein technisches Abkommen mit der Deutschen Forschungsgemeinschaft getroffen würde, die ja im Elementaren verwandten Zwecken dient, aber nach ihrer Struktur der Fähigkeit eines sammelnden und konzentrierenden Gesamtplanes entbehrt.

Denn eine »Planung«, die einer offenen Bestandsaufnahme über das Seiende folgen muß, wird ja in ihren Erörterungen die Disposition über Hunderte von Millionen zu behandeln haben. Darüber zu meditieren ist nicht Sinn dieser etwas umständlich gewordenen Niederschrift, sondern sie soll, da wir ja in Deutschland bei allem »Wirtschaftswunder« und bei all der unausrottbaren Neigung der Deutschen zur Hybris in der Gefahr stehen, Nachzügler zu werden (die wir einmal stolz waren, zweite Hälfte des 19. Jahrhunderts, Vorhut zu sein), eine Bitte sein, diese Frage im Gespräch zwischen Bund und Ländern anzupacken, und zwar frühe genug[12].

Mit freundlichen Grüßen Ihr

gez. Theodor Heuss

Nr. 179
16. November 1956 (Bonn): Heuss an Adenauer, Bonn

Lieber Herr Bundeskanzler!

Im Zusammenhang mit der Umbildung der Bundesregierung[1] hatten Sie mir von Ihrer Absicht gesprochen[2], den Minister Kraft[3] zum Sonderbevollmächtigten für die wasserwirtschaftlichen und wasserrechtlichen Fragen zu bestellen, was einige Zeit nach der Umbildung des Kabinetts erfolgen solle, wie auch den bisherigen Minister Dr. Schäfer[4] in der Form eines Sonderauftrags mit der weiteren Überprüfung der Lage des gesamten unselbständigen Mittelstandes und vor allem der Geistigschaffenden der sogenannten freien Berufe zu betrauen.
Da ich selber ja auf Grund meiner früheren beruflichen Tätigkeit für viele Angehörige dieser freien Berufe eine Daueradresse geworden bin, hatte zunächst die Entlassung von Dr. Schäfer mir eine Anzahl beschwörender Briefe eingebracht, wie mir zum anderen auch zumal aus kommunalen Kreisen Anerkennung für die Tätigkeit von Herrn Kraft zuging.
Es wäre also gut, wenn die Aufgabenkreise in den Händen der Herren, die sie bislang verwalteten, blieben.
Nun macht mich Dr. Klaiber darauf aufmerksam, daß in einer der letzten Kabinettssitzungen die notwendigen Etattitel für 1957 mit je DM 600.000,– für die beiden Sonderbeauftragten eingesetzt wurden, daß man sich aber über die ressortmäßige Eingliederung noch nicht einig werden konnte.
In einer Zeitung las ich nun, daß der Vorschlag des Finanzministeriums dahin geht, *beide* »Sonderaufgaben« bei dem Bundesministerium für wirtschaftliche Zusammenarbeit einzugliedern. Bei dem Büro Kraft, wenn ich das einmal so nennen darf, finde ich das vollkommen berechtigt und in Ordnung, denn dort ist ja sowohl nach der wirtschaftlichen wie nach der landes- und gemeinderechtlichen Lage nicht bloß innerhalb der Bundeszuständigkeit zu koordinieren.
Aber das Büro Schäfer, um den Ausdruck weiter beizubehalten, in dem Bundesministerium für wirtschaftliche Koordination unterzubringen, halte ich für einen vollkommenen Fehlgriff. Und zwar bewegt mich dabei zunächst gar nicht die Frage, ob es für die beiden Herren Blücher und Schäfer eine menschlich sehr schwer erträgliche Situation darstellen würde, wenn Schäfer nun jetzt etatpolitisch von Blücher vertreten werden müsse und dieser auch die parlamentarische Verantwortung dafür zu tragen hätte. Ich glaube auch, daß rein vom Sachlichen her im Bundestag Dauereinwendungen erhoben werden könnten (wäre ich Abgeordne-

ter, so würde ich das ganz gewiß tun). Psychologisch werden aber die beteiligten Kreise enttäuscht und verwirrt, weil sie in dem Ministerium für wirtschaftliche Koordination ja ein ihrem Anliegen völlig fremdes staatliches Instrument sehen. Hier ist nichts zu »koordinieren«, sondern es sind Feststellungen zu machen, die in Vorschlägen und Anträgen voranzutragen sind. Ich bin sehr dafür, wie Sie es ja nicht nur mir gegenüber zum Ausdruck gebracht haben, den Auftrag Schäfer aufrecht zu erhalten, aber ich halte es aus sachlichen wie aus menschlichen Gründen für absolut gegeben, ihn beim Bundeskanzleramt mitanzufügen, zumal ja Sie selber – ich erinnere an die große Rede in Düsseldorf[5] – den ganzen Fragenkreis qua Regierung ins Bewußtsein der Beteiligten getragen haben.

Mit den besten Grüßen Ihr

(gez.) Th. Heuss

Nr. 180

3. Dezember 1956: Heuss an Adenauer, Bonn

Verehrter Herr Bundeskanzler!

Darf ich Ihnen eine kleine Niederschrift vorlegen, zu der mich Mitteilungen und Gerüchte über die Art, wie die Eingliederung des Saarlandes[1] in die Bundesrepublik »gefeiert« werden soll, veranlaßt haben[2]. Ich habe die Sorge, daß hier wieder etwas von dem passieren könnte, was ich neulich »Balladen-Politik«[3] genannt habe.

Mit bestem Gruß Ihr

gez. Theodor Heuss

Nr. 180 A

3. Dezember 1956 (Bonn): Heuss-Aufzeichnung »Zur Feier der Rückgliederung des Saarlandes«

Wie ich am Freitag, dem 30.11.1956, erfuhr – der saarländische Vertreter[1] in Bonn hatte das bei einer geselligen Veranstaltung Herrn Staatssekretär Dr. Klaiber mitgeteilt –, rechnet die Saar-Regierung damit, am 1. Januar den Bundespräsidenten, die Bundesregierung und alle Ministerpräsidenten in Saarbrücken zu sehen[2].

Mit meinem Amt oder mir ist darüber keinerlei Fühlung aufgenommen worden; ich habe nicht die Absicht, über mich »verfügen« zu lassen in einem Verfahren, das ich menschlich für rücksichtslos und politisch für täppisch halte.

So sehr ich begreife, daß ein populäres Bedürfnis diesem Tag einen feierlichen Symbolcharakter zu verleihen wünscht, so halte ich den Massenaufmarsch der bundesrepublikanischen politischen Prominenz für eine falsche Geste, die durchaus Nazi-Stil hat und durchaus als »Besitzergreifung« wirkt. Normalerweise werden Sylvester und Neujahr als Familienfeste respektiert, auch gibt es in den einzelnen Ländern staatliche Überlieferungen besonderer Gratulationscouren – wer also am 1. Januar nicht in Saarbrücken ist, wird totsicher eines mangelnden Patriotismus beschuldigt werden.
Nach meiner politischen Meinung muß die Übernahme würdig, doch ohne Getöse vollzogen werden. Wir betrachten doch das Saarabkommen als Ausgangspunkt für die Ebnung einer deutsch-französischen Verständigung – welcher Widersinn, dann mit nicht ausbleibenden Triumphtiraden Gefühlshemmungen auf der Gegenseite aufzuscheuchen. Es muß vor allem Sorge getragen werden, daß jetzt *nichts* von dem in Saarbrücken geplanten und offenbar als gesichert behandelten »Festprogramm« in die Presse kommt, um noch Stoff für die bevorstehenden Parlamentsdebatten in Paris zu liefern – wir haben keinerlei Grund, dort die Zustimmung psychologisch zu erschweren oder ihr gleich einen peinlichen Nachgeschmack zu geben.
Mein Eindruck ist, daß man etwas mit »Zusagen« der *einen* Stelle operiert, um die *andere* zu nötigen.
Ich selber hatte im Frühsommer den Ministerpräsidenten Ney wohl bei der Max-Planck-Gesellschaft in Stuttgart getroffen und mit ihm in dem Sinne gesprochen, daß ich wohl um die Mitte des Januar 1957 meinen Besuch machen werde[3] (in der Art wie 1949/1950 bei den Regierungen der Bundesländer)[4], und mir sind die Dinge desto lieber, je einfacher, würdiger und ohne Gaudi sie gemacht werden.
Es ist vielleicht angebracht, da die Gerüchte schon herumgehen, was alles passieren soll, eine Abklärung im Kabinett vorzunehmen, da mir sehr ungewiß ist, ob dessen Mitglieder hier eine einheitliche Auffassung haben.

gez. Theodor Heuss

Heuss besucht das Saarland
(Ankunft in St. Ingbert, 27. Januar 1957)

Nr. 181

23. Dezember 1956 (Rhöndorf): Adenauer an Heuss, Lörrach

Sehr verehrter, lieber Herr Bundespräsident!

Als ich von Ihnen zurückkehrte[1], fand ich – 24 Stunden früher als ich erwartet hatte – das Rücktrittsgesuch des Herrn Schäffer vor[2]. Ich habe ihn zu mir gebeten, und wir haben abgemacht, daß es zunächst bis zur Rückkehr aus seinem Heimaturlaub liegen bleiben sollte. – Smirnow[3] bat überraschend vor seinem Abflug nach Moskau um einen Empfang; das Gespräch war gut mit schwachem politischen Untergrund. – Nehru[4] hat angeregt, eine Unterredung mit ihm unter vier Augen in Düsseldorf zu haben[5].

Das sind die letzten Nachrichten vom Schlachtfeld.

Ich hoffe und wünsche sehr, daß Sie dort mit den Ihrigen ein recht ruhiges und schönes Weihnachtsfest begehen[6], und wünsche Ihnen von Herzen alles Gute für das Jahr 1957.

Mit angelegentlichen Empfehlungen und herzlichen Grüßen – auch an Ihre Kinder[7] – bin ich

Ihr sehr ergebener

Adenauer

Nr. 182

24. Dezember 1956 (Lörrach): Heuss an Adenauer, Rhöndorf

Verehrter, lieber Herr Bundeskanzler!

Schönen Dank für Ihre Zeilen[1] und die guten Wünsche, die ich für Sie und die Familie herzlich erwidere. Das Wort, daß Sie Smirnow gern einmal sehen würden (oder so ähnlich), hat ja prompt gewirkt[2]; ich glaube, daß es auch innenpolitisch sinnvoll ist, ihn etwas zu »pflegen«. Soll man beginnen, über Schäffers Nachfolge sich ernsthaft Gedanken zu machen[3]?

Wir stecken hier im Schnee, aber unter der Decke ist Glatteis, so daß mein Sohn mich eingesperrt hat – er will Lörrach nicht zur Landschaft der Präsidentenstürze werden lassen[4].

Von den drei Essays, die zu schreiben ich mir als Weihnachtsbeschäftigung vorgenommen, ist der eine schon geleistet, etwas über Historiographie. Anlaß: der 90. Geburtstag von Walter Goetz[5].

Recht geruhsame Tage – vielleicht sind Sie verlockt, sich mit dem einen oder dem anderen der großen Deutschen zu unterhalten. Ich könnte mir

denken, daß mein Einführungsaufsatz [6] manches enthält, das Ihr Interesse findet.
Alles Gute zum neuen Jahr, das Ihre herrliche Elastizität erhalten soll.
Wie immer

Ihr
gez. Theodor Heuss

Nr. 183
2. Januar 1957 (Lörrach-Tumringen): Heuss an Adenauer, Rhöndorf

Verehrter lieber Herr Bundeskanzler,

das sind die seltsamsten Ferien! Ich fühle mich sehr wohl und darf das Haus nicht verlassen! Nach dem Unfall [1] vor einem Jahr wird darauf Wert gelegt, daß diese Gegend nicht die Landschaft für Präsidentenstürze werde – draußen aber nur verharschte oder ganz vereiste Wege. Ich habe mich aber nun doch, intra muros, aufs Glatteis begeben und einen großen Essay über – Wilhelm Busch [2] geschrieben. Sie werden mit einigem Erstaunen, doch auch mit Nachsicht überdenken, ob das, zumal in dieser Zeit, eine bundespräsidentielle Beschäftigung ist [3].
Aber nun sende ich Ihnen zum Geburtstage das »Kunstbuch« [4], mit dem ich Sie kürzlich schon bedroht habe. Der Hauptinhalt, eine Rede vom September [5], hat ziemlichen Wirbel verursacht; sie sollte, wie ich das einmal formulierte, die ästhetischen Diskussionen »vom Jargon der Suggestion zur Sprache des Verstehens« hinführen. Manches darin – Fragen der Bauformen, Kunst und Staatlichkeit – mag Sie sachlich interessieren. Aber ich werde Sie – bei Gott! – nicht »abhören«, ob Sie die Sache gelesen haben.
Aus der Presse gewann ich den Eindruck, daß der Tag im Saarland gut verlaufen ist [6] – hoffentlich auch ohne Erkältungsattacke. Der Geburtstagswunsch kann sich ja nur auf dies eine konzentrieren: Erhaltung Ihrer wunderbaren gesundheitlichen Elastizität. Daß Sie sich dann und dann werden sorgen und ärgern müssen, kann ich nicht mit braven Worten wegzaubern; bleiben Sie aber frisch, dann werden Sie aber auch künftig mit dem Verdrießlichen fertig.
Haben Sie ein geruhsames Familienfest!
Alles Gute!
Wie immer

Ihr
Theodor Heuss

Nr. 184
31. Januar 1957: Adenauer an Heuss, Bonn

Sehr verehrter Herr Bundespräsident!

Von Herzen wünsche ich Ihnen alles Gute[1]!
Mit vielen Grüßen

Ihr treu ergebener
Adenauer

Nr. 185
14. März 1957 (Cadenabbia): Adenauer an Heuss, Bonn

Sehr verehrter, lieber Herr Bundespräsident!

Es freut mich so sehr, zu hören, daß Sie in diesen Tagen das Bett endgültig verlassen und am 20.3. nach Badenweiler gehen werden[1]. Das Verbot des Arztes »zu schreiben« bleibt hoffentlich bis auf weiteres dann bestehen, damit der »Nachholbedarf« Sie nicht ganz in Anspruch nimmt[2]. Ich habe ja namentlich nach meiner ersten Lungenentzündung empfunden, daß man auch, wenn genesen, recht schonungsbedürftig ist.
Am 19. früh komme ich zurück und werde mir dann erlauben anzufragen, ob Sie mich empfangen können[3].
Ich habe besonders schönes Wetter gehabt und denke, daß ich mich gut erholt habe. Ein Teil meiner Ferienlektüre war Ihre »Schattenbeschwörung«[4]; sie hat mich sehr gefesselt.
Ich hoffe, Sie nächsten Dienstag relativ wohl anzutreffen und freue mich darauf.
Mit vielen herzlichen Grüßen und Empfehlungen bin ich wie immer

Ihr treu ergebener
K. Adenauer

Nr. 186
17. April 1957: Adenauer an Heuss, Badenweiler

Sehr verehrter, lieber Herr Bundespräsident!

Die guten Nachrichten über Ihr Befinden[1] sind eine große Freude; daß die Ärzte Ihnen, wenn auch unter gewissen Einschränkungen, die Reise nach der Türkei[2] gestattet haben, ist ja ein überzeugender Beweis für den guten Stand Ihrer Gesundheit.
Mich überfiel nach meiner Rückkehr aus Teheran[3] ein wahrer Schwall von zum Teil wenig angenehmen Dingen; der Aufstand der Atomwissenschaftler[4], der für mich ganz überraschend kam – Herr Strauß hatte mir

nach einer Aussprache mit Herrn Hahn[5] gesagt, die Herren würden nichts tun –, war innen- und außenpolitisch sehr unangenehm. Nach einer vielstündigen Aussprache, die heute mit fünf der Herren stattfand, scheint die Angelegenheit in einer für beide Teile zufriedenstellenden Weise erledigt zu sein[6].
Ich wünsche Ihnen ein recht schönes und frohes Osterfest und freue mich auf das Wiedersehen mit Ihnen.
Ich bin mit verehrungsvollen und herzlichen Grüßen wie immer

Ihr sehr ergebener
K. Adenauer

Nr. 187
19. April 1957 (Badenweiler): Heuss an Adenauer, Bonn

Verehrter lieber Herr Bundeskanzler,

schönen Dank für Ihren Brief[1].
Die Ärzte – drei sind im ganzen noch anmarschiert, nachdem sie Martini's Unterlagen studiert hatten – wollen mich also nach Ankara fliegen lassen[2], wenn ich konzediere, noch acht Tage hier zu bleiben, um alles an »Reserven« anzusammeln. So werde ich also auch nicht bei der Eröffnung der Gartenschau[3] anwesend sein können, die ja »ungeplant« war – für Sie ja eine Sache voll von allerhand Erinnerungen an den Kampf um den Grüngürtel[4].
Wir haben hier eine schöne Blüte gehabt, aber sehr viele kühle Tage – ich durfte noch nicht draußen sitzen und zeichnen.
Lektüre: einige türkische Dinge.
Die »Beglaubigungs«-Zeremonie mit dem japanischen und dem amerikan. Botschafter ist in beiden Fällen fast behaglich verlaufen, ordentliche Gespräche ohne die Vorlesung der geformten und genormten Banalitäten[5].
Ich denke, daß Ihr rascher Entschluß zu einem Gespräch mit den Atomwissenschaftlern politisch wohltätig wirkte[6]. Die Frage der Waffen-Atom-Technik zu einer Wahlfrage zu machen, würde bedeuten, eine Prämie aufs Dilettieren auszusetzen.
Sie sind mir noch Ihre Erzählungen aus 1001 Nacht schuldig[7] – ich werde mich dann revanchieren. In Ankara sind sie nicht beheimatet. Aber ich war vor Jahrzehnten[8] einige Tage in Instanbul; dort mag man Spuren von ihnen, auch wenn sie arabisch sind, finden, und im übrigen war ja Karl May Mentor unserer Bubenzeit[9].
Gute Osterwünsche

Ihr
Theodor Heuss

Heuss-Zeichnung des Münsters St. Johann (17. August 1957; zu Dok. Nr. 189)

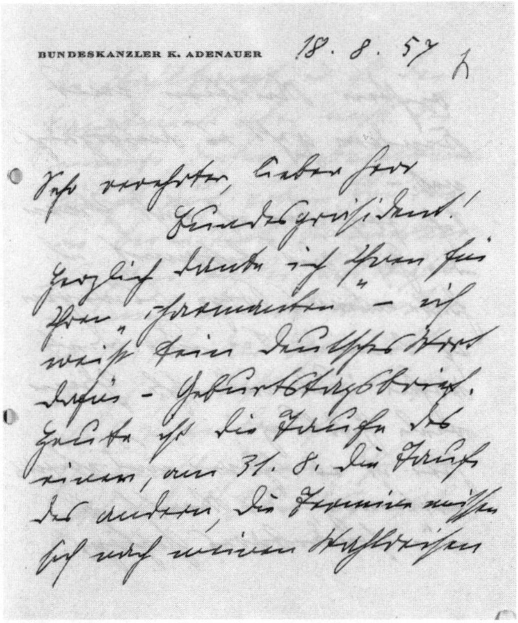

BUNDESKANZLER K. ADENAUER 18. 8. 57

Sehr verehrter, lieber Herr Bundespräsident!

Herzlich danke ich Ihnen für Ihren „[illegible]" – ich weiß kein deutsches Wort dafür – Geburtstagsbrief. Heute ist die Taufe des einen, am 31. 8. die Taufe des anderen, die Termine mußten sich nach meinen Wahlreisen

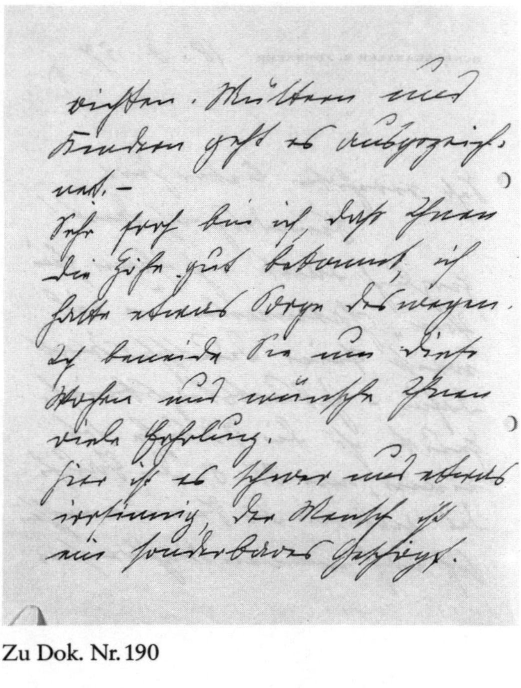

richten. Müttern und Kindern geht es ausgezeichnet. –

Sehr froh bin ich, daß Ihnen die Hitze gut bekommt, ich hatte etwas Sorge deswegen. Ich beneide Sie um diese Wochen und wünsche Ihnen viel Erholung.

Hier ist es schwer und etwas irrsinnig, der Mensch ist ein sonderbares Geschöpf.

Zu Dok. Nr. 190

der Wahlkampf, er ist der Hauptspaß aber nicht der einzige, dieser [illegible] läuft auf vollen Touren. Die begeisterte Aufnahme durch die Wähler (und Wählerinnen) ist noch stärker als 1953. Das Beste allerdings ist, daß am 15. 9. alles vorüber ist.
Ich wünsche Ihnen, sehr verehrter Herr Bundespräsident,

noch schöne und genußreiche Tage und bin mit vielen herzlichen Grüßen wie immer Ihr sehr ergebener

Adenauer

Nr. 188
21. Juni 1957 (Bonn): Heuss an Adenauer, Bonn

Verehrter, lieber Herr Bundeskanzler!

Schon vor geraumer Zeit hatte ich Ihnen einmal davon gesprochen, daß man mich von hoher evangelischer Seite, doch nicht von einer amtlichen Stelle der evangelischen Kirche, bat, mich des Schicksals des Altenberger Doms[1] anzunehmen, da das Erzbischöfliche Ordinariat in Köln sehr bemüht sei, das von Friedrich Wilhelm IV.[2] vor 100 Jahren festgelegte Simultaneum der beiden christlichen Konfessionen aufzuheben. Ich selber würde es aufs stärkste bedauern, wenn hier eine Änderung eintreten würde, da mir an dem Altenberger Dom neben seinem architektonisch und landschaftlich eindrucksvollem Bild gerade diese Doppelfunktion, dem katholischen wie dem evangelischen Gottesdienst zu dienen, geistesgeschichtlich reizvoll erschien. Als ich seinerzeit mit Ihnen über die Sache sprach[3], schien es auch Ihnen, wenn mich die Erinnerung nicht trügt, inopportun, um diesen Bau einen konfessionellen Streit entbrennen zu lassen, der ja auch politisch peinliche Weiterwirkungen haben könnte. Ich selber glaube, daß mein Amt, von der rechtlichen Zuständigkeit abgesehen, es erwünscht erscheinen läßt, daß ich die Zurückhaltung fernerhin bewahre, aber da ich in den letzten Wochen mehrere Zuschriften aus dem evangelischen »Lager«, wenn ich so sagen darf, von Altenberg erhalten habe, die erneut Besorgnis melden und rechtlich etwas ahnungslos mein Eingreifen fordern[4], wollte ich Ihnen doch diese Sache ans Herz legen, damit Sie eventuell nun Ihrerseits retardierend zu wirken versuchen.
Mit schönen Grüßen Ihr
Theodor Heuss

Nr. 189
11. August 1957 (Sils Maria): Heuss an Adenauer, Bonn

Verehrter lieber Herr Bundeskanzler,

um Ihren Posteingang nicht zusätzlich zu vergrößern, habe ich die Geburt des zweiten (18.) Enkelkindes[1] abgewartet, um Ihnen in *einem* Schreiben meine guten Glückwünsche auszusprechen. Manche Leute werden sagen: Da sieht man es wieder, was für ein überlegener Taktiker er ist[2]! Denn viele andere werden sich an Ihrer Familienfreude mitfreuen.
Wir hatten hier[3], mit geringem »Unterbruch«, wie man in der Schweiz phonetisch so stark sagt, zwei Wochen herrliches Sonnenwetter, rechnen

aber jetzt mit einem Wechsel. Dann wird das Wandern und Zeichnen durch das Lesen und Schreiben abgelöst.
Apropos Lesen: um nicht in die politikferne Idylle davonzulaufen, las ich ganz brav die geschickt und munter gemachte Propaganda-Broschüre »versprochen und gehalten«[4] – recht belehrend. Ob aber einer merkt, daß der wichtigste Vorgang dieser Legislaturperiode, die Wehrgesetzgebung[5], überhaupt nicht erwähnt ist?
Viel bin ich hier mit meinem alten Freund, dem 80jährigen Hermann Hesse zusammen, der im gleichen Hotel wohnt[6]; auch sonst stolpert man über mancherlei Bekannte.
Der Erzbischof von Wien[7], auch ein Hotelgast, machte mir seine Aufwartung – demnächst erwarte ich Carl J. Burckhardt.
An den Schluß des Urlaubs kommt ein Besuch in Bern[8], beim Bundesrat.
Für die nächsten Wochen gute Wünsche – übernehmen Sie sich nicht, damit die Gesundheit keine Schädigung erfährt.

(gez.) Ihr Theodor Heuss

Nr. 190
18. August 1957: Adenauer an Heuss, Sils Maria, Schweiz

Sehr verehrter, lieber Herr Bundespräsident!

Herzlich danke ich Ihnen für Ihren »charmanten« – ich weiß kein deutsches Wort dafür – Geburtstagsbrief[1]. Heute ist die Taufe des einen, am 31.8. die Taufe des andern. Die Termine müssen sich nach meinen Wahlreisen[2] richten. Müttern und Kindern geht es ausgezeichnet. –
Sehr froh bin ich, daß Ihnen die Höhe gut bekommt, ich hatte etwas Sorge deswegen. Ich beneide Sie um diese Wochen und wünsche Ihnen viele Erholung.
Hier ist es schwer und etwas irrsinnig, der Mensch ist ein sonderbares Geschöpf. Der Wahlkampf, er ist der Hauptquell, aber nicht der einzige, dieser Erkenntnis, läuft auf vollen Touren. Die begeisterte Aufnahme durch die Wähler (und Wählerinnen) ist noch stärker als 1953[3]. Das Beste allerdings ist, daß am 15.9.[4] alles vorüber ist.
Ich wünsche Ihnen, sehr verehrter Herr Bundespräsident, noch schöne und geruhsame Tage und bin
mit vielen herzlichen Grüßen wie immer Ihr sehr ergebener
Adenauer

Nr. 191
12. Oktober 1957 (Bonn): Heuss an Adenauer, Bonn

Sehr verehrter Herr Bundeskanzler!

Nach Artikel 69 Abs. 2 des Grundgesetzes endigt das Amt des Bundeskanzlers mit dem Zusammentritt des neuen Bundestages. Der bisherige Bundestagspräsident hat den Dritten Deutschen Bundestag auf Dienstag, den 15. Oktober 1957, zu seiner konstituierenden Sitzung zusammengerufen. Gemäß Artikel 69 Abs. 3 des Grundgesetzes darf ich Sie ersuchen, die Geschäfte bis zur Ernennung Ihres Nachfolgers weiterführen zu wollen[1].

Mit vorzüglicher Hochachtung
Theodor Heuss

Nr. 192
29. Oktober 1957 (Bonn): Adenauer an Heuss, Bonn

Sehr verehrter, lieber Herr Bundespräsident!

Vielen Dank für die Durchsicht der Regierungserklärung[1]. Die Erwähnung der Wissenschaft ist unterblieben auf Wunsch des Herrn Schröder. Ich werde aber trotzdem davon sprechen[2].
Mit verehrungsvollen und herzlichen Grüßen wie immer Ihr
Adenauer

Nr. 193
2. Dezember 1957: Heuss an Adenauer, Rhöndorf

Verehrter Herr Bundeskanzler!
Daß auch Sie, wie jetzt so viele Menschen, von der Grippe attackiert worden sind[1], hat mich erschreckt, aber ich denke, Sie werden trotz der inneren Spannung gegenüber der Weltlage[2] den Ärzten gehorsam bleiben, damit die freie Dispositionskraft bald wieder zurückkehrt.
Es ist wohl etwas verfrüht, jetzt schon die Ihnen zugedachte Weihnachtsgabe an Sie abgehen zu lassen, den sogenannten »Ergänzungsband« des Sammelwerkes »Die großen Deutschen«[3], der für die Lektüre im Bett ja zu monströs ist, aber ich denke, in die Rekonvaleszenz eingetreten, werden Sie sich vielleicht gern etwas darin umsehen, vermutlich ein wenig erstaunt darüber, daß der Bundespräsident ausgerechnet über Wilhelm Busch geschrieben hat[4]! Das geschah in den Weihnachtstagen 1956 in Lörrach, als das Glatteis Spaziergänge und dergleichen völlig verboten hatte.

Während einer Wahlreise im Sonderzug
(September 1957)

Das 3. Kabinett Adenauers, v. l. n. r.: Richard Stücklen, Siegfried Balke, Theodor Blank, Fritz Schäffer (verdeckt), Franz Josef Strauß, Gerhard Schröder, Heinrich von Brentano, Ludwig Ehrhard

Bei Papst Pius XII.
(27. November 1957)

Die Italien-Reise[5] war recht strapaziös, was statistisch darin zum Ausdruck kommt, daß ich 1 kg zugenommen habe – wie schön könnte das Leben sein, wenn es keine Diners gäbe, bei denen man immer, immer zwischen den gleichen Leuten sitzt!
Alle Teilnehmer an der Fahrt haben den Eindruck, daß sie nicht nur äußerlich gut verlaufen ist, sondern auch politisch sinnvoll und nützlich wurde. Für mich selber, der ich ja Italien bis Neapel einigermaßen schon von kurzen und langen Aufenthalten kannte[6], ist vor allem der Besuch in Sizilien zu einer starken Bereicherung geworden. Der Empfang im Vatikan[7] hatte Würde. Das etwa eine halbe Stunde währende Gespräch mit Pius XII. war von der Wärme bestimmt, mit der er mir entgegentrat, und ist auch auf einige Personal- und Sachprobleme eingegangen. Die liebenswürdigste Erinnerung wird wohl das gemeinsame Essen mit den Alumnen des Germanicum, bei dem ich eine heiter-ernste Rede an die Elite der jungen Kleriker gehalten habe[8].
Ich hoffe nun sehr, daß, wenn Sie sich rasch erholt haben werden, wir noch über diese zurückliegende Episode wie über die bevorstehenden Aufgaben uns werden unterhalten können[9]. Ich muß ja bald beginnen, mir die Gedanken für meine Neujahrsansprache zurechtzulegen[10].
Mit herzlichen Grüßen und Wünschen

Ihr
gez. Theodor Heuss

Nr. 194
21. Dezember 1957: Adenauer an Heuss, Lörrach

Sehr verehrter, lieber Herr Bundespräsident!

Herzlichst wünsche ich Ihnen und den Ihrigen ein schönes und gesegnetes Weihnachtsfest. Das beiliegende Buch[1] findet vielleicht Ihr Interesse, es würde mich sehr freuen.
Die Natotagung[2] ist, wie ich glaube, sehr gut verlaufen. Herr v. Eckardt[3], der früher abgereist ist, wird Ihnen sicher schon berichtet haben[4].
Für das Jahr 1958 wünsche ich Ihnen und uns allen einen guten Fortschritt unserer Arbeit.
Mit verehrungsvollen und herzlichen Grüßen bin ich wie immer

Ihr
K. Adenauer

Nr. 195

22. Dezember 1957 (Lörrach): Heuss an Adenauer, Rhöndorf

Verehrter, lieber Herr Bundeskanzler!

Ihre freundlichen Zeilen[1] und die Buchgabe erreichten mich heute hier – schönen Dank für beides.
Herr v. Eckardt war am Freitag abend auf meinen Wunsch zu mir gekommen[2]. Ich hatte ihm zur Überprüfung wegen der »Atmosphäre« von Paris den Entwurf meiner Silvesteransprache[3] vorgelegt, und er hatte nichts dagegen zu erinnern, mir aber noch eine Pointe geschenkt.
Hier habe ich schön sonnig-kaltes Wetter angetroffen – die Schwiegertochter liegt freilich mit einer Kopfgrippe im Sanatorium der Caritas in Badenweiler[4]. Mit dem Ausruhen wird es etwas problematisch werden – seit über einem Jahr habe ich die Einleitung zu einer Neuausgabe von Max Webers[5] Politischen Schriften[6] zugesagt, und dies, im Bonner Betrieb nicht zu leisten, wird jetzt fällig – kein leichtes Kapitel.
Eckardt erzählte mir, daß Sie mit den Strapazen in Paris gut fertig wurden – das freute mich sehr.
Und nun: Gelassen frohe Tage in der Familie!
Wie immer Ihr
gez. Theodor Heuss

Nr. 196

2. Januar 1958 (Lörrach): Heuss an Adenauer, Bonn

Verehrter lieber Herr Bundeskanzler,

schönen Dank für den freundlichen Brief[1], den ich mit herzlichen Wünschen zu Ihrem Geburtstag[2] wieder gleich beantworten will. Das läßt sich ja bei Ihnen so angenehm mit dem Zuruf zum neuen Jahr verbinden. Ich möchte dessen gewiß sein, daß die Gesundheit, die Elastizität der Nerven und die überlegene Ruhe in den Entscheidungen Ihnen treu bleiben werden vor den Aufgaben, die das junge Jahr an die Regierung und an die legislativen Körperschaften heranbringen wird[3].
In ein paar Tagen werde ich wieder zu Hause sein – heute hatte ich den Besuch von Carl J. Burckhardt, morgen will mich der Baseler Regierungsrat in seiner Mitte haben[4].
Nicht mein Sohn ist krank, sondern die Schwiegertochter, die von einer hartnäckigen Kopfgrippe ins Sanatorium gezwungen wurde.
Bei Ihnen ist alles hoffentlich wohlauf.
Alles Gute!
Wie immer Ihr
gez. Theodor Heuss

THEODOR HEUSS

BONN, ~~Koblenzer Straße 135~~

Lörrach, 3.1.1958

Verehrter lieber Herr Bundeskanzler

Sie ließen mich wissen, daß ich durch eine Bemerkung in meiner Sylvesteransprache, die dem amerikanischen Professor George Kennan in einer Notiz über die Sterilität der gegenwärtigen Außenpolitik zustimmt, Deutschland „geschadet" habe. Es tut mir leid, daß Sie mich zwingen, solchen Vorwurf mit ganz einfacher Bestimmtheit zurückzuweisen.

Ich habe nie erwartet und erwarten können, daß Sie mit jedem Wort, das ich sprach oder schrieb, einverstanden sein würden, Sie haben aber auch nie eine „Censur" beansprucht, auf die ich mich, nach meiner Natur und nach meiner Amtsstellung, nie eingelassen hätte – dabei stand ja auch nie zur Diskussion, da wir ja in der Beantwortung der großen Fragen, jeder aus seiner Sicht, zu einer sachlich verwandten Auffassung kamen.

Ich habe bei dieser Sylvesteransprache nun ein Übriges getan: sie durch Botschafter von Eckardt überprüfen lassen, (der ja besonderes Flair gerade für politische Zwischentöne besitzt), ob meine Formulierung sich mit der Atmosphäre der Pariser Konferenz vertrage, was er

Zu Dok. Nr. 198

durch Sie bejaht; dieser Hinweis will aber nur nicht eine positive These besorgten Unverstands auf einen „Unschuldigen" ablenken.

Sachlich können Sie ja wohl keine gegen die Statistik Einwendungen erheben, die auf einer unzweifelhaften Forschung beruht gilt – es ist ja Ihre eigene Statistik. Daß ich Schumacher dabei nannte, ist nichts anderes als eine literarische Courtoisie; ich habe den gleichen bewegenden Gedanken schon oft genug ausgesprochen und wollte vermeiden, daß man meint, ich habe ihm das nachgeplappert. Die Kennzeichnung – die dann folgt, ist ja „Erfahrungsweisheit".

Daß ich auf Grund persönlicher Bekanntschaft Schumacher für einen Mann von erheblichem Rang halte, steht dabei nicht zur Diskussion – daß freilich mit Eifersucht ihn kalt gestellt hat, ist mir seit langem eine vertraute Sache.

Es kommt mir aber etwas zu kurzschlüssig vor, anzunehmen, daß die sachliche Nennung bei einer technischen Frage als eine Option für Politik der jetzt Vorträge genommen wird. Warten wir einmal ab. Sie, Herr Bundeskanzler, fürchten, daß Schumacher zu einem Kronzeugen der Opposition in der außenpolitischen Debatte würde. Mag sein. Da hätte ich gar keine Angst. Ich habe die letzten Reden wirklich gelesen und glaube genau gespürt zu haben, wo ihre logischen, wo ihre psychologischen Mängel sitzen.

Ich wollte ihn, mit dem knappen Wort der Er-

THEODOR HEUSS

BONN,
Koblenzer Straße 135

Meinung gar nicht „gut behandeln", aber ich würde es für falsch halten, wenn er bei uns offiziell „schlecht" behandelt wird. (Das Bulletin hat dies ja vor ein paar Wochen kläglich vermieden – ich weiß nicht, ob sich da etwas geändert hat.) Mir ist nicht bekannt, ob Truman empfindlich oder eitel ist. Doch rechne ich mit der Möglichkeit, daß er in der USA Politik wieder einmal Figur wird, d. h. mehr als publizistischer Kommentator."

Wollen Sie für den Umfang dieses Briefes Nachsicht haben. Seine Länge mag Ihnen zeigen, daß es mir meine politischen und menschlichen Gefühle einfach nicht erlaubt, Ihren Vorwurf ohne Widerspruch hinzunehmen, so sehr ich bereit bin, Ihre Besorgtheit zu würdigen.

Mit guten Grüßen

Ihr Theodor Heuss

Nr. 197

2. Januar 1958 (Bonn): Adenauer an Heuss, Bonn

Sehr verehrter Herr Bundespräsident!

Ihre Neujahrsbotschaft[1] habe ich mit großer Aufmerksamkeit gelesen und manche gute Anregung daraus entnommen.
Ich darf mir aber erlauben, Sie auf eine Zeile aufmerksam zu machen, die recht unangenehm für uns ist. Sie sagen an einer Stelle: ich begegne hier einem Wort des »behutsam geistvollen« George Kennan[2] ... Daß Sie, verehrter Herr Bundespräsident, Herrn Kennan als einen »behutsam geistvollen« Mann kennzeichnen, schadet, erlauben Sie mir das offen auszusprechen, der Politik des Bundeskabinetts, wie auch der Mehrheit des Bundestages. Herr Kennan ist zurzeit derjenige Mann, der infolge seiner unrealen Betrachtungsweise zu der Aufweichung in Deutschland in peinlichster Weise beiträgt[3]. Bei der großen außenpolitischen Debatte, die wir demnächst haben werden, wird Herr Kennan Kronzeuge der SPD sein[4]. Es ist daher schmerzlich, daß er von Ihnen so ausgezeichnet ist. Ich werde mir erlauben, Ihnen gelegentlich zu sagen, wie die Amerikaner, insbesondere Eisenhower, seine Politik beurteilen; er hat das Urteil mir gegenüber in Paris ausgesprochen[5].
Ich halte mich für verpflichtet, Ihnen gegenüber diese Auffassung über Ihre Worte zum Ausdruck zu bringen.
Mit verbindlichen Grüßen bin ich Ihr Ihnen sehr ergebener

(Adenauer)

Nr. 198

3. Januar 1958 (Lörrach): Heuss an Adenauer, Bonn

Verehrter lieber Herr Bundeskanzler,

Sie lassen mich wissen[1], daß ich durch eine Bemerkung in meiner Sylvesteransprache, die dem amerikanischen Professor George Kennan in einer Notiz über die Technik der gegenwärtigen Außenpolitik zustimmt, Deutschland »geschadet« habe. Es tut mir leid, daß Sie mich zwingen, solchen Vorwurf mit ganz einfacher Bestimmtheit zurückzuweisen.
Ich habe nie erwartet und erwarten können, daß Sie mit jedem Wort, das ich sprach oder schrieb, einverstanden sein würden, Sie haben aber auch nie eine »Zensur« beansprucht, auf die ich mich, nach meiner Natur und nach meiner Amtsstellung, nie eingelassen hätte – derlei stand ja auch nie zur Diskussion, da wir ja in der Beantwortung der großen Frage, jeder aus seiner Sicht, zu einer sachlich verwandten Auffassung kamen.

Ich habe bei dieser Sylvesteransprache nun ein Übriges getan: sie durch Botschafter von Eckardt überprüfen lassen[2] (der ja besonderes Flair gerade für politische Zwischentöne besitzt), ob meine Formulierungen sich mit der Atmosphäre der pariser Konferenz vertragen, was er durchaus bejahte; dieser Hinweis will aber nun nicht eine Portion Ihres besorgten Unmuts auf einen »Unschuldigen« ablenken.

Sachlich können Sie ja wohl kaum gegen die Skepsis Einwendungen erheben, die auf einen improvisierten Konferenzbetrieb zielt – es ist ja Ihre eigene Skepsis. Daß ich Kennan dabei nannte, ist nichts anderes als eine literarische Courtoisie; ich habe den gleichen sorgenden Gedanken schon oft genug ausgesprochen und wollte vermeiden, daß man meint, ich habe ihm das nachgeplappert. Die Konkretisierung, die dann folgt, ist ja »Eigengewächs«.

Daß ich auf Grund persönlicher Bekanntschaft[3] Kennan für einen Mann von erheblichem Rang halte, steht dabei nicht zur Diskussion – daß Präsident Eisenhower ihn kalt gestellt hat, ist mir seit langem eine vertraute Sache.

Es kommt mir aber etwas zu kurzschlüssig vor, anzunehmen, daß die höfliche Nennung bei einer technischen Frage als eine Option für Thetik der sechs Vorträge[4] genommen wird. Warten wir einmal ab. Sie, Herr Bundeskanzler, fürchten, daß Kennan zu einem Kronzeugen der Opposition in der außenpolitischen Debatte werde. Mag sein. Da hätte ich gar keine Angst. Ich habe die sechs Reden wörtlich gelesen und glaube genau gespürt zu haben, wo ihre logischen, wo ihre psychologischen Mängel sitzen.

Ich wollte ihn, mit dem knappen Wort der Erwähnung, gar nicht »gut behandeln«, aber ich würde es für falsch halten, wenn er bei uns offiziell »schlecht« behandelt würde. (Das Bulletin hat dies ja vor ein paar Wochen klüglich vermieden – ich weiß nicht, ob sich da etwas geändert hat.) Mir ist nicht bekannt, ob Kennan empfindlich oder eitel ist. Doch rechne ich mit der Möglichkeit, daß er in der USA-Politik wieder einmal Figur wird, d. h. mehr als publizistischer Kommentator[5].

Wollen Sie für den Umfang dieses Briefes Nachsicht haben. Seine Länge mag Ihnen zeigen, daß es mir mein politisches und menschliches Gefühl einfach nicht erlaubt, Ihren Vorwurf ohne Widerspruch hinzunehmen, so sehr ich bereit bin, Ihre Besorgtheit zu würdigen.

Mit guten Grüßen

Ihr
Theodor Heuss

Aufenthalt in Straßburg (31. Januar 1957),
vor der Reise nach Vence

Vor der Matisse-Kapelle in Vence
(2. Februar 1958)

Nr. 199
7. Januar 1958 (Bonn): Adenauer an Heuss, Bonn

Sehr verehrter, lieber Herr Bundespräsident!

Haben Sie besten Dank für Ihren Brief vom 3.1.[1] –
Leider war es bis jetzt nicht möglich, Ihnen vorzutragen, wie ich nach Paris[2] die außenpolitische Lage sehe; ich möchte das bald nach Ihrer Rückkehr tun[3]. Ich glaube, daß Sie dann vielleicht meine großen Sorgen verstehen werden.
Herr v. Eckardt hatte mir in Paris gesagt, er müsse früher zurück, da Sie ihn wegen Ihrer Neujahrsansprache zu sprechen wünschten[4]. Ich habe ihn daher sofort zu mir gebeten, als die Ansprache gehalten war. Er hat mir gesagt, sehr verehrter Herr Bundespräsident, daß Sie ihn nur wegen einer Stelle befragt hätten. Daraufhin habe ich mich erst entschlossen, Ihnen zu schreiben, da ich in großer Sorge war und bin. England spielt m. E. eine undurchsichtige Rolle[5], Herrn Kennan hatte man m. E. deshalb nach London geholt.
Mit herzlichen Grüßen

Ihr sehr ergebener
Adenauer

Nr. 200
13. Februar 1958 (Bonn): Heuss an Adenauer, Vence bei Nizza, Frankreich

Verehrter, lieber Herr Bundeskanzler!

Seien Sie ohne Sorge, Sie kriegen von mir jetzt in den Urlaub[1] keine politischen Briefe, und kunstgeschichtliche Anregungen brauche ich Ihnen ja nicht zu geben, denn ein Bild in der Zeitung zeigte Sie ja schon beim Besuch der Kapelle von Matisse[2]. Aber ich erlaube mir, Ihnen die Nummer des Bulletins zu senden, in der die Ansprache[3], mit der ich den Deutschen Wissenschaftsrat eröffnet habe, abgedruckt ist. Ich selber hatte mir ja vorgestellt, daß ich nur zu eröffnen hätte und dann ein Wissenschaftler redet, aber das wollten die Ministerpräsidenten der Länder nicht, und so habe ich mich denn durch die Affäre hindurchgeschlagen, daß jeder (Bund, Länder und Wissenschaft) einigermaßen im Gleichgewicht gehalten wird. Es ist anzunehmen, daß die Frage auch nach dem Start, bis sie zu ihrer inneren Form gekommen sein wird, uns noch manchmal beschäftigen wird.
Der Rhein führt ungeheures Hochwasser[4], aber sonst riecht es nach Vorfrühling.
Ich wünsche Ihnen gutes Wetter und geruhsame Tage.
Mit guten Grüßen

Ihr
Theodor Heuss

Nr. 201

20. Februar 1958 (Vence): Adenauer an Heuss, Bonn

Sehr verehrter, lieber Herr Bundespräsident!

Ihre Ansprache vor dem Deutschen Wissenschaftsrat[1] hatte ich gekürzt gelesen. Ich danke Ihnen, daß Sie mir diese Ansprache jetzt in vollem Wortlaut zusenden. Sie wissen, daß es mir fern liegt, Ihnen gegenüber Höflichkeiten zu sagen, aber es drängt mich, doch Ihnen zu danken dafür, daß Sie in dieser grauenvollen Zeit, in der wir leben[2], so ausgezeichnete Worte gefunden haben.
Ich weiß nicht, ob Sie die Gegend hier kennen? Das Hotel, in dem ich untergebracht bin – ich wohne übrigens nicht allein hier, wie Zeitungen berichtet haben –, liegt 500 m über dem Meer und hat dementsprechend einen prachtvollen Blick über die Voralpenlandschaft und die Meeresbucht von Nizza. Das Wetter ist wechselnd. In der Sonne hatten wir schon 45°. Gestern steckten wir im Schnee und Frost. Augenscheinlich ist die richtige Jahreszeit nicht der Februar sondern der März. Dementsprechend sind auch wenig Fremde an der Riviera.
Churchill habe ich vor einer Woche besucht[3]. Wir waren fast 2 Stunden zusammen. Es war eine sehr herzliche und freundschaftliche, fast ganz unpolitische Atmosphäre. Er war damals in viel besserem Zustand als seinerzeit in Bonn[4].
Aus der leidigen Politik kommt man ja nun leider nicht heraus. Von außen drängt sie sich an einen heran, und auch im Inneren beschäftigt man sich unwillkürlich ständig damit. Der Fluch unserer Zeit.
Seien Sie recht herzlich gegrüßt. Ich hoffe, daß es Ihrer Frau Schwägerin auch besser geht. Grüßen Sie sie bitte auch von mir.

In großer Verehrung

Ihr sehr ergebener
Adenauer

Nr. 202

3. April 1958 (Bonn): Heuss an Adenauer, Rhöndorf

Verehrter, lieber Herr Bundeskanzler!

Es ist mir nicht deutlich, ob der Name Max Weber Ihnen viel sagt. Er ist für mein Gefühl die größte menschliche und wissenschaftliche Erscheinung der Deutschen nach der Jahrhundertwende. In den Weihnachtstagen habe ich für eine Neuausgabe seiner »Politischen Schriften« eine Einführung[1] geschrieben. Sie sind nun ganz gewiß nicht »verpflichtet«

sie zu lesen, aber da ich Sie ja schon ein paarmal in den Lehnstuhl gebracht habe, auf den ein freundliches Osterlicht fallen möge, schicke ich Ihnen den kleinen Essay. Das Buch selber, das von ihm eingeleitet wird, liegt freilich noch nicht vor.

Mit guten Osterwünschen

Ihr
Theodor Heuss

Nr. 203

4. April 1958 (Bonn): Heuss an Adenauer, Rhöndorf

Verehrter, lieber Herr Bundeskanzler!

Wir stehen gegenwärtig im Bundespräsidialamt nicht nur in den komplizierten Vorbereitungen, wie die Reise Kanada–USA [1] verlaufen wird, sondern es ist jetzt festgelegt, nachdem wir im vergangenen Herbst dies noch hinauszögern konnten, daß der türkische Staatspräsident Celal Bayar [2] am 7. Mai für einige Tage hier sein und dann wohl auch noch einiges von Deutschland (Berlin, Hamburg) besuchen wird [3]. Wir haben nun in Bonn keine Gelegenheit, den Sultanspalästen etwas Gleichwertiges zur Seite zu stellen, aber bei den ersten Programmentwürfen, die wir gestern versucht haben, kamen wir auf den Einfall, da ja auch Sie an irgendeiner Stelle als Einladender in Funktion treten sollen, Köln absolut in das Programm einzubeziehen. Dort ist immerhin große Geschichte, etwas Antike und viel hohes Mittelalter, und ich schreibe Ihnen jetzt schon von dem Einfall, da der Part in Köln unter die Beleuchtung Adenauer gestellt wird [4].

Da ja v. Brentano noch abwesend ist [5], das Protokoll neu besetzt [6], und auch bei mir im Haus durch den Krankheitsurlaub von Bleek und das demnächstige Ausscheiden des Ministerialrats v. Heyden [7] bestimmte Kompliziertheiten geschaffen sind – die Zeit drängt etwas –, erlaube ich mir, diesen Gedanken schon in die möglichen Beschaulichkeiten der Ostertage weiterzuleiten.

Mit den besten Grüßen, wie immer,

Ihr
Theodor Heuss

Nr. 204
11. April 1958 (Bonn): Adenauer an Heuss, Bonn

Sehr verehrter, lieber Herr Bundespräsident!

Max Weber[1] sagt mir viel. Er ist – ich weiß nicht, ob ich sagen würde – die größte menschliche und wissenschaftliche Erscheinung der Deutschen nach der Jahrhundertwende, aber er ist sicher – auch nach meiner Meinung – einer der größten. Er wird es auch bleiben, obgleich man neuerdings von seinen Anschauungen doch abrückt.
Ich danke Ihnen für Ihre Aufmerksamkeit, mir den Essay zu schicken. Es war wirklich eine erhebende Osterlektüre.
Mit herzlichen Grüßen bin ich wie immer

Ihr Ihnen sehr ergebener
Adenauer

Nr. 205
3. Juli 1958: Adenauer an Heuss, Bonn

Sehr verehrter, lieber Herr Bundespräsident!

Seien Sie herzlichst willkommen in der Heimat[1]!
Ich bin sehr froh, daß Ihnen die Strapazen gut bekommen sind.
Mit verehrungsvollen herzlichen Grüßen

Ihr
K. Adenauer

Nr. 206
4. Juli 1958: Heuss an Adenauer, Bonn

Verehrter, lieber Herr Bundeskanzler!

Die wunderbaren Rosen haben mich nach der Rückkehr aufs freundschaftlichste begrüßt[1]. Ich darf Ihnen für das liebenswürdige Gedenken bestens danken und hoffe, daß wir beide uns einmal über die drübigen und hübigen Dinge werden unterhalten können[2].
Wie immer

Ihr
gez. Theodor Heuss

Empfang des türkischen Staatspräsidenten Celâl Bayar (8. Mai 1958)

Vor der Villa Hammerschmidt

Beim Staatsbankett im Schloß Brühl;
neben Adenauer seine Schwiegertochter Ulla-Britta geb. Jeansson

Am 30. Mai 1958 in Hannover, mit Siegfried Balke, Otto Hahn, Werner Heisenberg und Heinrich Hellwege

Während des Staatsbesuches in den USA (Juni 1958)
Heuss zeichnet die Missionsgebäude San Carlos Borromeo bei Carmel, Kalifornien

Nr. 207

8. August 1958 (Bonn): Adenauer an Heuss, Lörrach

Sehr geehrter Herr Bundespräsident!

Bevor ich Bonn verlasse, um am Comer See meinen Urlaub[1] zu verbringen, muß ich leider Ihre Urlaubsruhe mit einem Anliegen stören, das mir sehr am Herzen liegt.

Am 10. September d.J. wird mein Staatssekretär, Dr. Hans Globke, sein 60. Lebensjahr vollenden. Ich würde es sehr begrüßen, wenn ihm aus diesem Anlaß das Schulterband zum Großen Verdienstkreuz mit Stern verliehen werden könnte. Ich weiß, daß in der Regel diese Auszeichnung aktiven Beamten erst mit der Vollendung des 65. Lebensjahres zuteil wird. Da aber auch in anderen Fällen, wie mir berichtet wird, von diesem Grundsatz abgesehen worden ist, glaube ich, im Hinblick auf die großen Verdienste des Herrn Staatssekretärs in langjähriger, hingebungsvoller und besonders verantwortungsvoller Arbeit Sie bitten zu sollen, die vorgeschlagene Auszeichnung zu bewilligen[2].

Mit meinen besten Wünschen für Ihre Erholung und besonders für recht gutes Urlaubswetter und
mit freundlichen Grüßen bin ich Ihr sehr ergebener
Adenauer

Nr. 208

10. August 1958 (Lörrach): Heuss an Adenauer, Cadenabbia, Italien

Verehrter lieber Herr Bundeskanzler,

gegen Ihre Anregung in Sachen Globke habe ich von meiner Seite nichts zu erinnern – ich gab sie an Bleek weiter, damit er das Amtstechnische vorbereitet[1].

Wir hatten hier[2] wechselndes Wetter – doch reichte es zum täglichen Spaziergang. Und im Garten des Sohnes befindet sich ein – Schwimmbecken!

Eine größere Unternehmung führte uns auf den elsässer Belchen, den ich als elfjähriger Bube 1895 mit dem Vater[3] das erste – und letzte – Mal besucht hatte – dort gibt es jetzt großartige Hochstraßen. Der »inoffizielle« Besuch endete in einer kolmarer Weinstube mit dem Maire, der auch M.R.P.-Mitglied der Kammer ist[4], mit Sous-Prefekt, Archivar u.s.f. – wir waren einfach im Museum vereinnahmt worden.

Die John-Sache[5] ist, soweit ich die mir hierher gesandte Presse durchsehen konnte, »milde« vorbeigegangen. Aus dem »Publikum« kam nur

ein Protest zu mir[6], vielleicht lagert aber in Bonn noch einiges, mit dem man mich »verschonen« wollte. Doch die Strafe – für mich! – blieb nicht aus. Telegraphisch und in vielen, vielen Briefen werde ich von Verkehrssündern, Päderasten, Defraudanten, Urkundenfälschern, die natürlich fast alle mehr oder weniger unschuldig verurteilt waren, um einen Gnadenerweis gebeten.
Ich versuche, das Faulenzen zu lernen, wofür ich immer nur eine mittlere Begabung besaß. Ich las die verhaltene Schrift des Professors C.F. von Weizsäcker[7] »Mit der Bombe leben«[8], teils eine Revision, teils eine Interpretation der »Göttinger Erklärung«[9] und jetzt will ich an – de Gaulles[10] Memoiren[11].
In acht Tagen geht es wieder nach Bonn. Ihnen wünsche ich, zumal der Besuchsbetrieb der letzten Wochen so intensiv war, ein Maximum an privatem Dasein.
Viele Grüße, auch der Tochter, Ihr
(gez.) Theodor Heuss

Nr. 209
14. August 1958 (Cadenabbia): Adenauer an Heuss, Lörrach

Sehr verehrter, lieber Herr Bundespräsident!

Zuerst danke ich Ihnen herzlich für die Erfüllung meiner Bitte betr. Herrn Globke[1]. Ich glaube, daß Sie ihm mit dieser Anerkennung eine große Freude machen. –
Auch ich habe von der Johnsache[2] nichts mehr gemerkt, unsere Zeit vergißt sehr schnell. –
Ich weiß nicht, ob ich Ihnen erzählt habe, daß Weizsäcker gelegentlich mich besucht[3], ich glaube, daß die Verbindung für beide Teile gut ist. –
Hier ist es sehr schön, zwar am Tage recht heiß und bisweilen schwül, aber morgens und abends kühl, dabei herrliche Sicht auf den See, Ruhe und eine sehr liebenswürdige Bevölkerung. Tagesarbeit halte ich mir nach Möglichkeit vom Leibe, die grundlegenden Probleme beschäftigen mich aber doch sehr.
Ich freue mich über Ihr Zusammensein mit Sohn und Enkel; ich habe z. Zt. meine Tochter Libet Werhahn bei mir, sie ist eine gute Tochter.
Lektüre: Lyrische Gedichte[4], Kriminalromane[5] – hier und da –, die Atombombe u.s.w. von Jaspers[6], viel dösen, viel nachdenken – in Bonn kommt man viel zu wenig zu letzterem – das ist mein Tagesablauf[7].
Ich wünsche Ihnen noch einige schöne Tage fern von Bonn. Globke wird Ihnen verschiedenes zu erzählen haben. Meine Tochter bittet mich Sie zu grüßen und dankt für Ihre Grüße!
In großer Verehrung und Freundschaft wie immer Ihr
K. Adenauer

Bei einem Empfang in der Bad Godesberger Redoute
(24. Oktober 1958)

Nr. 210

17. Dezember 1958 (Bonn): Heuss an Adenauer, Rhöndorf

Verehrter lieber Herr Bundeskanzler,

es mag Sie erstaunen, in dieser argen Zeit eine Gabe von mir zu erhalten, die gar nicht recht in die Atmosphäre der Gegenwart zu passen scheint.
Zur »Beruhigung«: mein einführender Essay [1] ist schon vor einem Jahre geschrieben worden!
Vor bald zwei Jahrzehnten [2] saß ich durch sechs Wochen in der »Zoologischen Station« von Neapel, um die Biographie ihres Gründers in den Archivquellen zu erheben – mit den Söhnen von Anton Dohrn [3] war ich zum Teil seit der Studentenzeit befreundet.
So kommt es, daß ich der Bitte um eine Einführung entsprach – ich halte diese Fresken, wohl neben Arbeiten von Menzel [4] und Leibl [5], für die stärksten Dokumente deutscher Kunst aus dem 19. Jahrhundert. Es sollte mir lieb sein, wenn das Werk Ihnen einige Freude machen könnte.
Herzlichen Weihnachtsgruß

Ihr
gez. Theodor Heuss

Nr. 211

2. Januar 1959 (Lörrach-Tumringen): Heuss an Adenauer, Bonn

Verehrter lieber Herr Bundeskanzler,

um Sie zum Jahresbeginn nicht wieder zu »beunruhigen«, habe ich bei der Sylvester-Ansprache George Kennan *nicht* erwähnt [1], um so mehr, als ich seinen Aufsatz in dem Januarheft von »Foreign Affairs« noch gar nicht kenne [2]. Bei der limitierten Bravheit, deren ich mich in umgrenzten Fragen befleißige, habe ich aber, wie im vergangenen Jahr, die auf Paris [3] bezüglichen Passagen überprüfen lassen durch den Staatssekretär von Eckardt, dessen politisch-publizistisches Judicium, wie auch Sie, ich stark bewerte.
Doch dieser Brief will nicht weiter Politik traktieren – diese wird in den kommenden Monaten noch mancherlei von uns abfordern.
Herr Staatssekretär Bleek wird Ihnen mit meinen Glückwünschen ein Buch übergeben, das in der zweiten Januarhälfte erscheinen soll [4] – es war mir möglich, einige Stücke schon vorher binden zu lassen. Von der Pflicht, es zu lesen, sind Sie im vorhinein entbunden! Keine Zeile dieses »Werkes« ist mit dem Blick auf eine Buch-Publikation geschrieben, kein Strich in meinen vielen Skizzenbüchern hatte den Auftrag, mich bei den

Randfiguren der graphischen Künste anzuwalden. Aber mein Verleger[5] bedrängte mich seit Jahren, diese verstreuten und zufälligen Stücke zu sammeln, und Wilhelm Hausenstein, der meinen Dilettantismus liebte und bei jedem Besuch die neuen Leistungen kontrollierte, wollte immer, daß ich einmal eine »Mappe« herausgebe. Im verwichenen Frühjahr bin ich »schwach« geworden und half durch Hinweise dem Verleger, dort und dort das Zeug zusammenzufinden. Ich gebe ohne weiteres zu, daß es eine gewisse Koketterie ist, literarisches und »künstlerisches« Anfängertum eines Zweiundzwanzigjährigen mit dem relativen Könnertum eines fast Vierundsiebzigjährigen zusammenzustellen, eine gewiß unbundespräsidentielle Beschäftigung! Aber, das ist die Meinung der paar Menschen, die das Werden des Buches von der Nähe erlebten, es wird nicht nur da und dort Erstaunen erregen, vielleicht auch ein mißbilligendes, dann aber doch auch dem und jenem etwas Freude schenken. Es wäre für mich ein »beruhigender« Gedanke, Sie unter dieser Gruppe (oder Schar!) zu wissen.

Mit vielen guten Wünschen Ihr

gez. Theodor Heuss

Nr. 212

10. Januar 1959 (Bonn): Adenauer an Heuss, Bonn

Sehr verehrter, lieber Herr Bundespräsident!

Für die Geburtstagswünsche, die Sie mir durch Herrn Staatssekretär Bleek und in Ihrem Brief vom 2. Januar 1959[1] ausgesprochen haben, danke ich Ihnen herzlich. Ich weiß es sehr zu schätzen, daß ich einer der ersten bin, dem Ihr neues Buch vor seinem Erscheinen in der Öffentlichkeit überreicht wird. Noch habe ich es nicht vollständig lesen können, aber ich kann jetzt schon versichern, daß es mir große Freude macht, mit Ihnen »Von Ort zu Ort« zu wandern.

Mit freundlichen Grüßen Ihr

Adenauer

Nr. 213

Ende Dezember 1958/10. Januar 1959 (Bonn/Lörrach):
Heuss-»Bemerkungen zur Bundespräsidenten-Frage«

1. Es war wohl Ernst Friedlaender[1], der vor einigen Monaten als erster publizistisch den Vorschlag machte, das Grundgesetz zu ändern, d. h. den Satz, der nur eine *ein*malige Wiederwahl zuläßt, zu streichen[2]. Darauf

setzte eine lebhafte Presse-Erörterung ein, die wohl Friedlaenders Vorschlag, mich zum dritten Male zu wählen, menschlich-freundschaftlich würdigte, aber von dem Verfahren als solchem abriet, vor allem die »F.A.Z.«[3] und Eschenburg[4] in der »Zeit«. Ich darf sagen, daß mir *diese* Stimmen und Argumentationen besser gefallen haben, als Friedlaenders Vorprellen, das er auch in einem persönlichen Gespräch leidenschaftlich verteidigte.

2. Ich selber habe in privaten Gesprächen mit Politikern oder sonstwie interessierten Menschen die These gebraucht, daß man ein Grundgesetz nicht deshalb ändern dürfe, weil gerade »ein netter Mann auf dem Markt sei« – diese saloppe Formel hat freilich vielen nicht gefallen. Doch ich wählte sie ganz bewußt, um mit ihrer Drastik anzudeuten, daß die Verfassung nicht auf einen Menschentyp zugeschnitten sei, sondern eine Rechtsform darstelle, in der zunächst die Frage nach den individuellen Eigenschaften völlig offen sei. (Dies letztere gilt, was ein Staatsoberhaupt anlangt, für die Monarchie, wenn sie nicht bereits »demokratisiert« ist, in noch höherem Maße als die Berufung durch eine Wahl.)

Es ist ganz selbstverständlich, daß ich zu dieser Sache bislang keine öffentliche Erklärung abgab, so daß ich in der Presse, zumal in den so farbig unzuverlässigen »vertraulichen« Informationsdiensten, beide Auffassungen vorgetragen fand: ich lehne bedauerlicherweise ab, wie ich sei erstaunlicherweise zu einem 3. Term bereit.

4. Eine Zeitlang wurde der Standpunkt vertreten und verbreitet: die Sache eile ja nicht, man müsse erst das Ergebnis der Landtagswahlen in Bayern, Hessen, (auch Berlin), dann Niedersachsen und Rheinland-Pfalz abwarten (d. h. bis zum April 1959)[5]. Dies erst ermögliche eine Übersicht über die Zusammensetzung der »Bundesversammlung«. In dieser Ansicht, zu der ich verständigerweise auch immer schwieg, liegt ein doppelter Trugschluß. a) Die Problematik einer dritten Kandidatur als solcher hat mit der Zusammensetzung der Bundesversammlung (also dem Ergebnis der »Wahlmänner«-Auswahl, die von den Landtagen zu treffen ist) gar nichts zu tun, sondern liegt in einer verfassungsändernden Rechtsentscheidung von Bundestag und Bundesrat. b) Niemals konnte ich persönlich auf die Idee kommen, eine Kandidatur von parteipolitischen Wahlerfolgen und Konstellationen abhängig zu machen. Das würde nach dem Wahlverlauf von 1954[6], der keinen ernsthaften Gegenkandidaten sah, aus meiner Sicht geradezu eine Schwächung der objektiven wie der moralischen Position eines Bundespräsidenten Heuss bedeuten.

5. Wenn ich »eitel« wäre, was ich hoffe, weder im Bewußtsein des Volkes noch derer, die mich kennen, zu sein, müßte ich die vielfache Freundlichkeit, die ich in diesen Jahren seit 1949 erfahren habe, als Bestätigung

einer ordentlichen Amtsführung und als eine Ermunterung, sie fortzusetzen, bewerten. Am Anfang entsprang die Zustimmung der einfachen instinktiven Freudigkeit der Menschen, daß wieder, wenn auch nur für einen Teil des Vaterlandes, der werdende Staat eine »Spitze« besaß – wer kannte mich schon außerhalb des politischen Kreises, dem ich entstamme, und der Literaten, Wissenschaftler und Künstler, mit denen mein Lebensweg mir die Berührung gebracht hatte! Es ist mir geglückt, die Beziehungen zu breiteren Volksschichten zu verdichten und *so* bescheiden bin ich nicht, um nicht zu wissen, daß das eine nützliche Wirkung für den Staat bedeutet hat. Auch bei den Auslandsbesuchen glaube ich, Deutschland nie blamiert zu haben.

6. Doch handelt es sich nicht um die geschichtliche Position des Heuss – die mag im Positiven und Negativen spätere Historiker beschäftigen, wenn sie sich um den Ablauf unserer verworrenen Epoche kümmern sollten –, sondern um die für einen jungen Staat so wichtige, vom individuellen Zufall abstrahierende Rechtskontinuität. Nach den Erfahrungen der sogenannten »Weimarer Republik« ist die Stellung des Bundespräsidenten verhältnismäßig schwach für die Entscheidungen der Tagespolitik ausgestattet worden; es ist ein Glück, daß das wechselseitige Verhältnis zwischen Bundespräsidenten und Bundeskanzler menschlich durchwärmt[7] war und ist und daß ich in der elementaren Bewegung der Regierungspolitik sachlich zustimmte – eine »Kraftprobe« bei divergierender Ansicht, etwa in Personaldingen, die die »dynamische« Bedeutung der beiden Ämter bestimmen würde – Hugo Preuss[8] hatte seinen ersten Entwurf so konstruiert – wäre bei der dauernd ungesicherten Lage des Staates geschichtlich unsinnig gewesen, ja gefährlich.

7. Eine dritte Kandidatur Heuss wäre eine glatte Verlegenheitslösung und würde, bei aller persönlichen Vertrauensstärke, die *sachliche* Stärke des Bundespräsidenten nicht heben. Sie wäre ein Armutszeugnis für die deutsche Demokratie, die, wie es für die amerikanische und französische notwendig war, sich auf einen Wechsel der Individualitäten, ja der Typen einrichten muß. Ich glaube auch, gerade im Ausland würde eine Verfassungsänderung ad hoc, die immer als ad hominem gedeutet werden müßte, eher verwirrend als klärend wirken: Ist denn die »bürgerliche Demokratie« in der Bundesrepublik nur auf diese beiden Namen Adenauer und Heuss gestellt? Ich glaube, daß ich neben dem Respekt, den der Bundeskanzler genießt, durch einige Reden, die draußen bekannt wurden, durch solche, die ich draußen hielt, auch einige Achtung erwarb, die Deutschland zugute gekommen ist. Doch hat die Haltung der Leute draußen gar nichts mit der menschlichen Gefühligkeit zu tun, die bei der Behandlung dieser Sache durch weite Kreise des deutschen Volkes

geht (vergleiche den Briefeingang im Bundespräsidialamt). Man würde draußen nur erstaunt sein: hat denn dieses deutsche Volk keine Reserven? Meine »Popularität« ist für die anderen doch letztlich völlig uninteressant.

8. Nun ist, mit dem Hinweis auf die schwere politische Situation seit November 1958 (Berlin!)[9], die Frage in die breitere und auch in die vertrauliche Erörterung gekommen, das Grundgesetz so zu ändern, daß man zwar bei der nur einmaligen Wiederwahl bleibt (übrigens lediglich eine Kopie von USA, wo erst in den vierziger Jahren aus einer Gewöhnung eine rechtsverbindliche Vorschrift gemacht wurde)[10], aber, nach dem Weimarer Modell, die Amtsfrist von fünf auf sieben Jahre erhöht und mich zum ersten »Nutznießer« macht, indem man dieser Bestimmung rückwirkende Kraft gibt. Populär würde das eine »lex Heuss« bedeuten. Ich kann nicht sagen, ob die Juristen in Karlsruhe Derartiges als rechtlich zulässig akzeptieren würden. (Von dieser terminierten Spezialfrage abgesehen, bleibt die Erörterung und Entscheidung in diesen Dingen natürlich ein höchst legitimer und überlegenswerter Vorgang.) Aber es ist ein *politisches* Fehldenken. Denn im Jahre 1961 finden, ungefähr zu dem Termin, da ein neuer Bundespräsident gewählt werden müßte, Bundestagswahlen[11] statt – in deren Verlauf würde, ganz unvermeidlich, der kommende Bundespräsident, mit diesem, mit jenem Namen, eine Rolle spielen und seine Funktion als »pouvoir neutre« im Vorhinein zerschlissen werden.

9. Der Hinweis auf die »kritische« Situation des Augenblicks wird von mir nicht überhört. Er hat mehr einen volkspsychologischen Sinn als einen politisch-konstruktiven. Ich möchte mich vor dem Verdacht gesichert wissen, daß ich vor Verantwortungen davonlaufen wollte, ich habe solche, möchte ich glauben, in meinen Amtsjahren nie gescheut. Was hier niedergeschrieben wurde, ist *alte* Überlegung, die durch die letzten Monate diese und diese Nuancierung erfahren mußte. Das Grundgesetz hat ja dem Bundespräsidenten in concreto wesentlich nur subsidiäre Funktionen zugewiesen, wenn ich das Wort gebrauchen kann.

10. Vor einigen Wochen wurde eine offenbar »parteioffiziell« nicht autorisierte Anregung gegeben, die politischen Gruppen möchten über die Persönlichkeit des nächsten Bundespräsidenten in Beratungen eintreten[12]. Ich glaube, der Vorschlag war nicht unrichtig gedacht; daß es für mich als Person etwas lästig wird, immerzu brieflich oder mündlich auf die Sache angesprochen zu werden, ist natürlich völlig zweitrangig; ich bin »hartschlägig« und nüchtern. Aber die Klärung und vorbereitende Entscheidung müssen die verantwortlichen Gruppen frühzeitig und ohne peinliche, schließlich peinigende Zeitbedrängnis anfassen.

11. Es ist mir klar: mein »Ruhestand« wird ein Unruhestand bleiben. »Man« wird den »Alt-Bundespräsidenten« weiterhin für diese oder jene öffentliche Aufgabe bemühen wollen, zumal ich ja in den Jahren meiner Amtsführung mit zahlreichen Verbänden u.s.f. in sachlich fördernde und mithin auch in menschlich vertrauensvolle Beziehungen gekommen bin. Ich werde auch künftig in meiner Art dem Vaterland dienen und meinen Nachfolger[13], wer er auch sei und wo immer es sich sachlich ergibt und empfiehlt, ohne ihn »konkurrieren« zu wollen, soweit er es wünscht, loyal unterstützen.
12. Manche rechnen damit, daß ich als Redner, Publizist, ja vielleicht sogar als Abgeordneter in die aktive Politik des Tages zurückkehren werde – manche hoffen es, manche fürchten es. Ich habe nicht vor, diesen Weg zu beschreiten. Und zwar nicht aus einem »Ruhebedürfnis«, sondern aus der sachlichen staatspolitischen Überlegung: Der »Goodwill«, den ich, das spreche ich ganz gelassen aus, der öffentlich-rechtlichen Figur des Bundespräsidenten in verschiedenen Volks- und Berufsschichten und doch wohl auch in Teilen des Auslands geschaffen habe und der etwas wie ein Stück seelischer Substanz geworden ist, darf nicht gefährdet werden durch eine Rückkehr in partei-politische Kampf-Fronten. Die spezifische deutsche Situation und auch die Zeitlage widerraten einen solchen Schritt.
13. Einige Aufgaben, denen ich tätig nahe stand, will ich weiterpflegen, etwa die Vorsitzenden-Verpflichtung gegenüber dem Germanischen Nationalmuseum[14] in Nürnberg; daß ich das »Mütter-Genesungswerk«[15], soweit dies möglich, auch weiterhin stütze, bin ich dem Gedächtnis meiner Frau schuldig, aber es ist auch sachlich gerechtfertigt. Sonst muß natürlich manches abgebaut werden. Denn der wesentliche Akzent meiner Tätigkeit soll ja den literarischen und wissenschaftlichen Plänen gelten, die durch die Tagesgeschäfte seit 1945 nur ganz gelegentlich angefaßt werden konnten.
14. Daß eine Änderung des Grundgesetzes, was die Position des Bundespräsidenten betrifft, ihre politische Rechtssubstanz, aber auch etwa Amtsdauer von sieben Jahren und nur einmalige Wiederwahl, überdacht werde, ist vollkommen legitim und vielleicht auch nützlich, aber derlei muß völlig von einer aktuellen Personal-Bezüglichkeit abgelöst geschehen. Denn dann hinkt das Ganze. Ich habe hier keine Vorschläge zu machen. In der Zeit des Parlamentarischen Rates überlegte ich mir, ob die bei den Verfassungsberatungen in Weimar von Naumann ausgesprochene Anregung – sie war erfolglos gewesen – aufgenommen werden könne, nach den Erfahrungen eines Zeitraumes von fünf oder zehn Jahren für die ändernde Durchsicht der Verfassung – einmal – eine *einfache*

Mehrheit als möglich einzusetzen[16]. Ich habe davon aber sehr bewußt Abstand genommen. Denn das wäre zu einer Alarmierung des Mißtrauens der Besatzungsmächte geworden. Den Wahlkörper der »Bundesversammlung«, den ich mir im Dezember 1947 ausgedacht hatte[17], als viele von uns an dem öffentlichen Recht der Zukunft bosselten, würde ich freilich belassen, weil er das föderal-demokratische und das unitarisch-demokratische Element aufgefangen hat – das rein plebiszitäre Verfahren scheint mir nach den Hindenburg[18]-Erfahrungen und daneben nach den Chancen für bloße Demagogie nicht ratsam. Diese ganzen Schlußüberlegungen setzen natürlich voraus, daß sie in die Atmosphäre des »Parlamentarischen Rates« gestellt würden, d. h. nicht in Kampfabstimmungen geregelt würden.

15. In einer Zeitung las ich, daß bereits Juristen damit beauftragt seien, das Problem zu untersuchen, ob und wie eine gezielte Verfassungsänderung vorgenommen werden könne. Von wem beauftragt? Ich bin kein »Jurist«, spüre aber dies: das Verfahren müßte sich in einem schwer erträglichen Finassieren vollziehen. Denn ich bin von der Bundesversammlung 1954, so wie sie damals war, für fünf Jahre gewählt worden. Die Bundesversammlung ist ein Organ der Verfassung – sie kann nicht durch Entscheidungen von Bundestag und Bundesrat, etwa über die Amtsperiode, durch gemeinsamen Beschluß, außer Kraft gesetzt werden. Denkt man an derlei, so ist die Verfassungsklage gegeben: ob überhaupt die Unterschrift eines *nicht* mit allen formalen Voraussetzungen *neu* gewählten Bundespräsidenten einem beliebigen Gesetz konkrete Rechtswirksamkeit gebe. Das Amt des Bundespräsidenten – es handelt sich nicht um die Person Heuss – darf nicht in juristischen Kontroversen: ob, ob nicht, im vorhinein zerfasert werden. Schon die Presse-Erörterungen in ihrem Hin und Her, die man ja nicht »verbieten« kann, sind ihm abträglich.

16. Für die vielleicht geplante Verfassungsänderung, ohne Bezüglichkeit auf mich, hat mein Sohn mir eine wohl diskutierbare Anregung vorgelegt: Artikel 54, Absatz II erhält folgende Fassung: »Das Amt des Bundespräsidenten dauert fünf (oder sieben) Jahre. Anschließende Wiederwahl ist nur einmal zulässig, es sei denn, sie erfolgt mit einer Zweidrittelmehrheit.«

17. Um auf die »Berlin«-Frage zurückzukommen, die mir auch in Briefen nach Lörrach vorgeführt wird[19], daß ich »bleiben müsse«: sie jetzt, womöglich öffentlich und mit dem erbetenen positiven Akzent zu beantworten, wäre völlig falsch. Das sollte »beruhigend« wirken, könnte aber eher zu einer Art von Alarm werden. Das volkstümliche Bild, daß man beim Schwimmen über einen Strom das Pferd nicht wechsle, ist sprachlich

aber auch inhaltlich falsch, wenn man es an die rechtliche Funktion des Bundespräsidenten heranführt. Der terminmäßig vorgesehene Wechsel müßte eher als ein Symptom der sachlichen Gelassenheit wirken.

18. Man macht es jedem meiner Amtsnachfolger schwer, indem man mich zu sehr lobt. Die eventuellen Anwärter werden ja geradezu scheu gemacht, wenn sie lesen und hören müssen, ich hätte einen Stil des Bundespräsidenten »geprägt«, der »das Maß« gebe. Ohne das »Prägen« geht es ja offenbar bei den Deutschen nicht. Habe ich denn einen »Stil geprägt«? Ich bin mir dessen nicht bewußt. Ich legte immer Wert darauf, der zu bleiben, der ich war, mit einer unumgänglichen Konzession an bestimmte »protokollarische« Konventionen, die zur Lebensumgebung und den Verhaltenstechniken des äußeren Amtsablaufs gehören – mehr nicht. Daß ich, von den Trivialitäten bei den »Beglaubigungen« abgesehen, nie eine Rede hielt, die ein anderer gemacht hat, war technisch wohl überflüssige Mühe, aber einfache Folge meiner Literaten-Vergangenheit. Vermutlich hat auch ein hohes Amt eine prägende Kraft. Shakespeare hat das großartig in dem Wandel seines Prinzen Heinz zum fünften Heinrich dargestellt[20]. Aber es ist nicht nötig, ins Poetische zu fliehen. Ebert als Geschichtsfigur hat nicht das Amt »geprägt«, aber er ist, da die menschliche Substanz vorhanden war, von ihm großartig geprägt worden. Und wie ist es mit Coty[21]? Als er gewählt wurde, nach vielem Lavieren, war er für viele Franzosen eine Verlegenheitssache; als er gewählt war, hat er ganz offenkundig Sympathie, Respekt, ja Liebe auf sich, nicht bloß auf sein Amt, zu sammeln gewußt.

19. Dieses »Memorandum«, im »Aufbau« von den Überlegungen einiger später Stunden ausgefüllter Tage bestimmt und deshalb nicht rational gegliedert, will keine »Staatsschrift« sein, aber die eigenen Reflexionen einigen für das vaterländische Schicksal mitverantwortlichen Männern vertraulich übermitteln.

20. *Nachtrag, Bonn, den 10. Januar 1959.*

Nach der Besprechung mit meinen beiden nächsten Mitarbeitern Bleek und Bott erfuhr die Lörracher Niederschrift geringe Streichungen und geringe Ergänzungen. Für den weiteren modus procedendi halte ich persönlich für zweckmäßig, zunächst den leider unvermeidlichen 75. Geburtstag am 31. Januar ablaufen zu lassen[22]. Die vermutlich »schönen« Aufsätze, die mich nicht allzusehr interessieren, sollen den Journalisten nicht die Chance geben, gleich dem noch imaginären Nachfolger Verhaltensvorschriften zu geben. Post festum aber scheint mir die Nation und das Amt (um seiner sachlich moralischen Position willen) den Anspruch zu besitzen, daß der Weg zu einer Klärung beschritten wird. Ich bin bereit, wenn das erwünscht ist, dabei als Berater mitzuwirken. Aber ich

glaube, einen Anspruch darauf erworben zu haben, nicht durch das Hinausziehen der Dinge in die Rolle einer sich sträubenden Jungfer gedrängt zu werden, deren Ja oder Nein Stoff für politische Feuilletonisten bildet. Das Schicksal hat mich, ohne daß ich das »erstrebte«, zu einer deutschen Geschichtsfigur gemacht; ich glaube der Aufgabe nach meiner Art genügt zu haben; ich will keinen amtlichen Abschluß, der das Bild dieser Tätigkeit durch freundschaftliche Phantasien – sie blühen rechts, links und in der Mitte – verunklart.
Das ist »poetisch« ausgedrückt, aber um des Amtes und des Staates willen völlig nüchtern gedacht.

Theodor Heuss

Nr. 214
30. Januar 1959: Adenauer an Heuss, Bonn

Sehr verehrter, lieber Herr Bundespräsident,

morgen, an Ihrem Geburtstage, werde ich als Sprecher des Kabinetts unsere Glückwünsche aussprechen[1]. Heute möchte ich es mir gestatten, einige persönliche Worte an Sie zu richten. Meinen Geburtstagsbrief an Sie möchte ich mit sehr herzlichen Worten des Dankes beginnen.
Wir sind uns zuerst im Parlamentarischen Rat begegnet[2]. Ich habe dort viel Sympathie für Sie gewonnen, Ihre Haltung hat mir Respekt eingeflößt. Das hat dazu geführt, daß ich mich damals, im Jahre 1949, mit ganzer Kraft für Ihre Wahl zum Bundespräsidenten eingesetzt habe[3]. Als ich dann Bundeskanzler geworden bin, hatte ich das Glück, Ihnen in diesen langen und schweren Jahren auch in Ihrer Eigenschaft als Staatsoberhaupt näherzukommen.
Sie wissen, daß ich die Politik für ein notwendiges Übel halte und daß ich der Auffassung bin, die intensive Beschäftigung mit ihr trägt nicht sehr zur inneren Hebung des Menschen bei. Ihr Menschentum und Ihre Bildung brachten in diese politische Atmosphäre einen warmen Glanz hinein, die mich mit vielen üblen Seiten der Politik versöhnt haben.
So ist es an mir, Ihnen heute, an Ihrem 75. Geburtstage – einem Tag, an dem wohl jeder für sich allein einen Blick auf die vergangene Lebenszeit zurückwirft – zu sagen, wie ich Ihnen in Dank verbunden bin und wie ich Ihnen von ganzem Herzen noch weitere Gesundheit und schöne Jahre wünsche.
Ich habe lange darüber nachgedacht, wie ich Ihnen mit einem kleinen, persönlichen Geschenk Freude machen kann. Schließlich bin ich auf den Gedanken gekommen – weil wir uns im Parlamentarischen Rat kennengelernt haben, weil Sie so viele Jahre einem Parlament angehörten und

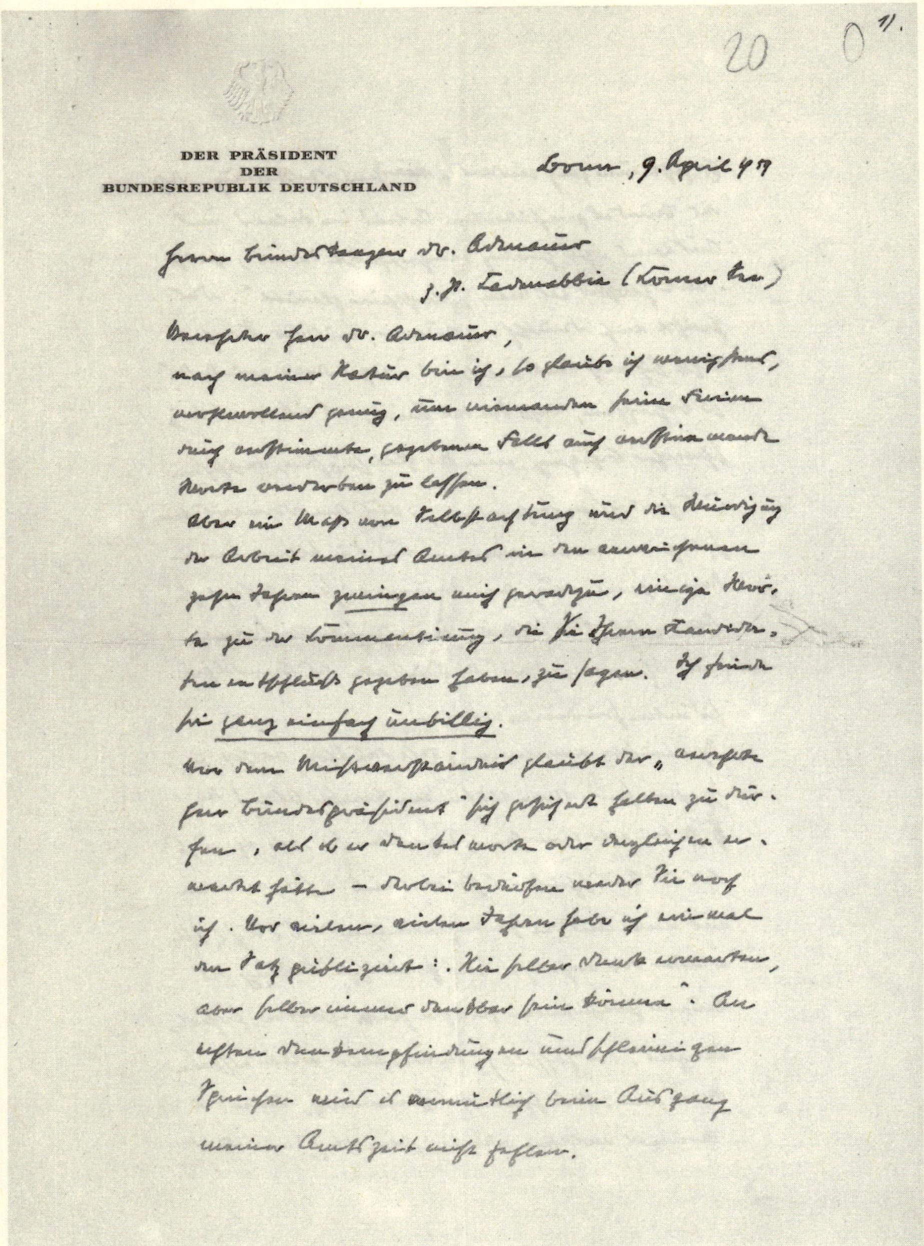
20 0 1/1.

DER PRÄSIDENT
DER
BUNDESREPUBLIK DEUTSCHLAND

Bonn, 9. April 57

Herrn Bundeskanzler Dr. Adenauer
z. Zt. Cadenabbia (Comer See)

Verehrter Herr Dr. Adenauer,
nach meiner Natur bin ich, so glaube ich wenigstens, verständnisvoll genug, um niemandem seine Freude auch an [illegible], gegebenen Falls auch an [illegible] Worte verderben zu lassen.
Aber ein Maß von Selbstachtung und die Würdigung der Arbeit meines Amtes in den zurückliegenden acht Jahren zwingen mich dazu, einige Worte zu der Kommentierung, die Sie Ihren [illegible] in [illegible] gegeben haben, zu sagen. Ich finde sie ganz einfach unbillig.
Vor dem Mißverständnis glaubt der „verehrte Herr Bundespräsident“ sich geschützt halten zu dürfen, als ob er dankbar worden oder dergleichen erwartet hätte — dabei [illegible] werden Sie auch ich. Vor vielen, vielen Jahren habe ich einmal den Satz publiziert: „Nie selber Dank erwarten, aber selber immer dankbar sein können“. An echten Dankesempfindungen und [illegible] Zeichen wird es vermutlich beim Ausgang meiner Amtszeit nicht fehlen.

Zu Dok. Nr. 216

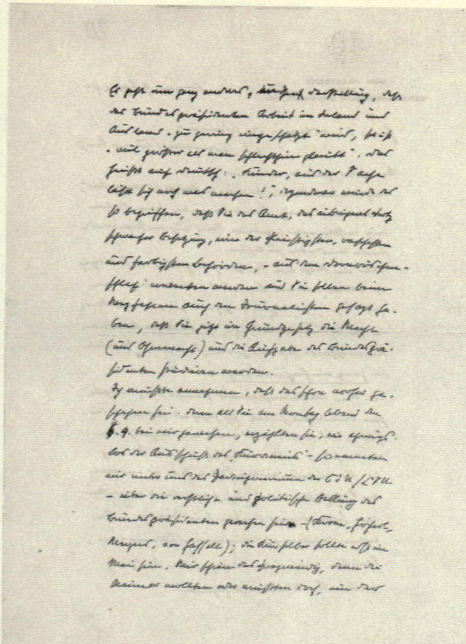

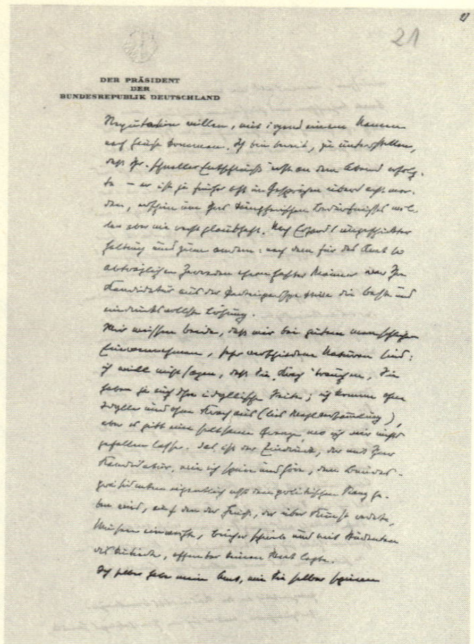
21

DER PRÄSIDENT
DER
BUNDESREPUBLIK DEUTSCHLAND

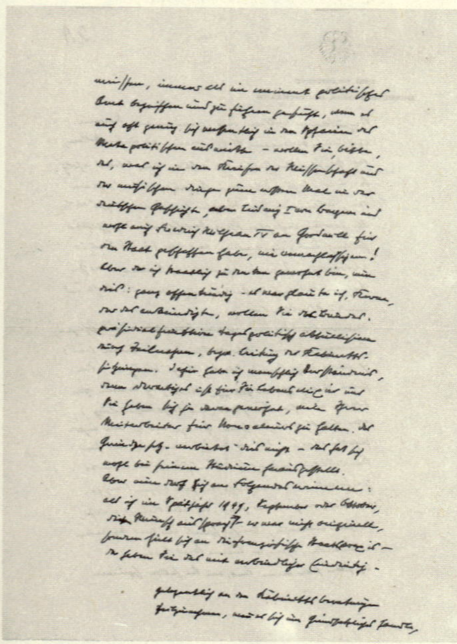

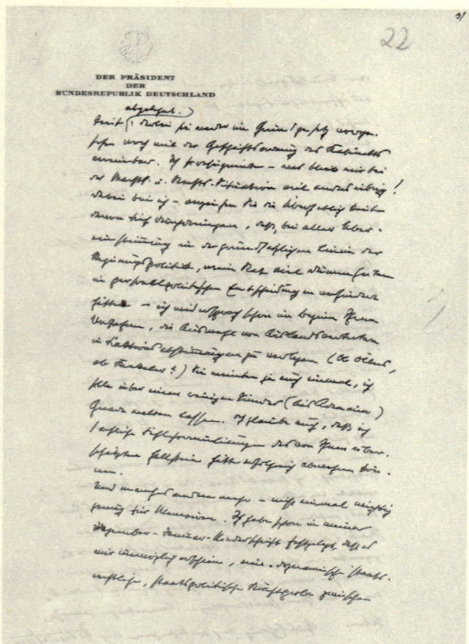
22

DER PRÄSIDENT
DER
BUNDESREPUBLIK DEUTSCHLAND

dem Bundespräsidenten und dem Bundeskanzler als öffentlichen Figuren zu unternehmen, das hatte dieses fragwürdige Staatsunternehmen „Bundesrepublik", nach dem, was die Deutschen erlebt haben, gefördert, ich nenne Ihnen das simpelste Wort: „Politik der Stärke", aus dem Stand der Ohnmacht geworfen, so wenig verbieten wie Carlo Schmid seine Redereien vom „Provisorium" – ich empfahl, vergebens, „Festigkeit" und „Transitorium".

Verzeihen Sie, daß ich Ihnen so ausführlich und so grundsätzlich schreibe. Es geht nicht so sehr darum, daß die psychologische Abwertung des bisherigen politischen Bundespräsidenten mich verletzt haben – ich weiß, daß Sie mir schreiben werden, daß das ein Mißverständnis sei – sondern um die staatliche Sorge. Der gereizte Stellung ungewohnte Ihnen – ich sage Ihnen sie deutlich, so weit wird es Ihnen passen. Es paßt aber nicht für Deutschland.

Nun werde ich, gegen meine ursprüngliche Natur geschwätzig: ich habe das Amt, das ich zehn Jahre verwaltete, nie erstrebt; ich empfinge Bewunderungen aus Ihrer Hand, nachdem Sie festgestellt haben, wie wenig „Macht" (die mich grundsätzlich nie sehr interessiert hat) der Bisherige gegenüber dem Bundestag besitzt, aber ich wehre mich aus einfacher männlicher Selbstachtung gegen den Eindruck, den Sie mit Ihren „staatsrechtlichen" Bemerkungen gemacht haben.

Gute Erholung, auch von diesen jungen Dingen Ihr Theodor Heuss

weil Sie ein Bibliophile sind[4] – Ihnen die beiliegenden Protokolle des Reichstages zu Regensburg[5] zu überreichen. Ich wäre sehr froh, wenn Sie darüber Freude empfinden würden.
Mit von Herzen kommenden Glückwünschen und Grüßen

Ihr sehr ergebener
Adenauer

Nr. 215
24. Februar 1959 (Bonn): Heuss an Adenauer, Bonn

Verehrter lieber Herr Bundeskanzler!

Mein Kamerad der späten Abend- und Nachtstunden ist ein Diktaphongerät, das seltsamerweise irgend jemand »die Minna« getauft hat; der kann ich alle meine Sorgen und Freudigkeit anvertrauen, wenn die Tagesarbeit vorbei ist. Diese Minna weiß, daß sie noch einige Wochen damit beschäftigt sein wird, Dankworte entgegenzunehmen. Aber wir wollen die Sache nicht als tragische Aufgabe, sondern als freudige Pflicht ansehen.
So möchte ich also jetzt noch den »offiziellen« Dank aussprechen für die sehr schöne Barockkommode, die das Bundeskabinett mir gewidmet hat und die ich im Bild schon kenne[1]. Darf ich Ihnen persönlich auch noch den Dank für die beiden mich freilich mit einigem Mißtrauen betrachtenden Bände aus den Reichstagsakten von 1653–54 aussprechen[2]. Wenn ich sehr, sehr alt werde und dann in das Kulturgeschichtliche der politischen Technik von der Vergangenheit eingelassen werde, kann ich dort sicher wie in einem Laboratorium der Geschichte experimentieren.
Mit herzlichem Dank und guten Grüßen, wie immer,

Ihr
Theodor Heuss

Nr. 216
9. April 1959 (Bonn): Heuss an Adenauer, Cadenabbia, Italien

Verehrter Herr Dr. Adenauer!

Nach meiner Natur bin ich, so glaube ich wenigstens, wohlwollend genug, um niemandem seine Ferien[1] durch verstimmte, gegebenen Falls auch verstimmende Worte verderben zu lassen.
Aber ein Maß von Selbstachtung und die Würdigung der Arbeit meines Amtes in den verwichenen zehn Jahren *zwingen* mich geradezu, einige Worte zu der Commentierung, die Sie Ihrem Kandidatenentschluß[2] gegeben haben, zu sagen. Ich finde sie *ganz einfach unbillig.*
Vor dem Mißverständnis glaubt der »verehrte Herr Bundespräsident«

sich gesichert halten zu dürfen, als ob er Dankesworte oder dergleichen erwartet hätte – derlei bedürfen weder Sie noch ich. Vor vielen, vielen Jahren habe ich einmal den Satz publiziert: »Nie selber Dank erwarten, aber selber immer dankbar sein können.« An echten Dankempfindungen und schleimigen Sprüchen wird es vermutlich beim Ausgang meiner Amtszeit nicht fehlen.

Es geht um ganz anderes, um Ihre Darstellung, daß des Bundespräsidenten Arbeit im Inland und Ausland »zu gering eingeschätzt« wird, sie ist »viel größer als man schlechthin glaubt«. Das heißt auf Deutsch: »Kinder, aus der Sache läßt sich noch was machen!«[3], irgendwo wurde das so begriffen, daß Sie das Amt, das übrigens trotz schwacher Besetzung, eine der fleißigsten, raschesten und farbigsten Behörden [ist], »aus dem Dornröschenschlaf« wecken werden, und Sie sollen beim Wegfahren auch den Journalisten gesagt haben, daß Sie jetzt im Grundgesetz die Macht (und Ohnmacht) und die Aufgabe des Bundespräsidenten studieren werden. Ich mußte annehmen, daß das schon vorher geschehen sei. Denn als Sie am Montag abend, den 6. April, bei mir gewesen[4], erzählten Sie, wie ahnungslos der Ausschuß des »Kurvereins« – so nannten wir unter uns das Parteigremium der CDU/CSU[5] – über die rechtliche und politische Stellung des Bundespräsidenten gewesen sei (Krone, Höcherl[6], Meyers[7], von Hassell[8] [sic!]) –; die Kür selber sollte erst im Mai sein. Mir schien das fragwürdig, denn die Männer wollten oder mußten doch, um der Reputation willen, mit irgend einem Namen nach Hause kommen. Ich bin bereit, zu unterstellen, daß Ihr »schneller Entschluß« erst an dem Abend erfolgte – er ist ja früher oft in Gesprächen überdacht worden[9], erschien um Ihres kämpferischen Bedürfnisses willen aber nie recht glaubhaft. Nach Erhards ungeschickter Haltung[10] und zum anderen: nach dem für das Amt so abträglichen Zerreden ehrenhafter Männer[11] war Ihre Kandidatur aus der Parteiperspektive die beste und eindrucksvollste Lösung.

Wir wissen beide, daß wir bei gutem menschlichen Einvernehmen sehr verschiedene Naturen sind: ich will nicht sagen, daß sie »Krach« brauchen, Sie haben ja auch Ihre idyllische Seite; ich komme ohne Idylle und ohne Krach aus (lies Wahlversammlung), aber es gibt eine seltsame Grenze, wo ich mir nichts gefallen lasse. Das ist der Eindruck, daß mit Ihrer Kandidatur, wie ich spüre und höre, dem Bundespräsidenten eigentlich erst der politische Rang gegeben wird, auf den der Heuss, der über Kunst redete, Museen einweihte, Bücher schrieb und mit Studenten diskutierte, offenbar keinen Wert legte.

Ich selber habe mein Amt, wie Sie selber spüren müssen, immer als ein eminent politisches Amt begriffen und zu führen gesucht, wenn es auch oft genug sich wesentlich in den Sphären des Metapolitischen auswirkte –

wollen Sie, bitte, das, was ich in den Kreisen der Wissenschaft und der musischen Dinge zum ersten Mal in der deutschen Geschichte, neben Ludwig I. von Bayern[12] und wohl auch Friedrich Wilhelm IV.[13] an Goodwill für den Staat geschaffen habe, nie vernachlässigen! Aber da ich staatlich zu denken gewohnt bin, nun dies: ganz offenkundig – es war, glaube ich, Krone, der das ankündigte, wollen Sie die Bundespräsidialfunktion tagespolitisch aktualisieren durch Teilnahme bezw. Leitung der Kabinettssitzungen. Dafür habe ich menschlich Verständnis, denn derartiges ist für Sie Lebenselixier, und Sie haben sich ja daran gewöhnt, viele Ihrer Mitarbeiter für Nonvaleurs zu halten. Das Grundgesetz »verbietet« dies nicht – das hat sich wohl bei seinem Studium herausgestellt. Aber nun darf ich an Folgendes erinnern: als ich im Spätjahr 1949, September oder Oktober, diesen Wunsch aussprach, ‹ gelegentlich an den Kabinettsberatungen teilzunehmen, wenn es sich um Grundsätzliches handle ›[a] – er war nicht originell, sondern hielt sich an die französische Staatspraxis[14] –, da haben Sie das mit verbindlicher Eindeutigkeit abgelehnt: derlei sei weder im Grundgesetz vorgesehen noch mit der Geschäftsordnung des Kabinetts vereinbar[15]. Ich resignierte – was blieb mir bei der Macht- und Rechts-Situation viel anders übrig! Dabei bin ich – verzeihen Sie die Überheblichkeit – davon tief durchdrungen, daß, bei aller Übereinstimmung in der grundsätzlichen Linie der Regierungspolitik, mein Rat viel Dummheiten in personalpolitischen Entscheidungen verhindert hätte – ich widersprach schon im Beginn Ihrem Verfahren, die Auswahl von Auslandsvertretern in Fraktionsabstimmungen zu verlegen (ob Oellers[16], ob Krekeler[17]?). Sie meinten ja auch einmal, ich solle über einen reuigen Sünder (lies Adenauer) Gnade walten lassen. Ich glaube auch, daß ich sachliche Fehlformulierungen des von Ihnen überschätzten Hallstein hätte erfolgreich abwehren können[18].

Und manches andere mehr – nicht einmal wichtig genug für Memoiren. Ich habe schon in meiner Dezember-Januar-Niederschrift[19] festgelegt, daß es mir unmöglich erschien, eine »dynamische« staatsrechtliche, staatspolitische Kraftprobe zwischen dem Bundespräsidenten und dem Bundeskanzler als öffentlichen Figuren zu unternehmen. Das hätte dieses fragwürdige Staatsunternehmen »Bundesrepublik«, nach dem, was die Deutschen erlebt haben, gefährdet. Ich konnte Ihnen das sinnlose Wort »Politik der Stärke«, aus dem Stand der Ohnmacht gesprochen, so wenig »verbieten« wie Carlo Schmid seine Redereien vom »Provisorium« – ich empfahl, vergebens, »Festigkeit« und »Transitorium«[20].

Verzeihen Sie, daß ich Ihnen so ausführlich und so persönlich schreibe. Es geht nicht so sehr darum, daß die psychologische Abwertung des bisherigen politischen Bundespräsidenten mich verletzt habe – ich weiß,

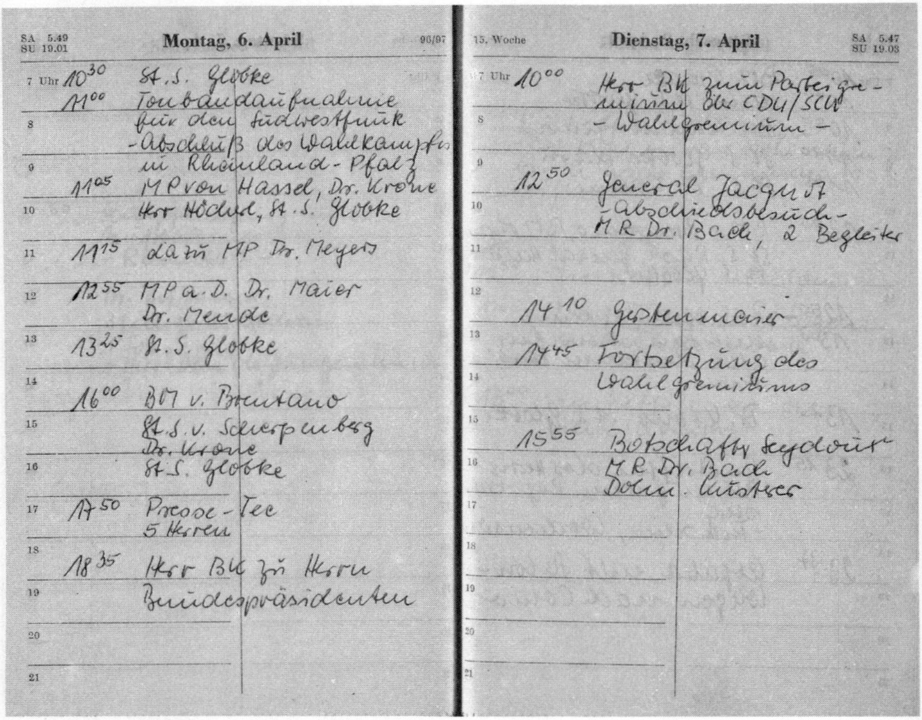

Termine des Bundeskanzlers (6.–9. April 1959)

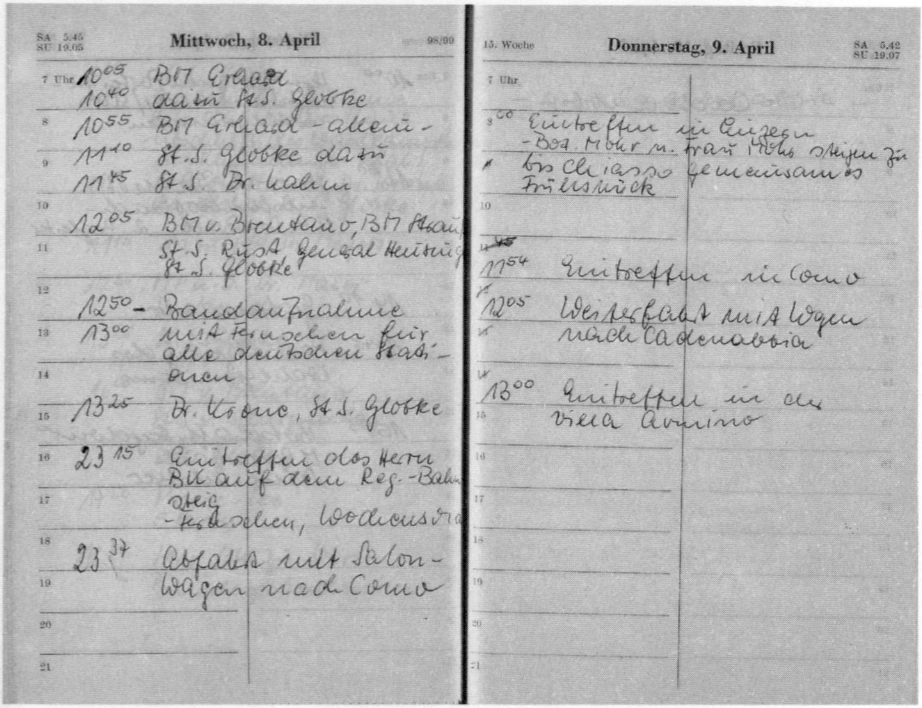

SA 5.45
SU 19.05

Mittwoch, 8. April

98/99

7 Uhr

10^{05} BM Erhard
10^{40} dann St.S. Globke
8
10^{55} BM Erhard – allein –
11^{10} St.S. Globke dann
9
11^{45} St.S. Dr. Hahn
10
12^{05} BM v. Brentano, BM Strauß
11
St.S. Rust, General Heusinger
St.S. Globke
12
12^{50} – Bandaufnahme
13
13^{00} mit Fernsehen für alle deutschen Stationen
14
15
13^{25} Dr. Krone, St.S. Globke
16
23^{15} Eintreffen des Herrn BK auf dem Reg.-Bahnsteig
17
– Händeschütteln, Wochenschau
18
23^{37} Abfahrt mit Salonwagen nach Como
19
20
21

15. Woche

Donnerstag, 9. April

SA 5.42
SU 19.07

7 Uhr

8^{00} Eintreffen in Lugano
– Bot. Mohr u. Frau Mohr steigen zu
9
bis Chiasso gemeinsames Frühstück
10
11
11^{54} Eintreffen in Como
12
12^{05} Weiterfahrt mit Wagen nach Cadenabbia
13
14
13^{00} Eintreffen in der Villa Arminio
15
16
17
18
19
20
21

daß Sie mir schreiben werden, daß das ein Mißverständnis sei –, sondern um die *staatliche* Sorge. De Gaulles Stellung imponiert Ihnen – ich sagte Ihnen ja kürzlich, so etwas würde Ihnen passen[21]. Es paßt aber nicht für Deutschland.
Nun werde ich, gegen meine nüchtern-ironische Natur, pathetisch: ich habe das Amt, das ich zehn Jahre verwaltete, nie erstrebt; ich empfing es sozusagen aus Ihrer Hand, nachdem Sie festgestellt hatten, wieviel mehr »Macht« (die mich persönlich nie sehr interessiert hat) der Bundeskanzler gegenüber dem Bundespräsidenten besitzt, aber ich wehre mich aus einfacher männlicher Selbstachtung gegen den Eindruck, den Sie mit Ihren »staatsrechtlichen« Bemerkungen gemacht haben.
Gute Erholung, auch von diesem zornigen Brief, Ihr
Theodor Heuss

Nr. 217
13. April 1959 (Cadenabbia): Adenauer an Heuss, Bonn

Sehr verehrter, lieber Herr Bundespräsident!

Ihren Brief vom 9. April[1] erhielt ich gestern am 12. April mittags, als die Herren Staatssekretäre van Scherpenberg[2] und Globke zur Besprechung der Instruktion für die deutsche Delegation der Arbeitsgruppe über die Konferenzen[3], die Anfang dieser Woche in London zusammentrifft, bei mir waren. Ich bitte Sie daher zu entschuldigen, wenn ich Ihren Brief nicht handschriftlich beantworte. Aber es liegt mir sehr daran, meine Antwort Herrn Staatssekretär Globke, der heute am Spätnachmittag nach Bonn zurückgeht[4], mitzugeben, ‹ damit sie möglichst bald in Ihren Händen ist ›[a].
Ihr Brief, sehr verehrter Herr Bundespräsident, den Sie ja selbst in Ihrer Schlußformel als einen »zornigen« Brief bezeichnen, zeigt mir, wie bewegt Sie von den Vorgängen der letzten Wochen und Monate sind. Was meine Person angeht, so beruht Ihr Brief auf falschen Annahmen, und ich fühle mich daher durch ihn verletzt. Es ist mir wirklich unverständlich, daß Sie mir nach 11 Jahren der Zusammenarbeit ein derartiges Verhalten zutrauen.
Ich glaube, es ist am richtigsten, wenn ich Ihnen zunächst den Verlauf der ganzen Angelegenheit kurz schildere:
Am Donnerstag, den 2. April, teilte mir Herr Globke mit, daß innerhalb der CDU/CSU-Fraktion eine Gruppe ernsthaft darauf ausgehe, mich zu veranlassen, mich als Kandidaten für das Amt des Bundespräsidenten aufstellen zu lassen. Auf meine Frage, wer die Herren seien, erklärte er

mir, darüber noch keine Angaben zu besitzen. Ich tat das Ganze mit irgendeiner Bemerkung ab und legte dieser Mitteilung keine Bedeutung bei.

Am Freitag, den 3. April, wurde ich von Herrn Globke dahin informiert, daß ich damit rechnen müsse, daß in der für Dienstag, den 7. April, vorgesehenen Besprechung des Wahlgremiums der CDU/CSU mir die Frage vorgelegt werden würde, ob ich nicht bereit sei, mich nominieren zu lassen. Ich nahm die Sache auch jetzt noch nicht ernst, sie schien mir eine der vielen Kombinationen zu sein, die umherschwirrten. Am Montag, den 6. April, waren vormittags bei mir – auf ihren Wunsch mit der Begründung, daß wir eine Vorbesprechung über die für den 7. April vorgeschlagene Versammlung haben müßten –: Dr. Krone und Höcherl, Ministerpräsident Meyers, Ministerpräsident von Hassel. Ich zog Staatssekretär Globke hinzu. Die Besprechung dauerte knapp zwei Stunden. In dieser Besprechung trugen mir Herr Krone und Herr Höcherl folgendes vor:

Sie seien der Auffassung, daß der von der SPD benannte Professor Schmid weder im ersten noch im zweiten Wahlgang die absolute Mehrheit erhalten werde. Es sei nicht wahrscheinlich, daß ein Kandidat der CDU/CSU in den beiden ersten Wahlgängen die absolute Mehrheit erhalte, es sei denn, daß eine Persönlichkeit vorgeschlagen werde, die sowohl in der CDU/CSU wie auch in anderen Parteien besonderes Ansehen genieße. Es wurden darauf in der Diskussion mehrere Namen genannt. Man war sich darin einig, daß die Genannten nicht ein solches Ansehen hätten, daß sie alle Stimmen der Mitglieder der CDU/CSU in der Bundesversammlung erhalten würden und dazu noch genügend Stimmen aus anderen Gruppen der Bundesversammlung, eine absolute Mehrheit werde wohl auch für den CDU/CSU Kandidaten nicht herauskommen. Es werde also wohl zu einem dritten Wahlgang kommen müssen. Wie Sie wissen, entscheidet im dritten Wahlgang die relative Mehrheit. Die Herren Krone und Höcherl erklärten mir, sie hätten sichere Nachricht, daß die Sozialdemokratie im dritten Wahlgang Herrn Dr. Gerstenmaier vorschlagen würde. Wenn das geschehe, drohe die ernsthafte Gefahr, daß die CDU/CSU auseinanderfallen werde, so daß Herr Gerstenmaier durch die Oppositionsstimmen, vermehrt durch eine Anzahl CDU/CSU-Stimmen, die relative Mehrheit erhalten würde. Sie, Krone und Höcherl, hätten Herrn Gerstenmaier gefragt, ob er eine solche Wahl annehmen werde. Er, Gerstenmaier, habe nicht nein gesagt, sondern zum Ausdruck gebracht, daß er, wenn etwas derartiges erfolge, wohl nicht anders könne, als anzunehmen. Die Anwesenden sagten, daß ein derartiges Auseinanderfallen der CDU/CSU bei der Abstimmung und die Wahl des Herrn Dr. Gersten-

maier durch die Sozialdemokratie plus eines Teiles der CDU-Stimmen für die CDU/CSU und für unsere ganze bisherige Politik ernsteste Folgen haben würde.
Dann richtete Herr Meyers an mich die Frage, ob ich unter solchen Umständen nicht bereit sei, mich zur Verfügung zu stellen.
Die von den Herren Krone und Höcherl gemachten Mitteilungen waren mir völlig neu. Ich antwortete, daß dann eine sehr ernste Situation vorliege, ich müßte mir die Frage überlegen.
Ich habe dann in Gegenwart dieser Herren anhand des Grundgesetzes die Frage zu klären versucht, welche Rechte und Möglichkeiten ein Bundespräsident habe, wenn er und der Bundeskanzler entgegengesetzter Meinung und Auffassungen in wichtigen politischen Fragen seien. Ich habe erklärt, daß der Bundespräsident, wenn es nicht zu einem Ausgleich der Meinungsverschiedenheiten komme, im allgemeinen nur negative, allerdings wirksame Einwirkungsmöglichkeiten auf die Regierungsgeschäfte habe. Ich habe ausdrücklich erklärt, daß ich Sie, sehr verehrter Herr Bundespräsident, entsprechend den Bestimmungen des Grundgesetzes und der Geschäftsordnung der Bundesregierung über alle wichtigen Fragen unterrichtet und Ihre Auffassung festgestellt hätte. Falls unsere Auffassungen nicht übereinstimmten, hätten wir in der Diskussion Übereinstimmung hergestellt. Ich habe ausgeführt, daß Ihr Staatssekretär bei allen Kabinettssitzungen anwesend sei, daß Ihnen ständig die wichtigen Vorgänge zugeleitet worden seien, daß Sie an den außenpolitischen Fragen mitgewirkt hätten, daß Sie sich auch die Minister einzeln zum Vortrag bestellt hätten usw. Wenn Ihre Mitwirkung bei den Regierungsgeschäften nach außen nicht besonders in Erscheinung getreten sei, so habe das daran gelegen, daß Sie und ich von Anfang an in allen wichtigen Fragen übereinstimmender Meinung gewesen seien, so daß es niemals zu einem erheblichen Gegensatz zwischen Ihnen und mir gekommen sei.
Wir haben uns dann am Schluß dieser Besprechung darauf geeinigt, daß in der Sitzung am folgenden Tag, am 7. April, Namen überhaupt nicht genannt werden sollten, sondern erst in einer Besprechung am Freitag, den 22. Mai.
Ich war am Abend des 6. April bei Ihnen und habe Ihnen gesagt, daß man sich auf keinen Namen geeinigt habe, man wolle mit der Diskussion über Namen bis zum 22. Mai warten. Ich habe Ihnen nicht gesagt, was Dr. Krone und Herr Höcherl über ihre Kenntnisse bezüglich des Vorgehens der SPD berichtet haben und nichts gesagt über ihr Gespräch mit Herrn Gerstenmaier. Ich hielt mich aus Gründen der Diskretion gegenüber Krone, Höcherl und Gerstenmaier für verpflichtet, darüber zu schweigen.

Am Dienstag, den 7. April, fand dann die Sitzung des großen Gremiums vormittags unter meinem Vorsitz als Vorsitzendem der CDU Deutschland statt. Ich habe, nachdem zunächst einige hier nicht interessierende Reibereien zwischen der Bundestagsfraktion und den Landesparteien aus der Welt geschafft waren, anhand von einigen Notizen einen Vortrag gehalten über die Mitwirkung des Bundespräsidenten bei den Regierungsgeschäften und über die Möglichkeiten, die ihm zur Verfügung ständen, falls der Bundespräsident und der Bundeskanzler in wichtigen politischen Fragen verschiedener Auffassung seien. Ich habe auch in diesem Gremium sehr nachdrücklich hervorgehoben, daß zwischen Ihnen und mir alle wichtigen Dinge, evtl. durch Modifizierung der Meinung des Einen oder des Anderen, geklärt worden seien, so daß wir die ganzen Jahre über in vollster Harmonie miteinander gearbeitet hätten. Ich habe in diesem Gremium Worte größter Dankbarkeit und Anerkennung für Sie ausgesprochen; in der Öffentlichkeit das zu tun, wäre wohl zeitig verfrüht gewesen.
Ich schlug vor, daß die Herren sich das Gehörte einmal in Ruhe überlegen sollten. Von den Mitteilungen der Herren Krone und Höcherl über die Absichten der Sozialdemokratie im dritten Wahlgang wurde in meiner Gegenwart nicht gesprochen. Es wurde dann eine Mittagspause eingelegt. Ich war während dieser Pause in meinem Arbeitszimmer, um einige dringende Sachen zu erledigen. Es kam nach einer Pause Herr Gerstenmaier zu mir und bat mich, im Auftrage sehr zahlreicher Mitglieder der Versammlung, wie er sagte, zunächst an der weiteren Besprechung nicht teilzunehmen. Er kam nach einiger Zeit wieder und sagte mir, die Versammlung bestehe darauf, daß heute, das heißt am 7. April, eine Entscheidung falle. Es sei unmöglich, bis zum 22. Mai zu warten, und zwar verlange man einmütig, daß ich mich zur Verfügung stellen solle. Ich war von dieser Entwicklung völlig überrascht. Sie stand ja im direkten Gegensatz zu der am Tage vorher getroffenen Abmachung, daß erst am 22. Mai Namen zur Diskussion gestellt werden sollten. Die Situation spitzte sich dann aber so zu, daß ich gezwungen war, eine Entscheidung zu treffen. Die CDU/CSU-Fraktion, zu der nach Beendigung des Wahlgremiums Herr Krone hinging, war völlig von diesem Ausgang überrascht, stimmte aber einstimmig zu, mit Ausnahme des Herrn Abgeordneten Leverkuehn[5], der erklärt haben soll: Was bei der Kandidatur Erhard der Wirtschaft recht sei, sei bei einer Kandidatur Adenauer der Politik billig.
Das ist der Verlauf der Angelegenheit. Für alles, was in der Folge in der Presse gestanden hat, übernehme ich in keiner Weise die Verantwortung. Ich habe es niemals so dargestellt, daß nunmehr, wie Sie schreiben, der »Dornröschenschlaf« sein Ende finden werde. Es tut mir aufrichtig leid,

sehr verehrter Herr Bundespräsident, daß Sie von mir eine völlig falsche Meinung haben. Ich kann nur nochmals betonen, daß ich in den beiden einzigen Besprechungen, die ich gehabt habe – am 6. und 7. April –, Ihre Mitarbeit bei der Erledigung der Regierungsgeschäfte ausführlich – zum Teil im einzelnen – betont habe, daß ich darauf hingewiesen habe, daß von den im wesentlichen negativen Mitteln, die dem Bundespräsidenten bei Schwierigkeiten mit dem Bundeskanzler nach dem Grundgesetz zur Verfügung stehen, niemals Gebrauch gemacht worden sei, da zwischen Ihnen und mir immer Übereinstimmung geherrscht habe.
Mit verehrungsvollen Grüßen bin ich

Ihr Ihnen sehr ergebener
Adenauer

Nr. 218
14. April 1959 (Bonn): Heuss an Adenauer, Cadenabbia, Italien

Verehrter Herr Bundeskanzler,

der Groll, der mir am 9.4. spät abends durch die Feder floß[1] – ich war in Essen bei der Zehnjahresfeier des Industrie- und Handelstages gewesen[2] – hat Sie »verletzt« – die Wunde wird heilen und der Groll verrauchen. Aber der Satz Ihrer Antwort, daß es Ihnen »wirklich unverständlich, daß Sie mir ... ein derartiges Verhalten zutrauen«, zeigt mir: das Motiv meines Schreibens ist Ihnen leider fremd geblieben.
Ich habe nie die Meinung gehabt, daß Sie mich kränken wollten oder bei unserem Montagsgespräch[3] getäuscht hätten – vielleicht, vielleicht wäre es gut gewesen, wir hätten in einem früheren Stadium das Problem Ihrer Nachfolgerschaft im Pro und Contra erörtert. Aber das schrieb ich doch wohl: nach dem Hin und Her der Namenzerredung war die Entscheidung eindrucksvoll und zumal aus der Parteiperspektive eine lösende Tat. Freilich, man könnte sich vorstellen: eine vorbereitende Erörterung hätte dem Vorgang das Head-line-Sensationelle genommen. Doch das ist ja jetzt Geschichte. Die internen Sorgen, von denen Sie mir schreiben, waren mir natürlich so fremd wie Ihnen: Problem eines 3. Wahlgangs mit E[ugen] G[erstenmaier].
Der Keim meines Einspruches ist in den »zwei Sätzen« zu finden, da Sie »mit allem Nachdruck« den Deutschen und der Welt mitteilen, daß die Stellung usf. des BuPrä zu gering eingeschätzt wird als man schlechthin glaubt. Ich will Sie nicht noch einmal »verletzen«: aber das ist entweder saloppe Nonchalance des Ausdrucks oder alarmierende Banalität, alarmierend, weil der bisherige Verwalter des Amtes diese »Größe« offenbar nicht »glaubhaft« machen konnte. Oh hätten Sie mich doch zu Rate gezo-

gen, ich hätte Ihnen das alles eleganter formuliert wie auch die Sätze, die folgten.

Es ist haargenau das eingetroffen als Echo dieser Schlußausführungen, was ich sofort vermutete: ich kriege entrüstete Briefe [4] – das veranschlage ich nicht sehr hoch –, ich erhielt den unerwarteten Besuch eines Mannes mit internationalem Namen [5], der gar nichts anderes wollte, als mich mit seiner »Empörung« trösten (ich bin gar nicht trostbedürftig), es setzte, aufgescheucht durch diese Formulierung, eine verfassungsrechtliche Diskussion ein, ob es jetzt zur richtigen Verfassungswirklichkeit käme. U.s.f. Das geht bis zu den staatsrechtlichen Spekulationen, der BuPrä müsse seinen präsumtiven Nachfolger nach dessen Wahl »entlassen«, was ich für eine Albernheit halte.

Natürlich weiß ich, daß Sie nicht für die und die Pressekommentierung verantwortlich zu machen sind, aber die sind nun eben durch *Ihre* Kommentierung des Entschlusses zur Kandidatur ausgelöst worden. Und daß Ihre Parteifreunde dabei sind, mit dieser gräßlichen Nachgiebigkeit zur publicity – das ist keine Partei-, sondern eine Weltkrankheit – durch die Verschiedenheit der Interpretation die sozusagen gewonnene Klärung weiterhin zu verwirren ‹ . . . › [a], ist Ihnen eine so geringe Freude wie mir.

Es geht für mich in dieser Auseinandersetzung um *meine historische Reputation.* Ist das eine Form von »Eitelkeit«? Ich glaube nicht. Ich habe eine ziemlich deutliche Vorstellung von meinen Fähigkeiten und von ihren Grenzen. Aber ich wehre mich, *um des Staates willen,* für den ich mitverantwortlich bin, daß mein Mühen bagatellisiert wird. Da ich Sinn für das Paradoxe besitze, betrachte ich gelassen, daß Leute, die dem 75-Jährigen beteuerten, wie wunderbar es sei, was er aus den entmachtenden Papierparagraphen des Grundgesetzes gemacht habe, jetzt bestätigen, daß er gar nicht gemerkt habe, was eigentlich er hätte machen *können* oder müssen.

Ich weiß gut genug, daß Sie persönlich diese meine Leistung nie bagatellisiert haben, aber in der ominösen Formung Ihrer Erklärung vom 8. April ist sie nun eben mit allen Konsequenzen enthalten. Mein »zorniger« Brief vom 9. April war kein »Angriff«, sondern »Abwehr«.

Mit freundlichen Grüßen

Ihr

Theodor Heuss

Nr. 219
3. Mai 1959: Adenauer an Heuss, Bonn

Habe soeben die Nachricht von Prof. Martini über Ihren Gesundheitszustand erhalten[1]. Ich bin sehr froh, daß es Ihnen besser geht. Hoffe, Sie bald zu sehen.

Adenauer

Nr. 220
19. August 1959 (Cadenabbia): Adenauer an Heuss, Bonn

Sehr verehrter, lieber Herr Bundespräsident,

ich hoffe sehr, daß die Verletzungen, die Ihr Herr Bruder[1] bei dem Verkehrsunfall davongetragen hat, nicht zu ernster Natur sind und darf Sie bitten, ihm meine besten Wünsche für eine baldige Genesung zu übermitteln.
Mit herzlichen Grüßen

Ihr
(gez.) Adenauer

Nr. 221
20. August 1959 (Bonn): Heuss an Adenauer, Cadenabbia, Italien

Verehrter, lieber Herr Bundeskanzler!

Für die freundliche Teilnahme an dem Unfall, der meinen Bruder Hermann, der kurz vor seinem 77. Geburtstag steht, betroffen hat, darf ich Ihnen sehr herzlich danken[1].
Der Schwiegersohn[2] meiner Schwägerin Hedwig ist ein sehr tüchtiger Arzt und abends und morgens unser Berichter. Freilich, was er zu melden hat, hört sich böse an. Der Unfall ist am Montag abend nach 17 Uhr passiert, als mein Bruder in der Nähe seiner Wohnung eine Straße überquerte und dabei von einem Mopedfahrer angefahren wurde. Es wird vermeldet, daß er einen Schädelbasisbruch erlitten hat, einen Handbruch und Verletzungen am Bein. Er hat seitdem das Bewußtsein nicht wieder gewonnen, das Herz ist schwach und unruhig und, da er im Grund ein zarter Mann ist und daher keine größeren Reserven hat, sollen wir uns mit seinem Ableben vertraut machen[3].
Ich hatte in den letzten Tagen allerhand exotischen Besuch. Der Kaiser von Äthiopien, Haile Selassie[4], wie der König von Saudi-Arabien[5] waren meine Teegäste. Der letztere mit 15 Mann Gefolge. Es war für mich persönlich wie eine Rückkehr in meine Jugendzeit: Karl May[6]. Es war aber

»Unter vier Augen«
(»Hamburger Abendblatt«, 21. Mai 1959)

In Cadenabbia (1959)

»Hano vorläufig bin aber i no Präsident«
(»Südkurier«/Konstanz, 28. Mai 1959)

teils ganz nett verlaufen, und beide Herren haben mich gebeten, Ihnen ihre achtungsvollen Grüße zu übersenden, was ich mit diesen Zeilen ganz brav tue.
Heute mittag hatte ich den Obersten Richter der USA, Mr. Warren[7], mit seiner Gattin zum »Frühstück« und Mr. Bruce[8] bei mir[9]. Mr. Warren ist ein Mann von moralischem Rang. Wir hatten Dr. Strauß vom Justizministerium und Dr. Katz[10] von Karlsruhe mit als Gäste – Gebhard Müller ist in Italien zur Erholung. Mr. Warren geht auch noch nach Karlsruhe. Er hat in Berlin eine auch rechtsgeschichtlich ganz interessante Rede gehalten, die mir die Basis für meine Tischrede gab.
Am Sonntag war ich für wenige Stunden in München, um auf Wunsch des Herrn von Thadden[11] an der Schlußkundgebung des Kirchentages teilzunehmen[12], wobei er mich freilich inständigst bat, kein Wort von den Dingen in der Sowjetzone[13] zu sagen, so daß ich auf meine vorbereitete Ansprache verzichtete und eine kleine Rede improvisierte, die aber dann doch die vielen Hunderttausende irgendwie erfaßte. Ich erlaube mir, Ihnen die Bandaufnahme der improvisierten Rede mitzusenden, weil ich ein paar Dinge darin gesagt habe, die doch auch einen politischen Akzent besaßen, und bei denen die Massen sehr unmittelbar »mitgegangen« sind.
An Minister Dr. Lübke schreibe ich[14], daß er zu dem kurzen Besuch, den Eisenhower bei mir machen wird[15], zum Schlußteil mitkommen möchte, damit er ihn noch kennenlernt.
Wir haben hier recht sommerliches Wetter. Ich hoffe, daß Sie sich selber den Betrieb etwas vom Leibe halten können und wirkliche sommerliche Ferien genießen, die ich für mich persönlich erst nach dem 15. September[16] angesetzt habe.
Mit guten Grüßen und Wünschen Ihr
Theodor Heuss

Nr. 222
31. August 1959 (Bonn): Heuss an Adenauer, Cadenabbia, Italien

Verehrter lieber Herr Bundeskanzler!

Wenn Sie in einer der gelassenen Ausruhestunden, die Sie jetzt hoffentlich reichlich finden werden, sich etwas Spaß machen wollen, dann lesen Sie vielleicht die kleine Rede, die ich am 26. August in Köln gehalten habe[1].
Mit schönen Grüßen und Gutwetterwünschen Ihr
Theodor Heuss

Mit Amtsnachfolger Heinrich Lübke und dem amerikanischen Präsidenten Dwight D. Eisenhower (27. August 1959)

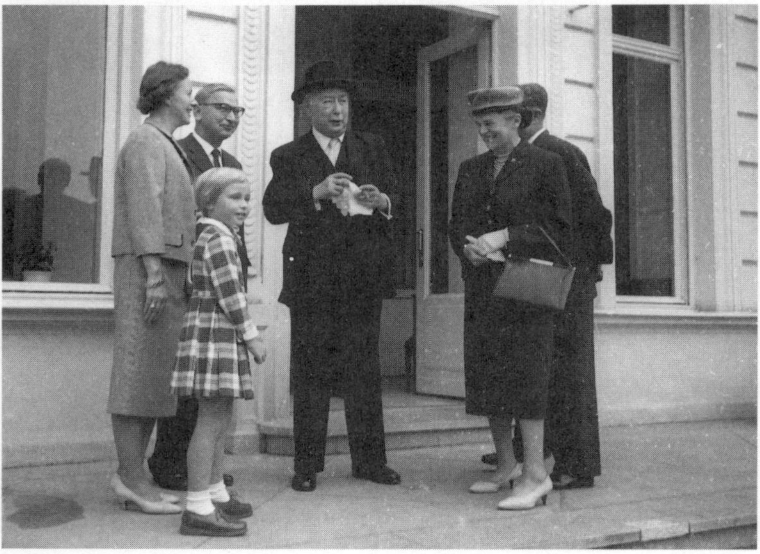

Am 14. September 1959

Heuss verläßt am Tag nach der Vereidigung seines Nachfolgers Lübke die Villa Hammerschmidt (16. September 1959), v.l.n.r.: Schwiegertochter Ursula Heuss-Wolff, Sohn Ernst Ludwig, Enkeltochter Barbara Toni und Schwägerin Hedwig Heuss

Bei der Verabschiedung auf dem Bahnhof Bonn (16. September 1959), mit Ludwig Erhard und Gerhard Schröder

Nr. 223
25. September 1959 (Bonn): Adenauer an Heuss, Stuttgart

Soeben ‹ höre › [a] ich die Nachricht vom ‹ Tode › [b] Ihres Bruders, Professor Hermann Heuss[1]. ‹ Den Angehörigen Ihres Bruders und insbesondere Ihnen spreche ich › [c] mein tief empfundenes Beileid aus. ‹ Es tut mir von Herzen leid, daß so kurz nach Ihrer Übersiedlung nach Stuttgart[2] eine solche Lücke in Ihren Familienkreis gerissen worden ist. › [d]

Ihr
gez. Adenauer

Nr. 224
22. Oktober 1959: Adenauer an Heuss, Stuttgart

Sehr verehrter, lieber Herr Bundespräsident!

Vorgestern traf ich bei dem Bundesverband der Deutschen Industrie[1] Herrn Bott, er erzählte mir von Ihnen und von Ihrem jetzigen Leben[2]. – Was er sagte, klang gut, aber ich konnte doch eine gewisse Sehnsucht nach den vergangenen Zeiten nicht unterdrücken, und ich werde sie auch nicht vergessen.
Die Außenpolitik und die Innenpolitik ist z. Zt., wie Sie wissen werden, recht in Bewegung[3]. Was schließlich herauskommen wird, liegt im Schoße der Götter. Ich fürchte nur, diese Bewegungen und Erschütterungen in der Welt werden noch lange dauern; hoffentlich bleibt das deutsche Volk stark und geduldig.
Ich füge mein Bild[4] bei und bitte Sie, es entgegennehmen zu wollen als ein Zeichen meiner Hochschätzung, Verehrung und Erinnerung an gemeinsame Arbeit.
Mit recht herzlichen Grüßen

Ihr
Adenauer

Nr. 225
6. Dezember 1959 (Stuttgart): Heuss an Adenauer, Bonn

Verehrter, lieber Herr Bundeskanzler,

zu Ihren währenden wie zu meinen verwichenen Berufsfunktionen gehören die Kunst und die Pflicht, Nachsicht zu üben. Sie werden diese nicht versagen, wenngleich es mir selber unlieb ist, daß ich mich für die Widmung Ihres Bildes erst mit so großer Verspätung bedanke[1]. Ich selber erzähle allen Menschen (auch um einige fernzuhalten), daß ich nie in mei-

nem langen Leben so von Arbeit beansprucht war wie in den letzten drei Monaten, zumal durch die ganz sinnlose Unzahl von Briefen – »jetzt hat der Heuss Zeit für uns und wird nicht durch seine Vorzimmergewaltigen vom ›Volke‹ ferngehalten«. Auf Ihnen selber wuchtete in dieser Zeit auch eine sonderliche Last, die Sie, denke ich, nie zu der Frage kommen ließ: wo bleibt der Anstandsbrief von Stuttgart?
Hier also ist er.
Mein Haus ist ganz nach Wunsch ausgefallen [2] – sehr wohnlich. Der Bauplatz auf der Höhe ist ja 1950 von meiner Frau ausgesucht worden – man hat angenehme Spazierwege in der Nähe; das Gartenstück ist wohl in Stand gesetzt; Teile der Bibliothek sind freilich noch ein völliges Tohuwabohu.
Ich lebe betont einsam, um einige schon ziemlich alte literarische Terminverpflichtungen wegschaffen zu können [3]. Dabei lebe ich der Hoffnung, daß mir die Deutschen irgendwann etwas mehr Ruhe gönnen. Ich habe gelegentlich die lange ausgeruhte schwäbische Grobheit als Hilfskraft aktiviert.
Politik? Dr. v. Brentano hat mir kürzlich, als er in der hiesigen »Atlantischen Gesellschaft« sprach [4], über den londoner Besuch [5] und die erreichte Besserung der Atmosphäre erzählt – hoffentlich bleibt es dabei. Sie wissen ja, wie mich manche Zwischengeschichten der letzten neun Monate unfroh machten. Das pariser Ergebnis [6] mußte mir undeutlich bleiben. Wenn nur die gräßliche Algerien-Sache [7] keine so arge Hemmung wäre! Gronchis Fahrt nach Moskau [8] ist mir ziemlich unbehaglich, aber ... das was mir, der ich immer ein so guter Zeitungsschreiber als ein schlechter Zeitungsleser gewesen bin, gelegentlich recht fehlt – aber ich will sie auf gar keinen Fall beanspruchen!! –, sind die Berichte unserer auswärtigen Missionen, die ich so wacker las.
Zwei innere Dinge beschäftigen mein Denken. Sie wissen, daß ich Blessing [9] sehr hoch schätze, in seiner männlichen Klarheit, in seinem Sachverstand, den ich spüre, ohne ihn in den Einzelzügen beurteilen zu können. Seine Art ist es nicht, zu dramatisieren. Aber daß er jetzt die »Flucht in die Öffentlichkeit« antrat, hat mich stark beeindruckt [10].
Und dann dies: es kommt zu mir das Gerücht, daß von dem sog. »Deutschland-Lied« durch einen Erlaß des Bundes-Innenministeriums alle drei Strophen »freigegeben« werden sollen [11]; der Briefwechsel [12] zwischen Ihnen und mir besage darüber nichts. (Es handelt sich um die Briefe, bei denen auch Ihr Ersuchen an mich aus meiner Feder stammte, aber von Globke od. Klaiber stilistisch »entheusst« wurde.) Ich habe diesen Briefwechsel nicht zur Hand, weiß aber, daß wir beide uns darüber einig waren: es solle nur die dritte Strophe gelten. Ich habe ja in dieser

Sache einen totalen Mißerfolg erlebt, den ich wesentlich Kurt Schumachers öffentlicher Verhöhnung meines Versuches zu danken habe[13]. Was ich nun eben nicht wünschte, ist eine Irredenta-Hymne[14] aus der Zeit des – deutschen Bundes, bei der Maas, Etsch, Belt noch einigermaßen stimmten – Ostpreußen war nach meiner Erinnerung erst bei den Paulskirchenwahlen in den deutschen Gesamt-Konzern eingegliedert[15]. Heute stehen alle vier Namen im fremdstaatlichen Bezirk. Jetzt, gerade jetzt, mit einem Ministerial-Erlaß herauszukommen, würde wohl kaum anderes bedeuten, als den fremden Journalisten, die uns doch nur begrenzt »lieben«, Stoff zu schenken und zwar in alle vier Himmelsrichtungen.
Daß der Vorgang eine nachträgliche Desavouierung meiner Betrachtung dieser Dinge bedeuten würde, wüßte ich gut zu ertragen, aber ich würde einen solchen Akt innen-, mehr noch außenpolitisch ganz einfach für eine Dummheit halten. Vielleicht ist das Gerücht, das mich erreichte, falsch – um so besser[16]. Doch wollte ich nicht versäumt haben, Ihnen darüber zu schreiben.
Mit guten Grüßen und Wünschen Ihr
gez. Theodor Heuss

Nr. 226
10. Dezember 1959 (Bonn): Adenauer an Heuss, Stuttgart

Sehr verehrter, lieber Herr Bundespräsident!

Ihre Befürchtungen bezüglich der Nationalhymne[1] sind unbegründet; es ist keine Änderung beabsichtigt.
Herr v. Brentano erzählte mir von seinem Besuch bei Ihnen[2], ich habe mich sehr über das gefreut, was ich hörte.
Dieser Dezember ist erfüllt von außenpolitischer Arbeit[3], wie es keiner bis jetzt war. Die Lücke, die der Tod Dulles[4] gerissen hat, macht sich sehr bemerkbar.
Mit herzlichen Grüßen wie immer Ihr
Adenauer

Nr. 227
22. Dezember 1959 (Lörrach): Heuss an Adenauer, Rhöndorf

Verehrter lieber Herr Bundeskanzler!

Während ich dem »Betrieb« einfach vorzeitig aus Stuttgart entwichen bin, um einen im Sommer für den Januarbeginn zugesagten Essay[1] fertig zu kriegen, stecken Sie noch in Konferenzen[2] – der Abendrundfunk erzählte

etwas von der Verständigung über den weiteren technischen Ablauf der Weltgespräche.
Ich danke Ihnen für Ihre Zeilen wegen der »Hymne«[3]. Inzwischen sah ich, daß die Sache auch in einer Fragestunde des Bundestages dran kam[4]. Die quasi philologische Antwort des Ministers Schröder konnte mich natürlich wenig befriedigen; einer seiner Beamten hat vor ein staatsbürgerliches Unterweisungsbüchlein den *ganzen* Hoffmann von Fallersleben-Text gesetzt und damit nun einer sachlich wie politisch ganz einfach verjährten Lage einen auch für die Zukunft geltenden Anspruch verliehen. Auch derlei nennt man in Deutschland »Politik«, vermutlich sogar Patriotismus.
Am Tage, da meine Amtszeit ablief, habe ich auf Wunsch meiner Schwägerin und der Frau Dr. Toni Stolper doch noch die »Villa Hammerschmidt« gezeichnet[5]. Ich habe mich eigentlich immer etwas dagegen gewehrt, weil diese von Gottfried Semper[6] inaugurierte Renaissance (der italienischen Renaissance) mir eigentlich »nicht liegt«. Es fehlt dann auch, leicht zu erkennen, in dem Spiel der Vertikalen und Horizontalen das Präzise, was dazu gehört. Aber ich habe das Blatt, das anderen besser gefällt als mir selber, dann doch einige Male als Erinnerungsstück photokopieren lassen. Der Bau hat ja im ablaufenden Jahr für Sie selber eine widerspruchsvolle Polarität der Termine besessen, einmal anziehend, das andere Mal abstoßend – also mag in der Zueignung auch eine persönliche Bezüglichkeit stecken.
Ich habe vor, am 21.1.60 an dem sog. »Berg-Fest«[7] in Köln teilzunehmen. – Da werde ich wohl ein, zwei Tage auch in Bonn sein und denke, Sie sehen zu können[8].
Mit guten Weihnachtswünschen Ihr

Theodor Heuss

Nr. 228

22. Dezember 1959 (Bonn): Adenauer an Heuss, Stuttgart

Lieber, verehrter Herr Bundespräsident!

Zu Weihnachten und zu Neujahr meine herzlichsten Grüße und Wünsche!
Von v. Brentano habe ich auf Grund seines Besuches bei Ihnen Näheres über Sie gehört[1] und mich von Herzen darüber gefreut.

Gestern abend kam ich von Paris zurück[2]. Auch heute, nachdem eine Nacht vergangen ist, kann ich nur sagen: es war ein echter Erfolg. Unser bester Helfer war de Gaulle[3].

Mit vielen guten Grüßen wie immer Ihr

K. Adenauer

[PS] Die Federschale ist hoffentlich groß genug.

Nr. 229

30. Januar 1960 (Bonn): Adenauer an Heuss, Stuttgart

Zu Ihrem heutigen Geburtstag sende ich Ihnen von Herzen kommende Glückwünsche[1]. Mögen Ihnen noch viele Jahre reichen Schaffens in Ruhe, Gesundheit und Zufriedenheit beschieden sein.

Adenauer

Nr. 230

4. Februar 1960 (Stuttgart): Heuss an Adenauer, Bonn

Verehrter, lieber Bundeskanzler,

Geburtstage sind ja eine offenbar unvermeidliche – so lange man jung ist freudige, wenn man alt geworden ist, aus meiner Sicht, lästige – Einrichtung der menschlichen Gesellschaft. Das ist kein guter Anfang für einige Zeilen, die sich für Glückwünsche und Blumen bedanken wollen; aber mir sind, da ich ja nun keinen »Apparat« mehr habe, durch ein paar Tausend Postsendungen in jeglicher Art, wie sie Stücklen[1] zur Verfügung hat, einige Wochen mehr oder weniger verdorben.

Ich finde es gut und schön, daß Sie in Bergen-Belsen waren[2]. Ich habe ja selber vor einer Reihe von Jahren dieses Mahnmal des Schreckens eingeweiht[3], mit Nahum Goldmann[4] zusammen. Hoffentlich ist die Umgebung gärtnerisch etwas gerichtet. Ich selber werde, wie Sie vielleicht erfahren haben, Ende April oder Anfang Mai für zwei oder drei Wochen nach Israel fahren[5]. Mit Dr. Shinnar[6] habe ich bei meinem neulichen Aufenthalt in Bonn verabredet[7], daß eine Vorlesung von mir an der Universität Jerusalem ermöglicht werden soll[8]. Damit bekommt die Fahrt weniger einen politischen, als einen wissenschaftlichen Anstrich.

Ich weiß nicht, wann und wie das große Schreiben[9] von Chruschtschow[10] beantwortet werden wird. Ich will mich da nicht eindrängen. Er hat ja den gelockerten Ton, den einer Ihrer letzten Briefe angenommen hatte[11], in Teilen zu einem billigen Journalismus ausgeweitet. Da ich nun selber

Heuss-Zeichnung der Villa Hammerschmidt (12. September 1959; zu Dok. 227)

Entwurf

Sehr verehrter, lieber Herr Bundespräsident,

erst in diesen Tagen erhalte ich den Bericht unseres Geschäftsträgers Jansen in Paris über Ihre Gespräche mit Staatspräsident de Gaulle. In dieser Niederschrift finde ich folgenden Satz, den Sie gesprochen haben sollen: "Zu Amerika und Frankreich habe das deutsche Volk Vertrauen, während die Haltung gegenüber England wechsele. Bundeskanzler Adenauer habe gegenüber England Gefühle der Skepsis und Unsicherheit, ja, einen antibritischen Komplex."

Sie wissen, sehr verehrter Herr Bundespräsident, daß ich nicht so leicht an Komplexen leide, und ~~es ist~~ im Grunde genommen schmerzt es mich, daß Sie etwas derartiges von mir annehmen, denn ein Komplex ist immer etwas Minderwertiges. Aber ich möchte Ihnen doch sagen, wie ich über die ~~Briten~~ denke.

Ich habe mit ihnen als Oberbürgermeister während der Zeit nach 1918 zu tun gehabt. Ich bin mit ihnen ausg_ezeichnet ausgekommen, zwischen dem General Sir Sidney Clive und mir hat sich eine vertrauensvolle Freundschaft entwickelt, die bis zu dessen Tod, vor

Zu Dok. Nr. 232

13

[illegible]

einigen Monaten, gedauert hat. Zwischen dem Delegierten für die Stadt Köln, Mr. Piggott, und mir hat sich ebenfalls eine ~~wirkliche~~ tiefe Freundschaft entwickelt, die auch jetzt noch besteht. Mein Verhältnis zu Kirk Patrick war und ist erfüllt von gegenseitigem Vertrauen, auch meine Beziehungen zu Churchill sind ausgezeichnet, ebenfalls meine Beziehungen zu Eden. Ich habe immer auf ein gutes Verhältnis zu Großbritannien großen Wert gelegt und tue das auch jetzt noch. Allerdings ist mein Vertrauen gegenüber Macmillan gering, weil er die Vorbereitungen seines Besuchs in Moskau vor allen anderen Partnern, vor den Amerikanern, den Franzosen und vor uns geheim gehalten hat. John Foster Dulles hat mir bei seinem letztem Besuch erklärt, diese Reise Macmillans nach Moskau sei das größte Unglück, das den Westen seit Jahren getroffen hat. Ich will nicht weiter auf die Sache eingehen, aber es liegt mir doch daran, Sie ins Bild zu setzen, weil ich weiß, daß eine Bemerkung von Ihnen, auch wenn sie vertraulich gewesen ist, gleich weit verbreitet und von Bedeutung ist.

[illegible]

Ich hoffe, daß es Ihnen gut geht und bin mit herzlichen Grüßen wie immer

Ihr

gez. Adenauer

alter Journalist bin[12], juckt es mich, mit dieser oder jener Pointe – wenn schon eine fremde und die eigene Öffentlichkeit beschäftigt werden soll – zur Verfügung zu stellen. Zu der Stelle, wo Chruschtschow von dem Abstimmen in der DDR und ihren Ziffern berichtet, würde ich vorschlagen, ungefähr folgendes unterzubringen, falls darauf eingegangen werden soll: »Sehr geehrter Herr Ministerpräsident, Sie waren schlecht beraten oder befanden sich in einem psychologischen Irrtum, als Sie in Ihrem Brief die 98 und 99 % der Wahlzustimmung zu den Kandidaten der Nationalen Front zitierten; denn die Ziffern dieses Grades hat das Deutsche Volk in der Zeit von Adolf Hitler bereits auswendig gelernt. Sie waren ganz genau der gleichen Pression unterworfen, wie sie jetzt verwendet wird, da man zu einer erzwungenen Einheitsliste, die den Begriff der Demokratie schmückte und zugleich verdarb, zurückkehrte. Im Hintergrund aller Demokratie aber steht die freie Entscheidung des freien Bürgers in freier Wahl, das heißt auch Auswahl.«
Der Vorschlag ist ja nicht wörtlich gedacht, und die Ziffern, die Chruschtschow nennt, müssen genau angesetzt werden. Ich habe sie im Augenblick nicht greifbar vor mir. Aber dieses Beispiel würde auch in Deutschland, wie ich glaube, von allen begriffen werden[13].
Mit guten Grüßen und Wünschen

Ihr
Theodor Heuss

Nr. 231
11. März 1960: Adenauer an Heuss, Stuttgart

Sehr verehrter, lieber Herr Bundespräsident!

Inzwischen habe ich einen ausführlichen Bericht über Ihren Besuch in Paris[1] erhalten. Ich beglückwünsche Sie zu dem Erfolg dieses Besuches und danke Ihnen gleichzeitig sehr für die mit ihm verbundene Förderung unserer Politik. Ich freue mich, daß es Ihnen so gut geht, und bin mit herzlichen Grüßen wie immer

Ihr
Adenauer

Nr. 232
20. April 1960 (Bonn): Adenauer an Heuss, Stuttgart

Sehr verehrter, lieber Herr Bundespräsident,

erst in diesen Tagen erhalte ich den Bericht unseres Geschäftsträgers Jansen[1] in Paris über Ihre Gespräche mit Staatspräsident de Gaulle[2]. In dieser Niederschrift finde ich folgenden Satz, den Sie gesprochen haben

sollen: »Zu Amerika und Frankreich habe das deutsche Volk Vertrauen, während die Haltung gegenüber England wechsele. Bundeskanzler Adenauer habe gegenüber England Gefühle der Skepsis und Unsicherheit, *ja einen antibritischen Komplex.*«
Sie wissen, sehr verehrter Herr Bundespräsident, daß ich nicht so leicht an Komplexen leide, und im Grunde genommen schmerzt es mich, daß Sie etwas Derartiges von mir annehmen, denn ein Komplex ist immer etwas Minderwertiges. Aber ich möchte Ihnen doch sagen, wie ich über die ‹ Engländer ›[a] denke.
Ich habe mit ihnen als Oberbürgermeister während der Zeit nach 1918 zu tun gehabt[3]. Ich bin mit ihnen ausgezeichnet ausgekommen, zwischen General Sir Sidney Clive[4] und mir hat sich eine vertrauensvolle Freundschaft entwickelt, die bis zu dessen Tod, vor einigen Monaten, gedauert hat. Zwischen dem Delegierten für die Stadt Köln, Mr. Piggott[5], und mir hat sich ebenfalls eine ‹ solche ›[b] Freundschaft entwickelt, die auch jetzt noch besteht. Mein Verhältnis zu Kirk Patrick [sic!] war und ist erfüllt von gegenseitigem Vertrauen[6], auch meine Beziehungen zu Churchill sind ausgezeichnet[7], ebenfalls meine Beziehungen zu Eden[8]. Ich habe immer auf ein gutes Verhältnis zu Großbritannien großen Wert gelegt und tue das auch jetzt noch. Allerdings ist mein Vertrauen gegenüber Macmillan gering[9], weil er die Vorbereitungen seines Besuchs in Moskau[10] vor allen anderen Partnern, vor den Amerikanern, den Franzosen und vor uns geheim gehalten hat. John Foster Dulles hat mir bei seinem letzten Besuch[11] erklärt, diese Reise Macmillans nach Moskau sei das größte Unglück, das den Westen seit Jahren getroffen hat. ‹ Macmillan hat mir, als ich im November in London war[12], erklärt, sie würden ihre Truppen aus Deutschland zurückziehen, wenn wir nicht die Sache EWG/EFTA[13] in Ordnung brächten. Ich habe ihm geantwortet, auch mir liege daran, daß wir nicht in Unfrieden miteinander lebten, ihre Truppen seien aber wohl in der Bundesrepublik um der gemeinsamen Aufgabe der NATO willen, nicht speziell für uns. Ich fand diese Drohung, die er ja auch unlängst in den USA ausgesprochen hat[14], sehr peinlich und Musik in den Ohren Chruschtschows. ›[c]
Ich will nicht weiter auf die Sache eingehen, aber es liegt mir doch daran, Sie ins Bild zu setzen, weil ich weiß, daß eine Bemerkung von Ihnen, auch wenn sie vertraulich gewesen ist, gleich weit verbreitet und von Bedeutung ist[15].
Ich hoffe, daß es Ihnen gut geht, und bin
mit herzlichen Grüßen wie immer

Ihr
Adenauer

Nr. 233
28. April 1960 (Stuttgart): Heuss an Adenauer, Bonn

Verehrter lieber Herr Bundeskanzler!

Das Echo auf Ihren Brief vom 20.4.[1] hat sich gegen meine Gewöhnung verzögert, weil ich erst am 25.4. die Niederschriften erhielt, die Anfang März in Paris gefertigt waren, und im Beginn der Woche durch Mitwirkung bei der Konferenz des »Müttergenesungswerkes« wie meiner Zusage bei dem Kongreß der Chemiker gebunden war[2] – außerdem die etwas prekäre Vorbereitung auf die Reise nach Israel (Abflug 3.5.[3]) – dort erwartet man von mir auch eine Vorlesung an der Hebräischen Universität.
Daß das Wort »Komplex«, wie Sie meinen, etwas »Minderwertiges« bedeute, hatte ich bisher nicht gewußt – ich zum Beispiel besitze seit Jahrzehnten »Komplexe«, etwa gegen Richard Wagner[4] oder Gustav Stresemann[5] und habe damit nie etwas »Minderwertiges« verknüpft.
Sie haben nun, wie ich aus der Presse sah, auf der Karlsruher Tagung[6] von Ihrem Verhältnis zu England gesprochen, und ich denke, das war nicht bloß eine Antwort auf meine Bemerkung im Gespräch mit de Gaulle. (Ob darin das ominöse Wort vorkam, kann ich weder beschwören noch abschwören, aber ich unterstelle, daß es geschehen ist.) Psychologisch beruht das ganz einfach auf dem Nachhall der mannigfachen Gespräche, die wir geführt haben – ich erinnere mich aus Kabinettsprotokollen, daß es auch in den Ministerberatungen gelegentlich Kontroversen in dieser Sache gegeben hat, wobei etwa Dr. Schröder, wenn man das einfach so sagen kann, Ihnen gegenüber psychologisch den »proenglischen« Akzent gab.
Aber der Sinn dieses Gespräches war doch politisch: es sollte dem General, der sehr freundlich von Ihnen gesprochen hatte, verdeutlichen, *wie* wichtig *seine* Haltung sei, damit *Ihre* Politik keine Erschütterung im Vertrauen des deutschen Volkes erfahre. Er hatte gefragt, ob Deutschland bei irgendwelchen Konzessionen in der Berlin-Frage sich vom Westen abwenden werde. Das verneinte ich völlig, denn wir wollten nicht kommunistisch werden. Doch die seelische Auswirkung bei den kommenden Wahlen[7] sei dann unübersehbar.
(Vor bald einem halben Jahrhundert habe ich übrigens, wenn freilich in bescheidenerem Rahmen und nicht brieflich, ähnliche Unterhaltungen geführt mit Fr. Naumann, der immer ausgesprochen pro-französisch war und in einem antibritischen »Komplex« steckte – zufällig hatte ich ein paar Jahre vor ihm England für einige Wochen besucht[8] und fühlte mich

dann in der Aufgabe, den Lehrer zu belehren. Übrigens nicht ganz erfolglos!)
Ich wage nicht, diesen in den späten Abendstunden etwas sehr länglich geratenden Brief Ihnen nach Karlsruhe zu senden, wo Ihre Zeit von Konferenzen zerrissen sein wird; ich kann Sie auch nicht bitten, am Schluß des Parteitags zu mir nach Stuttgart zu kommen, denn da bin ich selber abwesend, in Bingen; ein neues Dampfboot soll (warum?) meinen Namen erhalten[9], die 13jährige Enkeltocher vollzieht mit einem Reimlein[10] des Großvaters die Taufe – der Termin ist mühsam herausgeknobelt.
Dann Israel – mit Dr. v. Brentano habe ich über die Situation »zur Regelung der Sprache« Briefe gewechselt[11]. Denn es ist, ungeachtet des »privaten« Charakters der Reise, auch eine Begegnung mit Ben Gurion[12] vorgesehen.
Mitte Juni werde ich anstandshalber bei der Sitzung des Pour le mérite als Gast anwesend sein[13], doch kurz, denn dann habe ich meine Teilnahme (schon vor einem Jahr) bei einem »Internationalen Kongreß für kulturelle Freiheit«[14] in Berlin zugesagt. Aber es würde mich freuen, wenn ein Zeitpunkt für ein Wiedersehen herausgeschnitten werden könnte[15].
Sie hoffen, »daß es mir gut geht«. Ich schließe mich dieser Hoffnung an, indem ich sie ins Futurum setze. Ich habe, ohne »Apparat«, mit nur einer, exzessiv überforderten Mitarbeiterin[16], mehr zu »arbeiten« als in meiner Amtszeit, denn die Deutschen meinen jetzt, über mich verfügen zu können, mein Hauptberuf ist, Absagen zu diktieren, und ich finde das Gestöhne darüber allmählich selber langweilig.
Ich habe Sie bedauert, daß die Sache Oberländer[17] zu einer argen Störung wurde, und habe mich gefreut, ohne daß ich mich als Sachkenner aufspielen will (der ich gar nicht bin), daß Sie Blank an die Seite getreten sind[18]. Beide Gruppen, zumal aber auch die Funktionäre der Ärzteschaft, haben sich vor dieser Fragestellung blamiert.
Mit herzlichem Gruß

Ihr
Theodor Heuss

[PS] Anbei eine Anlage – 100. Geburtstag von Hugo Preuß im Oktober 1960[19].

Nr. 234
15. Juli 1960 (Bonn): Adenauer an Heuss, Stuttgart

Sehr geehrter Herr Bundespräsident!

Entschuldigen Sie bitte, daß ich auf Ihre Anregung wegen einer Gedenkfeier für Hugo Preuß erst heute zurückkomme [1]. Durch ein Büroversehen ist mir die Sache erst auf Grund Ihrer an Herrn Staatssekretär Dr. Globke, der sich zur Zeit auf einem längeren Kururlaub befindet, gerichteten Mahnung wieder vorgelegt worden.
Zur Sache bin ich mit Ihnen der Meinung, daß man des 100. Geburtstages des verdienten Mannes in einer würdigen Weise gedenken soll. Was die Form anbetrifft, so gebe ich einer Universitätsfeier gegenüber einer amtlichen Veranstaltung der Bundesregierung den Vorzug. Eine von der Bundesregierung getragene Feier würde naturgemäß weniger der Persönlichkeit von Hugo Preuß als der Weimarer Verfassung gelten können, die aber, was Sie in Ihrem Brief ja auch andeuten, die Gedanken von Hugo Preuß nur unvollkommen verwirklicht hat. Außerdem glaube ich, daß es nicht gut wäre, eine vergangene Verfassung durch eine staatliche Veranstaltung zu feiern, wo unsere heutige Verfassung noch viel zu wenig im Volksbewußtsein, vor allem in der Jugend, verwurzelt ist.
Dagegen kann ich mir eine von der Freien Universität Berlin gestaltete Gedenkstunde als würdige Feier für Hugo Preuß vorstellen, vor allem, wenn sie durch eine Ansprache von Ihnen ausgezeichnet wird. Selbstverständlich würde auch die Bundesregierung auf einer solchen Feier vertreten sein [2].
Herr Bundesminister Schröder hat bereits wegen einer Gedenkfeier bei der Freien Universität Berlin vorgefühlt. Wenn Sie damit einverstanden sind, werde ich ihn bitten, die Angelegenheit in diesem Sinne weiter zu betreiben [3].
Mit freundlichen Grüßen

Ihr ergebener
Adenauer

Nr. 235
12. August 1960 (Stuttgart): Heuss an Adenauer, Bonn

Verehrter lieber Herr Bundeskanzler,

dieser Tage ist jetzt das kleine Buch erschienen, das der jüdische Verlag Ner Tamid aus meiner Israel-Reise gemacht hat [1]. Er war im Tempo tüchtiger als der Insel-Verlag, der meine Vorlesung an der Sorbonne [2] erbat; aber immer noch nicht – obwohl er das Manuskript seit März besitzt – zum Start gekommen ist.

Ob Sie Zeit finden, in das Israel-Büchlein hereinzusehen, weiß ich nicht. Ich selber halte das Büchlein nicht für übermäßig gewichtig, weil viel darin improvisiert ist; aber dadurch, daß ich auch Zeichnungen mit zur Verfügung stellte, hat die Sache einen persönlichen Charakter erhalten.
Die Aufnahme, die ich in Israel erfuhr, war freundschaftlich und taktvoll. Ich war mit den führenden Männern und Frau Golda Meir[3] wiederholt zusammen, aber keiner der führenden Leute hat mich, womit ich ja rechnete, auf das Problem der diplomatischen Beziehungen[4] angesprochen und damit den privaten Charakter meines Besuches respektiert.
Einen eigentlichen größeren Urlaub werde ich auch in diesem Jahr mir nicht gönnen können – 10 Tage war ich bei Carl Zuckmayer[5] in Saas Fee (Wallis). Aber viel Nebel, Regen, das Haus geheizt!
Seltsam genug, auf 1800 m Höhe haben wir eine Gedenkrede über Hugo Preuß fabriziert, in der auch seine wissenschaftliche Leistung als Historiker des Kommunalrechtes an die Reihe kam[6]. Ich mußte die Sache aus dem Kopf kriegen, weil ich in den kommenden Monaten mich ganz in die indische Problematik stürzen werde[7]. – Ich soll ja im November ein paar Wochen dort sein, und unsere Vertretung in Neu-Delhi erbittet sich eine ganze Anzahl von Universitäts-Vorlesungen; dabei ist die indische Geistigkeit mir noch nicht allzu sehr vertraut … und ich muß doch darauf bedacht bleiben, Deutschland nicht zu blamieren.
Ich hoffe, daß Minister Schröder, dem ich kürzlich geschrieben habe, mit Willy Brandt[8] und dem Rektor[9] der Freien Universität in Berlin die Gedenkfeier für den 28. Oktober in Berlin eingeleitet hat.
Mit guten Grüßen und Wünschen für Ihren erneuten Aufenthalt in Cadenabbia[10].

Ihr
[Theodor Heuss]

Nr. 236

16. August 1960 (Bonn): Adenauer an Heuss, Stuttgart

Sehr verehrter, lieber Herr Bundespräsident,

herzlich danke ich Ihnen für Ihren Brief vom 12. August[1] und für Ihr Buch über Israel. Ich freue mich immer, etwas von Ihnen zu hören und zu lesen. Manchmal fürchte ich, daß Sie sich – ich darf mir wohl erlauben das zu sagen – etwas zu viel zumuten. Ich denke dabei nicht an Ihre Reise nach Israel, sondern an Ihre Pläne für Indien[2]. Aber ich darf wohl annehmen, daß Sie dabei unter Kontrolle Ihres Arztes bleiben. Israel interessiert mich aus verschiedenen Gründen sehr. Ben Gurion, den ich im März in New York kennenlernte[3], ist ein sehr interessanter Mann.

Das indische Problem, oder besser gesagt, die indischen Probleme zu lösen, ist eine sehr schwere Aufgabe. Dabei ist die Entwicklung Indiens ja entscheidend für das weitere Vordringen des Kommunismus in Asien.
Ich freue mich, demnächst Ihre Meinung über Indien zu hören[4].
Sie werden gelesen haben, daß die Atmosphäre zwischen England und uns sich erheblich gebessert hat[5]. Ich bin sehr froh darüber. Das Verhältnis zu Frankreich leidet etwas unter den sehr wenig fest umrissenen Vorstellungen seines Präsidenten über die weitere Entwicklung[6]. Die Frage Berlin wird demnächst sicher von Chruschtschow wieder akut gemacht werden[7]. Ich bin nicht ohne Sorge.
Ich danke Ihnen nochmals und wünsche Ihnen von Herzen viel Glück und gute Gesundheit.
Mit vielen Grüßen wie immer Ihr
Adenauer

Nr. 237
18. August 1960 (Stuttgart): Heuss an Adenauer, Bonn

Verehrter lieber Herr Bundeskanzler,

schönen Dank für Ihre freundlichen Zeilen[1]. Es wird Ihnen passieren, daß Sie im Laufe der nächsten Wochen noch ein paar Mal kleinere Schriften von mir zugesandt erhalten werden, denn auch meine März-Rede an der Pariser Sorbonne[2] soll in der Insel-Bücherei kommen und eine kleine, wesentlich architekturgeschichtliche Studie über Berlin, die ich in den Weihnachtsferien schrieb, in einer anderen Serie[3].
Und dann hat mein Verleger aus einem halben Jahrhundert braver Publizistik ein Kunstbuch zusammengestellt, dem ich den frechen Titel »Lust der Augen«[4] gegeben habe. Auch der Prospekt, den der Verleger herausbringt, ist keck; er soll Sie aber nicht animieren, nur unterrichten.
Sie meinen freundschaftlich, daß ich mir »zuviel zumute«. Das tue ich eigentlich nicht, aber »man« – zumal die lieben Deutschen – mutet mir zuviel zu; meine Hauptnebenbeschäftigung ist: Vorträge, Kongreßteilnahmen, Jubiläumsbesuche, usf. usf. abzulehnen. – Ich stecke jetzt lesend in der Vorbereitung für Indien[5]. Bott ist heute in dieser Sache nach Bonn gefahren; er soll mich ja begleiten, was viel für sich hat, da er mit meiner Art vertraut ist und englisch spricht. Er wird auch die Frage aufwerfen – die so freundlich auch von Ihnen überdacht ist – ob wieder mein Arzt, ein Neffe, mich, wie seiner Zeit nach der Türkei[6], nach Italien[7] und nach Amerika[8], begleiten wird, der dort in Fragen der Diät und des Ausruhens mich mit einer wackeren Konsequenz bewacht und betreut hat. Das ist ja zum Teil natürlich ein Finanzproblem.

Im 56. Tausend liegt vor:

Freude ist von Ort zu Ort in den Reiseberichten enthalten, die Heuss uns schenkt. Unter seinem Auge sprießt die Vegetation aus den Ruinen, neues Gedeihen wird sichtbar; in der Tiefe der Abgründe, von denen er vieles weiß, hört man frisch aus dem Gestein brechende Quellen. Carl J. Burckhardt

Am 30. September erschien:

Was Theodor Heuss die abendländische Kunst von der Gotik bis zur Gegenwart, von Memling bis Kokoschka bedeutet, wie sie sich ihm in ihrer bunten Vielgestalt immer neu als Erlebnis des Schönen und des menschlich Reichen erschließt – davon erzählt dem belehrten und entzückten Leser die »Lust der Augen«.

Aus einem Verlagsprospekt (zu Dok. Nr. 237)

Ich freue mich, daß ich von Ihnen bestätigt erhalte, was aus den Zeitungsberichten schon zu entnehmen war, daß das Gespräch mit Macmillan in einer guten Atmosphäre möglich gewesen ist[9]. Daß er im Unterhaus vor einiger Zeit gesagt hat, daß er den Sinn der russischen Politik nicht mehr verstehe, war, glaube ich, für den atmosphärischen Weitergang der komplizierten Dinge nicht ohne Gewicht.
Mit herzlichem Gruß

[Theodor Heuss]

Nr. 238
15. September 1960 (Stuttgart): Heuss an Adenauer, Cadenabbia, Italien

Verehrter lieber Herr Bundeskanzler,

haben Sie keine Sorge, daß ich in diesen Tagen der unruhigen und beunruhigenden Meldungen aus aller Welt[1] den geruhsamen Behaglichkeiten fröhne, die aus dem Titel des beigegebenen Buches[2] sprechen könnten. Aber der Verleger hat mir jetzt eben die ersten Exemplare gesandt. Es sind Stücke, die wohl fast ein halbes Jahrhundert an Literatentum umfassen oder noch mehr. Aber da die Sammlung meiner Wanderstudien[3] ein unerwartetes Echo gefunden hat, wollte Hermann Leins mich nun eben auch als »Kunstschriftsteller« präsentieren. Das Buch erwartet ganz gewiß nicht, daß Sie selber bei Memling[4] anfangen und mit Kokoschka[5] aufhören. Immerhin mögen Sie es mit einigem Vergnügen in der Hand halten, und Frau Lotte mag vielleicht auch hineinschauen.
Ich selber habe jetzt im dritten Jahr auf einen Urlaub verzichtet – die acht Tage bei Carl Zuckmayer waren nett[6], aber man fror in der Höhe von 1800 m. Ich sitze jetzt und sitze über indischer Literatur, weil die Botschaft in Neu Delhi mir mindestens drei Vorlesungen an drei Universitäten aufgeladen hat[7], und der Zugang zu den indischen religiös-philosophischen und soziologischen Problemen ist mir nicht leicht. Eine sehr fremde Welt, wobei ich glaube und hoffe, die richtige Tonlage zu finden. Das Schreckliche ist, daß ich diese Reden vorher aufschreiben muß, damit sie in gutes Englisch übertragen werden können. Ich kann freilich selber der indischen Intelligenzschicht nicht zumuten, meine vermutlich sehr schwäbische Aussprache des Englischen als den Pegelstand des »geistigen Deutschland« zu betrachten.
Meine Hugo Preuß Rede habe ich glücklich hinter mich gebracht[8]; sie soll am 27. Oktober in der Freien Universität in Berlin gestartet werden. Dabei wird ein Hauptakzent mit auch auf den wissenschaftlichen, zum Teil großartigen Arbeiten von Preuß liegen, in denen er die Entwicklung der deutschen Städteverfassungen[9] darlegt, und auch klargemacht, daß

der Verfassungsentwurf von Hugo Preuß ganz anders aussah, als das, was in Weimar in der Nationalversammlung beschlossen wurde[10]. Mir scheint, daß heute wenige Menschen mehr das »Œuvre« des Mannes kennen.
Ihr Urlaub ist ja nun vermutlich auch stark zerfetzt durch die politischen Besuche und Gespräche[11], aber ich hoffe sehr, daß Sie erträgliches Wetter haben und dann doch auch Stunden der Entspannung finden.
Mit guten Grüßen für Sie und Frau Lotte

Ihr
Theodor Heuss

Nr. 239
29. September 1960 (Bonn): Adenauer an Heuss, Stuttgart

Sehr verehrter, lieber Herr Bundespräsident!

Ihr Brief vom 15. September[1] und das schöne Buch haben eine postalische Irrfahrt hinter sich. Sie trafen erst in Cadenabbia ein, als ich dort schon abgereist war, und wanderten dann auf Umwegen hierher zurück. Ich beneide Sie ehrlich um die Fülle und den Reichtum Ihres Geistes und die Kunst Ihrer Feder. Ich danke Ihnen sehr für das Buch, das mich besonders interessiert und in dem ich schon gelesen habe.
Es drängt mich aber auch, Ihnen zu sagen, daß der außerordentlich große Erfolg, den Ihre Arbeit allenthalben hat, auch in fremden Ländern unserem Vaterlande zugute kommt. Ich wünsche nur, daß Sie sich nicht überarbeiten. Ich möchte Sie brennend gern von Zeit zu Zeit sprechen[2] und meine politischen Sorgen, die jetzt besonders groß sind, vor Ihnen ausbreiten. Hoffentlich gibt sich doch bald einmal die Gelegenheit dazu.
Mit vielem Dank und herzlichen Grüßen bin ich wie immer

Ihr
Adenauer

Nr. 240
13. November 1960 (Raj Bhavan Puri): Heuss an Adenauer, Bonn

Verehrter lieber Herr Bundeskanzler,

hier hausen wir in der großmächtigen Sommerresidenz des Staatsgouverneurs von Orissa, die Anfang der 20er Jahre noch von den Briten erbaut wurde, 150 Meter von der Brandung der bengalischen Bucht entfernt – es gibt jetzt zwei sogenannte Ruhetage in einer alten Tempelstadt[1].
Da ich mit Essen und Trinken ganz brav vorsichtig bin, ist mir die Umstellung auf das andere Klima und die Lebensformen gesundheitlich bis jetzt gut geglückt.

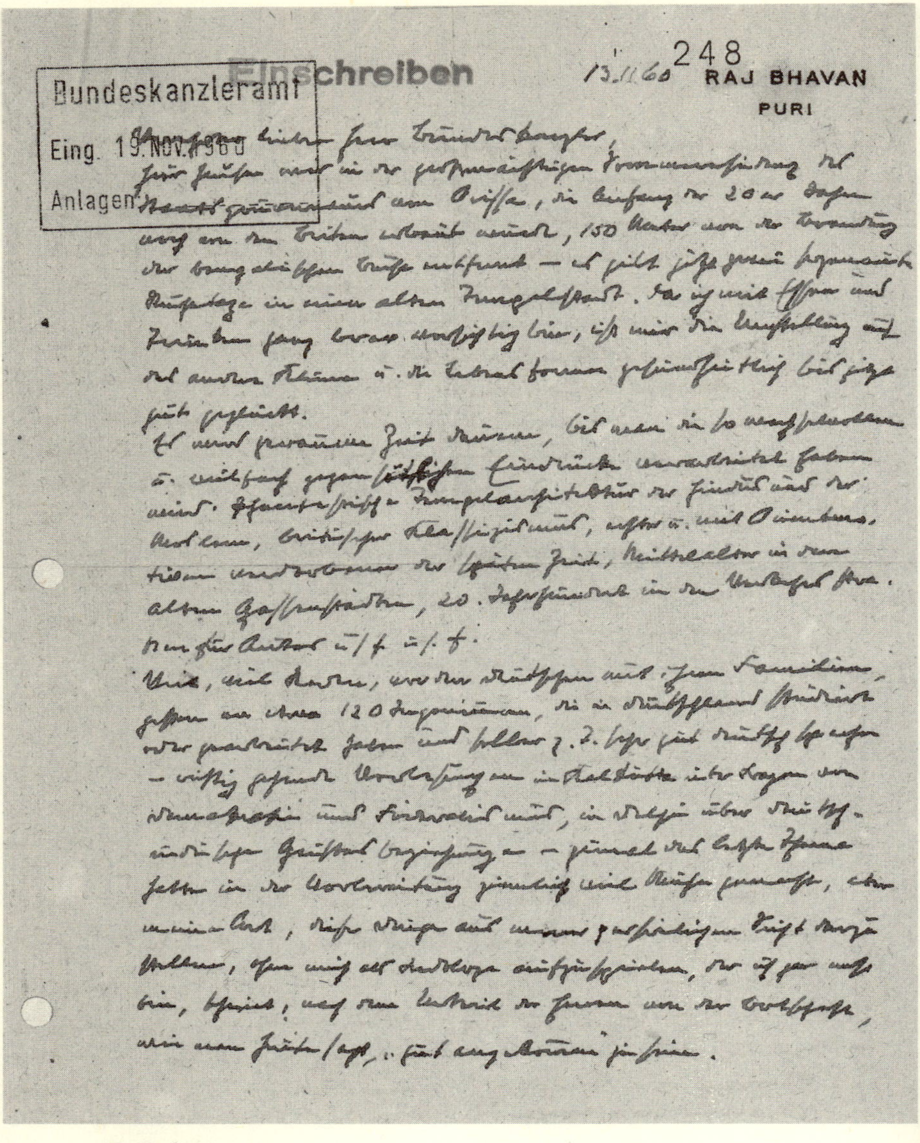
Einschreiben
Bundeskanzleramt
Eing. 19. Nov. 1960
Anlagen
248
13.11.60
RAJ BHAVAN
PURI

Zu Dok. Nr. 240

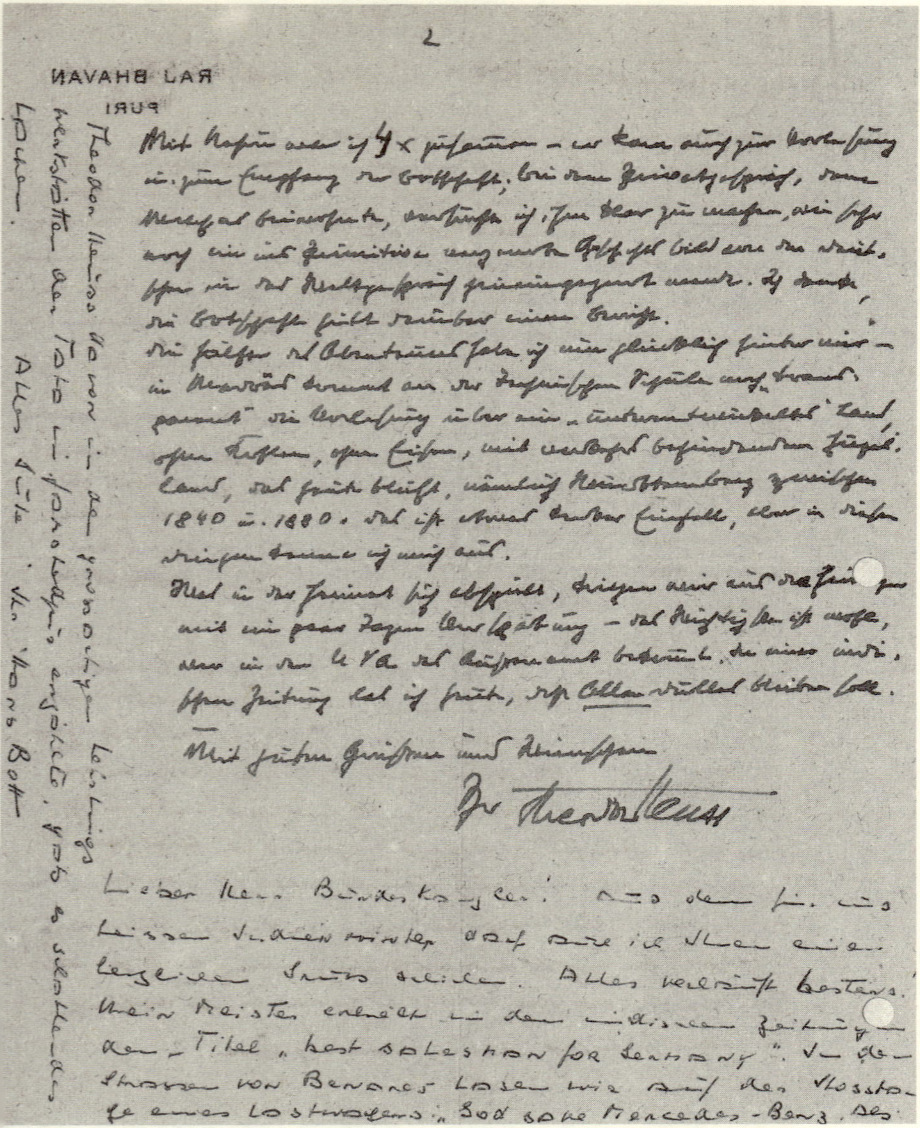

2

RAJ BHAVAN
PURI

Mit Nehru war ich 4 x zusammen – er kam auch zur Vorlesung u. zum Empfang der Botschaft; bei dem [illegible], dann [illegible], versuchte ich ihm klar zu machen, wie sehr [illegible] Ich denke, die Botschaft hält darüber einen Bericht.
Die stärksten [illegible] habe ich nun glücklich hinter mir – in [illegible] an der Deutschen Schule [illegible] die Vorlesung über ein „unterentwickeltes" Land, ohne Kohlen, ohne Eisen, mit [illegible] Hügelland, das heute blüht, nämlich Württemberg zwischen 1840 u. 1880. Das ist etwas [illegible] Einfall, aber in diesen Dingen kenne ich mich aus.
Was in der Heimat sich abspielt, kriegen wir aus der Ferne nur mit ein paar Tagen Verspätung – das Wichtigste ist wohl, was in den USA das [illegible] bedeutet. In einer indischen Zeitung las ich heute, daß Allan(?) [illegible] bleiben solle.

Mit guten Grüßen und Wünschen

Ihr Theodor Heuss

Lieber Herr Bundeskanzler! Aus dem für uns heissen Indienwinter darf auch ich Ihnen einen [illegible] Gruss schicken. Alles verläuft bestens. Mein Meister erhielt in den indischen Zeitungen den Titel „best salesman for Germany". In den Strassen von Benares lasen wir auf der Rückseite eines Lastwagens: „God save Mercedes-Benz". Das

Theodor Heuss hat von(?) den grossartigen Leistungs werkstätten der Tata in Jamshedpur erzählte, gab(?) es [illegible] Löwen(?). Alles Gute Ihr Hans Bott

Es wird geraume Zeit dauern, bis man die so wechselvollen und vielfach gegensätzlichen Eindrücke verarbeitet haben wird. Phantastische Tempelarchitektur der Hindus und der Moslem, britischer Klassizismus, echter und mit Orientmotiven verdorbener der späteren Zeit, Mittelalter in den alten Gassenstädten, 20. Jahrhundert in den Verkehrsstraßen für Autos u.s.f., u.s.f.
Viel, viel Reden, vor den Deutschen mit ihren Familien, gestern vor etwa 120 Ingenieuren, die in Deutschland studiert oder gearbeitet haben und selber z. T. sehr gut deutsch sprechen – richtiggehende Vorlesungen in Kalkutta über Fragen von Demokratie und Föderalismus, in Delhi über deutsch-indische Geistesbeziehungen [2] – zumal das letzte Thema hatte in der Vorbereitung viel Mühe gemacht; aber meine Art, diese Dinge aus meiner persönlichen Sicht darzustellen, ohne mich als Indologe aufzuspielen, der ich gar nicht bin, scheint, nach dem Urteil der Herren von der Botschaft, wie man heute sagt, gut angekommen zu sein.
Mit Nehru kam ich 4 mal zusammen [3] – er kam auch zur Vorlesung und zum Empfang der Botschaft; bei dem Privatgespräch, dem Melchers [4] beiwohnte, versuchte ich ihm klarzumachen, wie sehr noch ein ins Primitive verzerrtes Geschichtsbild von den Deutschen in das Weltgespräch hineingezerrt werde. Ich denke, die Botschaft gibt darüber einen Bericht.
Die Hälfte des Abenteuers habe ich nun glücklich hinter mir – in Madras kommt an der Technischen Schule nach »Transparent« [5] die Vorlesung über ein »unterentwickeltes« Land [6], ohne Kohlen, ohne Eisen, mit verkehrsbehinderndem Hügelland, das heute blüht, nämlich Württemberg zwischen 1840 und 1880. Das ist etwas kecker Einfall, aber in diesen Dingen kenne ich mich aus.
Was in der Heimat sich abspielt, kriegen wir aus den Zeitungen mit ein paar Tagen Verspätung – das Wichtigste ist wohl, wer in den USA das Außenamt bekommt [7]. In einer indischen Zeitung las ich heute, daß Allen Dulles [8] bleiben soll.
Mit guten Grüßen und Wünschen Ihr

Theodor Heuss

⟨...⟩ [a]

Heuss-Zeichnung, Puri (15. November 1960; zu Dok. Nr. 240)

Nr. 241

30. November 1960 (Rhöndorf): Adenauer an Heuss, Stuttgart

Lieber Herr Bundespräsident,

Ich bin sehr erfreut, daß Sie so wohlbehalten zurückgekehrt sind[1]. Sie wissen, daß die ganze Heimat Sie herzlich willkommen heißt.
Mit herzlichen Grüßen bin ich wie immer

Ihr
K. Adenauer

Nr. 242

30. November 1960 (Stuttgart): Heuss an Adenauer, Rhöndorf

Verehrter lieber Herr Bundeskanzler,

schönen Dank für das freundliche Grußwort[1], das Sie mir zur Rückkehr in die Heimat sandten. Es ist, da ich sehr vorsichtig lebte, gesundheitlich alles gut abgelaufen, während meine Begleiter, wenn auch nicht weiter schlimm, die landesüblichen Anfechtungen erlitten. Doch war ich am Schluß ziemlich dinnermüde – in den Staaten jeweils Gast von Gouverneur oder Chief-Minister –, und ich bleibe in der Gefahr, die Namen der Herren wie auch der Städte, die ich besuchte, durcheinander zu bringen; sie sind teilweise so entsetzlich lang und in der Aussprache für ein altes Gehirn schwierig.
Die Vorbereitung für diese mir so fremde Welt hatte ich mir ja nicht leicht gemacht – das dritte Jahr ohne eigentlichen Urlaub –, doch scheint sich die Mühe gelohnt zu haben und das ganze Unternehmen aus dem vaterländischen Gesichtspunkt nicht unnütz gewesen zu sein. Ich sage, es scheint so – mehr nicht.
Sehen Sie zu, daß Sie die Erkältung[2], von der die Zeitungen berichten, durch Schonung völlig hinter sich kriegen, denn der Dezember fordert Ihnen noch manches ab[3].
Mit herzlichem Gruß

Ihr
gez. Theodor Heuss

Nr. 243

22. Dezember 1960 (Lörrach-Tumringen): Heuss an Adenauer, Rhöndorf

Verehrter lieber Herr Bundeskanzler,

theoretisch bin ich in den Weihnachtsfrieden geflohen, praktisch in den Christmas-Trubel geraten. Meine Stuttgarter Sekretärin mußte auch einmal ausschnaufen dürfen. Aber ich konnte und kann doch auch nicht die Gazetten mit der Headline alimentieren: »Alt Bu.Prä. erschießt Postboten und nennt Notwehr als Grund.«
Sie versagen mir nicht die Nachsicht, wenn ich meine guten Grüße und Wünsche auf diese paar Zeilen straffe und mit einem tiefen Atemzug auch noch den 5. Januar erreiche. Sie sollen beide festlichen Tage, Weihnacht und Geburtsfeier, in heiterer und unbesorgter Gesundheit begehen können!
Ich lasse Ihnen jetzt schon zum 5.1. den Sonderdruck eines großen Essays zugehen, über deutsches Schicksal[1] – er wurde eben vor einem Jahr hier geschrieben. Vielleicht (vielleicht?) finden Sie zwischen den Festen eher einmal ein Stück gelassener Ruhe, hineinzugucken. Doch sollen Sie sich nicht die Zeit von Wichtigerem abzwingen.
Bei mir vollzieht sich etwas Seltsames, gelegentlich fast Spannendes: ich »überprüfe« Briefe m[einer] Frau an Freunde und Familie[2], die sich über ein halbes Jahrhundert erstrecken und dieses spiegeln. Mein Verleger hat die Sammlung schon vor Jahren angeregt, eine Freundin sie besorgt, der Sohn sie gestrafft: es wird ein bewegendes Zeit- und Menschendokument werden.
Dr. v. Brentano hat mich gebeten, dem Ausschuß anzugehören, der die kulturpolitische Abteilung des A.A. beraten soll[3]; ich werde also am 12. und 13. Jan. in Bonn sein und hoffe, Sie bei dieser Gelegenheit empfangen zu können[4].
Bis dahin alles Gute

Ihr
Theodor Heuss

Nr. 244

23. Januar 1961: Heuss an Adenauer, Bonn

Verehrter, lieber Herr Bundeskanzler,

diese Beilage[1] soll Ihnen keine Mühe machen, aber Sie doch orientieren, daß ich mit einer Gruppe der Jungen Union im Saarland »Krach« bekommen habe, bzw. »Krach« geschlagen. Ich kann nicht einfach zusehen, daß man mich zu einem Instrument der Parteipolemik macht mit einer,

wie ich fürchte, bewußten Täuschung des Empfängers solchen Flugblattes[2].
Ich habe mich gefreut, bei unserem neulichen Besuch[3] Sie wieder so frisch und lebendig zu sehen und hoffe sehr, daß die Absicht, einmal bei mir hereinzugucken, sich in nicht zu ferner Zeit verwirklichen läßt[4].
Mit schönen Grüßen

Ihr
[Theodor Heuss]

Nr. 245
31. Januar 1961 (Bonn): Adenauer an Heuss, Stuttgart

Zu Ihrem Geburtstag gratuliere ich sehr herzlich und sende Ihnen die besten Wünsche für Ihr neues Lebensjahr.

Adenauer – Bundeskanzler

Nr. 246
6. März 1961 (Bonn): Adenauer an Heuss, Stuttgart

Sehr verehrter, lieber Herr Heuss!

Leider kam ich erst in diesen Tagen dazu, in Ihrem Buch[1], das Sie mir zu Weihnachten gesandt haben und für das ich Ihnen nochmals herzlich danken möchte, zu lesen. Ich hoffe sehr, daß vor allem unsere heranwachsende Generation Ihre Mahnung versteht und beherzigt, sich des reichen und vielfältigen deutschen Erbes vergangener Jahrhunderte bewußt zu bleiben, um sich für die schweren und verpflichtenden Aufgaben für heute und morgen bereit zu machen.
Mit freundlichen Grüßen

Ihr sehr ergebener
Adenauer

Nr. 247
13. Juni 1961 (Bonn): Adenauer an Heuss, Stuttgart

Sehr verehrter lieber Herr Bundespräsident!

Am Donnerstag, dem 22. Juni, werde ich auf einer Frauenkundgebung in Stuttgart sprechen[1]. Die Veranstaltung beginnt um 19.00 Uhr und wird gegen 20.30 Uhr zu Ende sein. Sollten Sie an diesem Tag in Stuttgart sein[2], würde ich mich freuen, wenn ich Sie besuchen könnte. Ich würde

»Stuttgart, 29. IV. 1961« (von Heuss eigenhändig auf der Rückseite des Fotos vermerkt)

30 Tage
25. Woche
Zinstage 172—188

Donnerstag JUNI **22**

Rückflug Oxford / London
London ab 14.20 Ffgt. 16.20 h

21.15 h Besuch Adenauer

Zu Dok. Nr. 247

am frühen Nachmittag hier wegfliegen und es zeitlich so einrichten, daß ich gegen 17.30 Uhr bei Ihnen sein könnte. Lassen Sie mich bitte wissen, ob Sie um diese Zeit zu Hause sind[3].
Mit allen guten Wünschen und freundlichen Grüßen

Ihr sehr ergebener
Adenauer

Nr. 248
16. Dezember 1961 (Stuttgart): Heuss an Adenauer, Bonn

Verehrter lieber Dr. Adenauer,

da Sie weiß Gott sehr bewegte Monate und Wochen hinter sich haben[1], blieben Sie von Zuschriften oder Zusendungen von mir verschont. Ich habe gelegentlich ja Berichte über das Hin und Her der Besprechungen zwischen den Parteien erhalten[2] und war nicht gerade begeistert von der langwierigen Umständlichkeit der Besprechungen, da sie mir für das Ansehen der parlamentarischen Demokratie abträglich erschienen. Nun kann ich nur sehr hoffen, daß innerhalb des Kabinetts eine ordentliche Atmosphäre entsteht, die wechselseitige vertrauensvolle Beziehungen über die Ressortzuständigkeit hinaus ermöglicht.
Mein Verleger Hermann Leins in Tübingen ist ja sehr eifrig bemüht, aus mir auf meine alten Tage noch einen »ganz bekannt[en] Schriftsteller« zu machen. Er hat meine ziemlich ausgedehnte literarische und publizistische Vergangenheit als Jagdgebiet erkoren und dabei, wie die Jäger sagen, manche Strecke jetzt fertiggebracht. So ließ er dem Wanderbuch[3] und dem Kunstbuch[4] vor ein paar Wochen ein Literaturbuch folgen, das wir »Vor der Bücherwand«[5] nannten. Ich möchte es Ihnen als Weihnachtsgruß zugehen lassen, ganz gewiß nicht in der Erwartung, daß Sie sich hinsetzen und sich pedantisch belehren lassen, was ich alter oder schon als junger Mensch für wohlweise Meinungen über Fragen der Dichtung produziert habe.
Aber ich könnte mir denken – und darf es mir fast wünschen, daß dieser oder jener Aufsatz ein Thema behandelt, das stofflich auch Sie einmal vor vielen Jahren beschäftigt hat. Was wir hier zusammengetragen, ist ja nur ein Bruchteil meiner Vielschreiberei – ich war immer ein verhältnismäßig fleißiger Mensch –. Die Wiederbegegnung mit der eigenen Vergangenheit hat auch für mich manchen Reiz gehabt.
Morgen fahre [ich], wie traditionell an Weihnachten, für einige Wochen zum Sohn nach Lörrach[6] – vor allem um auch den jetzt drei Monate

alten Enkelsohn[7] und »Stammhalter« zu behüten und seine Entwicklung zu begutachten.
Ich sende Ihnen zu den Festen schöne Grüße und gute Wünsche.

Ihr
Theodor Heuss

Nr. 249
30. Dezember 1961 (Rhöndorf): Adenauer an Heuss, Stuttgart

Sehr verehrter, lieber Herr Bundespräsident!

Herzlichen Dank für Ihren lieben Brief und für das Buch »Vor der Bücherwand«[1]. Ich bei meiner starken Inanspruchnahme habe gerne ein Buch, das man – wie dieses – nicht auf einmal durchzulesen braucht. Ich begrüße es, daß Ihr Verleger Sie so gründlich vornimmt. Dem großen Kreise Ihrer Verehrer tut er damit einen Dienst.
Die Koalitionsverhandlungen[2] waren zwar manchmal etwas sehr langweilig, aber ich glaube, es war von Mende gut, daß er, um die Widersacher in seiner Fraktion zu gewinnen, so ins Detail gegangen ist. Mende hat sich sehr korrekt benommen und gewinnt auch bei meinen Leuten an Wertschätzung. Ich hoffe, daß die Koalition gut arbeitet; Schwierigkeiten wird es natürlich geben[3], aber man muß sehen, wie man mit ihnen fertig wird.
An unsere gemeinsame Arbeit denke ich immer wieder mit großer Freude zurück.
Ich hoffe, daß es Ihnen recht gut geht und bin
mit herzlichen Grüßen, wie immer Ihr sehr ergebener
(Adenauer)

Nr. 250
14. Januar 1962 (Rhöndorf): Adenauer an Heuss, Stuttgart

Sehr verehrter, lieber Herr Bundespräsident!

Über Ihre liebenswürdigen Wünsche[1] zu meinem Geburtstage habe ich mich besonders gefreut. Ich danke Ihnen vielmals.
Ich hoffe, daß es Ihnen recht gut geht. – Die Zusammenarbeit mit der FDP im Kabinett läßt sich gut an[2]; ich hoffe sehr, daß es so bleibt. Der aus der Zusammenarbeit hervorgehende Erfolg ist für beide Parteien wichtig.
Mit recht herzlichen Grüßen wie immer Ihr
Adenauer

THEODOR HEUSS

Vor der Bücherwand

SKIZZEN

ZU DICHTERN UND DICHTUNG

Herausgegeben von

Friedrich Kaufmann und Hermann Leins

Rainer Wunderlich Verlag

Hermann Leins

Tübingen

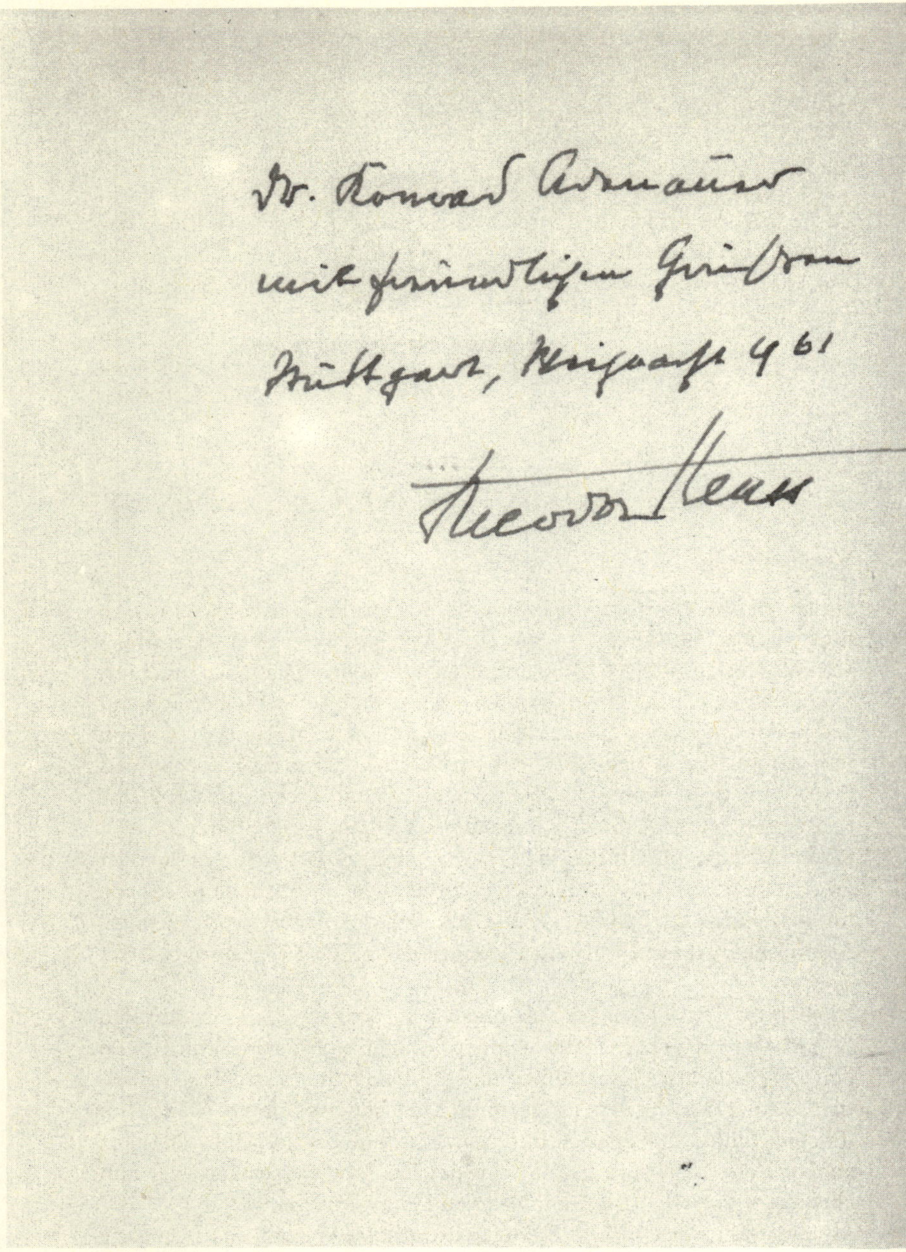
Dr. Konrad Adenauer
mit freundlichen Grüßen
Stuttgart, Weihnacht 1961
Theodor Heuss

»Dr. Konrad Adenauer mit freundlichen Grüßen
Stuttgart, Weihnacht 1961 Theodor Heuss«

Nr. 251
31. Januar 1962 (Bonn): Adenauer an Heuss, Stuttgart

Sehr verehrter, lieber Herr Bundespräsident!

Aus Anlaß der Vollendung Ihres 78. Lebensjahres[1] sende ich Ihnen von Herzen kommende Glückwünsche. Möge uns Ihre Gesundheit, Frische und Ihre nie versagende Tatkraft noch recht lange erhalten bleiben!
Mit vielen herzlichen Grüßen wie immer

Ihr
Adenauer
Bundeskanzler

Nr. 252
26. April 1962 (Bühlerhöhe): Heuss an Adenauer, Cadenabbia, Italien

Verehrter lieber Herr Bundeskanzler,

als ich vor drei Wochen zur Konfirmation der Enkeltochter nach Lörrach fuhr[1], wurde ich – leider – am Vorabend der Feier von so starkem Unwohlsein ergriffen, daß man mich gleich ins Krankenhaus brachte[2], 8 Tage darnach hierher, wo ich noch etwa zwei Wochen bleiben soll, mit Strophantin und Insulin behandelt. Ich hatte mich fahrlässig zu viel mit Reden und Reisen eingelassen[3] – nun soll ich lernen faul zu sein, was mir ein langes Leben nicht gelang. Seit ein paar Tagen darf ich kleine Spaziergänge machen und wandle dabei auch auf Ihren Spuren.
Ich habe mich gefreut, daß die Haushaltsdebatte[4], soweit man aus der Presse einen Eindruck gewann, einen ordentlichen Verlauf nahm. Es soll mir lieb sein, wenn Starke[5] gesundheitlich der Aufgabe gewachsen ist. Aber es bedrückt mich, wie Ihre eigenen Ausruhewochen ewig belastet sind.
Ich habe ja seit langer Zeit niemanden gesprochen, der mir von den Bonner Dingen Näheres hätte erzählen können; weiß auch gar nichts von den Geschichten in Washington[6] und hüte mich, mit Ratschlägen anzutreten. Aber manche der Amerikafahrer machen mir Sorgen. Was hat es für einen Sinn, wenn Friedensburg[7] jetzt Eisenhower und Dulles als ganz andere Kerle lobt[8] und damit Schröder die Arbeit erschwert, der nun eben doch mit offenbar empfindsamen Leuten zu tun hat.
Anfangs Juni werde ich nach langer Pause kurz in Bonn sein; ich habe zugesagt, beim Pour le mérite einen »kurzen« Nachruf auf den verstor-

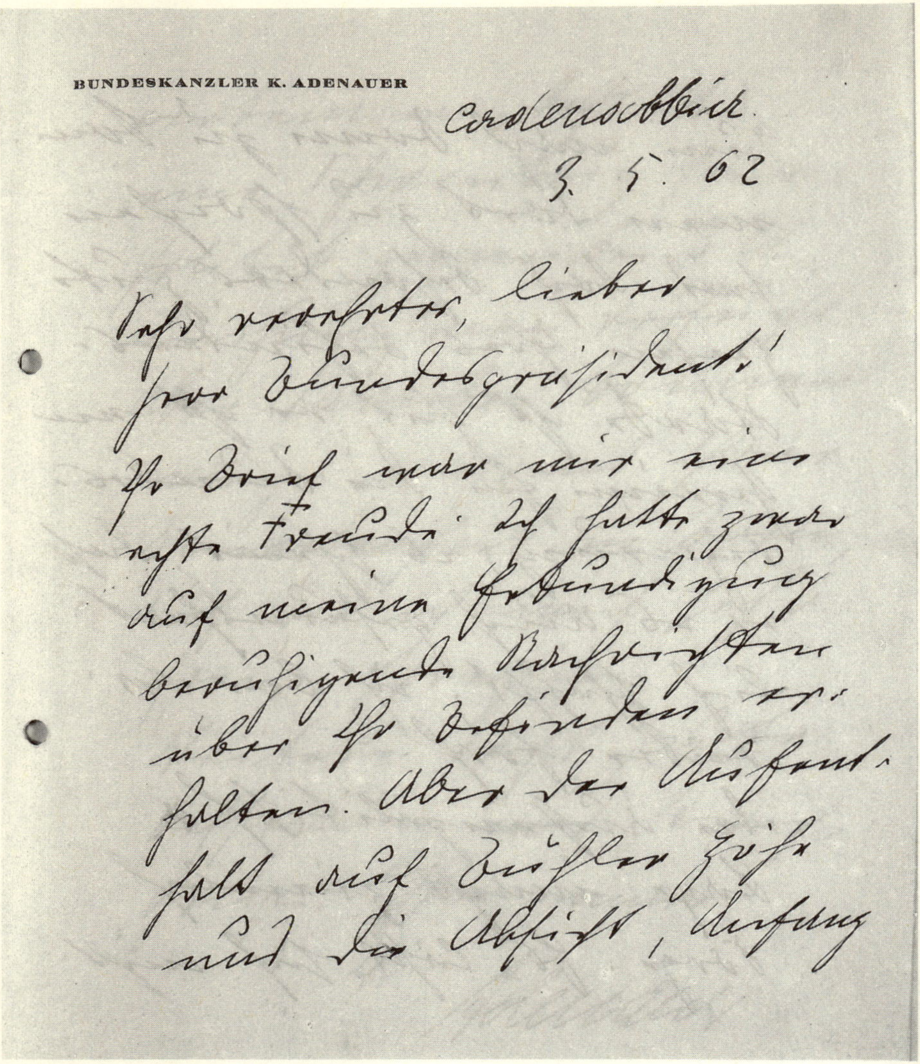

BUNDESKANZLER K. ADENAUER

Cadenabbia
3. 5. 62

Sehr verehrter, lieber
Herr Bundespräsident!

Ihr Brief war mir eine
rechte Freude. Ich hatte zwar
auf meine Erkundigung
beruhigende Nachrichten
über Ihr Befinden er-
halten. Aber der Aufent-
halt auf Bühler Höhe
und die Absicht, Anfang

Zu Dok. Nr. 253

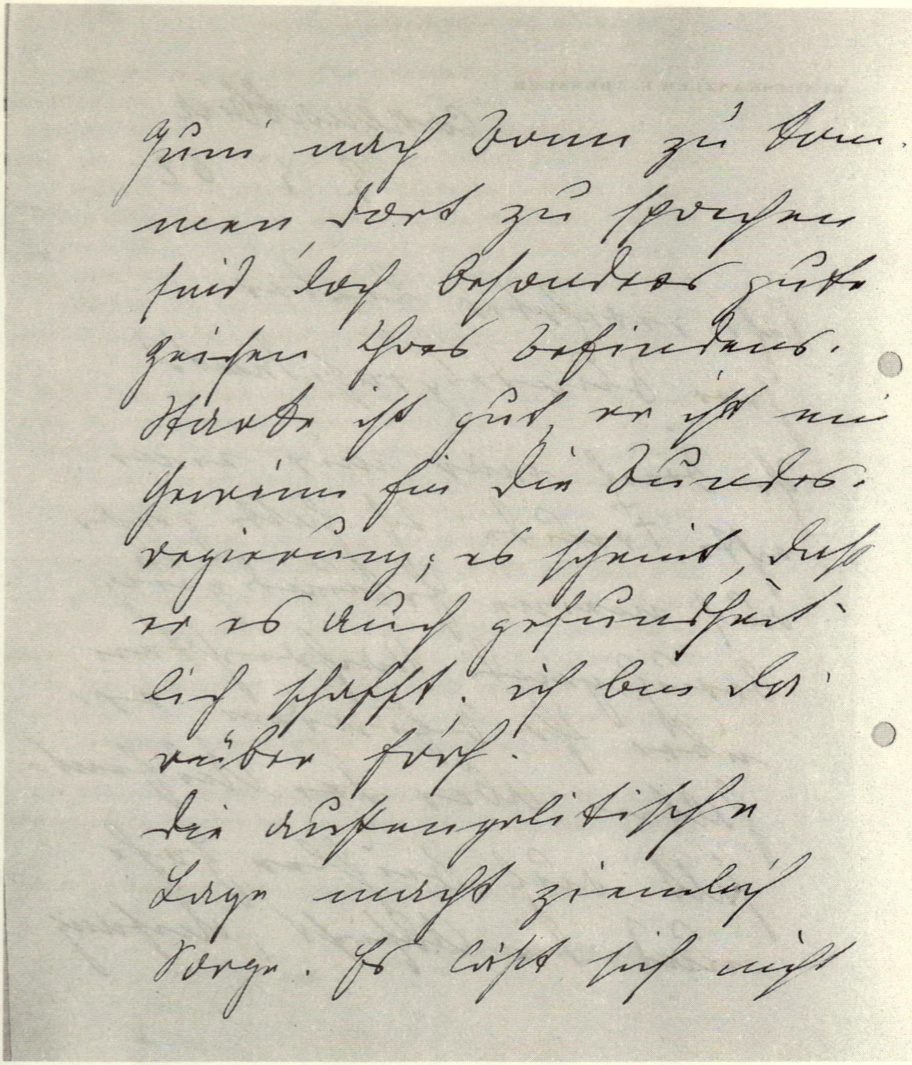
Zeit nach Bonn zu kom-
men dort zu sprechen
sind doch besonders gute
Zeichen Ihres Befindens.
Schröder ist gut, er ist ein
Gewinn für die Bundes-
regierung; es scheint, daß
er es auch gesundheit-
lich schafft. ich bin da-
rüber froh.
Die außenpolitische
Lage macht ziemliche
Sorge. Es läßt sich nicht

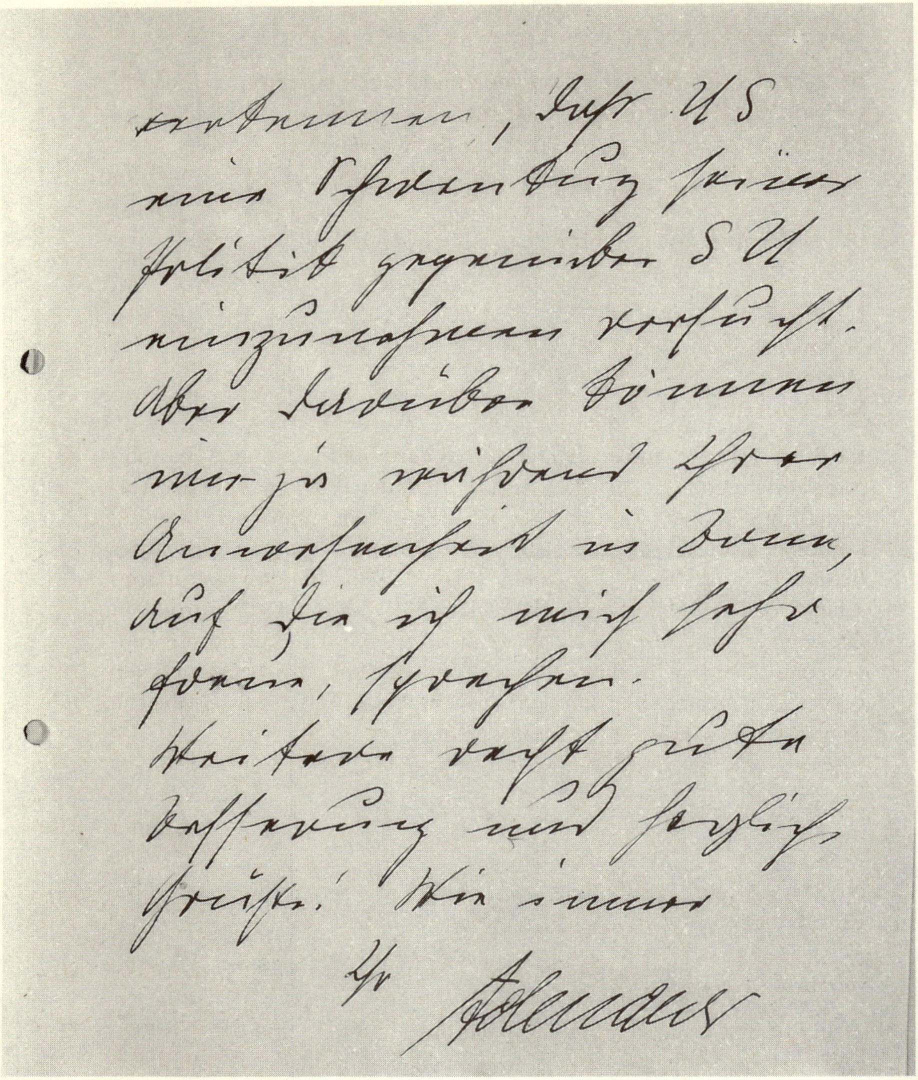
entnommen, daß US
eine Schwenkung seiner
Politik gegenüber SU
vorzunehmen versucht.
Aber darüber können
wir ja während Ihrer
Anwesenheit in Bonn,
auf die ich mich sehr
freue, sprechen.
Weiterhin recht gute
Besserung und herzliche
Grüße! Wie immer
Ihr
Adenauer

benen italienischen Staatspräsidenten und Nationalökonomen Einaudi[9] zu halten, und es wäre nett, Sie bei dieser Gelegenheit zu sehen[10].
Mit guten Grüßen und Wünschen für Ihr Wohlergehen.

Ihr
gez. Theodor Heuss

[PS] Gruß auch an Dr. Schröder.

Nr. 253
3. Mai 1962 (Cadenabbia): Adenauer an Heuss, Stuttgart

Sehr verehrter, lieber Herr Bundespräsident!

Ihr Brief[1] war mir eine echte Freude. Ich hatte zwar auf meine Erkundigung beruhigende Nachrichten über Ihr Befinden erhalten. Aber der Aufenthalt auf Bühler Höhe und die Absicht, Anfang Juni nach Bonn zu kommen, dort zu sprechen, sind doch besonders gute Zeichen Ihres Befindens. Starke ist gut, er ist ein Gewinn für die Bundesregierung; es scheint, daß er es auch gesundheitlich schafft; ich bin darüber froh.
Die außenpolitische Lage macht ziemlich Sorge. Es läßt sich nicht erkennen, daß US eine Schwenkung seiner Politik gegenüber SU einzunehmen versucht[2]. Aber darüber können wir ja während Ihrer Anwesenheit in Bonn, auf die ich mich sehr freue, sprechen[3].
Weitere recht gute Besserung und herzliche Grüße!
Wie immer

Ihr
Adenauer

Nr. 254
22. Mai 1962 (Stuttgart): Heuss an Adenauer, Bonn

Verehrter lieber Herr Bundeskanzler,

meine beiden Unternehmungen nach der Heimkehr aus dem Sanatorium[1] sind ordentlich verlaufen; sowohl die Eröffnung der Weisgerber[2]-Ausstellung in Heidelberg, wo man mir das Reden erlassen hatte, wie auch eine Ansprache in der Paulskirche, die dem Gedächtnis des Genossenschaftsvaters Schulze-Delitzsch[3] galt. So wird, denke ich, auch die Exkursion nach Bonn zum Pour le mérite am 4. Juni mit einem relativ sicheren Gefühl unternommen. Ich werde dort ja einen freilich nur kurzen Nachruf auf den früheren italienischen Staatspräsident Luigi Einaudi absolvieren[4].
Nun will ich bei dieser Gelegenheit, wie ich wohl schon von der Bühler-

höhe schrieb, auch Sie begrüßen. Da aber Ihre eigene Zeit ja dauernd mit Abreden und Konferenzen überlastet ist[5], frage ich vorsichtshalber an, wann es Ihnen passen würde, da davon ja Termin der Abfahrt, wie Termin der Heimkehr abhängig gemacht werden muß. Ich kann mich auf den 4.Juni nachmittags einrichten oder auf den 6.Juni in der Frühe. Ich muß an diesem Tag am späten Nachmittag wieder in Stuttgart sein, da um 18 Uhr – das ist eine lange Abrede – der Botschafter Duckwitz[6], der jetzt in einem Heimaturlaub in Deutschland sich befindet, bei mir hereinsehen möchte, und da ich diesen Mann schätze, will ich gerne ihm wieder einmal begegnen.
Lassen Sie mich durch einige Zeilen wissen, ob einer von diesen Terminen für Sie frei ist und welcher Ihnen am besten paßt.
Dr. Lübke hat mich gebeten, wieder sein Wohngast zu sein.
Mit den besten Grüßen Ihr
Theodor Heuss

Nr. 255
9. Dezember 1962: Heuss an Adenauer, Rhöndorf

Gestern wurde ich auf Probe nach über 4 Wochen Beobachtung und Behandlung aus dem Krankenhaus entlassen[1]. – Aus guten Gründen habe ich die mannigfachen Bitten, zu den Wirren in Bonn[2] eine öffentliche Erklärung abzugeben, abgelehnt.
Auch dieser Zuruf kann nicht mehr als eine private Äußerung sein wollen. Er bezieht sich auf die Position des Ministers Starke, dessen Haltung bei unserer Unterredung im Frühsommer von Ihnen mir gegenüber sehr warm gewürdigt worden war[3].
Zufällig hatte ich vor wenigen Tagen im Krankenhaus den Besuch eines befreundeten sogenannten Wirtschaftsführers[4], keines Stuttgarters, parteipolitisch neutral, der den Sachverstand und Eifer von Starke mir gegenüber lebhaft unterstrich. Das durfte ich Ihnen ganz offen mitteilen.
Gute Grüße und Wünsche
Theodor Heuss

Nr. 256
13. Dezember 1962 (Bonn): Adenauer an Heuss, Stuttgart

Sehr verehrter, lieber Herr Heuss!

Vielen Dank für Ihr Telegramm vom 9. Dezember 1962[1]. Die langwierigen und nicht einfachen Verhandlungen haben inzwischen zu einer Einigung geführt[2]. Es ist die gemeinsame Überzeugung beider Verhandlungskom-

missionen gewesen, daß die getroffenen personellen Entscheidungen sich für die Arbeit der Bundesregierung gut und segensreich auswirken werden. Die großen Kenntnisse und den Eifer des Herrn Dr. Starke habe ich, wie Sie wissen, immer sehr geschätzt. Jedoch hat sich aus Gründen, die wohl zum großen Teil in seinem Gesundheitszustand liegen, die Zusammenarbeit zwischen ihm und den übrigen Kollegen des Kabinetts doch recht schwierig gestaltet. Ich glaube deshalb, daß wir eine richtige und gute Entscheidung getroffen haben[3].
Ich freue mich sehr, daß Sie wieder zu Hause sein können, und hoffe, daß es Ihnen gut geht.
Mit herzlichen Wünschen für ein frohes und gesegnetes Weihnachtsfest und für ein gesundes und gutes Jahr 1963 bin ich wie immer

Ihr
Adenauer

Nr. 257
[vor 24. Dezember 1962]: Adenauer an Heuss, Stuttgart

Herzliche Wünsche zum Weihnachtsfest und zum Neuen Jahr.
‹ Recht herzliche Grüße und alles Gute!
Wie immer

Ihr
Adenauer ›[a]

Nr. 258
2. Januar 1963 (Stuttgart): Heuss an Adenauer, Bonn

Verehrter lieber Herr Bundeskanzler,

kurz vor Weihnachten ließ man mich nach einigen Wochen Krankenhausaufenthalt wieder nach Hause[1]. Aber ich bin in diesem Jahr in Stuttgart geblieben und nicht nach Lörrach, da mein Sohn gegenwärtig völlig überlastet ist und selber der Pflege bedarf.
Ich darf Ihnen zum bevorstehenden Geburtstag[2] alle guten Wünsche senden in der Hoffnung, daß sich die verschiedenen Schwierigkeiten der letzten Monate beruhigt haben oder bald beruhigen werden[3]. Mich selber hat man mit Zuschriften in dieser Zeit gequält, aber ich blieb aus begreiflichen Gründen sehr bemüht, mich aller Äußerungen zu enthalten.
Inzwischen sind die Jugenderinnerungen meines Schwiegervaters Georg Friedrich Knapp vom Verlag noch einmal herausgegeben worden[4], und ich darf Sie bitten, das vor langen Jahren von meiner Frau schon einmal eingeleitete und ergänzte Buch freundlich entgegenzunehmen. Es führt ja um hundert Jahre zurück, aber doch auch in eine höchst anregende

Atmosphäre des verklingenden Biedermeiers[5], und ist nach meiner vielleicht voreingenommenen Meinung rein literarisch gesehen ein Kabinettstück, vor allem auch was die Darstellung der Studienzeit von Knapp in München betrifft.
Ich selber habe meinen Ärzten versprechen müssen, mit dem Herumreisen und Herumreden geizig zu werden[6].
Mit vielen guten Grüßen und allen guten Wünschen zum Geburtstag

Ihr
[Theodor Heuss]

Nr. 259
16. Januar 1963 (Bonn): Adenauer an Heuss, Stuttgart

Sehr verehrter, lieber Herr Bundespräsident!

Sie haben mich zu meinem Geburtstag durch die Übersendung der ausgezeichneten Darstellung über die Jugend von Georg Friedrich Knapp erfreut[1]. Ich danke Ihnen herzlich dafür und für Ihre guten Wünsche zum Beginn meines neuen Lebensjahres.
Die neugeformte Bundesregierung[2] wird sich in den kommenden Monaten keinen leichten Aufgaben gegenübersehen. Aber der ernste Wille, die Verantwortung gemeinsam zu tragen, scheint stark und nachhaltig zu sein.
Mit guten Wünschen und herzlichen Grüßen wie immer Ihr
(Adenauer)

Nr. 260
29. Januar 1963: Adenauer an Heuss, Stuttgart

Sehr verehrter Herr Bundespräsident!

Nehmen Sie bitte meine von Herzen kommenden Glückwünsche zu Ihrem Geburtstage entgegen[1]. Möge das neue Lebensjahr Ihnen möglichst viele schöne Tage schenken! – Politisch ist z. Zt. ein ungewöhnlicher Wirrwarr[2]. Er hätte sich m. E. vermeiden lassen, wenn alle Beteiligten, insbesondere die US, etwas behutsamer und klüger miteinander gesprochen hätten. Herr Luns[3] (Niederlande) und Herr Spaak[4] haben m. E. auch nicht beachtet, welche Freude es für Chruschtschow ist, wenn der Westen sich zankt[5].
Ich sende Ihnen, lieber Herr Bundespräsident, wie immer viele von Herzen kommende Wünsche und Grüße.

Ihr
K. Adenauer

Nr. 261
1. Februar 1963 (Stuttgart): Heuss an Adenauer, Bonn

Verehrter lieber Herr Bundeskanzler,

das hat mich gerührt, daß Sie zwischen all den Mühen und Sorgen, in die Sie die Gegenwart jetzt erneut geworfen hat, mir so freundliche Worte des Gedenkens und der guten Wünsche niedergeschrieben haben[1] und daß Sie zu gleicher Zeit mitwirkten, die Räume des Hauses mit schönen Blumen zu durchwärmen.
Ich habe Kiesinger[2] an dem Geburtstag kurz bei mir gesehen, nachdem ich am Tag zuvor gemeinsam mit General Speidel bei ihm gespeist hatte. Doch konnte ich das nur kurz mitmachen, weil Sir Christopher Steel[3] sich auch noch für diesen Tag zu einem Abschiedsbesuch angemeldet hatte. Ich hoffe jedoch, mir bald von Kiesinger etwas wie eine politische Belehrung über den mir in vielen Dingen undurchsichtbaren Stand der Situation in Bonn, Berlin[4] und Brüssel erteilen zu lassen.
Gesundheitlich geht es sosolala. Mit der Herzinsuffizienz ist man in den vier Wochen Krankenhaus ziemlich fertig geworden[5]. Aber die Ärzte machen jetzt einen Großangriff auf mein vieles Rauchen – und das ist ein wenig mühsam nach einem Leben voll Laster, sich in den letzten Jahren noch mit der Tugend vertraut zu machen. Auf jeden Fall sind alle vier Doktoren, die sich jetzt für mich interessieren, für eine Begrenzung meines Reisens und Redens. Einige Dinge habe ich schon abgestoßen, die an mir hängen geblieben sind; die Leitung des Verwaltungsrates des Nürnberger Germanischen National Museums[6] und die Mitgliedschaft im Beirat des Kulturpolitischen Ausschusses des AA[7] will ich einstweilen beibehalten.
Wenn die Leute mich auf Ihre Leistungsfähigkeit hinweisen, sage ich ganz einfach: Adenauer ist kein Modell, sondern ein Phänomen![8] – Gute Grüße und Wünsche!

Ihr
[Theodor Heuss]

Nr. 262
22. April 1963 (Stuttgart): Heuss an Adenauer, Bonn

Verehrter lieber Herr Bundeskanzler,

vor Wochen habe ich dem Minister Weyer[1] von Nordrhein-Westfalen zugesagt, am 27. April in Godesberg an einer Gedenkstunde für den verstorbenen Abgeordneten Wolfgang Döring[2] teilzunehmen, bei der mir

selber ‹ als › [a] Erstem eine Erinnerungsmedaille überreicht werden soll[3]. Als der Termin verabredet wurde, konnte kaum jemand ahnen, daß das eine politisch so turbulente Zeit sein würde[4]. Ich will nun vermeiden, in diese Geschichten hereingezogen [zu] werden, was institutionell unzuträglich wäre. Ich will weder von der Presse ausgefragt werden, der ich in all diesen Monaten immer ausgewichen bin, noch mit befreundeten Abgeordneten aus der CDU konferieren. Man weiß ja nie vorher, was daraus wird[5]. Aber mit diesen Zeilen will ich mich sozusagen entschuldigen, wenn ich mich bei dem sehr kurzen Aufenthalt auf dem Petersberg, bzw. in Godesberg nicht bei Ihnen melden werde[6].
Mit den besten Grüßen! Ihr

Theodor Heuss

Nr. 263

30. April 1963 (Bonn): Adenauer an Heuss, Stuttgart

Sehr verehrter, lieber Herr Bundespräsident!

Vielen Dank für Ihr Schreiben vom 22. April 1963[1]. Ihre Erwägungen, aus denen heraus Sie sich für einen nur sehr kurzen Besuch in Bonn entschlossen haben, kann ich sehr gut verstehen.
Ich habe deshalb auch meine Absicht, Sie auf dem Petersberg aufzusuchen, um mit Ihnen mich wieder einmal austauschen zu können, aufgegeben. Jedoch hoffe ich, Sie bald einmal wieder zu sehen[2].
Mit vielen guten Wünschen für Ihre Gesundheit und
mit herzlichen Grüßen bin ich wie immer Ihr

(Adenauer)

Nr. 264

6. Mai 1963: Heuss an Adenauer, Bonn

Verehrter lieber Herr Bundeskanzler,

freundlichen Dank für die Einladung zu dem »Empfang« am 17. Mai in Bonn[1]. Ich werde nicht teilnehmen können, weil ich zwei Tage vorher schon mein Beisein bei einer Konferenz[2] zugesagt habe, und solche Massenveranstaltungen gerade das sind, was die Ärzte mir untersagt haben.
Ich hoffe aber an der Tagung der Friedensklasse des Pour le mérite eventuell teilnehmen zu können – am 28. Juni[3] –, vielleicht in Begleitung von Frau Dr. Toni Stolper, die ich Anfang Juni wieder hier für einige Zeit erwarte. Sie überwacht die erweiterte Neuausgabe der Wirtschaftsgeschichte ihres Mannes[4].

Ich werde wohl Ende Mai für einige Wochen auf die Bühlerhöhe gehen[5], das mir im vergangenen Jahr besser bekommen ist als Vulpera im Engadin.
Mit den besten Grüßen! Ihr

[Theodor Heuss]

Nr. 265

10. Mai 1963 (Bonn): Adenauer an Heuss, Stuttgart

Sehr verehrter, lieber Herr Bundespräsident!

Ihr Schreiben vom 6. Mai 1963[1] habe ich erhalten. So sehr ich es bedauere, daß Sie am 17. Mai nicht nach Bonn kommen können[2], so gut verstehe ich aber Ihre Gründe. Ich freue mich sehr, Sie dann bei Ihrer Anwesenheit in Bonn Ende Juni sehen zu können und wäre zu gegebener Zeit für eine Mitteilung dankbar, wie lange Sie aus Anlaß der Tagung vom 28. Juni hier sein werden[3].
Mit den besten Wünschen für recht gute Erholung auf der Bühlerhöhe und mit herzlichen Grüßen bin ich Ihr

Adenauer

Nr. 266

9. August 1963 (Bonn): Adenauer an Heuss, Stuttgart

Sehr verehrter, lieber Herr Bundespräsident!

Wie ich höre, macht Ihre Genesung zwar langsame, aber gute Fortschritte[1]. Ich hoffe, daß Sie bald wieder ganz gesund sind und mit voller Schaffenskraft die Arbeit, die Sie begonnen haben, fortsetzen können[2].
Mit herzlichen Grüßen und besten Wünschen für eine schnelle Genesung

Ihr

Adenauer

Nr. 267

16. August 1963 (Stuttgart): Heuss an Adenauer, Bonn

Verehrter Herr Bundeskanzler,
lieber Dr. Adenauer,

schönen Dank für Ihre freundlichen Zeilen[1] und die wunderbaren Blumen. An sich bin ich von dem Ablauf meiner Krankheit enttäuscht, da ich jetzt seit vielen Wochen im Bett liegen muß und trotz der intensiven Behandlung keine Besserung verspüre.
Mit vielen guten Grüßen! Ihr

[Theodor Heuss]

Nr. 268

27. August 1963 (Cadenabbia): Adenauer an Heuss, Stuttgart

Sehr verehrter, lieber Herr Heuss!

Mit allen meinen Wünschen und Gedanken bin ich bei Ihnen. Möge Gott Sie Ihren Freunden und dem Deutschen Volke erhalten.

Ihr
Konrad Adenauer

Nr. 269

8. September 1963 (Stuttgart): Heuss an Adenauer, Cadenabbia, Italien

Verehrter Herr Bundeskanzler,
lieber Doktor Adenauer,

Seit zwölf Tagen bin ich ohne linkes Bein[1]. Die Störungen in der Durchblutung der Gefäße haben eine Amputation oberhalb des Knies – in der Mitte des Oberschenkels – notwendig gemacht. Es liegt nun wohl eine harte Geduldszeit vor mir, bis ich wieder eine gewisse Gehfähigkeit zurückgewinne.
Von meinem Sohn erfuhr ich, daß Sie mir nicht nur ein Telegramm[2] mit Ihren freundlichen Genesungswünschen sandten, sondern, daß Sie sich auch wiederholt telefonisch nach meinem Befinden erkundigten. Dafür danke ich Ihnen herzlich.
Mit guten Grüßen

Ihr
Theodor Heuss

Nr. 270

16. September 1963 (Cadenabbia): Adenauer an Heuss, Stuttgart

Lieber Herr Bundespräsident!

Ich war sehr glücklich, Ihren Brief vom 8.9.[1] zu erhalten. Ich freute mich, aus ihm entnehmen zu können, daß Sie Ihre Widerstandskraft behalten haben, das ist ja von größter Bedeutung.
Mein Aufenthalt hier war wenig erholsam[2]. Ich hoffe sehr, bald einmal über das, was sich in der Welt tut[3], plaudern zu können.
Ich wünsche Ihnen von Herzen Fortschreiten der Heilung und bin mit sehr herzlichen Grüßen wie immer

Ihr
Adenauer

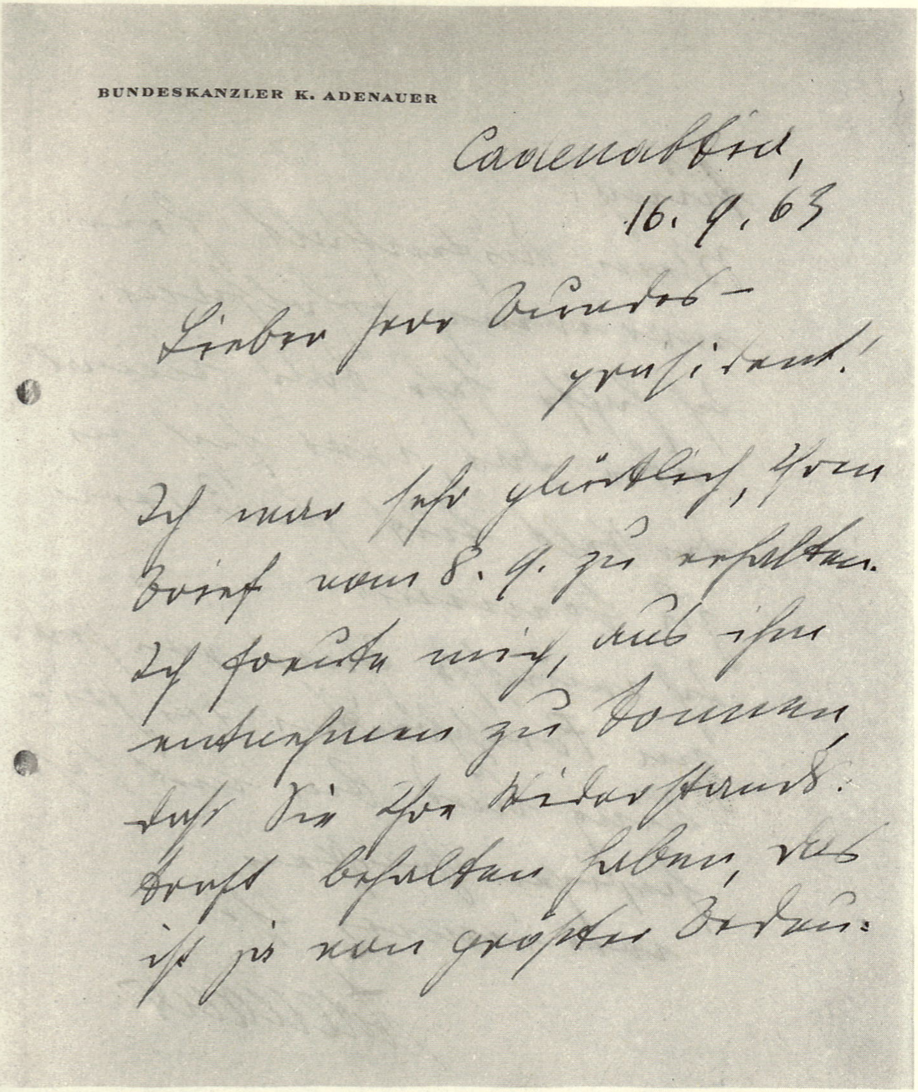
BUNDESKANZLER K. ADENAUER

Cadenabbia,
16. 9. 63

Lieber Herr Bundes-
präsident!

Ich war sehr glücklich, Ihren
Brief vom 8. 9. zu erhalten.
Ich freute mich, aus ihm
entnehmen zu können,
daß Sie Ihre Widerstands-
kraft behalten haben, das
ist ja von größter Bedeu-

Zu Dok. Nr. 270

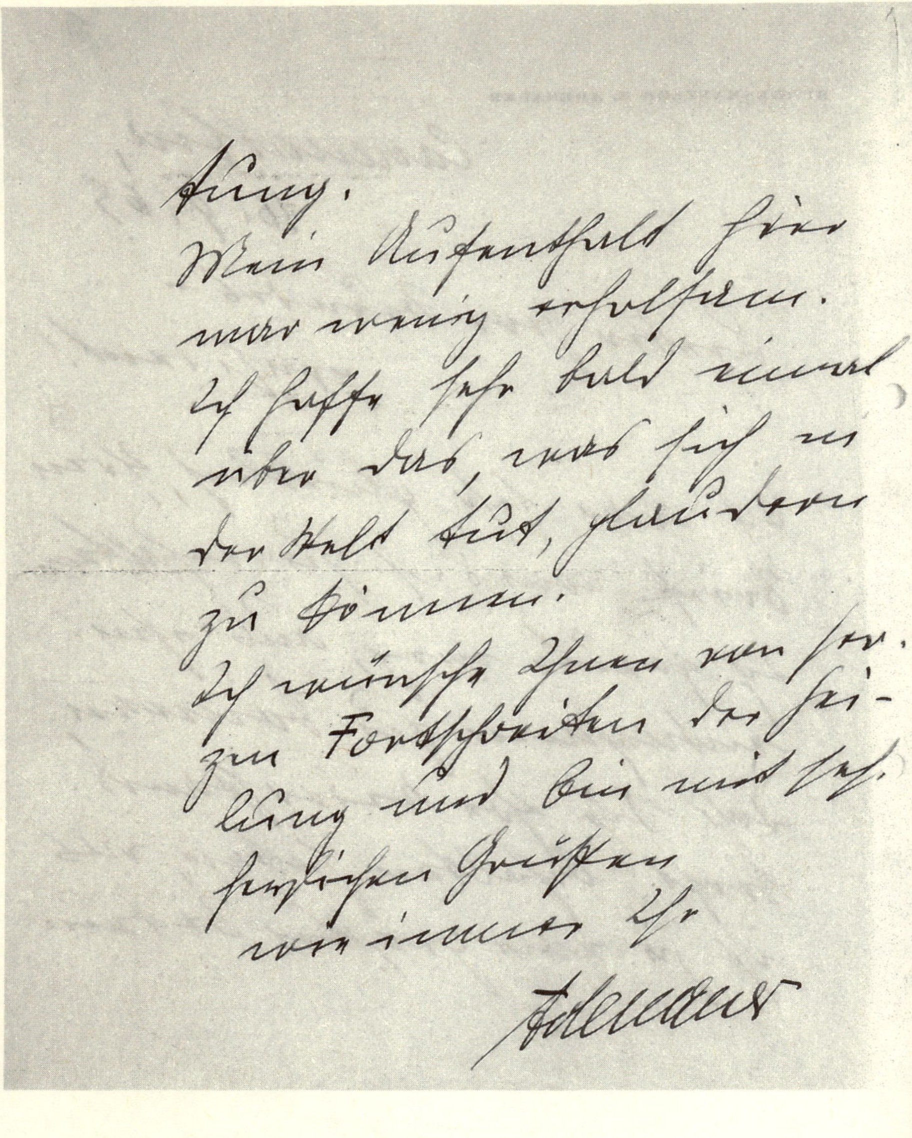
lung.
Mein Aufenthalt hier
war wenig erholsam.
Ich hoffe sehr bald einmal
über das, was sich in
der Welt tut, plaudern
zu können.
Ich wünsche Ihnen von Her-
zen Fortschritte der Hei-
lung und bin mit herz-
lichen Grüßen
wie immer Ihr
Adenauer

235

THEODOR HEUSS

STUTTGART-N,
Feuerbacher Weg 46

28. September 1963

Verehrter lieber Herr Bundeskanzler,

in diesen Tagen werden Sie ja wohl, was die Ausgangswochen Ihrer unmittelbaren Amtstätigkeit betrifft, die Endtermine antreten, und ich will gewiss nicht nun die Ratschläge nachholen, die dort und dort vielleicht am Platz gewesen wären. Ich habe ja in den letzten drei Jahren mich immer nur am Rande des Politischen herumgetrieben, auch wenn ich die Reisen in Paris, in Südfrankreich und einige Wochen in Israel gemacht habe.

Gerade aber von dem letzteren möchte ich ein paar Worte sprechen, nachdem ich vor einiger Zeit gelesen habe, dass die Herren Abgeordneten Majonica und Martin sich gegen diplomatische Anerkennung des Staates Israel gegenüber den arabischen Staaten ausgesprochen haben. Man hat mir hier im Krankenhaus erzählt, dass dabei auch auf die Amerikaner Rücksicht genommen wird, was mir reine Gerüchtmacherei zu sein scheint, ohne dass ich irgendwelche Fühlung mit politischen Organen dieses Staates heute halte. Die Stellungnahme der arabischen Staaten, die ich aus persönlichem Eindruck gar nicht kenne, scheint mir durchaus verworren, und eine Entscheidung von unserer Seite würde wohl nur eine vorübergehende Trübung herbeiführen können.

Ich habe keine Ahnung, wer jetzt politisch-diplomatischer Sachberater in der politischen Gruppe des AA ist. Ich persönlich habe, auch auf Grund meines Mehrwöchigen Besuches in Israel, den vielen Beziehungen, die ich dort erneuerte, das Gefühl, dass die Herstellung diplomatischer Beziehungen überreif ist. Ich wäre Ihnen sehr dankbar, wenn Sie diese Sache noch in Ihrer Amtszeit zum Abschluss bringen wollten.

Mit besten Grüssen, wie immer Ihr

Herrn Bundeskanzler
Dr. Konrad Adenauer
Bonn

Theodor Heuss

Zu Dok. Nr. 271

Nr. 271

28. September 1963 (Stuttgart): Heuss an Adenauer, Bonn

Verehrter, lieber Herr Bundeskanzler,

in diesen Tagen werden Sie ja wohl, was die Ausgangswochen Ihrer unmittelbaren Amtstätigkeit betrifft, die Endtermine antreten[1], und ich will gewiß nicht nun die Ratschläge nachholen, die dort und dort vielleicht am Platz gewesen wären. Ich habe ja in den letzten drei Jahren mich immer nur am Rande des Politischen herumgetrieben, auch wenn ich die Reisen in Paris[2], in Südfrankreich[3] und einige Wochen in Israel[4] gemacht habe.

Gerade aber von dem letzteren möchte ich ein paar Worte sprechen, nachdem ich vor einiger Zeit gelesen habe, daß die Herren Abgeordneten Majonica[5] und Martin[6] sich gegen diplomatische Anerkennung des Staates Israel gegenüber den arabischen Staaten ausgesprochen haben[7]. Man hat mir hier im Krankenhaus erzählt, daß dabei auch auf die Amerikaner Rücksicht genommen wird, was mir reine Gerüchtmacherei zu sein scheint, ohne daß ich irgendwelche Fühlung mit politischen Organen dieses Staates heute halte. Die Stellungnahme der arabischen Staaten, die ich aus persönlichem Eindruck gar nicht kenne, scheint mir durchaus verworren, und eine Entscheidung von unserer Seite würde wohl nur eine vorübergehende Trübung herbeiführen können.

Ich habe keine Ahnung, wer jetzt politisch-diplomatischer Sachberater in der politischen Gruppe des AA ist. Ich persönlich habe, auch auf Grund meines mehrwöchigen Besuches in Israel, den vielen Beziehungen, die ich dort erneuerte, das Gefühl, daß die Herstellung diplomatischer Beziehungen überreif ist. Ich wäre Ihnen sehr dankbar, wenn Sie diese Sache noch in Ihrer Amtszeit zum Abschluß bringen wollten[8].

Mit besten Grüßen, wie immer Ihr

[Theodor Heuss]

Nr. 272

8. Oktober 1963 (Bonn): Adenauer an Heuss, Stuttgart

Sehr verehrter, lieber Herr Bundespräsident!

Sehr glücklich bin ich, daß Sie aus dem Krankenhaus entlassen sind. Ich hoffe, daß es weiter so gut aufwärts geht.

Herr Martin hat sich sehr dumm verhalten[1]. Hoffentlich wird es bald vergessen werden.

Gar zu gern hätte ich noch während meiner Amtszeit die diplomatischen Beziehungen mit Israel hergestellt. Ich habe deswegen in Washington

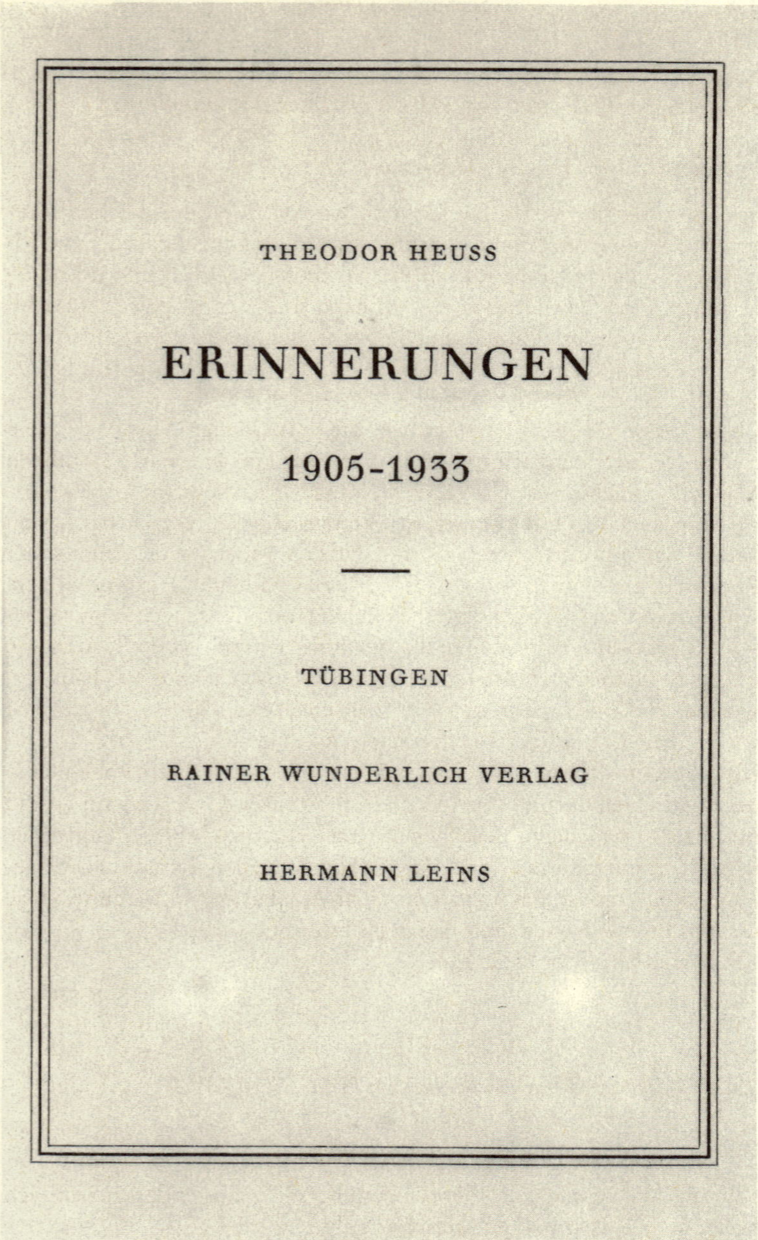

THEODOR HEUSS

ERINNERUNGEN

1905–1933

TÜBINGEN

RAINER WUNDERLICH VERLAG

HERMANN LEINS

Zu Dok. Nr. 273

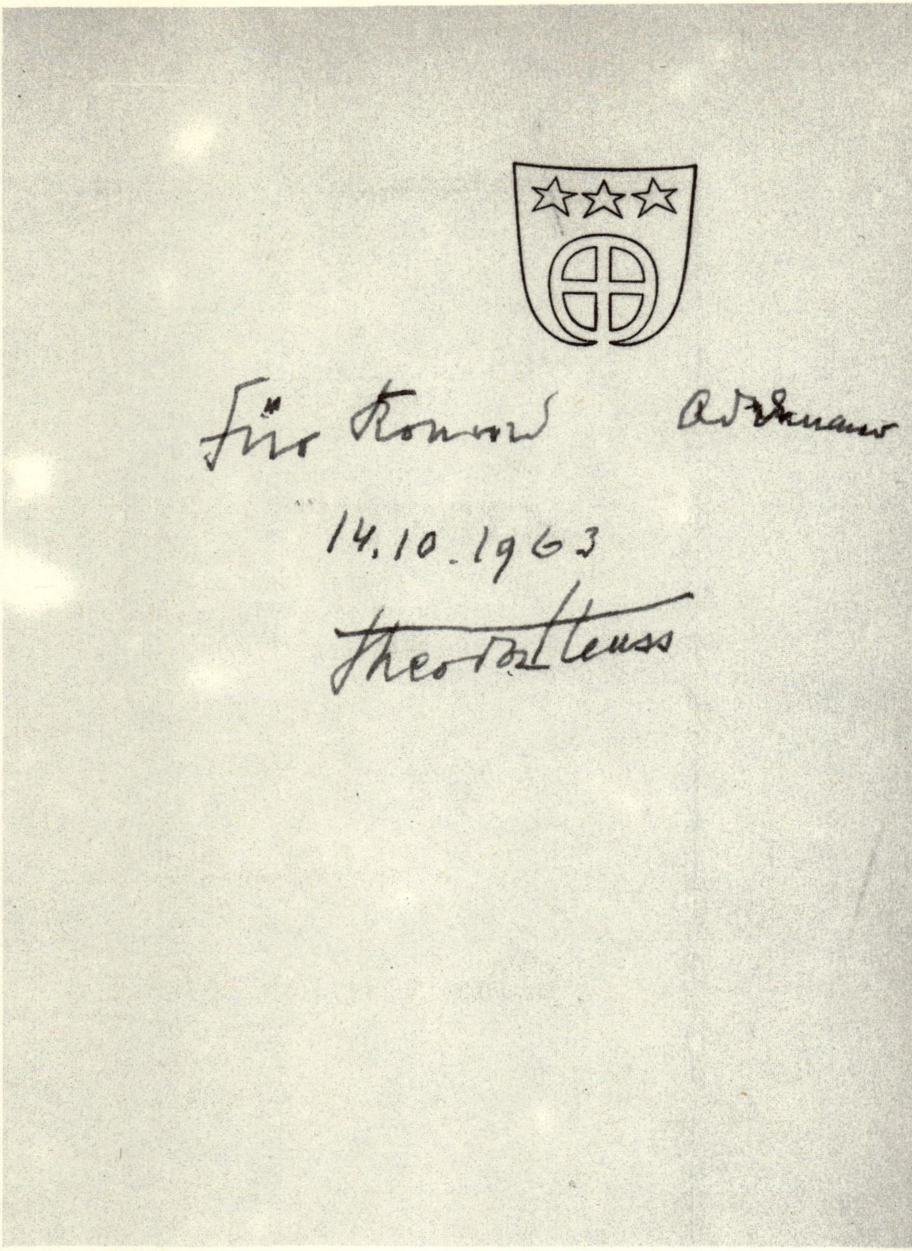

»Für Konrad Adenauer
14.10.1963 Theodor Heuss«

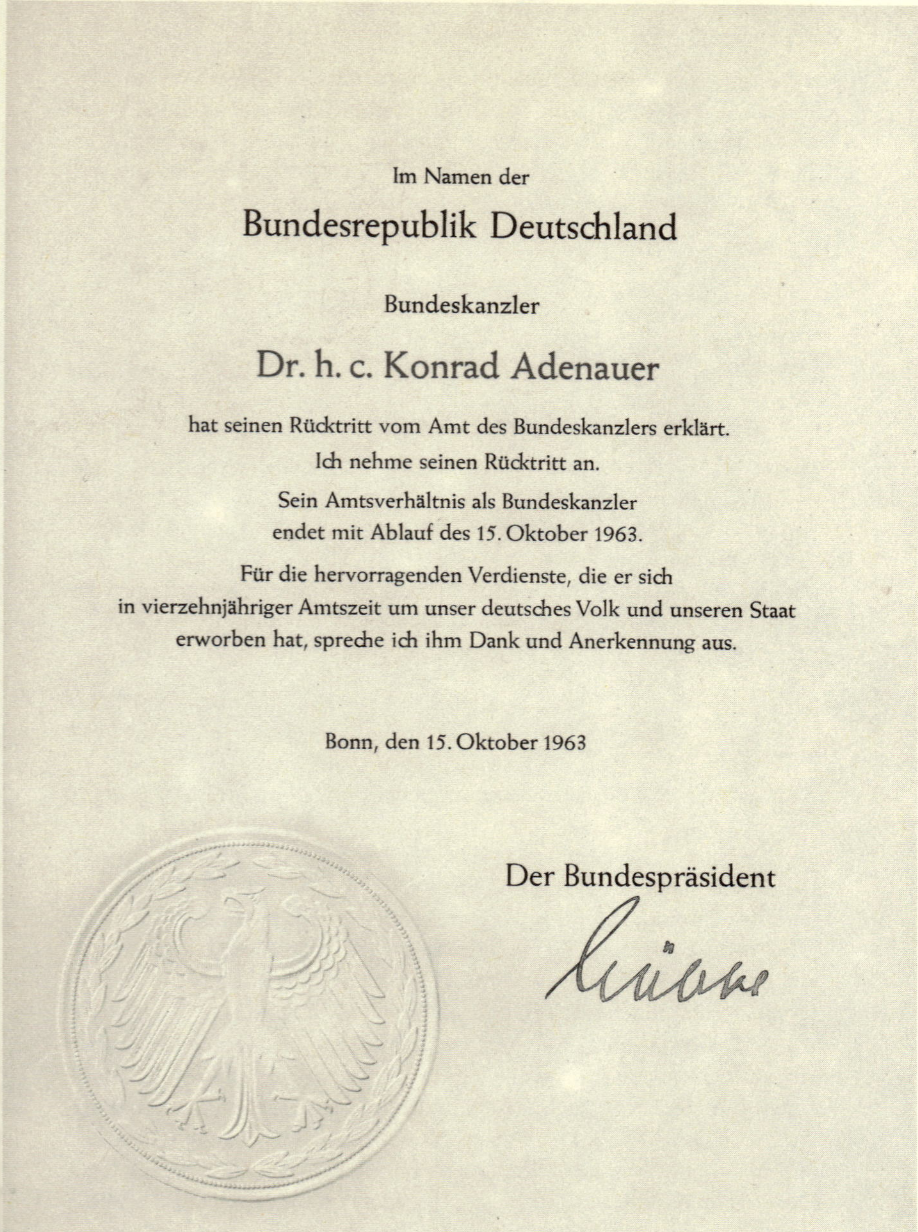

Im Namen der

Bundesrepublik Deutschland

Bundeskanzler

Dr. h. c. Konrad Adenauer

hat seinen Rücktritt vom Amt des Bundeskanzlers erklärt.
Ich nehme seinen Rücktritt an.

Sein Amtsverhältnis als Bundeskanzler
endet mit Ablauf des 15. Oktober 1963.

Für die hervorragenden Verdienste, die er sich
in vierzehnjähriger Amtszeit um unser deutsches Volk und unseren Staat
erworben hat, spreche ich ihm Dank und Anerkennung aus.

Bonn, den 15. Oktober 1963

Der Bundespräsident

Urkunde zum Rücktritt Adenauers als Bundeskanzler
(15. Oktober 1963)

angefragt, weil Washington ja übernommen hatte, dafür zu sorgen, daß im Orient nichts passiere. Washington hat mich gebeten, die diplomatischen Beziehungen jetzt nicht herzustellen[2]. Unter diesen Umständen kann ich leider mein Vorhaben nicht ausführen. Es tut mir sehr leid, aber ich kann nichts daran ändern.

Mit herzlichen Grüßen wie immer Ihr

Adenauer

Nr. 273

15. Oktober 1963 (Bonn): Adenauer an Heuss, Stuttgart

Sehr verehrter, lieber Herr Bundespräsident!

Heute war Herr Bott bei mir. Er hat mir Ihre Grüße ausgerichtet und den ersten Band Ihrer Erinnerungen[1] überbracht. Schon beim ersten Durchblättern werden viele gute Erinnerungen an Gespräche zwischen Ihnen und mir lebendig.

Ich bin glücklich, daß Ihre Genesung weiterhin gute Fortschritte macht. Ich hoffe, Sie sehr bald einmal aufsuchen zu können.

Mit vielem Dank und von Herzen kommenden guten Wünschen

Ihr sehr ergebener

Adenauer

Nr. 274

13. Dezember 1963 (Bonn): Adenauer an Dr. Ernst Ludwig Heuss, Stuttgart

Die Nachricht von dem Tode[1] Ihres Vaters, Professor Doktor Theodor Heuss, hat mich tief bewegt und mit aufrichtiger Trauer erfüllt. Mit Ihnen und Ihrer Familie empfinde ich den Schmerz, den Ihnen dieser unersetzliche Verlust zugefügt hat. Das deutsche Volk verliert in dem Verewigten, mit dem ich mich in großer Hochachtung und menschlicher Freundschaft verbunden fühlte, einen bedeutenden Staatsmann, eine große, von dem Geist echter Humanität geprägte Persönlichkeit, einen weisen Freund. Die Gestalt Professor Theodor Heuss, der unserem Volk als sein erster Repräsentant nach den Jahren tiefster Erniedrigung Achtung, Würde und das Gefühl für Selbstveranwortung zurückgeben half, wird in dem Gedächtnis aller Deutschen als ein Beispiel für Freiheitsliebe, Pflichttreue und Menschlichkeit fortleben. Ich habe durch den Tod Ihres Vaters einen guten Freund verloren, dessen Freundschaft und dessen weiser Rat sich immer wieder bewährt haben.

Konrad Adenauer

Trauerfeier in der Stuttgarter Stiftskirche, 17. Dezember 1963

Auf der Kanzel Kurt Georg Kiesinger

Verzeichnis der Briefe

64	24.01.1952	Heuss
65	26.01.1952	Heuss
66	30.01.1952	Heuss
67	17.03.1952	Adenauer
68	29.03.1952	Adenauer
69	30.03.1952	Heuss
70	2.04.1952	Adenauer
71	6.04.1952	Heuss
71 A	3.04.1952	Heuss – Memorandum zur Frage der Nationalhymne
72	12.04.1952	Adenauer
73	25.04.1952	Adenauer
74	29.04.1952	Adenauer
75	2.05.1952	Heuss
76	10.05.1952	Adenauer
77	12.07.1952	Heuss
78	14.07.1952	Heuss
79	21.07.1952	Adenauer
80	21.07.1952	Adenauer
81	22.07.1952	Adenauer
82	25.07.1952	Heuss
83	6.12.1952	Heuss
84	15.12.1952	Heuss
85	19.12.1952	Heuss
86	20.12.1952	Heuss
87	20.12.1952	Adenauer
88	29.12.1952	Adenauer
89	13.01.1953	Adenauer
90	30.01.1953	Heuss
91	3.02.1953	Heuss
92	4.02.1953	Heuss
93	22.02.1953	Adenauer
94	12.04.1953	Adenauer
95	20.04.1953	Heuss
96	20.04.1953	Adenauer
97	20.04.1953	Heuss
98	1.05.1953	Adenauer
99	26.05.1953	Heuss
100	27.05.1953	Adenauer
101	29.05.1953	Heuss
102	30.05.1953	Heuss
103	30.05.1953	Adenauer
104	7.06.1953	Adenauer
105	16.06.1953	Adenauer
106	8.07.1953	Adenauer
107	13.07.1953	Adenauer
108	15.07.1953	Heuss
109	21.07.1953	Adenauer
110	10.08.1953	Adenauer
111	14.08.1953	Heuss
112	19.08.1953	Adenauer
113	19.08.1953	Heuss
114	29.09.1953	Heuss
115	1.10.1953	Adenauer
116	14.12.1953	Heuss
117	26.12.1953	Heuss
118	4.01.1954	Heuss
119	5.02.1954	Heuss
120	7.02.1954	Adenauer
121	7.02.1954	Heuss
122	28.02.1954	Heuss
123	2.04.1953	Heuss
124	16.06.1954	Heuss
125	4.08.1954	Heuss
126	6.08.1954	Adenauer
127	25.08.1954	Adenauer
128	27.08.1954	Heuss
129	24.10.1954	Heuss
130	1./2.12.1954	Heuss
131	9.12.1954	Heuss
132	18.12.1954	Heuss
133	20.12.1954	Adenauer
133 A	18.02.1955	Heuss an Paul Weymar
134	22.12.1954	Adenauer
135	3.01.1955	Heuss
136	29.01.1955	Adenauer
137	1.02.1955	Heuss
138	7.03.1955	Heuss

Kommentar

Nr. 1

*BA, NL Heuss, Nr. 418 (Durchschlag), mit ms. Briefkopf »Abg. Dr. Theodor Heuss«. – Heuss war als MdL in Württemberg-Baden in den Parlamentarischen Rat, dort zum FDP (bzw. LDP/DVP)-Fraktionsvorsitzenden gewählt worden; vgl. Hans-Heinrich *Welchert,* Theodor Heuss. Ein Lebensbild, S. 121-143; Theodor Heuss. Der Mann, das Werk, die Zeit, S. 266-275. Vgl. a. Nr. 133 A, 214, 274, Anm. 1.

1 Als MdL in Nordrhein-Westfalen in den Parlamentarischen Rat entsandt, amtierte Adenauer seit seiner Wahl in der konstituierenden Sitzung vom 1.9.1948 als dessen Präsident (Stellvertreter: Adolph *Schönfelder* [SPD], Hermann *Schäfer* [FDP]). Vgl. Rudolf *Morsey,* Die Rolle Konrad Adenauers im Parlamentarischen Rat, passim. Vgl. a. Nr. 133 A.

2 Zur Gründung der FDP-Gesamtpartei für die 3 Westzonen am 11./12.12. 1948 in Heppenheim/Bergstraße und zur dortigen Wahl von Theodor Heuss zum 1. Vorsitzenden (Stellvertreter: Franz *Blücher*) vgl. Dieter *Hein,* Zwischen liberaler Milieupartei und nationaler Sammlungsbewegung. Gründung, Entwicklung und Struktur der Freien Demokratischen Partei 1945–1949, Düsseldorf 1985, S. 333-339.

3 Die vor diesem Schreiben letzte (7.) Plenarsitzung des Rates hatte am 21.10. 1948 stattgefunden, die nächste (8.) kam am 24.2.1949 zustande. Der Hauptausschuß (Vorsitzender: Carlo *Schmid*) kam am 10.12.1948 zu seiner 26., am 15.12. 1948 zu seiner 27. Sitzung zusammen, jeweils unter Beteiligung von Heuss; vgl. Parlamentarischer Rat. Verhandlungen des Hauptausschusses, S. 305-330.

4 Eine schriftliche Reaktion Adenauers konnte nicht nachgewiesen werden. *Sein* erstes Schreiben an Heuss, eine am 10.12.1948 zugleich auch an die anderen Fraktionsvorsitzenden (»mit Ausnahme der KPD«) gerichtete Einladung zu einer Besprechung mit führenden Kirchenvertretern am 14.12.1948, wird wegen des unpersönlichen Charakters nicht in die Edition einbezogen; Druck: Adenauer, Briefe 1947–1949, S. 363 f.

Nr. 2

*StBKAH 07.05, eigenhändig; Abb.: Adenauer, Briefe 1947–1949, S. 378.

1 Theodor *Heuss,* Deutsche Gestalten. Studien zum 19. Jahrhundert, Stuttgart–Tübingen 1947, ^{2}1949. Dieser Walter *Goetz* (vgl. Nr. 182, Anm. 5) gewidmeten Veröffentlichung lagen Aufsätze zugrunde, die Heuss 1938–1943 für die »Frankfurter Zeitung« verfaßt hatte. Vgl. Nr. 10.

2 Friedrich *Harkort* (1793–1880), Industrieller, Politiker und sozial engagierter

Publizist, gehörte verschiedenen bürgerlichen Gruppierungen in der preußischen Nationalversammlung (1848), im Preußischen Abgeordnetenhaus (bis 1871) und im Reichstag an (1871–1874); vgl. Deutsche Gestalten, S. 64-73. – Sein Urgroßneffe, der Diplomat Günther *Harkort* (1905–1986; 1958–1961 Abteilungsleiter im Auswärtigen Amt, 1969/70 dort Staatssekretär), stand nach 1950 im regelmäßigen und engen Kontakt zu Heuss.

3 Alfred *Krupp* (1812–1887), Industrieller; vgl. Deutsche Gestalten, S. 145-153.

4 Jacob *Mayer* (1813–1875), Metallurg, entwickelte neue Verfahren der Gußstahlgewinnung, gründete den ›Bochumer Verein für Bergbau und Gußstahlfabrikation‹; vgl. Deutsche Gestalten, S. 154-161.

Nr. 3

*BA, NL Heuss, Nr. 62 (Telegramm); StBKAH 07.05 (Telegrammabschrift).

1 Vgl. Nr. 2.

2 Elly *Heuss-Knapp* (1881–1952; Tochter des Nationalökonomen Georg Friedrich *Knapp* [vgl. Nr. 106, Anm. 2]), seit 1908 mit Theodor Heuss verheiratet, 1946–1949 MdL in Württemberg-Baden (DVP/FDP), initiierte 1950 die »Elly-Heuss-Knapp-Stiftung Deutsches Müttergenesungswerk«. Zu ihrer Beteiligung an der Korrespondenz Heuss–Adenauer vgl. Nr. 14, 37, Anm. 6; zu ihrem eigenen Briefwechsel mit Konrad Adenauer Nr. 30, Anm. 1. Vgl. a. Nr. 71, Anm. 1, Nr. 80-82.

Nr. 4

*BA, NL Heuss, Nr. 418, auf Kopfbogen »Der Präsident des Parlamentarischen Rats«.

1 Am 12.1.1949 anläßlich einer Einladung der Fraktionsvorsitzenden des Parlamentarischen Rates bei den gemeinsamen Verbindungsstellen zu den alliierten Militärregierungen; hierzu das Schreiben Heuss' an den SPD-Vorstandssprecher Fritz *Heine* vom 22.1.1949 (BA, NL Heuss, Nr. 418).

2 Vom 2.1.1949 zur Beilegung eines im Dezember 1948 ausgebrochenen Konflikts Adenauer–FDP (deren Ratsfraktion er Annäherung an die SPD »bei der Behandlung der Verfassungsprobleme« vorgeworfen hatte); Druck: Adenauer, Briefe 1947–1949, S. 366, 377.

3 Franz *Blücher* (1896–1959), 1947–1949 Mitglied des Wirtschaftsrates (FDP), 1948/49 Stellvertreter, 1949–1954 Nachfolger von Theodor Heuss als FDP-Bundesvorsitzender, 1949–1953 Bundesminister für Angelegenheiten des Marshallplans, 1953–1957 Bundesminister für wirtschaftliche Zusammenarbeit (1949–1957 Stellvertreter des Bundeskanzlers), 1958/59 deutscher Vertreter bei der Montanunion.

4 Robert *Pferdmenges* (1880–1962), Bankier, 1947–1949 Mitglied des Wirtschaftsrates (CDU), 1950–1962 MdB, Freund und Berater des Bundeskanzlers. Zu seiner hier erstmals angesprochenen Vermittlerfunktion zwischen Adenauer, den Unionsparteien und der FDP vgl. Theodor Heuss. Tagebuchbriefe, S. 564, und Nr. 143, 144.

5 Zur anschließend bereinigten Situation Heuss an Heine: »Nachdem die sogen. Adenauer-Krise zunächst abgesunken ist, soll man sie nach meiner Meinung abgesunken sein lassen, um in Bonn zu einem halbwegs brauchbaren Gesamtresultat zu kommen. Die Schlußphase mit Parteienpolemik und Gekränktheiten zu belasten, ist zwecklos« (wie Anm. 1).

Nr. 5

*BA, NL Heuss, Nr. 62, auf Kopfbogen wie Nr. 4. – Adenauer behielt das Präsidentenamt auch nach Verkündung des Grundgesetzes bis August 1949 bei; am 7.5. 1949 hatte er den Vorsitz des Überleitungsausschusses übernommen, der die legislative und organisatorische Tätigkeit der ersten Bundesregierung vorzubereiten hatte; vgl. Parlamentarischer Rat. Stenographische Berichte über die Plenarsitzungen, S. 269f.

1 Nach Verabschiedung durch den Parlamentarischen Rat (53:12 Stimmen) wurde das Grundgesetz am 12.5.1949 durch die Militärgouverneure genehmigt (vorbehaltlich des Vorrangs des Besatzungsstatuts und des West-Berliner Sonderstatus'), vom 16.–22.5.1949 in den Landtagen ratifiziert (Ablehnung nur in Bayern) und am 23.5.1949 verkündet.

2 Weitere Exemplare wurden auch an die anderen Ratsmitglieder versandt.

Nr. 6

*StBKAH III/47 (Durchschlag), mit ms. Briefkopf »Bundesrepublik Deutschland. Der Bundeskanzler«; Druck: Udo *Wengst* (Bearb.), Auftakt zur Ära Adenauer, S. 453; Adenauer, Briefe 1949–1951, S. 111. – Dort (S. 112f.) auch Abb. eines Entwurfs und des Durchschlags der mit diesem Schreiben übermittelten ersten Kabinettsliste Adenauers. Die Erstausfertigung konnte nicht nachgewiesen werden. – Zur anschließenden Behandlung des Dokuments im Bundespräsidialamt (Veränderung einiger Ressortbezeichnungen) ein Hinweis Adenauers in der Kabinettssitzung vom 23.9.1949; vgl. Kabinettsprotokolle 1949, S. 303.

1 Zur Wahl von Heuss zum Bundespräsidenten durch die Bundesversammlung am 12.9.1949, zur anschließenden Kanzlerwahl und -ernennung Adenauers am 15./16.9.1949 und zur Regierungsbildung vgl. die Abb. auf S. 28f. (»Namentliches Verzeichnis der Mitglieder der Bundesversammlung« mit den darauf von Adenauer eigenhändig vermerkten Ergebnissen des ersten und zweiten Wahlganges) und auf S. 30f. (Schreiben des Bundespräsidenten vom 20.9.1949 an André François-Poncet zur Ernennung und Vereidigung des Bundeskanzlers und der Bundesminister).

2 Nach Vereidigung seines ersten Kabinetts (Koalitionsregierung aus CDU, CSU, FDP und DP) gab Adenauer am 20.9.1949 die Regierungserklärung ab. Zu den vorausgegangenen Kontakten, auch Kompetenzkonflikten Heuss–Adenauer vgl. Gerhard *Loewenberg,* Parlamentarismus im politischen System, S. 276; Eberhard *Pikart,* Theodor Heuss und Konrad Adenauer, S. 77f.; Udo *Wengst,* Staatsaufbau und Regierungspraxis, S. 132f. – Vgl. a. Nr. 212, 216.

Nr. 7

*BA, B 136/4615, auf Kopfbogen »Der Präsident der Bundesrepublik Deutschland«; Teildruck: Die Kabinettsprotokolle der Bundesregierung Bd. 1: 1949, S. 128.

1 Vom 14.10.1949; Druck: a.a.O., S. 122-128.

2 Hans *Schuberth* (1897–1976), 1947–1949 Direktor der Verwaltung für das Post- und Fernmeldewesen des Vereinigten Wirtschaftsgebietes, 1949–1953 Bundesminister für das Post- und Fernmeldewesen, 1953–1957 MdB (CSU).

3 Vgl. a.a.O., S. 128.

4 Manfred *Klaiber* (1903–1981), 1945–1949 Regierungsdirektor und Ministerialrat im Staatsministerium Württemberg-Baden, 1949–1957 Chef des Bundespräsidialamtes (1954 Staatssekretär), später Botschafter in Italien (1957–1963) und Frankreich (1963–1968).

5 Darum bemüht, »daß die amtliche Graphik und auch die sonstige Formgebung, in der der Bund sichtbar wird, ein hohes Maß an Qualität erreicht«, schaltete Heuss im Dezember 1949 Emil *Preetorius* (ab 1954 Vorsitzender des Kunstbeirates der Deutschen Bundespost; vgl. Nr. 218, Anm. 5) in die weitere Erörterung der Briefmarkenfrage ein (hierzu Korrespondenz in BA, NL Heuss, Nr. 165, 290). Nach Ausschreibung eines Wettbewerbs (in: Amtsblatt der Hauptverwaltung für das Post- und Fernmeldewesen, Sondernummer vom 2.1.1950) empfahl Heuss am 2.12.1950 Schuberth, eine Serie »mit bekannten Köpfen aus der internationalen Rote-Kreuz-Arbeit gesondert herauszubringen« (vgl. a.a.O., Nr. 294). – Erst aus Anlaß seines 70. Geburtstages am 31.1.1954 wurde eine Dauerserie mit dem Kopfbild-Motiv des Bundespräsidenten ausgegeben. Vgl. Nr. 13, Anm. 4.

Nr. 8

*BA, NL Heuss, Nr. 62 (Durchschlag), mit ms. Notiz »abg[ereist] 7.12.1949«. – Vor Ausfertigung dieses Schreibens reiste Heuss am 7.12.1949 nach Wiesbaden, wo er – im engen inhaltlichen Zusammenhang mit dem hier vorgetragenen Anliegen – vor der Gesellschaft für christlich-jüdische Zusammenarbeit seine Rede »Mut zur Liebe« hielt (Zentralbegriff »Kollektivscham« für das »am jüdischen Volk vollzogene, scheußliche Unrecht«). Druck (u. a.): Theodor Heuss. Politiker und Publizist, S. 381-386.

1 Georg *Hohmann* (1880–1970), Orthopäde, Klinikdirektor an den Universitäten Frankfurt/Main (ab 1930) und München (ab 1946). Zu seiner jahrzehntelangen Freundschaft mit Heuss vgl. seinen Beitrag in: Begegnungen, S. 39-45. Vgl. a. die am 27.2.1960 gehaltene Geburtstagsrede, in der Heuss besonders auf die Tätigkeit Hohmanns als demokratischer Abgeordneter im bayerischen Landtag (1919–1921) einging (BA, NL Heuss, Nr. 22).

2 Friedrich *Naumann* (1860–1919), sozialliberaler Politiker und Publizist, gründete 1896 den Nationalsozialen Verein, schloß sich 1903 der Freisinnigen Vereinigung an, 1910 maßgeblich an der Gründung der Fortschrittlichen Volkspartei beteiligt, 1907–1912 und 1913–1918 MdR, 1919 Mitglied der Nationalversamm-

lung, 1918 Mitbegründer der DDP, 1919 deren Vorsitzender. Begründete 1895 die Zeitschrift »Die Hilfe« (in der Heuss ab 1902 publizierte und deren Chefredaktion er 1907 übernahm) und 1917 die »Staatsbürgerschule« als Vorbild der 1920 entstandenen »Deutschen Hochschule für Politik« (deren Studienleiter bzw. Dozent für Zeitgeschichte und Verfassungslehre Heuss von 1920–1933 war); vgl. Theodor *Heuss,* Friedrich Naumann, passim, und *ders.,* Erinnerungen 1905–1933, passim (S. 28-46: Im Naumann-Kreis). Vgl. a. Nr. 10, Anm. 3.

3 Bereits in seinem *ersten* an das Bundeskanzleramt gerichteten, an Herbert *Blankenhorn* adressierten Schreiben (o. D., um den 20.9.1949; vgl. StBKAH III/47) hatte Heuss befürwortet, »einen Berater für jüdische Fragen ... beim Bundeskanzler oder Innenministerium ... heranzuziehen.« – Adenauer hatte seinerseits in dem am 25.11.1949 veröffentlichten Interview mit dem Herausgeber der »Allgemeinen Wochenzeitung der Juden in Deutschland«, Karl *Marx,* angekündigt, es werde »im Bundesministerium des Innern ein Referat eingerichtet und einem deutschen Juden übertragen ..., das sich mit diesen Problemen befaßt.« (Damals vom Kanzler ins Auge gefaßter Kandidat: der aus Köln gebürtige Exekutivdirektor der Kulturabteilung der ›Jewish Restitution Successor Organisation‹, E. G. *Löwenthal*). Nach besonders schwierigen und langwierigen Diskussionen (in denen sich verschiedene jüdische Organisationen gegen diese Absichten aussprachen – sie plädierten vielmehr dafür, »die Fragen, die die Juden in Deutschland betreffen, mit ihren demokratisch gewählten Vertretungen zu beraten«) wurde erst nach Adenauers Regierungserklärung vom 27.9.1951 über die »Haltung der Bundesrepublik gegenüber den Juden« ein derartiges Referat im Bundesinnenministerium gebildet. Hierzu vgl. die Unterlagen in BA, B 136/5862.

Nr. 9

*BA, B 122/2156, auf Kopfbogen »Bundesrepublik Deutschland. Der Bundeskanzler«, mit hs. Vermerk Klaiber vom 13.12.1949 »hat H[errn] B[undes] P[räsidenten] vorgelegen. Z[u] d[en] A[kten] (heute mit H[errn] Bundeskanzler besprochen)«; StBKAH III/47 (Durchschlag); Druck: Adenauer, Briefe 1949–1951, S. 146.

Eine Begegnung Heuss–Adenauer am 13.12.1949 oder andere Belege für die mündliche Erörterung der hier aufgeworfenen Frage konnten nicht nachgewiesen werden. Falls sich der Vermerk auf ein Gespräch *Klaibers* mit dem Bundeskanzler bezieht, kann es am Rande der Kabinettssitzung dieses Tages stattgefunden haben; vgl. Kabinettsprotokolle 1949, S. 250-266.

1 Hierzu vgl. die Abb. auf S. 34.

Nr. 9 A

*StBKAH III/47, *»Entwurf«* zu Nr. 9, mit hs. Korrekturen Blankenhorn, ohne Tagesdatum, Datierung nach Paraphe Blankenhorn vom 9.12.1949. – Herbert *Blankenhorn* (geb. 1904), 1948/49 CDU-Generalsekretär für die britische Zone, Persönlicher Referent Adenauers als Präsident des Parlamentarischen Rates,

1949–1951 Leiter der AHK-Verbindungsstelle im Bundeskanzleramt, 1951–1955 Leiter der Politischen Abteilung des Auswärtigen Amtes, 1955–1958 Botschafter bei der NATO, dann Botschafter in Paris (1958–1963), Rom (1963–1965) und London (1965–1969).

a ‹ › Hs. korrigiert aus »handeln würde«.

b ‹ › ... eingefügt.

c ‹ › ... korrigiert aus »Aufforderung«.

d ‹...› Hier gestrichen »ausdrücklich«.

e ‹ › Hs. eingefügt.

f ‹ › ... korrigiert aus »im«.

1 Hierzu vgl. die ausführliche Wiedergabe des am 3.12.1949 mit dem amerikanischen Journalisten John *Leacacos* geführten Adenauer-Interviews in: Konrad *Adenauer,* Erinnerungen 1945–1953, S. 341-345, sowie seine Erläuterungen vor dem Bundestag, in: Stenographische Berichte, 1. Wahlperiode, Bd. 1, S. 734. Vgl. a. Hanns Jürgen *Küsters,* Konrad Adenauer, die Presse, der Rundfunk und das Fernsehen, S. 25 f.

2 André *François-Poncet* (1887–1978), französischer Botschafter in Berlin (1931–1938), Rom (1938–1940) und Bonn (1953–1955), dort zuvor Hoher Kommissar (1949–1953).

John J. *McCloy* (1895–1989), 1941–1945 Unterstaatssekretär im Kriegsministerium der USA, 1947 Präsident der Weltbank, 1949–1952 Hoher Kommissar, 1953–1965 wiederum in der Wirtschaft tätig.

Sir Brian H. *Robertson – Baron of Oakridge* – (1896–1974), 1947–1949 Militärgouverneur der britischen Zone, 1949/50 Hoher Kommissar Großbritanniens in Deutschland.

3 Zur Richtlinienkompetenz vgl. Thomas *Ellwein*/Joachim Jens *Hesse,* Das Regierungssystem der Bundesrepublik Deutschland, Opladen [6]1987, S. 319-322, und Karlheinz *Niclauss,* Kanzlerdemokratie. Bonner Regierungspraxis von Konrad Adenauer bis Helmut Kohl, Stuttgart–Berlin–Köln–Mainz 1983, S. 19-73. Vgl. a. Nr. 25.

Nr. 10

*StBKAH III/47, eigenhändig; BA, NL Heuss, Nr. 62 (Abschrift).

1 74. Geburtstag Adenauers am 5.1.1950.

2 Vgl. Nr. 9, 9 A und die Abb. auf S. 34.

3 Vgl. Nr. 8, Anm. 2. – Heuss hielt diese Biographie für seine »wichtigste literarische Arbeit, zumal der Versuch gemacht wird, über das Biographisch-Psychologische hinaus die Spiegelung einer deutschen Epoche in dem Wollen und Denken eines großen Mannes zu zeigen« (am 22.8.1959 an Pfarrer B. *Koelbing,* Basel; vgl. BA, NL Heuss, Nr. 357).

4 Vgl. Nr. 2, Anm. 1.

5 Theodor *Heuss,* Schattenbeschwörung. Randfiguren der Geschichte, Stuttgart 1947, [2]1950 (1954 als Taschenbuch erschienen). Vgl. Nr. 185.

Nr. 11

*BA, NL Heuss, Nr. 62, eigenhändig (hierzu die Abb. auf S. 38f.)

1 Vgl. Nr. 10.

2 Bezieht sich auf den vorläufigen Amtssitz des Bundespräsidenten, ein ehemaliges Erholungsheim der Reichsbahn auf der Viktorshöhe bei Bad Godesberg; vgl. Theodor Heuss. Der Mann, das Werk, die Zeit, S. 302. Vgl. a. die Abb. auf S. 37.

3 Nächste Gelegenheit zum Gespräch: der Empfang des Bundespräsidenten für den französischen Außenminister Robert *Schuman* am 14.1.1950; vgl. Adenauer, Briefe 1949–1951, S. 158, 474f.

Nr. 12

*BA, NL Heuss, Nr. 62, auf Kopfbogen wie Nr. 9, mit eigenhändiger Notiz Heuss »Klaiber« und dessen Paraphe vom 12.4.1950; StBKAH III/47 (Durchschlag), mit Tagesdatum 6.4.1950.

1 Eine Begegnung am 12.4.1950 ist nicht nachweisbar.

Nr. 13

*BA, NL Heuss, Nr. 62 (Durchschlag), ohne Ortsangabe beim Datum; Abschrift mit Begleitschreiben vom 11.4.1950 an: Carl Georg *Heise* (1890–1979), Kunsthistoriker, Museumsdirektor und Publizist, ab 1935 im engen Kontakt zu Heuss (bis 1943 Nachbar in Berlin-Lichterfelde), arbeitete für die »Frankfurter Zeitung«, 1945–1955 Direktor der Hamburger Kunsthalle. Vgl. seinen Beitrag in: Begegnungen, S. 468-471.

Heise hatte zuvor Elly *Heuss-Knapp* auf den nachfolgend kritisierten Geldschein hingewiesen, den Heuss noch nicht kannte: » ... ein Bundespräsident kommt seltsamerweise nicht in die Lage, Geld einzunehmen oder auszugeben; das besorgen immer seine Begleiter« (BA, NL Heuss, Nr. 292).

1 Vgl. Nr. 12.

2 Hierzu die Abb. (nach einer von der Deutschen Bundesbank für diese Edition zur Verfügung gestellten Vorlage) auf S. 41.

3 Durch Gesetz vom 8.2.1951 in Wiesbaden eingerichtet.

4 Nach einem Bericht der »Frankfurter Allgemeinen« vom 25.4.1950 (»Der Fünf-Mark-Schein rechtfertigt sich«) wurde die Banknote auch öffentlich heftig kritisiert. »Daß der entblößte Oberkörper Anstoß finden würde«, daran habe der gestaltende Graphiker Max *Bittrof* »nicht gedacht. Er zählt aus dem Stegreif bedeutende Kunstwerke in Bild und Plastik auf, die den unbekleideten Frauenkörper weit realistischer zum Vorwurf haben, und erinnert an berühmte Denkmäler, auf denen Europa in der Reihe der symbolisierten Erdteile selbstverständlich nackt erscheint. Welche Kleidung soll Europa auch tragen?« – Bittrof war 1953 an den Vorarbeiten zur 1954 herausgebrachten Heuss-Briefmarkenserie beteiligt; vgl. Nr. 7.

Nr. 14
*BA, NL Heuss, Nr. 62 (Abschrift des Telegramms von Theodor Heuss und Elly Heuss-Knapp an »Hochzeit Adenauer, Rhöndorf«).
1 Am 11.4.1950 war Adenauers Schwester Lilli *Suth* (geb. 1879) gestorben; am 2.5.1950 fand die Trauung seiner Tochter Libet (geb. 1928) mit Hermann-Josef *Werhahn* (geb. 1923) in der Basilika des Klosters Maria Laach statt; vgl. Adenauer, Briefe 1949–1951, S. 194.

Nr. 15
*BA, NL Heuss, Nr. 62, auf Kopfbogen wie Nr. 9.
1 Vgl. Nr. 14.

Nr. 16
*StBKAH III/47, auf Kopfbogen wie Nr. 7; BA, NL Heuss, Nr. 292 (Durchschlag).
1 Diese Erkrankung (anfänglicher Verdacht auf Lungenentzündung) zwang Adenauer zu einer längeren Unterbrechung der Amtsausübung in Bonn (Ende Mai–Ende Juni 1950).
2 Anfang Juni 1950 stattete Heuss Württemberg-Baden und seiner Hauptstadt Stuttgart den offiziellen Antrittsbesuch ab; dort nahm er am 3.6.1950 an der Eröffnung der Deutschen Gartenschau teil. Vgl. Theodor Heuss. Der Mann, das Werk, die Zeit, S. 314, 318.
3 Zum Besuch des Landes Württemberg-Hohenzollern und in Tübingen am 5./6.6.1950 vgl. a.a.O., S. 320.
4 Am 11.6.1950 (Tagesnotizbücher NL Heuss).
5 Lotte *Adenauer,* 1925 geborene Tochter des Bundeskanzlers, seit 1954 verheiratet mit dem Architekten Heribert *Multhaupt*. Als einzige Anfang der 50er Jahre noch unverheiratete Adenauer-Tochter nahm sie bei Betreuung und Begleitung des Vaters eine besondere Stellung ein, der Heuss häufiger Rechnung trug bzw. Reverenz erwies; vgl. Nr. 117, Anm. 2.

Nr. 17
*BA, NL Heuss, Nr. 62, auf Kopfbogen wie Nr. 9, mit Vermerk Klaiber vom 31.5. 1950 »Inhalt heute fernmündlich Herrn [...] Herwarth nach Stuttgart mitgeteilt. Nach Rückkehr Herrn Min[isterial] Dir[ektor] Klaiber vorzulegen« und Vermerk Klaiber vom 7.6.1950 *»privat«;* StBKAH III/47 (Durchschlag).
Im Vermerk angesprochen: Hans-Heinrich *Herwarth von Bittenfeld* (geb. 1904), 1949–1951 Leiter des Arbeitsstabs Protokoll im Bundeskanzleramt und – in Personalunion – zugleich im Bundespräsidialamt, 1951–1955 Protokollchef des Auswärtigen Amtes, später Botschafter in Großbritannien (1955–1961) und Italien (1965–1969), 1961–1965 Chef des Bundespräsidialamtes.
1 Vgl. Nr. 16.

Nr. 18
*BA, B 122/2156, auf Kopfbogen wie Nr. 9, mit Eingangsstempel des Bundespräsidialamtes vom 13.7.1950.

1 Zu diesem Urlaubsaufenthalt auf dem Bürgenstock oberhalb des Vierwaldstätter Sees (13.7.–19.8.1950) vgl. Hans-Peter *Schwarz,* Adenauer. Der Aufstieg, S. 811-815. – Seiner Vorliebe für Ferienorte in der Schweiz blieb Adenauer auch in den folgenden Jahren treu, orientierte sich aber ab 1956 anders: »Leider komme ich nicht mehr in die Schweiz, weil die Schweizer Zeitungen vor einigen Jahren so unliebsame Bemerkungen darüber gemacht haben, daß von der Schweiz aus die Bundesrepublik regiert würde« (am 6.8.1958 an Otto *Karrer,* Luzern; StBKAH 10.08).

2 Bezieht sich auf den Ausbruch des Koreakrieges am 25.6.1950. Vgl. Konrad *Adenauer,* Erinnerungen 1945–1953, S. 346-349; vgl. a. Nr. 111, Anm. 6.

3 In Begleitung seines Sohnes Ernst Ludwig besuchte Heuss (von seinem eigenen Urlaubsort Aschau/Oberbayern aus; dortiger Aufenthalt vom 8.7.–28.7. 1950) Adenauer auf dem Bürgenstock am 21.7.1950; vgl. Hans-Peter *Schwarz,* a.a.O., S. 813. Hierzu auch die Photos auf S. 46f.

Nr. 19
*BA, B 122/2156, auf Kopfbogen wie Nr. 9, mit Eingangsstempel des Bundespräsidialamtes vom 16.8.1950.

1 In der Folgezeit lag der Schwerpunkt der Regierungspolitik vor allem auf der Erörterung sicherheits- und bündnispolitischer Fragen. Hierzu übergab Adenauer am 29.8.1950 dem Geschäftsführenden AHK-Vorsitzenden *McCloy* grundlegende Memoranden über die Sicherung des Bundesgebietes nach außen und innen und zur Frage der Neuordnung der Beziehungen zwischen der Bundesrepublik und den Besatzungsmächten. (Eine der Folgen der dadurch ausgelösten Kontroversen: der Rücktritt von Bundesinnenminister *Heinemann* am 9.10.1950.) Vgl. Hans-Peter *Schwarz,* Die Ära Adenauer. Gründerjahre der Republik 1949–1957, S. 104-118, und *ders.,* Adenauer. Der Aufstieg, S. 727-774.

Nr. 20
*StBKAH III/47 (Durchschlag); Druck: Adenauer, Briefe 1949–1951, S. 269f.

1 Am 7.9.1950 jährte sich die konstituierende Bundestagssitzung zum ersten Mal. Bei der aus diesem Anlaß veranstalteten »Feier des Nationalen Gedenktages des deutschen Volkes« sprach zunächst Adenauer, dann Heuss; vgl. Stenographische Berichte, 1. Wahlperiode, Bd. 5, S. 3085-3089. – Zu den vorherigen Bedenken des Bundespräsidenten gegenüber diesem Festtag und seiner Teilnahme (»... bin mit der taktischen Anlage der augenblicklichen politischen Auseinandersetzungen wenig einverstanden ...«) vgl. seine Korrespondenz mit Manfred *Klaiber* aus dem August 1950 (BA, NL Heuss, Nr. 159). – Vgl. a. seine »Bemerkungen zur Frage eines Gedenktages [...]« vom 14.8.1950, die *Herwarth von Bittenfeld* am 17.8.1950 *Blankenhorn* zugeleitet hatte (BA, B 136/3003).

2 Zu der hier u. a. angesprochenen Ende 1950 um sich greifenden »ohne-mich-Bewegung« vgl. Anselm *Doering-Manteuffel,* Katholizismus und Wiederbewaffnung, S. 117-122.

Nr. 21

*StBKAH III/47; BA, NL Heuss, Nr. 294 (Durchschlag).

1 Erich *Köhler* (1892–1958), 1947–1949 Präsident des Wirtschaftsrates des Vereinigten Wirtschaftsgebietes, 1949/50 erster Präsident des Deutschen Bundestages (legte am 18.10.1950 sein Amt nieder; Nachfolger ab 19.10.1950: Hermann Ehlers), 1949–1957 MdB (CDU).

2 Hierzu ausführlich Rudolf *Morsey,* Konrad Adenauer und der Deutsche Bundestag, S. 29-31.

3 In diesem Sinne setzte sich »Die Zeit« am 26.10.1950 polemisch mit den Ambitionen Köhlers auseinander; vgl. Adenauer, Briefe 1949–1951, S. 302, 561.

4 Sir Percy Claude *Spender* (1987–1985), 1949–1951 australischer Außenminister, 1951–1958 Botschafter in Washington, 1958–1967 Richter am Internationalen Gerichtshof in Den Haag. – Spender hatte am 25.8.1950 Bonn besucht (Besucherlisten StBKAH).

5 Am 2.11.1950 befürwortete Spender in Ottawa die Schaffung des am 1.9. 1951 in San Francisco geschlossenen Pazifik-Paktes; vgl. AdG, Jg. 20 (1950), S. 2655.

6 Hierzu, unter Verwendung dieses Briefes, Eberhard *Pikart,* Theodor Heuss und Konrad Adenauer, S. 82; vgl. a. Wilhelm *Haas,* Beitrag zur Geschichte der Entstehung des Auswärtigen Dienstes, S. 21-64.

7 Vgl. Kurt *Doß,* Vom Kaiserreich zur Weimarer Republik: Das deutsche diplomatische Korps in einer Epoche des Umbruchs, in: Klaus *Schwabe* (Hrsg.), Das diplomatische Korps 1871–1945, Boppard/Rhein 1985, S. 81-100 (bes. 95-98).

8 Vgl. Nr. 22, Anm. 5.

Nr. 22

*StBKAH III/47 (Durchschlag), mit ms. Vermerk »Persönlich – Durch Boten«; Druck: Adenauer, Briefe 1949–1951, S. 298.

1 Der Gründungsparteitag der CDU-*Bundes*partei hatte vom 20.–22.10.1950 in Goslar stattgefunden, Adenauer war dort am 21.10.1950 zum Vorsitzenden gewählt worden. Vgl. seine Briefe 1949–1951, S. 296, 299, 558-559.

2 Vgl. Nr. 21.

3 Belege für die Kritik Adenauers an der Amtsführung *Köhlers* in: Adenauer, Briefe 1949–1951, S. 174, 176.

4 Vgl. Georg *Müller,* Die Grundlegung der westdeutschen Wirtschaftsordnung im Frankfurter Wirtschaftsrat 1947–1949, Frankfurt/Main 1982, und Wolfgang *Benz,* Vorform des «Weststaats»: die Bizone 1946–1949, in: Theodor *Eschenburg,* Jahre der Besatzung, S. 375-420.

5 Im Gespräch mit Adenauer am 17.11.1950 regte Heuss an, Köhler als Gene-

ralkonsul nach Teheran zu entsenden (vgl. BA, VS B 122/15). – Auch diese Verwendungsmöglichkeit ließ sich nicht realisieren; vgl. Adenauer, Briefe 1949–1951, S. 564.

Nr. 23

*StBKAH III/47, auf Kopfbogen wie Nr. 7; BA, NL Heuss, Nr. 294 (Durchschlag).

1 Kurt *Schumacher* (1895–1952), 1946–1949 SPD-Vorsitzender in den Westzonen und Berlin, Gegenkandidat von Heuss in der ersten Bundespräsidentenwahl am 12.9.1949, 1949–1952 Vorsitzender der Bundespartei und der Bundestagsfraktion.

2 Zu dieser Unterredung des Bundespräsidenten mit dem Oppositionsführer vom 26.11.1950 (vornehmlich über Sicherheitsfragen) vgl. die ausführliche Wiedergabe bei Konrad Adenauer, Erinnerungen 1945–1953, S. 414f. (Aufzeichnung des Gesprächs in BA, VS B 122/15. Zur Position Schumachers – weitgehend identisch – seine Rede in der Verteidigungsdebatte des Bundestages vom 8.11. 1950; vgl. Stenographische Berichte, 1. Wahlperiode, Bd. 5, S. 3567-3576).

3 Nach den Wahlen zum Berliner Abgeordnetenhaus vom 3.12.1950 (SPD = 44,7 %, CDU = 24,6 %, FDP = 23,0 %) bildete Ernst *Reuter* Anfang 1951 einen Allparteiensenat. Vgl. Nr. 24.

4 Nach einem Wahlkampfauftritt in Berlin (28.11.1950) nahm Adenauer am 2./ 3.12.1950 am Parteitag der CDU Rheinland in Duisburg teil.

Nr. 24

*BA, VS B 122/17, auf Kopfbogen wie Nr. 9, mit Eingangsstempel des Bundespräsidialamtes vom 7.12.1950; StBKAH III/47 (Durchschlag); Druck: Adenauer, Briefe 1949–1951, S. 318.

1 Vgl. Nr. 23.

2 Adenauer spricht hier den ehemaligen FDP-Vorsitzenden Heuss an, der aber schon am 21.9.1949 gegenüber seinem Stellvertreter und Nachfolger *Blücher* »in einem formalen Akt ... die Niederlegung des ersten Vorsitzes« ausgesprochen hatte (vgl. BA, NL Heuss, Nr. 63). Hierzu ein weiteres Schreiben an Blücher vom 28.4.1950 (»Das Amt ... hat der unmittelbaren Teilnahme an den parteipolitischen Beratungen und Entscheidungen ein Ende gesetzt«); Druck: Das Werden der Bundesrepublik Deutschland, S. 61-64. Vgl. Nr. 68, Anm. 6.

3 Vgl. Nr. 23, Anm. 3.

4 Die nächste Unterredung datiert vom 16.12.1950; hierzu die Aufzeichnung in BA, VS B 122/15.

Nr. 25

*BA, VS B 122/17 (Durchschlag), mit ms. Briefkopf »Der Präsident der Bundesrepublik Deutschland«, ms. Vermerk »*Vor Abgang:* Herrn Ministerialdirektor Dr. Klaiber vorzulegen« und dessen Paraphe vom 4.12.1950; Teildruck: Konrad *Adenauer,* Erinnerungen 1953–1955, S. 35; BA, NL Heuss, Nr. 294 (Durchschlag).

1 Otto *Grotewohl* (1894–1964), 1946–1954 gemeinsam mit Wilhelm Pieck Vorsitzender der SED, 1949–1964 Ministerpräsident der DDR. – Grotewohl hatte Adenauer am 30.11.1950 die Schaffung eines »Gesamtdeutschen konstituierenden Rates« vorgeschlagen; Druck des Schreibens: Konrad *Adenauer,* Erinnerungen 1953–1955, S. 33f.
2 »Grotewohl schreibt an Adenauer. Er schlägt einen Gesamtdeutschen Rat vor«, in: »Frankfurter Allgemeine« vom 4.12.1950.
3 Die offizielle Reaktion des Bundeskanzlers geht aus seiner Pressekonferenz vom 15.1.1951 hervor; Wortlaut der dortigen Ausführungen in StBKAH 02.08. Vgl. a. Konrad *Adenauer,* a.a.O., S. 40-42.
4 Vgl. Nr. 9 A, Anm. 3.
5 »An die Bundesregierung der Bundesrepublik Deutschland, z. Hd. von Herrn Bundeskanzler Dr. Adenauer [...] Regierung der Deutschen Demokratischen Republik, O. Grotewohl Ministerpräsident.«
6 Diese Vorgehensweise des Bundespräsidenten mag mit seinen persönlichen Kontakten zu einem der Stellvertreter Grotewohls in der DDR-Regierung, zu Otto *Nuschke* (bis 1933 DDP/DStP, ab 1945 Ost-CDU) zusammenhängen (Bekanntschaft seit 1902: »Wir stammen ja aus dem gleichen Stall« [dem Naumann-Kreis], so Heuss am 10.8.1956 an Prälat Hermann *Kunst;* vgl. BA, NL Heuss, Nr. 335).

Nr. 25 A
*BA, VS B 122/17 (eigenhändiger Entwurf und Durchschlag der ms. Ausfertigung); Druck: Konrad *Adenauer,* Erinnerungen 1953–1955, S. 35. – Den in der Korrespondenz nicht mehr kommentierten Entwurf bewertet Adenauer einleitend so: »Die Einstellung von Heuss ... deckte sich weitgehend mit der meinigen«; vgl. a.a.O.
1 Wahlen vom 15.10.1950 für die Volkskammer der DDR sowie für die dortigen Landtage, Kreise und Gemeinden; vgl. AdG, Jg. 20 (1950), S. 2625.
2 Ähnlich auch der Tenor der mit Adenauer abgestimmten Antwort Heuss' vom 7.11.1951 auf ein Schreiben des DDR-Staatspräsidenten Wilhelm *Pieck* vom 2.11.1951; Druck: Bulletin vom 8.11.1951, S. 35. – Zu seiner Auseinandersetzung mit der nationalen Frage nach 1945 grundlegend: Jürgen C. *Heß,* »Machtlos inmitten des Mächtespiels der anderen ...«, passim.

Nr. 26
*StBKAH III/47, auf Kopfbogen wie Nr. 7; BA, NL Heuss, Nr. 62 (Durchschlag).
1 Theodor *Heuss,* Die deutsche Nationalidee im Wandel der Geschichte (nach einem Vortrag vom 27.5.1946 in der Tübinger Universität), Stuttgart ^{1}1946, ^{2}1950.
2 Otto Fürst *von Bismarck* (1815–1898), 1862–1890 preußischer Ministerpräsident, 1867 Bundeskanzler des Norddeutschen Bundes, 1871–1890 Reichskanzler.
3 Auf diesen Seiten u. a. die Bewertung: »Er, der den dynastischen Legitimis-

mus, den Royalismus verteidigte und ihm eine neue Basis gab, ist der stärkste Revolutionär der deutschen Geschichte geworden.... Seine Mißerfolge liegen im Innern. Was ihm total mißlang, ist dies, ... das Reich in der Führung zu verselbständigen.«

4 Bismarck-Bezüge sind in früheren Briefwechseln oder Gesprächsaufzeichnungen nicht nachweisbar. Später klingt das Thema häufiger an; vgl. Nr. 36, 48, 49.

Nr. 27

*BA, NL Heuss, Nr. 62, auf Kopfbogen »Der Bundeskanzler«; StBKAH III/47 (Durchschlag).

1 Vgl. Nr. 26. – Die zweite Schrift wird in Anlagen oder ähnlichen Ergänzungen der Korrespondenz nicht erwähnt. Eine vollständige Übersicht der Heuss-Veröffentlichungen auch dieses Zeitraums bei Margret *Boveri*/Walter *Prinzing*, Theodor Heuss, S. 104f., 111, 151f., 166.

2 Im Dezember 1950 übernahm Heuss seinen neuen Amtssitz, die Villa Hammerschmidt; vgl. Theodor Heuss. Der Mann, das Werk, die Zeit, S. 312f. Vgl. a. Nr. 28, 227 sowie die Abb. auf S. 297.

Nr. 28

*StBKAH III/47, auf Kopfbogen wie Nr. 7; Abb.: Adenauer, Briefe 1949–1951, S. 334.

1 Heuss hatte am 19.12.1950 Hans *Bilstein*, Gerhard *Erdmann* und Walter *Raymond* empfangen (Tagesnotizbücher NL Heuss); vgl. Kabinettsprotokolle 1951, S. 61.

2 27.12.1950, 11.00 Uhr: »Gewerkschaften, Böckler, [Georg] Reuter« (eigenhändige Notiz Heuss, Tagesnotizbücher NL Heuss).

3 Hans *Böckler* (1875–1951), 1928–1933 MdR (SPD), 1949–1951 DGB-Vorsitzender.

4 Bezieht sich auf die Ende 1950 vorbereitete entscheidende Verhandlungsphase um das Gesetz über die Mitbestimmung in der Montanindustrie, das nach Verabschiedung durch den Bundestag am 10.4.1951 am 21.5.1951 verkündet wurde; vgl. Gabriele *Müller-List* (Bearb.), Montanmitbestimmung. Das Gesetz über die Mitbestimmung der Arbeitnehmer in den Aufsichtsräten und Vorständen der Unternehmen des Bergbaus und der Eisen und Stahl erzeugenden Industrie vom 21. Mai 1951, Düsseldorf 1984.

5 Nach bilateralen Verhandlungen des Bundeskanzlers mit Vertretern beider Sozialpartner am 17./18.1.1951 kam es am 19.1.1951 im Bundeskanzleramt zu einer gemeinsamen Besprechung mit Industriellen und Gewerkschaftsführern; vgl. a.a.O., S. 237-242.

6 »... ich selber bleibe bedrückt, wenn ich etwa an den Leidensweg denke, den die so hoffnungskräftig beginnenden Besprechungen zwischen den Arbeitgebern und Arbeitnehmern ... gegangen sind. Sollen sie in verjährten Vorstellungen

stecken bleiben?«, aus der Sylvesteransprache 1950; Druck: Theodor Heuss. Politiker und Publizist, S. 401-406, hier S. 402. Noch charakteristischer für diese Rede, daß der Bundespräsident in ihr den von ihm angeregten Entwurf einer neuen Nationalhymne vorstellte; vgl. Nr. 64.

7 Über die nächste Unterredung vom 3.1.1951 ist, soweit ersichtlich, keine Gesprächsaufzeichnung angefertigt worden oder Presseverlautbarungen ergangen.

8 Amtssitz des Bundeskanzlers ab Herbst 1949, benannt nach einem früheren Besitzer der Villa, Prinz Adolf Wilhelm Victor *zu Schaumburg-Lippe.*

9 Vgl. Nr. 27, Anm. 2.

10 Vor dem nächsten Gespräch Adenauer–Böckler am 11.1.1951 (vgl. Adenauer, Briefe 1949–1951, S. 580) wurden beide gemeinsam am 4.1.1951 als Ehrenbürger Kölns ausgezeichnet; vgl. Nr. 29.

Nr. 29

*StBKAH III/47 (Durchschlag); Druck: Adenauer, Briefe 1949–1951, S. 333.

1 Robert *Lehr* (1883–1956), 1948/49 Mitglied des Parlamentarischen Rates (CDU), 1949–1953 MdB, 1950–1953 Bundesminister des Innern.

2 Vgl. Nr. 28, Anm. 5.

3 Anton *Storch* (1892–1975), 1948/49 Direktor der Verwaltung für Arbeit des Vereinigten Wirtschaftsgebietes, 1949–1957 Bundesminister für Arbeit und Sozialordnung, 1949–1965 MdB (CDU).

4 Vgl. Nr. 28, Anm. 10.

5 Eine Analyse der internationalen Lage dieses Zeitraums im Informationsgespräch Adenauers mit Journalisten vom 22.12.1950; Druck: Adenauer, Teegespräche 1950–1954, S. 31-33.

6 Vgl. Nr. 28, Anm. 7.

Nr. 30

*BA, NL Heuss, Nr. 62, auf Kopfbogen wie Nr. 27, mit Eingangsstempel des Bundespräsidialamtes vom 22.1.1951.

1 Hierzu vgl. das auf S. 55–57 mit der Antwort Adenauers (in Privatbesitz Frau Ursula *Heuss-Wolff,* Basel) abgebildete Glückwunschschreiben von Elly *Heuss-Knapp* vom 4.1.1951 (StBKAH 14.08; auf beiliegendem Zettel die Notiz »von Herrn Bundespräsidenten Prof. Dr. Heuß: 1 Kiste mit Wein«); hierzu das Photo auf S. 60.

2 »Die Sammlung von Schallplatten mit vorgregorianischen Chorälen ... gelten dem gläubigen Katholiken«; vgl. »Christ und Welt« vom 11.1.1951.

Nr. 31

*BA, NL Heuss, Nr. 62, auf Kopfbogen wie Nr. 27.

1 67. Geburtstag am 31.1.1951.

Nr. 32

*StBKAH III/47 (Durchschlag), mit ms. Briefkopf »Der Bundeskanzler« und hs. Notiz Zimmermann »ab am 31.1.51 durch Boten«. – Elisabeth *Zimmermann* (geb. 1917), ab 1948 Sekretärin Adenauers als Vorsitzender der CDU der britischen Zone und als Präsident des Parlamentarischen Rates, 1949–1958 im Vorzimmer des Bundeskanzlers.

Nr. 33

*AA, Büro Staatssekretäre Bd. 199 (Durchschlag), mit ms. Vermerk »*Persönlich! Vertraulich!*« und hs. Notiz Zimmermann »ab am 3.2. d[urch] B[oten]«.

1 Die Aufzeichnung liegt dem Schreiben nicht bei und konnte auch in anderer Ausfertigung nicht nachgewiesen werden. – Zur Lagebeurteilung Adenauers Anfang Februar 1951 vgl. die beiden Hintergrundgespräche mit Journalisten vom 8.2. und 15.2.1951 (Themen u.a.: Schuman-Plan, Verteidigungsfragen, AHK-Verhandlungen, Problem der Auslandsschulden, Beziehungen zur DDR); Druck: Adenauer, Teegespräche 1950–1954, S. 34-41. Vgl. a. die für seine Positionsbestimmung in diesem Zeitraum wesentliche Aufzeichnung zur Frage eines deutschen Verteidigungsbeitrages, die er am 31.1.1951 Oppositionsführer *Schumacher* übermittelt hatte; Druck: Konrad *Adenauer,* Erinnerungen 1945–1953, S. 416-419.

Nr. 34

*BA, VS B 122/17 (eigenhändiger Entwurf und Durchschlag der ms. Ausfertigung), mit ms. Briefkopf wie Nr. 25 und hs. Notiz Klaiber vom 16.3.1951 »betr. Ausw. Amt [...] z[u] d[en] A[kten]«; BA, NL Heuss, Nr. 295 (Durchschlag). – Die Erstausfertigung dieses Schreibens und eine Antwort Adenauers konnten nicht nachgewiesen werden. In StBKAH 12.27 lediglich erhalten: ein auf den 20.3.1951 datierter Wiedervorlagevermerk des Staatssekretärs im neugeschaffenen Auswärtigen Amt, Walter *Hallstein,* zu diesem Vorgang.

a ‹...› Hier von Heuss im eigenhändigen Entwurf gestrichen »und die personelle Beeinflussung«.

b ‹ › Eigenhändig korrigiert aus »wohl bekannt«.

c ‹ › ... »Deutschlands«.

1 Anläßlich der Übergabe der Ernennungsurkunde zum Bundesminister des Auswärtigen; vgl. Konrad *Adenauer,* Erinnerungen 1945–1953, S. 465; Adenauer, Teegespräche 1950–1954, S. 53f., und Adenauer, Briefe 1949–1951, S. 364-366. – Zur Errichtung des Amtes (nach Inkrafttreten der ersten Revision des Besatzungsstatuts am 7.3.1951) und den damit verbundenen neuen außenpolitischen und diplomatischen Aufgaben und Möglichkeiten vgl. a. die Ansprache des Bundespräsidenten bei der Überreichung der Beglaubigungsschreiben der ausländischen Missionschefs am 4.4.1951, in: Theodor Heuss. Der Mann, das Werk, die Zeit, S. 352f.

2 Zur Kritik aus den Koalitionsfraktionen (besonders seitens der FDP und des

CDU/CSU-Fraktionsvorsitzenden Heinrich *von Brentano*) vgl. Arnulf *Baring*, Sehr verehrter Herr Bundeskanzler!, S. 74-78, und Adenauer, Briefe 1951–1953, S. 86f.

3 Vgl. Wilhelm *Haas*, Beitrag zur Geschichte der Entstehung des Auswärtigen Dienstes, S. 21-60.

4 Die Ernennung der bisherigen Generalkonsuln zu Botschaftern erfolgte am 8.5.1951. Hierzu Adenauer, Teegespräche 1950–1954, S. 54, und Kabinettsprotokolle 1951, S. 229f.

5 Hierzu Udo *Wengst*, Staatsaufbau und Regierungspraxis, S. 266-272. Für die nach Errichtung des Auswärtigen Amtes entstandenen Kompetenzkonflikte mit dem Marshallplan-Ressort *Blüchers* Belege in: Adenauer, Briefe 1951–1953, S. 83, 86f.

Nr. 35

*StBKAH III/47, auf Kopfbogen wie Nr. 7; BA, VS B 122/17 (Durchschlag).

a ‹...› Hier gestrichen »bei mir«.

1 Hierzu Wilhelm *Haas*, Beitrag zur Geschichte der Entstehung des Auswärtigen Dienstes, S. 55; Arnulf *Baring*, Außenpolitik in Adenauers Kanzlerdemokratie, S. 434. Vgl. a. Adenauer, Briefe 1949–1951, S. 339, 581 und seine Teegespräche 1950–1954, S. 286, 692.

2 Otto *Dibelius* (1880–1967), gehörte nach 1933 der Bekennenden Kirche an, 1945–1966 Bischof von Berlin-Brandenburg, 1949–1961 Vorsitzender des Rates der EKD. Zu seinen engen Beziehungen zur Familie Heuss vgl. die Angaben in Nr. 66.

3,4 Zur 3. Tagung der Synode der EKD vom 1.–6.4.1951 in Hamburg, zum Rechenschaftsbericht des Ratsvorsitzenden und zu den dortigen politischen Kontroversen vgl. Kirchliches Jahrbuch für die Evangelische Kirche in Deutschland 1951, hrsg. von Joachim *Beckmann*, Gütersloh 1952, S. 5-18.

5 Im Gespräch vom 17.11.1950; hierzu die Aufzeichnung in BA, VS B 122/15.

6 Vgl. Nr. 34.

7 Martin *Niemöller* (1892–1984), 1947–1964 Präsident der evangelischen Landeskirche von Hessen und Nassau, 1948–1955 EKD-Ratsmitglied. Zu einer im Frühjahr 1951 geführten kontroversen Korrespondenz zwischen Niemöller und Heuss u. a. zur Frage der Wiederbewaffnung vgl. die eigenen Aussagen des Bundespräsidenten in seiner am 29.9.1955 vor der evangelischen Akademie Bad Boll gehaltenen Rede »Der deutsche Weg« in: Reden der deutschen Bundespräsidenten, S. 43-57, hier S. 50.

8 Vgl. Nr. 36, Anm. 6.

9 Wilhelm Freiherr *von Humboldt* (1767–1835), Direktor für Kultus und Unterricht im preußischen Innenministerium (1809/10), dann Gesandter in Wien (ab 1810; Teilnahme am Wiener Kongreß) und London (ab 1817). Hier angesprochen: seine Tätigkeit als preußischer Ministerresident und Gesandter in Rom (1802–1808).

10 Barthold Georg *Niebuhr* (1776–1831), ab 1800 im dänischen, ab 1806 im preußischen Staatsdienst (Direktor der Seehandlung), dann Ordinarius an den Universitäten Berlin (ab 1810) und Bonn (ab 1823). Hier angesprochen: seine Tätigkeit als preußischer Gesandter beim Vatikan (1816–1823).

11 Hierzu die Aufzeichnungen über die Gespräche vom 24.4.1951 und 26.7. 1952, in BA, VS B 122/15.

12 Gottfried Fürst *zu Hohenlohe-Langenburg* (1897–1960), Land- und Forstwirt, 1921–1929 Banktätigkeit, nach 1950 Präsident des Automobilclubs von Deutschland; Schwager von Elisabeth II., der ab 1952 amtierenden, 1953 gekrönten englischen Königin.

13 Hermann Fürst *zu Hohenlohe-Langenburg* (1832–1913), 1871–1881 MdR (freikonservativ), Mitbegründer des Deutschen Kolonialvereins, 1894–1907 Statthalter des Reichslandes Elsaß-Lothringen.

14 Ernst Fürst *zu Hohenlohe-Langenburg* (1863–1950), Regent des Herzogtums Sachsen-Coburg und Gotha (1900–1905), 1905/06 Leiter der Kolonialabteilung des Auswärtigen Amtes, 1907–1912 MdR (Deutsche Reichspartei), 1915 stellvertretender Botschafter in Konstantinopel.

15 Dies die Amtsbezeichnung des Kultus- und Erziehungsministers, als der Heuss der von der amerikanischen Militärregierung ernannten ersten württemberg-badischen Regierung Reinhold *Maiers* von September 1945–Dezember 1946 angehörte; vgl. Hans-Heinrich *Welchert,* Theodor Heuss. Ein Lebensbild, S. 111-120; Theodor Heuss. Der Mann, das Werk, die Zeit, S. 241-246, und den Beitrag Maiers in: Begegnungen, S. 127-130. Vgl. Nr. 57.

16 Die weitere Erörterung dieser Kandidatur ließ sich nicht vollständig rekonstruieren; ein späteres Schreiben des Bundespräsidenten an den Bundeskanzler, das Manfred *Klaiber* in einem Privatbrief an Heuss vom 2.8.1952 erwähnt (»... bin froh, daß wir die Sache nicht über die Ferien hinweg ruhen lassen«; BA, NL Heuss, Nr. 159), konnte nicht nachgewiesen werden. – Zur schließlich 1954 gefundenen Lösung (erster Botschafter beim Heiligen Stuhl wurde der Protestant Wolfgang *Jaenicke,* sein Nachfolger ab 1957 der Katholik Rudolf Graf *Strachwitz*) vgl. Adenauer, Teegespräche 1955–1958, S. 111, 403 f. Vgl. a. Nr. 90, Anm. 2.

Nr. 36

*BA, VS B 122/17, auf Kopfbogen wie Nr. 9, mit Eingangsstempel des Bundespräsidialamtes vom 6.4.1951; StBKAH III/47 (Durchschlag), mit hs. Notiz Arenz »ab d[urch] Boten 6.4.51«; Druck: Adenauer, Briefe 1951–1953, S. 38-40.

1 Vgl. Nr. 35.

2 Deutlichster Beleg für die Erregung in der katholischen Publizistik: der Artikel »Kein katholischer Botschafter?« im »Rheinischen Merkur« vom 6.4.1951.

3 Clemens Freiherr *von Schorlemer-Lieser* (1856–1922), 1905–1910 [!] Oberpräsident der Rheinprovinz, 1910–1917 preußischer Minister für Landwirtschaft, Domänen und Forsten.

4 Nach Vereinigung der Rheinlande mit Preußen (Proklamation des preußi-

schen Königs vom 5.4.1815) wurde 1816 Friedrich Graf *zu Solms-Laubach* zum ersten Regierungspräsidenten der Provinz ›Herzogtümer Cleve-Jülich und Berg‹ (Hauptstadt: Köln) ernannt. Erster und einziger katholischer Präsident *vor* 1918: der nur 1848 amtierende Heinrich Freiherr *von Richthofen;* der erste katholische nach 1918: Philipp *Brugger* (1919–1921). Vgl. August *Klein,* Die Kölner Regierungspräsidenten 1816–1916. Ihr Leben und Wirken, in: 150 Jahre Regierungsbezirk Köln, zusammengestellt von der *Bezirksregierung Köln,* Berlin 1966, S. 62-121.

5 Gustav W. *Heinemann* (1899–1976), gehörte nach 1933 der Bekennenden Kirche an, ab 1945 EKD-Ratsmitglied, 1949/50 Bundesminister des Innern (CDU), 1952 Gründungsmitglied der Gesamtdeutschen Volkspartei, 1957 der SPD beigetreten, 1966–1969 Bundesjustizminister, 1969–1974 Bundespräsident.

6 *Niemöller* hatte im Dezember 1949 in einem Interview mit der »New York Herald Tribune« die Bundesrepublik als »ein Kind [bezeichnet], das im Vatikan gezeugt und in Washington geboren wurde«; vgl. Adenauer, Briefe 1949–1951, S. 147, 161f., 469f., 478f., und Dietmar *Schmidt,* Martin Niemöller, Hamburg 1959, S. 204-207.

7 *Pius XII.,* vorher Eugenio *Pacelli* (1876–1958), 1920–1929 Nuntius für das Deutsche Reich, 1929 Kardinal, 1930 Kardinalstaatssekretär, 1939–1958 Papst. – Zu den hier angesprochenen Kontakten des Bundeskanzlers zum Heiligen Stuhl konnten keine Angaben oder Unterlagen ermittelt werden; Gelegenheit zu einer Aussprache bestand während einer Audienz am 19.6.1951 im Vatikan (aus Anlaß der Italienreise Adenauers vom 14.–23.6.1951). Hierzu Adenauer, Briefe 1951–1953, S. 72, 503, 546; vgl. a. Hans-Peter *Schwarz,* Adenauer. Der Aufstieg, S. 866-871. Heuss wurde Ende 1957 von Pius XII. empfangen; vgl. Nr. 193.

8 Vgl. Nr. 35, Anm. 12.

9 »Die deutschen diplomatischen Beziehungen zum Heiligen Stuhl« (Bonn, 20.3.1951).

10 Gustav Adolf Kardinal Prinz *zu Hohenlohe-Schillingsfürst,* Bruder des Reichskanzlers der Jahre 1894–1900, Chlodwig Fürst *zu Hohenlohe-Schillingsfürst.*

Nr. 37

*BA, NL Heuss, Nr. 296 (Abschrift des eigenhändigen Schreibens).

1 Aus Paris, wo Adenauer als Außenminister mit seinen Amtskollegen aus Belgien, Frankreich, Italien, Luxemburg und aus den Niederlanden am 18.4.1951 den Gründungsvertrag der Montanunion (der Europäischen Gemeinschaft für Kohle und Stahl) unterzeichnet hatte; vgl. Adenauer, Briefe 1951–1953, S. 44-48.

2 Heuss hatte am 19.4.1951 an der Eröffnungsveranstaltung dieser Ausstellung teilgenommen (Tagesnotizbücher NL Heuss). Über seine dortige Rede berichtete »Der freie Demokrat« vom 16.5.1951: »Er versteht von Autofahren nichts ... und er hätte daher seine Rede eigentlich von seinem Chauffeur vorbereiten lassen sollen. ... Die Herren mit den 12 Zylindern ... waren ernsthaft verdrossen ... Heuss hatte nicht mit dem komplizierten Differential einiger dieser Herren gerechnet.«

3 »Im ganzen aber hat die Regierung außenpolitisch durch die Verhandlungen über den Schuman-Plan und die Befreiung der deutschen Industrie von allerhand törichten Einschränkungen einen nicht unwesentlichen Erfolg erreicht« (Heuss am 18.4.1951 an Toni *Stolper;* vgl. BA, NL Heuss, Nr. 296).
4 Der Bundestag ratifizierte den EGKS-Vertrag am 11.1.1952; vgl. Adenauer, Teegespräche 1950–1954, S. 171, 660. Vgl. a. Nr. 62.
5 Vgl. Nr. 35, Anm. 11.
6 Hierzu die Abb. (nach den Ansichtskarten im Privatbesitz Frau Ursula *Heuss-Wolff,* Basel) auf S. 66f.

Nr. 38
*ACDP, I-172-58/2 (Abschrift). – Eine amtliche Ausfertigung des Schreibens war nicht zu ermitteln; zugleich aber ist hinsichtlich der Authentizität der Überlieferung im NL Otto *Lenz* ein hoher Stellenwert beizumessen, da Lenz wie kein anderer Mitarbeiter des Kanzlers mit der nachfolgend aufgeworfenen Fragestellung befaßt war.
1 Hierfür keine Belege in den Gesprächsaufzeichnungen dieses Zeitraums. Der einzige frühere, für den Kontext relevante Hinweis ist in einem Heuss-Brief an seinen Studienfreund Hermann *Erhard* vom 6.4.1950 enthalten, in dem er eine Unterredung mit Adenauer zu der von ihm gewünschten Schaffung des »Silbernen Lorbeerblattes« (ab Mitte 1950 für besondere sportliche Leistungen verliehen) erwähnt (vgl. BA, NL Heuss, Nr. 292).
2 Am 7.9.1949; vgl. Nr. 20.
3 Der auch vom Bundeskanzler und von Innenminister *Lehr* gezeichnete Erlaß des Bundespräsidenten zur Stiftung des »Verdienstordens der Bundesrepublik Deutschland« für Leistungen, »die im Bereich der politischen, der wirtschaftlich-sozialen und der geistigen Arbeit dem Wiederaufbau des Vaterlandes dienten«, erging am 7.9.1951 (BGBl. I, 12.9.1951, Nr. 46, S. 831f.); vgl. Kabinettsprotokolle 1951, S. 633, und Hans *Hattenhauer,* Deutsche Nationalsymbole, S. 199-202. Vgl. a. Nr. 50, 51.
4 Otto *Lenz* (1903–1957), 1951–1953 Staatssekretär im Bundeskanzleramt, 1953–1957 MdB (CDU).

Nr. 39
*BA, NL Heuss, Nr. 297 (Durchschlag).
1 Durch Bundestagsbeschluß vom 15.6.1950 war die Bundesrepublik assoziiertes Mitglied des Europarates geworden; vgl. das zugrundeliegende Schreiben Adenauers an den Generalsekretär des Rates, Camille *Paris,* vom 5.4.1950, Druck: Adenauer, Briefe 1949–1951, S. 191.
2 Bestätigung des Termins im Terminkalender Adenauers wie auch in den Tagesnotizbüchern NL Heuss.

Nr. 40
*StBKAH III/47, auf Kopfbogen wie Nr. 7; BA, NL Heuss, Nr. 297 (Durchschlag).
1 Explizit wird diese Frage, eines der Schwerpunktthemen der Korrespondenz Heuss–Adenauer, hier erstmals zur Sprache gebracht. Umfangreicher Schriftverkehr des Bundespräsidenten mit anderen Briefpartnern, vor allem veranlaßt durch den Hymnen-Entwurf Rudolf Alexander *Schröders* und Hermann *Reutters* (vgl. Nr. 28, Anm. 6), ist in BA, NL Heuss, Nr. 290-295 enthalten. Vgl. hierzu die Dokumentation in Theodor Heuss. Der Mann, das Werk, die Zeit, S. 321-326, und Hans *Hattenhauer,* Deutsche Nationalsymbole, S. 64-71. Vgl. a. Nr. 64, 71A, 74, 75.
2 Bezieht sich auf die erste offizielle Italien-Reise Adenauers vom 14.–23.6. 1951; vgl. Hans-Peter *Schwarz,* Adenauer. Der Aufstieg, S. 866-871. Hierzu auch die Abb. auf S. 71.
3 Vgl. Nr. 43, 48.

Nr. 41
*StBKAH III/47, auf Kopfbogen wie Nr. 7; Abb.: Adenauer, Briefe 1951–1953, S. 73-75; BA, NL Heuss, Nr. 297 (Durchschlag).
1 Am 15.6.1951 (Tagesnotizbücher NL Heuss), die Begegnung Deutschland–Belgien endete 3:2.
2 Hierzu die Erläuterungen im Antwortschreiben Adenauers; vgl. Nr. 42.
3 Das einzige im NL Heuss für die Vormonate nachweisbare Gespräch mit führenden Sportfunktionären datiert vom 16.2.1951 (Tagesnotizbücher NL Heuss).
4 Zur »Problematik der Nationalhymne gerade bei internationalen Sportveranstaltungen« ein Schreiben von Hans *Bott* an die Redaktion der Zeitung »Der Sport« (Hamburg) vom 5.9.1950: Heuss habe »bei einer Rückfrage die Anregung gegeben, bis zur Regelung der Frage ... ›ich hab' mich ergeben‹ zu spielen« (BA, NL Heuss, Nr. 293). Vgl. Nr. 64.
5 Artikel »Erfolg der römischen Gespräche« in: »Die Welt« vom 19.6.1951.
6 Artikel »Adenauer: ›Unser Ziel ist ein dauerhafter Friede‹«, in: »Frankfurter Allgemeine« vom 19.6.1951.
7 Vgl. Nr. 40, Anm. 1.
8 Anspielung u. a. auf das von Adenauer veranlaßte, anschließend besonders von den Alliierten kritisierte Absingen der 3. Strophe des Deutschlandliedes bei einer Großveranstaltung im Titania-Palast (Berlin) am 18.4.1950; vgl. Adenauer, Teegespräche 1950–1954, S. 7f., 607.
9 Hierzu, unter Verwendung dieses Briefes, Eberhard *Pikart,* Theodor Heuss und Konrad Adenauer, S. 98.

Nr. 42
*BA, VS B 122/17, auf Kopfbogen wie Nr. 9, mit Eingangsstempel des Bundespräsidialamtes vom 27.6.1951 und hs. Notizen Klaiber vom 28.6.1951 »hat B[undes] Pr[äsidenten] vorgelegen« und vom 29.6.1951 »betr. Nationalhymne [...] z[u] d[en] A[kten]«; StBKAH III/47 (Durchschlag); Druck: Adenauer, Briefe 1951–1953, S. 72.

1 Vgl. Nr. 41.
2 Im Beisein von Robert *Lehr* und Herbert *Blankenhorn* waren am 18.5.1951 Adolf Friedrich Herzog *zu Mecklenburg*, Karl Ritter *von Halt*, Carl *Diem* und Willi *Daume* bei Adenauer gewesen (Besucherlisten StBKAH).
3 Bezieht sich auf die Frage der deutschen Beteiligung an den Olympischen Winterspielen 1952 in Oslo; vgl. Nr. 64.
4 Vgl. Adenauer, Teegespräche 1950–1954, S. 176.
5 Vgl. Nr. 41, Anm. 5, 6.
6 Zum Gespräch Adenauer–Heuss vom 27.6.1951 (18.00 Uhr) sind lediglich die Eintragungen in den Terminkalender des Bundeskanzlers und in das Tagesnotizbuch des Bundespräsidenten nachweisbar.

Nr. 43
*StBKAH III/47, auf Kopfbogen »Theodor Heuss«.
1 Kurheim Dr. Fahsel (Aschau, Oberbayern); vgl. Nr. 40.
2 Das Gesetz über das Bundesverfassungsgericht war am 12.3.1951 vom Bundespräsidenten ausgefertigt worden. Nach längeren Auseinandersetzungen wegen des Sitzes und der personellen Besetzung wurde das Gericht am 28.9. 1951 in Karlsruhe eröffnet (Präsident: der FDP-Politiker Hermann *Höpker Aschoff*). Vgl. Reinhard *Schiffers* (Bearb.), Grundlegung der Verfassungsgerichtsbarkeit. Das Gesetz über das Bundesverfassungsgericht vom 12. März 1951, Düsseldorf 1984.
3 Zur parlamentarisch kontroversen Diskussion um das Investitionshilfe-Gesetz im Sommer 1951 (Verabschiedung erst im Dezember 1951) vgl. Adenauer, Briefe 1951–1953, S. 84-86, 506, 508f.
4 Gemeint ist: die von der badischen Regierung im Mai 1951 beantragte Feststellung der Nichtigkeit der am 4.5.1951 in Kraft getretenen beiden Gesetze zur Durchführung der Neugliederung im südwestdeutschen Raum (vgl. Nr. 67). Zur Befassung des Bundespräsidenten mit dieser Frage vgl. Kabinettsprotokolle 1951, S. 273f., 295, 310, 341f., 658. Hierzu die Gesamtdarstellung von Paul *Feuchte*, Verfassungsgeschichte von Baden-Württemberg, Stuttgart 1983.
5 Vgl. Nr. 20.
6 Im genannten Zeitraum nur nachweisbar: eine Tagung der Europäischen Bewegung vom 21.–23.9.1951 in Hamburg (Thema: »Deutschland und Europa«); vgl. EA, Jg. 6 (1951), S. 4563-4573.
7 Hermann *Ehlers* (1904–1954), 1949–1954 MdB (CDU), 1950–1954 Bundestagspräsident, 1952 maßgeblich an der Gründung des Evangelischen Arbeitskreises der CDU/CSU beteiligt.
8 Vgl. Kabinettsprotokolle 1951, S. 560.
9 Vom 4.–7.9.1951 (Tagesnotizbücher NL Heuss).
10 Jakob *Kaiser* (1888–1961), 1948/49 Berliner Vertreter im Parlamentarischen Rat (CDU), 1949–1957 MdB und Bundesminister für gesamtdeutsche Fragen, 1949–1958 Vorsitzender der Christlich-Demokratischen Arbeitnehmerschaft.
11 Vgl. Nr. 25 A.

12 Ernst *Reuter* (1889–1953), 1948/49 Berliner Vertreter im Parlamentarischen Rat (SPD), 1949–1953 Regierender Bürgermeister von Berlin.

13 Hans *Globke* (1898–1973), ab 1949 leitende Position im Bundeskanzleramt (1950 Ministerialdirektor), 1953–1963 Staatssekretär.

14 Vgl. Nr. 45.

15 Vgl. Nr. 38.

16 Zur Verknüpfung der Verdienstkreuz-Diskussion mit der Frage der »Regelung über das Tragen von Tapferkeitsauszeichnungen« vgl. Kabinettsprotokolle 1951, S. 580-582, 619f. Vgl. a. Hans *Rothfels,* Theodor Heuss, die Frage der Kriegsorden und die Friedensklasse des Pour le mérite, S. 414-419, und Nr. 48, 49, 50, 51.

17 Bezieht sich auf den Urlaubsaufenthalt Adenauers vom 17.7.–17.8.1951 auf dem Bürgenstock.

18 Hans *Ehard* (1887–1980), 1946–1954 und 1960–1962 bayerischer Ministerpräsident (1950/51 und 1961/62 Bundesratspräsident), 1949–1955 CSU-Vorsitzender.

19 Vgl. Nr. 57.

20 Vgl. die Abb. der am 13.7.1951 in Gstaad entstandenen Zeichnung von Frauenchiemsee auf S. 75.

21 Ernst Ludwig *Heuss* (1910–1967), Sohn des Bundespräsidenten, Leiter der Wyberth GmbH, Lörrach/Baden, seit 1945 verheiratet mit Hanne *Heuss* geb. *Elsas* (Tochter des ehemaligen Ersten Bürgermeisters von Berlin, Fritz *Elsas,* der wegen seiner Beteiligung an den Vorgängen um den 20. Juli 1944 am 4.1.1945 erschossen wurde).

Nach dem Tod seiner ersten Frau (vgl. Nr. 195, Anm. 4) heiratete Ernst Ludwig Heuss am 9.5.1959 in Berlin die Musikpädagogin Ursula *Wolff* (Trauung durch Helmut Gollwitzer).

Nr. 44

*StBKAH III/47 (Telegrammabschrift).

1 Ernst Ludwig *Heuss* berichtete Adenauer noch am selben Tag, »... daß es sich bei dem Unfall nicht nur um eine Schulterluxation handelt, wie sie der Vater schon ziemlich oft gehabt hat, sondern daß unterhalb des Schultergelenkes ein totaler Bruch des Oberarmes eintrat. Oberkörper und Arm sind zur Zeit in Gips gelegt, so daß der Vater, wie er sagt, wie ein ältlicher Gralsritter aussieht« (BA, NL Heuss, Nr. 298. Die Antwort Adenauers vom 28.7.1951 – »... bitte sorgen Sie bei Ihrem Vater für die nötige Geduld« – a.a.O., Nr. 62).

2 Vgl. Nr. 45.

Nr. 45

*StBKAH III/47 (Durchschlag); Druck: Adenauer, Briefe 1951–1953, S. 90-92.

1 Vgl. Nr. 43, 44, Anm. 1.

2 Nach der Sommerpause nahm der Bundestag am 13.9.1951 seine Arbeit wieder auf.

3 Zur Sitzung des Ministerkomitees des Europarates am 3./4.8.1951 vgl. Adenauer, Teegespräche 1950–1954, S. 122.
4 Durch Walter *Hallstein* am 13.8.1951; hierzu das Kurzprotokoll in BA, VS B 122/15.
5 Hierfür zahlreiche Belege in Adenauer, Briefe 1951–1953, S. 81-87, und bei Arnulf *Baring*, Sehr verehrter Herr Bundeskanzler!, S. 71-82.
6 Die nächsten Gespräche datieren vom 21. und 24.8.1951; hierzu die Aufzeichnungen in BA, VS B 122/15 (letztere verwendet in: Kabinettsprotokolle 1951, S. 619).
7 Vgl. Nr. 43, Anm. 8.
8 Franz *Neumann* (1904–1974), 1946–1958 Vorsitzender des West-Berliner Landesverbandes der SPD, 1946–1960 Fraktionsvorsitzender im dortigen Abgeordnetenhaus, 1949–1969 MdB.
9 Zum Verhältnis *Schumacher-Reuter* vgl. Willy *Albrecht* (Hrsg.), Kurt Schumacher, S. 144f.
10 So auch die Anregung Adenauers in der Kabinettssitzung vom 21.8.1951; vgl. Kabinettsprotokolle 1951, S. 604. – Den Festvortrag am 12.9.1951 hielt Eduard *Spranger;* vgl. Nr. 119, Anm. 8.
11 Nach dem damaligen französischen Ministerpräsidenten René *Pleven* (geb. 1901) benannter Plan für die Errichtung einer europäischen Armee mit deutscher Beteiligung. Zum Stand der Verhandlungen im Sommer 1951 vgl. Adenauer, Teegespräche 1950–1954, S. 101-105.

Nr. 46
*StBKAH III/47 (Durchschlag); Druck: Adenauer, Briefe 1951–1953, S. 96.
1 Vgl. Nr. 48, Anm. 5.
2 Vgl. Adenauer, Briefe 1951–1953, S. 94.
3 Eduard *von Steiger* (1881–1962), schweizerischer Politiker, ab 1941 Bundesrat, 1945 und 1951 Bundespräsident.
4 Max *Petitpierre* (geb. 1899), schweizerischer Politiker, 1944–1961 Leiter des (Außen-)Politischen Departements des Bundesrates, 1950, 1955 und 1960 Bundespräsident.
5 Am 28.7.1951 empfing Adenauer den Publizisten Robert *Ingrim,* vom 30.7.–1.8.1951 führte er außen- und sicherheitspolitische Besprechungen mit Herbert *Blankenhorn,* Theodor *Blank,* Walter *Hallstein* und Wilhelm *Grewe,* am 4.8.1951 traf Robert *Pferdmenges* ein, am 5.8.1951 Paul Wilhelm *Wenger,* am 6.8.1951 Hermann Josef *Abs,* am 8./9.8.1951 verhandelte er mit einer DGB-Delegation, am 10./11.8.1951 mit Vertretern der CDU/CSU-Fraktion, am 11.8.1951 mit General *Hays,* am 12.8.1951 mit Fritz *Schäffer* (Besucherlisten StBKAH).

Nr. 47
*StBKAH III/47 (Durchschlag); Druck: Adenauer, Briefe 1951–1953, S. 98f.
1 Walter *Hallstein* (1901–1982), 1950/51 Staatssekretär für Auswärtiges im

Bundeskanzleramt, 1951–1957 Staatssekretär im Auswärtigen Amt, 1958–1967 Präsident der EWG-Kommission, 1969–1972 MdB (CDU).

2 Theodor *Blank* (1905–1972), 1949–1972 MdB (CDU), ab Oktober 1950 Beauftragter des Bundeskanzlers für die mit der Vermehrung der alliierten Truppen zusammenhängenden Fragen, 1955/56 Bundesminister für Verteidigung, 1957–1965 Bundesminister für Arbeit und Sozialordnung.

3 Wilhelm G. *Grewe* (geb. 1911), 1951/52 Delegationsleiter bei den Verhandlungen über den Deutschland-Vertrag, 1955–1958 Leiter der Politischen Abteilung im Auswärtigen Amt, Botschafter in Washington (1958–1962), bei der NATO (1962) und in Japan (1971–1976).

4,5 Zum Verlauf der Gespräche vgl. Wilhelm G. *Grewe*, Rückblenden, S. 138-145, und Hans-Peter *Schwarz*, Adenauer. Der Aufstieg, S. 883.

6,8 Vgl. Nr. 45, Anm. 4.

7 Vgl. a.a.O., Anm. 3.

Nr. 48

*BA, NL Heuss, Nr. 298 (Durchschlag).

1 Vgl. Nr. 47.

2 Zur Eröffnung der dem Werk Richard *Wagners* gewidmeten Sommerfestspiele.

3 Vgl. Theodor Heuss. Der Mann, das Werk, die Zeit, S. 291 f.; Theodor Heuss. Politik durch Kultur, S. 120. Vgl. a. Nr. 174, Anm. 3, Nr. 233.

4 Hierfür Belege in BA, NL Heuss, Nr. 297, 298. Dort auch ein Heuss-Schreiben an John J. *McCloy* vom 21.8.1951: »Der Bundespräsident ist nicht nach Bayreuth gegangen. Er wäre auch nicht hingegangen, wenn er seinen Arm nicht gebrochen hätte.«

5 Erich Freiherr *von Redwitz* (1883–1964), Klinikdirektor an der Universität Bonn (ab 1928), Leiter der Chirurgischen Abteilung des St.-Johannes Hospitals Bonn. Vgl. Nr. 49, Anm. 2.

6 Vgl. Nr. 43, Anm. 9.

7 Fritz *Schäffer* (1888–1967), 1945 bayerischer Ministerpräsident und Mitbegründer der CSU, 1949–1961 MdB, Bundesminister der Finanzen (1949–1957) und der Justiz (1957–1961).

8 Zur Frage der Besatzungskosten vgl. die Ausführungen des Bundesfinanzministers in den Kabinettssitzungen vom 13.7. und 10.8.1951, in: Kabinettsprotokolle 1951, S. 534, 593.

9 Das Gesetz zur Ergänzung des Einkommensteuergesetzes und des Körperschaftssteuergesetzes wurde am 2.4.1952 vom Bundestag verabschiedet und am 15.5.1952 verkündet (Zweites Gesetz über die Finanzverwaltung). – Der im Oktober 1951 verabschiedeten Fassung verweigerte Heuss seine Zustimmung; hierzu und zu der von ihm veranlaßten Klärung durch das Bundesverfassungsgericht vgl. Kabinettsprotokolle 1951, S. 828.

10 »Die übrigen Steuern werden durch Landesfinanzbehörden verwaltet. Der

Aufbau dieser Behörden und die einheitliche Ausbildung der Beamten können durch Bundesgesetz mit Zustimmung des Bundesrates geregelt werden. Die Leiter der Mittelbehörden sind im Einvernehmen mit der Bundesregierung zu bestellen.«

11 Wie nachfolgend bestätigt, hatte Heuss bereits am 2.8.1951 auch hierüber mit dem Vizekanzler und FDP-Vorsitzenden *Blücher* verhandelt; hierzu die Niederschrift in BA, VS B 122/15.

12 Der DGB hatte am 25.7.1951 gegen die Wirtschaftspolitik der Bundesregierung protestiert und die Mitarbeit »in allen wirtschaftlichen Gremien der Bundesrepublik« aufgekündigt; hierzu und zur Beilegung des Konflikts durch intensive Bemühungen des Bundeskanzlers vgl. Adenauer, Briefe 1951–1953, S. 93, 95, 101, 108f. Vgl. a. Nr. 49.

13 Am 2.8.1951; vgl. Kabinettsprotokolle 1951, S. 580-582.

14 Nur die Bundesminister *Blücher, Dehler, Lukaschek* und *Wildermuth* hatten teilgenommen; vgl. a.a.O., S. 576.

15 Vgl. Nr. 38, 43.

16 Vgl. Nr. 43, Anm. 16.

17 *Friedrich I.* (1657–1713), seit 1688 Kurfürst von Brandenburg (als Friedrich III.), seit 1701 König in Preußen.

18 *Wilhelm I.* (1797–1888), seit 1861 König von Preußen, übernahm 1867 das Präsidium des Norddeutschen Bundes, am 18.1.1871 in Versailles zum Deutschen Kaiser ausgerufen.

19 Vgl. Nr. 50, 51.

20 Zu den diesbezüglichen Bestimmungen der AHK-Gesetze Nr. 8 (1945) und Nr. 7 (1949) vgl. Hans *Rothfels,* Theodor Heuss, die Frage der Kriegsorden und die Friedensklasse des Pour le mérite, S. 414; Hans *Hattenhauer,* Deutsche Nationalsymbole, S. 199f. – Der nachfolgende Absatz wurde von Adenauer besonders hervorgehoben (angekreuzt am Rand). Vgl. Nr. 50, 51.

21 Christian *Fette* (1895–1971), ab 1947 Vorsitzender der IG Druck und Papier, 1951/52 DGB-Vorsitzender (Nachfolger von Hans Böckler). Vgl. Nr. 64, Anm. 10.

22 Erich *Ollenhauer* (1901–1963), 1949–1963 MdB (SPD), 1952–1963 Vorsitzender der SPD und ihrer Bundestagsfraktion.

23 Vgl. Nr. 45, Anm. 4.

24 Theodor *Heuss,* Das Bismarck-Bild im Wandel. Ein Versuch, Einführung zu: Otto von Bismarck. Gedanken und Erinnerungen. Reden und Briefe, Berlin 1951, S. 7-27. Neudruck: Lothar *Gall* (Hrsg.), Das Bismarck-Problem in der Geschichtsschreibung nach 1945, Köln–Berlin 1971, S. 255-276. – Vorbereitende Korrespondenz zu diesem Essay (u. a. mit Gerhard *Ritter*) in BA, NL Heuss, Nr. 296.

25 »Wenn ein jüngerer Mensch heute das Bismarck-Buch mit unbefangenem Willen zur Hand nimmt ...« (einleitender Satz, a.a.O., S. 7).

Nr. 49

*StBKAH III/47 (Durchschlag); Druck: Adenauer, Briefe 1951–1953, S. 99f.

1 Vgl. Nr. 48.

2 *von Redwitz* betreute die zweite Frau Adenauers, Gussie geb. *Zinsser* (geb. 1895; Heirat 1919), in ihren letzten Lebensjahren vor dem Tod am 3.3.1948; vgl. Paul *Weymar,* Adenauer, S. 348f.

3 Vgl. Nr. 43, Anm. 16.

4 George Price *Hays* (geb. 1892), amerikanischer General, ab 1949 Stellvertreter John J. McCloys als Hoher Kommissar der USA. Vgl. Nr. 46, Anm. 5.

5 Vgl. a.a.O. – Zu diesen Gesprächen ausführliche Angaben in Adenauer, Teegespräche 1950–1954, S. 123f. Vgl. a. seine Briefe 1951–1953, S. 100-192, 108-112.

6 Hans *vom Hoff* (1899–1969), 1949–1952 DGB-Vorstandsmitglied, 1952–1955 Sonderberater bei der Hohen Behörde der EGKS.

7 Walter *Freitag* (1889–1958), 1949–1953 MdB (SPD), 1952–1956 DGB-Vorsitzender.

8 Vgl. Nr. 45, Anm. 6.

9 Hermann Josef *Abs* (geb. 1901), 1951–1953 Leiter der deutschen Delegation bei der Londoner Schuldenkonferenz, 1957–1967 Vorstandssprecher der Deutschen Bank AG, 1967–1976 deren Aufsichtsratsvorsitzender.

10 Das Londoner Abkommen über die deutschen Auslandsschulden wurde ab Juli 1951 ausgehandelt und am 27.2.1953 unterzeichnet; vgl. Hans-Peter *Schwarz,* Die Wiederherstellung des deutschen Kredits, passim.

11 Vgl. Nr. 48, Anm. 24.

12 Vgl. Nr. 45, Anm. 3.

13 Robert *Schuman* (1886–1963), 1947/48 französischer Ministerpräsident, 1948–1952 Außenminister, gab den entscheidenden Gründungsimpuls für die 1950 ins Leben gerufene Montanunion, 1955 Präsident der Europäischen Bewegung, 1958–1960 erster Präsident des Europäischen Parlaments.

14 Der französische Ministerpräsident Henri *Queuille* war am 10.7.1951 zurückgetreten; zu seinem Nachfolger wurde am 8.8.1951 René *Pleven* gewählt.

Nr. 50

*StBKAH III/47, auf Kopfbogen wie Nr. 43, laut beiliegendem ms. Vermerk »Brief des Herrn *Bundespräsidenten* zur *Kabinettssitzung*«, ohne Anrede und Grußformel, mit Eingangsstempel des Bundeskanzleramtes vom 27.8.1951 und eigenhändiger Randnotiz Adenauers vom 28.8.1951 »Ist in der heutigen Kabinettssitzung erledigt worden. Herr v. Herwarth wird den H[errn] Bundespräsidenten ins Bild setzen« (vgl. die Abb. auf S. 85). – Zum Nachfolgenden vgl. das Protokoll dieser Sitzung, besonders die dortigen Ausführungen Adenauers zur Frage der »Wiederzulassung des Tragens von Kriegsauszeichnungen«; Druck: Kabinettsprotokolle 1951, S. 619.

1 Vgl. Nr. 38, Anm. 3.

2 Hierzu Hans *Hattenhauer,* Deutsche Nationalsymbole, S. 114f.

3 Vgl. a.a.O., S. 123-128.
4 Zur Unterredung des Präsidenten mit dem Oppositionsführer vom 14.8. 1951 die Niederschrift in BA, VS B 122/15; hierzu auch ein Bericht im »Neuen Vorwärts« vom 17.8.1951. – Heuss erinnert in Nr. 64 an dieses Gespräch. Vgl. a. Nr. 225.
5 Vgl. Nr. 43, Anm. 16, Nr. 48, 49.
6 So auch der Kabinettsbeschluß vom 28.8.1951; vgl. a.a.O., S. 620.
7 Vgl. Nr. 51.
8 Thomas *Dehler* (1897–1967), 1948/49 Mitglied des Parlamentarischen Rates (FDP), 1949–1967 MdB (1953–1957 Fraktionsvorsitzender), 1949–1953 Bundesminister der Justiz, 1954–1957 FDP-Bundesvorsitzender.
9 Walter *Strauß* (1900–1976), 1948/49 Leiter des Rechtsamtes des Vereinigten Wirtschaftsgebietes und Mitglied des Parlamentarischen Rates (CDU), 1949–1962 Staatssekretär im Bundesjustizministerium.
10 Vgl. Nr. 49, Anm. 4.
11 Vgl. Nr. 48, Anm. 20.

Nr. 51
*StBKAH III/47, auf Kopfbogen wie Nr. 7, mit Eingangsstempel des Bundeskanzleramtes vom 14.9.1951.
1 Vgl. Nr. 38, Anm. 3.
2 Zur Tätigkeit dieses am 23./24.10.1951 konstituierten Ausschusses vgl. die Belege in BA, B 136/3009, sowie Hans *Rothfels,* Theodor Heuss, die Frage der Kriegsorden und die Friedensklasse des Pour le mérite, S. 414-419.
3 Eberhard *Wildermuth* (1890–1952), 1947–1949 Minister für Wirtschaft in Württemberg-Hohenzollern, 1949–1952 Bundesminister für Wohnungsbau und MdB (FDP). Zur freundschaftlichen Beziehung Heuss–Wildermuth vgl. die nach seinem Tod (9.3.1952) am 13.3.1952 in Tübingen gehaltene Gedächtnisrede des Präsidenten, in: Theodor *Heuss,* Würdigungen, S. 230-233.
4 Original dieses Schreibens in BA, NL Heuss, Nr. 585. Dazu auch Kabinettsprotokolle 1951, S. 634.
5 Helmut *Bazille* (1920–1973; Sohn des württembergischen Politikers Wilhelm *Bazille* [1874–1934; 1924 Staatspräsident]), 1949–1969 MdB (SPD), 1948–1953 Hauptgeschäftsführer des Verbandes der Kriegs- und Zivilbeschädigten, Sozialrentner und Hinterbliebenen (VdK). – Die hier ausgesprochene Empfehlung ist auch damit zu erklären, daß Bazille seine berufliche Ausbildung bei der Firma Bosch (deren Gründer Robert *Bosch* Heuss eine große Biographie widmete; vgl. Nr. 55, Anm. 1) begann und dort 1940 Technischer Zeichner geworden war.
6 Hans *Friessner* (1892–1971), Generaloberst a. D., September–Dezember 1951 kommissarischer Vorsitzender des Verbandes deutscher Soldaten. Über seine Kontakte zu Friessner in diesem Zeitraum und wegen der hier erörterten Fragestellung berichtete Adenauer am 11.9.1951 dem Kabinett; vgl. Kabinettsprotokolle 1951, S. 641. – Das Gespräch Heuss–Friessner datiert vom 10.9.1951; vgl. EA, Jg. 6 (1951), S. 4422.

7 Der Vorschlag wurde abgelehnt (vgl. Hans *Rothfels,* a.a.O., S. 414), Vorsitzender statt dessen Otto *Geßler* (vgl. Nr. 178, Anm. 9).

Nr. 52

*BA, NL Heuss, Nr. 585, auf Kopfbogen wie Nr. 9, mit Notiz Klaiber »betr. Fragen ehemal. Tapferkeitsauszeichnungen«; StBKAH III/47 (Durchschlag).

1 Vgl. Nr. 51.

2 Dieser Teil der Kabinettsberatungen vom 14.9.1951 wurde nicht protokolliert; vgl. Kabinettsprotokolle 1951, S. 643-646.

Nr. 53

*BA, NL Heuss, Nr. 62 (Durchschlag), mit ms. Briefkopf »Th. Heuss« und hs. Vorzimmervermerk »Privat«, Durchschlag mit Begleitschreiben desselben Tages an Ernst Glaeser, Korntal bei Stuttgart (BA, NL Heuss, Nr. 299).

1 Ernst *Glaeser* (1902–1963), Schriftsteller und Essayist, vor 1933 Mitarbeiter der »Frankfurter Zeitung«, Verfasser mehrerer zeitkritischer Romane, u. a. »Jahrgang 1902« (1928), »Glanz und Elend der Deutschen« (1960).

2 Franz *Mai* (geb. 1911), 1950–1952 Persönlicher Referent des Bundeskanzlers, 1952–1957 Abteilungsleiter im Presse- und Informationsamt der Bundesregierung, 1958–1977 Intendant des Saarländischen Rundfunks.

3 Das Heuss-Portrait Glaesers war in der »Stuttgarter Zeitung« am 8.9.1951 erschienen; Neudruck: Ernst *Glaeser,* Köpfe und Profile, Zürich–Wien–Berlin 1953, S. 75-83.

4 Das 1945 entstandene Manuskript wurde 1953 veröffentlicht: Theodor *Heuss,* Vorspiele des Lebens. Jugenderinnerungen.

5 Glaeser wurde am 11.10.1951 vom Bundeskanzler empfangen (Besucherlisten StBKAH). – Die am 27.10.1951 erschienene Adenauer-Studie klingt so aus: »Ein nobler Mann hatte mich empfangen. Ein Kavalier der Politik und der Diplomatie. Er ist ein Vorkämpfer des Vorläufigen. ... Er erstrebt einen Staat ruhiger Katholizität, einen Staat des Betrachtens und der Meditation zwischen den Völkern. ... In der Figur dieses Mannes treffen sich alle patrizialen westeuropäischen Komplexe. Er muß es selbst entscheiden, wer er sein will: der Altersherold einer aufrichtigen deutschen Befriedung oder ›der letzte Rheingraf‹ der zweiten Katalaunischen Schlacht. Er ist kein ›Eiserner Kanzler‹. Er ist ein Kanzler aus Porzellan.« Neudruck: Köpfe und Profile, S. 9-16.

Nr. 54

*StBKAH III/47, Kartengruß - gemeinsam mit Elly Heuss-Knapp –; Druck: Konrad Adenauer. Dokumente aus vier Epochen, S. 168. – Dort auch die Abb. der Zeichnung der Isola dei Pescatori, mit der Heuss diese Postkarte versehen hat; vgl. S. 90.

1 Zu dieser Reise des Ehepaares Heuss(-Knapp) sind in den Tagesnotizbüchern des Bundespräsidenten wie auch in anderer Korrespondenz dieses Zeitraums keine Angaben enthalten. Eine spätere Reminiszenz in Nr. 166.

2 Vgl. Nr. 44, Anm. 1.

Nr. 55

*AA II 243-05 Bd. 2; BA, NL Heuss, Nr. 299 (Durchschlag), Durchschlag an Vizekanzler Franz Blücher, Bad Godesberg.

1 Robert *Bosch* (1861–1942), Industrieller, Gründer einer »Werkstätte für Feinmechanik und Elektrotechnik« (1886), aus der einer der führenden Konzerne der deutschen Elektroindustrie entstand (1937: Robert Bosch GmbH). Vgl. Theodor *Heuss,* Robert Bosch. Leben und Leistung, Stuttgart–Tübingen [1]1946, Stuttgart [10]1987. Zu dieser Biographie, um die Bosch selbst Heuss kurz vor seinem Tode gebeten hatte, vgl. Theodor Heuss. Der Mann, das Werk, die Zeit, S. 225-229; zu ihrem Stellenwert für die heutige Forschung Toni *Pierenkämper,* Robert Bosch, der Industrielle. Zum Typus des deutschen Unternehmers in der Hochindustrialisierung, in: Kultur und Technik. Zeitschrift des Deutschen Museums, 1/1987, S. 4-18.

2 Seitens der Bosch GmbH hatte sich Otto *Fischer* an Heuss gewandt: »Es geht uns dabei auf der politischen Ebene vor allem darum, daß die Entflechtung, soweit sie nicht durch besondere Einzelgesetze ..., sondern durch Militärregierungsgesetz Nr. 56 geregelt ist, durch das gegenwärtig zur Verhandlung stehende Vertragswerk in deutsche Zuständigkeit überführt wird, und daß nicht durch eine endgültige Entscheidung eines alliierten Gerichtes, das nur über diesen einzigen Bosch-Fall zu entscheiden hätte, die deutsche Seite präjudiziert und gezwungen wird, ein solches Alliiertes Urteil zu vollstrecken.«

3 Ludwig *Erhard* (1897–1977), 1948/49 Direktor der Verwaltung für Wirtschaft des Vereinigten Wirtschaftsgebietes, 1949–1977 MdB (CDU), 1949–1963 Bundeswirtschaftsminister (ab 1957 Stellvertreter des Bundeskanzlers), 1963–1966 Bundeskanzler, 1966/67 CDU-Bundesvorsitzender.

4 Vgl. Nr. 56.

Nr. 56

*AA II 243-05, Bd. 2, hs. korrigierter *»Entwurf«* mit ms. Vermerk »In Reinschrift vom Herrn Bundeskanzler gezeichnet« und Stempel »ab 14. NOV. 1951«. – Der von Blankenhorn überarbeitete Entwurf war vom Referatsleiter des Auswärtigen Amtes für das Sachgebiet »Wirtschaft und internationale Zusammenarbeit auf dem Gebiete der Wirtschaft, Ruhrbehörde, Gewerbefreiheit«, *Tichy,* angefertigt worden (nachdem ihm am 3.11.1951 Alexander *Böker,* der persönliche Referent Blankenhorns, das Heuss-Schreiben vom 23.10.1951 zugeleitet hatte); hierzu ein Vermerk Bökers in AA II 243-05, Bd. 2.

a ‹ › Hs. von Blankenhorn korrigiert aus »ersuchen soll«.

b ‹ › ... »lassen«.

c ‹ › Hier gestrichen »nach wie vor«.

1 Vgl. Nr. 55.

2 Hierzu ist Korrespondenz des Bundesministers (-ministeriums) für Wirtschaft in BA, B 136/2455 erhalten.

3 Die Note Adenauers an John J. *McCloy* erging am 13.11.1951, ihr folgte am

21.12.1951 eine zweite an André *François-Poncet* (vgl. AA, Noten an AHK, Bd. 15, 16).

4 Am 23.11.1951 berichtete die »Frankfurter Allgemeine« über eine Anweisung des alliierten Entflechtungsausschusses an mehrere Verbände der Elektroindustrie und elektrotechnische Herstellerfirmen, »künftig einschränkende Geschäftsgebaren einzustellen«. In der dazu veröffentlichten Liste ist die Firma Bosch nicht aufgeführt.

Nr. 57

*BA, NL Heuss, Nr. 300 (Durchschlag), Durchschlag an den Bundesminister der Finanzen, Fritz Schäffer, und den Bundesminister des Innern, Dr. Robert Lehr, beide Bonn.

1 Zur Geschichte des Museums der Ausstellungskatalog: Das Germanische Nationalmuseum Nürnberg 1852–1977, hrsg. von Bernward *Deneke* und Rainer *Kahsnitz*, München–Berlin 1978.

2 Vgl. Nr. 35, Anm. 15.

3 Vereinbarung der Bundesländer vom 30./31.3.1949 zur gemeinsamen Finanzierung bedeutender überregionaler Forschungseinrichtungen; vgl. Thomas *Stamm*, Zwischen Staat und Selbstverwaltung, S. 99-108. Vgl. a. Nr. 178.

4 Hans Freiherr *von und zu Aufseß* (1801–1872), Gründer und erster Vorstandsvorsitzender (1853–1862) des Germanischen Nationalmuseums in Nürnberg.

5 Am 10.8.1952 hielt Heuss die Gedenkrede (»Sichtbare Geschichte«) zur Hundertjahrfeier des Museums; Druck: Theodor Heuss. Politik durch Kultur, S. 110-113.

6 Vorausgegangen war ein Schreiben Heuss' an *Schäffer* vom 20.6.1951 (vgl. BA, NL Heuss, Nr. 297), das *Bott* am 28.6.1951 in Abschrift auch Adenauer zugeleitet hatte (vgl. BA, B 136/5819).

7 Ludwig *Grote* (1893–1974), Kunsthistoriker, zunächst Landeskonservator von Sachsen-Anhalt, dann Galeriedirektor in Dessau (1924–1933), ab 1951 Direktor, 1958–1962 Generaldirektor des Germanischen Nationalmuseums; vgl. seinen Beitrag in: Begegnungen, S. 365-368.

8 Herbert *von Bismarck* (1884–1955), 1930–1933 MdR (DNVP), 1933/34 Staatssekretär im preußischen Innenministerium, nach 1945 führender Vertriebenenfunktionär, Sprecher der Landsmannschaft der Pommern.

9 Eine schriftliche Reaktion des Bundeskanzlers auf dieses Schreiben ist nicht erhalten bzw. kam wegen seiner damals besonders starken außenpolitischen Beanspruchung nicht zustande: 20.–23.11.1951 Teilnahme an der Pariser Außenministerkonferenz der drei Westmächte; 3.–8.12.1951 Staatsbesuch in London; EVG-Verhandlungen in Straßburg (11.12.1951) und Paris (27.–30.12.1951).

Nr. 58

*StBKAH III/47, auf Kopfbogen wie Nr. 43; BA, NL Heuss, Nr. 62 (Durchschlag).

1 Theodor *Heuss*, Was ist Qualität? Zur Geschichte und zur Aufgabe des Deut-

schen Werkbundes, Tübingen–Stuttgart 1951 (nach einer am 10.2.1951 bei der ersten gesamtdeutschen Tagung des Deutschen Werkbundes gehaltenen Rede). – *Ders.*, Kräfte und Grenzen einer Kulturpolitik, Tübingen–Stuttgart 1951 (nach einer am 17.5.1951 vor dem Kongreß der Deutschen Lehrerverbände in Stuttgart gehaltenen Rede).

2 Abb. der im April 1949 entstandenen Skizze: Adenauer, Briefe 1951–1953, S. 159. – Diese »etwas keck darauf losgehende Zeichnung der Abteikirche« (Heuss ebenfalls am 21.12.1951 an Abt Basilius *Ebel;* vgl. BA, NL Heuss, Nr. 165) wird in diese Edition nach der Reproduktion auf einer 1956 hergestellten Postkarte einbezogen; vgl. S. 215.

3 Heuss spricht den Aufenthalt Adenauers im Benediktinerkloster Maria Laach 1933/34 an (auf der Flucht vor nationalsozialistischer Verfolgung), auch seine langjährige freundschaftliche Verbindung zum damaligen Abt Ildefons *Herwegen;* vgl. Hans-Peter *Schwarz,* Adenauer. Der Aufstieg, S. 356f., 362, 366. Vgl. a. Nr. 171, Anm. 6.

4 Nach der Begegnung bei Adenauers Geburtstagsempfang am 5.1.1952 kam es am 17.1.1952 zur nächsten politischen Unterredung (hierzu die Aufzeichnung in BA, VS B 122/15), über die im wichtigen Detail (Bitte des Kanzlers um Einführung des Deutschlandliedes als Nationalhymne bei der Übernahme der Insel Helgoland) »Der Spiegel« am 27.2.1952 (S. 3) berichtete. Vgl. Nr. 71A, Anm. 8.

Nr. 59

*BA, NL Heuss, Nr. 62 (Kopie), eigenhändig, Jahresangabe (in der Vorlage »51«) wegen des Rückbezugs zu Nr. 71 vom Bearb. korrigiert; Druck: Adenauer, Briefe 1951–1953, S. 158.

1 Vgl. Nr. 58, Anm. 2.

Nr. 60

*StBKAH III/47 (Durchschlag), mit hs. Notiz Zimmermann »ab am 9.1.52 d[urch] Boten«; Druck: Adenauer, Briefe 1951–1953, S. 163.

1 Vgl. Nr. 38, Anm. 3, Nr. 50, 51.

2 Nicht nachgewiesen.

3 Friedrich *Janz* (1898–1964), 1950–1952 Chef der Badischen Staatskanzlei, 1953–1959 Ministerialrat im Bundeskanzleramt (1958 Stellvertreter des Staatssekretärs).

4 Johannes *Vincke* (1892–1975), Rechts- und Kirchenhistoriker, 1946–1960 Ordinarius an der Universität Freiburg.

5 Vgl. Nr. 61.

Nr. 61

*StBKAH III/47, auf Kopfbogen wie Nr. 43; BA, NL Heuss, Nr. 301 (Durchschlag).

1 Vgl. Nr. 60.

2 Leo *Wohleb* (1888–1955), 1947–1952 Staatspräsident und Kultusminister von Baden, MdL (CDU), 1952–1955 Botschafter in Lissabon (hierzu vgl. Nr. 114, Anm. 6).

3 Zur Vielzahl von Verdienstkreuz-Verleihungen an Persönlichkeiten aus dem südwestdeutschen Raum mehrere Meldungen im Bulletin dieses Zeitraums (u. a. Nr. 23 vom 22.12.1951, S. 178). – Heuss selbst hatte kurz zuvor, beim Neujahrsempfang der ausländischen Diplomaten, auf Bitte des Kabinetts das Großkreuz des Verdienstordens der Bundesrepublik angelegt (vgl. a.a.O., S. 177).

4 Georg-August *Zinn* (1901–1976), 1948/49 Mitglied des Parlamentarischen Rates (SPD), 1950–1969 Ministerpräsident von Hessen (1953/54 und 1964/65 Bundesratspräsident).

5 Richard *Merton* (1881–1960), 1911–1938 Vorstandsvorsitzender, ab 1947 Aufsichtsratsvorsitzender der Metallgesellschaft AG, Frankfurt/Main, 1932/33 MdR (DVP), 1939 nach Großbritannien emigriert, 1949–1955 Vorsitzender des Stifterverbandes für die deutsche Wissenschaft.

Nr. 62

*StBKAH III/47, auf Kopfbogen wie Nr. 7; BA, NL Heuss, Nr. 301 (Durchschlag).

1 Vgl. Nr. 37, Anm. 4.

2 Vgl. die beiden Artikel »Bundestag ratifiziert den Schuman-Plan« und »Adenauer-Rede durch Tumulte unterbrochen«, in: »Neue Zeitung« vom 12.1.1952.

3 Vgl. Stenographische Berichte, 1. Wahlperiode, Bd. 10, S. 7795, 7817-7819.

Nr. 63

*StBKAH III/47 (Durchschlag), mit ms. Briefkopf »Bundeskanzler K. Adenauer« und hs. Notiz Zimmermann »ab 15.1.52 d[urch] Boten«.

1 Vgl. Nr. 62.

Nr. 64

*BA, B 122/2242 (Durchschlag), mit ms. Briefkopf wie Nr. 25, und ms. Vermerk »*PERSÖNLICH! VERTRAULICH!* durch Kurier am 24.1. 18.00 Uhr befördert«; BA, NL Heuss, Nr. 301 (Durchschlag), Durchschlag mit Begleitschreiben desselben Tages an Vizekanzler Franz Blücher, Bad Godesberg.

1 Vgl. Kabinettsprotokolle 1952, S. 70f. – Zur vorausgegangenen Erörterung vgl. Kabinettsprotokolle 1951, S. 603f.

2 Vgl. Nr. 28, Anm. 6, Nr. 41, 42.

3 VI. Olympische Winterspiele vom 15.–25.2.1952 in Oslo.

4 Heuss war bereits am 26.9.1951 (Tagesnotizbücher NL Heuss) von Willy *Brandt* über die Besorgnis in Norwegen informiert worden, das Abspielen des ›Deutschlandliedes‹ bei der Eröffnung der Winterolympiade könne zu einem Eklat führen: »Niemand in Deutschland weiß besser als Sie, daß diese Situation verhindert werden muß« (aus einem Schreiben des norwegischen Architekten und Initiators humanitärer Hilfsorganisationen, Odd *Nansen*, an Brandt vom 30.8.

1951; StBKAH 12.21. Hierzu auch die Korrespondenz Heuss–Brandt in BA, NL Heuss, Nr. 299).

5 Vgl. Nr. 41, Anm. 4. – Beim Einmarsch der deutschen Athleten wurde in Oslo »Freude, schöner Götterfunken« aus der Neunten Symphonie van Beethovens gespielt.

6 Hierzu u. a. ein Bericht des »Letzeburger Journals« (Luxemburg) vom 8.3. 1952, auf den das Kanzleramt am 18.3.1952 vom Auswärtigen Amt aufmerksam gemacht wurde.

7 Willi *Daume* (geb. 1913), 1950–1970 Präsident, seit 1970 Ehrenpräsident des Deutschen Sportbundes, seit 1961 Präsident des Nationalen Olympischen Komitees, 1972–1976 Vizepräsident des Internationalen Olympischen Komitees.

8 Rudolf Alexander *Schröder* (1878–1962), Schriftsteller und Übersetzer. Zu der von ihm 1950 verfaßten, von Hermann Reutter vertonten Hymne »An Deutschland« ausführliche Angaben in: Theodor Heuss. Der Mann, das Werk, die Zeit, S. 321-323. Vgl. a. seinen Beitrag in: Begegnungen, S. 477-479.

9 Hierzu ist nur die Niederschrift über das Gespräch vom 13.8.1951 erhalten; vgl. BA, VS B 122/15.

10 Am 30.6.1951; hierzu die Aufzeichnung a.a.O. Vgl. Nr. 48.

11 Vgl. Nr. 43, 48, 49, 50.

12 Vgl. Nr. 50, Anm. 4, Nr. 225. – Vgl. a. den Rückbezug hierzu in der 1955 im Kloster Loccum gehaltenen Heuss-Rede »Stilfragen der Demokratie«; Druck: Theodor Heuss. Politiker und Publizist, S. 461.

13 August Heinrich *Hoffmann,* gen. *Hoffmann von Fallersleben* (1798–1874), Lyriker und Germanist, 1830–1842 Professor in Breslau, dann des Landes verwiesen, schrieb 26.8.1841 auf Helgoland das »Deutschlandlied«, 1842 wegen der 1840/41 erschienenen »Unpolitischen Lieder« aus dem Staatsdienst entlassen und des Landes verwiesen.

14 Am 14.12.1950; Heuss zwei Tage vorher an seinen Sohn: »Übermorgen abend haben wir das ganze Kabinett oben und wollen ihm durch einen Schülerchor die neue Hymne vorsingen lassen« (BA, NL Heuss, Nr. 294).

15 Ortschaft in Westflandern, Schauplatz besonders heftiger Kämpfe in den ersten Wochen des Ersten Weltkriegs (Erstürmung durch deutsche Freiwilligenregimenter vom 22./23.10.1914). Heuss erinnerte in einer Rede vom 2.5.1952 an den »Opfergang der ›jungen Regimenter‹ bei Langemarck«; vgl. Nr. 75, Kopfregest. Vgl. a. Karl *Unruh,* Langemarck. Legende und Wirklichkeit, Koblenz 1986.

16 Friedrich *Ebert* (1871–1925), 1912–1918 MdR (SPD), 1913–1919 SPD-Vorsitzender, 1918/19 Vorsitzender des Rates der Volksbeauftragten, 1919–1925 Reichspräsident.

17 Ebert hatte am Jahrestag der Weimarer Reichsverfassung (11.8.1922) das Deutschlandlied zur Nationalhymne erklärt; vgl. Hans *Hattenhauer,* Deutsche Nationalsymbole, S. 59f. Vgl. a. Nr. 74.

18 Heuss hatte am 23.1.1952 eine Delegation der FDP-Bundestagsfraktion empfangen; hierzu eine Aktennotiz in BA, VS B 122/15 sowie das im Kopfregest erwähnte Schreiben an *Blücher.*

19 Zu diesen Gesprächen – bis auf die Unterredung Adenauer–Heuss vom 17.1. 1952 (vgl. Nr. 58, Anm. 4) – keine Eintragungen in den Tagesnotizbüchern des Bundespräsidenten.
20 Heinrich *Hellwege* (geb. 1908), 1947–1961 Vorsitzender der DP (1961 zur CDU übergetreten), 1949–1955 Bundesminister für Angelegenheiten des Bundesrates und MdB, 1955–1959 niedersächsischer Ministerpräsident.
21 Vgl. Nr. 71, 71 A.

Nr. 65
*BA, NL Heuss, Nr. 301 (Durchschlag), mit ms. Briefkopf wie Nr. 25.
1 Anton *Pfeiffer* (1888–1957), 1946–1950 Leiter der Bayerischen Staatskanzlei, 1948/49 Mitglied des Parlamentarischen Rates (CSU; Vorsitzender der CDU/CSU-Fraktion), 1950/51 Generalkonsul, 1951–1954 Botschafter in Belgien. Zur freundschaftlichen Beziehung Heuss–Pfeiffer (»der in der Zeit des Parlamentarischen Rates der liebenswürdigste Gegen- und Mitpaukant gewesen ist«; Heuss an Maria *Probst* am 8.10.1953; vgl. BA, NL Heuss, Nr. 312) vgl. den Beitrag Pfeiffers in: Begegnungen, S. 151-156.
2 Weitere Korrespondenz oder Gesprächsbezüge konnten hierzu nicht nachgewiesen werden. – Die im Bulletin am 2.5.1952 veröffentlichte Liste der Auslandsvertretungen der Bundesrepublik nennt nur die Botschafterfunktion Pfeiffers, keine Details der Eingruppierung.

Nr. 66
*StBKAH III/47, auf Kopfbogen wie Nr. 43; BA, NL Heuss, Nr. 301 (Durchschlag), Abschrift mit Begleitschreiben Dr. Manfred Klaiber vom 31.1.1952 an den Bundesminister des Innern, Dr. Robert Lehr, Bonn.
1 Vgl. Nr. 58, Anm. 4.
2 Josef *Frings* (1887–1978), 1942–1969 Erzbischof von Köln (1946 Kardinal), 1945–1965 Vorsitzender der Fuldaer Bischofskonferenz.
3 Josef *Beyerle* (1881–1963), Mitbegründer der CDU in Nordwürttemberg, 1945–1951 Justizminister in Württemberg-Baden, dort 1949–1951 stellvertretender Ministerpräsident.
4 Wilhelm *Keil* (1870–1968), 1910–1918 und 1920–1932 MdR (SPD), 1946–1952 MdL in Württemberg-Baden, Landtagspräsident. Zu den in dieser Funktion entstandenen Kontakten zum »Parlamentarier-Ehepaar« Theodor Heuss–Elly Heuss-Knapp vgl. seinen Beitrag in: Begegnungen, S. 123-126.
5 Theophil *Wurm* (1868–1953), ab 1899 in Diensten der Inneren Mission, 1933–1949 württembergischer Landesbischof, 1945–1949 EKD-Ratsvorsitzender. In seiner am 3.11.1945 bei der Gründungsversammlung der DVP in Stuttgart gehaltenen Rede gedachte Heuss »der Männer, die uns vorangingen, Uhland, List, *Th. Wurm,* Payer, Conrad und Fr. Haußmann«; vgl. Theodor *Heuss,* Aufzeichnungen 1945–1947, S. 162.
6 Michael *von Faulhaber* (1869–1952), 1911–1917 Bischof von Speyer, seit 1917 Erzbischof von München und Freising (1921 Kardinal).

7 Paul *Löbe* (1875–1967), 1919/20 Mitglied der Nationalversammlung (SPD), 1920–1933 MdR (1920–1924 und 1925–1932 Reichstagspräsident), 1948/49 Berliner Vertreter im Parlamentarischen Rat, 1949–1953 MdB (eröffnete die konstituierende Sitzung am 7.9.1949 als Alterspräsident).
8 Friedrich *Schmidt-Ott* (1860–1956), 1917/18 preußischer Kultusminister, 1920–1934 Präsident der Notgemeinschaft der Deutschen Wissenschaft.
9 Vgl. Theodor *Heuss,* Erinnerungen 1905–1933, S. 261, 373, und den Beitrag Dibelius' in: Begegnungen, S. 430-433.
10 Heuss hielt sich vom 26.–28.1.1952 in Berlin auf (Tagesnotizbücher NL Heuss); Druck seiner anläßlich der »Grünen Woche« gehaltenen Rede: Bulletin, Nr. 13 vom 31.1.1952, S. 119f.
11 Abschrift des 3 1/2-seitigen Schreibens vom 30.1.1952 in StBKAH III/47. – Zur Aussprache Heuss–*Dibelius* (in dem dieser gebeten habe, »solange er sein gegenwärtiges kirchliches Amt verwalte, von diesem Plan ... Abstand zu nehmen«) vgl. Bulletin, Nr. 15 vom 5.2.1952, S. 146.
12 Hanns *Lilje* (1899–1977), ab 1947 Landesbischof der Evangelisch-Lutherischen Kirche von Hannover, 1948–1969 leitender Bischof der VELKD, 1952–1957 Präsident des Lutherischen Weltbundes.
13 Besprechungen mit führenden Vertretern der Koalitionsparteien und mit der SPD-Fraktion zur Vorbereitung der Bundestagsdiskussion vom 7./8.2.1952 über EVG, Saarfrage und Atlantikpakt verhinderten die Teilnahme Adenauers; vgl. Adenauer, Briefe 1951–1953, S. 545, 551f.

Nr. 67
*StBKAH III/47 (Durchschlag).
1 Zur Teilnahme an einer Sitzung des Ministerkomitees des Europarates, Gesprächen mit dem französischen Außenminister *Schuman* über die Saarfrage und einer Konferenz der Außenminister der drei Westmächte (18.–21.3.1952), auf der die Reaktion auf die »Stalin-Note« vom 10.3.1952 besprochen wurde; vgl. Konrad *Adenauer,* Erinnerungen 1953–1955, S. 74-78.
2 Nach Volksabstimmung vom 9.12.1951 für die Schaffung des neuen Bundeslandes Baden-Württemberg hatten dort am 9.3.1952 Wahlen zur verfassunggebenden Landesversammlung und zum ersten Landtag stattgefunden (CDU 36,0 %; SPD 28,0 %; DVP/FDP 18,0 %; GB/BHE 6,3 %). Die am 25.4.1952 gebildete, 1952/53 amtierende Übergangsregierung Reinhold *Maiers* stützte sich auf eine Koalition ohne Unionsbeteiligung; vgl. Nr. 68.
3 Zwischen Heuss und Adenauer wurde die Frage der Südweststaat-Koalition am 24.3.1952 besprochen; hierzu die Aufzeichnung in BA, VS B 122/15 sowie eine Meldung im Bulletin, Nr. 36 vom 27.3.1952, S. 367. Vgl. a. Kabinettsprotokolle 1952, S. 190.

Nr. 68

*BA, NL Heuss, Nr. 587, auf Kopfbogen wie Nr. 9; StBKAH III/47 (Durchschlag); Druck: Adenauer, Briefe 1951–1953, S. 192f.

1 Anton *Dichtel,* Franz *Gurk,* Anton *Hilbert,* Hermann *Kopf,* Gebhard *Müller* und Leo *Wohleb;* vgl. Adenauer, Briefe 1951–1953, S. 556.

2 Vgl. Nr. 67, Anm. 2.

3 Karl *Arnold* (1901–1958), 1947–1956 Ministerpräsident von Nordrhein-Westfalen, 1949/50 erster Präsident des Bundesrates, 1956–1958 stellvertretender Parteivorsitzender der CDU, 1958 Vorsitzender der Christlich-Demokratischen Arbeitnehmerschaft.

4 Hierfür Belege in Adenauer, Briefe 1951–1953, S. 43, 490, 539, 544.

5 Zu den 2. Bundestagswahlen vom 6.9.1953 vgl. Nr. 114.

6 Die wegen seiner parteipolitischen Zurückhaltung (vgl. Nr. 24, Anm. 2) sehr diskreten Vermittlungsbemühungen des Präsidenten sind aus seiner damaligen Korrespondenz mit Wolfgang *Haußmann* (vgl. BA, NL Heuss, Nr. 587) und Reinhold *Maier* (vgl. BA, NL Heuss, Nr. 69, 302) ersichtlich. An letzteren schrieb er am 26.4.1952: »Ich habe mit dem Bundeskanzler über die neue Lage noch nicht gesprochen, werde ihn aber vor meiner Reise nach Berlin noch sehen. Dabei werde ich ihm sagen, daß ich eine baldige und gründliche politische Aussprache zwischen Euch beiden für ein absolutes Staatserfordernis halte, um den Weitergang der Dinge von Ungewißheiten oder gar von Ressentiments zu entlasten. Das neue Land hat für die Gesamtentwicklung stark an Gewicht gewonnen. Damit ist nicht nur Deine Verantwortung gewachsen, sondern auch die Notwendigkeit für die Bundesregierung, über die Funktion des Gewichtes für die Legislative wie für die Politik einigermaßen Bescheid zu wissen.« Zu dem hier angekündigten Gespräch Adenauer–Heuss vom 28.4.1952 vgl. die Aufzeichnung in BA, VS B 122/15 sowie ein Schreiben *Klaibers* an Maier vom 29.4.1952: »Der Bundeskanzler war im übrigen gestern zu einer längeren Aussprache über die laufenden Dinge hier. Er ist zu der von Theodor Heuss angeregten persönlichen Aussprache mit Dir jeder Zeit bereit und hat die Dramatisierung der Vorgänge durch einige schnelle Erklärungen von CDU-Abgeordneten in Bonn von sich aus für unrichtig erklärt« (BA, NL Heuss, Nr. 302). Vgl. a. Arnulf *Baring,* Außenpolitik in Adenauers Kanzlerdemokratie, S. 261-263.

7 Vgl. Nr. 71.

Nr. 69

*StBKAH III/47, eigenhändig, auf Kopfbogen wie Nr. 7, mit eigenhändigem Vermerk Adenauers vom 2.4.1952 »1.) danken, 2.) Bericht Sch[etter] mir vorlegen«; BA, NL Heuss, Nr. 302 (Durchschlag).

1 Vgl. Nr. 67, Anm. 3.

2 Rudolf *Schetter* (1880–1967), 1924–1933 MdR (Zentrum), 1933–1941 Landgerichtsdirektor in Köln, 1945–1948 Präsident des Oberlandesgerichtes in Köln.

3 Am 26.3.1952 (Tagesnotizbücher NL Heuss).

4 Nach dem »Platzverzeichnis der Mitglieder des Reichstags« saß Heuss in der 5. Wahlperiode (1930) auf Platz Nr. 257, Schetter auf Nr. 219; vgl. Reichstagshandbuch, 5. Wahlperiode 1930, hrsg. vom Bureau des Reichstags, S. 637, 640. – Zur Reichstagstätigkeit Heuss' (MdR 1924–1928, 1930–1932, 1933 – Aberkennung des Mandats am 12.7.1933) vgl. Hans-Heinrich *Welchert,* Theodor Heuss. Ein Lebensbild, S. 45-63; Theodor Heuss. Der Mann, das Werk, die Zeit, S. 132-159, und Jürgen C. *Heß,* Theodor Heuss vor 1933, passim. (Kontakte zu Schetter, wie auch die gemeinsame Zugehörigkeit zu einem Reichstagsausschuß, sind hier wie auch in der weiterführenden Heuss-Literatur nicht erwähnt.)
5 Am 26.9.1951 beauftragt, hatte Schetter am 24.11.1951 Adenauer seinen Bericht über die Personalsituation im Auswärtigen Amt vorgelegt (vornehmlich zu »denjenigen Beamten und Angestellten ..., gegen deren Verwendung in der Öffentlichkeit wegen ihrer angeblichen Haltung unter dem Nationalsozialismus Bedenken erhoben worden sind«); Druck: Wilhelm *Haas,* Beitrag zur Geschichte der Entstehung des Auswärtigen Dienstes, S. 117-221.
6 Nach den Besucherlisten (StBKAH) kam es erst am 3.11.1952 zu einer Unterredung des Bundeskanzlers mit Schetter (für den sich Adenauer aufgrund persönlicher Kontakte in Köln bereits 1948 in einem Empfehlungsschreiben verwandt hatte; vgl. Adenauer, Briefe 1947–1949, S. 202).
7 Untersuchungsausschuß »zur Prüfung, ob durch die Personalpolitik Mißstände im auswärtigen Dienst eingetreten sind« (Vorsitzender: der FDP-Politiker Max *Becker;* konstituierende Sitzung am 16.11.1951; Abschlußsitzung am 8.10. 1952); vgl. Wilhelm *Haas,* a.a.O., S. 65-84, und Adenauer, Briefe 1951–1953, S. 165 f. – Auf die Tätigkeit des Ausschusses war Heuss schon am 27.2.1952 in einem Schreiben an Heinrich *von Brentano* eingegangen; vgl. BA, NL von Brentano, Nr. 167.
8 Vgl. die ausführlichen Angaben in AdG, Jg. 22 (1952), S. 3394. – Zur Heuss-Beschwerde über diese polemische Berichterstattung auch das Journalistengespräch Adenauers vom 11.7.1952 in: Adenauer, Teegespräche 1950–1954, S. 322. Vgl. a. Nr. 77.

Nr. 70
*StBKAH III/47 (Durchschlag), mit ms. Briefkopf wie Nr. 6 und hs. Vorzimmernotiz »ab 4.4. durch Boten«.
1 Vgl. Nr. 69.
2 Vgl. a.a.O., Anm. 6.

Nr. 71
*BA, B 122/2156 (Abschrift des eigenhändigen Schreibens), mit ms. Briefkopf »Theodor Heuss« und ms. Notiz »(Durch Kurier am 7.4.1952 nach Rhöndorf gebracht)«.
1 Gespräch Elly *Heuss-Knapp*/Adenauer zum Muttertag am 7.5.1952 (Themen: »Familienzerrüttung, Auflösungstendenzen, Zerfall/Festigung der Ehe, von

der Mutter ausgehend/Genesungswerke für Mütter, Ziele, Aufgaben, Erfolge«); Mitschnitt der Rundfunksendung in Deutsches Rundfunkarchiv (Frankfurt/Main), DRA 52 A – 2155; Druck: Im Dienst der Stunde. Aus Lebensweg und Lebenswerk von Elly Heuss-Knapp, ausgewählt und eingeleitet von Christine *Teusch,* Stein bei Nürnberg 1953, S. 30-32.

2 Vgl. Nr. 41, 42, 64.

3 Vgl. Nr. 74, 75.

4 Am 29.4.1952. Hierzu der Vermerk Klaibers auf dem Begleitschreiben *Lenz* vom 25.4.1952 zur Übermittlung der Entwürfe des Nationalhymnen-Schriftwechsels Adenauer–Heuss (vgl. Anm. 3): »Das Kab[inett] hat heute von dem Entwurf [...] zustimmend Kenntnis genommen« (StBKAH 12.21). Vgl. a. Kabinettsprotokolle 1952, S. 244.

5 Hierzu die Eintragung in den Terminkalender Adenauers: 4.4.1952, 20.35 Uhr »... beim Journalistenverband, Bonner Bürgerverein.«

6 Robert *Taft* (1889–1953), seit 1939 Senator für Ohio, bewarb sich 1940, 1948 und 1952 ohne Erfolg um die Präsidentschaftskandidatur der Republikanischen Partei.

7 Dwight D. *Eisenhower* (1890–1969), 1950–1952 Oberkommandierender der NATO-Streitkräfte, 1953–1961 34. Präsident der USA.

8 Zu Adenauers Beurteilung der republikanischen Präsidentschaftskandidaten (vor den Wahlen vom 4.11.1952) vgl. Adenauer, Teegespräche 1950–1954, S. 226. Vgl. Nr. 86, Anm. 1.

9 Vgl. Nr. 67, Anm. 1. – Von Heuss sicher auch gemeint: der am 27.3.1952 von einer jüdischen Partisanenorganisation versuchte Sprengstoffanschlag auf Adenauer; hierzu vgl. Adenauer, Briefe 1951–1953, S. 561.

Nr. 71 A

*StBKAH 12.21 (Durchschlag), mit ms. Vermerk »*VERTRAULICH!*«.

1 Vgl. Nr. 74, 75.

2 2. CDU-Bundesparteitag vom 18.–21.10.1951; S. 165 des Parteitagsprotokolls (Bonn o.J. [1951]): »Die dritte Strophe des Deutschlandliedes wurde von der Versammlung stehend gesungen.« Anschließend hatte sich Heuss an Ernst *Lemmer* (bis 1933 DDP/DStP, ab 1945 CDU) gewandt: »Daß ausgerechnet *Sie* sich bereit gefunden haben, ohne vorher einmal das Bedürfnis zu empfinden, mit mir diesen Komplex zu besprechen ..., war mir einigermaßen überraschend, ja ein bißchen schmerzlich« (Abschrift des Schreibens vom 22.10.1951 in StBKAH 12.21).

3 »Die Fahne hoch ...«: Kampflied der NSDAP, benannt nach dem Verfasser Horst *Wessel* (1907–1930); vgl. Hans *Hattenhauer,* Deutsche Nationalsymbole, S. 61-64.

4 Vgl. Nr. 74, Kopfregest.

5 Hermann *Reutter* (geb. 1900), Komponist, Direktor der Musikhochschulen Frankfurt (1936–1945) und Stuttgart (1956–1966); vgl. Theodor Heuss. Der

Mann, das Werk, die Zeit, S. 321-324, und Theodor Heuss. Politik durch Kultur, S. 87.

6 Vgl. Nr. 28, Anm. 6, Nr. 41.

7 Zur damaligen entscheidenden Verhandlungsphase um den am 23.5.1952 in Bonn unterzeichneten Deutschlandvertrag vgl. Hans-Peter *Schwarz,* Adenauer. Der Aufstieg, S. 918-956. Vgl. a. Nr. 129, Anm. 2, Nr. 140.

8 Der britische Hohe Kommissar *Kirkpatrick* hatte dem Bundeskanzler in einer Note vom 28.2.1952 mitgeteilt, die seit 1945 als Luftwaffenübungsziel genutzte Insel Helgoland werde am 1.3.1952, 00.00 Uhr freigegeben. Hierzu die Rundfunkrede Adenauers vom 28.2.1952 in: Bulletin, Nr. 25 vom 1.3.1952, S. 239. Vgl. Nr. 58, Anm. 4, Nr. 75, Anm. 6.

Nr. 72

*StBKAH 10.20 (Telegrammabschrift), »telef. durchgegeb. 12.4.1952, 12.15« (hs. Notiz Hohmann. – Lucie *Hohmann-Köster* (geb. 1912), ab März 1946 bis zum Tod Adenauers seine Privatsekretärin in Rhöndorf.

Nr. 73

*StBKAH III/47 (Durchschlag).

1 Briefwechsel des Oppositionsführers mit dem Bundeskanzler vom 22. bzw. 24.4.1952 zur Beantwortung der deutschlandpolitischen Sowjetnote vom 9.4. 1951; Druck: Willy *Albrecht* (Hrsg.), Kurt Schumacher, S. 961-963, und Adenauer, Briefe 1951–1953, S. 208f.

Nr. 74

*BA, NL Heuss, Nr. 62 (Abschrift), mit ms. Briefkopf wie Nr. 6; Druck: Bulletin des Presse- und Informationsamtes der Bundesregierung, Nr. 51 vom 6.5.1952, S. 537; Bundesanzeiger, Nr. 88 vom 8.5.1952, S. 9.

Auf dieser Grundlage wurde das Schreiben Adenauers mit der Antwort Heuss' vom 2.5.1952 (vgl. Nr. 75) in interpretationsgeschichtlich aufschlußreichen Zusammenhängen erneut publiziert bei: Hans *Lechner*/Klaus *Hülshoff* (Hrsg.), Parlament und Regierung. Textsammlung des Verfassungs-, Verfahrens- und Geschäftsordnungsrechts der obersten Bundesorgane, München–Berlin ^{2}1958, S. 270-272; Gerhardt *Seiffert,* Das ganze Deutschlandlied ist unsere Nationalhymne! Eine klärende Dokumentation der Hoffmann von Fallersleben-Gesellschaft, Fallersleben 1964, S. 16-18; Hans-Joachim *Winkler,* Der Bundespräsident. Repräsentant oder Politiker?, Opladen 1967, S. 84-86; Theodor Heuss. Der Mann, das Werk, die Zeit, S. 324f.; Theodor Heuss. Politik durch Kultur, S. 88f.; Konrad Adenauer. Seine Zeit – sein Werk, S. 265f.; Adenauer, Briefe 1951–1953, S. 209f.; Markus *Hellenthal,* Kein Gesetzesvorbehalt für Nationalhymne! Bemerkungen zur Nationalhymne der Bundesrepublik Deutschland und ihrer rechtswirksamen Bestimmung durch den Bundespräsidenten, in: Neue Juristische Wochenschrift, Jg. 41 (1988), S. 1294-1302, hier S. 1294. (Kritische Auseinandersetzung mit: Klaus *Hümmerich*/Klaus *Beucher,* Keine Hymne ohne Gesetz. Zu den staatsrechtlichen Anforderungen an die Satzung des Symbols Nationalhymne, in: Neue Juristische Wochenschrift, Jg. 40 [1987], S. 3227-3232). Vgl. a. Hans *Hattenhauer,* Deutsche Nationalsymbole, S. 64-71, und Guido *Knopp*/Ekkehard *Kuhn,* Das Lied der Deutschen – Schicksal einer Hymne, Frankfurt/Main 1988, passim.

a ‹...› Hier nach Vermerk *Globkes* vom 17.4.1952 (»Die [ ] geklammerten Worte sollen nach Mitteilung von M.Dir. Klaiber wegfallen«) gestrichen »sogenannte«.

b ‹ › Hs. von *Lenz* korrigiert aus »der Gefahr entzog, Kampflied der radikalen Rechten zu werden«.

c ‹ › ... »die erneute Bitte«.

d ‹ › ... »die dritte Strophe des Hoffmann-Haydn'schen Liedes«.

e ‹ › ... dem Entwurf hinzugefügt, mit der nicht übernommenen Variante »öffentlichen Anlässen«.

1 Vgl. Nr. 41, 42, 64, 71, 71A.

2 Vgl. Nr. 28, Anm. 6, Nr. 71A.

3 Vgl. Nr. 64.

4 Vgl. a.a.O., Anm. 1.

5 Vgl. a.a.O., Anm. 17.

Nr. 75

*StBKAH 12.21 (Kopie), auf Kopfbogen wie Nr. 7; Druck: wie Nr. 74. – Die Ortsangabe beim Datum ist mit dem Berlin-Aufenthalt des Bundespräsidenten vom 30.4.–4.5.1952 zu erklären (Tagesnotizbücher NL Heuss). Wortlaut der dort am 2.5.1952 gehaltenen Rede »Formkräfte einer politischen Stilbildung« in: Theodor Heuss. Die großen Reden, S. 148-174 (S. 167 f.: zur Problematik der Nationalhymnen).

1 Joseph *Haydn* (1732–1809), österreichischer Komponist, schuf 1797 die Kaiserhymne »Gott erhalte Franz den Kaiser«, nach der das Deutschlandlied vertont wurde.

2,3 Vgl. Nr. 71A.

4 Hierzu Hans *Hattenhauer,* Deutsche Nationalsymbole, S. 68. Vgl. a. Nr. 76, Anm. 2.

5 Vgl. Nr. 71A, Anm. 8.

6 Erst beim Anschluß der vorher britischen Insel Helgoland an das Deutsche Reich (1890) wurde das Deutschlandlied offiziell als Nationalhymne gesungen; vgl. Hans *Hattenhauer,* a.a.O., S. 56.

7 Vgl. Nr. 76.

Nr. 76
*StBKAH 12.21 (eigenhändig korrigierter Entwurf und Durchschlag der ms. Ausfertigung).
a ‹...› Hier im Entwurf gestrichen: »Ich glaube, daß das Echo in der Presse bewiesen hat, daß Sie damit trotz mancher Bedenken, die bestanden haben und für die auch ich volles Verständnis hatte, das Richtige taten.«
1 Vgl. Nr. 75.
2 Hierzu konnte keine Korrespondenz Adenauers mit Innenminister *Lehr* nachgewiesen werden. – In StBKAH 12.21 lediglich erhalten: Abschrift eines Schreibens Lehrs vom 31.5.1952 an das mit dieser Fragestellung naturgemäß besonders befaßte Protokoll des Auswärtigen Amtes, das den offiziellen Charakter des Heuss-Schreibens vom 2.5.1952 verdeutlichte: »Zu der weiteren Frage, ob das ganze Lied oder nur die dritte Strophe Bundeshymne sei, bin ich mit dem Bundespräsidialamt der Auffassung, daß das Deutschlandlied als Ganzes Bundeshymne ist. Daß bei staatlichen Veranstaltungen lediglich die dritte Strophe gesungen werden soll, nimmt den beiden anderen Strophen nicht den Charakter als Teile der Nationalhymne.« Vgl. Nr. 225, 226.

Nr. 77
*BA, NL Heuss, Nr. 304 (Durchschlag), mit ms. Briefkopf »Th. H.«.
1 Vom 9./10.7.1952; vgl. Stenographische Berichte, 1. Wahlperiode, Bd. 12, S. 9785-9930. – Zum Nachfolgenden, unter Verwendung dieses Briefes, Eberhard *Pikart,* Theodor Heuss und Konrad Adenauer, S. 93.
2 Vgl. Nr. 69, Anm. 7.
3 Vgl. Nr. 69, 70.
4 Vgl. Nr. 69, Anm. 8.
5 Grundsätzlich hierzu: Theodor Heuss, Der Parlaments-Ausschuß, in: Fritz *Berber* (Hrsg.), Zum Neubau der Verfassung, Berlin 1933, S. 129-150 (S. 145-147 zum »System der Untersuchungsausschüsse«).
6 Die Bundestagsdebatte zum Ausschußbericht fand am 22.10.1952 statt; Wortlaut bei: Wilhelm *Haas,* Beitrag zur Geschichte der Entstehung des Auswärtigen Dienstes, S. 424-487 (S. 428-434: Erklärung Adenauers, auch veröffentlicht im Bulletin, Nr. 162 vom 23.10.1952, S. 1453 f.).
7 Am 3.3.1952; vgl. die Gesprächsaufzeichnung in BA, VS B 122/15.

Nr. 78
*BA, VS B 122/17 (Durchschlag), mit ms. Briefkopf wie Nr. 53; BA, NL Heuss (Durchschlag).
1 Brief zum 20.7.1952 an Annedore *Leber* (1904–1968), Verlegerin und SPD-Politikerin, 1946–1949 Lizenzträgerin der Tageszeitung »Telegraf«. – Ihr Ehemann, der Journalist und SPD-Politiker Julius *Leber* (geb. 1891; 1924–1933 MdR) war wegen seiner engen Kontakte zum Kreisauer Kreis und der Beteiligung an den Vorbereitungen zum 20. Juli 1944 am 20.10.1944 vom Volksgerichtshof zum

Tode verurteilt und am 5.1.1945 hingerichtet worden. – Der Brief wurde ohne Nennung der Adressatin am 19.7.1952 u. a. veröffentlicht im Bulletin, Nr. 84, S. 927, und in der »Welt«.

2 Hierzu auch die Anlage: »... was denn geschehen könne, um das Gedächtnis jener Männer vor der Versudelung zu bewahren, der sie einmal in der frechen öffentlichen Rede des Demagogen, das andere Mal im weitergetragenen Geschwätz der Bierbank ausgesetzt sind. Ich habe schon früher einmal Briefe verwandter Natur erhalten – einer davon enthielt sogar die erschreckende Notiz, daß die Kinder eines der Hingerichteten unter den hämischen Reden über ihren Vater zu leiden hätten.« – Hinweise auf weitere Heuss-Kontakte zu Widerstandskämpfern gegen Hitler und deren Angehörigen in seinen Aufzeichnungen 1945–1947, S. 219f., und Theodor Heuss. Politiker und Publizist, S. 308f. Dort (S. 430-441) auch Druck der am 19.7.1954 (zwei Tage nach der Wiederwahl ins Präsidentenamt) in Berlin gehaltenen, grundlegenden Rede »Vom Recht zum Widerstand – Dank und Bekenntnis«; vgl. Nr. 125, Anm. 1.

Nr. 79

*BA, VS B 122/17, auf Kopfbogen wie Nr. 9.

1 Vgl. Nr. 78. – Zur eigenen Situation Adenauers 1933–1945 (»... daß sowohl ich wie auch meine Frau wegen unseres Widerstandes schwer unter dem Nationalsozialismus haben leiden müssen«, am 18.6.1946 an Frans *van Cauwelaert;* Druck: Hans Peter *Mensing,* Frühe Westdiplomatie, S. 80f.) vgl. Hans-Peter *Schwarz,* Adenauer. Der Aufstieg, S. 341-424.

Nr. 80

*BA, NL Heuss, Nr. 62 (Kopie), eigenhändig (hierzu die Abb. auf S. 118); Druck: Theodor Heuss. Der Mann, das Werk, die Zeit, S. 332; Adenauer, Briefe 1951–1953, S. 249.

1 Elly *Heuss-Knapp* war im Alter von 71 Jahren am 19.7.1952 in Bonn an den Folgen eines schweren Herzleidens gestorben; vgl. Theodor Heuss. Der Mann, das Werk, die Zeit, S. 332-334. – Aus einem Nachruf Adenauers, der noch am selben Tag vom Rundfunk verbreitet wurde: »Frau Heuss hat ihr ganzes Leben hindurch verstehend, helfend und mittätig an der Seite ihres Mannes gestanden. Wir können die Schwere des Verlustes ahnen, der ihn betroffen hat; ihm gilt vor allem unsere herzlichste Teilnahme. Frau Heuss entstammte einer Familie, in der das Christliche und Humane, politische und soziale Verantwortung eine klare Verpflichtung waren. Aus dieser inneren Verpflichtung heraus lebte sie. ... Frau Heuss hat wie die meisten Frauen unserer Politiker manchen Verzicht auf Privatleben und Familienleben auf sich nehmen müssen. Sie wurde belohnt durch den Erfolg, den ihr persönliches Wirken hatte. Besonders ihre Fürsorge für die Mütter wird fortleben und weiterwirken« (vgl. Bulletin, Nr. 95 vom 22.7.1952, S. 937).

Nr. 81
*StBKAH III/47 (Durchschlag).
1 Elly *Heuss-Knapp* wurde nach der Trauerfeier vom 23.7.1952 in der Bonner Lutherkirche am 24.7.1952 auf dem Waldfriedhof in Stuttgart beigesetzt.
2 Außenministerkonferenz der EGKS-Staaten vom 23.–25.7.1952; hierzu die Aufzeichnung Adenauers in seinen Briefen 1951–1953, S. 589.

Nr. 82
*StBKAH III/47, eigenhändig (hierzu die Abb. auf S. 121–123); BA, NL Heuss, Nr. 304 (Abschrift, ohne das Postskriptum).
1 Vgl. Nr. 80, 81.
2 Vgl. die auf S. 55–57, 67 abgebildeten Dokumente. Vgl. a. Nr. 71, Anm. 1.
3 Hierfür ein Beleg in Adenauer, Briefe 1951–1953, S. 167, 544f.
4 Während der nach diesem Brief beginnenden langen Unterbrechung der Korrespondenz Heuss–Adenauer kam es zu Aussprachen am 26.7., 3.9., 23.9. und 24.10.1952 (Besucherlisten StBKAH). Zur ersten und zur letzten Unterredung sind Aufzeichnungen in BA, VS B 122/15 erhalten. – Der Information und Abstimmung dienten auch mehrere Gespräche enger Adenauer-Mitarbeiter mit Heuss. Tagebucheintragung *Blankenhorns* vom 8.10.1952: »Am späten Nachmittag beim Bundespräsidenten Vortrag über die Lage in der FDP, die Saarfrage, die Haltung der arabischen Liga und einige andere weniger bedeutende Fragen« (BA, NL Blankenhorn, Nr. 14).

Nr. 83
*BA, B 122/2156 (Abschrift des eigenhändigen Schreibens), mit hs. Notiz Klaiber vom 8.12.1952 »heute morgen 8.30 mit Kurier an B[undes]k[anzler] abgegangen, z[u] d[en] A[kten]«; BA, NL Heuss, Nr. 307 (Abschrift).
1 5.12.1952, »Benz über Joh. A. Bengel, Universität Hörsaal IX« (Eintragung Bott, Tagesnotizbücher NL Heuss). – Ernst *Benz* (1907–1978), Ordinarius für Kirchen- und Dogmengeschichte an der Universität Marburg/Lahn. Druck seines in Bonn gehaltenen Vortrages »Johann Albrecht Bengel und die Philosophie des deutschen Idealismus« in: Deutsche Vierteljahrsschrift für Literatur, Wissenschaft und Geistesgeschichte, Jg. 27 (1953), H. 4, S. 528-544.
2 2. Lesung des Deutschland- und des EVG-Vertrages vom 3.–6.12.1952; vgl. Stenographische Berichte, 1. Wahlperiode, Bd. 14, S. 11335-11379.
3 Vgl. a.a.O., S. 11132-11144, und Konrad *Adenauer*, Erinnerungen 1953–1955, S. 177-179.
4 Hierzu Erich *Mende*, Die neue Freiheit, S. 249f. – Die 3. Lesung und Schlußabstimmung über die Verträge von Bonn und Paris fand am 19.3.1953 statt; vgl. Stenographische Berichte, 1. Wahlperiode, Bd. 15, S. 12363-12366.
5 Am 9.12.1952 begann im Bundesverfassungsgericht die Verhandlung über das von Heuss am 10.6.1952 erbetene Gutachten zur Vereinbarkeit des EVG-Vertrages mit dem Grundgesetz. Nach intensiven Beratungen mit Adenauer (zu

denen Protokolle oder bilaterale Korrespondenz nicht erhalten sind) zog Heuss sein Ersuchen zurück. Aus der Begründung in einer am 10.12.1952 gehaltenen Rundfunkrede: »Das Amt des Bundespräsidenten ist, wie jeder weiß, in der Einwirkung auf den Ablauf der tagespolitischen Kämpfe und der gesetzgeberischen Gestaltung gering – aber er kann dann nicht in die Unverbindlichkeit davonlaufen wollen, wenn er dies zu erkennen glaubt; die neuerliche Gesetzesinterpretation entspricht nach seiner Auffassung nicht den Voraussetzungen, die zu dem Zeitpunkt ihm zu gelten schienen, als er ein Gutachten anforderte. Das ist der einfache Tatbestand«; vgl. Konrad *Adenauer,* Erinnerungen 1953–1955, S. 184f. Zu diesem Vorgang die Aussagen des Kanzlers in seinem Journalistengespräch vom 10.12. 1952 (in seinen Teegesprächen 1950–1954, S. 365-370, 373-377, 388-390) sowie der umfangreiche Schriftverkehr des Präsidenten vom 11.–15.12.1952 in BA, NL Heuss, Nr. 307.

Nr. 84

*BA, B 122/2156 (Abschrift des eigenhändigen Schreibens), mit ms. Briefkopf wie Nr. 71, ohne Ortsangabe beim Datum; BA, NL Heuss, Nr. 307 (Abschrift).

1 Der anschließenden Besprechung vom 17.12.1952 (hierzu die Aufzeichnung in BA, VS B 122/15) folgte am 19.12.1952 eine weitere zum Verfassungskonflikt (vgl. Nr. 83, Anm. 5), an der auch der Präsident des Bundesverfassungsgerichtes, Hermann *Höpker Aschoff,* teilnahm. Hierzu die Aufzeichnung a.a.O. sowie eine Presseerklärung der Bundesregierung, die am 20.12.1952 u. a. in der »Neuen Zeitung« veröffentlich wurde. Vgl. Arnulf *Baring,* Außenpolitik in Adenauers Kanzlerdemokratie, S. 256; Udo *Wengst,* Staatsaufbau und Regierungspraxis, S. 321, und Adenauer, Briefe 1951–1953, S. 308.

2 Das Gespräch Adenauer–*Ollenhauer* (Nachfolger des am 20.8.1952 verstorbenen Kurt *Schumacher* als Partei- und Fraktionsvorsitzender) kam am 18.12. 1952 zustande; vgl. Konrad *Adenauer,* Erinnerungen 1953–1955, S. 188f., und Adenauer, Briefe 1951–1953, S. 306, 321-324.

Nr. 85

*BA, NL Heuss, Nr. 62 (Abschrift des eigenhändigen Schreibens).

1 Hans *Bott* (1902–1977), Verleger (u. a. der »Hilfe« ab 1931), 1949–1959 Persönlicher Referent des Bundespräsidenten (ab 1957 Ministerialdirektor). Vgl. seine auch für die Zusammenarbeit mit dem Bundespräsidenten aufschlußreiche Biographie: Theodor Heuss in seiner Zeit.

2 Entwurf der Sylvesteransprache des Bundespräsidenten vom 31.12.1952, in der Heuss noch einmal eindringlich sein Amtsverständnis darlegte (vgl. Nr. 83, Anm. 5); Wortlaut im Bulletin, Nr. 1 vom 3.1.1953, S. 1f. Vgl. Arnulf *Baring,* Außenpolitik in Adenauers Kanzlerdemokratie, S. 248.

3 Zu diesem Begriff auch Nr. 225.

Nr. 86

*BA, VS B 122/17 (Durchschlag), mit ms. Briefkopf wie Nr. 53; BA, NL Heuss, Nr. 307 (Durchschlag).

1 Das Jahresende 1952 stand im Zeichen außenpolitischer Zäsuren. In Frankreich demissionierte am 23.12.1952 Ministerpräsident *Pinay* (Ausscheiden *Schumans* als Außenminister), in den USA wurde der Wechsel im Präsidentenamt *Truman–Eisenhower* (Amtseinführung am 20.1.1953) vorbereitet.

2 Elly *Heuss-Knapp,* Ausblick vom Münsterturm. Erlebtes aus dem Elsaß und dem Reich, Berlin-Tempelhof 1934, Tübingen [2]1953. (»Das ... Büchlein ... gilt bei den Freunden als ein liebenswürdiges Selbstportrait und doch auch ein Stück weit als ein Beitrag zur innerdeutschen Geistesgeschichte verklungener Jahrzehnte«, Heuss am selben Tag an die Frau des britischen Hohen Kommissars, Lady Violet *Kirkpatrick;* vgl. BA, NL Heuss, Nr. 307).

Nr. 87

*BA, NL Heuss, Nr. 62, eigenhändig, auf Kopfbogen »Bundeskanzler K. Adenauer«, ohne Ortsangabe beim Datum.

1 Vgl. Nr. 84.

Nr. 88

*BA, NL Heuss, Nr. 62, auf Kopfbogen wie Nr. 87.

1 Vgl. Nr. 86, Anm. 2.

Nr. 89

*BA, NL Heuss, Nr. 62, eigenhändig, auf Kopfbogen wie Nr. 87, ohne Ortsangabe beim Datum.

1 »›Die Himmel rühmen des Ewigen Ehre‹, klang es um die Mittagsstunde aus dem Garten des Palais Schaumburg, wo der Bundesgrenzschutz dem Bundeskanzler Dr. Konrad Adenauer zu seinem 77. Geburtstag ein Ständchen brachte. In ununterbrochener Folge waren vom frühen Vormittag an am Amtssitz des Geburtstagskindes die Gratulanten vorgefahren, als erster Bundespräsident Prof. Heuss, der Dr. Adenauer mit seinen Glückwünschen einen Strauß weißer Chrysanthemen überreichte« (»Bonner Rundschau« vom 6.1.1953). Hierzu auch die Photos auf S. 127. – Vgl. Nr. 118.

Nr. 90

*BA, NL Heuss, Nr. 308 (Durchschlag), mit ms. Briefkopf wie Nr. 53.

1 Wilhelm *Hausenstein* (1882–1957), ab 1916 Mitarbeiter der »Frankfurter Zeitung« (1934 Leiter des Literaturteils), 1950–1953 Generalkonsul in Paris, dort 1953–1955 Botschafter.

2 Wolfgang *Jaenicke* (1881–1968), 1930–1932 MdR (Deutsche Staatspartei), 1947–1950 Staatssekretär für das Flüchtlingswesen in Bayern, Botschafter in Pakistan (1952–1954) und beim Heiligen Stuhl (1954–1957). Vgl. Nr. 35, Anm. 16.

3 Vgl. die früheren Schreiben zu dieser Fragestellung, Nr. 60, 62, 65.

4 Hans *Schlange-Schöningen* (1886–1960), 1947–1949 Direktor der Verwaltung für Ernährung und Landwirtschaft des Vereinigten Wirtschaftsgebietes, kandidierte am 12.9.1949 erfolglos für das Amt des Bundespräsidenten, 1949/50 MdB (CDU), 1950–1953 Generalkonsul, 1953–1955 Botschafter in London.

5 Vgl. Nr. 102, Anm. 4.

6 Botschafterkonferenz im Auswärtigen Amt vom 19.–22.2.1953 (Vorsitz: Staatssekretär *Hallstein*) wie hier angeregt, überreichte Heuss am 20.2.1953 Schlange-Schöningen die Insignien des Großen Verdienstkreuzes mit Stern und Schulterband; vgl. Bulletin, Nr. 35 vom 21.2.1953, S. 303.

7 Beide wurden 1924 erstmals in den Reichstag gewählt.

8 Heuss hatte am 24.1.1953 in der »Heilbronner Stimme« eine längere biographische und stadtgeschichtliche Betrachtung zum 100. Geburtstag sowie eine Portraitzeichnung seines Vaters Louis (geb. 26.1.1853) veröffentlicht; vgl. Nr. 208, Anm. 3.

Nr. 91

*StBKAH III/47, auf Kopfbogen wie Nr. 43, eigenhändig; BA, NL Heuss, Nr. 308 (Abschrift).

1 Das Glückwunschschreiben Adenauers zum 69. Geburtstag von Heuss am 31.1.1953 ist nicht erhalten.

2 »... begeht Bundespräsident Theodor Heuss inmitten der sportbegeisterten Jugend der Welt in Garmisch-Partenkirchen, dem traditionellen Schauplatz der Internationalen Wintersportwoche, seinen 69. Geburtstag« (Bulletin, Nr. 21 vom 31.1.1953, S. 166).

3 U. a. hatte Heuss am 26.1.1953 in Bonn zum 100. Geburtstag von Rudolf Alexander *Schröder* gesprochen (Wortlaut im Bulletin, Nr. 24 vom 5.2.1953, S. 198f.), vorher am 17.1.1953 in Mainz »Zur Frage einer europäischen Geschichtsforschung« (vgl. a.a.O., S. 113-115).

4 Paul *Martini* (1889–1964), Ordinarius für Innere Medizin und Direktor der medizinischen Klinik an der Universität Bonn (ab 1932), 1953/54 deren Rektor, ärztlicher Berater des Bundespräsidenten und des Bundeskanzlers; hierzu vgl. Adenauer, Briefe 1945–1947, S. 613; Briefe 1949–1951, S. 252f., 533. Vgl. a. Nr. 216, Anm. 11.

Nr. 92

*StBKAH III/47, auf Kopfbogen wie Nr. 43; BA, NL Heuss, Nr. 308 (Durchschlag).

1 Vgl. Nr. 91, Anm. 2.

2 Schreiben vom 30.1.1953 zur Frage der »finanzielle[n] Ausstattung der Missionen in den fremden Staaten«: »... so sehr ich etwa ein aufwendiges Auftreten deutscher Vertreter im Ausland für geradezu schädlich halten würde, so sehr müßte eine etwas größere Beweglichkeit im gesellschaftlichen Verkehr, auch in

der Freizügigkeit bei Studien im Land, eigentlich als Notwendigkeit begriffen werden.«

3 Hierfür keine Belege in den Gesprächsaufzeichnungen der Vorjahre.

Nr. 93

*BA, VS B 122/17, eigenhändig, auf Kopfbogen wie Nr. 87, ohne Ortsangabe beim Datum.

1 Nach einer Grippeerkrankung (13.2.–21.2.1953); politische Gespräche führte Adenauer in Rhöndorf lediglich am 17.2.1953 mit Hans *Globke* und Walter *Hallstein* (Besucherlisten StBKAH).

2 Hierzu vgl. das weitgehend identische Schreiben desselben Tages an Vizekanzler *Blücher* (Druck: Adenauer, Briefe 1951–1953, S. 346) sowie das ebenfalls am 22.2.1953 geführte Journalistengespräch (in: Adenauer, Teegespräche 1950–1954, S. 411).

3 Georges *Bidault* (1899–1983), 1944–1946, 1947/48 und 1953/54 französischer Außenminister, 1946 und 1949/50 Ministerpräsident.

4 Hierzu Adenauers Schreiben vom 29.1.1953 an den französischen Außenminister; Druck: Adenauer, Briefe 1951–1953, S. 333.

5 Sir Ivone *Kirkpatrick* (1897–1964), 1948–1950 Leiter der Deutschland-Abteilung im Foreign Office (dort 1953–1957 Unterstaatssekretär), 1950–1953 Hoher Kommissar Großbritanniens in Deutschland. Vgl. Nr. 143, Anm. 30.

6 Bei der Außenministerkonferenz der EGKS-Staaten am 24./25.2.1953; vgl. Adenauer, Briefe 1951–1953, S. 348, sowie die Aufzeichnung über das auch hierüber geführte Gespräch Adenauer–Heuss vom 3.3.1953 (in BA, VS B 122/15), das tags darauf Gegenstand einer Meldung der »Kölnischen Rundschau« war.

Nr. 94

*BA, NL Heuss, Nr. 62, eigenhändig (hierzu die Abb. auf S. 132 f.); Druck: Adenauer, Briefe 1951–1953, S. 357.

1 Erste Reise Adenauers nach Nordamerika vom 6.–18.4.1953; vgl. Journey to America, passim; Konrad *Adenauer,* Erinnerungen 1945–1953, S. 564-589; seine Teegespräche 1950–1954, S. 450-453, und Briefe 1951–1953, S. 353-357.

2 John Foster *Dulles* (1888–1959), 1946–1950 Delegierter der USA bei den Vereinten Nationen, 1953–1959 Außenminister. Zu seiner besonderen Bedeutung für die westliche Bündnispolitik Adenauers in den 50er Jahren vgl. Nr. 226, 232.

Nr. 95

*StBKAH III/47, eigenhändig, auf Kopfbogen wie Nr. 43; BA, NL Heuss, Nr. 62 (Abschrift).

1 Der NWDR hatte Weihnachten 1952 mit der Ausstrahlung des regelmäßigen Fernsehprogramms begonnen. Zur skeptischen Beurteilung durch Heuss vgl. seine Sylvesteransprache 1952 (vgl. Nr. 85, Anm. 2), durch Adenauer: Hanns Jürgen *Küsters,* Konrad Adenauer, die Presse, der Rundfunk und das Fernsehen, S. 26-31.

2 Vgl. Nr. 94, Anm. 1.
3 Heuss und Adenauer hatten am 22. 3. 1953 im Stadion Köln-Müngersdorf das Fußball-Länderspiel Deutschland–Österreich besucht (0:0; Schiedsrichter: der Belgier *Bauwens,* ein Verwandter des mit Adenauer befreundeten Kölner Unternehmers und Sportfunktionärs Peco Bauwens). Hierzu das Photo auf S. 131.
4 Zur nächsten Begegnung am 22. 4. 1953 eine Meldung in der »Kölnischen Rundschau« vom 23. 4. 1953. Zu einem weiteren Treffen am 24. 4. 1953 (bei dem die sehr kontroverse Beratung der Westverträge durch den Bundesrat erörtert wurde; Ratifizierung am 15. 5. 1953) vgl. Arnulf *Baring,* Außenpolitik in Adenauers Kanzlerdemokratie, S. 283.

Nr. 96
*BA, B 122/2156 (Telegramm).
1 Vgl. Nr. 94, Anm. 1, Nr. 95.
2 4. CDU-Bundesparteitag in Hamburg vom 18.–22. 4. 1953; vgl. Günter *Buchstab* (Bearb.), Adenauer: »Es mußte alles neu gemacht werden.«; S. 469-516.
3 Vgl. Nr. 95, Anm. 4.

Nr. 97
*BA, NL Heuss, Nr. 309 (Durchschlag), mit ms. Briefkopf »B[undes] P[räsident]«.
1 Zu Wilhelm *Stoller* (geb. 1884) konnten keine weiteren biographischen Angaben ermittelt werden. Mit Hilfe der Kabinettsprotokolle 1951 (S. 223) lediglich nachweisbar: seine Ernennung zum Generalkonsul in Basel am 13. 3. 1951. – Zum Nachfolgenden vgl. die ähnlich gearteten Schreiben des Bundespräsidenten unter Nr. 65, 90, 111.
2 Bereits im Dezember 1951 wurde das Kabinett erneut mit der Besetzung des Generalkonsulats Basel befaßt, Stoller von Theophil *Kaufmann* abgelöst; vgl. a.a.O., S. 816.

Nr. 98
*BA, NL Heuss, Nr. 62, eigenhändig, auf Kopfbogen wie Nr. 87, ohne Ortsangabe beim Datum; Druck: Adenauer, Briefe 1951–1953, S. 361.
1 Vgl. Nr. 95.

Nr. 99
*StBKAH III/47, auf Kopfbogen wie Nr. 43; BA, NL Heuss, Nr. 310 (Durchschlag).
1 Zur Neukonstitution des Ordens Pour le mérite für Wissenschaft und Künste (Friedensklasse) am 31. 5. 1952 vgl. Hans *Rothfels,* Theodor Heuss, die Frage der Kriegsorden und die Friedensklasse des Pour le mérite, S. 419-422; Theodor Heuss. Der Mann, das Werk, die Zeit, S. 355-362; Theodor Heuss. Politik durch Kultur, S. 95-103.
2 Alexander Freiherr *von Humboldt* (1769–1859; Bruder von Wilhelm Freiherr

von Humboldt), Naturforscher und Geograph, entscheidend an der Ordensgründung beteiligt, ab 31.5.1842 dessen erster Kanzler. – Der eigentliche Gründungsimpuls ging vom preußischen König *Friedrich Wilhelm IV.* aus; vgl. Hans *Hattenhauer,* Deutsche Nationalsymbole, S. 205-208.

3 Zum Art. 109 der Weimarer Reichsverfassung vgl. Hans *Hattenhauer,* a.a.O., S. 206f.

4 »Empfang Rathaus, Festzug, Kundgebung« (eigenhändige Eintragung Heuss, Tagesnotizbücher NL Heuss). Tags zuvor eröffnete Heuss in Wiesbaden die Deutsche Weinwoche 1953; vgl. Bulletin, Nr. 100 vom 30.5.1953, S. 855.

5 Nach seiner Zusage (vgl. Nr. 100) konnte Adenauer dann doch nicht teilnehmen; die Abendstunden des 1.6.1953 waren – nach einer familiären Verpflichtung tagsüber in Neuss – durch eine Serie von Koalitionsbesprechungen zur Frage des Wahlgesetzes blockiert (Terminkalender StBKAH).

Nr. 100

*StBKAH III/47 (Durchschlag), mit hs. Notiz Zimmermann »ab am 29.5.«.

1 Vgl. Nr. 99.

Nr. 101

*StBKAH III/47, eigenhändig, auf Kopfbogen wie Nr. 43; BA, NL Heuss, Nr. 310 (Abschrift).

1 Vgl. Nr. 104, Anm. 2.

Nr. 102

*BA, B 136/4615, auf Kopfbogen wie Nr. 43, mit ms. Vermerk *»PERSÖNLICH!«;* BA, NL Heuss, Nr. 310 (Durchschlag), darauf zusätzlicher ms. Vermerk *»Vertraulich!«.*

a ‹...› Hier nimmt Heuss eine persönliche Charakterisierung vor.

1 CDP-Notiz vom 28.5.1953 »Warum Klaiber nicht zur Krönung fährt«, derzufolge die Nichtteilnahme des Staatssekretärs im Bundespräsidialamt »... nach unseren authentischen Informationen auf eine Verstimmung zwischen Bundespräsidialamt und Bundeskanzleramt zurückzuführen [sei]. Bundespräsident Prof. Heuss beanspruchte für sich das Recht, als Staatsoberhaupt die gesamte Krönungsdelegation aufzustellen. Darin war ihm aber bereits der Bundeskanzler durch Benennung von Vizekanzler Blücher und Protokollchef von Herwarth zuvorgekommen.« Vgl. Anm. 4.

2 Rudolf *Junges* (geb. 1909), 1949–1953 Leiter des Büros des Christlich Demokratischen Pressedienstes (CDP), später Botschafter in der Republik Elfenbeinküste (1963–1969), im Senegal und in Gambia (1969–1976).

3 Hierzu eine Meldung im »Rheinischen Merkur« Nr. 15 (1952): »Der Bundespräsident erklärte auf einem Empfang des Deutschen Journalisten-Verbandes in Bonn, er habe Glück gehabt, daß er bereits vor dem geplanten Pressegesetz geboren sei; er sei schon einige Male wegen Pressevergehen vorbestraft worden.

Als Heuss feststellte, er könne demnächst sein 50jähriges Pressejubiläum feiern, erwiderte Adenauer, daß er bereits vor 54 Jahren in der ›Kölnischen Volkszeitung‹ einen Leitartikel veröffentlicht habe.« Vgl. Nr. 230.

4 2.6.1953: Krönung von *Elisabeth II.* (geb. 1926), Tochter des im Februar 1952 verstorbenen Königs *Georg VI.*, seine Nachfolgerin als Königin des Vereinigten Königreichs von Großbritannien und Nordirland. – Die Bundesrepublik war bei den Feierlichkeiten durch Felix *von Eckardt* vertreten.

5 Vgl. Nr. 103, 105.

6 Thomas *Dehler* hatte bei einer FDP-Wahlkampfveranstaltung vom 27.5.1953 in Frankfurt/Main den politischen Katholizismus heftig kritisiert und sich dabei auch auf eine frühere Aussage von Theodor Heuss berufen (»›Jesus Christus ist nicht auf die Welt gekommen, um als Aushängeschild für eine politische Partei zu dienen‹«). Wortlaut der Rede in AdL, NL Dehler, N 1-2751.

7 Schreiben vom 28.5.1953 (»... erwarte von Ihnen Rücksicht auf mein Amt und ... Takt gegen meine Person«); Druck: Friedrich *Henning* (Hrsg.), Theodor Heuss: Lieber Dehler!, S. 97. Am selben Tag hatte sich auch Adenauer an Dehler gewandt (»Reden wie die Ihrige ... schädigen ... unsere gemeinsame Politik«); Druck: Adenauer, Briefe 1951–1953, S. 377.

8 Vgl. Nr. 99, Anm. 5.

Nr. 103

*StBKAH 10.24 (Durchschlag); Druck: Adenauer, Briefe 1951–1953, S. 382.

1 Vgl. Nr. 102.

2 Vgl. Nr. 105.

Nr. 104

*BA, NL Heuss, Nr. 62, eigenhändig; Druck: Adenauer, Briefe 1951–1953, S. 385.

1 Vgl. Nr. 101.

2 Max *Reiners* (geb. 11.4.1953), Sohn der Adenauer-Tochter Ria (geb. 1912) und ihres Ehemannes Walter *Reiners* (1908–1980); Paul *Adenauer* (geb. 19.4.1953), Sohn des Adenauer-Sohnes Konrad (geb. 1906) und seiner Ehefrau Lola geb. *Hunold* (1922–1983); Stefan *Werhahn* (geb. 28.5.1953), Sohn der Adenauer-Tochter Libet und ihres Ehemannes Hermann-Josef *Werhahn*.

3 Zur Unterredung vom 15.6.1953 die Aufzeichnung in BA, VS B 122/15, sowie eine Meldung im »General-Anzeiger« (Bonn) vom 16.6.1953.

Nr. 105

*BA, B 136/4615 (Durchschlag), mit ms. Briefkopf wie Nr. 9 und Stempel »Abgesandt 17. Juni 1953«; Druck: Adenauer, Briefe 1951–1953, S. 389.

1 Vgl. Nr. 102.

Nr. 106

*StBKAH III/47, auf Kopfbogen wie Nr. 43; BA, NL Heuss, Nr. 311 (Durchschlag).

1 Im Kurhaus Schwalbenweiher, Post Seeg bei Füssen/Allgäu vom 29.6.–3.8. 1953 (Tagesnotizbücher NL Heuss).

2 Zum Vater von Elly *Heuss-Knapp,* Georg Friedrich *Knapp* (1842–1926; Nationalökonom, arbeitete vor allem über die rechtshistorischen Grundlagen und die staatliche Theorie des Geldes), vgl. die von seiner Tochter herausgegebenen Jugenderinnerungen (Nr. 258, Anm. 4). Vgl. a. die zahlreichen Angaben bei Theodor *Heuss,* Erinnerungen 1905–1933, und in: Theodor Heuss/Elly Knapp. So bist Du mir Heimat geworden.

3 Friedrich *Bendixen* (1864–1920), Nationalökonom, seit 1895 Direktor der Hypothekenbank Hamburg.

4 Die Korrespondenz wurde, auch dank der Unterstützung durch Heuss, 1958 publiziert; vgl. Kurt *Singer* (Hrsg.), G.F. Knapp/F. Bendixen. Zur staatlichen Theorie des Geldes. Ein Briefwechsel 1905–1920, Basel–Tübingen 1958.

5 Franz-Josef *Wuermeling* (1900–1986), 1949–1969 MdB (CDU), 1949/50 mit der Wahrnehmung der Geschäfte des Staatssekretärs im Bundeskanzleramt beauftragt, 1953–1962 Bundesminister für Familien- und Jugendfragen.

6 In einer am 28.6.1953 in Stuttgart zu Fragen des Elternrechts gehaltenen Rede sowie in kritischen Ausführungen zu SPD und FDP (»... um nichts besser ..., bloß kleiner ...«) vom 4.7.1953 in Düsseldorf; vgl. Günter *Buchstab* (Bearb.), Adenauer: »Es mußte alles neu gemacht werden.«, S. 600-602. Vgl. a. Nr. 107, Anm. 2.

7 Reinhold *Maier* (1889–1971), 1945–1952 Ministerpräsident von Württemberg-Baden, 1952/53 von Baden-Württemberg (zugleich Bundesratspräsident), 1953–1956 und 1957–1959 MdB, 1957–1960 FDP-Vorsitzender. Vgl. Nr. 35, Anm. 15.

8 Vor dem Bundesparteitag der FDP vom 26.–28.6.1953 in Lübeck; vgl. Reinhold *Maier,* Erinnerungen 1948–1953, S. 509-513.

9 Wilhelm *Hoegner* (1887–1980), 1945/46 bayerischer Ministerpräsident und dortiger SPD-Landesvorsitzender, 1947 Justizminister und stellvertretender Ministerpräsident, 1950–1954 Innenminister, 1954–1957 erneut Ministerpräsident.

10 Vgl. Nr. 68, Anm. 6.

11 Im Urlaub auf der Bühlerhöhe (6.–26.7.1953) vor dem Bundestagswahlkampf 1953, den Adenauer am 26.7.1953 in Dortmund eröffnete, vgl. Nr. 109, Anm. 5.

12 Schon am 2.7.1953 hatte Innenminister *Lehr* Heuss von der Absicht der Bundesregierung in Kenntnis gesetzt, am 7.9.1953 im Bundestag erneut die »Feier des Nationalen Gedenktages des deutschen Volkes« abzuhalten; vgl. Nr. 20. Diese Pläne wurden hinfällig, nachdem Heuss am 10.7.1953 den 6.9.1953 als Wahltag für den 2. Deutschen Bundestag bestimmt hatte; vgl. AdG, Jg. 23 (1953), S. 4064. Vgl. a. Nr. 108, Anm. 3.

13 Nach dem Aufstand in Ost-Berlin und in der DDR (16./17.6.1953) hatte der Bundestag am 3.7.1953 das Gesetz über den Tag der deutschen Einheit angenommen; vgl. Hans *Hattenhauer,* Deutsche Nationalsymbole, S. 131-135. – Zum Ereignis vgl. die am 23.6.1953 gehaltenen Reden von Heuss (»Um die Freiheit«)

und Adenauer (»Schwur für das gesamte deutsche Volk«) in: Theodor Heuss. Politiker und Publizist, S. 414-419, und Adenauer, Reden, S. 298 f.

14 Gerhard *Stroomann* (1887–1957), ab 1920 Leitender Arzt, ab 1929 Chefarzt des Kurhauses Bühlerhöhe. Zu den von ihm dort betreuten prominenten Patienten zählten u. a. auch Gustav Stresemann, Thomas und Heinrich Mann, Annette Kolb.

Nr. 107

*StBKAH III/47 (Durchschlag); Druck: Adenauer, Briefe 1951–1953, S. 409 f.

1 Vgl. Nr. 106; vgl. a. Nr. 11.

2 Schreiben vom 7.7.1953 (»Unser Bestreben muß sein, dafür zu sorgen, daß innerhalb der FDP der unserer Politik am nächsten stehende Teil führend ist«) in ACDP I-01-221/025. Vgl. Nr. 106, Anm. 6.

3 Schreiben vom 10.7.1953 (»... die unglaublichen konfessionellen und in der Wiedervereinigungsfrage verleumdenden Hetzreden des Herrn Maier ... «) a.a.O.

4 Zum Brief *Hellweges* vom 10.7.1953 und der zugrundeliegenden DP-Entschließung vom 4.7.1953 vgl. Adenauer, Briefe 1951–1953, S. 656.

5 Druck: a.a.O., S. 402 f.

6 Zu den »Terrormaßnahmen der Russen in der Ostzone und den Satellitenstaaten« ein Schreiben Adenauers an Otto *Lenz* vom 9.7.1953; Druck: a.a.O., S. 404 f.

7 Vgl. Nr. 106, Anm. 12.

8 Wolfgang *Haußmann* (1903–1989), 1946–1972 MdL in Württemberg-Baden bzw. Baden-Württemberg (1946–1953 DVP/FDP-Fraktionsvorsitzender), 1953–1966 baden-württembergischer Justizminister, 1960–1964 stellvertretender Ministerpräsident. Vgl. Nr. 108, Anm. 4.

9 Nicht nachgewiesen.

10 Vgl. Adenauer, Briefe 1951–1953, S. 660.

11 Zur CDU-Bundesvorstandssitzung vom 15.7.1953 in Baden-Baden das Protokoll in: Günter *Buchstab* (Bearb.), Adenauer: »Es mußte alles neu gemacht werden.«, S. 583-655 (S. 602: Hinweis Adenauers auf die Korrespondenz mit Heuss).

Nr. 108

*StBKAH III/47, auf Kopfbogen wie Nr. 43; BA, NL Heuss, Nr. 311 (Durchschlag).

1 Vgl. Nr. 107.

2 Vgl. Nr. 106, Anm. 12.

3 Schreiben desselben Tages zum Bundestagsbeschluß zum »Tag der deutschen Einheit« (vgl. a.a.O., Anm. 13), nach dem »eine unterstrichene Feier des 7. September als entweder unfrohe Mißachtung des Parlamentsbeschlusses durch das praktisch nur noch ›amtierende‹ Kabinett erscheint oder als eine persönliche Pointierung von mir gegen diesen Beschluß«.

4 Vgl. Nr. 107, Anm. 8. – *Haußmanns* zurückhaltende Beurteilung durch Heuss

ist zu erklären mit der besonderen Bedeutung des Vaters Conrad *Haußmann* (1857–1922; ab 1890 MdR für die Fortschrittliche Volkspartei, 1919–1921 DDP-Vorsitzender), mit dem Heuss 1906 erstmals als »mit dem für die taktischen Dinge entscheidenden Mann der württembergischen Demokraten« Kontakt aufnahm; vgl. seine Erinnerungen 1905–1933, S. 44.

5 Hierzu vgl. die am 17.7.1953 entstandene Zeichnung der Maximilianshöhe bei Schwelten auf S. 143.

6 Adenauer kam mit dem Sohn, 1989 Nachfolger des japanischen Kaisers *Hirohito,* Tsugunomiya *Akihito* (geb. 1933), am 4.8.1953 mittags zusammen (Besucherlisten StBKAH), konnte aber an dem vom Bundespräsidenten gegebenen Abendessen nicht teilnehmen (Tagesnotizbücher NL Heuss).

Nr. 109

*BA, NL Heuss, Nr. 62, auf Kopfbogen wie Nr. 9; Druck: Adenauer, Briefe 1951–1953, S. 415f.; StBKAH III/47 (Durchschlag).

1 Vgl. Nr. 106, Anm. 12, Nr. 108, Anm. 3.

2 Zur dortigen Außenministerkonferenz der drei Westmächte (10.–14.7.1953) vgl. Konrad *Adenauer,* Erinnerungen 1953–1955, S. 224-228, 232-238; seine Teegespräche 1950–1954, S. 475, 482f., und Briefe 1951–1953, S. 398f., 401, 416f.

3 Sir Winston L. S. *Churchill* (1874–1965), 1940–1945 und 1951–1955 britischer Premierminister. – Churchill hatte sich im (Früh-)Sommer 1953 mehrfach für notfalls – bei fehlendem Konsens mit den USA – auch bilaterale Verhandlungen mit der Sowjetunion ausgesprochen; vgl. Andreas *Hillgruber,* Alliierte Pläne für eine »Neutralisierung« Deutschlands 1945–1955, Opladen 1987, S. 22f.

4 Vgl. Herbert *Blankenhorn,* Verständnis und Verständigung, S. 152-162. – Druck des hier erwähnten Adenauer-Briefes an den Konferenzvorsitzenden John Foster *Dulles* (vom 8.7.1953 zur Einberufung einer Vier-Mächte-Konferenz über die Deutschland-Frage und zur Durchführung freier Wahlen in ganz Deutschland): Adenauer, Briefe 1951–1953, S. 398f.

5 Vgl. Nr. 106, Anm. 11. – Wortlaut der dort gehaltenen Rede »Chaos–Rettung und Aufstieg« in StBKAH 16.12.

6 Zu den nächsten Begegnungen vgl. Nr. 111, Anm. 1, Nr. 113, Anm. 1.

Nr. 110

*BA, NL Heuss, Nr. 62, eigenhändig, auf Kopfbogen wie Nr. 87, ohne Ortsangabe beim Datum; Druck: Adenauer, Briefe 1951–1953, S. 423f.

1 Zum Deutschen Evangelischen Kirchentag (11.8.1953; Terminkalender StBKAH).

2 Zur dortigen Außenministerkonferenz der EGKS-Länder (7./8.8.1953) vgl. Konrad *Adenauer,* Erinnerungen 1953–1955, S. 236-238, und seine Teegespräche 1950–1954, S. 486f.

3 Beim Besuch des französischen Außenministers wurde u. a. die Saarfrage erörtert; vgl. Herbert *Blankenhorn,* Verständnis und Verständigung, S. 164f., und

den anschließenden Schriftwechsel Adenauer–*Bidault* in: Adenauer, Briefe 1951–1953, S. 432, 670.

Nr. 111

*BA, NL Heuss, Nr. 311 (Durchschlag), Abschrift an den Staatssekretär im Auswärtigen Amt, Prof. Dr. Walter Hallstein, Bonn (mit Begleitschreiben Werz). – Luitpold *Werz* (1907–1973), 1948/49 stellvertretender Leiter des Büros der Ministerpräsidenten in Wiesbaden, dann Vertreter der Ministerpräsidentenkonferenz im Parlamentarischen Rat, ab 1949 im Bundespräsidialamt, später Botschafter in Kolumbien (ab 1962), Indonesien (ab 1964) und Argentinien (1969–1972).

1 Adenauer war »vor einigen Tagen bei mir ..., recht frisch. Das Kämpfen macht ihm ja Spaß« (Heuss am 18. 8. 1953 an Otto *Geßler;* BA, NL Heuss, Nr. 311).

2 Hans *Riesser* (1887–1969), 1952–1955 Generalkonsul in New York und ständiger Beobachter bei der UNO.

3 Das Bundesbeamtengesetz zur Regelung der Rechtsverhältnisse zwischen dem Bund und seinen Beamten und deren Besoldung und Versorgung war am 2. 6. 1953 vom Bundestag verabschiedet worden; vgl. AdG, Jg. 23 (1953), S. 4027.

4 Am 18. 8. und 25. 8. 1953 (Terminkalender StBKAH).

5 Vgl. Nr. 94, Anm. 1.

6 In einer Resolution vom 28. 8. 1953 begrüßte die UNO-Vollversammlung das am 27. 7. 1953 in Korea geschlossene Waffenstillstandsabkommen; vgl. AdG, Jg. 23 (1953), S. 4094-4096, 4138.

7 Hierzu eine Resolution der UNO-Vollversammlung vom 7. 12. 1953; vgl. AdG, Jg. 24 (1954), S. 4314.

Nr. 112

*BA, NL Heuss, Nr. 62, auf Kopfbogen wie Nr. 9; Druck: Adenauer, Briefe 1951–1953, S. 427; StBKAH III/47 (Durchschlag).

1 Im Wahlkreis Düsseldorf I, für den im Juli 1953 Josef *Gockeln* als Bundestagskandidat nominiert worden war; vgl. Adenauer, Briefe 1951–1953, S. 668.

2 Nicht an seinem Geburtstag (20. 8.), sondern erst nach dem Ausscheiden aus dem Amt des Bundesinnenministers wurden Lehr wie auch den anderen verabschiedeten Ministern am 26. 10. 1953 das Großkreuz des Verdienstordens der Bundesrepublik Deutschland verliehen (im Beisein Adenauers; Terminkalender StBKAH). Vgl. Nr. 113.

Nr. 113

*StBKAH III/47, auf Kopfbogen wie Nr. 43; BA, NL Heuss, Nr. 62 (Durchschlag).

1 Hierzu die eigenhändige Eintragung Heuss: 19. 8. 1953 »10.30 Film ›Partei hat immer recht‹ (Gangolf [-Lichtspiele Bonn])« (Tagesnotizbücher NL Heuss); »Filmvorführung über Vorgänge in der Ostzone« (Terminkalender StBKAH). – Präsident, Kanzler und mehrere Kabinettsmitglieder hatten an einer Veranstaltung des Bundesministeriums für gesamtdeutsche Fragen teilgenommen, bei der auch

die Streifen »Der 17. Juni 1953« und »Ein Mann wirbt für sein Volk« (zur USA-Reise Adenauers) gezeigt worden waren. »Beifall erntete nur der letzte der drei genannten Filme« (aus einer im Deutschen Institut für Filmkunde, Frankfurt/Main, erhaltenen Pressenotiz).

2 Vgl. Nr. 112.

3 Glückwunschschreiben des Bundespräsidenten vom 16. 8. 1953.

Nr. 114

*StBKAH III/47, auf Kopfbogen wie Nr. 43; BA, NL Heuss, Nr. 312 (Durchschlag).

1 Am 17. 9. 1953 (Tagesnotizbücher NL Heuss; Besucherlisten StBKAH).

2 Zum dortigen Aufenthalt vom 17. 9.–3. 10. 1953 vgl. Adenauer, Briefe 1951–1953, S. 444f.

3 Ergebnis der Wahlen zum 2. Deutschen Bundestag: CDU 36,4 % (1949: 25,2), CSU 8,8 % (5,8), SPD 28,8 % (29,2), FDP 9,5 % (11,9), GB/BHE 5,9 % (–), DP 3,3 % (4,0), Zentrum 0,8 % (3,1). In dieser Reihenfolge die Mandatsverteilung: 243 – 151 – 48 – 27 – 15 – 3. Vgl. Anm. 5.

4 Diese Aufzeichnung konnte nicht nachgewiesen werden. Zur Charakterisierung trägt ein Schreiben an Ernst Ludwig *Heuss* vom 7. 9. 1953 bei: » . . . lege Dir zur vertraulichen Kenntnis und zur baldigen Wiedergabe . . . einen längeren Aufschrieb bei, den ich dem Kanzler zur Bühlerhöhe geschickt habe, der zum Teil ein Selbstgespräch ist, zum Teil aber auch eine bestimmte Beratung enthält. Der Kanzler selber ist im ganzen durchaus maßvoll und hat bestimmte Warnungen, die ich ihm in der langen Unterhaltung gegeben habe, absolut rezipiert. Aber er wird noch allerhand Auseinandersetzungen mit den Fraktionen durchzumachen haben, nicht zuletzt auch mit der eigenen, weil dort offenbar der bayerische Flügel etwas gekränkt ist durch in die Öffentlichkeit gedrungene Auffassungen des Kanzlers« (BA, NL Heuss, Nr. 312). Zu den hier angesprochenen Divergenzen Adenauer–CSU vgl. Jürgen *Domes,* Mehrheitsfraktion und Bundesregierung, S. 54-61.

Der Positionsbestimmung des Bundespräsidenten vor der anstehenden Regierungsbildung waren zahlreiche Gespräche vorausgegangen; 22. 9.: Heinrich *von Brentano;* 23. 9.: Otto *Lenz,* Thomas *Dehler,* Walter *Strauß;* 24. 9.: Erich *Ollenhauer,* Hermann *Schäfer,* Waldemar *Kraft,* Hans-Joachim *von Merkatz;* 28. 9.: Ludwig *Erhard* (Tagesnotizbücher NL Heuss). Zur Einwirkung von Heuss auf die nachfolgenden Ereignisse (u. a. Ausscheiden von Dehler als Bundesjustizminister) vgl. Erich *Mende,* Die neue Freiheit, S. 282, 286f.; Friedrich *Henning* (Hrsg.), Theodor Heuss: Lieber Dehler!, S. 97, 214f., und Otto *Schumacher-Hellmold,* Adenauer–Dehler. Versöhnung der »Erzfeinde«, in: ›liberal‹, Jg. 30 (1988), H. 3, S. 86. (Adenauer am 20. 1. 1965 zum Verf.: »Ich hatte beim Entwurf der neuen Kabinettsliste Dehler schon auf meinem Papier stehen. . . . aber Heuss erklärte mir, er werde eine Ernennungsurkunde für Dehler nicht unterschreiben.«)

5 Nach der Wiederwahl zum Bundeskanzler am 9. 10. 1953 (hierzu das Vor-

schlagsschreiben des Bundespräsidenten vom 8.10.1953 an Bundestagspräsident *Ehlers;* BA, NL Heuss, Nr. 65), der am selben Tag erfolgten Ernennung durch Heuss (hierzu die Abb. der Urkunde auf S. 149) bildete Adenauer zum 20.10.1953 seine 2. Koalitionsregierung aus CDU, CSU, FDP, DP und GB/BHE. Druck der nach der Ministervereidigung am 20.10.1953 abgegebenen Regierungserklärung: Stenographische Berichte, 2. Wahlperiode, Bd. 18, S. 11-22 (hierzu das Manuskript in StBKAH 03.08).

6 Vgl. den Artikel »Es geht um's Brot«, in: »Der Spiegel« vom 23.9.1953, S. 8f. Dazu auch Paul-Ludwig *Weinacht,* Die Badische CDU in Südbaden (1952–1972), in: *ders.* (Hrsg.), Die CDU in Baden-Württemberg und ihre Geschichte, Stuttgart 1978, S. 197f.

7 Friedrich *Holzapfel* (1900–1969), 1946–1950 stellvertretender Vorsitzender der CDU der britischen Zone, 1950–1952 auch der Bundespartei, 1949–1953 MdB, 1952–1956 Gesandter, 1957/58 Botschafter in Bern. – Vgl. den Artikel »Von welcher Sorte?«, in: »Der Spiegel« vom 23.9.1953, S. 6-8.

Nr. 115

*StBKAH III/47 (Durchschlag), »ab 1.10.53 mit H[errn] M[inisterial] D[irektor] Globke« (hs. Vermerk Arenz). – Elisabeth *Arenz* (1912–1987), 1948/49 als Sekretärin bei der CDU/CSU-Fraktion des Parlamentarischen Rates, 1949–1958 im Vorzimmer des Bundeskanzlers.

1 Zu den Trauerfeierlichkeiten für den am 29.9.1953 verstorbenen Ernst *Reuter.*

2 Adenauer wurde am 5.10.1953 (12.30 Uhr) von Heuss empfangen (Terminkalender StBKAH). Eine Gesprächsaufzeichnung ist, soweit ersichtlich, nicht angefertigt worden.

Nr. 116

*BA, B 136/4615, auf Kopfbogen wie Nr. 43, mit hs. Vorzimmernotiz »Herr B[undes]k[anzler] war am 15.12. bei Herrn B[undes]präs[ident]« und Paraphe Globke vom 8.1.1954; BA, B 122/2156 (Durchschlag), mit Paraphe Klaiber vom 14.12. 1953 und hs. Notiz »abg. 14.12.53 d[urch] Kurier«.

1 Vermutlich bei einem Abendessen für die Mitglieder des Auswärtigen Ausschusses des Bundestages am 3.12.1953 (Terminkalender StBKAH).

2 Hierzu, unter Verwendung dieses Briefes, Eberhard *Pikart,* Theodor Heuss und Konrad Adenauer, S. 121. – Wortlaut der Neujahrsansprache 1953/54 des Bundespräsidenten (»Geduld und Zuversicht«) in: Theodor Heuss. Die großen Reden, S. 199-203.

3 Dortiger Aufenthalt vom 20.12.1953–3.1.1954 (Tagesnotizbücher NL Heuss).

4 Zum Besuch eines Heimkehrerheims der Arbeiterwohlfahrt in Lüdersen (Kreis Springe), dann eines Versorgungshauses in Bad Pyrmont, schließlich zur Teilnahme an einem Diplomatenempfang im Saupark Springe ein Bericht der »Welt« vom 19.12.1953.

5 Am 10.12.1953 mit Spätheimkehrern aus Essen (Tagesnotizbücher NL Heuss).
6 Zu dieser Begegnung konnte neben der oben zitierten Vorzimmernotiz lediglich die Eintragung in den Terminkalender Adenauers nachgewiesen werden.
7 Der Schauspieler und Regisseur Wolfgang *Liebeneiner* (Tagesnotizbücher NL Heuss).
8 Außenministerkonferenz der EGKS-Länder am 27./28.11.1953 in Den Haag und Tagung des Ministerkomitees des Europarates am 11./12.12.1953 in Paris; vgl. Adenauer, Teegespräche 1950–1954, S. 503-518.

Nr. 117
*BA, B 122/2156 (Abschrift des eigenhändigen Schreibens); BA, NL Heuss, Nr. 313 (Abschrift).
1 Der Brief Adenauers konnte nicht ermittelt werden, gleichfalls keine bibliographische Angabe zum beigelegten Buch.
2 Eigenhändiges Schreiben vom 17.12.1953 an Lotte *Adenauer* zu ihrer Verlobung mit Heribert *Multhaupt* an Weihnachten 1953: »... konnte dem Vater, neben dem Glückwunsch, nur eben dies sagen, daß die Film-Leute über diesen ganzen Vorgang sehr unglücklich seien. Denn Sie werden von dieser Spezies offenbar als der liebenswürdigste Blickfang bei den Staatsaktionen betrachtet, auch als die Sänftigerin von Stimmungen« (Abschrift in BA, NL Heuss, Nr. 106).
3 An eine Reise nach Athen 1931; vgl. Theodor *Heuss,* Erinnerungen 1905–1933, S. 400-402.
4 Zum Besuch des Bundeskanzlers in Griechenland und in der Türkei (9.3.–26.3.1954) vgl. Max Martin *Brehm,* Von Hellas zur Pforte des Orients. Bildbericht vom Staatsbesuch des Bundeskanzlers in Griechenland und der Türkei, Höchstadt (Aisch) o.J. [1954]. Unterlagen zu dieser Reise in StBKAH 12.44. Vgl. a. Nr. 123.

Nr. 118
*StBKAH 14.12, eigenhändig, auf Kopfbogen wie Nr. 43, mit hs. Vorzimmernotiz »m[it] 2 Kisten Wein«; Druck: Konrad Adenauer. Seine Zeit – sein Werk, S. 267f.; BA, NL Heuss, Nr. 314 (Abschrift).
1 Brackenheim im Zabergäu, »ein angenehm bewegtes, breites Tal mit fruchtbarem Ackerboden und mit reichem Weinbau an den Hängen«; vgl. Theodor *Heuss,* Vorspiele des Lebens, S. 46f. Vgl. a. Hildegard *Hamm-Brücher*/Hermann *Rudolph,* Theodor Heuss. Eine Bildbiographie, S. 12.

Nr. 119
*StBKAH III/47, auf Kopfbogen wie Nr. 43; BA, NL Heuss, Nr. 315 (Durchschlag).
1 Gemeint ist Adenauers Beitrag in: Hans *Bott*/Hermann *Leins* (Hrsg.), Begegnungen mit Theodor Heuss, S. 157-161.
2 Dominierendes außenpolitisches Ereignis dieser Zeit: die Vier-Mächte-

Außenministerkonferenz über Deutschland in Berlin vom 25.1.–18.2.1954; vgl. Konrad *Adenauer,* Erinnerungen 1953–1955, S. 243-269, und Hermann-Josef *Rupieper,* Die Berliner Außenministerkonferenz von 1954 und die Frage der deutschen Einheit, in: VfZ, Jg. 34 (1986), S. 427-453.

3 Vice versa würdigte Heuss die Tätigkeit Adenauers als Präsident des Parlamentarischen Rates am 18.2.1955; vgl. Nr. 133 A.

4 Carl Jacob *Burckhardt* (1891–1974), schweizerischer Historiker und Diplomat, lehrte an den Universitäten Genf und Zürich, 1937–1939 Hoher Kommissar des Völkerbundes in der Freien Stadt Danzig, 1944–1948 Präsident des Internationalen Roten Kreuzes, 1945–1950 Gesandter in Paris. – Zu seinen Kontakten zu Heuss vgl. Begegnungen, S. 312-315, sowie die am 26.9.1954 in der Frankfurter Paulskirche bei der Verleihung des Friedenspreises des Deutschen Buchhandels gehaltene Laudatio des Bundespräsidenten; Druck: Theodor Heuss. Die großen Reden, S. 223-228.

5 Der Beitrag des französischen Hohen Kommissars a.a.O., S. 224-227.

6 Basilius *Ebel* OSB (1898–1968), ab 1920 im Benediktiner-Kloster Maria Laach (1938 Prior), ab 1946 Nachfolger von Abt Ildefons *Herwegen.* Sein Beitrag a.a.O., S. 438-444.

7 Vgl. Nr. 35 Anm. 15.

8 Eduard *Spranger* (1882–1963), Philosoph und Pädagoge, Ordinarius an den Universitäten Leipzig (1912–1920), Berlin (1920–1946) und Tübingen (ab 1946). Sein Beitrag a.a.O., S. 198-203.

9 Theodor *Heuss,* Zur Ästhetik der Karikatur, hrsg. von der *Gesellschaft der Bibliophilen* zum 31.1.1954. Ebenfalls aus Anlaß des 70. Geburtstages war Heuss kurz zuvor die von Margret *Boveri* eingeleitete, von Walter *Prinzing* erstellte Bibliographie seiner Schriften und Reden überreicht worden; vgl. Theodor Heuss. Politiker und Publizist, S. 420-423.

Nr. 120

*BA, NL Heuss, Nr. 62 (Kopie), eigenhändig, auf Kopfbogen wie Nr. 87, ohne Ortsangabe beim Datum. – Auch im Terminkalender Adenauers keine Eintragung unter diesem Datum.

1 Heuss hatte Adenauer am 30.1.1954 die Sonderstufe (sechszackig, mit goldenem Lorbeerkranz) des Großkreuzes des Verdienstordens der Bundesrepublik Deutschland verliehen; hierzu das Photo auf S. 153.

2 Hierzu ein Bericht in der »Frankfurter Allgemeinen« vom 1.2.1954.

Nr. 121

*StBKAH III/47, eigenhändig, auf Kopfbogen wie Nr. 7; BA, NL Heuss, Nr. 315 (Durchschlag).

1 Brief und Anlage nicht ermittelt.

2 Siegfried *Balke* (1902–1984), Bundesminister für das Post- und Fernmeldewesen (1953–1956), für Atomfragen (1956/57), für Atomkernenergie und Was-

serwirtschaft (1957–1962), 1957–1969 MdB (CSU), 1964–1969 Präsident der Bundesvereinigung der Deutschen Arbeitgeberverbände.

3 Vgl. Nr. 119.

4 Vgl. Nr. 120, Anm. 2.

Nr. 122

*StBKAH III/47, eigenhändig, auf Kopfbogen wie Nr. 43, mit hs. Vorzimmernotiz »Kab[inett]«; BA, NL Heuss, Nr. 316 (Abschrift).

1 Hierzu ist keine Korrespondenz erhalten.

2 Bei einem am 24.2.1954 vom Bundespräsidenten gegebenen Diplomatendiner (Terminkalender StBKAH).

Nr. 123

*StBKAH III/47, eigenhändig, auf Kopfbogen wie Nr. 43; BA, B 122/2156 (Abschrift).

1 Vgl. Nr. 117, Anm. 4.

2 Kurt *Hahn* (1886–1974), nach 1917 Sekretär und Berater des Prinzen Max von Baden, gehörte 1918/19 der deutschen Delegation in Versailles an, Leiter der Landerziehungsheime Salem (1920–1933) und Gordonstoun/Schottland (ab 1934), Initiator der Outward-Bound-Kurzschulen (ab 1941).

3 Vgl. Theodor *Heuss,* Erinnerungen 1905–1933, S. 219.

4 Prinz *Max* von Baden (1867–1929), 1907 badischer Thronfolger, 3.10.–9.11. 1918 Reichskanzler, verkündete die Abdankung Wilhelms II.

5 *Max* Prinz von Baden, Erinnerungen und Dokumente, Berlin–Leipzig 1927, neu hrsg. von Golo *Mann*/Andreas *Burckhardt,* Stuttgart 1968. Vorwort, S. 5: »... Erinnerungen ..., für deren Redaktion und Ergänzung durch historische Quellenforschung ich Herrn Kurt Hahn zu großem Dank verpflichtet bin.«

6 Philip *Mountbatten* (geb. 1921; heiratete 1947 die britische Thronfolgerin Elisabeth II.), Herzog von Edinburgh, seit 1957 Prinz.

7,8 Begegnungen oder Korrespondenz Adenauer–Hahn sind in StBKAH nicht nachweisbar; doch ist der damalige Leiter der Schulen Schloß Salem und heutige Kuratoriumsvorsitzende der Outward-Bound-Kurzschule, *Georg Wilhelm* Prinz von Hannover, davon überzeugt, »daß der Brief von Theodor Heuss an Adenauer Früchte getragen hat, da kurz darauf die erste Kurzschule (Outward Bound) in Weißenhaus Holstein eingeweiht werden konnte. Im Jahr 1956 wurde schon die zweite, eine Bergschule in Baad Kl. Walsertal gegründet ... Diese Kurzschulen wurden, wie Heuss in dem Brief vorschlägt, im Bundesjugendplan verankert und unterstützt« (schriftl. Mitteilung an den Bearb. vom 29.10.1988).

9 Am 7.4.1954 gab Adenauer vor dem Bundestag eine Regierungserklärung zur Gewährung der Souveränität an die DDR ab (Erklärung der Sowjetregierung vom 25.3.1954); vgl. Stenographische Berichte, 2. Wahlperiode, Bd. 19, S. 794f. – Während der folgenden Wochen waren vornehmlich die abschließenden Beratungen des am 26.5.1954 verkündeten Haushaltsgesetzes 1954 zu führen.

10 Der Bundesjugendplan zur Förderung der freien und der öffentlichen Jugendpflege war am 18.12.1950 in Bonn verkündet worden (im Beisein des Bundespräsidenten und des Bundeskanzlers); vgl. AdG, Jg. 20 (1950), S. 2722.

Nr. 124

*StBKAH III/47, auf Kopfbogen wie Nr. 43, Abschrift mit Begleitschreiben an den Bundesminister für Wirtschaft, Professor Dr. Ludwig Erhard, Bonn (in LES, NL Erhard, I.4)47); BA, NL Heuss, Nr. 319 (Durchschlag).

1 Hierfür keine Belege in StBKAH, auch nicht im Archiv der Ludwig-Erhard-Stiftung, Bonn. Zu dieser Thematik lediglich nachweisbar: die Ansprachen Adenauers und *Erhards* auf dem Deutschen Sparkassentag am 27.4.1954 in Bonn; Druck: Bulletin, Nr. 80 vom 29.4.1954, S. 705-708.

2 Hierfür keine Belege in den Gesprächsaufzeichnungen der Vormonate und -jahre. – Heuss am 11.10.1955 an Toni *Stolper:* »Vor 5 Jahren sagte Adenauer einmal zu Elly: ›Gewöhnen Sie Ihrem Mann doch diese gräßliche schwäbische Sparsamkeit ab!‹«; vgl. Tagebuchbriefe, S. 73.

3 Beim Weltspartag am 30.10.1952; vgl. Margret *Boveri*/Walter *Prinzing,* Theodor Heuss, S. 234f.

4 Ansprache »Verbraucher und Sparer« auf dem 4. Internationalen Sparkassenkongreß vom 14.6.1954.

5 Fritz *Butschkau* (geb. 1901), nach 1950 Präsident des Deutschen Sparkassen- und Giroverbandes e.V., Direktor der Rheinischen Girozentrale und Provinzialbank, Düsseldorf.

Nr. 125

*StBKAH III/47, auf Kopfbogen wie Nr. 43; BA, NL Heuss, Nr. 321 (Durchschlag).

1 Otto *John* (geb. 1909), ab 1950 kommissarischer Leiter, ab 1952 erster Präsident des Bundesamtes für Verfassungsschutz. Zu seinem Verschwinden in den Ost-Sektor Berlins nach dem 20. Juli 1954 (vor dem er noch gemeinsam mit Heuss und Adenauer an der Gedenkfeier für die Opfer des 20. Juli teilgenommen hatte; vgl. Nr. 78, Anm. 2), seiner Rückkehr in die Bundesrepublik am 12.12.1955, seiner Verurteilung durch den Bundesgerichtshof wegen Landesverrat (1956) und zu seiner vorzeitigen Haftentlassung (1958) vgl. Adenauer, Teegespräche 1955–1958, S. 40-43, 377. Vgl. a. Nr. 126, 208, 209.

Zu den Kontakten Heuss–John (schon in Widerstandskreisen vor 1945) ein Hinweis in: Theodor *Heuss,* Aufzeichnungen 1945–1947, S. 220.

2 Gemeint ist der Flug des Hitler-Stellvertreters Rudolf *Heß* (1894–1987) im Mai 1941 nach Schottland, mit dem er angeblich die Absicht verfolgte, Großbritannien zu Friedensverhandlungen zu bewegen.

3 Der niedersächsische CDU-Politiker Günther *Gereke* (1893–1970; 1948–1950 Vorsitzender des Landesverbandes Hannover und niedersächsischer Landwirtschaftsminister) war im Sommer 1950 u. a. wegen seiner direkten Verhand-

lungen mit Walter Ulbricht aus der CDU ausgeschlossen worden und 1952 in die DDR übergesiedelt; vgl. seine eigene Darstellung: Ich war königlich-preußischer Landrat, Berlin(-Ost) 1969, S. 374f., und Adenauer, Briefe 1949–1951, S. 227, 517f.

4 Nicht nachgewiesen. Wahrscheinlich hatte Adenauer Heuss zur Wiederwahl ins Präsidentenamt am 17.7.1954 durch die Bundesversammlung in Berlin beglückwünscht (871 Stimmen für Heuss, 12 für Alfred *Weber,* 1 Stimme u. a. für Konrad Adenauer); hierzu Gerta *Tzschaschel* (Bearb.), Wahl des Bundespräsidenten am 17. Juli 1954 in Berlin, Bad Godesberg o. J. [1954].

5 Vom 13./14.–29.8.1954 (Tagesnotizbücher NL Heuss).

6 »... werde also in zehn Tagen auf Ihren Spuren wandeln ... Es sind freilich ein paar Jahrzehnte her, da ich mich zeichnend und damals sogar noch Aquarelle malend zwischen Schruns, Tschagguns, Gargellen usf. herumtrieb« (am 4.8.1954 an Fritz *Schäffer;* vgl. BA, NL Heuss, Nr. 321).

7 Vgl. Nr. 128.

8 Zu den beiden Reden vom 31.7.1954 (vor der katholischen Arbeiterjugend und beim Bundesfest der katholischen Jugend in der Westfalenhalle) die eigenhändigen Notizen in BA, NL Heuss, Nr. 12.

9 Lorenz *Jaeger* (1892–1975), 1941–1973 Erzbischof von Paderborn (1965 Kardinal).

10 Vgl. Nr. 99, Anm. 1.

11 Enno *Littmann* (1875–1958), Orientalist, Archäologe und Übersetzer (u. a. der Märchen aus »1001 Nacht«), Ordinarius an den Universitäten Straßburg (1906–1914), Göttingen (1914–1917), Bonn (1917–1921) und Tübingen (ab 1921), ab 1931 in der Friedensklasse (Geisteswissenschaften) des Pour le mérite.

12 Das Schreiben konnte nicht nachgewiesen werden, wurde aber von Adenauer gegengezeichnet, wie aus einer Mitteilung *Botts* an Littmann vom 11.8.1954 hervorgeht (vgl. BA, NL Heuss, Nr. 321).

13 Albert *Schweitzer* (1875–1965), evangelischer Theologe, Arzt und Musiker, ab 1899 Hilfspfarrer, 1902 Dozent in Straßburg, ging 1913 als Missionsarzt nach Lambarene, erhielt 1952 den Friedensnobelpreis. – Zur persönlichen Freundschaft zu Schweitzer (der 1908 Elly Knapp und Theodor Heuss traute) vgl. die Laudatio bei der Verleihung des Friedenspreises des Deutschen Buchhandels 1951; Druck: Theodor Heuss. Die großen Reden, S. 127-132. Vgl. a. Begegnungen, S. 447-451. Zu den Kontakten Adenauer–Schweitzer vgl. Adenauer, Teegespräche 1959–1961, S. 735.

14 Hermann *Hesse* (1877–1962), erhielt 1946 den Nobelpreis für Literatur; ab 1911 gemeinsam mit Ludwig Thoma Herausgeber der Wochenschrift »März«, deren Redakteur Heuss 1913 wurde. Vgl. Theodor *Heuss,* Erinnerungen 1905–1933, S. 91, 94, 188, 191, 353. Vgl. a. die zahlreichen Angaben in: Theodor Heuss. Der Mann, das Werk, die Zeit, sowie den Briefwechsel Hesse–Heuss in: Begegnungen, S. 255-259.

15 Adenauer hielt sich vom 22.7.–16.8.1954 auf der Bühlerhöhe auf (Terminkalender StBKAH).

Nr. 126

*BA, B 122/2156, auf Kopfbogen wie Nr. 9, mit eigenhändiger Notiz Heuss »Dr. Klaiber z[ur] K[enntnis]« und dessen Paraphe vom 16. 8. 1954; StBKAH III/ 47 (Durchschlag), mit hs. Vorzimmernotiz »ab 7. 8.«.

1 Grundsatzerklärung des Bundeskanzlers im Südwestfunk zum Fall Otto *John* (›Kein Sicherheitsrisiko, er hatte keinen Einblick in wesentliche außenpolitische Entscheidungen; Überprüfung des Bundesamtes für Verfassungsschutz nötig, aber keine Schnüffelei‹); hierzu der Mitschnitt im Deutschen Rundfunkarchiv (Frankfurt/Main), BR Dok. 3150; das Manuskript in StBKAH 02.12. – Vgl. Nr. 125, Anm. 1.

2 ›Aufruf an alle in der Wirtschaft Tätigen, Ruhe zu bewahren, es gibt keinen wiedererstarkenden Nationalsozialismus in Deutschland ... ‹; vgl. a.a.O.

3 Zur Situation in Frankreich vor Ablehnung des EVG-Vertrages durch die Nationalversammlung (30. 8. 1954) vgl. Konrad *Adenauer,* Erinnerungen 1953–1955, S. 270-304, und seine Teegespräche 1950–1954, S. 767 f. Vgl. a. Nr. 127.

4 Pierre *Mendès-France* (1907–1982), 1932–1940 und 1945–1958 Abgeordneter der französischen Nationalversammlung (Radikalsozialist), 1954/55 Ministerpräsident.

5 Mendès-France hatte einer für den 10. 8. 1954 vorgesehenen Aussprache und Abstimmung der Nationalversammlung über die Nordafrika-Politik seiner Regierung (besonders die geplante innere Autonomie Tunesiens) die Bedeutung eines Vertrauensvotums beigemessen. Nach Vertagung der Debatte fand er am 28. 8. 1954 breite Zustimmung; vgl. EA, Jg. 9 (1954), S. 6876, 6916.

6 Vgl. Nr. 125, Anm. 8.

7 Vgl. a.a.O., Anm. 12.

Nr. 127

*StBKAH III/47 (Durchschlag), mit hs. Notiz »ab d[urch] Kurier am 26. 8.«.

a ‹ › Eigenhändiger Zusatz Adenauers.

1 Diese Außenministerkonferenz der EVG-Staaten (19.–22. 8. 1954) verhandelte ergebnislos über Zusatzforderungen der französischen Regierung zum EVG-Vertrag; hierzu und zu den anschließenden Verhandlungen Adenauer–Mendès-France vgl. Konrad *Adenauer,* Erinnerungen 1953–1955, S. 286-289.

2 Johann Willem *Beyen* (1897–1976), 1952–1956 niederländischer Außenminister (zusammen mit Joseph Luns), 1958–1963 Botschafter in Paris.

3 Joseph *Bech* (1887–1975), 1926–1937 und 1953–1958 luxemburgischer Ministerpräsident, 1926–1958 Außenminister.

4 Paul Henri *Spaak* (1899–1972), 1936–1939, 1946–1949, 1954–1957 und 1961–1966 belgischer Außenminister (1940–1945 auch in der Exilregierung in London), 1938/39, 1946, 1947–1949 Ministerpräsident, 1957–1961 NATO-Generalsekretär.

5 Vgl. Nr. 126, Anm. 3.

6 Antoine *Pinay* (geb. 1891), 1952 französischer Ministerpräsident, Minister des

Äußeren (1955/56), für Wirtschaft und Finanzen (1958/59) und für Finanzen (1959/60).

7 Vgl. Adenauer, Teegespräche 1950–1954, S. 541-543, 558f.

8 Wjatscheslaw *Molotow* (1890–1986), 1930–1941 Vorsitzender des sowjetischen Rates der Volkskommissare, 1939–1949 und 1953–1956 Volkskommissar des Äußeren und Außenminister.

9 Gespräch des französischen Ministerpräsidenten mit dem britischen Premierminister am 23.8.1954 in London; vgl. AdG, Jg. 24 (1954), S. 4703.

10 »Nach Wolken die Sonne«.

11 Diese 8 1/2seitige Aufzeichnung (in BA, VS B 122/17) wird nicht erneut abgedruckt, da sie ohne wesentliche Kürzungen schon von Konrad Adenauer selbst veröffentlicht wurde; vgl. seine Erinnerungen 1953–1955, S. 281-286.

Nr. 128

*BA, B 122/2156 (Abschrift des eigenhändigen Schreibens), mit ms. Briefkopf wie Nr. 71; BA, NL Heuss, Nr. 321 (Abschrift).

1 Zur Ansprache des Bundespräsidenten auf dem 42. Deutschen Weinbaukongreß (29.8.1954) vgl. die eigenhändige Vorlage in BA, NL Heuss, Nr. 12. Vgl. a. seine Dissertation (Weinbau und Weingärtnerstand in Heilbronn a. N., Heilbronn 1906; Neustadt/Haardt [2]1950), die zur Promotion durch den Nationalökonomen Lujo Brentano führte (21.9.1905).

2 Hierzu keine Eintragungen in das Tagesnotizbuch des Bundespräsidenten. – Zum Aufenthalt in Englburg vgl. die Abb. der am 24.8.1954 entstandenen Heuss-Zeichnung auf S. 163.

3 Der Hamburger CDU-Politiker Karlfranz *Schmidt-Wittmack* (geb. 1914; 1947–1949 stellvertretender Landesverbandsvorsitzender, 1949–1953 Mitglied der Bürgerschaft, 1953–1955 MdB, Mandatsaberkennung 1955) war Mitte August 1954 in die DDR übergesiedelt, in der er sich der Ost-CDU anschloß und Vizepräsident der Kammer für Außenhandel wurde (1979 Auszeichnung mit dem »Vaterländischen Verdienstorden in Gold«). Vgl. Adenauer, Briefe 1947–1949, S. 582.

4 Vgl. Nr. 127.

5 Am 9.9.1954; hierzu die Aufzeichnung in BA, VS B 122/15.

Nr. 129

*BA, B 122/2156 (Abschrift des eigenhändigen Schreibens); Druck: Konrad Adenauer. Dokumente aus vier Epochen, S. 169; BA, NL Heuss, Nr. 322 (Abschrift).

1 16./17.10.: Treffen mit Schulkameraden in Bonn; 18.10.: Empfang von Pastor Friedrich *von Bodelschwingh* und der Delegation einer Widerstandsorganisation; 19./20.10.: Reise nach Kiel zu den Trauerfeierlichkeiten für den verstorbenen schleswig-holsteinischen Ministerpräsidenten Friedrich-Wilhelm *Lübke;* 22.10. 1954: Teilnahme an einer Tagung des Deutschen Herbergsverbandes in Hamm (Tagesnotizbücher NL Heuss).

2 Auf der Grundlage der Ergebnisse der Londoner Neunmächtekonferenz (27.9.–3.10.1954) wurden in vier Pariser Konferenzen (der drei Westmächte und der Bundesrepublik, der Unterzeichnerstaaten der Londoner Akte, der NATO-Mitgliedsländer und der Bundesrepublik sowie zwischen Frankreich und der Bundesrepublik) die Pariser Verträge ausgehandelt (19.–23.10.1954), die am 5.5.1955 in Kraft traten; vgl. Konrad *Adenauer,* Erinnerungen 1953–1955, S. 355-383; Hans-Peter *Schwarz,* Die Ära Adenauer. Gründerjahre der Republik 1949–1957, S. 246-257, und Adenauer, Teegespräche 1950–1954, S. 552-569. Vgl. Nr. 140.

3 Adenauer flog am 26.10.1954 über Island und Neufundland nach Washington, von dort am 30.10.1954 über New York, die Bermudas und die Azoren nach Paris (Aufenthalt am 2.11.1954, Rückkehr nach Bonn tags darauf); Terminkalender StBKAH.

Nr. 130

*StBKAH III/47, auf Kopfbogen wie Nr. 7; BA, VS B 122/17 (eigenhändiger Entwurf und Durchschlag der ms. Ausfertigung), mit hs. Vorzimmernotiz »abg. durch Kurier am 2.12.1954«.

a ‹ › Von Heuss im eigenhändigen Entwurf korrigiert aus »hinnehmen«.

b ‹ › ... »Veranlassung«.

1 Berlin-Aufenthalt am 3./4.12.1954 aus Anlaß der dortigen Wahlen zum Abgeordnetenhaus am 5.12.1954 (die zur Bildung eines von Otto *Suhr* geführten SPD-CDU-Senats führten).

2 Am 6.12.1954; hierzu die Aufzeichnung in BA, VS B 122/15.

3 Hierzu ein Bericht in: »Der Spiegel«, Nr. 49 (1954) vom 1.12.1954, S. 11-13.

4 Eventuell beim Bonner Presseball, den Heuss am 27.11.1954 besucht hatte (Tagesnotizbücher NL Heuss).

5 Gerhard *Matzky* (geb. 1894), General der Infanterie a. D., später in der Bundeswehr Generalleutnant. – Die von Heuss kritisierte Aussage wurde am 3.12. 1954 vom Bundesinnenministerium dementiert: » ... habe niemals eine Verstärkung des Grenzschutzes auf 60 000 Mann gefordert. Er habe nur erklärt, der Grenzschutz sei der Volkspolizei der Sowjetzone nicht gewachsen, und betont, daß zum rein defensiven Schutz des Grenzgebietes gegen einen Angriff der Volkspolizei nach allen Erfahrungen etwa die Hälfte der gegnerischen Stärke notwendig sei, also 60 000 Mann mit panzerbrechenden Waffen« (»Frankfurter Allgemeine« vom 4.12.1954).

6 Hierzu keine weitere Korrespondenz in StBKAH.

7 Hierzu, unter Verwendung dieses Briefes, Eberhard *Pikart,* Theodor Heuss und Konrad Adenauer, S. 65.

8 Vgl. den Artikel »Erstaunen über Matzky. Französische Vorstellungen in Bonn« in der »Frankfurter Allgemeinen« vom 3.12.1954.

9 Zum »Soldatentum in unserer Zeit« vgl. die grundsätzlichen Ausführungen von Heuss in seiner Ansprache vom 12.3.1959 vor der Führungsakademie der Bundeswehr in Hamburg-Blankenese; Druck: Theodor Heuss. Politiker und Publizist, S. 488-499. Vgl. Nr. 170.

Nr. 131

*BA, B 136/1879, auf Kopfbogen wie Nr. 43, mit hs. Notiz Zimmermann »Herrn St[aatssekretär] Globke zur Rücksprache« und dessen hs. Notiz vom 3.1.1955 »1) Von einer Antwort wird abgesehen. 2) Z[u] d[en] A[kten]«; BA, NL Heuss, Nr. 323 (Durchschlag).

1 Constantin Freiherr *von Neurath* (1873–1956), 1932–1938 Reichsaußenminister, 1939–1943 Reichsprotektor von Böhmen und Mähren, 1946 im Nürnberger Kriegsverbrecherprozeß zu 15 Jahren Gefängnis verurteilt, im November 1954 aus gesundheitlichen Gründen aus der Haft in Spandau entlassen.

2 Ein Heuss-Schreiben an von Neurath vom 7.11.1954 (» ... daß ... das Martyrium dieser Jahre für Sie ein Ende gefunden hat«; Druck: AdG, Jg. 24 [1954], S. 4832) hatte zahlreiche öffentliche Proteste ausgelöst, u. a. auch zu dem genannten Brief vom 4.12.1954 geführt (vgl. Anm. 4). Weitere Belege in BA, NL Heuss, Nr. 323.

3 Hier auf dem Durchschlag in BA, NL Heuss, Nr. 323 am Rand der ms. Vermerk »inzwischen eingetroffen – ist [ohne]hin identisch«. Das an Adenauer adressierte Schreiben ist in StBKAH nicht erhalten. Frühere Belege für seine Bemühungen um Schonung und vorzeitige Haftentlassung von Neuraths in Adenauer, Briefe 1949–1951, S. 235, 521f.

4 Darin der Passus: » ... die These, daß mein Brief an Neurath so etwas sei wie eine Ermunterung nazistischer Kräfte, ist zu banal, als daß ich bereit wäre, sie einem Gremium wie der Rechtswissenschaftlichen Fakultät der Johann Wolfgang-Goethe-Universität ›abzunehmen‹, wie man seit einiger Zeit sagt. Das ist der Stil einer mittleren Presse. ... ich glaube, einige der Mitglieder der Fakultät waren ganz damit einverstanden, daß ich in der Würdigung der Männer des 20. Juli 1944 aus jener ›Zurückhaltung‹ heraustrat, die Sie als Pflicht meines Amtes mir jetzt deklarierten.« – Zur weiteren Begründung schrieb Heuss ebenfalls am 9.12.1954 dem PEN-Zentrum Deutscher Autoren im Ausland (London): »Ich glaubte, durch meine Haltung geschützt zu sein gegen das – wie ich spüre – an einigen Stellen künstlich gepflegte Mißverstehen, daß Neurath seiner Familie zurückgegeben wurde, mit einer Bewertung seiner politischen Rolle in den bösen Jahren etwas zu tun habe. Diese habe ich, ohne den Tarif seiner individuellen ›Schuld‹ zu analysieren, immer abgelehnt« (BA, NL Heuss, Nr. 323).

Nr. 132

*BA, NL Heuss, Nr. 62 (Durchschlag), mit ms. Briefkopf wie Nr. 77, ohne Ortsangabe beim Datum.

1 Theodor *Heuss,* 1848. Werk und Erbe, Stuttgart [1]1948; Neuauflage unter dem Titel: Ein Vermächtnis. Werk und Erbe von 1848, Stuttgart 1954. – Zu dieser Veröffentlichung vgl. Karl Dietrich *Bracher,* Theodor Heuss und die Wiederbegründung der Demokratie in Deutschland, S. 16, 28, 52.

2 »Das gibt für das im Wandel stehende Erbe von hundert Jahren Verfassungskampf und Verfassungserfahrung das schmerzvollste Vermächtnis: Millionen von

deutschen Menschen blieb ein freies Mitraten und Mitentscheiden über das vaterländische Schicksal versagt. Es dreht sich dabei nicht bloß um die russische Politik. ... Die arge Last ist dies, daß Deutsche selber durch eine Politik, die sie Jahre führten oder bloß ausführten, ganz einfach Angst haben vor dem Ende ihrer Herrschaft, wenn sie den Atem der Freiheit durch das Land wehen ließen«; vgl. a.a.O., S. 246f.

Nr. 133
*StBKAH III/47 (Durchschlag), mit hs. Notiz Zimmermann »ab am 22.12.54«.
1 Zum Autor der 1955 erschienenen »autorisierten« ersten Kanzler-Biographie vgl. Adenauer, Briefe 1951–1953, S. 644. Dort auch mehrere Belege für die Unterstützung der im Frühsommer 1953 angelaufenen Vorarbeiten durch Adenauer sowie für die maßgebliche Beteiligung von Dr. Roswitha *Theile-Schlüter* (einer Tochter der Adenauer-Nachbarn Maria Schlüter-Hermkes und Johannes Schlüter). – Zur weiteren Unterstützung wurde in einer späteren Bearbeitungsphase Peter *de Mendelssohn* herangezogen. – Vgl. a.a.O., S. 373f., 382, 384, 412, 644, 648f., 661f.; vgl. a. Roswitha *Theile-Schlüter,* Wie die Kanzler-Biographie entstand, in: Deutsches Monatsblatt, Jg. 6 (1956), Nr. 1.
2 Ab Mai 1955; vgl. Adenauer, Briefe 1951–1953, S. 648.
3 »Weymar, Kanzlerbiographie« (eigenhändige Eintragung Heuss vom 2.2. 1955; Tagesnotizbücher NL Heuss). – In der Biographie wurde die Begegnung auf März 1955 datiert; vgl. Paul *Weymar,* Adenauer, S. 362.

Nr. 133 A
*BA, NL Heuss, Nr. 216 (Durchschlag), mit ms. Briefkopf wie Nr. 71.
1 Zu dieser Anrede die Erläuterung Heuss' im Begleitschreiben desselben Tages: »Daß ich Sie nur mit ›Sehr geehrter Herr‹ und nicht mit Ihrem Pseudonym anrede, wollen Sie bitte verstehen. Es ist Ihre Sache, ein Pseudonym zu gebrauchen, es ist aber für mich schlechterdings nicht möglich, hier dieses an sich ja häufige Spiel sozusagen durch eine solche Anrede zu legitimieren. Ich bitte Sie, das zu verstehen und zu beachten« (BA, NL Heuss, Nr. 325).
Die im Nachfolgenden mit ‹ › gekennzeichneten Passagen wurden in der Form mündlicher Aussagen (»... beginnt Professor Heuss seine Schilderung. Er sitzt mir gegenüber in einem tiefen Klubsessel, raucht seine Zigarre und genießt ... die Eleganz seiner eigenen wohlgeschliffenen Sätze«; vgl. Paul *Weymar,* Adenauer, S. 362) in die Biographie einbezogen; vgl. a.a.O., S. 362-365.
Heuss nach Veröffentlichung der Biographie am 16.12.1955 an Toni *Stolper:* »In Köln sei man übrigens ... sehr bös auf die ›autorisierte‹ Biographie. Denn sie sei erstaunlich zusammenretouchiert ... «; vgl. Tagebuchbriefe, S. 116. Zur Beurteilung durch Adenauer vgl. seine Teegespräche 1959–1961, S. 395f.
2 Vgl. Einleitung, Anm. 25.
3 Vgl. Hugo *Stehkämper* (Hrsg.), Konrad Adenauer, Oberbürgermeister von Köln, passim, und Hans-Peter *Schwarz,* Adenauer. Der Aufstieg, S. 175-340.

4 Vgl. Konrad *Adenauer* jun., Konrad Adenauer als Präsident des Preußischen Staatsrats, in: Hugo *Stehkämper* (Hrsg.), a.a.O., S. 355-404, 751-771.

5 In den hierzu durchgesehenen Vorlesungsmanuskripten zur Dozententätigkeit von Heuss an der Deutschen Hochschule für Politik (1924–1933; vgl. BA, NL Heuss, Nr. 390-394) wird Adenauer namentlich nicht erwähnt.

6 Carlo *Schmid* (1896–1979), 1946 Staatssekretär für Justiz von Württemberg-Hohenzollern, dort 1947/48 stellvertretender Staatspräsident, 1947–1950 Justizminister, 1948/49 Mitglied des Parlamentarischen Rates (SPD-Fraktionsvorsitzender), 1949–1972 MdB, 1959 SPD-Kandidat für das Amt des Bundespräsidenten, 1966–1969 Bundesminister für Angelegenheiten des Bundesrates.

7 »... er bot das Außengesicht gegenüber den Repräsentanten der Besatzungsmächte, die damals noch die Militärgouverneure waren, Clay für USA, Robertson für Großbritannien, Koenig für Frankreich«, aus der Einleitung von Heuss zum Grundgesetz, hier zitiert nach der Taschenbuchausgabe München 1967, S. 12.

8 Heinz *Renner* (1892–1964), 1946 Sozialminister, 1947/48 Verkehrsminister von Nordrhein-Westfalen, 1948/49 Mitglied des Parlamentarischen Rates (KPD), 1949–1953 MdB.
Zur nachfolgenden Schilderung eines Zwischenfalls in der Ratssitzung vom 8.5. 1949 vgl. Parlamentarischer Rat. Stenographische Berichte über die Plenarsitzungen, S. 208, und Konrad *Adenauer,* Erinnerungen 1945–1953, S. 154. Vgl. a. Rudolf *Morsey,* Die Rolle Konrad Adenauers im Parlamentarischen Rat, S. 71.

Nr. 134

*BA, NL Heuss, Nr. 62, eigenhändig, auf Kopfbogen wie Nr. 87, ohne Ortsangabe beim Datum.

1 Vgl. Nr. 132, Anm. 1.

2 Vgl. Nr. 140, 146, Anm. 7.

Nr. 135

*StBKAH III/47, eigenhändig, auf Kopfbogen wie Nr. 43.

1 Vgl. Nr. 89, 118.

2 Bezieht sich auf die am 24., 27. und 30.12.1954 durchgeführten Abstimmungen der französischen Nationalversammlung über die Pariser Verträge (vgl. Nr. 129, Anm. 2). Vgl. AdG, Jg. 24 (1954), S. 4929-4931.

3 Druck: Bulletin, Nr. 1 vom 4.1.1955, S. 1f.

4 »Bis hart an die Weihnachtstage heran, ja darüber hinaus gingen die parlamentarischen Auseinandersetzungen, nicht bloß bei uns, auch bei anderen Völkern ... Was wird nach dem Hin und Her der Erwartungen und der Enttäuschungen, von denen dies Jahr so viel seelische Störung erfuhr, aus der Klärung und loyalen Sicherung der deutsch-französischen Beziehungen, die wir aus den Fesseln verjährter Geschichtsvorstellungen befreien wollten ...«; vgl. a.a.O.

5 Hierzu keine Eintragungen im Terminkalender des Bundeskanzlers.

6 Nicht ermittelt.

7 Zum Besuch bei seiner in Basel lebenden Schwester, Theodora *Von der Mühll*, ein Schreiben *Burckhardts* an Heuss vom 21.1.1955; Teildruck: Theodor Heuss. Der Mann, das Werk, die Zeit, S. 374f. Vgl. a. Friedrich *Henning* (Hrsg.), Theodor Heuss: Lieber Dehler!, S. 107.

8 Nach Art. II des deutsch-französischen Abkommens über das Saarstatut vom 23.10.1956 (vgl. Nr. 129, Anm. 2) sollte ein vom WEU-Ministerrat ernannter »europäischer Kommissar ... die Vertretung der Saarinteressen auf dem Gebiet der auswärtigen Angelegenheiten und der Landesverteidigung wahr[nehmen]« und »die Beachtung des Statuts« überwachen; vgl. EA, Jg. 9 (1954), S. 7020. Vgl. a. Nr. 149, 152, 180A.

9 Vgl. den Bericht Burckhardts über seine Tätigkeit als Völkerbundskommissar: Meine Danziger Mission 1937–1939, München [1]1960, [3]1980.

10 Gemeint ist ein Schreiben Burckhardts vom 6.11.1954 an den Schweizer Historiker und Diplomaten William E. *Rappard;* Druck: Carl J. Burckhardt. Briefe 1908–1974, S. 273-276.

Nr. 136

*StBKAH III/47 (Durchschlag).

1 Heuss hielt sich vom 27.–31.1.1955 in Berlin auf und beging dort auch seinen 71. Geburtstag (Tagesnotizbücher NL Heuss).

2 Carl J. *Friedrich* (1901–1984), Ordinarius für Staatswissenschaften an der Harvard University (ab 1936), für Politische Wissenschaften an der Universität Heidelberg (ab 1955), nach 1945 Berater der amerikanischen Militärregierung. – Das mit diesem Schreiben übermittelte Buch war im englischen Original 1952 in New York, in Übersetzung 1954 in Stuttgart erschienen (Untertitel: Kultur und Staaten im 17. Jahrhundert).

Nr. 137

*StBKAH III/47, auf Kopfbogen wie Nr. 43.

1 In den Tagesnotizbüchern (BA, NL Heuss) sind Diplomatenessen am 1. und 3.2.1955 sowie ein Diner beim Bundesverband der Deutschen Industrie am 4.2. 1955 in Köln vermerkt.

2 Die nächsten Begegnungen: am 15., 17. und 28.2.1955, jeweils bei gesellschaftlichen Abendereignissen (Terminkalender StBKAH).

3 Vgl. Nr. 136.

4 Otto A. *Friedrich* (1902–1975), ab 1939 im Vorstand der Phoenix-Gummiwerke AG, Hamburg, 1949–1965 deren Vorstandsvorsitzender und Generaldirektor, 1951 Berater der Bundesregierung für Rohstoff-Fragen, 1969–1973 Präsident der Bundesvereinigung der Deutschen Arbeitgeberverbände.

Nr. 138

*BA, NL Heuss, Nr. 326 (Durchschlag).

1 Theodor *Klauser* (1894–1984), Theologe und Archäologe, Ordinarius an der

Universität Bonn (ab 1945), dort 1956–1972 Direktor eines Instituts zur Erforschung der Spätantike.
2 Klauser gab seit 1950 das Reallexikon für Antike und Christentum heraus.
3,4 Wissenschaftliches Priesterkolleg beim Campo Santo Teutonico (dem Friedhof deutscher Katholiken in Rom); vgl. Nr. 139, Anm. 1.
5 Rudolf *Salat* (geb. 1906), ab 1950 im Bundeskanzleramt (Leiter des Kulturreferates), 1951–1954 Leiter der Kulturabteilung im Auswärtigen Amt, 1954–1957 an der Botschaft beim Vatikan.
6 Aloys *Muench* (1889–1962), ab 1946 Apostolischer Visitator für die katholische Kirche Deutschlands, ab 1951 Apostolischer Nuntius in Deutschland, ab 1959 Kurienkardinal.
7 Im Verzeichnis der Kollegsmitglieder 1928–1977 (in: Erwin *Gatz* [Hrsg.], Hundert Jahre Deutsches Priesterkolleg beim Campo Santo Teutonico, Rom–Freiburg–Wien 1977, S. 39-51) ist *kein* katholischer Geistlicher aus der DDR aufgeführt; vgl. Nr. 139, Anm. 2. – Bei seinem Staatsbesuch bei *Pius XII.* Ende November 1957 (vgl. Nr. 193) stiftete Heuss ein Bronzeportal für die Kirche des Campo; vgl. Römische Quartalschrift für christliche Altertumskunde und Kirchengeschichte, Bd. 54 (1959), S. 117-128.

Nr. 139
*BA, B 136/6475 (Durchschlag).
1 Vgl. Nr. 138. – Auf die Notlage des Instituts (»... entscheidender Platz für die Ausbildung des historischen, christlich-archäologischen und theologischen Hochschul-Nachwuchses, ... Sitz des Historischen Instituts der Görres-Gesellschaft, ... einigendes Zentrum im Leben der deutschen Kolonie ...«) hatte mit Schreiben vom 1.3.1955 auch Theodor *Klauser* seinerseits Adenauer hingewiesen; dort die Bitte um finanzielle Hilfe aus dem Dispositionsfonds des Kanzlers für »Reparatur und Pflege der Gebäulichkeiten.«
2 Ein Vermerk Josef *Selbachs* vom 19.3.1955 enthält die Ankündigung ›eines einmaligen namhaften Zuschusses für bauliche Verbesserungen‹ aus Mitteln des Auswärtigen Amtes sowie den Hinweis auf Überprüfung der von Heuss aufgeworfenen Stipendienfrage durch das Bundesministerium für gesamtdeutsche Fragen. – Der hierzu in BA, B 136/6475 archivierte Vorgang endet mit einem Vermerk vom 22.8.1956: »Nach den Besprechungen mit Prälat [Johannes] Zinke [Leiter des Kommissariats der Fuldaer Bischofskonferenz in Berlin] sei der Eindruck entstanden, daß die kirchlichen Stellen selbst wenig Interesse an der Sache hätten, da die Schwierigkeiten für Theologen aus der SBZ am Campo Santo zu studieren, offensichtlich unüberwindlich seien.«
3 Adenauer war Anfang März 1955 erkrankt; ab 17.3. sind im Terminkalender wieder Verpflichtungen in Bonn vermerkt, am 18.3. u. a. seine Teilnahme an der Abstimmung des Bundesrates über die Pariser Verträge und sein nächstes Gespräch mit Heuss (hierzu die Aufzeichnung in BA, VS B 122/15).

Nr. 140
*BA, B 136/2113 (Telegrammvorlage), weitgehend wortgleiche Schreiben desselben Tages an Bundestagspräsident Eugen Gerstenmaier und Bundesratspräsident Peter Altmeier.
Eugen *Gerstenmaier* (1906–1986), 1945–1951 Gründer und Leiter des EKD-Hilfswerks, 1949–1969 MdB (CDU), 1954–1969 Präsident des Deutschen Bundestages, 1956–1969 Stellvertretender CDU-Vorsitzender. – Das an ihn gerichtete Schreiben verlas Gerstenmaier in der Bundestagssitzung vom 5.5.1955; vgl. Bulletin, Nr. 85 vom 6.5.1955, S. 703.
Peter *Altmeier* (1899–1977), 1947–1969 Ministerpräsident von Rheinland-Pfalz (1954/55 und 1965/66 Bundesratspräsident), 1947–1966 Vorsitzender des dortigen CDU-Landesverbandes. – Er verlas das Schreiben in der Bundesratssitzung vom 6.5.1955; vgl. a.a.O., Nr. 86 vom 7.5.1955, S. 711.
1 Vgl. Nr. 71A, Anm. 7, und Nr. 129, Anm. 2.
2 Pariser Vertrag vom 23.10.1954 über den Aufenthalt ausländischer Streitkräfte in der Bundesrepublik Deutschland; Wortlaut in: EA, Jg. 9 (1954), S. 7181.
3 Im Anschluß an die 109. *und letzte* AHK-Sitzung durch die Hohen Kommissare André *François-Poncet* und Sir Frederic *Hoyer-Millar,* im Palais Schaumburg; Wortlaut der dabei gehaltenen Ansprache Adenauers im Bulletin, Nr. 85 vom 6.5. 1955, S. 702. – Heuss würdigte das einschneidende Ereignis und den entscheidenden Anteil des Kanzlers (»Für den Gärtner Adenauer zumal ist dieses ein großer Tag, da er hoffen darf, den von ihm umhegten Geschichtsraum vor Geröll bewahrt, für Frucht und Ernte gesichert zu haben«) in seiner bei einem Abendempfang desselben Tages gehaltenen Abschiedsrede an die ehemaligen Hohen Kommissare; Druck: a.a.O., Nr. 86 vom 7.5.1955, S. 709f., und Reden der deutschen Bundespräsidenten, S. 39-42.
4 Am 20.4.1955, am selben Ort; Wortlaut der Ansprachen des Hohen Kommissars James B. *Conant* und des Bundeskanzlers a.a.O., Nr. 74 vom 21.4.1955, S. 613.

Nr. 141
*StBKAH III/47, auf Kopfbogen wie Nr. 43.
1 Dieses Adenauer-Schreiben konnte nicht nachgewiesen werden. – In BA, B 136/3011 lediglich erhalten: der *Entwurf* eines weiteren Schreibens vom 11.6. 1955, in dem der Kanzler nach zahlreichen anderen Ordensvorschlägen (u. a. Heinrich *von Brentano,* Eugen *Gerstenmaier,* Heinrich *Hellwege,* Carlo *Schmid*) auch auf die engsten Mitarbeiter des Bundespräsidenten eingeht: » . . . komme ich auf meine frühere Anregung zurück, Herrn Klaiber den Verdienstorden zu verleihen. Abgesehen von der Würdigung der Verdienste . . . seit der Errichtung der Bundesregierung als Chef des Bundespräsidialamtes . . . halte ich gerade seine Auszeichnung im Hinblick auf den ständigen Verkehr mit den Vertretern fremder Staaten und ausländischen Gästen für zweckmäßig. . . . Endlich empfehle ich Ihnen, bei der Ordensverleihung auch an Ihren Persönlichen Referenten, Ministe-

rialdirigenten Bott, zu denken.« Dieses Dokument wird, weil in der Erstausfertigung oder deren Durchschlag nicht ermittelt, nicht in die Edition einbezogen.

2 Hierzu waren keine Presseveröffentlichungen zu ermitteln.

3 Vgl. Nr. 142, Anm. 1.

4 James Bryant *Conant* (1893–1978), 1933–1953 Präsident der Harvard University, 1941–1946 Vorsitzender des Forschungsausschusses für Landesverteidigung, 1953–1955 Hoher Kommissar, 1955–1957 Botschafter der USA in der Bundesrepublik.

Mit dem Inkrafttreten der Pariser Verträge wurden die Alliierten Hohen Kommissare durch Botschafter ersetzt. Conant händigte Heuss am 14.5.1955 sein Beglaubigungsschreiben aus (Tagesnotizbücher NL Heuss). Die Botschafter Frankreichs und Großbritanniens hatte er deswegen schon am 5.5.1955 empfangen; vgl. Bulletin, Nr. 86 vom 7.5.1955, S. 709.

5 »Handwerk als Technik und Beruf«, Ansprache vom 6.5.1955 zur Eröffnung der 7. Deutschen Handwerksmesse; Druck: Bulletin, Nr. 95 vom 24.5.1955, S. 785f., 788. – »Über die Bewertung der modernen Technik«, Rede vom 7.5. 1955 anläßlich des 100. Geburtstages von Oscar Miller; in StBKAH III/47 im Sonderdruck aus der Jahresgabe 55/56 des Bundesverbandes der Deutschen Industrie erhalten. – Zur dritten Rede waren keine Angaben zu ermitteln.

6 Thomas *Mann* (1875–1955), erhielt 1929 den Nobelpreis für Literatur, 1933 in die Schweiz, 1938 in die USA emigriert (1944 amerikanische Staatsbürgerschaft), ab 1952 wieder in der Schweiz ansässig. Zum Briefwechsel Heuss–Mann vor dessen Tod am 12.8.1955 vgl. Theodor Heuss. Der Mann, das Werk, die Zeit, S. 377-379.

7 Druck der Heuss-Rede »Ein Vermächtnis: Friedrich Schiller« anläßlich der Festveranstaltung der Deutschen Schillergesellschaft zum 150. Todestag des Dichters am 8.5.1955: Theodor Heuss. Politiker und Publizist, S. 441-449.

8 Wegen der anschließenden Teilnahme Manns an der Gedenkfeier für Friedrich Schiller am 14.5.1955 in Weimar; vgl. Tagebuchbriefe, S. 36, 522, und Alfred *Kantorowicz,* Politik und Literatur im Exil. Deutschsprachige Schriftsteller im Kampf gegen den Nationalsozialismus, Hamburg 1978, S. 109f. Vgl. a. Nr. 142.

9 Bis zum 3.6.1955 (Tagesnotizbücher NL Heuss).

10 Toni *Stolper* geb. *Kassowitz* (1890–1988), Wirtschaftsjournalistin, 1917–1921 Tätigkeit im Ernährungsamt des Handelsministeriums in Wien, heiratete 1921 den Publizisten Gustav *Stolper* (1888–1947; vgl. Nr. 264, Anm. 4), Mitarbeiterin an der von ihm 1926 gegründeten Zeitschrift »Der deutsche Volkswirt«. Beide emigrierten 1933 in die USA, nach seinem Tod war sie maßgeblich am American Council for Emigrés in the Professions beteiligt. Die freundschaftliche Beziehung zwischen den Ehepaaren Heuss und Stolper (seit einem Wien-Aufenthalt 1927; vgl. Theodor *Heuss,* Erinnerungen 1905–1933, S. 224-226) wird besonders in den Tagebuchbriefen dokumentiert, deren Edition – im engen zeitlichen Zusammenhang mit dieser ersten Erwähnung Toni Stolpers in der Heuss–Adenauer-Korrespondenz – mit dem 28.5.1955 beginnt und von nun an für Heuss und auch

seine Kontakte zu Adenauer als wichtige Parallelüberlieferung herangezogen werden kann.
11 Vgl. Nr. 143.

Nr. 142
*BA, B 122/2156 (Durchschlag).
1 Nach dem 5.5.1955 war die Bundesrepublik am 7.5.1955 in die Westeuropäische Union, am 9.5.1955 in die NATO aufgenommen worden. Im Anschluß an die Pariser NATO-Konferenz vom 9.–11.5.1955 (vgl. Hans-Peter *Schwarz*, Die Ära Adenauer. Gründerjahre der Republik 1949–1957, S. 246-254) und die darauf folgenden Bonner Beratungen zur bevorstehenden Kabinettsumbildung (vgl. Nr. 143) hielt sich Adenauer vom 16.5.–25.5.1955 auf der Bühlerhöhe auf.
2 Vgl. Nr. 141, Anm. 7.
3 Der 8.5.1955 »ist ja nicht bloß der Vorabend von Schillers Todestag, sondern 10. Wiederkehr des Tages, da der furchtbarste Krieg durch einige Unterschriften sich sein Ende bestätigen ließ«; vgl. Theodor Heuss. Politiker und Publizist, S. 448.
4 Vgl. Nr. 141, Anm. 8.

Nr. 143
*BA, VS B 122/17, auf Kopfbogen wie Nr. 9; StBKAH III/47 (Durchschlag).
a ‹ › Im Durchschlag (StBKAH III/47) hs. korrigiert aus »unwahrscheinlich«.
b,c,d ‹ › Ms. am Rand hinzugefügt.
e ‹...› Hier gestrichen »doch«.
1 Vgl. Nr. 141, Anm. 7, Nr. 142. – Zum Nachfolgenden, unter Verwendung bzw. Nachweis dieses Schreibens, Hinweise bei Konrad *Adenauer*, Erinnerungen 1955–1959, S. 121, und Hans-Peter *Schwarz*, Die Ära Adenauer. Gründerjahre der Republik 1949–1957, S. 264. – Am 23.5.1955 informierte Adenauer den besonders angesprochenen CDU/CSU-Fraktionsvorsitzenden und zukünftigen Außenminister *von Brentano:* »Heute habe ich Herrn Kilb mit einem Brief zum Herrn Bundespräsidenten geschickt. In diesem Brief habe ich die verschiedenen geplanten Veränderungen im Kabinett dargelegt und ich habe ihm ferner mitgeteilt, ... daß Sie den begreiflichen Wunsch haben, dort [vgl. Anm. 37] schon als deutscher Außenminister anwesend zu sein. ... Sicher ist der Bundespräsident nach dem Grundgesetz verpflichtet, die Vorschläge des Bundeskanzlers zu akzeptieren, aber ich halte es doch für richtig, ihm, wenn er will, die Möglichkeit zu einer Aussprache zu lassen, insbesondere bei der Ernennung des Außenministers, da er sich für diese sehr interessiert«; vgl. BA, NL von Brentano, Nr. 56. Teildruck (anderer Briefauszüge, ohne diesen Passus): Arnulf *Baring*, Sehr verehrter Herr Bundeskanzler!, S. 151.
2 Vorausgegangen waren die niedersächsischen Landtagswahlen vom 24.4. 1955, nach denen der bisherige Bundesratsminister und DP-Vorsitzende Hellwege eine Koalitionsregierung aus CDU, DP, GB/BHE und FDP bildete.
3 Gerhard *Schröder* (geb. 1910), 1949–1980 MdB (CDU), Bundesminister des

Innern (1953–1961), des Auswärtigen (1961–1966), für Verteidigung (1966–1969).

4 Hans Joachim *von Merkatz* (1905–1982), 1949–1969 MdB (DP, ab 1960 CDU), Bundesminister für Angelegenheiten des Bundesrates (1955–1962), der Justiz (1956/57), für Vertriebene, Flüchtlinge und Kriegsgeschädigte (1960/61).

5 Adolf *Heusinger* (1897–1982), General, ab 1950 militärischer Berater des Bundeskanzlers, 1952 Leiter der Militärabteilung der Dienststelle Blank, 1955 Vorsitzender des militärischen Führungsrates im Bundesverteidigungsministerium, 1957 Leiter der Abteilung Gesamtstreitkräfte, 1957–1961 Generalinspekteur der Bundeswehr.

6 Hans *Speidel* (1897–1985), General, ab 1950 militärischer Berater des Bundeskanzlers, 1951–1954 militärischer Chefdelegierter bei den EVG-Verhandlungen, 1955–1957 Leiter der Abteilung Gesamtstreitkräfte im Bundesverteidigungsministerium, 1957–1963 Oberbefehlshaber der NATO-Landstreitkräfte Europa-Mitte.

7 Die nächste Begegnung, bei der Adenauer vom Amt des Außenministers entbunden und Heinrich *von Brentano* zum Nachfolger, zugleich Theodor *Blank* zum ersten Bundesminister für Verteidigung und Hans-Joachim *von Merkatz* zum Nachfolger Hellweges ernannt wurden, datiert vom 6.6.1955; hierzu die Aufzeichnung in BA, VS B 122/15 sowie eine Vorausmeldung desselben Tages im »General-Anzeiger« (Bonn).

8 Der Bundestag verabschiedete am 23.7.1955 das Freiwilligen-Gesetz, am 2.1. 1956 wurden die ersten Bundeswehreinheiten einberufen; vgl. Nr. 168, Anm. 2.

9 Schreiben des FDP-Fraktionsvorsitzenden *Dehler* vom 10.5.1955; Durchschlag mit kurzer Empfangsbestätigung Adenauers vom 16.5.1955 in AdL, NL Dehler, N 1-2220.

10 Walter *Dudek* (1890–1976), 1946–1953 Senator (SPD) der Hansestadt Hamburg, Leiter der Finanzbehörde, danach u. a. als DGB-Berater tätig.

11 Gustav *Noske* (1868–1946), 1906–1918 MdR (SPD), 1919/20 Reichswehrminister.

12 Hierfür keine Belege in StBKAH.

13 Im Schreiben vom 30.4.1955; Durchschlag in AdsD, PV der SPD, Bestand Ollenhauer, Korrespondenz mit Adenauer 1952–1961.

14 Der SPD-Vorsitzende hatte schon in der Vorstandssitzung vom 29./30.4. 1955 darauf hingewiesen, »daß die SPD nicht zu einer solchen stillen Koalition bereit sei«; vgl. a.a.O., SPD-Parteivorstand, Protokolle 1955.

15 Erich *Mende* (geb. 1916), 1949–1980 MdB (FDP, ab 1970 CDU), 1953–1957 Parlamentarischer Geschäftsführer und stellvertretender Fraktionsvorsitzender, 1957–1963 Fraktionsvorsitzender, 1960–1968 Parteivorsitzender, 1963–1966 Bundesminister für gesamtdeutsche Fragen, Stellvertreter von Bundeskanzler Erhard. – Ein Hinweis auf seine hier erwähnte Kandidatur in seinen Erinnerungen 1945–1961: Die neue Freiheit, S. 348. Vgl. a. Nr. 152, Anm. 7.

16 Vgl. Nr. 46, Anm. 5.

17 Heinrich *von Brentano* (1904–1964), 1948/49 Mitglied des Parlamentarischen Rates (CDU), 1949–1964 MdB, 1949–1955 und 1961–1964 CDU/CSU-Fraktionsvorsitzender, 1955–1961 Außenminister.

18 Heinrich *Krone* (geb. 1895), 1949–1969 MdB (CDU), 1951–1955 Geschäftsführer, 1955–1961 Vorsitzender der CDU/CSU-Bundestagsfraktion, 1961–1966 Bundesminister für besondere Aufgaben, 1967–1969 Sonderberater von Bundeskanzler Kiesinger.

19 Franz Josef *Strauß* (1915–1988), 1949–1978 MdB (CSU), 1953–1957 und 1963–1966 Vorsitzender der CSU-Landesgruppe, Bundesminister für besondere Aufgaben (1953–1955), für Atomfragen (1955/56), für Verteidigung (1956–1962), für Finanzen (1966–1969), ab 1961 CSU-Vorsitzender, ab 1978 bayerischer Ministerpräsident.

20 Vgl. Nr. 126, Anm. 3, Nr. 127.

21 Sir Anthony *Eden*, Earl *of Avon* (1897–1977), 1935–1938, 1940–1945 und 1951–1955 britischer Außenminister, 1955–1957 Premierminister.

22,23 Vgl. Nr. 129, Anm. 2.

24 Hierzu die Aufzeichnung über das Gespräch vom 25.4.1955, in BA, VS B 122/15.

25 Vgl. Arnulf *Baring*, a.a.O., S. 150f.

26 Am 15.5.1955 war der Österreichische Staatsvertrag von den Außenministern der vier Großmächte unterzeichnet worden.

27 Zur Verbesserung der sowjetisch-jugoslawischen Beziehungen hatten beide Seiten am 14.5.1955 Kommuniqués veröffentlicht und traf am 26.5.1955 eine sowjetische Regierungsdelegation in Belgrad ein; vgl. AdG, Jg. 25 (1955), S. 5161, 5187-5189.

28 Vgl. Herbert *Blankenhorn*, Verständnis und Verständigung, S. 217-220.

29 Am 18.5.1955 in New York; vgl. Konrad *Adenauer*, Erinnerungen 1953–1955, S. 443f. Hierzu auch das in Anm. 1 verwendete Schreiben an von Brentano.

30 Adenauer bezieht sich hier auf Informationen des Botschafters in Washington, Heinz *Krekeler* (vgl. Anm. 45), den er nach Bekanntwerden der Aussagen Eisenhowers beauftragt hatte, »unverzüglich bei Außenminister Dulles vorstellig zu werden und meine starke Bedenken anzumelden«; vgl. a.a.O., S. 444.

31 Am 11.5.1955, 15.15 Uhr (Terminkalender StBKAH). – Zu einer am 7.5.1955 ebenfalls in Paris geführten Unterredung Adenauer–Dulles zur Frage der Wiedervereinigung vgl. die Protokollauszüge bei Rolf *Steininger*, Deutsche Geschichte 1945–1961. Darstellung und Dokumente, Bd. 2, Frankfurt/Main 1983, S. 506.

32 Zur damaligen Diskussion um die Rentenreform vgl. Hans Günter *Hockerts*, Sozialpolitische Entscheidungen im Nachkriegsdeutschland. Alliierte und deutsche Sozialversicherungspolitik 1945–1957, Stuttgart 1980, S. 279-300.

33 Hier das Schreiben Adenauers an Franz *Etzel* vom 19.9.1953 in: Adenauer, Briefe 1951–1953, S. 438-440.

34 Vgl. Nr. 9A, Anm. 3.

35 Vgl. Anm. 1.

36 Hans *Kilb* (1910–1984), 1951–1958 Persönlicher Referent des Bundeskanzlers.
37 Die Konferenz fand vom 1.–3.6.1955 in Messina (ebenfalls auf Sizilien) statt; hierzu Hanns Jürgen *Küsters,* Die Gründung der Europäischen Wirtschaftsgemeinschaft, S. 119-132.
38 Jean *Monnet* (1888–1979), 1946–1952 Leiter des französischen Planungsamtes, 1952–1955 erster Präsident der Hohen Behörde der EGKS (an deren Vorbereitung und Gründung 1950 maßgeblich beteiligt). – Zum Nachfolger Monnets wurde in Messina René *Mayer* gewählt.
39 Deutscher Vertreter in Messina: Staatssekretär *Hallstein.*
40 Nach dem Terminkalender des Bundeskanzlers kam diese Begegnung auf der Bühlerhöhe nicht zustande.
41 Bundestagsdebatte vom 27.5.1955 über eine Regierungserklärung Adenauers zur Neutralisierungsfrage und zur Behandlung der Abrüstungsproblematik auf der bevorstehenden Viererkonferenz; vgl. Stenographische Berichte, 2. Wahlperiode, Bd. 24, S. 4593-4634.
42 Vgl. Anm. 7.
43 Zu diesem USA-Aufenthalt vom 13.–19.6.1955 vgl. Konrad *Adenauer,* Erinnerungen 1953–1955, S. 460f., und Herbert *Blankenhorn,* a.a.O., S. 218-220.
44 An der Gedenkfeier zum »Tag der Einheit« 1955 konnte Adenauer nicht teilnehmen; s. o.
45 Heinz *Krekeler* (geb. 1906), 1947–1950 MdL (FDP) in Nordrhein-Westfalen, 1950/51 Generalkonsul in New York, 1951–1955 Geschäftsträger, 1955–1958 Botschafter in Washington.
46 Vgl. Anm. 30.

Nr. 144
*StBKAH III/47, eigenhändig (hierzu die Abb. auf S. 186f.), auf Kopfbogen wie Nr. 7; BA, VS B 122/17 (eigenhändiger stenographischer Entwurf und Abschrift).
a ‹ › In der für die Akten des Bundespräsidialamtes angefertigten Abschrift verändert in »ob es sein persönlicher Ehrgeiz ist«.
1 Vgl. Nr. 143. Im Nachfolgenden werden wegen der Vielzahl der Verweise nicht alle sachlichen und personalpolitischen Bezüge zum Adenauer-Brief erneut angemerkt.
2 Leonhard *Schlüter* (geb. 1921), 1948/49 Landesvorsitzender der Deutschen Rechtspartei in Niedersachsen, dort 1951–1959 MdL (1953–1956 FDP), nach der Regierungsbildung durch Hellwege kurzfristig Kultusminister, dann wegen seiner rechtsextremistischen Vergangenheit ausgeschieden. Vgl. Heinz-Georg *Marten,* Der niedersächsische Ministersturz. Protest und Widerstand der Georg-August-Universität Göttingen gegen den Kultusminister Schlüter im Jahre 1955, Göttingen 1987. Vgl. a. Theodor Heuss. Tagebuchbriefe, S. 35, 37, 521, und Friedrich *Henning* (Hrsg.), Theodor Heuss: Lieber Dehler!, S. 110-114.
3 Hans-Christoph *Seebohm* (1903–1967), 1948/49 Mitglied des Parlamentari-

schen Rates (DP), 1949–1966 Bundesminister für Verkehr, 1949–1967 MdB (ab 1960 CDU), führender Vertriebenenfunktionär.

4 Belege für die Kritik Adenauers an den sog. »Sonntagsreden« Seebohms in seinen Briefen 1949–1951, S. 249f., 302. Vgl. a. Briefe 1951–1953, S. 154f., 253, 390.

5 Zur Diskussion um die Ernennung des Staatssekretärs im Bundesjustizministerium 1949/50 vgl. Udo *Wengst,* Staatsaufbau und Regierungspraxis, S. 156-158, 165f., 233f.

6 Maximilian *Sauerborn* (1889–1963), 1948/49 Präsident des bayerischen Landesversicherungsamtes, 1950–1957 Staatssekretär im Bundesministerium für Arbeit und Sozialordnung. Vgl. a.a.O., S. 157f.

7 Theodor *Bleek* (1898–1969), 1946–1951 Oberbürgermeister von Marburg, 1951–1957 Staatssekretär im Bundesministerium des Innern, 1957–1961 Chef des Bundespräsidialamtes.

8 Dem im Oktober 1955 gebildeten Bundesverteidigungsrat (ab 1970 Bundessicherheitsrat) gehören – unter dem Vorsitz des Bundeskanzlers – als ständige Mitglieder die Bundesminister des Auswärtigen, des Innern, der Verteidigung, der Finanzen und der Wirtschaft an; vgl. Adenauer, Teegespräche 1955–1958, S. 308, 478.

9 Zu den Überlegungen, »den Verteidigungsminister unter die Möglichkeit eines auf ihn abgestellten Mißtrauensvotums zu bringen«, ein Heuss-Schreiben an *Dehler* vom 14.9.1955; vgl. Friedrich *Henning* (Hrsg.), a.a.O., S. 133. – Zur weiteren Erörterung der Staatssekretärs-Frage vgl. Nr. 152.

10 Vgl. Nr. 143, Anm. 24.

11 Edgar *Faure* (1908–1987), 1952 und 1955/56 französischer Ministerpräsident, 1953–1955 und 1958 Finanzminister, 1955 Außenminister.

12 Sir Harold *Macmillan,* Earl *of Stockton* (1894–1987), 1954/55 britischer Verteidigungsminister, 1955 Außenminister, 1955–1957 Schatzkanzler, 1957–1963 Premierminister, zugleich Parteiführer der Konservativen.

13 Gustav *Stresemann* (1879–1929), 1918 Mitbegründer der DVP, bis zu seinem Tod deren Vorsitzender, 1923 Reichskanzler, 1923–1929 Reichsaußenminister. Zu seiner skeptischen Beurteilung durch Heuss vgl. Theodor Heuss. Politiker und Publizist, S. 148-151, durch Adenauer: Karl Dietrich *Erdmann,* Stresemann und Adenauer – zwei Wege deutscher Politik, in: Horst *Fuhrmann*/Hans Eberhard *Mayer*/Klaus *Wriedt* (Hrsg.), Aus Reichsgeschichte und Nordischer Geschichte. Karl Jordan zum 65. Geburtstag, Stuttgart 1972, S. 397-410. Vgl. a. Winfried *Becker,* Von Stresemann zu Adenauer. Deutschland im Spannungsfeld von Großmachtstreben und europäischer Einigung, in: Jahrbuch für westdeutsche Landesgeschichte, Jg. 13 (1987), S. 257-278.

14,15 Vgl. Tagebuchbriefe, S. 35f.

16 Vgl. Nr. 143, Anm. 7.

Nr. 145
*BA, NL Heuss, Nr. 62, auf Kopfbogen wie Nr. 9, mit Eingangsstempel des Bundespräsidialamtes vom 31.7.1955; StBKAH III/47 (Durchschlag), mit hs. Notiz Arenz »ab 30.7.55 d[urch] Kurier«.

1 Konferenz (»des Lächelns«) der Regierungschefs der vier Großmächte (unter Beteiligung von Beobachterdelegationen beider deutscher Staaten) vom 17.–23.7. 1955; vgl. Konrad *Adenauer,* Erinnerungen 1953–1955, S. 468-484, und seine Teegespräche 1955–1958, S. 6f. Zur Bedeutung der Konferenz für die deutschlandpolitische Entwicklung der Folgejahre vgl. Hans-Peter *Schwarz,* Entspannung und Wiedervereinigung, passim.

2 Vgl. Nr. 146.

3 Vom 27.10.–16.11. in Genf (auf der Grundlage von Direktiven der o. g. Konferenz an die Außenminister); vgl. Konrad *Adenauer,* a.a.O., S. 468-472, und *ders.,* Erinnerungen 1955–1959, S. 31-62. Vgl. a. Nr. 153.

4 Daraus der abschließende Passus: »Ich sehe nirgendwo in der deutschen Presse eine kluge und entschiedene Stellungnahme zur gegenwärtigen außenpolitischen Lage. Diese ist dadurch gekennzeichnet, daß die Russen in keinem Punkt sachlich irgendwie etwas aufgegeben haben, sondern daß sie sich darauf beschränkt haben, sich anders aufzuführen, wie das Molotow bei den früheren Konferenzen getan hat. Ich erblicke eine ernste Gefahr in der ganzen Situation für die öffentliche Meinung. In USA und in Großbritannien hat die billige Geste der Russen sichtbar eingewirkt. Unsere Presse vermeidet eine Stellungnahme. Dieses Vermeiden einer Stellungnahme durch die deutsche Öffentlichkeit wirkt natürlich im Ausland auch im Sinne einer Bagatellisierung des ganzen *Ernstes* der Situation« (BA, NL Heuss, Nr. 62). – Eine weitere Ausfertigung dieses Exposés hatte Adenauer am 29.7.1955 auch Hans *Globke* zugeleitet, ergänzt um einige Ausführungen zur Notwendigkeit, »daß wir in Deutschland eine Zeitung von Rang bekommen« (StBKAH III/17).

5 Ab 15.8.1955 in Lörrach; vgl. Theodor Heuss. Tagebuchbriefe, S. 53-58. – Adenauer hielt sich vom 18.7.–27.8.1955 in Mürren in der Schweiz auf; vgl. Nr. 147.

Nr. 146
*BA, NL Heuss, Nr. 62 (Durchschlag), mit ms. Briefkopf wie Nr. 71, ohne Ortsangabe beim Datum.

1 Vgl. Nr. 145.

2 Vgl. a.a.O., Anm. 4.

3 Der Besuch des Außenministers bei Heuss datiert vom 27.7.1955 (Tagesnotizbücher NL Heuss).

4 Vgl. Herbert *Blankenhorn,* Verständnis und Verständigung, S. 223, und Wilhelm G. *Grewe,* Rückblenden, S. 229f.

5 Vollrath Freiherr *von Maltzan* (1899–1967), 1950–1953 Leiter der Abteilung Außenhandel im Bundeswirtschaftsministerium, 1953–1955 Leiter der Handels-

politischen Abteilung des Auswärtigen Amtes, 1955–1958 Botschafter in Frankreich.

6 Sergej *Winogradow* (1907–1970), sowjetischer Botschafter in der Türkei (1940–1948), Frankreich (1953–1965) und Ägypten (1967–1969). – Zu seinen Kontakten zu von Maltzan vgl. Wilhelm G. *Grewe,* a.a.O., S. 230.

7 Moskau-Reise des Bundeskanzlers vom 8.–14.9.1955, die zur Aufnahme diplomatischer Beziehungen und zur Entlassung der deutschen Kriegsgefangenen führte; vgl. Konrad *Adenauer,* Erinnerungen 1953–1955, S. 447-450, 487-556, und seine Teegespräche 1955–1958, S. 5-30, 363 (dort die weiterführende Literatur). Zur Beurteilung durch Heuss (22.7.1955: »... würde zumindest ... froh sein, wenn aus dem geplanten ... Besuch eine diplomatische Vertretung werden könnte«) vgl. seine Tagebuchbriefe, S. 47, 63f. Vgl. a. Nr. 149.

8 Zum Besuch einer Regierungsdelegation der DDR in Moskau (17.–20.9. 1955) vgl. Konrad *Adenauer,* Erinnerungen 1955–1959, S. 89-92. – Damaliger Botschafter der DDR in der UdSSR: Johannes König.

9 Hierzu der Artikel »Fährt Erhard mit nach Moskau?« in der »Frankfurter Allgemeinen« vom 27.7.1955.

10 Am 1.8.1955 begannen in Genf Botschaftergespräche zwischen den USA und der Volksrepublik China; vgl. AdG, Jg. 25 (1955), S. 5291.

11 Einleitender Essay zu dem 1956 erschienenen, von Heuss gemeinsam mit Hermann *Heimpel* und Benno *Reifenberg* herausgegebenen ersten Band der ›deutschen Biographie‹ »Die großen Deutschen« (Berlin 1956, S. 9-17). Vgl. Nr. 182, 193.

12 »Augsburg in der deutschen Geschichte: Zur 1000-Jahr-Feier der Schlacht auf dem Lechfeld«; Druck der Rede vom 10.8.1955: Theodor Heuss. Die großen Reden, S. 229-235.

13 »Staat und Recht«, Rede vom 7.9.1955, im Bulletin, Nr. 170 vom 10.9.1955, S. 1424f.

14 Barbara *Heuss,* 1947 geborene Tochter von Ernst Ludwig Heuss und seiner ersten Ehefrau Hanne; vgl. Nr. 248, Anm. 7.

15 Vgl. Theodor Heuss. Tagebuchbriefe, S. 57, und Nr. 149.

Nr. 147

*BA, NL Heuss, Nr. 62, auf Kopfbogen wie Nr. 9.

1 Vgl. Nr. 146, Anm. 7.

2 Am 5.8.1955, 16.30 Uhr (Tagesnotizbücher NL Heuss).

3 Gemeint ist Yrsa *von Leistner* (geb. 1921), deren nach der Vermittlung durch Heuss angefertigte Bronzebüste Adenauers (Termine: 30.9., 4.10., 5., 6., 8., 9.12. 1955; Besucherlisten StBKAH) auf S. 195 abgebildet ist.

4 Vgl. Nr. 146, Anm. 11.

5 Vgl. a.a.O., Anm. 13. – Eine eigene Rede Adenauers vor Juristen, auf die seine Formulierung schließen läßt, ist für diesen Zeitraum nicht nachweisbar. Vermutlich hatte er – als Anregung – statt »werde« »würde« im Sinn, dies auch diktiert, aber nicht mehr korrigiert.

Nr. 148
*StBKAH III/47 (Durchschlag), mit hs. Notiz Zimmermann vom 19.8.1955 »ab m[it] Anl[age] d[urch] K[urier]«.
1 Dieser deutschlandpolitisch kontroverse Briefwechsel Adenauers mit dem Außenminister der USA wurde von Konrad *Adenauer* bereits 1966 publiziert; vgl. Erinnerungen 1953–1955, S. 478-484. Vgl. a. Hans-Peter *Schwarz* (Hrsg.), Entspannung und Wiedervereinigung, S. 24. – Zur Übermittlung des Vorgangs an Heuss vgl. seine Tagebuchbriefe, S. 55.

Nr. 149
*StBKAH III/47, auf Kopfbogen wie Nr. 43; BA, B 122/2156 (Durchschlag).
a ‹ › Eigenhändiger Zusatz Heuss'.
1 Vgl. Nr. 146, Anm. 13.
2 »Helfen–Wollen und Helfen–Müssen«, Heuss-Rede vor dem Deutschen Fürsorgetag vom 15.–17.9.1955 in Berlin, im Bulletin, Nr. 176 vom 20.9.1955, S. 1469f.
3 Vgl. Nr. 146, Anm. 16.
4 Am 25.8.1955; hierzu Theodor Heuss. Tagebuchbriefe, S. 56, sowie sein Schreiben an Carl Jacob *Burckhardt* vom 26.8.1955 (BA, NL Heuss, Nr. 328).
5 Die Einschaltung von Heuss durch den Außenminister führte zu einer brieflichen Kontroverse Adenauer (29.8.: »Mir ist von dieser Absprache nichts bekannt«) – *von Brentano* (29.8.: »... erfolgte in Ihrem vollen Einverständnis«); Druck: Arnulf *Baring*, Sehr verehrter Herr Bundeskanzler!, S. 157-164.
6 »Tag der Deutschen« am 11.9.1955 in Berlin; vgl. Bulletin, Nr. 171 vom 13.9. 1955, S. 1435f.
7 Heuss halte »Gruß- und Geleitworte ... für eine nicht gerade gute Mode der heutigen Journalistik und der Ausstellungsveranstaltungen«, Hans *Bott* am 2.8. 1955 an den Hauptverband des Deutschen Lebensmittel-Einzelhandels e. V. (BA, NL Heuss, Nr. 328).
8 Georg Baron *Manteuffel-Szoege* (1889–1962), nach 1945 Vorstandsmitglied des Hauptausschusses der Flüchtlinge und Ausgewiesenen in Bayern, 1950–1953 Präsident des Hauptamtes für Soforthilfe, 1953–1962 MdB (CSU).
9 Durchschlag des am 5.9.1955 ausgefertigten, in Kopie als »*Grußwort!*« an die Registratur des Bundespräsidialamtes abgegebenen Schreibens in BA, NL Heuss, Nr. 329.
10 Hubert *Ney* (1892–1984), 1952–1957 Vorsitzender der Christlichen Volkspartei (CVP) des Saarlandes (1959 ausgetreten), dort 1956/57 Ministerpräsident, 1957–1959 Justizminister.
11 Heinrich *Schneider* (1907–1974), 1955–1962 Vorsitzender der Deutschen Partei Saar (DPS), 1957–1959 Wirtschaftsminister des Saarlandes, 1957–1965 MdB (FDP), 1960/61 stellvertretender Bundesvorsitzender der FDP (1969 ausgetreten). – Zu den hier angesprochenen Vorgängen (vor Ablehnung des Saarstatuts am 23.10.1955) vgl. seine eigene Darstellung: Das Wunder an der Saar, S. 426f.,

und Gerhard *Bauer,* Vom Zentrum zur CDU. Hundert Jahre christliche Politik an der Saar, Saarbrücken 1981, S. 44-48. Vgl. a. Nr. 152.

12 Am 20.8.1955 waren in Marokko und Algerien schwere Unruhen ausgebrochen; vgl. AdG, Jg. 25 (1955), S. 5317.

Nr. 150

*BA, VS B 122/17, auf Kopfbogen wie Nr. 9, mit hs. Notiz Klaiber vom 27.9. 1955 »Z.d.A. (hat H[errn] B[undes]pr[äsidenten] vorgelegen)«; StBKAH III/47 (Durchschlag), mit hs. Notiz Zimmermann »ab am 26.9. d[urch] B[oten] m[it] Anl[age]«.

1 Adenauer hatte den FDP-Fraktionsvorsitzenden um Erläuterung seiner Ausführungen vor dem Landesparteitag der FDP-Niedersachsen (24.9.1955) gebeten, »die von den Grundsätzen und Auffassungen der Koalition in außenpolitischen Fragen abrückten«. Hierzu wie auch zu der nachfolgenden Auseinandersetzung Adenauer–*Dehler* (vgl. Nr. 153, 154) umfangreiches Material in StBKAH 12.32, 12.33, 12.34. Vgl. a. Friedrich *Klingl,* »Das ganze Deutschland soll es sein!«, S. 222-225.

Soweit ersichtlich, hat Heuss diesen Brief nicht schriftlich beantwortet. Gelegenheit zur mündlichen Erörterung war am selben Tag bei einem Abendessen für Botschafter *François-Poncet* gegeben; vgl. Theodor Heuss. Tagebuchbriefe, S. 67.

Nr. 151

*BA, B 122/2156 (Abschrift des eigenhändigen Schreibens), mit ms. Briefkopf wie Nr. 71; BA, NL Heuss, Nr. 329.

1 Wegen einer Bronchitis führte Adenauer vom 7.10.–23.11.1955 die Regierungsgeschäfte von Rhöndorf aus. Dort besuchte ihn Heuss am 1.11.1955; hierzu seine eigenhändige Notiz in BA, VS B 122/15 sowie eine Meldung im Bulletin, Nr. 207 vom 3.11.1955, S. 1730. – Nach der besonders langwierigen Erkrankung (die durch eine leichte Lungenentzündung kompliziert wurde; das Bulletin veröffentlichte regelmäßig die ärztlichen Kommuniqués) dankte Adenauer am 24.11. 1955 in einer Rundfunkansprache für die zahlreichen Genesungswünsche und anderen Zeichen der Anteilnahme aus der Bevölkerung; Druck: a.a.O., Nr. 221 vom 25.11.1955, S. 1865.

Nr. 152

*BA, NL Heuss, Nr. 62, eigenhändig, auf Kopfbogen wie Nr. 87, ohne Ortsangabe beim Datum.

1 Vgl. Nr. 151.

2 Am 5.10.1955 zu Gesprächen mit dem französischen Ministerpräsidenten Edgar *Faure;* hierzu das Kommuniqué in EA, Jg. 10 (1955), S. 8361.

3 Vgl. Nr. 149, Anm. 11.

4 Vgl. Nr. 143.

5 Günther *Bergemann* (1902–1968), 1952–1957 Staatssekretär im Bundesver-

kehrsministerium (mit der Wahrnehmung der Geschäfte beauftragt). – Adenauers Absicht, ihn für das genannte Amt zu gewinnen, ist damit zu erklären, daß er in der Bonner Administration »zu den wenigen [gehörte], die sich auch auf internationalem Parkett bewegen konnten, und zu allem Überfluß verfügte er auch noch über gute Beziehungen zu den Gewerkschaften«; vgl. Udo *Wengst,* Staatsaufbau und Regierungspraxis, S. 163.

6 Am 22.9.1955 (Besucherlisten StBKAH).

7 Noch im Oktober zum Staatssekretär Theodor *Blanks* ernannt: Josef *Rust* (geb. 1907), 1949–1952 Referent für Finanz- und Wirtschaftsfragen im Bundeskanzleramt (1950 Ministerialrat), 1952–1955 Ministerialdirektor im Bundeswirtschaftsministerium, 1955–1959 Staatssekretär im Bundesverteidigungsministerium.

8 Zum Empfang von Heimkehrern aus der Sowjetunion am 18.10.1955 vgl. Theodor Heuss. Tagebuchbriefe, S. 75, und Friedrich *Henning* (Hrsg.), Theodor Heuss: Lieber Dehler!, S. 187.

Nr. 153

*BA, VS B 122/17, auf Kopfbogen wie Nr. 9, mit eigenhändiger Notiz Heuss »Eingetroffen abends 7.20 Uhr«; StBKAH 12.33 (Durchschlag).

1 Der Außenminister der vier Großmächte im Oktober/November 1955; vgl. Nr. 145, Anm. 3, und Adenauer, Teegespräche 1955–1958, S. 18f. Dort (S. 33) auch Angaben Adenauers zu seinem nachfolgend angesprochenen, als Anlage Heuss übermittelten Brief an *Dehler* desselben Tages. Vgl. Nr. 150, Anm. 1, Nr. 154, Anm. 1, sowie die Darstellung dieses Vorgangs bei Hans-Peter *Schwarz,* Die Ära Adenauer. Gründerjahre der Republik 1949–1957, S. 307, und Friedrich *Klingl,* »Das ganze Deutschland soll es sein!«, S. 230. – Zur Beurteilung durch Heuss (»Im politischen Raum viel Unfrohes, weil Dehler immerfort sich aufspielen muß«) vgl. seine Tagebuchbriefe, S. 99f.

2 Vgl. Stenographische Berichte, 2. Wahlperiode, Bd. 27, S. 6101-6111, 6155-6188.

3 Das Gespräch fand am 26.11.1955 statt; hierzu die Aufzeichnung in BA, VS B 122/15, eine Meldung desselben Tages in der »Welt« (»Heuss schaltet sich in die Koalitionskrise ein«) sowie die ausführliche Darstellung in den Tagebuchbriefen, S. 101.

Nr. 154

*BA, VS B 122/17, auf Kopfbogen wie Nr. 9.

1 Adenauer hatte die Antwort auf sein Schreiben vom 22.11.1955 angemahnt (vgl. Nr. 153, Anm. 1), die ihn am 29.11.1955 *»Durch Boten! Sofort auf den Tisch!«* erreichte: »Seit der Verabschiedung der Pariser Verträge hat sich an der Haltung der Fraktion der Freien Demokraten zu diesen Verträgen nichts geändert. Die zweite Frage Ihres Schreibens [nach der Bereitschaft zur Fortführung der Koalition bis zu den Bundestagswahlen 1957] berührt die Grundsätze unserer Demokratie,

der Verfassung und des Wesens einer Koalition. Die Fraktion der Freien Demokraten hält es nicht für angängig, diese Probleme in einem Briefwechsel zu erörtern, der in diesen Formen unter Koalitionspartnern nicht üblich ist. Ein Gespräch ist von meiner Fraktion bei Ihnen wiederholt angeregt worden. Sie wiederholt diese Anregung« (StBKAH 12.33). Zu diesem Vorgang vgl. Friedrich *Klingl,* »Das ganze Deutschland soll es sein!«, S. 234 – zu den anschließenden Koalitionsgesprächen CDU/CSU–FDP am 6., 7. und 13.12.1955 die Darstellung eines der Akteure, Erich *Mende,* Die neue Freiheit, S. 360-363. Vgl. a. Adenauer, Teegespräche 1955–1958, S. 60f.

Nr. 155
*BA, NL Heuss, Nr. 62, eigenhändig, auf Kopfbogen wie Nr. 87, ohne Ortsangabe beim Datum.
1 ». . . ein kürzlich erschienenes populäres Buch ›Und die Bibel hat doch recht‹ [Autor: Werner *Keller*], das mir – Adenauer zu Weihnachten schenkte, ein Bestseller«, Heuss am 2.4.1956 an Toni *Stolper* (Tagebuchbriefe, S. 166).

Nr. 156
*BA, NL Heuss, Nr. 62 (Abschrift des eigenhändigen Schreibens).
1 Vgl. Nr. 155.
2 Vgl. Theodor Heuss. Tagebuchbriefe, S. 116-125.
3 Theodor Heuss. Würdigungen. Reden, Aufsätze und Briefe aus den Jahren 1949–1955, hrsg. von Hans *Bott,* Tübingen 1955.
4 Heuss hatte Adenauer das Buch bereits am 1.11.1955 in Rhöndorf (vgl. Nr. 151, Anm. 1) überreicht; hierzu eine Pressemeldung in der »Welt« vom 2.11. 1955. Vgl. a. die Abb. auf S. 200.
5 Am Vorabend des 80. Adenauer-Geburtstages gab Heuss einen Empfang zu Ehren des Bundeskanzlers in der Godesberger Redoute; Wortlaut der dort gehaltenen Ansprache: Bulletin, Nr. 8 vom 12.1.1956, S. 58. Vgl. Nr. 158. Hierzu auch die Photos auf S. 204.

Nr. 157
*BA, B 136/5818, auf Kopfbogen »Dankspende des Deutschen Volkes. Der Vorstand«, mit Eingangsstempel des Bundeskanzleramtes vom 27.12.1955.
1 Von Theodor Heuss initiierte Stiftung zur »Vergeltung ausländischer Wohltaten«. Aus dem von Robert *Görlinger* und Dieter *Sattler* mitunterzeichneten Gründungsaufruf vom 27.11.1951: »Aus den Spenden, um die wir freundlichst bitten, sollen Werke zeitgenössischer Künstler erworben werden. Den Völkern, die uns beschenkt haben, sollen diese Kunstwerke ein Gruß des Dankes sein. Wohl wissen wir, daß wir damit nur ein Geringes tun. Doch können vielleicht diese Zeichen sagen, was uns seit langem erfüllt und daß wir nichts sehnlicher wünschen als den Frieden von Haus zu Haus, von Land zu Land«; vgl. Bulletin, Nr. 13 vom 27.11.1951, S. 81. Vgl. a. Theodor Heuss. Der Mann, das Werk, die Zeit, S. 331, und Theodor Heuss. Politik durch Kultur, S. 106.

2 »Wenn wir einmal in Gedanken zurückgehen, nur um wenige Jahre, ... und wenn wir uns dann gegenwärtig halten, welcher Jubel doch in all' den Familien der Empfang eines Care-Pakets hervorrief, und wenn wir weiter daran zurückdenken, in welch großzügiger Weise doch unsere früheren Gegner uns auch wirtschaftlich geholfen haben, insbesondere auch die Vereinigten Staaten, so haben wir, meine Damen und Herren, allen Anlaß, nicht zu vergessen, daß wir eine Dankesschuld haben. Wir können diese Dankesschuld natürlich nicht in adäquater Weise abtragen, aber das ist ja auch nicht nötig. Ich finde es schon sehr wertvoll und ich glaube auch politisch für uns Deutsche wertvoll, daß wir durch diese Sammlung und Spende zeigen, daß wir nicht vergessen haben, daß das deutsche Volk in den Zeiten der größten Not Hilfe vom Ausland in ungezählten Mengen und Fällen bekommen hat«, aus der Kanzlerrede beim feierlichen Gründungsakt am 27.11.1951; vgl. Bulletin, Nr. 14 vom 29.11.1951, S. 94.
3 Werner *Stephan*/Heinrich *Tintner,* Absender Deutschland. Der Bericht über die Dankspende des Deutschen Volkes, Berlin 1955.
4 Vgl. Nr. 159, 160.

Nr. 158
*BA, NL Heuss, Nr. 62 (Abschrift des eigenhändigen Schreibens).
1 Vgl. Nr. 156, Anm. 5.
2 Vgl. Nr. 58, Anm. 2, 3.
3 Die »Sommerfahrt an den Rhein« führte Heuss 1901 u. a. auch erstmals ins Siebengebirge; vgl. Theodor Heuss. Der Mann, das Werk, die Zeit, S. 18f. Hierzu auch die Abb. seiner damals entstandenen Zeichnung der Klosterruine Heisterbach auf S. 203.
4 Vgl. Theodor Heuss. Tagebuchbriefe, S. 126, und die am 4.1.1955 ausgestrahlte Rundfunkansprache des Präsidenten zum Kanzlergeburtstag (»Dank für eine große vaterländische Leistung«); Druck: Reden der deutschen Bundespräsidenten, S. 58f.

Nr. 159
*BA, NL Heuss, Nr. 62, auf Kopfbogen wie Nr. 9; BA, B 136/5818 (Durchschlag).
1 Vgl. Nr. 157.
2 Vgl. das Verzeichnis der Empfänger und Dankgaben in: Werner *Stephan*/Heinrich *Tintner,* Absender Deutschland, S. 224-240.

Nr. 160
*BA, B 136/5818, auf Kopfbogen wie Nr. 43; BA, NL Heuss, Nr. 62 (Durchschlag).
1 Vgl. Nr. 159.
2 Hierzu vgl. Josef *Oberbergers* Werkskizze für ein Mosaik »Mariae Himmelfahrt« auf Tafel 95 in: Werner *Stephan*/Heinrich *Tintner,* Absender Deutschland. – »Größte Schwierigkeit: der Vatikan! Was könnte ich darüber erzählen. Pio XII.

wollte halt in der (neuen) Kirche San Eugenio *sein* Dogma von der leiblichen Himmelfahrt der Maria haben – 3, 4 Entwürfe oder mehr«, Heuss am 2.1.1956 an Toni *Stolper;* vgl. seine Tagebuchbriefe, S. 124.

Nr. 161
*BA, NL Heuss, Nr. 62 (Durchschlag), mit ms. Briefkopf wie Nr. 71, ohne Ortsangabe beim Datum.
1 Im Gespräch am 10.1.1956 über das zum 80. Geburtstag erschienene »Adenauer-Bildbuch« des Photographen Leo Fritz *Gruber:* »Ich sagte ihm, ich sei erstaunt, wie brav er als junger Mensch ausgesehen. ... Ich zeigte ihm nun das Bild des 30jährigen Th. H., ... das hochmütige, das ihn so beschäftigte, daß er sich ein Exemplar erbat«; vgl. Theodor Heuss. Tagebuchbriefe, S. 130. – Abb. des Photos: Theodor Heuss. Der Mann, das Werk, die Zeit, Nr. 138 bei S. 80.

Nr. 162
*BA, NL Heuss, Nr. 62, eigenhändig, auf Kopfbogen wie Nr. 87, ohne Ortsangabe beim Datum.
1 Zum 72. Heuss-Geburtstag (»Keinerlei Empfang, nur Personalrat des Amtes«), vgl. seine Tagebuchbriefe, S. 140. Vgl. a. Nr. 163.
2 Staatsbesuch in Griechenland vom 16.–22.5.1956; vgl. Theodor Heuss. Der Mann, das Werk, die Zeit, S. 390. Vgl. a. Nr. 168, 169.

Nr. 163
*BA, NL Heuss, Nr. 62 (Abschrift des eigenhändigen Schreibens), mit ms. Briefkopf wie Nr. 71.
1 Vgl. Nr. 162.
2 »Der Deutsche gehört in die Welt der geistigen Freiheit«, Druck: Bulletin, Nr. 1 vom 3.1.1956, S. 1f.
3 Die Spaltung der FDP-Bundestagsfraktion am 23.2.1956 (Austritt u. a. der Bundesminister *Blücher, Neumayer, Schäfer* und *Preusker*) führte zwei Tage später zum Ausscheiden der FDP aus der Koalition. Die von den Genannten daraufhin gebildete Demokratische Arbeitsgemeinschaft bzw. Freie Volkspartei (FVP) schloß sich am 23.3.1956 dem Regierungsbündnis an; vgl. Adenauer, Teegespräche 1955–1958, S. 46-56, 380-384. – Zu einem am 20.2.1956 unternommenen »Rettungsversuch« Heuss' vgl. Erich *Mende,* Die neue Freiheit, S. 367f.
4 Vgl. Nr. 165.

Nr. 164
*StBKAH III/47, auf Kopfbogen wie Nr. 43; BA, VS B 122/15 (Durchschlag), mit ms. Vermerk *»über Kurierabteilung des AA versandt«* (nach Ascona, wo sich Adenauer vom 24.3.–23.4.1956 aufhielt; vgl. Nr. 165).
1 Otto *Braun* (1872–1955), 1920–1932 MdR (SPD), 1920–1933 preußischer Ministerpräsident (mit Unterbrechungen 1921 und 1925), 1933 in die Schweiz

emigriert. – Braun war am 15.12.1955 in Adenauers Urlaubsort Ascona verstorben; hierzu der Hinweis auf sein an den SPD-Vorsitzenden Ollenhauer gerichtetes Kondolenzschreiben vom 17.12.1955 in StBKAH 13.10.
Zu der von Heuss hier aufgeworfenen Frage der Beisetzung (Trauerfeier im Krematorium von Lugano) vgl. Hagen *Schulze,* Otto Braun oder Preußens demokratische Sendung. Eine Biographie, Frankfurt/Main–Berlin–Wien 1977, S. 849.

2 Karl *Dönitz* (1891–1980), Admiral (1943 Großadmiral), ab 1936 Befehlshaber der U-Boot-Waffe, ab Januar 1943 Oberbefehlshaber der Kriegsmarine, amtierte in der Nachfolge Adolf Hitlers als Reichskanzler ab 2.5.1945, am 23.5.1945 von den Briten verhaftet, 1946 im Nürnberger Kriegsverbrecherprozeß zu 10 Jahren Gefängnis verurteilt, am 1.10.1956 aus Spandau entlassen.

3 Erich *Raeder* (1876–1960), Admiral (1939 Großadmiral), 1935–1943 Oberbefehlshaber der Kriegsmarine, 1946 in Nürberg zu lebenslänglicher Gefängnishaft verurteilt, 1955 entlassen. Vgl. Nr. 167, Anm. 2.

4 Vgl. Theodor Heuss. Tagebuchbriefe, S. 156, 168.

5 Am 19.3.1956; hierzu die Aufzeichnung in BA, VS B 122/15, die Angaben in den Tagebuchbriefen (S. 159 f.) sowie eine Meldung im Bulletin, Nr. 56 vom 21.3. 1956, S. 514.

6 Valerian Alexandrowitsch *Sorin* (1902–1986), 1947–1955 einer der Stellvertretenden Außenminister der Sowjetunion, 1955/56 Botschafter in Bonn, 1956–1961 Erster Stellvertretender Außenminister, 1960–1962 Ständiger Vertreter bei der UNO.

7 Auf dem XX. (Entstalinisierungs-)Parteitag der KPdSU vom 14.–25.2.1956.

8 Vgl. Theodor Heuss. Tagebuchbriefe, S. 163-166.

Nr. 165
*BA, NL Heuss, Nr. 62, eigenhändig, auf Kopfbogen wie Nr. 87.

1 Vgl. Nr. 164, Kopfregest. – Zum Nachfolgenden vgl. den Hinweis in den Tagebuchbriefen (S. 166) auf »den Adenauer-Gruß, der heute aus Ascona hier einging ... – diese schier altmodische Höflichkeit hat mich leicht gerührt.«

2 Eduard Freiherr *von der Heydt* (1882–1964), Bankier und Kunstsammler, an Bankhäusern in London (1909–1920) und Amsterdam beteiligt (ab 1920), seit 1926 Hotelbesitzer auf dem Monte Verità oberhalb von Ascona. Vgl. die gemeinsam mit Werner *von Rheinbaben* verfaßten ›Erinnerungen und Gedanken über Menschen, Kunst und Politik‹: Auf dem Monte Verità (Zürich [2]1958; S. 161-173 zu Adenauer).

3 Die »angeblich heizbare Faschisten-Villa bei Lugano« erwähnt Heuss am 30.3.1956 gegenüber Toni *Stolper;* vgl. seine Tagebuchbriefe, S. 164.

4 Hedwig *Heuss,* Ehefrau des ältesten Heuss-Bruders Ludwig (1881–1931); vgl. Theodor *Heuss,* Erinnerungen 1905–1933, S. 371.

5 Vgl. Nr. 164, Anm. 5.

Nr. 166
*StBKAH III/47, auf Kopfbogen wie Nr. 43; BA, NL Heuss, Nr. 62 (Durchschlag).
1 Vgl. Nr. 165.
2 Zu diesem Unfall am 31.3.1956 vgl. Theodor Heuss. Tagebuchbriefe, S. 166.
3 Gemeint ist Georg *Hohmann* (vgl. Nr. 8, Anm. 1); Korrespondenz mit ihm wegen der anschließenden Behandlung (Heuss erhielt eine Peronaeus-Stütze) in BA, NL Heuss, Nr. 333. – Vgl. Nr. 169.
4,5 Vgl. Nr. 54.

Nr. 167
*BA, NL Heuss, Nr. 62, auf Kopfbogen wie Nr. 9; StBKAH III/47 (Durchschlag).
1 Vgl. Nr. 164, Anm. 1. – Weitere Korrespondenz hierzu ist in StBKAH nicht erhalten.
2 Vgl. a.a.O., Anm. 3. – Zum Verzicht *Raeders* auf das Ehrenbürgerrecht der Stadt Kiel vgl. Theodor Heuss. Tagebuchbriefe, S. 168.
3 Zwischen einer sowjetischen Regierungsdelegation und der britischen Regierung vom 18.–27.4.1956; vgl. Adenauer, Teegespräche 1955–1958, S. 80.
4 Vor seinem Abschiedsbesuch am 16.7.1956 (Berufung zum Stellvertretenden Außenminister der Sowjetunion) kam *Sorin* am 7.6.1956 mit dem Bundeskanzler zusammen (Besucherlisten StBKAH).

Nr. 168
*BA, NL Heuss, Nr. 62, eigenhändig, auf Kopfbogen wie Nr. 87, ohne Ortsangabe beim Datum.
1 Der Bundesfinanzminister hatte nach der Steuerdebatte des Bundestages vom 18.4.1956 scharfe Kritik an den dort geforderten Mehrausgaben und Steuersenkungen geäußert und dies mit einer seiner Rücktrittsdrohungen verknüpft; vgl. AdG, Jg. 26 (1956), S. 5732f.
2 Zur damaligen Beratung des am 7.7.1956 vom Bundestag verabschiedeten Wehrpflichtgesetzes vgl. Stenographische Berichte, 2. Wahlperiode, Bd. 29, S. 7480-7555.
3 Gemeint sind die innerparteilichen Vorgänge in der FDP (vgl. Nr. 163, Anm. 3), die durch den Bundesparteitag vom 20.–22.4.1956 in Würzburg neue Aktualität gewonnen hatten (Abgrenzungserklärung des Vorsitzenden *Dehler* gegenüber der Koalition); vgl. AdG, Jg. 26 (1956), S. 5737f.
4 Vgl. Nr. 166, Anm. 2, 3.
5 Von Mitte April–Anfang Mai 1956 in Bad Mergentheim; vgl. Theodor Heuss. Tagebuchbriefe, S. 168-172.
6 Vgl. Nr. 162, Anm. 2.
7 Zur damaligen außenpolitischen Lagebeurteilung Adenauers vgl. das Wortprotokoll eines am 4.5.1956 dänischen Chefredakteuren gegebenen Interviews, in seinen Teegesprächen 1955–1958, S. 80-87.

Nr. 169
*StBKAH III/47, eigenhändig, auf Kopfbogen wie Nr. 43; BA, NL Heuss, Nr. 62 (Abschrift).
1 Vgl. Nr. 168.
2 Heuss nahm am 4.5.1956 an der Einweihung des neuen Stuttgarter Rathauses teil; vgl. seine Tagebuchbriefe, S. 172.
3 Vgl. Nr. 166, Anm. 2, 3.
4 Zum Besuch bei Gottfried Fürst *zu Hohenlohe-Langenburg* (vgl. Nr. 35) vgl. a.a.O., S. 169.
5 Vgl. Nr. 162, Anm. 2.
6 Die nächsten Begegnungen: am 7.5.1956 (hierzu eine Meldung im Bulletin, Nr. 86 vom 9.5.1956, S. 807), am 8.5.1956 (hierzu die Gesprächsaufzeichnung in BA, VS B 122/15), am 10.5.1956 in Aachen anläßlich der Verleihung des Karlspreises an Winston *Churchill* (vgl. AdG, Jg. 26 [1956], S. 5769) und am 11.5.1956 bei einem Empfang für den ehemaligen britischen Premierminister in der Villa Hammerschmidt (vgl. Bulletin, Nr. 87 vom 12.5.1956, S. 819).

Nr. 170
*StBKAH III/47, auf Kopfbogen wie Nr. 43; BA, NL Heuss, Nr. 62 (Durchschlag).
1 Zum dortigen Aufenthalt vom 12.–24.8.1956 vgl. Theodor Heuss. Tagebuchbriefe, S. 187-189. Vgl. a. Nr. 172.
2 Am 26.8.1956; hierzu der Artikel »Festliches Weihegedächtnis« von Pater Prior Emmanuel *von Severus* OSB im »Rheinischen Merkur« vom 24.8.1956.
3 Vgl. die Abb. auf S. 215.
4 Vgl. Nr. 158; vgl. a. Nr. 58.
5 Wortlaut der am 8.8.1956 gehaltenen Rede »Kirche – Gesellschaft – Staat« im Bulletin, Nr. 149 vom 11.8.1956, S. 1441 f. – Zum Nachfolgenden, unter Verwendung dieses Briefes, Eberhard *Pikart,* Theodor Heuss und Konrad Adenauer, S. 64.
6 Vgl. Theodor Heuss. Tagebuchbriefe, S. 185 f.
7 Zum Nachfolgenden vgl. Nr. 171, Anm. 3.
8 »Es kann für die deutsche Jugend ... immer noch eine Ehre sein, vorsterben zu dürfen«, *Blank* am 13.7.1956 in Flensburg vor Angehörigen des Verbandes deutscher Soldaten, hier zitiert nach der »Frankfurter Rundschau« vom 11.8.1956. Dort auch die Erläuterungen der Pressestelle des Bundesverteidigungsministeriums: »Die Rede ist nicht im Manuskript, sondern nur in Stichwort-Aufzeichnungen vorhanden. Unter den Stichworten ist der fragliche Satz nicht zu finden.«
9 Im Urlaub Adenauers auf der Bühlerhöhe vom 23.7.–28.8.1956 (Terminkalender StBKAH).

Nr. 171
*BA, NL Heuss, Nr. 62, auf Kopfbogen wie Nr. 9; StBKAH III/47 (Durchschlag).
1 Vgl. Nr. 170, Anm. 1.

2 Heuss am 17.8.1956 an Toni *Stolper:* »Ein Adenauer-Brief... spricht von seinen Sorgen, daß die Suez-Sache [vgl. Anm. 7] die interne Situation der Westmächte erschwert« (vgl. seine Tagebuchbriefe, S. 187). Dem Kontext nach meint Heuss *dieses* Schreiben, in ihm dann diesen Passus. Eine andere briefliche Mitteilung des erwähnten Inhalts ist nicht erhalten.

3 Vgl. Nr. 170, Anm. 8. – Adenauer hatte *Blank* (der im Oktober 1956 als Bundesverteidigungsminister abgelöst wurde) tags zuvor auf die Kritik des Bundespräsidenten aufmerksam gemacht: »Ich habe mich daraufhin erkundigt und gehört, daß auch eine Reihe von Zuschriften wegen dieser Rede beim Bundeskanzleramt eingegangen sind. Falls Sie dies wirklich ausgesprochen haben, bitte ich Sie doch dringendst, alles Derartige zu unterlassen. Sie nützen damit nicht der Sache, sondern Sie schaden ihr« (StBKAH III/22).

4 Joseph *Blank* (geb. 1913), 1950–1958 Landesgeschäftsführer der CDU Westfalen-Lippe, 1954–1958 MdL in Nordrhein-Westfalen, dort 1958–1962 Staatssekretär im Wiederaufbauministerium, 1962/63 Minister für Landesplanung, Wohnungsbau und öffentliche Arbeiten.

5 Vgl. Nr. 170, Anm. 5.

6 Er sandte statt dessen ein Telegramm (»... gedenke ich heute besonders der Gastfreundschaft, die mir der Konvent von Maria Laach zu gefahrvoller Zeit gewährt hat«); Druck: »Rheinischer Merkur« vom 31.8.1956. Vgl. a. Nr. 58, Anm. 3.

7 »... daß wir auf der [Londoner Suezkanal-Konferenz vom 16.–23.8.1956] das Verhältnis zu unseren europäischen Nachbarn und zu Großbritannien und damit den europäischen Gedanken unter allen Umständen nicht Schaden leiden lassen dürfen, wenn wir auch im übrigen zur Mäßigung raten«, Adenauer am 10.8.1956 an den Außenminister (StBKAH III/40).

Nr. 172

*BA, NL Heuss, Nr. 62 (Durchschlag), mit ms. Briefkopf wie Nr. 53, und ms. Vermerk »*VERTRAULICH*«.

1 Vgl. Nr. 170, Anm. 1. – Zum Aufenthalt in Bad Münstereifel vgl. a. die Abb. der am 24.8.1956 entstandenen Zeichnung des Bundespräsidenten auf S. 219.

2 Im Gespräch mit Heuss und Toni *Stolper* am 19.7.1956: »... hat sich auch manches von USA gern erzählen lassen und will Frau Stolper nach der Rückkehr von England noch einmal sehen«, Heuss am 24.7.1956 an Bott (vgl. BA, NL Heuss, Nr. 63).

3 Aus diesem Schreiben vom 11.8.1956: »... möchte ich Dir und mittelbar vielleicht dem Kanzler sagen, daß mir das Vertrauensverhältnis zwischen dieser wichtigen offiziellen Persönlichkeit und Eurem Botschafter ein ungewöhnlich gesichertes und sympathisches zu sein schien, die beiden verstehen einander, und die beiderseitigen Standpunkte werden ernst und freundlich und sachlich genommen, nach eigenem Gewicht. ... Das Gespräch war natürlich vom Suez überschattet. K. ist uneingeschränkt für eine feste Haltung seiner Regierung – man

habe ihnen so lange ihre Schlappheit bei der Rheinlandbesetzung und anderen Rechtlosigkeiten vorgehalten, nun würden sie es nicht einem anderen Rechtsbrecher wieder so bequem machen. … Die zweite Sache betraf den Vorstoß Erhards in den Währungsfragen. Der erste Brief E.s sei wohl taktlos gewesen; aber inzwischen habe man sich mit ihm gut über die Dinge ausgesprochen, und nach K.s Gefühl sei da keinerlei Mißstimmung zurückgeblieben.«

4 31.8.1956, »5 Uhr Adenauer Tee mit Toni« (eigenhändige Eintragung Heuss; Tagesnotizbücher NL Heuss). – Ein Gesprächsthema war vermutlich die Beteiligung Toni Stolpers an der 1956 erschienenen Studie »Adenauer und das neue Deutschland« von Edgar *Alexander* (deren 1957 veröffentlichte englische Übersetzung Dannie *Heineman* gewidmet wurde).

5 Dugal *Campbell;* vgl. Theodor Heuss. Tagebuchbriefe, S. 517.

6 Diese Formulierung auch in einem Tagebuchbrief vom 2.8.1955 (vgl. a.a.O., S. 49).

7 Dominierendes Thema, national wie international: die Suez-Krise; vgl. Nr. 171, Anm. 2, 7.

Nr. 173

*BA, NL Heuss, Nr. 62, auf Kopfbogen wie Nr. 87; StBKAH III/47 (Durchschlag).

1 Vgl. Nr. 172, Anm. 3.

2 Vgl. a.a.O., Anm. 2.

3 Vgl. Nr. 170, Anm. 2, Nr. 171, Anm. 6.

4 Adenauer hatte auf der Bühlerhöhe Gespräche geführt u. a. mit Franz *Blücher* (13.8.), Nahum *Goldmann* (14.8.), Walter *Freitag* (16.8.), Hans *Globke,* Allen *Dulles* (25.8.) und Heinrich *von Brentano* (26.8.); vgl. Besucherlisten StBKAH.

Nr. 174

*BA, NL Heuss, Nr. 62 (Abschrift des eigenhändigen Schreibens) mit ms. Briefkopf wie Nr. 71; Teildruck: Michael *Kienzle*/Dirk *Mende* (Bearb.), Theodor Heuss. Politik durch Kultur, S. 105.

1 Friedrich *Flick* (1883–1972), begründete den nach ihm benannten Konzern der Eisen- und Stahlindustrie, nach 1933 Wehrwirtschaftsführer und NSDAP-Mitglied, 1945 interniert, 1947 wegen des Einsatzes von Zwangsarbeitern von einem amerikanischen Militärgericht zu siebenjähriger Haft verurteilt, 1950 entlassen.

2 Hierzu die eigenhändige Notiz Adenauers auf einem Vermerk *Globkes* vom 1.9.1956 (mit dem der Staatssekretär auf mehrere für Ende September 1956 vorgesehene Ordensverleihungen aufmerksam gemacht hatte): »Ich bin einverstanden. Ich würde es sehr begrüßen, wenn Frau [Helene] Weber – falls noch nicht geschehen [1955; der Bearb.] – ausgezeichnet würde, und *vor allem* Herr Flick, der sehr krank ist«; vgl. BA, B 136/3011.

3 »Flick kriegt keinen Orden, ich gehe nicht nach Bayreuth [vgl. Nr. 48], und Stresemann kommt nicht in die Großen Deutschen«, Zitat Heuss nach Theodor

Eschenburg, wiedergegeben im Notizbuch Johannes *Gross,* NF, Forts. 62, in: Magazin der »Frankfurter Allgemeinen« vom 8.1.1988. – Die Auszeichnung des Industriellen kam nicht zustande.
Zu seiner Beurteilung durch Adenauer ein Schreiben an Hans *Katzer* vom 12.4. 1960: »Ich kenne Herrn Flick aus der Zeit vor dem Nationalsozialismus und aus der Zeit des Nationalsozialismus. Ich weiß aus eigener Erfahrung, daß Herr Flick auch in der Zeit des Nationalsozialismus sehr zurückhaltend gewesen ist gegenüber dem Nationalsozialismus. Die Schimpfworte, die gegen Flick ... gebraucht worden sind, gegen einen Mann, der aus innerer Überzeugung die CDU immer wieder unterstützt hat, bedauere ich sehr. ... Man hat in Nürnberg Herrn Flick nur angeklagt als Symbol der deutschen Industrie, wie das vom Nürnberger Gerichtshof auch selbst erklärt worden ist« (StBKAH 10.07).

Nr. 175
*BA, NL Heuss, Nr. 62 (Durchschlag), mit ms. Briefkopf wie Nr. 71, ohne Ortsangabe beim Datum.
1 Wortlaut der Rede des Bundeskanzlers zur Eröffnung des 4. DGB-Bundeskongresses am 1.10.1956 in *Hamburg* im Bulletin, Nr. 185 vom 2.10.1956, S. 1763.
2,3 Begrüßungsrede des Bundespräsidenten vor dem 3. DGB-Bundeskongreß am 7.10.1954; Druck: Gerechtigkeit erhöht ein Volk. Zwei Reden zur Sozialpolitik 1954, Frankfurt/Main 1954.

Nr. 176
*BA, B 122/2156, auf Kopfbogen wie Nr. 87.
1 Vgl. Nr. 175.

Nr. 177
*StBKAH III/47, auf Kopfbogen wie Nr. 7, mit beiliegender ms. Notiz »Der Herr Bundeskanzler wollte anliegenden Brief mündlich beim nächsten Besuch bei Herrn Bundespräsident beantworten. W[ieder]v[orlage] zum nächsten Besuch des Herrn Bundeskanzlers bei H[errn] Bundespräsident«. – Die zum Gespräch vom 9.10.1956 erhaltene Aufzeichnung (in BA, VS B 122/15) enthält die kurze Replik Adenauers auf dieses Schreiben (»Er hat sich mit den darin gemachten Vorschlägen durchaus einverstanden erklärt«), das dann schriftlich nicht mehr beantwortet wurde.
1 Nach dem Bulletin der Vormonate hatten Bonn u. a. besucht: der indische Ministerpräsident *Nehru* (14.7.), der australische Ministerpräsident *Menzies* (17.7.) und das griechische Königspaar (17.9.). Weitere Verpflichtungen erwähnt Heuss in den Tagebuchbriefen (S. 191).
2 Giovanni *Gronchi* (1887–1978), 1919 Mitbegründer des »Partito Popolare Italiano«, 1943/44 der »Democrazia Cristiana«, 1947–1955 Präsident der Kammer, 1955–1962 Staatspräsident. – Gronchi wurde am 6.12.1956 von Heuss empfangen.

3 Der geplante Besuch des bald darauf zurückgetretenen britischen Premierministers kam nicht zustande; erst sein Amtsnachfolger ab Januar 1957, Harold *Macmillan*, reiste im Mai 1957 nach Bonn (erster offizieller Besuch eines britischen Premiers in der Bundesrepublik).

4 Der luxemburgische Ministerpräsident Joseph *Bech* verschob seine Reise auf den 3./4.7.1957.

5 Der erst seit dem 12.9.1956 amtierende Ministerpräsident Pakistans, Husain Schahid *Suhrawardi* (1893–1963) wurde am 11.10.1956 gestürzt; auch sein Nachfolger Ismail *Tschandrigar* (1897–1960) gelangte nicht mehr nach Bonn, er wurde schon im Dezember 1957 von Malik Firoz *Nun* abgelöst.

6 José *Figuerer Ferrer* (geb. 1907; 1948 und 1953–1958 im genannten Amt) wurde am 30.10.1956 von Heuss empfangen.

7 Bundestagswahlen vom 15.9.1957; vgl. Nr. 190, Anm. 4.

8 William Vacanarat *Tubman* (1895–1971) ab 1944 Staats- und Ministerpräsident von Liberia. – Zu seinem Besuch beim Bundespräsidenten am 8.10.1956 vgl. Bulletin, Nr. 191 vom 10.10.1956, S. 1817, und Theodor Heuss. Tagebuchbriefe, S. 196 (»Nun hat also die Tubman-Ära eingesetzt«). Vgl. a. das Photo auf S. 221.

9 Karl *May* (1842–1912), Autor populärer Jugendbücher vornehmlich aus dem Milieu und mit Motiven des nordamerikanischen Indianerlebens und des Nahen Orients. – Eine Begegnung (»Vorstellung: ›Karl May‹. Gegenfrage: ›Old Shatterhand?‹«) erwähnt Heuss in seinen Erinnerungen 1905–1933 (S. 171). Vgl. a. Nr. 187, 221.

10 Hierzu der hs. Vermerk *Müller-Dethard* auf dem Begleitschreiben, mit dem Manfred *Klaiber* am 11.10.1956 Hans *Globke* eine Abschrift des Heuss-Briefes übermittelte: »Die Angelegenheit wird durch den Chef des Protokolls verfolgt. Eine Besprechung im WEU-Rahmen ist vorgesehen«; vgl. BA, B 136/6200. Dort auch zwei Belege für die Beschäftigung Adenauers mit Protokollfragen in diesem Zeitraum. Am 21.9.1956 an Heinrich *von Brentano* (nach dem Antrittsbesuch der Botschafter Äthiopiens und der Dominikanischen Republik): »Dabei fiel mir auf, daß die Herren im Cut erschienen, während mir vorher gesagt worden war, daß ich im dunklen Anzug den Besuch entgegennehmen könne« (auf dem Schreiben der eigenhändige Vermerk Adenauers: »Ich habe die Angelegenheit mit Frau Pappritz erörtert«); am 30.10.1956 an den Protokollchef des Auswärtigen Amtes, Ernst-Günther *Mohr:* »Mit dem für den Staatspräsidenten von Costa Rica gegebenen Essen war ich gar nicht zufrieden [vgl. Anm. 6]. Ich fand die Qualität des Dargebotenen denkbar schlecht ... Wir können uns etwas Derartiges gegenüber unseren ausländischen Gästen einfach nicht leisten.«

Nr. 178

*BA, NL Heuss, Nr. 336 (Durchschlag), mit ms. Briefkopf wie Nr. 25, Kopien an den Bundesminister des Innern, Dr. Gerhard Schröder, Bonn, und den Präsidenten der Deutschen Forschungsgemeinschaft, Professor Dr. Gerhard Hess, Bad Godesberg; gleichlautende Schreiben desselben Tages an den hessischen Ministerpräsidenten Georg August Zinn, Wiesbaden; davon Kopien an den Bundesratspräsidenten, Kurt Sieveking, Hamburg, und den Vorsitzenden der Ständigen Konferenz der Kultusminister der Länder, Arno Hennig, Wiesbaden.

1 In der Sitzung vom 7.6.1956; vgl. Stenographische Berichte, 2. Wahlperiode, Bd. 30, S. 7833-7865.

2 Hierzu, unter Verwendung dieses Briefes, Eberhard *Pikart,* Theodor Heuss und Konrad Adenauer, S. 46. Vgl. a. die zahlreichen Angaben bei Thomas *Stamm,* Zwischen Staat und Selbstverwaltung. Diese Arbeit zum Wiederaufbau der deutschen Forschung(seinrichtungen) 1945–1965 gibt auch für den Sachzusammenhang dieses Schreibens – die am 5.9.1957 erfolgte Einrichtung des Deutschen Wissenschaftsrates (auf der Grundlage eines Verwaltungsabkommens zwischen Bund und Ländern) – eine detaillierte Gesamtdarstellung (vgl. a.a.O., S. 195-223). Vgl. Nr. 200, Anm. 3.

3 Vgl. Nr. 57, Anm. 3.

4 Das 1957 geschaffene Bundesministerium für Atomkernenergie und Wasserwirtschaft wurde 1962 – mit der Übernahme des Ressorts durch Hans *Lenz* – in Bundesministerium für wissenschaftliche Forschung umbenannt.

5 1950 eingerichtete Bundesbehörde mit Sitz in Frankfurt/Main.

6 Max-Planck-Gesellschaft zur Förderung der Wissenschaften e. V. (gegründet im Februar 1948); vgl. Thomas *Stamm,* a.a.O., S. 85-98.

7 Zur Gründung (Sommer 1951) und Tätigkeit der Deutschen Forschungsgemeinschaft vgl. a.a.O., S. 126-141.

8 Vgl. Nr. 57.

9 Otto *Geßler* (1875–1955), 1919 Mitbegründer der DDP, 1920–1924 MdR, Reichsminister für den Wiederaufbau (1919) und Reichswehrminister (1920–1928), 1950–1952 DRK-Präsident. – Zur Freundschaft Heuss–Geßler und zu dessen Zugehörigkeit zum Widerstand gegen Hitler vgl. Theodor *Heuss,* Aufzeichnungen 1945–1947, S. 16, 222. Vgl. a. seine Vorbemerkung in: Otto *Geßler,* Reichswehrpolitik in der Weimarer Zeit, Stuttgart 1958.

10 Vgl. Nr. 51.

11 Durch Gesetz vom 23.7.1955 (zeitgleich mit der Verkündung des Freiwilligengesetzes) geschaffenes, vom Bundespräsidenten berufenes Gremium zur Überprüfung der persönlichen Eignung von höherrangigen Bewerbern für den Dienst in der Bundeswehr; vgl. Hans-Günter *Bode,* Militärische und zivile Verteidigung, in: Deutsche Verwaltungsgeschichte, Bd. 5: Die Bundesrepublik Deutschland, S. 529. Vgl. a. Tagebuchbriefe, S. 76.

12 Zwischen Heuss und Adenauer wurde die Angelegenheit am 12.11.1956 kurz erörtert (»Der Bundeskanzler schien sich mit diesem Schreiben noch nicht näher befaßt zu haben«); vgl. die Aufzeichnung in BA, VS B 122/15, sowie die weiteren Angaben zu diesem Gespräch in Theodor Heuss. Tagebuchbriefe, S. 214. – Zur späteren Beschäftigung Adenauers (nach dem ein im September 1956 vom Stifterverband bei der Deutschen Forschungsgemeinschaft geschaffener Förderungsfonds für den wissenschaftlichen Nachwuchs benannt worden war) mit diesem Fragenkomplex vgl. seine Teegespräche 1955–1958, S. 188.

Nr. 179

*BA, VS B 122/17 (Durchschlag mit Entwurf des Schreibens vom 15.11.1956), mit ms. Briefkopf »Der Präsident pp.« und hs. Notiz »*betr.*: Eingliederung der Büros: 1) Kraft – für Wasserwirtschaft; 2) Schäfer – f[ür] Fragen des unselbständigen Mittelstandes«; BA, NL Heuss, Nr. 337 (Durchschlag).

1 Nach dem Rücktritt der 4 FVP-Minister am 6.10.1956 (vgl. Nr. 163, Anm. 3) hatte Adenauer am 16.10.1956 sein Kabinett umgebildet und verkleinert (Ausscheiden der Minister *Blank, Kraft, Neumayer* und *Schäfer;* Nachfolger des Ersteren: Franz Josef *Strauß*); vgl. Adenauer, Teegespräche 1955–1958, S. 144, 417, und Hans-Peter *Schwarz*, Die Ära Adenauer. Gründerjahre der Republik 1949–1957, S. 313-319.

2 Am 9.10.1956; vgl. Nr. 177, Kopfregest.

3 Waldemar *Kraft* (1898–1977), 1952/53 Vorsitzender der Vereinigung aus Gesamtdeutscher Block/BHE, 1953–1956 Bundesminister für besondere Aufgaben, 1953–1961 MdB (ab 1956 CDU).

4 Hermann *Schäfer* (1892–1966), 1948/49 Mitglied des Parlamentarischen Rates (FDP; Vizepräsident), 1949–1957 MdB (1949–1951 Fraktionsvorsitzender), 1953–1956 Bundesminister für besondere Aufgaben, 1956 Parteiaustritt, Mitbegründer der Freien Volkspartei/FVP, ab 1961 wieder in der FDP.

5 Nicht nachgewiesen. – Bei seiner einzigen Terminverpflichtung nach Düsseldorf in diesem Zeitraum (anläßlich der Trauerfeier für Robert *Lehr* am 17.10.1956) ergriff Adenauer nicht das Wort. Wahrscheinlich gemeint: eine am 21.10.1956 in *Dortmund* vor westfälischen Wirtschaftsvertretern gehaltene Rede; hierzu das Manuskript in StBKAH 02.14. Zuvor hatte der Kanzler die Kabinettsumbildung in einer Rundfunkansprache vom 16.10.1956 begründet (»Fortführung der gradlinigen Politik mit neuen Kräften«); vgl. Bulletin, Nr. 196 vom 17.10.1956, S. 1865.

Nr. 180

*BA, NL Heuss, Nr. 62 (Durchschlag), mit ms. Briefkopf wie Nr. 71, ohne Ortsangabe beim Datum.

1 Nach Verabschiedung des Gesetzes über die Eingliederung des Saarlandes durch den Bundestag am 14.12.1956 und Billigung der Saarverträge durch den französischen Rat der Republik am 27.12.1956 wurde das Saarland am 1.1.1957 12. Bundesland der Bundesrepublik. Vgl. Nr. 180 A.

2 Vgl. Theodor Heuss. Tagebuchbriefe, S. 222. Dort auch ein Hinweis auf die nachfolgend abgedruckte Denkschrift (»für die ›man‹, d. h. im Kabinett und Bundesrat, sehr dankbar ist«). – Eine Abschrift leitete ebenfalls am 3.12.1956 Staatssekretär *Klaiber* Außenminister *von Brentano* zu; vgl. BA, NL von Brentano, Nr. 167.

3 »... man kann eine Politik machen, der ein späterer Dichter Balladenmotive entnehmen kann. Wir haben, weiß Gott, Balladenpolitik genug erlebt und die schlechten Gedichte gleich nachgeliefert erhalten«, Heuss am 26.11.1956 im Ple-

narsaal des Abgeordnetenhauses von Berlin; hierzu die eigenhändige Vorlage in BA, NL Heuss, Nr. 17. Druck der Rede: Bulletin, Nr. 225 vom 1.12.1956, S. 2137f.

Nr. 180A
*BA, NL Heuss, Nr. 62 (Durchschlag), nach ms. Notiz Durchschläge an den Bundesminister des Auswärtigen, Dr. Heinrich von Brentano, Bonn, und das Pressereferat des Bundespräsidialamtes.
1 Karl *Waltzinger* (geb. 1908), langjähriger Bevollmächtigter des Saarlandes beim Bund, später Präsident des saarländischen Rechnungshofes.
2 Zu den Eingliederungsfeierlichkeiten vom 1.1.1957 im Beisein Adenauers vgl. seine Erinnerungen 1955–1959, S. 277f. (»... wurde die französisch-deutsche Grenze neu gezogen. Die Jahrhunderte währenden territorialen Streitigkeiten waren beendet.«).
3 Druck der am 26.1.1957 bei einem Staatsakt in Saarbrücken gehaltenen Rede des Präsidenten (»Das Ewige ist über das Gegenwärtige Herr geworden«): Theodor Heuss. Politiker und Publizist, S. 469-473.
4 Vgl. Theodor Heuss. Der Mann, das Werk, die Zeit, S. 314-320.

Nr. 181
*BA, NL Heuss, Nr. 62, eigenhändig, auf Kopfbogen wie Nr. 87.
1 Vom Gespräch am 20.12.1956; dazu die ausführliche Schilderung in den Tagebuchbriefen, S. 226f.
2 Vom Finanzminister am 19.1.1957 wieder rückgängig gemacht; vgl. Nr. 168, Anm. 1, Nr. 182, Anm. 3.
3 Andrej Andrejewitsch *Smirnow* (1905–1982), sowjetischer Botschafter in Wien (1955/56), Bonn (1956–1966; Nachfolger Sorins) und Ankara (1966–1969). Zu seiner kurz zuvor erfolgten Ernennung (13.10.1956) vgl. Adenauer, Teegespräche 1955–1958, S. 138. Vgl. Nr. 182, Anm. 2.
4 Jawaharlal (genannt Pandit) *Nehru* (1889–1964), führender Vertreter der indischen Unabhängigkeitsbewegung gegen die britische Kolonialmacht, 1929 und 1936 Präsident des Indian National Congress, mehrfach inhaftiert (zuletzt 1942–1945), nach der Unabhängigkeitserklärung Indiens (1947) Premierminister, Außen- und zeitweise Verteidigungsminister (1947–1964). Vgl. Nr. 240.
5 Am 27.12.1956 bei einer Zwischenlandung des indischen Premiers auf dem Flugplatz Lohausen (Rückflug aus den USA); vgl. Terminkalender StBKAH.
6 Vgl. Theodor Heuss. Tagebuchbriefe, S. 227-232.
7 Diese Formulierung bezieht sich auf die Familie des einzigen Heuss-Sohnes Ernst Ludwig.

Nr. 182
*BA, NL Heuss, Nr. 62 (nachträglich aus stenographischen Notizen diktiert).
1 Vgl. Nr. 181.
2 Das Gespräch des Kanzlers mit dem sowjetischen Botschafter hatte am 22.12. 1956 stattgefunden; vgl. AdG, Jg. 26 (1956), S. 6167.

3 Nachfolger in diesem Ressort ab Herbst 1957: Franz *Etzel; Schäffer* wechselte ins Justizministerium (›ressortmäßig disclociert‹, vgl. Theodor Heuss. Tagebuchbriefe, S. 269).
4 Bezieht sich auf einen Unfall Weihnachten 1955; vgl. a.a.O., S. 120.
5 Walter *Goetz* (1867–1958), Historiker und liberaler Politiker, Ordinarius an den Universitäten Tübingen (ab 1905), Straßburg (ab 1913) und Leipzig (1915–1933), 1920–1928 MdR (DDP). Zu den Kontakten Goetz–Heuss vgl. dessen Erinnerungen 1905–1933, S. 315, 342, und Theodor Heuss. Politiker und Publizist, S. 15. – Hier angesprochen: das Vorwort zu Walter *Goetz,* Historiker in meiner Zeit. Gesammelte Aufsätze, Köln–Graz 1957.
Zum 90. Geburtstag des »Nestors der deutschen Historiker« hielt Heuss am 11.11. 1957 auch eine Ansprache im Bayerischen Rundfunk; Wortlaut im Bulletin, Nr. 211 vom 13.11.1957, S. 1939.
6 Vgl. Nr. 146, Anm. 11.

Nr. 183
*BA, NL Heuss, Nr. 62 (Abschrift des eigenhändigen Schreibens).
1 Vgl. Nr. 182.
2 Wilhelm *Busch* (1832–1908), Zeichner und Dichter, Autor und Illustrator volkstümlicher, satirischer Bildergeschichten. – Heuss hatte Busch schon 1902 seinen *ersten* Beitrag zur »Hilfe« gewidmet; Druck: Theodor Heuss. Politiker und Publizist, S. 28f. Vgl. Nr. 193.
3 Die Ende 1956/Anfang 1957 entstandenen Arbeiten »sind also keine Fluchtübungen vor Adenauer und Ollenhauer, sondern erholsame Nebenwege«, Heuss am 13.12.1957 an Thomas *Dehler;* Druck: Friedrich *Henning* (Hrsg.), Theodor Heuss: Lieber Dehler!, S. 138.
4 Theodor *Heuss,* Zur Kunst dieser Gegenwart, Drei Essays, Tübingen 1956.
5 Vor dem Kulturkreis im Bundesverband der Deutschen Industrie am 12.9. 1956 in Baden-Baden; vgl. Theodor Heuss. Tagebuchbriefe, S. 188f.
6 Vgl. Nr. 180A, Anm. 2.

Nr. 184
*BA, NL Heuss, Nr. 62, eigenhändig, auf Kopfbogen wie Nr. 87, ohne Ortsangabe beim Datum.
1 Zur »›eingeplanten‹ Unfeierlichkeit« des 73. Geburtstages vgl. Theodor Heuss. Tagebuchbriefe, S. 240.

Nr. 185
*BA, NL Heuss, Nr. 62, eigenhändig, auf Kopfbogen wie Nr. 87, mit hs. Vorzimmervermerk »privat« und Eingangsstempel des Bundespräsidialamtes vom 17.3. 1957. – Adenauer hielt sich vom 25.2.–18.3.1957 erstmals in Cadenabbia am Comer See auf. Zum dortigen Urlaub auch in den Folgejahren ausführlich Anneliese *Poppinga,* Meine Erinnerungen, S. 121-164.

1 Nach erster Krankheitsmeldung im Bulletin, Nr. 35 vom 20.2.1957 (S. 207) war am 13.3.1957 ein ärztliches Kommuniqué zur Besserung des Gesundheitszustandes veröffentlicht worden (Entfernung einer entzündlichen Schleimhautschwellung); vgl. a.a.O., Nr. 51 vom 15.3.1957, S. 431. – Heuss mußte dennoch eine geplante USA-Reise verschieben (auf Juni 1958); vgl. Nr. 205, Anm. 1.
2 »... Martini ... böse, ... daß ich im Bett Briefe schreibe und Erinnerungs-Notizen fabriziere – ich soll einfach still liegen und dösen. Das tue ich aber nicht«; vgl. Theodor Heuss. Tagebuchbriefe, S. 251.
3 Zur nächsten Unterredung vom 19.3.1957 (u. a. über den Termin der Bundestagswahlen 1957) die Aufzeichnung in BA, VS B 122/15, sowie eine Meldung im Bulletin, Nr. 55 vom 21.3.1957, S. 467. Vgl. a. Tagebuchbriefe, S. 251.
4 Vgl. Nr. 10, Anm. 5.

Nr. 186
*BA, NL Heuss, Nr. 62, eigenhändig, auf Kopfbogen wie Nr. 87, ohne Ortsangabe beim Datum.
1 Heuss war in Badenweiler (dortige Kur ab 26.3.1957) Mitte April wieder ersten amtlichen Verpflichtungen nachgekommen; vgl. Nr. 187, Anm. 5.
2 Zum Staatsbesuch in der Türkei (Mai 1957) vgl. Theodor Heuss. Der Mann, das Werk, die Zeit, S. 310, und Theodor Heuss. Tagebuchbriefe, S. 252.
3 Adenauer hatte den Iran vom 28.3.–2.4.1957 besucht; vgl. Adenauer, Teegespräche 1955–1958, S. 192, 434.
4 Mit dem »Göttinger Manifest« vom 12.4.1957 wandten sich 18 Atomwissenschaftler (u. a. Max *Born,* Werner *Heisenberg* und Carl Friedrich *von Weizsäcker*) gegen die Ausrüstung der Bundeswehr mit taktischen Atomwaffen; vgl. AdG, Jg. 27 (1957), S. 6385. Vgl. a. Nr. 209.
5 Otto *Hahn* (1897–1968), Chemiker (erhielt 1944 den Nobelpreis), ab 1928 Direktor des Kaiser-Wilhelm-Instituts für Chemie, 1948–1960 Präsident der Max-Planck-Gesellschaft zur Förderung der Wissenschaften.
6 Adenauer hatte zunächst mit Verteidigungsminister *Strauß* und den Generälen *Speidel* und *Heusinger* verhandelt (9.50–10.10 Uhr), unmittelbar anschließend mit den Professoren Walther *Gerlach, Hahn,* Max *von Laue,* Wolfgang *Riezler* und *von Weizsäcker* (Besucherlisten StBKAH). Vgl. Nr. 209, Anm. 3.

Nr. 187
*BA, B 122/2156 (Abschrift des eigenhändigen Schreibens), mit hs. Notiz Klaiber vom 19.4.1957 »1) H[errn] Bott [...] 2) Z[u] d[en] A[kten] (von H[errn] B[undes]pr[äsident] übersandt)«.
1 Vgl. Nr. 186.
2 Vgl. a.a.O., Anm. 2.
3 Erst am 1.9.1957 sprach Heuss bei einer öffentlichen Kundgebung anläßlich des Deutschen Gartenbautages auf der Bundesgartenschau Köln; Wortlaut der Rede im Bulletin, Nr. 164 vom 5.9.1957, S. 1528 f. (»... der Grüngürtel des ›hilligen Köln‹ hat seine einladende Ergänzung erhalten«).

4 Eine der wesentlichen städtebaulichen und -planerischen Leistungen Adenauers als Kölner Oberbürgermeister bestand in der Schaffung von Grünflächenanlagen im Bereich des nach 1918 eingeebneten Festungsrings; vgl. Konrad Adenauer. Seine Zeit – sein Werk, S. 75-79.

5 Heuss hatte am 16. 4. den neuen japanischen Botschafter, Ryuji *Takeuchi,*am 17. 4. 1957 den neuen amerikanischen Botschafter, David *Bruce,* empfangen (Tagesnotizbücher NL Heuss) – letzteren in der Nachfolge des am 18. 2. 1957 verabschiedeten James *Conant.*

6 Vgl. Nr. 186.

7 Vgl. a.a.O., Anm. 3. – Das nächste Gespräch datiert vom 7. 5. 1957; vgl. Bulletin, Nr. 83 vom 7. 5. 1957, S. 732.

8 1928; vgl. Theodor *Heuss,* Erinnerungen 1905–1933, S. 304.

9 Vgl. Nr. 177, Anm. 9.

Nr. 188

*BA, B 136/5824, auf Kopfbogen wie Nr. 43; BA, NL Heuss, Nr. 62 (Durchschlag), mit ms. Notiz »2) Herrn Staatssekretär [Theodor Bleek; Nachfolger des zum Botschafter in Rom ernannten Manfred Klaiber] zur Kenntnis, 3) Herrn Bott zur Kenntnis, 4) z[u] d[en] A[kten]«.

1 Kirche der ehemaligen Zisterzienserabtei Altenberg im Nordosten Kölns, seit Mitte des 19. Jahrhunderts pari passu für katholischen *und* evangelischen Gottesdienst genutzt; vgl. die Untersuchung des vom Kanzleramt bei der anschließenden gutachterlichen Klärung eingeschalteten Göttinger Staatsrechtslehrers Werner *Weber:* Das Simultaneum am Dom zu Altenberg, in: Zeitschrift für evangelisches Kirchenrecht, Bd. 4 (1955), S. 31-70.

2 *Friedrich Wilhelm IV.* (1795–1861), 1840–1861 König von Preußen. Vgl. Nr. 213.

3 In den Aufzeichnungen der Vorjahre, -monate nicht nachgewiesen; gleiches gilt für eine Reaktion Adenauers auf diese Heuss-Initiative.

4 »Ich habe mich selbstverständlich für die Aufrechterhaltung des gegenwärtigen Rechtsstandes, der mir ja auch geistesgeschichtlich reizvoll zu sein scheint, ausgesprochen ... Qua Bundespräsident besitze ich für diesen ganzen Komplex gar keine Sachzuständigkeit und kann nur eben persönlich beratend auftreten«, Heuss am 22. 6. 1957 an Pfarrer Gerhard *Lange,* Altenberg (BA, NL Heuss, Nr. 340).

Nr. 189

*BA, NL Heuss, Nr. 62 (Abschrift des eigenhändigen Schreibens).

1 Nach Marcel *Multhaupt* (geb. 2. 8. 1957) am 5. 8. 1957 geboren: der Sohn Philipp von Ria und Walter *Reiners.* – Heuss am 8. 8. 1957 an Lotte *Multhaupt:* »Die Zeitungserörterung, ob es sich um das 16. oder 17. Enkelkind ... handelt, hat mir Spaß gemacht. ... Hier erst erfuhr ich ..., daß Antjes [geb. 3. 5. 1955] pädagogische Interessen sich an einem Bruder werden entfalten können« (BA, NL Heuss, Nr. 341).

2 Anspielung auf den Bundestagswahlkampf 1957; vgl. Nr. 190.
3 Heuss hielt sich vom 27.7.–24.8.1957 in Sils Maria, anschließend am 26./27.8.1957 in Bern auf (Tagesnotizbücher NL Heuss).
4 Diese für den Wahlkampf bestimmte Veröffentlichung (Untertitel: »Die Regierungserklärung unter der Lupe«, erschienen im Deutschen Bundesverlag GmbH, Bonn 1957) verglich Adenauers Regierungserklärung vom 20.10.1953 nach dem Motto »Worte sind zu Taten geworden« mit dem politischen Ertrag der 2. Legislaturperiode.
5 Vgl. Nr. 168, Anm. 2.
6 Vgl. Theodor Heuss. Tagebuchbriefe, S. 258.
7 Franz *König* (geb. 1905), ab 1952 Titularbischof und Koadjutor des Bischofs von St. Pölten, 1956–1985 Erzbischof von Wien (1958 Kardinal).
8 Vgl. Anm. 3 sowie das am 31.8.1957 an den damaligen Bundespräsidenten der Schweiz, Hans *Streuli,* gerichtete Dankschreiben (in BA, NL Heuss, Nr. 341).

Nr. 190
*BA, NL Heuss, Nr. 62, eigenhändig, auf Kopfbogen wie Nr. 87, ohne Ortsangabe beim Datum; hierzu die Abb. auf S. 236f.
1 Vgl. Nr. 189.
2 Zum Bundestagswahlkampf 1957 vgl. Hans-Peter *Schwarz,* Die Ära Adenauer. Gründerjahre der Republik 1949–1957, S. 363-370.
3 Vgl. Nr. 114, Anm. 3.
4 Ergebnis der Wahlen zum 3. Deutschen Bundestag: CDU 39,7 %, CSU 10,5 %, SPD 31,8 %, FDP 7,7 %, DP 3,4 %. In dieser Reihenfolge die Mandatsverteilung: 270 – 169 – 41 – 17. Vgl. Nr. 191, Anm. 1.

Nr. 191
*Druck: Bulletin des Presse- und Informationsamtes der Bundesregierung, Nr. 193 vom 16.10.1957, S. 1769. – Die amtliche Ausfertigung dieses Dokuments konnte nicht nachgewiesen werden. Auch die entsprechenden Schreiben der Jahre 1949 und 1953 sind, soweit ersichtlich, nicht erhalten.
1 Nach der Eröffnungssitzung des 3. Bundestages am 15.10.1957 in der Berliner Kongreßhalle wurde Adenauer am 22.10.1957 erneut zum Bundeskanzler gewählt. Er bildete eine Koalitionsregierung aus CDU, CSU und DP; vgl. Jürgen *Domes,* Mehrheitsfraktion und Bundesregierung, S. 62-74. – Zu den Gesprächen vor und nach der Regierungsbildung (1., 18. und 22.10.1956; Aufzeichnungen in BA, VS B 122/15) vgl. Theodor Heuss. Tagebuchbriefe, S. 264, 269, 272.

Nr. 192
*BA, NL Heuss, Nr. 62, auf Kopfbogen wie Nr. 9; StBKAH III/47 (Durchschlag), mit hs. Notiz Arenz »ab 30.X.57«.
1 Das Manuskript der am selben Tag abgegebenen Erklärung ist in StBKAH 02.16 erhalten; Druck: AdG, Jg. 27 (1957), S. 6716-6721.

2 Im gedruckten Text dafür kein Beleg; evtl. hat Adenauer ihn extemporierend ergänzt.

Nr. 193

*BA, NL Heuss, Nr. 62 (Durchschlag), mit ms. Briefkopf wie Nr. 43, ohne Ortsangabe beim Datum.

1 Wegen dieser Erkrankung (28.11.–10.12.1957) mußte Adenauer einen damals geplanten London-Besuch auf April 1958 verschieben; vgl. Adenauer, Teegespräche 1955–1958, S. 244.

2 U. a. gemeint: Ungewißheiten hinsichtlich der Beständigkeit und Berechenbarkeit der amerikanischen Politik (wegen einer am 26.11.1957 bekannt gewordenen schweren Erkrankung von Präsident *Eisenhower;* vgl. a.a.O., S. 251).

3 Bd. 5, Berlin 1957 (der hier erwähnte Heuss-Beitrag auf S. 361-367). Vgl. Nr. 146, Anm. 11. – Die ersten 4 Bände des Sammelwerkes hatte Heuss am 2.11. 1957 dem jüngsten Adenauer-Sohn Georg (geb. 1931) anläßlich seiner Heirat mit Ulla-Britta *Jeansson* geschenkt; hierzu das Begleitschreiben, dem er auch eine eigene Zeichnung der Schloßanlage der südschwedischen Stadt Kalmar beifügte, in BA, NL Heuss, Nr. 106.

4 Vgl. Nr. 183.

5 Vom 19.–29.11.1957; vgl. Theodor Heuss. Tagebuchbriefe, S. 283-286, und Theodor Heuss. Der Mann, das Werk, die Zeit, S. 390 f., 393-395. – Am 9.12.1957 übermittelte Staatssekretär *Bleek* Adenauer eine 6-seitige Heuss-Aufzeichnung zu dieser Reise; vgl. BA, B 136/4615.

6 Italien-Reisen sind u. a. nachweisbar für 1909, 1915 und 1939; vgl. Nr. 210, Anm. 2.

7 Am 27.11.1957; vgl. Hans-Heinrich *Welchert,* Theodor Heuss. Ein Lebensbild, S. 225-228; Theodor Heuss. Der Mann, das Werk, die Zeit, S. 395. Vgl. a. Nr. 138, sowie das Photo auf S. 242.

8 Vgl. Theodor Heuss. Tagebuchbriefe, S. 287.

9 Am 13.12.1958; hierzu die Gesprächsaufzeichnung in BA, VS B 122/15, die Meldung im Bulletin, Nr. 233 vom 17.12.1957, S. 2150 (» . . . um mit ihm u. a. über die bevorstehende NATO-Konferenz zu sprechen«) und die ausführliche Wiedergabe in den Tagebuchbriefen, S. 291.

10 Vgl. Nr. 195, Anm. 3.

Nr. 194

*BA, NL Heuss, Nr. 62, eigenhändig, auf Kopfbogen wie Nr. 87, ohne Ortsangabe beim Datum.

1 Nicht nachgewiesen.

2 Vom 16.–19.12.1957 in Paris; vgl. Konrad *Adenauer,* Erinnerungen 1955–1959, S. 333-346; seine Teegespräche 1955–1958, S. 244-255, und Heinrich *Krone,* Aufzeichnungen, S. 143 f. Vgl. a. Nr. 199.

3 Felix *von Eckardt* (1903–1979), 1952–1955 und 1956–1962 Leiter des Presse-

und Informationsamtes der Bundesregierung (ab 1958 als Staatssekretär), 1955/56 Ständiger Beobachter bei den Vereinten Nationen, 1962–1965 Bevollmächtigter des Bundes in Berlin, 1965–1969 MdB (CDU).
4 Am 20.12.1957; vgl. Theodor Heuss. Tagebuchbriefe, S. 293f., und Nr. 195, 198, 199.

Nr. 195
*BA, NL Heuss, Nr. 62 (Abschrift des eigenhändigen Schreibens), mit ms. Briefkopf wie Nr. 71.
1 Vgl. Nr. 194.
2 Vgl. a.a.O., Anm. 4.
3 Druck der Neujahrsansprache 1957/58 »Die Politik ist das Schicksal«: Bulletin, Nr. 1 vom 3.1.1958, S. 1f. Vgl. Nr. 197, 198, 199. – Einen weiteren Entwurf übermittelte das Auswärtige Amt am 23.12.1957 Staatssekretär *Bleek*, dieser am selben Tage Heuss; hierzu das Begleitschreiben in BA, NL Heuss, Nr. 63.
4 Hanne *Heuss* starb an den Folgen dieser Krankheit (die sich zur Gehirnhautentzündung entwickelte) am 8.4.1958; vgl. Theodor Heuss. Tagebuchbriefe, S. 322.
5 Max *Weber* (1864–1920), Wirtschaftshistoriker und Soziologe, Ordinarius an den Universitäten Berlin (ab 1893), Freiburg/Breisgau (ab 1894), Heidelberg (1897–1903) und München (1919), an der Gründung der DDP und an den Beratungen der Verfassungsentwürfe für die Weimarer Republik beteiligt. – Heuss am 28.12.1957 an Ernst *Jünger:* » ... unter den Menschen, die mir menschlich begegnet sind, wohl die geistig stärkste Erscheinung und in der rationalen Disziplinierung immer eine höchst bekömmliche Kraft.«
6 Vgl. Nr. 202, Anm. 1.

Nr. 196
*BA, NL Heuss, Nr. 62 (Abschrift des eigenhändigen Schreibens), mit ms. Briefkopf wie Nr. 71; BA, VS B 122/17 (Abschrift).
1 Nicht nachgewiesen.
2 Beim Empfang anläßlich des 82. Adenauer-Geburtstages vertrat Staatssekretär *Bleek* den Bundespräsidenten; zur 7-stündigen Gratulationscour ein Bericht in der »Welt« vom 6.1.1958.
3 Herausragende Ereignisse dieses Zeitraums: das Inkrafttreten der Verträge über die EWG und Euratom (1.1.1958; Konstituierende Ratssitzungen am 25.1.1958), das sowjetische Memorandum zur Einberufung einer Gipfelkonferenz (8.1.1958), die großen außen- und sicherheitspolitischen Bundestagsdebatten vom 23.1. und 20.–25.3.1958, der Austausch von Memoranden zwischen Polen und der Bundesrepublik (14./24.2.1958).
4 Vgl. Theodor Heuss. Tagebuchbriefe, S. 297.

Nr. 197

*BA, NL Heuss, Nr. 62, auf Kopfbogen wie Nr. 9; StBKAH III/47 (Durchschlag), mit hs. Vorzimmernotiz »d[urch] Boten ab 2.Jan. 58, 19.00«.

1 Vgl. Nr. 195, Anm. 3. – Zum Nachfolgenden wie auch zu den anschließenden beiden Schreiben, unter Verwendung dieser Korrespondenz, Eberhard *Pikart*, Theodor Heuss und Konrad Adenauer, S. 121 f., und Hans-Peter *Schwarz*, Die Ära Adenauer. Epochenwechsel 1957–1963, S. 45 f. Vgl. a. Theodor Heuss. Tagebuchbriefe, S. 297.

2 George F. *Kennan* (geb. 1904), 1944–1946 Botschaftsrat in Moskau, dort 1952 Botschafter, 1947–1949 Leiter eines Planungsstabes im amerikanischen Außenministerium, 1954–1961 an der Princeton University, 1961–1963 Botschafter in Belgrad.

3 Angesichts der zunehmenden Aufrüstung und atomaren Bewaffnung der USA und der Sowjetunion trat Kennan ab 1957 für ein Auseinanderrücken der beiden Großmächte und den Truppenabbau der westlichen und östlichen Verteidigungsbündnisse ein – dies besonders deutlich in sechs 1957 von der BBC ausgestrahlten Vorträgen, auf deren Grundlage er 1958 »Rußland, der Westen und die Atomwaffe« publizierte. Eine übersichtliche, heute leicht zugängliche Zusammenfassung in: George F. *Kennan*, Im Schatten der Atombombe. Eine Analyse der amerikanisch-sowjetischen Beziehungen von 1947 bis heute, Köln 1982, S. 20, 45-51. Zur Reaktion Adenauers vgl. a. Heinrich *Krone*, Aufzeichnungen, S. 145.

4 In der Debatte nach Adenauers Regierungserklärung vom 23.1.1958 nahm nur Erich *Mende* Bezug auf die Erklärungen Kennans und die dadurch »wieder in Gang gekommene Erörterung der Deutschlandfrage«; vgl. Stenographische Berichte, 3. Wahlperiode, Bd. 39, S. 310.

5 Vgl. Nr. 194, Anm. 2. – Über die Reaktion in den USA informierte am 29.11. 1957 und 16.1.1958 auch Dannie N. *Heineman* Adenauer. Im letztgenannten Schreiben der Hinweis: »Man war hier erstaunt, daß Präsident Heuss die Vorschläge Kennans hundert Prozent acceptierte« (StBKAH 10.14).

Nr. 198

*StBKAH III/47, eigenhändig (hierzu die Abb. auf S. 245–247); auf Kopfbogen wie Nr. 43; BA, NL Heuss, Nr. 62 (Abschrift).

1 Vgl. Nr. 197, dort auch Anm. 1.

2 Vgl. Nr. 194, 195.

3 »Jonny Herwarth ... hat ihn vor Jahren zweimal zu mir gebracht«, Heuss am 20.11.1955 an Toni *Stolper*; vgl. seine Tagebuchbriefe, S. 98. Zu den Kontakten im Sommer 1951 auch ein Schreiben an Paul *Rohrbach* vom 3.1.1952, in BA, NL Heuss, Nr. 191.

4 Vgl. Nr. 197, Anm. 3.

5 Hierfür Belege in der a.a.O. verwendeten neueren Veröffentlichung Kennans.

Nr. 199
*BA, VS B 122/17 (Kopie), eigenhändig, auf Kopfbogen wie Nr. 87; StBKAH III/47 (Abschrift), mit ms. Briefkopf wie Nr. 63.
1 Vgl. Nr. 198.
2 Vgl. Nr. 194, Anm. 2.
3 Das anschließende Gespräch vom 9.1.1958 (hierzu die Aufzeichnung in BA, VS B 122/15, eine Meldung im Bulletin, Nr. 7 vom 11.1.1958, S. 54, und Theodor Heuss. Tagebuchbriefe, S. 298f.) führte zur Beilegung des Konflikts: »Ich habe deshalb eine Besprechung mit dem Bundespräsidenten gehabt. Er ist falsch verstanden worden. Die Sache ist wieder in Ordnung«, Adenauer am 21.1.1958 an *Heineman* (StBKAH 10.14).
4 Vgl. Nr. 194, 195, 198.
5 »... vor allem mißtrauisch gegen England« (Tagebuchbriefe, S. 299), u. a. wegen der nicht kontrollierten atomaren Aufrüstung Großbritanniens; hierzu Adenauer, Teegespräche 1955–1958, S. 251f.

Nr. 200
*StBKAH III/47, auf Kopfbogen wie Nr. 43; BA, NL Heuss, Nr. 62 (Durchschlag).
1 Vom 1.2.–5.3.1958 in Vence bei Nizza (Terminkalender StBKAH).
2 »Der Bundeskanzler hat am Sonntag [2.2.1958] die Messe in der kleinen Kapelle Notre-Dame du Rosaire in seinem Urlaubsort Vence besucht, die der französische Maler Henri Matisse ausgestattet hat. Sie gehört zu den bedeutendsten Beispielen des modernen Kirchenbaus« (»Frankfurter Allgemeine« vom 3.2.1958). Hierzu das Photo auf S. 251.
3 »Wagnis zur schöpferischen Freiheit«, Rede bei der Konstituierung des Deutschen Wissenschaftsrates (vgl. Nr. 178, Anm. 2); Wortlaut im Bulletin, Nr. 27 vom 8.2.1958, S. 233-235.
4 »... hat die Natur auch hier ein bißchen den Menschen gezeigt, was sie eigentlich ist: Geländer und Bänke der Rheinuferstraße in den Fluten verschwunden, die breite gurgelnde Wasserfläche ohne Schiffe ... « (Theodor Heuss. Tagebuchbriefe, S. 310).

Nr. 201
*BA, NL Heuss, Nr. 62, auf Kopfbogen wie Nr. 87; StBKAH III/47 (Durchschlag).
1 Vgl. Nr. 200, Anm. 3.
2 Zur damaligen Lagebeurteilung Adenauers vgl. seine Teegespräche 1955–(24.1., 27.3.) 1958, S. 250-261.
3 Am 13.2.1958 in Roquebrun; vgl. a.a.O., S. 294. Vgl. a. Nr. 232.
4 Im Mai 1956; vgl. Nr. 169, Anm. 6.

Nr. 202
*StBKAH III/47, auf Kopfbogen wie Nr. 43; BA, NL Heuss, Nr. 62 (Durchschlag).
1 Max Weber in seiner Gegenwart, in: Johannes *Winckelmann* (Hrsg.), Max

Weber. Gesammelte politische Schriften, Tübingen ²1958, S. VII-XXXI. Vgl. Nr. 195 und Theodor Heuss. Der Mann, das Werk, die Zeit, S. 386-388 (Druck weiterer Korrespondenz dieser Tage u. a. mit Theodor W. *Adorno* und Karl *Jaspers*).

Nr. 203

*StBKAH III/7, auf Kopfbogen wie Nr. 43, mit hs. Notiz Zimmermann vom 15.4. 1958 »Herr Bundeskanzler wollte bei seinem heutigen Besuch persönlich mit Herrn Bundespräsident darüber sprechen«; BA, NL Heuss, Nr. 62 (Durchschlag). – Zur Unterredung vom 15.4.1958 (vor der unmittelbar anschließenden Reise des Kanzlers nach London) eine Meldung im Bulletin, Nr. 70 vom 16.4. 1958, S. 669 und eine Notiz in der »Frankfurter Allgemeinen« vom 16.4.1958. Vgl. a. Theodor Heuss. Tagebuchbriefe, S. 322.

1 Zum Staatsbesuch in Nordamerika (Ende Mai/Juni 1958) vgl. Hans-Heinrich *Welchert*, Theodor Heuss. Ein Lebensbild, S. 229-250; Theodor Heuss. Der Mann, das Werk, die Zeit, S. 392-396, und Tagebuchbriefe, S. 332-337. Vgl. a. Nr. 205, Anm. 1.

2 Celâl *Bayar* (1883–1986), 1950–1960 türkischer Staatspräsident, nach dem Staatsstreich der Armee vom 27.5.1960 verhaftet, 1961 zum Tode verurteilt, nach internationalen Protesten (an denen sich auch Heuss beteiligte) begnadigt, 1964 aus der Haft entlassen, 1966 begnadigt.

3 Zum Gegenbesuch Bayars (nach der Türkei-Reise des Bundespräsidenten im Mai 1957; vgl. Nr. 186, Anm. 2) vgl. Bulletin, Nr. 85 vom 9.5.1958, S. 845, und Theodor Heuss. Tagebuchbriefe, S. 322f., 328f. Vgl. a. die Photos auf S. 256.

4 Kurz zuvor hatte Heuss aus Anlaß der Investitur des Bundeskanzlers zum Ehrenritter des Deutschen Ordens auf Adenauer gereimt: »Für K. A. zum 10. März 1958 in Köln. Wie schön, oh Mensch, im wallenden Gewande,/stehst Du an unseres Schicksals Strande/in sorgender Entschlossenheit./Das schwarze Kreuz vom fernen Ordenslande,/für das die Glut des Glaubens einst entbrannte,/steht frisch gerammt im Sturm der Zeit./Th. H.« (BA, NL Heuss, Nr. 62).

5 Der Außenminister stattete vom 31.3.–3.4.1958 Portugal einen Besuch ab; vgl. AdG, Jg. 28 (1958), S. 6999.

6 Neuer Protokollchef des Auswärtigen Amtes ab 1958: Sigismund *von Braun*.

7 Wilhelm Günther *von Heyden* (geb. 1908), 1953–1958 im Bundespräsidialamt (1954 Ministerialrat), 1958–1963 Botschaftsrat in Neu-Delhi.

Nr. 204

*BA, NL Heuss, Nr. 62, auf Kopfbogen wie Nr. 9; StBKAH III/47 (Durchschlag), mit hs. Notiz Zimmermann »ab 12.4.58«.

1 Vgl. Nr. 202.

Nr. 205

*BA, NL Heuss, Nr. 62, eigenhändig, auf Kopfbogen wie Nr. 87, ohne Ortsangabe beim Datum.

1 Nach seinem Aufenthalt in den USA (vgl. Nr. 203, Anm. 1) war Heuss am 3.7.1958 (17.54 Uhr) mit dem Sonderzug in Bonn eingetroffen; Adenauer und fast »das gesamte Kabinett hatten sich zur Begrüßung auf dem Bahnsteig I versammelt« (»Bonner Rundschau« vom 4.7.1958. Am selben Tag meldete die »Neue Rhein-Zeitung«, Köln: »Auf dem Bahnsteig: Heuss umarmte Konrad Adenauer«). – Zum Verlauf des Staatsbesuches vgl. die Erinnerungen des damaligen Botschafters in Washington, Wilhelm G. *Grewe,* in: Rückblenden, S. 347-354. Hintergrundinformationen (» . . . hat hier einen außerordentlichen Erfolg gehabt«; Rede schwer zu verstehen, »da er mit einem starken süddeutschen Accent spricht«) erhielt Adenauer in einem Schreiben Dannie N. *Heinemans* vom 26.6.1958 (StBKAH 10.14).

Nr. 206

*BA, NL Heuss, Nr. 62 (Durchschlag), mit ms. Briefkopf wie Nr. 71, ohne Ortsangabe beim Datum.

1 Vgl. Nr. 205, Anm. 1.

2 Am 8.7.1958; hierzu die Gesprächsaufzeichnung in BA, VS B 122/15, sowie Meldungen im Bulletin, Nr. 121 vom 9.7.1958, S. 1269, und am selben Tag in der »Frankfurter Allgemeinen«.

Nr. 207

*BA, NL Heuss, Nr. 62, auf Kopfbogen wie Nr. 9.

1 Vom 9.8.–13.9.1958, vor dem unmittelbar anschließenden ersten Zusammentreffen mit Charles *de Gaulle* am 14./15.9.1958 in Colombey-les-deux-Eglises (Terminkalender StBKAH). Vgl. Nr. 208.

2 Heuss verlieh *Globke* am 10.9.1958 das Große Verdienstkreuz mit Stern und Schulterband des Verdienstordens der Bundesrepublik; hierzu sein Glückwunschschreiben vom 9.9.1958 (Dank »für die freundschaftliche und zuverlässige Bereitwilligkeit, mit der Sie die dienstlichen und menschlichen Dinge, die zwischen dem Bundeskanzleramt und dem Bundespräsidialamt zu behandeln sind, führen«) in BA, B 122/2156. Hierzu auch das Schreiben Adenauers vom 8.9.1958; Druck: Klaus *Gotto* (Hrsg.), Der Staatssekretär Adenauers, S. 281f. – Vgl. Nr. 209.

Nr. 208

*BA, NL Heuss, Nr. 62 (Abschrift des eigenhändigen Schreibens).

1 Vgl. Nr. 207.

2 In Lörrach vom 28.7.–18.8.1958 (Tagesnotizbücher NL Heuss).

3 Louis *Heuss* (1853–1903; heiratete 1880 Elisabeth *Gümbel* [1853–1921]), ab 1880 Regierungsbaumeister in Brackenheim, ab 1890 Leiter des städtischen Tiefbauamtes in Heilbronn; vgl. Theodor *Heuss,* Vorspiele des Lebens, passim. Vgl. a. Nr. 90, Anm. 8.

4 Hierzu ein Dankschreiben Heuss' an Monsieur le maire *Rey,* Colmar, vom 7.8.1958, in BA, NL Heuss, Nr. 349.

5 Heuss hatte am 26.7.1958 Otto John begnadigt; vgl. Nr. 125, Anm. 1. – Zur »Gnadensache Otto John« Korrespondenz mit Gerhard Leibholz in BA, NL Heuss, Nr. 68, 343.
6 Nicht nachgewiesen.
7 Carl-Friedrich Freiherr *von Weizsäcker* (geb. 1912), Physiker und Philosoph, ab 1946 Abteilungsleiter beim Max-Planck-Institut für Physik, 1957–1969 Ordinarius an der Universität Hamburg, 1970–1980 Direktor des Max-Planck-Instituts zur Erforschung der Lebensbedingungen in der technisch-wissenschaftlichen Welt. – Zur Beschäftigung mit seinen damals erschienenen Arbeiten vgl. Theodor Heuss. Tagebuchbriefe, S. 353.
8 Umschlagtitel der 1958 im Verlag der Wochenzeitung »Die Zeit« erschienenen Schrift: Die gegenwärtigen Aussichten einer Begrenzung der Gefahr eines Atomkrieges.
9 Vgl. Nr. 186, Anm. 4.
10 Charles *de Gaulle* (1890–1970), 1945/46 und ab 1.6.1958 erneut französischer Ministerpräsident, ab 8.1.1959 Staatspräsident, 1965 wiedergewählt, 1969 zurückgetreten. Vgl. Nr. 207, Anm. 1.
11 Damals lagen vor: »L'appel 1940–1942« (Paris 1954; »Der Ruf«, Frankfurt/Main–Berlin 1955) und »L'Unité 1942–1944« (Paris 1956), das 1961 zusammen mit »Le Salut 1944–1946« (Paris 1959) in Übersetzung erschien (»Memoiren 1942–46. Die Einheit – das Heil«).

Nr. 209
*BA, NL Heuss, Nr. 62, eigenhändig, auf Kopfbogen wie Nr. 87.
1 Vgl. Nr. 207, Anm. 2.
2 Vgl. Nr. 208, Anm. 5.
3 Zu dem nachgewiesenen Termin (16.6.1958; Besucherlisten StBKAH) ist vorbereitende und weiterführende Korrespondenz in StBKAH III/24 erhalten.
4 »Eichendorff, Heine, dann Goethesche Gedichte«, Adenauer vor Journalisten am 23.6.1958; vgl. seine Teegespräche 1955–1958, S. 295. Vgl. a. Anneliese *Poppinga* (Hrsg.), Konrad Adenauers Lieblingsgedichte, Stuttgart 1987.
5 Nach einer Mitteilung *Hohmann-Köster* an Terence *Prittie* vom 5.6.1959 bevorzugte der Kanzler Kriminalromane von Agatha *Christie*, Thomas *Muir* und Edgar *Wallace*, »und zwar wegen des Aufbaues der Handlung und wegen der Milieuschilderung« (StBKAH 10.41). Hierfür weitere Belege in Adenauer, Briefe 1947–1949, S. 43, und Briefe 1949–1951, S. 125. Vgl. a. Anneliese *Poppinga*, Meine Erinnerungen, S. 237.
6 Karl *Jaspers* (1883–1969), Philosoph, Ordinarius an den Universitäten Heidelberg (ab 1921) und Basel (ab 1948). – 1958 war nach einem 1956 gehaltenen Rundfunkvortrag die erste Auflage seiner Schrift »Die Atombombe und die Zukunft des Menschen« erschienen; vgl. Hans-Peter *Schwarz*, Die Ära Adenauer. Epochenwechsel 1957–1963, S. 57. Zur späteren Beschäftigung Adenauers mit der politischen Publizistik Jaspers' vgl. *ders.* (Hrsg.), Entspannung und Wiedervereinigung, S. 68f.

Zu diesem Briefpassus ein Hinweis des Nationalökonomen Edgar *Salin:* Jaspers »war besonders erfreut, als ich ihm einmal erzählen konnte: Heuss, der seine Ferien in Lörrach bei seinem Sohn verbrachte, hatte einen Brief von Adenauer aus Italien bekommen; darin schrieb Adenauer, er habe nicht, wie man ihm immer nachsage, nur Detektivromane nach Cadenabbia mitgenommen, sondern er habe auch Gedichte in seinem Gepäck, und er lese von Anfang bis Ende mit größter Ergriffenheit das Buch von Jaspers ›Die Atombombe‹. Jaspers sagte darauf, er habe immer angenommen, daß die Menschenverachtung des Alten aus einem tiefen sittlichen Gefühl komme und daß die Erlebnisse der Nazi-Zeit ihm zumindest gegenüber seinen Deutschen ein unauslöschliches Mißtrauen eingeflößt hätten«; vgl. Klaus *Piper*/Hans *Saner* (Hrsg.), Erinnerungen an Karl Jaspers, München–Zürich 1974, S. 19.

7 Während der längeren Pause in der Korrespondenz nach diesem Brief kam es zu Unterredungen am 16.9., 28.10. und 24.11.1958, zu denen Aufzeichnungen in BA, VS B 122/15 erhalten sind. Über weitere Gespräche am 16.10., 13. und 14.12. 1958 berichtete das Bulletin (Nr. 194 vom 18.10.1958, S. 1923; Nr. 232 vom 16.12. 1958, S. 2301 – Heuss-Besuch in Rhöndorf –; Nr. 235 vom 19.12.1958, S. 2331). Zum Treffen vom 28.10.1958 (bei dem auch die Heuss-Nachfolge erörtert wurde) vgl. a. Theodor Heuss. Tagebuchbriefe, S. 358f., und Wolfgang *Wagner,* Die Bundespräsidentenwahl 1959, S. 4, 8, 12, 27.

Nr. 210

*BA, NL Heuss, Nr. 62 (Abschrift des eigenhändigen Schreibens).

1 Die Begegnung mit Marées, in: Bernhard *Degenhart,* Hans von Marées. Die Fresken von Neapel, München 1958, S. 9-12; Neudruck: Theodor *Heuss,* Lust der Augen, S. 119-125.

2 1939; vgl. Theodor *Heuss,* Die zoologische Station in Neapel. Zu Anton Dohrns 100. Geburtstag am 29.12.1940, in: Theodor Heuss. Politiker und Publizist, S. 271-276.

3 Anton *Dohrn* (1840–1909), Zoologe, Gründer (1874) und Leiter der Deutschen Zoologischen Station (Meeresstation) in Neapel; vgl. die 1940 erstmals erschienene, später häufiger neu aufgelegte Dohrn-Biographie von Heuss. Zum Buch und zu den Beziehungen zwischen Heuss und der Familie Dohrn zahlreiche Angaben in: Theodor Heuss. Der Mann, das Werk, die Zeit, S. 220-225.

4 Adolph *von Menzel* (1815–1905), Maler, illustrierte u. a. die Werke Friedrichs d. Gr., dessen Leben er auch zahlreiche nach 1850 entstandene Gemälde widmete.

5 Wilhelm *Leibl* (1844–1900), Maler, lebte und arbeitete zunächst in Paris und München, ab 1873 im ländlichen Milieu in Oberbayern.

Nr. 211

*BA, NL Heuss, Nr. 62 (Abschrift des eigenhändigen Schreibens).

1 Anspielung auf die Korrespondenz unter Nr. 197-199. – Wortlaut der letzten Neujahrsansprache von Heuss im Präsidentenamt (»Berlin – eine europäische

Position«; vgl. Nr. 213, Anm. 9) im Bulletin, Nr. 1 vom 3.1.1959, S. 1f., 4.

2 Vgl. George F. *Kennan,* Disengagement revisited, in: Foreign Affairs, Vol. 37 (1959), S. 187-210.

3 Dort fand vom 16.–18.12.1958 die Herbsttagung des Nordatlantikrates statt; vgl. Adenauer, Teegespräche 1955–1958, S. 313f., und seine Teegespräche 1959–1961, S. 139.

4 Theodor *Heuss,* Von Ort zu Ort. Wanderungen mit Stift und Feder, Tübingen 1959. (»Erstes Probestück ..., das ich erbat, um Adenauer Anfang Januar ein Geburtstagsgeschenk machen zu können«, am 21.12.1958 an Toni *Stolper;* vgl. Theodor Heuss. Tagebuchbriefe, S. 380).

5 Hermann *Leins* (1899–1977), seit 1926 Inhaber des Rainer Wunderlich Verlages, Tübingen. Vgl. Nr. 237, 248.

Nr. 212

*BA, NL Heuss, Nr. 62, auf Kopfbogen wie Nr. 87.

1 Vgl. Nr. 211.

Nr. 213

*StBKAH III/47 (Ausfertigung für Adenauer), mit ms. Vermerk *»Streng vertraulich!«,* unter dem 10.1.1959 in die Edition einbezogen nach der Datierung des Nachtrags (Punkt 20 des Memorandums); Druck: Konrad Adenauer, Erinnerungen 1955–1959, S. 483-490; Theodor Heuss. Politiker und Publizist, S. 477-484.

Weitere Ausfertigungen leitete Heuss Erich *Ollenhauer,* Reinhold *Maier* und Heinrich *Hellwege* zu; vgl. Tagebuchbriefe, S. 389. Dort (S. 377f., 383, 385) auch weitere Angaben zum Zustandekommen des »Skriptums« bzw. »Memorandums« zur »Bu.-Prä.-Frage«. Hinweise in der Literatur bei: Ulrich *Scheuner,* Das Amt des Bundespräsidenten, S. 42, 44, 74; Wolfgang *Wagner,* Die Bundespräsidentenwahl 1959, S. 8-10; Eberhard *Pikart,* Theodor Heuss und Konrad Adenauer, S. 127-130; Hans-Peter *Schwarz,* Die Ära Adenauer. Epochenwechsel 1957–1963, S. 178.

1 Ernst *Friedlaender* (1885–1973), ab 1946 Leitartikler der Wochenzeitung »Die Zeit«, ab 1950 auch tätig für das »Hamburger Abendblatt«, die »Stuttgarter Nachrichten« und die »Frankfurter Neue Presse«, ab 1951 Kommentator des NWDR.

2 Vgl. den Artikel »Das höchste Amt« im »Hamburger Abendblatt« vom 16.8. 1958.

3 Heuss zur Berichterstattung und zu den Kommentaren der »Frankfurter Allgemeinen« am 29.1.1959 an das Redaktionsmitglied Jürgen *Tern:* »Ich bin, wie Sie ja wissen, mit der Linie, die die FAZ in dieser Sache gehalten hat, von Anfang an durchaus einverstanden gewesen. Ich würde noch stärker pointieren, daß eine Grundgesetzänderung ad personam im Ausland geradezu als Armutszeugnis wirken müßte« (BA, NL Heuss, Nr. 351).

4 Theodor *Eschenburg* (geb. 1904), Historiker, Politikwissenschaftler und Publizist, 1945–1947 Staatskommissar für das Flüchtlingswesen in Württemberg-

Hohenzollern, im dortigen Innenministerium 1947–1952 Ministerial- und Staatsrat, ab 1952 Ordinarius an der Universität Tübingen. – Hier angesprochen: sein Artikel »Der nächste Bundespräsident – noch einmal Heuss?« in der »Zeit« vom 12.9.1958, den Heuss schon am 11.9.1958 als »den bislang besten Aufsatz« zur Nachfolgefrage bezeichnet hatte; vgl. seine Tagebuchbriefe, S. 338.

5 In Bayern und Hessen war am 23.11.1958 gewählt worden, in Berlin am 7.12.1958; die niedersächsischen und rheinland-pfälzischen Landtagswahlen fanden am 19.4.1959 statt. – Der Bundesversammlung (1.7.1959 in Berlin) gehörten danach an: insgesamt 517 Mitglieder der CDU und CSU (1954: 431), 386 der SPD (347), 82 der FDP (112), 24 der DP (15), 20 des GB/BHE (61), 6 der BP (15), 3 der DPS; vgl. Datenhandbuch zur Geschichte des Deutschen Bundestages 1949 bis 1982, S. 932f.

6 Vgl. Nr. 125, Anm. 4.

7 Zu dieser Formulierung vgl. Ulrich *Scheuner,* a.a.O., S. 42.

8 Hugo *Preuß* (1860–1925), 1906–1918 Ordinarius für Staatsrecht an der Handelshochschule Berlin, 1918 Mitbegründer der DDP, 1918/19 Staatssekretär des Innern, 1919 Reichsinnenminister. Zu seiner Bewertung durch Heuss (bereits 1926 Herausgeber einer Veröffentlichung der Werke von Preuß: Staat, Recht und Freiheit. Aus 40 Jahren deutscher Politik und Geschichte) vgl. vor allem die Angaben in Nr. 233, Anm. 19, Nr. 234, 235.

Der im Dezember 1918 von Preuß vorgelegte erste Entwurf der Weimarer Reichsverfassung war besonders für die Verfassungsbestimmungen zum Reichspräsidenten maßgeblich. Hierzu und zu den anderen Entwürfen vgl. Hans *Boldt,* Die Weimarer Reichsverfassung, in: Karl Dietrich *Bracher*/Manfred *Funke*/Hans-Adolf *Jacobsen* (Hrsg.), Die Weimarer Republik 1918–1933. Politik–Wirtschaft–Gesellschaft, Bonn 1987, S. 47-49, 53-55.

9 Im Anschluß an eine Rede Chruschtschows vom 10.11.1958 hatte die Sowjetregierung am 27.11.1958 ihre Besatzungsverpflichtungen in Berlin und damit den Viermächtestatus der geteilten Stadt aufgekündigt; vgl. Dokumente zur Berlin-Frage 1944–1966, S. 296-372, und Adenauer, Teegespräche 1955–1958, S. 299-308.

10 Franklin D. *Roosevelt* (1882–1945; 1933–1945 Präsident der USA) war 1940 und 1944 entgegen traditionellen Bestimmungen zum 3. und 4. Mal im Amt bestätigt worden. Seit 1951 ist die Wiederwahl nur einmal zulässig.

11 Zu den Wahlen vom 17.9.1961 vgl. Nr. 248, Anm. 1.

12 Zu den Erörterungen der Vormonate vgl. Wolfgang *Wagner,* a.a.O., S. 3-7, und Klaus *Gotto,* Adenauer, die CDU und die Wahl, S. 97-102.

13 Am 1.7.1959 zum Nachfolger von Theodor Heuss gewählt: Heinrich *Lübke* (1894–1972), 1947–1952 nordrhein-westfälischer Minister für Ernährung, Landwirtschaft und Forsten, 1949/50 und 1953–1959 MdB (CDU), 1953–1959 Bundesminister für Ernährung, Landwirtschaft und Forsten, 1959–1969 Bundespräsident.

14 Vgl. Nr. 57.

15 Vgl. Nr. 3, Anm. 2, Nr. 71, Anm. 1, und die Angaben in Theodor Heuss. Der Mann, das Werk, die Zeit, S. 327-330.
16 Zur Beschäftigung mit der Präsidentenfrage im Parlamentarischen Rat vgl. Karl Dietrich *Bracher,* Theodor Heuss und die Wiederbegründung der Demokratie in Deutschland, S. 28-32, und Erhard H. M. *Lange,* Die Diskussion um die Stellung des Staatsoberhauptes 1945–1949, passim.
17 Vgl. Theodor Heuss. Tagebuchbriefe, S. 389, 601.
18 Paul *von Beneckendorff und von Hindenburg* (1847–1934), preußischer Generalfeldmarschall, 1916–1919 Chef des Generalstabes des Feldheeres und der Obersten Heeresleitung, 1925–1934 Reichspräsident.
19 Zur umfangreichen Korrespondenz dieses Zeitraums und zu dieser Fragestellung (u. a., in dieser Reihenfolge, mit Rudolf *Pechel,* Ludwig *Erhard,* Karl *Loewenstein* [vgl. Nr. 216, Anm. 21], Willy *Dürr,* Wilhelm *Keil,* Heinrich *Hellwege,* Arnold *Krieger,* Jürgen *Tern,* Hans *Schlange-Schöningen*) vgl. BA, NL Heuss, Nr. 351.
20 Gemeint ist das 1599 entstandene Schauspiel »Henry V.« (1387–1422) des Dramatikers William *Shakespeare* (1564–1616).
21 René *Coty* (1882–1962), 1947/48 französischer Minister für Wiederaufbau, ab 1948 Mitglied, 1949–1953 Vizepräsident des Rates der Republik, 1954–1959 Staatspräsident.
22 Vgl. Nr. 214.

Nr. 214
*StBKAH III/47 (Abschrift des eigenhändigen Schreibens), mit hs. Vorzimmernotiz »durch Sonderboten«, ohne Ortsangabe beim Datum.
1 Zum 75. Geburtstag, dem letzten im Präsidentenamt, vgl. Theodor Heuss. Der Mann, das Werk, die Zeit, S. 397 f.; seine Tagebuchbriefe, S. 392, und Bulletin, Nr. 21 vom 31.1.1959, S. 187 f.; Nr. 24 vom 5.2.1959, S. 221. – »Als ihn Bundesratspräsident Kaisen zwischen dem Händeschütteln besorgt fragte: ›Werden Sie auch die anstrengende Gratulationscour bis zum Abend überstehen?‹ da erwiderte der Bundespräsident schelmisch: ›Da brauchen Sie keine Angst zu haben, ich bin ein zähes Luder.‹ ... Kanzler Adenauer war mit allen Ministern des Kabinetts erschienen. Als er Prof. Heuss dafür dankte, daß er den Staat wieder zu Ansehen gebracht habe, meinte der 75jährige mit einem verschmitzten Lächeln: ›Es ist in den letzten Jahren saumäßig viel geschafft worden‹« (»Neue Rhein-Zeitung«, Köln, vom 2.2.1959). Vgl. Nr. 215, Anm. 1.
2 Vgl. Nr. 133 A, Nr. 274, Anm. 1.
3 Heuss seinerseits am 9.4.1959: „... ich habe das Amt ... nie erstrebt; ich empfing es sozusagen aus Ihrer Hand ...“; vgl. Nr. 216.
4 Vgl. Nr. 119.
5 Gemeint ist die letzte Tagung des Reichstags als Vertretung der deutschen Reichsstände gegenüber dem Kaiser, 1653/54 in Regensburg (wo der Reichstag dann ab 1663 als Gesandtenkongreß zusammenkam).

Nr. 215

*BA, B 136/4615, auf Kopfbogen wie Nr. 7, mit eigenhändiger Notiz Adenauer »Photokopie an die Kabinettsmitglieder«; BA, NL Heuss, Nr. 62 (Durchschlag). – Zur Anweisung des Kanzlers vgl. das in 17facher Ausfertigung ergangene Begleitschreiben *Globkes* vom 5.3.1959 sowie seinen Vermerk vom 6.3.1959, demzufolge die Minister zur Abdeckung der durch das offizielle Geschenk verursachten Kosten (DM 1.650,–) ihre einzelnen Beiträge (von je DM 91,67) mittlerweile eingezahlt hatten; vgl. BA, B 136/4615.

1 »Das Kabinett schenkt einen Barocksekretär, der bayerische Ministerpräsident Seidel eine Barockkommode, die Stadt Köln und der Sportbund ließen je einen alten Perserteppich überbringen. ›Man will mich in der Mitte der Antike sehen, sozusagen als Barockfigur‹, kommentiert Heuss« (»Münchener Merkur« vom 2.2.1959).

2 Vgl. Nr. 214.

Nr. 216

*StBKAH III/47, eigenhändig (hierzu die Abb. auf S. 270–272), auf Kopfbogen wie Nr. 7; Abb. der ersten Seite: Der Bundespräsident, S. 42; BA, VS B 122/17 (Abschrift).

a ‹ › Im eigenhändigen Original unten auf der Seite hinzugefügt.

1 Adenauer hielt sich vom 9.4.–4.5.1959 in Cadenabbia auf (Terminkalender StBKAH). – Zum Nachfolgenden, unter Verwendung dieses Briefes, vgl. Konrad *Adenauer,* Erinnerungen 1955–1959, S. 517; Theodor Heuss. Tagebuchbriefe, S. 422; Eberhard *Pikart,* Theodor Heuss und Konrad Adenauer, S. 15, 46, 49, 79, 154, und Klaus *Gotto,* Adenauer, die CDU und die Wahl, S. 114.
Zur anschließenden öffentlichen Diskussion vgl. auch die Einleitung.

2 Nach seiner Nominierung zum CDU/CSU-Kandidaten für das Amt des Bundespräsidenten am 7.4.1959 hatte Adenauer in einer Rundfunk- und Fernsehansprache vom 8.4.1959 seine Bereitschaft begründet, sich als Heuss-Nachfolger zur Verfügung zu stellen; Druck: Konrad *Adenauer,* Erinnerungen 1955–1959, S. 514f. – Vorgeschichte, Beweggründe und Zusammenhänge dieses Vorgangs werden von Adenauer in seiner Antwort detailliert dargelegt; vgl. Nr. 217.

3 Ähnliche Überlegungen hatte Heuss seinerseits schon kurz nach Amtsübernahme angestellt: »Sie wissen, daß das deutsche Grundgesetz die unmittelbare politische Wirksamkeit des Bundespräsidenten begrenzt. Aber ich mache den Versuch, aus dem Amt das herauszuholen, was es an Möglichkeiten bietet« (am 29.12.1949 an Chester *Lewis;* vgl. BA, NL Heuss, Nr. 168, 290).

4 Hierzu die Gesprächsaufzeichnung in BA, VS B 122/15, sowie eine Meldung im Bulletin, Nr. 64 vom 8.4.1959, S. 621. Vgl. a. Tagebuchbriefe, S. 419f.; Wolfgang *Wagner,* Die Bundespräsidentenwahl 1959, S. 32, und Arnulf *Baring,* Sehr verehrter Herr Bundeskanzler!, S. 434.

5 Zu dieser Sitzung des Wahlmännergremiums der CDU/CSU am 7.4.1959 die ausführlichen Angaben bei Konrad *Adenauer,* a.a.O., S. 500-514; Jürgen *Domes,*

Mehrheitsfraktion und Bundesregierung, S. 101-103; Wolfgang *Wagner,* a.a.O., S. 31-33, und Klaus *Gotto,* a.a.O., S. 111-114.

6 Hermann *Höcherl* (geb. 1912), 1953–1976 MdB (CSU), 1957–1961 Vorsitzender der CSU-Landesgruppe, Bundesminister des Innern (1961–1965) und für Ernährung, Landwirtschaft und Forsten (1965–1969).

7 Franz *Meyers* (geb. 1908), 1950–1970 MdL (CDU) in Nordrhein-Westfalen, dort 1952–1956 Innenminister und 1958–1966 Ministerpräsident (1960/61 Bundesratspräsident).

8 Kai-Uwe *von Hassel* (geb. 1913), 1953/54 und 1965–1980 MdB (CDU), 1954–1962 schleswig-holsteinischer Ministerpräsident (1955/56 Bundesratspräsident), Bundesminister der Verteidigung (1962–1966) und für Vertriebene, Flüchtlinge und Kriegsgeschädigte (1966–1969), 1969–1972 Präsident, 1972–1976 Vizepräsident des Deutschen Bundestages.

9 Vgl. Nr. 209, Anm. 7.

10 Der Wirtschaftsminister hatte am 3.3.1959 auf die ihm im Februar angetragene Präsidentschaftskandidatur verzichtet; vgl. Volkhard *Laitenberger,* Ludwig Erhard, S. 148 f., und Daniel *Koerfer,* Kampf ums Kanzleramt, S. 227-277.

11 1958/59 wurden u. a. ins Gespräch gebracht: Hermann *Heimpel,* Hermann *Jahrreiß,* Helmut *Thielicke,* Heinrich *Krone,* Franz *Böhm,* Kai-Uwe *von Hassel* – in den folgenden Wochen vor der Verzichtserklärung Adenauers (4.6.1959) und der Nominierung Heinrich *Lübkes* (15.6.1959) auch Franz *Etzel* und Paul *Martini;* vgl. die zahlreichen Angaben bei Wolfgang *Wagner,* a.a.O.

12 *Ludwig I.* (1786–1868), 1825–1848 König von Bayern.

13 Vgl. Nr. 188.

14 Bereits am 21.1.1953 hatte Heuss gegenüber Wilhelm *Heile* beklagt, »daß wir das nicht haben, was in Frankreich vorgesehen: ganz normale Gelegenheitssitzungen des Kabinetts unter dem Vorsitz des Bundespräsidenten«; vgl. Tagebuchbriefe, S. 519.

15 Nr. 6, Anm. 2.

16 Fritz *Oellers* (1903–1977), 1949–1951 MdB (FDP), 1951–1956 Generalkonsul und Botschafter in Brasilien, 1956–1959 Botschafter in der Türkei; vgl. Adenauer, Briefe 1949–1951, S. 491, und Briefe 1951–1953, S. 52.

17 Vgl. Adenauer, Briefe 1949–1951, S. 506.

18 Heuss hätte, so am 4.10.1956 an Toni *Stolper,* Vollrath Freiherr *von Maltzan* »gerne vor Jahren zum Staatssekretär gemacht«; vgl. Tagebuchbriefe, S. 195.

19 Vgl. Nr. 213.

20 Dieser häufig von Heuss verwendete Begriff (vgl. Friedrich *Henning* [Hrsg.], Theodor Heuss: Lieber Dehler!, S. 160, 227) findet sich auch in seiner Abschiedsansprache vom 12.9.1959 (» ... zeitlich und sachlich Durchgangsstadium ... «); Druck: Theodor Heuss. Politiker und Publizist, S. 513-520 (hier S. 516). Vgl. a. Ulrich *Scheuner,* Das Amt des Bundespräsidenten, S. 56.

21 Vgl. Anm. 4. – Zum Frankreich-Vergleich ausführlicher das Heuss-Schreiben an Karl *Loewenstein* (Amherst/Massachusetts) vom 7.1.1959: »Die Problematik

von de Gaulle in Frankreich ist mir im Essentiellen noch nicht gesichert genug. Die Franzosen haben ja ein paar Mal solche Bewegungen gehabt. Noch in meine frühe Kindheit, ohne daß das natürlich damals rezipiert wurde, wirkt die Boulanger-Geschichte mit herein. Wir können nur hoffen, daß das Problem, die Exekutive zum Herrschenden zu machen, was ja in unmittelbaren Krisenzeiten oft genug der Fall gewesen ist, nicht als Lösung der Dauer betrachtet wird in einem Land, das immerhin, wenn auch seinerzeit aus einer Art von Mißverständnis heraus der englischen Dinge, Montesquieu als den Vater der Teilung der Gewalten ins Bewußtsein der verfassungsrechtlichen und verfassungspolitischen Arbeit gestellt hat« (BA, NL Heuss, Nr. 351).

Nr. 217
*BA, VS B 122/17, auf Kopfbogen wie Nr. 9, mit ms. Vermerk *»Vertraulich«;* StBKAH III/47 (Durchschlag).

a ‹ › Eigenhändig von Adenauer eingefügt.

1 Vgl. Nr. 216. Die dortigen Erläuterungen und die dort verwendete Literatur sind ausnahmslos auch für dieses Dokument heranzuziehen, so daß sich einzelne Vergleichsverweise erübrigen.

2 Hilger *van Scherpenberg* (1899–1969) 1949–1953 Referatsleiter im Bundeswirtschaftsministerium, ab 1953 im Auswärtigen Amt, dort 1958–1961 Staatssekretär, 1961–1965 Botschafter beim Heiligen Stuhl.

3 Gemeint sind die beiden Tagungsperioden (11.5.–20.6; 13.7.–5.8.1959) der Genfer Deutschlandkonferenz der Außenminister der vier Großmächte, unter Beteiligung deutscher Beraterdelegationen; vgl. Hans-Peter *Schwarz,* Die Ära Adenauer. Epochenwechsel 1957–1963, S. 89-94, und Adenauer, Teegespräche 1959–1961, S. 47-52, 76-80, 86-95.

4 Nach der Übermittlung und dem dabei geführten vermittelnden Gespräch dankte Adenauer *Globke* am 15.4.1959: »Ich freue mich, daß die Angelegenheit mit dem Herrn Bundespräsidenten erledigt ist« (StBKAH III/17).

5 Paul *Leverkuehn* (1893–1960), 1951–1953 Mitglied der deutschen Delegation bei der Londoner Schuldenkonferenz, 1953–1960 MdB (CDU). – Widerspruch oder zumindest Zurückhaltung wurden auch von Helene *Weber* und Werner *Dollinger* bekannt; vgl. Jürgen *Domes,* Mehrheitsfraktion und Bundesregierung, S. 101.

Nr. 218
*StBKAH III/47, eigenhändig, auf Kopfbogen wie Nr. 43; BA, VS B 122/17 (Abschrift).

a ‹...› Hier gestrichen »bereit sind«.

1 Vgl. Nr. 216, 217, dort jeweils Anm. 1.

2 Hierzu der Bericht »Heuss hakte Erhard unter« in der »Rheinischen Post« (Düsseldorf) vom 10.4.1959.

3 Vgl. Nr. 216, Anm. 4.

4 Auf eines dieser Schreiben, seiner Jugendfreundin Helene *Ecarius* (Speyer), antwortete Heuss am selben Tag: »Die Entscheidung von Dr. Adenauer hat ja nun alle Spekulationen ... in die Vergangenheit verwiesen. Ich will mich darüber nicht äußern. Aber es ist immerhin ein Glück, daß wir aus diesem Zustand des Suchens nach Nachfolgern, der dem Amt als solchem ja abträglich werden mußte, heraus sind« (BA, NL Heuss, Nr. 354).

5 11.4.1959, »12.15 Preetorius« (Tagesnotizbücher NL Heuss). – Emil *Preetorius* (1883–1973), Graphiker und Illustrator, langjähriger Präsident der Bayerischen Akademie der Schönen Künste. Vgl. seinen Beitrag in: Begegnungen, S. 341-345. Vgl. a. Nr. 7, Anm. 5.

Nr. 219

*BA, B 136/4615 (Telegrammabschrift), ohne Ortsangabe beim Datum.

1 Heuss war an einer Virusgrippe erkrankt; vgl. seine Tagebuchbriefe, S. 429f. Dort auch ein Hinweis auf den Krankenbesuch Adenauers am 8.5.1959, über den dieser ebenfalls berichtet hat: »... äußerte meine Zweifel, ob es richtig sei, an meiner [Präsidentschafts-]Kandidatur festzuhalten«; vgl. Konrad *Adenauer,* Erinnerungen 1955–1959, S. 525. Hierzu wurden weitere Gespräche am 20.5. (vgl. a.a.O., S. 537), 1.6. (a.a.O., S. 541, und Theodor Heuss. Tagebuchbriefe, S. 438f.) und 10.6.1959 geführt (hierzu die Aufzeichnung in BA, VS B 122/15; vgl. a. Tagebuchbriefe, S. 442; Wolfgang *Wagner,* Die Bundespräsidentenwahl 1959, S. 89). – Vor der letzten Unterredung hatte Adenauer am 5.6.1959 durch seinen persönlichen Referenten *Bach* Staatssekretär *Bleek* den Durchschlag seines Schreibens an Heinrich *Krone* und Hermann *Höcherl* vom 4.6.1959 übermitteln lassen (vgl. BA, VS B 122/16), in dem er u. a. unter Berufung auf Heuss (» ... solange die gegenwärtige gesteigerte außenpolitische Spannung nicht aus der Welt sei, könne ich s. E. nicht aus meinem Amte ... scheiden«) seine Kandidatur zurückzog; Druck: Konrad *Adenauer,* a.a.O., S. 544f.

Nr. 220

*BA, NL Heuss, Nr. 62 (Abschrift eines Fernschreibens aus Cadenabbia; dortiger Urlaub Adenauers vom 10.8.–25.8.1959 und vom 29.8.–12.9.1959; vgl. Nr. 221, Anm. 15).

1 Zum schweren Unfall von Hermann *Heuss* (1882–1959; Architekt, nach 1920 Professor für Baugeschichte und Baukunde in Chemnitz), vgl. die Angaben in Nr. 221.

Nr. 221

*StBKAH III/47, auf Kopfbogen wie Nr. 43; BA, NL Heuss, Nr. 62 (Durchschlag).

1 Vgl. Nr. 220.

2 Fred *Würz;* vgl. Theodor Heuss. Tagebuchbriefe, S. 590. Vgl. a. Nr. 237.

3 Vgl. Nr. 223.

4 Haile *Selassie I.* (1892–1975), ab 1916 Regent und Thronfolger am Hof in Addis Abeba, 1928 zum Negus (König) gekrönt, seit 1930 äthiopischer Kaiser, 1974 durch das Militär abgesetzt. – Der Empfang datiert vom 13.8.1959; vgl. Bulletin, Nr. 146 vom 13.8.1959, S. 1481.

5 Am 14.8.1959 zu einem Privatbesuch bei Heuss: *Saud* bin Abdul Asis al-Saud (1903–1969), 1953–1964 König von Saudi-Arabien, 1964 von seinem Bruder Feisal abgesetzt.

6 Vgl. Nr. 177, Anm. 9, Nr. 187.

7 Earl *Warren* (1891–1974), 1943–1953 Gouverneur von Kalifornien, 1953–1969 Oberster Bundesrichter der USA.

8 David K. *Bruce* (1898–1977), amerikanischer Botschafter in Bonn (1957–1959) und London (1961–1969).

9 Am 20.8.1959; vgl. Bulletin, Nr. 153 vom 22.8.1959, S. 1541.

10 Rudolf *Katz* (1895–1961), 1947–1950 schleswig-holsteinischer Justizminister, 1948/49 Mitglied des Parlamentarischen Rates (SPD), 1951–1961 Vizepräsident des Bundesverfassungsgerichtes.

11 Reinold *von Thadden-Trieglaff* (1891–1976), gehörte nach 1933 der Bekennenden Kirche an, 1949 Gründer, bis 1964 Präsident des Deutschen Evangelischen Kirchentages.

12 Heuss hatte am 16.8.1959 vor dem 9. Evangelischen Kirchentag über »Kirche–Staat–Gesellschaft« gesprochen; Wortlaut im Bulletin, Nr. 150 vom 19.8.1959, S. 1517.

13 Bezieht sich auf die Verweigerung von Besuchserlaubnissen für den Kirchentag durch die Behörden der DDR; vgl. AdG, Jg. 29 (1959), S. 7890.

14 Vorschlag desselben Tages an den Amtsnachfolger (»z. Zt. Spa, Hotel Le vieux Nivezé«), »daß Sie selber vielleicht [am 27.8.1959] um 9 Uhr oder 9 Uhr 05 mit zu dieser Unterredung kommen, damit er Sie oder damit Sie ihn persönlich ... kennen lernen« (BA, NL Heuss, Nr. 357). Hierzu das Photo auf S. 289.

15 Wegen dieses Besuches des USA-Präsidenten unterbrach Adenauer seinen Urlaub (vgl. Nr. 220, Kopfregest). Am 27. und 28.8.1959 kam es zu den letzten beiden Unterredungen, die er und Heuss in amtlicher Eigenschaft führten (vor dem am 12.9.1959 gegebenen Abschiedsessen der Bundesregierung für Bundespräsident Heuss, dem am 14.9.1959 ein Abschiedstee des Kanzlers für »Herrn Prof. Heuss« folgte; Terminkalender StBKAH).

16 Die Amtszeit Heuss' endete am 12.9.1959, drei Tage später verabschiedete er sich vom Bundestag und vom Bundesrat; vgl. Theodor Heuss. Der Mann, das Werk, die Zeit, S. 401-404, und Hildegard *Hamm-Brücher*/Hermann *Rudolph*, Theodor Heuss. Eine Bildbiographie, S. 152-154. Hierzu das Photo auf S. 290f.

Nr. 222

*StBKAH III/47, auf Kopfbogen wie Nr. 43; BA, NL Heuss, Nr. 62 (Durchschlag).

1 Aus Anlaß der Verleihung der Ehrenbürgerrechte der Stadt Köln; Wortlaut der Rede im Bulletin, Nr. 158 vom 29.8.1959, S. 1585f.

Nr. 223
*BA, B 136/3887 (Telegrammabschrift mit eigenhändig von Adenauer korrigierter Vorlage).
a ‹ › Im Entwurf von Adenauer eigenhändig korrigiert aus »erfahre«.
b ‹ › ... »Ableben«.
c ‹ › ... »Ich spreche Ihnen und den Angehörigen des Verstorbenen«.
d ‹ › Dem Entwurf hinzugefügt.
1 Vgl. Nr. 221.
2 Zum Umzug nach Stuttgart in das dort auf dem Killesberg gebaute eigene Haus vgl. Nr. 225. Vgl. a. Hildegard *Hamm-Brücher*/Hermann *Rudolph,* Theodor Heuss. Eine Bildbiographie, S. 155.

Nr. 224
*BA, NL Heuss, Nr. 62 (Kopie), auf Kopfbogen wie Nr. 87, ohne Ortsangabe beim Datum.
1 Bei einem vom BDI auf Schloß Brühl gegebenen Abendessen (Terminkalender StBKAH).
2 Herausragendes Ereignis der Vorwochen: die Verleihung des Friedenspreises des Deutschen Buchhandels an Heuss am 11.10.1959 in der Frankfurter Paulskirche; vgl. Theodor Heuss. Der Mann, das Werk, die Zeit, S. 408-411, und Theodor Heuss. Politik durch Kultur, S. 176.
3 International am stärksten beachtet: der Besuch *Chruschtschows* in den USA (15.–27.9.1959) und das dabei erzielte Übereinkommen von Camp David; innenpolitisch stand der Godesberger Parteitag der SPD bevor (13.–15.11.1959).
4 Vgl. die Abb. des Photos mit Adenauers eigenhändiger Widmung auf S. V.

Nr. 225
*StBKAH 10.07, eigenhändig, auf Kopfbogen wie Nr. 43; BA, NL Heuss, Nr. 62 (Abschrift).
1 Vgl. Nr. 224, Anm. 3.
2 Vgl. Nr. 223, Anm. 2.
3 Zu den damaligen Arbeiten vgl. Theodor Heuss. Tagebuchbriefe, S. 466 f. Vgl. a. Nr. 227, Anm. 2.
4 Am 27.11.1959 (Tagesnotizbücher NL Heuss).
5 Adenauer hatte vom 17.–19.11.1959 Großbritannien besucht; zu den dort mit Premierminister *Macmillan* geführten Gesprächen vgl. Nr. 232. Vgl. a. Theodor Heuss. Tagebuchbriefe, S. 465.
6 Gemeint sind die am 1./2.12.1959 geführten Gespräche zwischen *de Gaulle* und Adenauer sowie mehreren Mitgliedern beider Regierungen; vgl. Konrad *Adenauer,* Erinnerungen 1959–1963. Fragmente, S. 15-21, und seine Teegespräche 1959–1961, S. 146.
7 In einer Pressekonferenz vom 10.11.1959 hatte Charles de Gaulle eine Zwischenbilanz der Verluste im Algerienkrieg gezogen; vgl. AdG, Jg. 29 (1959), S. 8051.

8 Der italienische Staatspräsident hielt sich, nach der im November 1959 bekannt gewordenen Einladung *Chruschtschows,* vom 6.–9.2.1960 zu einem offiziellen Staatsbesuch in Moskau auf; vgl. Hans *Kroll,* Lebenserinnerungen eines Botschafters, Köln–Berlin [3]1967, S. 439-441, und Adenauer, Teegespräche 1959–1961, S. 210f.
9 Karl *Blessing* (1900–1971), 1958–1969 Präsident der Deutschen Bundesbank.
10 Die Deutsche Bundesbank hatte in ihrem jüngsten Monatsbericht besorgt zur steigenden Ausgabenflut des Bundes, der Länder und der Gemeinden Stellung genommen, vor übermäßiger Beanspruchung des Kapitalmarktes gewarnt und Steuererhöhungen angeregt; vgl. »Rheinischer Merkur« vom 11.12.1959.
11 Werner *Füsslein* (1900–1980), Ministerialdirigent im Bundesinnenministerium, hatte 1959 im Verlag Lutzeyer als »Volks- und Schulausgabe« einen Kommentar zum Grundgesetz veröffentlicht, in dem eingangs das vollständige Deutschlandlied als »Nationalhymne« abgedruckt worden war; vgl. Nr. 226, 227.
12 Vgl. Nr. 74, 75.
13 Vgl. Nr. 64.
14 Ähnlich Heuss 1962: »Alle vier geographischen Namen des ersten Verses außerhalb der deutschen, aller deutschen Hoheitsgrenzen! Sollte die europäische Politik der Deutschen mit einem Irredentasang eingeleitet werden?«; vgl. Theodor Heuss. Der Mann, das Werk, die Zeit, S. 326.
15 Zwischen den Trennungen von 1815 und 1878 waren Ost- und Westpreußen 1829–1878 als Provinz Preußen vereinigt.
16 Vgl. Nr. 226.

Nr. 226
*BA, NL Heuss, Nr. 62, eigenhändig, auf Kopfbogen wie Nr. 87.
1 Vgl. Nr. 225, Anm. 11.
2 Anläßlich eines Gesprächs Adenauer–*von Brentano*–Willy *Brandt* am 30.11. 1959 (vgl. Adenauer, Teegespräche 1959–1961, Nr. 21, Anm. 24) oder bei dem anschließenden Paris-Aufenthalt (vgl. Nr. 225, Anm. 6).
3 Bezieht sich auf die bevorstehende Gipfelkonferenz der drei Westmächte in Paris (unter deutscher Beteiligung; 19.–21.12.1959); vgl. Konrad *Adenauer,* Erinnerungen 1959–1963. Fragmente, S. 23-28, und seine Teegespräche 1959–1961, S. 161f. Vgl. a. Nr. 228.
4 Am 24.5.1959; vgl. Konrad *Adenauer,* Erinnerungen 1955–1959, S. 539f.; seine Teegespräche 1959–1961, S. 155-160, und Hanns Jürgen *Küsters,* Kanzler in der Krise, S. 767.

Nr. 227
*StBKAH 12.21 (Kopie), eigenhändig, auf Kopfbogen wie Nr. 43, mit eigenhändiger Notiz Adenauer vom 2.1.1960 »H[errn] St[aats]S[ekretär] Globke. Was hat sich ereignet?«; BA, NL Heuss, Nr. 62 (Abschrift). – Die von Hans *Globke* am 7.1.1960 veranlaßte Überprüfung führte zur Rekonstruktion des Sachverhalts

(wie in Nr. 225, Anm. 11 dargelegt) und zur Erörterung in der Kabinettssitzung vom 27.1.1960; hierzu ein Vermerk in StBKAH 12.21.

1 Wanderung durch deutsches Schicksal, in: Deutschland. Ein Hausbuch, Gütersloh 1960, S. 7-35. Vgl. Theodor Heuss. Tagebuchbriefe, S. 466. Vgl. a. Nr. 243.

2 Vgl. Nr. 226, Anm. 3, Nr. 228.

2 Vgl. Nr. 226.

4 Am 12.11.1959 aus Anlaß einer Frage des SPD-Abgeordneten *Lohmar*, zu der Innenminister *Schröder* unter Verweis auf den Hymnen-Briefwechsel Adenauer–Heuss (vgl. Nr. 74, 75) ansonsten »keine Stellung« genommen hatte; vgl. Stenographische Berichte, 3. Wahlperiode, Bd. 44, S. 4877.

5 Vgl. Hildegard *Hamm-Brücher*/Hermann *Rudolph*, Theodor Heuss. Eine Bildbiographie, S. 154, sowie die Abb. auf S. 297.

6 Gottfried *Semper* (1803–1879), Baumeister, ab 1834 Professor in Dresden, 1848 nach Paris emigriert, danach in London und Zürich tätig, 1870 als kaiserlicher Architekt nach Wien berufen.

7 Gemeint ist der Neujahrsempfang des Präsidenten des Bundesverbandes der Deutschen Industrie, Fritz *Berg* (1901–1979); hierzu und zur Teilnahme von Heuss, gemeinsam mit Heinrich *Lübke*, ein Bericht in der »Kölnischen Rundschau« vom 22.1.1960.

8 Zum Aufenthalt in Bonn (erstmals als Gast Lübkes in der Villa Hammerschmidt: »Furchtbar viele Teppiche ... Bott meinte, wenn es eine Seelenwanderung gebe, dann sei Lübke wohl früher einmal Teppichhändler gewesen«) vgl. Theodor Heuss. Tagebuchbriefe, S. 468. Die Begegnung mit Adenauer kam nicht zustande (wegen einer Italienreise des Kanzlers vom 20.–25.1.1960) – für das ganze Jahr 1960 sind in den Tagesnotizbüchern NL Heuss wie in den Besucherlisten StBKAH keine Treffen aufgeführt. Vgl. Nr. 243, Anm. 4.

Nr. 228

*BA, NL Heuss, Nr. 62, eigenhändig, auf Kopfbogen wie Nr. 87.

1 Vgl. Nr. 226, Anm. 2.

2 Vgl. a.a.O., Anm. 3.

3 Zum Verlauf der Verhandlungen vgl. Charles *de Gaulle*, Memoiren der Hoffnung, S. 268-271, und Herbert *Blankenhorn*, Verständnis und Verständigung, S. 353-356.

Nr. 229

*BA, B 136/3887 (Telegrammvorlage mit Tagesdatum 27.1.1960; Datierung hier nach der ms. Notiz »absenden am 30. Jan., Spätnachmittag«); Druck: Bulletin des Presse- und Informationsamtes der Bundesregierung, Nr. 21 vom 2.2.1960, S. 203.

1 Zum 76. Heuss-Geburtstag vgl. seine Tagebuchbriefe, S. 469. Vgl. a. Nr. 230.

Nr. 230

*StBKAH III/47, mit eigenhändiger Notiz Adenauer vom 12.2.1960 »W[ieder]-v[or]l[age] bei Absendung meiner Antwort an Chr[uschtschow]«; BA, NL Heuss, Nr. 62 (Durchschlag).

1 Richard *Stücklen* (geb. 1916), seit 1949 MdB (CSU), 1953–1957 und seit 1967 stellvertretender Vorsitzender der CDU/CSU-Fraktion, 1957–1966 Bundesminister für das Post- und Fernmeldewesen, 1976–1979 (seit 1983 erneut) Vizepräsident, 1979–1983 Präsident des Deutschen Bundestages.

2 Adenauer hatte am 2.2.1960 an einer Gedenkfeier auf dem Gelände des ehemaligen Konzentrationslagers teilgenommen. Seiner Ansprache (Druck: Bulletin, Nr. 43 vom 4.2.1960, S. 213) kam wegen der antisemitischen Vorfälle der Vorwochen besondere Bedeutung zu; hierzu vgl. seine Teegespräche 1959–1961, S. 177, 191.

3 Am 30.11.1952; Druck der dort gehaltenen Rede »Das Mahnmal«: Theodor Heuss. Politiker und Publizist, S. 407-411.

4 Nahum *Goldmann* (1894–1982), 1949–1978 Präsident des Jüdischen Weltkongresses, 1951/52 maßgeblich an den Wiedergutmachungs-Verhandlungen zwischen Israel und der Bundesrepublik beteiligt.

5 Zum Israel-Aufenthalt vom 4.–25.5.1960 vgl. Theodor Heuss. Der Mann, das Werk, die Zeit, S. 413-416, und Rolf *Vogel*, Deutschlands Weg nach Israel, S. 151-161. Vgl. a. Nr. 233, 235.

6 Felix Elieser *Shinnar* (geb. 1905), 1951/52 stellvertretender Leiter der israelischen Delegation bei den Wiedergutmachungsverhandlungen mit Deutschland, 1953–1966 Leiter der israelischen Vertretung in Köln (im Rang eines Botschafters).

7 Zu diesem Gespräch vom 23.1.1960 vgl. Theodor Heuss. Tagebuchbriefe, S. 468.

8 Druck der am 9.5.1960 gehaltenen Rede: Theodor *Heuss*, Staat und Volk im Werden. Reden in und über Israel, München 1960, S. 12-36. – Eines der ersten Exemplare dieser Veröffentlichung widmete Heuss im August 1960 Adenauer; vgl. Nr. 235.

9 Antwort vom 28.1.1960 auf ein Schreiben Adenauers vom 8.1.1960 zum Themenkomplex Abrüstung, Friedensvertrag und Berlin-Frage; Druck: Dokumente zur Deutschlandpolitik, IV. Reihe/Bd. 4, S. 27-31, 137-152. Vgl. Adenauer, Teegespräche 1959–1961, S. 189.

10 Nikita Sergejewitsch *Chruschtschow* (1894–1971), 1939–1964 Mitglied des Politbüros, 1952–1966 des Präsidiums des ZK der KPdSU, ab 1953 dessen Erster Sekretär, ab 1958 auch Ministerpräsident, 1964 seiner Staats- und Parteiämter enthoben.

11 Zum vorangegangenen Schriftwechsel (Chruschtschow 18.8. und 15.10., Adenauer 27.8.1959) vgl. a.a.O., S. 128f., 630f.

12 Vgl. Nr. 102, Anm. 3.

13 Soweit ersichtlich, hat Adenauer Chruschtschow nicht geantwortet. In

StBKAH III/1 lediglich erhalten: sein eigenhändiger Vermerk vom 6.4.1960 »H[errn] M[inisterial] R[at] Bach. Wie ich höre, wird im AA eine Antwort vorbereitet. Ist das richtig?« Die anschließende Korrespondenz mit dem sowjetischen Ministerpräsidenten vom 2.6.1960 und 2.9.1960 nimmt auf diesen Vorgang dann nicht mehr Bezug. – Die einzige nachweisbare offizielle Reaktion des Kanzlers: seine Ausführungen vom 10.2.1960 vor dem Bundestag (» ... man kann nicht von Entspannung reden, wenn man gleichzeitig ... von einem Vertrage abgeht ... «); vgl. Stenographische Berichte, 3. Wahlperiode, Bd. 45, S. 5395 f.

Nr. 231

*BA, NL Heuss, Nr. 62, eigenhändig, auf Kopfbogen wie Nr. 87, ohne Ortsangabe beim Datum. – Adenauer traf an diesem Tag in Bonn und Rhöndorf letzte Vorbereitungen für die am Folgetag angetretene Weltreise, die ihn bis zum 1.4.1960 in die USA und nach Japan führte; vgl. Konrad *Adenauer,* Erinnerungen 1959–1963. Fragmente, S. 31 f., und seine Teegespräche 1959–1961, S. 215 f.

1 Vom 2.–10.3.1960; vgl. Theodor Heuss. Der Mann, das Werk, die Zeit, S. 411 f., und seine Tagebuchbriefe, S. 471-473. Hierzu weitere Unterlagen in BA, NL Heuss, Nr. 458. Vgl. a. Nr. 232, 233.

Nr. 232

*BA, NL Heuss, Nr. 62, auf Kopfbogen wie Nr. 87; StBKAH III/47 (Durchschlag mit eigenhändig von Adenauer korrigiertem Entwurf; hierzu die Abb. auf S. 298 f.).

a ‹ › Im Entwurf von Adenauer eigenhändig korrigiert aus »Briten«.

b ‹ › ... »wirkliche«.

c ‹ › ... eingefügt.

1 Josef *Jansen* (1909–1966), 1956–1960 Gesandter an der Botschaft in Paris, 1960–1963 Abteilungsleiter im Auswärtigen Amt, danach an der Botschaft beim Heiligen Stuhl. – Der Bericht (den am 21.4.1960 Heinrich *von Brentano* Heuss zuleitete; hierzu das Begleitschreiben in BA, NL von Brentano, Nr. 167) konnte nicht nachgewiesen werden.

2 Vgl. Theodor Heuss. Tagebuchbriefe, S. 473 f. Ein Hinweis auf das Gespräch vom 8.3.1960 auch in: Charles *de Gaulle,* Lettres, Notes et Carnets. Juin 1958–Décembre 1960, Paris 1985, S. 307.

3 Vgl. Karl Dietrich *Erdmann,* Adenauer in der Rheinlandpolitik nach dem Ersten Weltkrieg, Stuttgart 1960; Marie-Luise *Recker,* Adenauer und die englische Besatzungsmacht (1918–1926), in: Hugo *Stehkämper* (Hrsg.), Konrad Adenauer, S. 99-121, 669-682, und Hans-Peter *Schwarz,* Adenauer. Der Aufstieg, S. 202-229.

4 Sir Sidney *Clive* (1874–1959), 1919 britischer Militärgouverneur von Köln, 1930–1934 Sekretär im Londoner Kriegsministerium, langjähriger Marschall des Diplomatischen Corps in London. Zu seinen Adenauer-Kontakten vgl. dessen Briefe 1945–1947, S. 112 f., 236, 339-341, 553 f.

5 Julian Ito *Piggott* (1888–1965), 1920–1925 britischer Kommissar der Interalliierten Rheinlandkommission (mit Sitz in Köln), danach in der Industrie, 1940–1944 in Diensten der Ressorts für Flugzeugindustrie und Kriegserzeugung, nach 1950 Vorsitzender der Anglo German Association. Vgl. Adenauer, Briefe 1947–1949, S. 111f., 520f., und Adenauer, Briefe 1949–1951, S. 102, 442.

6 Adenauer kam mit dem ehemaligen Hohen Kommissar kurz darauf, am 2.5. 1960, in Bonn zusammen; vgl. Adenauer, Teegespräche 1959–1961, S. 244.

7 Vgl. Nr. 201.

8 Zahlreiche Belege für die – je nach den außenpolitischen Rahmenbedingungen – schwankende Beurteilung des britischen Premiers der Jahre 1955–1957 in: Adenauer, Teegespräche 1955–1958. Zu den vorangegangenen Kontakten beider Politiker als Außenminister (1951–1955) vgl. David *Carlton,* Anthony Eden, London–Sydney–Boston [2]1986, S. 318, 332, 362.

9 »... der Kanzler kommt morgen zu mir – offenbar mit Mißtrauen gegen Macmillan geladen«, Heuss schon am 5.4.1959 an Toni *Stolper;* vgl. seine Tagebuchbriefe, S. 417. Vgl. a. Heinrich *Krone,* Aufzeichnungen, S. 152f., und Hanns Jürgen *Küsters,* Kanzler in der Krise, S. 764f. – Der Annäherung dienten Gespräche, die Adenauer am 10./11.8.1960 mit *Macmillan* in Bonn führte; hierzu vgl. Adenauer, Teegespräche 1959–1961, S. 416, 726. Vgl. a. Nr. 236.

10 Vom 21.2.–3.3.1959; vgl. AdG, Jg. 29 (1959), S. 7686-7688.

11 Am 7./8.2.1959. Vgl. Konrad *Adenauer,* Erinnerungen 1955–1959, S. 471-478; seine Teegespräche 1959–1961, S. 121f., 155f.; Heinrich *Krone,* a.a.O., S. 150 und Hanns Jürgen *Küsters,* a.a.O., S. 754-759.

12 Vgl. Nr. 225, Anm. 5.

13 In ihren Verhandlungen vom 17./18.11.1959 hatten sich Adenauer und Macmillan darauf verständigt, zur Vermeidung eines Wirtschaftskrieges Gespräche zwischen der EWG und der Freihandelszone EFTA anzubieten; vgl. AdG, a.a.O., S. 8064.

14 Bei Ende März 1960 mit US-Außenminister *Herter* geführten Gesprächen; vgl. AdG, Jg. 30 (1960), S. 8306f.

15 Grundsätzlich nahm Adenauer schon im November 1945 zu der hier behandelten Frage Stellung: »... ich bin weder frankophil noch frankophob, weder anglophil noch anglophob, wohl aber germanophil«; vgl. seine Briefe 1945–1947, S. 135.

Nr. 233

*StBKAH III/47, eigenhändig, auf Kopfbogen wie Nr. 43, mit eigenhändigem Vermerk Adenauers vom 4.5.1960 »1.) H. Botschafter Blankenhorn bei seiner Anwesenheit zur Kenntnis. 2.) Wie läßt sich ein Zusammentreffen von B[undes]-P[räsident] H[euss] in Bonn ermöglichen?«. – *Blankenhorn* besuchte Adenauer gemeinsam mit Jean *Monnet* vom 11.–13.6.1960 in Cadenabbia; vgl. Herbert *Blankenhorn,* Verständnis und Verständigung, S. 370-372. Zur nächsten Begegnung Adenauer–Heuss vgl. Nr. 227, Anm. 8.

1 Vgl. Nr. 232.
2 Der erste Termin am 25.4.1960, der zweite am 27.4.1960 (Tagesnotizbücher NL Heuss). Zu den weiteren Verpflichtungen dieser Wochen vgl. Theodor Heuss. Tagebuchbriefe, S. 475 f.
3 Vgl. Nr. 230, Anm. 5.
4 Vgl. Nr. 48, Nr. 174, Anm. 3.
5 Vgl. Nr. 144, Anm. 13.
6 9. CDU-Bundesparteitag vom 26.–29.4.1960; das Manuskript der dort gehaltenen Adenauer-Rede »Die politische Lage« in StBKAH 02.21; Druck im Parteitagsprotokoll (Hamburg o.J. [1960], S. 21-33).
7 Bundestagswahlen vom 17.9.1961; vgl. Nr. 248, Anm. 1.
8 1911; vgl. Theodor *Heuss,* Erinnerungen 1905–1933, S. 155-157.
9 Am 30.4.1960 wurde ein Fahrgastschiff der Bingen–Rüdesheimer Fähr- und Fahrgast-Schiffahrtsgesellschaft auf den Namen MS »Theodor Heuss« getauft (Tagesnotizbücher NL Heuss).
10 In den ausführlichen Berichten der Lokal- und Regionalpresse wurde der Vers nicht veröffentlicht. – Anläßlich der Taufe des Seenotkreuzers »Theodor Heuss« am 17.1.1957 hatte Heuss gereimt: »Fahre, Schiff, Du tapf'rer Retter, / durch der Stürme böses Wetter, / zu dem Bruder, der in Not, / bis Dein Helfen sich ihm bot. / Daß als großes Vorbild bliebe: / Tapferkeit und Menschenliebe«; vgl. Bernd *Anders,* Der Seenotkreuzer »Theodor Heuss«. Ein Meilenstein in der Entwicklung moderner Rettungsboote, in: Kultur und Technik. Zeitschrift des Deutschen Museums, 2/1987, S. 80-85.
11 Vgl. BA, NL Heuss, Nr. 63.
12 David *Ben Gurion* (1886–1973), 1930–1965 Führer der Arbeiterpartei Mapai, 1944 Präsident der Zionistischen Weltorganisation, proklamierte 1948 den Staat Israel, 1948–1953 und 1955–1963 Ministerpräsident, mehrfach auch Verteidigungsminister. – Zu seinem Gespräch mit Heuss am 9.5.1960 vgl. Theodor Heuss. Der Mann, das Werk, die Zeit, S. 413, 416.
13 Am 14.6.1960 (Tagesnotizbücher NL Heuss).
14 16.–22.6.1960 »Berlin, Nabokov, Kongreß f. kulturelle Freiheit« (eigenhändige Eintragung Heuss a.a.O.). Die eigenhändige Vorlage der dort gehaltenen Rede »Der Staat und der menschliche Schöpfergeist« in BA, NL Heuss, Nr. 23.
15 Vgl. Nr. 227, Anm. 8.
16 Gertrud *Steins;* vgl. Tagebuchbriefe, S. 612.
17 Theodor Erich *Oberländer* (geb. 1905), Gründungsmitglied und erster Landesvorsitzender des BHE in Bayern, (1954/55 Bundesvorsitzender des BHE, 1955 Austritt, 1956 Eintritt in die CDU), 1953–1960 Bundesminister für Vertriebene, Flüchtlinge und Kriegsgeschädigte. – Der von der SPD-Bundestagsfraktion Anfang April 1960 geforderte Rücktritt des Ministers (wegen seiner nationalsozialistischen Vergangenheit) erfolgte am 4.5.1960; hierzu die ausführlichen Angaben in Adenauer, Teegespräche 1959–1961, S. 199-201, 232 f.
18 Der Bundesminister für Arbeit und Sozialordnung hatte auf dem Bundespar-

teitag der CDU (vgl. Anm. 6) vor »maßlosen sozialpolitischen Forderungen« auch aus den Reihen der eigenen Partei gewarnt und war besonders auf die Problematik der Unfall- und Krankenversicherung eingegangen: »Der Bundeskanzler spendete den Ausführungen Blanks auffallend lebhaften Beifall und beglückwünschte ihn mit Handschlag ...«; vgl. »Frankfurter Allgemeine« vom 29.4.1960.

19 Diese »Aufzeichnung über eine eventuelle Gedenkfeier« hatte Heuss auch Willy *Brandt,* Ernst *Lemmer,* Heinrich *Lübke* und Gerhard *Schröder* übermittelt (wie aus seinem Schreiben an Theodor *Bleek* vom 2.5.1960 hervorgeht; vgl. BA, NL Heuss, Nr. 63). – Die Feier kam am 28.10.1960 in der Freien Universität Berlin zustande, Hauptredner: Theodor Heuss. Seine Ansprache (hierzu die eigenhändige Vorlage in BA, NL Heuss, Nr. 23) wurde tags darauf von der »Frankfurter Allgemeinen« veröffentlicht. – Zu *Preuß* vgl. Nr. 213, Anm. 8, Nr. 234, 235.

Nr. 234

*BA, NL Heuss, Nr. 62, auf Kopfbogen wie Nr. 9.

1 Vgl. Nr. 233, Anm. 19.

2 Durch den Bundesminister für gesamtdeutsche Fragen, Ernst *Lemmer;* vgl. Theodor Heuss. Tagebuchbriefe, S. 481.

3 Vgl. Nr. 235.

Nr. 235

*StBKAH 10.07, auf Kopfbogen wie Nr. 43; BA, NL Heuss, Nr. 62 (Durchschlag).

1 Vgl. Nr. 230, Anm. 8. Vgl. a. Hans *Lamm* (Hrsg.), Theodor Heuss. An und über Juden. Aus Schriften und Reden (1906–1963), Düsseldorf–Wien 1964, S. 205-222.

2 »Friedrich Naumann und die deutsche Demokratie« (8.3.1960); vgl. die eigenhändige Vorlage in BA, NL Heuss, Nr. 22. Druck des Vortrags vor dem Comité d'Echanges avec l'Allemagne Nouvelle: Wiesbaden 1960 (Insel-Bücherei, Nr. 723).

3 Golda *Meir* (1898–1978), 1948/49 israelische Gesandte in Moskau, 1949–1974 Abgeordnete in der Knesseth (Mapai), 1949–1956 Ministerin für Arbeit und soziale Sicherheit, 1956–1965 Außenministerin, 1969–1974 Ministerpräsidentin.

4 Vgl. Nr. 271, 272.

5 Carl *Zuckmayer* (1896–1977), Schriftsteller, 1938 in die Schweiz emigriert, 1939–1946 im Exil in den USA, seit 1951 wieder in der Schweiz. Der Besuch datiert vom 20.7.–31.7.1960 (Tagesnotizbücher NL Heuss). Zu den früheren Kontakten vgl. die zahlreichen Angaben in: Theodor Heuss. Tagebuchbriefe, sowie den Beitrag Zuckmayers in: Begegnungen, S. 325-327.

6 Hierzu auch ein Schreiben an Thomas *Dehler* vom 13.10.1960; Druck: Friedrich *Henning* (Hrsg.), Theodor Heuss: Lieber Dehler!, S. 139, 226.

7 Vor seiner Indienreise vom 2.–23.11.1960; vgl. Theodor Heuss. Der Mann, das Werk, die Zeit, S. 417 f., und Tagebuchbriefe, S. 482-491. Zu den Reisevorbereitungen umfangreiches Material in BA, NL Heuss, Nr. 64, sowie die Schreiben

von Außenminister *von Brentano* an Heuss vom 26.8. und 17.10.1960, in BA, NL von Brentano, Nr. 167. – Vgl. a. Nr. 240.

8 Willy *Brandt* (geb. 1913), 1949–1957 und ab 1969 MdB (SPD), 1957–1966 Regierender Bürgermeister von Berlin (1957/58 Bundesratspräsident), 1964–1987 Parteivorsitzender, 1966–1969 Bundesminister des Auswärtigen, 1969–1974 Bundeskanzler. Vgl. Nr. 244, Anm. 1.

9 Eduard *Neumann* (geb. 1903), Germanist, ab 1959 Ordinarius an der Freien Universität Berlin, 1959–1961 deren Rektor.

10 Vom 27.8.–19.9.1960 (Terminkalender StBKAH).

Nr. 236

*BA, NL Heuss, Nr. 62, auf Kopfbogen wie Nr. 87; StBKAH 10.07 (Durchschlag).

1 Vgl. Nr. 235.

2 Vgl. a.a.O., Anm. 7.

3 Am 14.3.1960; vgl. Konrad *Adenauer,* Erinnerungen 1959–1963. Fragmente, S. 32-39, und Rolf *Vogel* (Hrsg.), Der deutsch-israelische Dialog, T. 1, Bd. 1, S. 149-152. Vgl. a. Adenauer, Teegespräche 1959–1961, S. 269f.

4 Vgl. Nr. 240.

5 Vgl. Nr. 232, Anm. 9.

6 Vorausgegangen war das Treffen Adenauer–*de Gaulle* vom 29./30.7.1960 in Rambouillet; hierzu die ausführliche Gesprächswiedergabe bei Konrad *Adenauer,* a.a.O., S. 59-67. Vgl. a. Hans-Peter *Schwarz* (Hrsg.), Adenauer und Frankreich, S. 23-25, und Nr. 238, Anm. 1.

7 Reisebeschränkungen in Berlin führten in den beiden Folgemonaten zu einem Notenwechsel zwischen den Westmächten und der Sowjetunion; vgl. Dokumente zur Berlin-Frage 1944–1966, S. 447-457.

Nr. 237

*StBKAH 10.07, mit Sichtvermerk Adenauer vom 23.8.1960; BA, NL Heuss, Nr. 62 (Durchschlag).

1 Vgl. Nr. 236.

2 Vgl. Nr. 235, Anm. 2.

3 Im »Kleinen Kunstbuch« 1960 erschienen: Theodor *Heuss,* Berlin.

4 Theodor *Heuss,* Lust der Augen. Stilles Gespräch mit beredtem Bildwerk, hrsg. von Friedrich *Kaufmann*/Hermann *Leins,* Tübingen 1960. – Vgl. die Abb. der ersten Prospektseite auf S. 307.

5 Vgl. Nr. 235, Anm. 7.

6 1957; vgl. Nr. 186, Anm. 2.

7 1957; vgl. Nr. 193, Anm. 5.

8 1958; Nr. 203, Anm. 1, Nr. 205, Anm. 1.

9 Vgl. Nr. 232, Anm. 9, Nr. 236.

Nr. 238

*StBKAH III/47, auf Kopfbogen wie Nr. 43; BA, NL Heuss, Nr. 62 (Durchschlag).

1 Neben der erneuten Verschärfung der Berlin-Krise (vgl. Nr. 236, Anm. 7) sind hier vor allem gemeint: die am 5.9.1960 erhobenen Forderungen Charles *de Gaulles* nach einer Reform der NATO (Ausdehnung des Bereichs auf den Mittleren Orient und Afrika; Bewahrung des nationalen Charakters); vgl. Konrad *Adenauer,* Erinnerungen 1959–1963. Fragmente, S. 68–76.

2 Vgl. Nr. 237, Anm. 4.

3 Vgl. Nr. 211, Anm. 4.

4 Hans *Memling* (geb. vor 1440–1494), niederländischer Maler; vgl. den Neudruck der Heuss-Studie von 1908 in: Theodor *Heuss,* Lust der Augen, S. 13–19.

5 Oskar *Kokoschka* (1886–1980), österreichischer Maler, Graphiker und Dichter, 1919–1924 Professor an der Kunstakademie Dresden, ab 1931 in Wien, 1934 nach Prag emigriert, 1938 Flucht nach London, ab 1947 britischer Staatsbürger, lebte ab 1956 in Villeneuve am Genfer See; vgl. den Neudruck des Heuss-Beitrages von 1947 »Wiedersehen mit O.K.« a.a.O., S. 295-298. Abb. des 1950 entstandenen Heuss-Gemäldes von Kokoschka bei Hildegard *Hamm-Brücher*/Hermann *Rudolph,* Theodor Heuss. Eine Bildbiographie, S. 173 – seines 1966 angefertigten Adenauer-Portraits (Öl auf Leinwand) bei Hans-Peter *Schwarz,* Die Ära Adenauer. Epochenwechsel 1957–1963, nach S. 224. Dazu vgl. Anneliese *Poppinga,* Meine Erinnerungen, S. 262-286.

6 Vgl. Nr. 235, Anm. 5.

7 Vgl. Nr. 240.

8 Vgl. Nr. 233, Anm. 19, Nr. 234, 235.

9 Vgl. Nr. 235, Anm. 6.

10 Vgl. Nr. 213, Anm. 8.

11 Zum damaligen Aufenthalt in Cadenabbia (vgl. Nr. 235, Anm. 10) sind keinerlei Besuche und politische Gespräche im Terminkalender Adenauers vermerkt.

Nr. 239

*BA, NL Heuss, Nr. 62, auf Kopfbogen wie Nr. 9; StBKAH III/47 (Durchschlag), mit hs. Vorzimmernotiz »ab 30.9.«.

1 Vgl. Nr. 238.

2 Die nächste Unterredung datiert vom 13.1.1961; vgl. Nr. 227, Anm. 8.

Nr. 240

*StBKAH 10.07, eigenhändig (hierzu die Abb. auf S. 310f.), mit Eingangsstempel des Bundeskanzleramtes vom 19.11.1960.

a ‹...› Hier ausgelassen: Grüße von Hans *Bott* an Adenauer (»Mein Meister erhält in den indischen Zeitungen den Titel ›best salesman for Germany‹. In den Straßen von Benares lasen wir auf der Stoßstange eines Lastwagens ›God save Mercedes Benz‹«).

1 Aus Puri richtete Heuss am 13./14.11.1960 auch Tagebuchbriefe an Toni

Stolper (S. 486-488), dort entstand am 15.11.1960 die auf S. 313 abgebildete Zeichnung. – Zum Aufenthalt in Indien vgl. Nr. 235, Anm. 7. Vor der Abreise (1.11.1960, Frankfurt/Main) hatte Protokollchef *von Braun* die Grüße Adenauers übermittelt: »Der Herr Bundeskanzler hatte mich noch gebeten, dem Herrn Altbundespräsidenten nahezulegen, seine Gesundheit bei dieser Reise nicht zu sehr zu strapazieren«; hierzu der Vermerk in BA, B 136/4615.

2 Zu den genannten Vorlesungen (Elemente der Demokratie in Deutschland; Deutsch-indische Geistesbeziehungen) sind die eigenhändigen Vorlagen in BA, NL Heuss, Nr. 23, erhalten; vgl. a. Tagebuchbriefe, S. 483.

3 Vgl. a.a.O. – Am 10.10.1960, bei einem Zwischenaufenthalt Nehrus auf dem Flughafen Wahn, hatte auch der Bundeskanzler ein längeres Gespräch mit dem indischen Premierminister geführt; vgl. AdG, Jg. 30 (1960), S. 8696.

4 Wilhelm *Melchers* (1900–1971), ab 1949 im Bundeskanzleramt, nach 1953 Gesandter in Bagdad und Amman, 1957–1961 Botschafter in Neu-Delhi, 1961–1965 in Athen.

5 Nicht nachgewiesen.

6 Ein Stück aus der deutschen Wirtschaftsgeschichte, i. e.: ein Beispiel aus der württembergischen Entwicklung, das Heuss ausgewählt hatte, »weil ich in ihm einen [...] Vorgang sehe, der mir ins Bewußtsein trat, wenn ich von den Sorgen und Aufgaben las ..., vor denen das heutige Indien sich sieht« (BA, NL Heuss, Nr. 23).

7 Heuss hatte in Indien vom Ausgang der Präsidentschaftswahlen in den USA, vom Sieg John F. *Kennedys* über Richard *Nixon* am 8.11.1960 erfahren. – Neuer Außenminister in der ab 20.1.1961 amtierenden Administration der Demokraten: Dean *Rusk*.

8 Allen Welsh *Dulles* (1893–1969; Bruder von John Foster Dulles), 1953–1961 Direktor der Central Intelligence Agency (CIA). – Im September 1961 zu seinem Nachfolger ernannt: John *McCone*.

Nr. 241

*BA, NL Heuss, Nr. 62 (Telegramm); StBKAH 10.07 (Abschrift), mit ms. Notiz »Der B[undes]k[anzler] hat diesen Text diktiert«.

1 Heuss war am 24.11.1960 wieder in Deutschland eingetroffen; vgl. seine Tagebuchbriefe, S. 491.

Nr. 242

*StBKAH III/47, eigenhändig, auf Kopfbogen wie Nr. 43; BA, NL Heuss, Nr. 62 (Abschrift).

1 Vgl. Nr. 241.

2 Adenauer-Erkrankung vom 25.11.–14.12.1960 (Terminkalender StBKAH).

3 Zum Jahresausklang 1960 vgl. das am 30.12.1960 geführte Informationsgespräch Adenauers mit dem amerikanischen Journalisten Herbert *Altschull;* Druck: Adenauer, Teegespräche 1959–1961, S. 395-403.

Nr. 243

*StBKAH III/47, eigenhändig, auf Kopfbogen wie Nr. 43.

1 Wanderung durch deutsches Schicksal; vgl. Nr. 227, Anm. 1.

2 1961 erschienen: Elly Heuss-Knapp, Bürgerin zweier Welten. Ein Leben in Briefen und Aufzeichnungen, hrsg. von Margarethe *Vater*. – Das Buch ist mit der Heuss-Widmung (vom 1.7.1961) »Für Konrad Adenauer zur Erinnerung an meine Frau« in der Bibliothek Adenauers erhalten.

3 Zur Konstituierung des Kulturbeirates des Auswärtigen Amtes vgl. die am 12.1.1961 gehaltene Ansprache des Außenministers (im Bulletin, Nr. 10 vom 14.1. 1961, S. 89 f.), zur Beteiligung von Heuss seine Korrespondenz mit Theodor *Bleek*, Heinrich *von Brentano* und Eugen *Gerstenmaier* in BA, NL Heuss, Nr. 63, 64, 66, 460. – Vgl. a. 100 Jahre Auswärtiges Amt. 1870–1970, hrsg. vom *Auswärtigen Amt*, Bonn 1970, S. 54.

4 Die erste Begegnung seit September 1959 kam am 13.1.1961 (11.30 Uhr) zustande (Terminkalender StBKAH). Dazu ein Bericht in der »Frankfurter Allgemeinen« vom 14.1.1961 sowie die Angaben in den Tagebuchbriefen, S. 492, und in: Adenauer, Teegespräche 1959–1961, S. 410 (»Als er zuletzt hier war, sah er reichlich mager aus, war aber sehr frisch und vergnügt«).

Nr. 244

*BA, NL Heuss, Nr. 63 (Durchschlag), mit ms. Vermerk »Persönlich!«, ohne Ortsangabe beim Datum.

1 Schreiben desselben Tages an die Geschäftsstelle der Jungen Union, Neunkirchen/Saar, zu einem Flugblatt der Organisation »Fragen an Herrn Bürgermeister Brandt alias Frahm«, das den Regierenden Bürgermeister West-Berlins und SPD-Bundeskanzlerkandidaten wegen seiner Emigrationszeit in Norwegen (1933–1946) diffamiert hatte – dies unter Berufung auf Heuss: »Daß es in Deutschland möglich ist, daß eine derart schillernde Persönlichkeit kandidiert, um an die Spitze eines noch jüngst von ihm geschmähten Volkes zu treten, das kann jeden Anständigen bei Gott dazu bringen, sich, um mit Professor Heuss zu sprechen, kollektiv zu schämen« (vgl. Nr. 8, Kopfregest). Abschriften seines Schreibens leitete Heuss auch *Brandt* und dem Ministerpräsidenten des Saarlandes, Franz Josef *Röder*, zu. Zur Verwendung der »Brandt alias Frahm«-Polemik durch Adenauer im Bundestagswahlkampf 1961 vgl. die zahlreichen Angaben bei Hans-Peter *Schwarz*, Berlinkrise und Mauerbau; vgl. a. Adenauer, Teegespräche 1959–1961, S. 763 f.

Nr. 245

*BA, NL Heuss, Nr. 276 (Telegramm); Druck: Bulletin des Presse- und Informationsamtes der Bundesregierung, Nr. 21 vom 31.1.1961, S. 196.

Nr. 246

*BA, NL Heuss, Nr. 62, auf Kopfbogen »Konrad Adenauer«.

1 Vgl. Nr. 243, Anm. 1.

Nr. 247

*BA, NL Heuss, Nr. 62, auf Kopfbogen wie Nr. 87.

1 Vgl. das Manuskript der vor den CDU-Frauenverbänden Baden-Württembergs gehaltenen Rede in StBKAH 02.23.

2 Heuss hielt sich zu diesem Zeitpunkt noch in Großbritannien auf, u. a. aus Anlaß der Verleihung der Ehrendoktorwürden der Universitäten Oxford und Exeter; vgl. Theodor Heuss. Der Mann, das Werk, die Zeit, S. 419f.

3 22.6.1961, »21.15 Besuch Adenauer« (eigenhändige Eintragung Heuss, Tagesnotizbücher NL Heuss). »Unter der im Garten aufgezogenen Bundesflagge empfing Heuss seinen Gast, winkte mit ihm den applaudierenden Menschen zu und geleitete den Bundeskanzler zu einem halbstündigen Gespräch in seine Wohnung (»Frankfurter Allgemeine« vom 24.6.1961).

Nr. 248

*StBKAH III/47, auf Kopfbogen wie Nr. 43; BA, NL Heuss, Nr. 62 (Durchschlag).

1 Am 13.8.1961 war der Ostsektor Berlins abgesperrt worden (Mauerbau) – am 17.9.1961 hatten die Wahlen zum 4. Deutschen Bundestag stattgefunden, die zum Verlust der absoluten CDU/CSU-Mehrheit, aber zur erneuten (4.) Regierungsbildung durch Adenauer führten (Wahl des Kanzlers am 7.11., Vereidigung des CDU–CSU–FDP-Kabinetts am 14.11.1961). Vgl. Hans-Peter *Schwarz*, Die Ära Adenauer. Epochenwechsel 1957–1963, S. 216-239; *ders.*, Berlin-Krise und Mauerbau, passim; Horst *Osterheld*, »Ich gehe nicht leichten Herzens ... «, S. 50-80; Daniel *Koerfer*, Kampf ums Kanzleramt, S. 555-609, und Adenauer, Teegespräche 1959–1961, S. 540-554, 763-770.

2 Zur Einwirkung von Heuss auf die Koalitionsverhandlungen vgl. Tagebuchbriefe, S. 498f.; Erich *Mende*, Die neue Freiheit, S. 485f., und Daniel *Koerfer*, a.a.O., S. 580, 591, 596. – Eine der Konsequenzen, den Wechsel im Auswärtigen Amt *(von Brentano–Schröder)*, kommentierte Heuss in einem Schreiben vom 2. 2. 1962 an den bisherigen Amtsinhaber: »Es ist mir selber undeutlich geblieben, warum die FDP gerade an dieser Stelle einen Personenwechsel herbeizuführen versuchte«; vgl. BA, NL von Brentano, Nr. 167.

3 Vgl. Nr. 211, Anm. 4.

4 Vgl. Nr. 237, Anm. 4.

5 Theodor *Heuss*, Vor der Bücherwand. Skizzen zu Dichtern und Dichtung, hrsg. von Friedrich *Kaufmann*/Hermann *Leins*, Tübingen 1961. Vgl. die Abb. auf S. 321f.

6 Vgl. Tagebuchbriefe, S. 502.

7 Nach der Geburt von Ludwig Theodor *Heuss* am 18.9.1961 (dem Heuss wie auch seiner Enkeltochter Barbara seine Erinnerungen 1905–1933 widmete) hatte Heuss am 27.9.1961 Georg *Hohmann* geschrieben: » ... seit dem 18. September bin ich Großvater eines Enkelsohnes; die gens Heuss geht also nicht unter, und wenn Sie es nicht weitererzählen, dieses Ereignis hat mich stärker bewegt als der Ausgang der Wahlen!« (BA, NL Heuss, Nr. 608).

Nr. 249

*BA, NL Heuss, Nr. 62, auf Kopfbogen wie Nr. 87.

1 Vgl. Nr. 248, Anm. 5.

2 Vgl. a.a.O., Anm. 1, 2.

3 Vgl. Nr. 255, 256.

Nr. 250

*BA, NL Heuss, Nr. 62, eigenhändig, auf Kopfbogen wie Nr. 87.

1 Nicht nachgewiesen.

2 Vgl. Nr. 249. – Zur Lagebeurteilung Ende 1961/Anfang 1962, aus der Sicht eines der engsten Mitarbeiter des Kanzlers, Horst *Osterheld,* »Ich gehe nicht leichten Herzens ...«, S. 88-99.

Nr. 251

*BA, B 136/3887 (Telegrammvorlage).

1 »Wie aus seiner Umgebung verlautete, verbrachte der Jubilar den Tag ›in bester Gesellschaft mit sich allein‹. Als offizielle Gratulanten waren lediglich der stellvertretende baden-württembergische Ministerpräsident, Justizminister Haußmann, und der Stuttgarter Oberbürgermeister Klett erschienen« (»Die Welt« vom 1.2.1962).

Nr. 252

*StBKAH 10.07, eigenhändig, auf Kopfbogen wie Nr. 43; BA, NL Heuss, Nr. 62 (eigenhändiger stenographischer Entwurf und ms. Abschrift).

1 Am 8.4.1962 (Tagesnotizbücher NL Heuss).

2 Hierzu ein Schreiben an Thomas *Dehler* vom 10.5.1962; Druck: Friedrich *Henning* (Hrsg.), Theodor Heuss: Lieber Dehler!, S. 161f.

3 Zu den Heuss-Verpflichtungen dieses Zeitraums vgl. seine Tagebuchbriefe, S. 503f.

4 Am 10.4.1962; Adenauer hatte deswegen seinen Urlaub in Cadenabbia unterbrochen und bei der Behandlung des Einzelplans Bundeskanzleramt eine Erklärung zur Außen- und Wirtschaftspolitik abgegeben; vgl. Stenographische Berichte, 4. Wahlperiode, Bd. 50, S. 957-1066, und Horst *Osterheld,* »Ich gehe nicht leichten Herzens ...«, S. 106.

5 Heinz *Starke* (geb. 1911), 1953–1980 MdB (FDP, ab 1970 CSU), 1961/62 Bundesfinanzminister. Vgl. Nr. 253, 256.

6 Dort wurden ab 16.4.1962 die Anfang 1962 in Moskau begonnenen Gespräche der beiden Großmächte über die Berlin-Frage fortgesetzt; vgl. Dokumente zur Berlin-Frage 1944–1966, S. 540-542.

7 Ferdinand *Friedensburg* (1886–1972), 1946–1948 Oberbürgermeister von Großberlin, 1948–1951 Bürgermeister von Berlin, 1952–1965 MdB (CDU) als Berliner Abgeordneter.

8 Ein Hinweis auf »Friedensburgs dummes Gerede« (anläßlich eines USA-Aufenthaltes) auch im Tagebuchbrief vom 28.4.1962 (S. 504).

9 Luigi *Einaudi* (1874–1961), 1902–1948 Ordinarius für Finanzwissenschaft in Turin, 1947/48 stellvertretender italienischer Ministerpräsident und Haushaltsminister, 1948–1955 Staatspräsident. – Auszüge aus der am 5.6.1962 gehaltenen Gedenkrede (hierzu die eigenhändige Vorlage in BA, NL Heuss, Nr. 25) in: Theodor Heuss. Der Mann, das Werk, die Zeit, S. 361f. Vgl. a. Nr. 254.
10 Am 6.6.1962 im Palais Schaumburg (Tagesnotizbücher NL Heuss). Vgl. a. Nr. 254, Kopfregest, und Nr. 255.

Nr. 253
*BA, NL Heuss, Nr. 62, eigenhändig (hierzu die Abb. auf S. 324–326), auf Kopfbogen wie Nr. 87.
1 Vgl. Nr. 252.
2 Vgl. a.a.O., Anm. 6. – Zu einem anderen Aspekt der damaligen Entwicklung trug ebenfalls am 3.5.1962 Horst *Osterheld* in sein Tagebuch ein: »Der Kanzler hat [die überzeugende Formel] gefunden: Wir werden die SBZ hinnehmen, auch als staatsrechtliches Gebilde, wenn die Menschen dort freier und menschenwürdiger leben können. Das ist ein durchschlagender suggestiver Gedanke! Er rückt die Welt wieder zurecht«; vgl. »Ich gehe nicht leichten Herzens ...«, S. 110.
3 Vgl. Nr. 252, Anm. 10.

Nr. 254
*StBKAH III/47, auf Kopfbogen wie Nr. 43, mit hs. Vorzimmernotiz vom 7.6. 1962 »B[undes]k[anzler] hat Professor Heuss am 6.6.62, 12.00 empfangen« (vgl. Nr. 252, Anm. 10); BA, NL Heuss, Nr. 62 (Durchschlag).
1 Vgl. Nr. 252.
2 Albert *Weisgerber* (1878–1915), Maler. Zu der 1905 in München geschlossenen Freundschaft mit Heuss vgl. dessen Erinnerungen 1905–1933, S. 99, 132, 134. Vgl. a. Theodor Heuss. Der Mann, das Werk, die Zeit, S. 34, 69. (Dort – Nr. 66 – auch die Abb. des 1905 entstandenen Heuss-Ölgemäldes). – Zu der am 12.5.1962 im Heidelberger Schloß gehaltenen Rede vgl. seine Tagebuchbriefe, S. 504f., 619.
3 Hermann *Schulze-Delitzsch* (1808–1883), ab 1849 maßgeblich an der Gründung der Kreditgenossenschaften (Volksbanken) beteiligt, Mitbegründer des Nationalvereins (1859) und der Deutschen Fortschrittspartei (1861), ab 1871 MdR. – Das Manuskript der am 19.5.1962 bei der 100-Jahr-Feier der Volksbank Frankfurt/Main gehaltenen Rede in BA, NL Heuss, Nr. 25. Zur früheren Beschäftigung mit Schulze-Delitzsch vgl. Tagebuchbriefe, S. 338, 591.
4 Vgl. Nr. 252, Anm. 9.
5 11./12.5.1962: Konferenz des EWG-Ministerrates in Brüssel; 22.5.1962: Memorandum der Bundesregierung zu den sowjetisch-amerikanischen Sondierungsgesprächen; 23.5.1962: Besuch des amerikanischen Unterstaatssekretärs George W. *Ball* in Bonn. Zur »außerordentlichen Beanspruchung des Kanzlers« in dieser Zeit vgl. Horst *Osterheld*, »Ich gehe nicht leichten Herzens ...«, S. 117-121.

6 Georg Ferdinand *Duckwitz* (1904–1973), 1955–1958 Botschafter in Kopenhagen, 1958–1961 Leiter der Ostabteilung des Auswärtigen Amtes, 1961–1965 Botschafter in Neu-Delhi, 1967–1970 Staatssekretär im Auswärtigen Amt.

Nr. 255
*BA, NL Heuss, Nr. 62 (Telegrammabschrift), ohne Ortsangabe beim Datum.
1 Zum Aufenthalt im Katharinenhospital Stuttgart (ab 1.11.1962) vgl. Theodor Heuss. Tagebuchbriefe, S. 508.
2 Die »Spiegel-Affäre« (ausgelöst durch eine Veröffentlichung des Magazins vom 10.10.1962 – angeblicher Verrat militärischer Geheimnisse –, verschärft und zugespitzt am 26.10.1962 durch die Durchsuchung der Redaktionsräume und die anschließende Verhaftung des Herausgebers *Augstein* und mehrerer Redakteure) hatte zu einer schweren Regierungskrise geführt: 19.11.1962 Rücktritt der FDP-Minister, 2.12.1962 Verhandlungen zur Schaffung einer Großen Koalition abgebrochen, 13.12.1962 Bildung der 5. Adenauer-Regierung auf der bisherigen Koalitionsbasis, ohne den Hauptverantwortlichen der genannten Aktionen, Verteidigungsminister *Strauß*. Vgl. Hans-Peter *Schwarz,* Die Ära Adenauer. Epochenwechsel 1957–1963, S. 261-288; Horst *Osterheld,* »Ich gehe nicht leichten Herzens ...«, S. 163-168, und Daniel *Koerfer,* Kampf ums Kanzleramt, S. 675-706.
3 Vgl. Nr. 252, Anm. 10. Vgl. a. Nr. 253.
4 Hierzu keine Eintragung im Tagesnotizbuch NL Heuss.

Nr. 256
*BA, NL Heuss, Nr. 62, auf Kopfbogen wie Nr. 9.
1 Vgl. Nr. 255.
2 Vgl. a.a.O., Anm. 2.
3 Nachfolger des am 11.12.1962 ausgeschiedenen Finanzministers *Starke:* Rolf *Dahlgrün* (ebenfalls FDP).

Nr. 257
*BA, NL Heuss, Nr. 62, ohne Datum, ohne Ortsangabe beim Datum.
a ‹ › Eigenhändiger Zusatz auf Kartengruß.

Nr. 258
*StBKAH 14.27, auf Kopfbogen wie Nr. 43, mit Eingangsstempel des Bundeskanzleramtes vom 3.1.1963; BA, NL Heuss, Nr. 62 (Durchschlag).
1 Vgl. Nr. 255, Anm. 1.
2 Zum 86. Geburtstag Adenauers, dem letzten während seiner Amtszeit, vgl. Horst *Osterheld,* »Ich gehe nicht leichten Herzens ...«, S. 94f.
3 Vgl. Nr. 255, Anm. 2, Nr. 256.
4 Elly *Heuss-Knapp* (Hrsg.), Georg Friedrich Knapp: Aus der Jugend eines deutschen Gelehrten, Stuttgart–Berlin–Leipzig ^{1}1927, ^{3}1962. Vgl. Nr. 106, Anm. 2.
5 Dieser klischeehaft auf ihn selbst gemünzte Epochenbegriff hatte Heuss 1960

veranlaßt, in Korrespondenz mit dem Kemper Verlag (Heidelberg) und der Autorin Daniela *Krein* gegen deren Veröffentlichung »Anekdoten um Konrad Adenauer« Einspruch zu erheben. Der darin kolportierte Wortwechsel (»›Wenn ich Sie so glänzend erholt sehe, Herr Adenauer, dann muß ich sagen: die reine Renaissance!‹ ... ›Und wenn ich Sie so ansehe, Heuss, dann hab ich dat Jefühl: Biedermeier! Biedermeier!‹«) wurde daraufhin in späteren Neuauflagen nicht mehr veröffentlicht; vgl. BA, NL Heuss, Nr. 62.

6 So auch ein Schreiben an Thomas *Dehler* vom 7.1.1963; Druck: Friedrich *Henning* (Hrsg.), Theodor Heuss: Lieber Dehler!, S. 168f. – Heuss war in diesen Wochen vor allem mit der Fertigstellung seiner Erinnerungen 1905–1933 befaßt; vgl. Nr. 273, Anm. 1.

Nr. 259
*BA, NL Heuss, Nr. 62, auf Kopfbogen wie Nr. 87.
1 Vgl. Nr. 258, Anm. 4.
2 Vgl. Nr. 255, Anm. 2, Nr. 256.

Nr. 260
*BA, NL Heuss, Nr. 62, eigenhändig, auf Kopfbogen wie Nr. 87, ohne Ortsangabe beim Datum.

1 79. und letzter Geburtstag von Theodor Heuss. – Ein weiteres, im Kanzleramt vorbereitetes Glückwunschschreiben (» ... gedenke ich Ihrer sehr herzlich und wünsche Ihnen für Ihr weiteres Wohlergehen alles Gute. Die jüngste politische Entwicklung bereitet mir viele Sorgen, über die ich gerne auch mit Ihnen sprechen würde«) ist, weil Adenauer mit diesem persönlichen Brief zuvorkam, nicht mehr ausgefertigt worden; vgl. BA, B 136/3887.

2 Nach dem Besuch des Kanzlers in Paris (21.–23.1.1963) und der dortigen Unterzeichnung des Vertrages über die deutsch-französische Zusammenarbeit wurde ebenfalls am 29.1.1963 eine Tagung des EWG-Ministerrats in Brüssel zur Frage des Beitritts Großbritanniens ergebnislos abgebrochen (Wunsch Frankreichs nach Suspendierung der Verhandlungen); vgl. Horst *Osterheld,* »Ich gehe nicht leichten Herzens ...«, S. 188-203.

3 Joseph *Luns* (geb. 1911), 1952–1971 niederländischer Außenminister (1952–1956 ohne Portefeuille), 1971–1984 NATO-Generalsekretär. – Seine Empörung über die Vorgänge in Brüssel äußerte er besonders deutlich zwei Tage später vor der zweiten Kammer des niederländischen Parlaments; vgl. AdG, Jg. 33 (1963), S. 10388.

4 Der belgische Außenminister hatte am 24.1.1963 im belgischen Senat heftige Kritik an der französischen Europapolitik geübt; vgl. a.a.O., S. 10373.

5 Vgl. Horst *Osterheld,* a.a.O., S. 200f.

Nr. 261
*StBKAH 10.07, auf Kopfbogen wie Nr. 43; BA, NL Heuss, Nr. 279 (Durchschlag).

1 Vgl. Nr. 260.
2 Kurt Georg *Kiesinger* (1904–1988), 1949–1958 und 1969–1980 MdB (CDU), 1950/51 geschäftsführendes Vorstandsmitglied der CDU-Bundespartei, 1958–1966 Ministerpräsident von Baden-Württemberg (1962/63 Bundesratspräsident), 1966–1969 Bundeskanzler, 1967–1971 CDU-Vorsitzender. – Zu seinen Heuss-Kontakten in diesem Zeitraum vgl. dessen Tagebuchbriefe, S. 509-511 (Heuss am 18.3.1963: »... *er* sei mein Kandidat für die Nachfolge von Adenauer und von Lübke ...«); vgl. a. Dieter *Oberndörfer* (Hrsg.), Begegnungen mit Kurt Georg Kiesinger. Festgabe zum 80. Geburtstag, Stuttgart [2]1985, S. 210.
3 Sir Christopher *Steel* (1903–1973), 1949 stellvertretender Hoher Kommissar, 1957–1963 Botschafter Großbritanniens in Bonn, zuvor 1950–1952 Gesandter in Washington, 1953–1957 Ständiger Vertreter bei der NATO. – Sein Nachfolger ab Mai 1963: Sir Frank *Roberts.*
4 Die Berliner Situation (vor den dortigen Wahlen zum Abgeordnetenhaus am 17.2.1963, die zu schweren CDU-Verlusten führten) beschäftigte Heuss auch in einem Tagebuchbrief vom 17.2.1963 (S. 509).
5 Vgl. Nr. 255, Anm. 1, Nr. 258.
6 Vgl. Nr. 57.
7 Vgl. Nr. 243, Anm. 3.
8 Identisch die Formulierung in einem Schreiben vom 14.11.1962 an Gustav *Stein,* Kulturkreis im Bundesverband der Deutschen Industrie (vgl. BA, NL Heuss, Nr. 224).

Nr. 262
*StBKAH 10.07, auf Kopfbogen wie Nr. 43.
a ‹...› Vom Bearbeiter korrigiert aus »am«.
1 Willi *Weyer* (1917–1987), nordrhein-westfälischer Minister für Wiederaufbau (1954–1956), Finanzen (1956–1958) und Inneres (1962–1975), 1956–1958 und 1962–1975 zugleich stellvertretender Ministerpräsident, 1956–1972 Landesvorsitzender der FDP, 1963–1968 stellvertretender Bundesvorsitzender, 1974–1986 Präsident des Deutschen Sportbundes.
2 Wolfgang *Döring* (1919–1963), 1950–1956 Hauptgeschäftsführer des FDP-Landesverbandes Nordrhein-Westfalen, dort 1954–1958 MdL (1956–1958 Fraktionsvorsitzender), 1957–1963 MdB (1961 stellvertretender Fraktionsvorsitzender), 1962 stellvertretender Vorsitzender der Bundespartei. – Zu seiner Beurteilung durch Heuss vgl. dessen Tagebuchbriefe, S. 509.
3 Wortlaut der am 27.4.1963 gehaltenen Rede in BA, NL Heuss, Nr. 25. Vgl. a. Friedrich *Henning* (Hrsg.), Theodor Heuss: Lieber Dehler!, S. 188, 229f.
4 Während eines Cadenabbia-Aufenthaltes (16.3.–19.4.1963) hatte Adenauer u. a. Verhandlungen zur bevorstehenden Ratifizierung des deutsch-französischen Vertrages (vgl. Nr. 260, Anm. 2) geführt (Billigung des Bundestages am 16.5., des Bundesrates am 31.5.1963). – Am 22.4.1963 nominierte die CDU/CSU-Fraktion Ludwig *Erhard* als Nachfolger Adenauers; vgl. Horst *Osterheld,* »Ich gehe nicht

leichten Herzens ... «, S. 203-225; Hans-Peter *Schwarz*, Die Ära Adenauer. Epochenwechsel 1957–1963, S. 314-316, und Daniel *Koerfer*, Kampf ums Kanzleramt, S. 742-747.

5 » ... wobei ich aber mich nicht in die Kanzlerfrage mischen werde, (was ich Lübke und Adenauer heute schrieb) ... « (Tagebuchbrief desselben Tages, S. 511).

6 »Wie ich erfahren habe, und mir Herr Dr. Mende bestätigt hat, sei der Gesundheitszustand von Herrn Professor Heuss so gewesen, daß ihm sein Arzt einen längeren Aufenthalt in Bonn nicht gestattet habe. Infolgedessen habe Professor Heuss auch nicht an der anschließenden FDP Partei-Veranstaltung teilgenommen« (Vermerk *Selbach* für Adenauer vom 30.4.1963; StBKAH 10.07). – Auch der Einladung zu einem großen Empfang des Bundeskanzlers am 17.5.1963 (vgl. Horst *Osterheld*, a.a.O., S. 215) konnte Heuss nicht mehr nachkommen. Vgl. Nr. 264.

Nr. 263

*BA, NL Heuss, Nr. 62, auf Kopfbogen wie Nr. 9; StBKAH 10.07 (Durchschlag).

1 Vgl. Nr. 262.

2 Vgl. a.a.O., Anm. 6.

Nr. 264

*BA, NL Heuss, Nr. 62 (Durchschlag), ohne Ortsangabe beim Datum.

1 Vgl. Nr. 262, Anm. 6.

2 Aus diesem Zeitraum nachweisbar: die Teilnahme an der Jahrestagung des Müttergenesungswerks am 2.5.1963 in Darmstadt, tags darauf an einer Tagung der Akademie für Sprache und Dichtung in Ulm (Tagesnotizbücher NL Heuss).

3 Nach seinen Tagesnotizbüchern hielt sich Heuss deswegen am 29.6.1963 in Bonn auf, Adenauer nahm an diesem Tag am 66. Deutschen Ärztetag in Mannheim teil (Terminkalender StBKAH).

4 Gustav *Stolper*, Deutsche Wirtschaft seit 1870. Nach dem Original (German Economy 1870 to 1940, New York) und der ersten Übersetzung (Stuttgart 1950) fortgeführt von Karl *Häuser* und Knut *Borchardt*, Tübingen 1964, ^{2}1966. – Vgl. Friedrich *Henning* (Hrsg.), Theodor Heuss: Lieber Dehler!, S. 171.

5 Vom 25.5.–22.6.1963 (Tagesnotizbücher NL Heuss).

Nr. 265

*BA, NL Heuss, Nr. 62, auf Kopfbogen wie Nr. 9.

1 Vgl. Nr. 264.

2 Vgl. Nr. 262, Anm. 6.

3 Vgl. Nr. 264, Anm. 3.

Nr. 266

*BA, NL Heuss, Nr. 62, auf Kopfbogen wie Nr. 87, mit eigenhändig von Adenauer eingefügtem Tagesdatum; StBKAH 10.07 (Durchschlag).

1 Heuss war Anfang August 1963 erneut in das Katharinenhospital Stuttgart eingeliefert worden. Zum weiteren Verlauf der zum Tode führenden Krankheit vgl. Nr. 267, 269.
2 Gemeint ist die Fortsetzung der Arbeiten an den Erinnerungen (vgl. Nr. 273, Anm. 1); hierzu vgl. Eberhard *Pikart* (Hrsg.), Theodor Heuss. Die Machtergreifung und das Ermächtigungsgesetz. Zwei nachgelassene Kapitel der Erinnerungen 1905–1933, Tübingen 1967 (nach der Erstveröffentlichung in: VfZ, Jg. 15 [1967] S. 1-17). Vgl. a. Theodor Heuss. Tagebuchbriefe, S. 511f.

Nr. 267
*StBKAH 10.07, auf Kopfbogen wie Nr. 43, mit Sichtvermerk Adenauer vom 28.8.1963; BA, NL Heuss, Nr. 62 (Durchschlag).
1 Vgl. Nr. 266.

Nr. 268
*BA, NL Heuss, Nr. 62 (Telegramm); StBKAH 10.07 (aus Cadenabbia an das Bundeskanzleramt fernschriftlich durchgegebene Telegrammvorlage). – Zum letzten Aufenthalt in Cadenabbia (ab 19.8.1963) vor dem Ausscheiden aus dem Kanzleramt vgl. Anneliese *Poppinga,* Meine Erinnerungen, S. 52f., und Horst *Osterheld,* »Ich gehe nicht leichten Herzens ...«, S. 254-257.

Nr. 269
*StBKAH 10.07, auf Kopfbogen wie Nr. 43; BA, NL Heuss, Nr. 62 (Durchschlag).
1 Die Operation war am 27.8.1963 vorgenommen worden. Hierzu, zur Rückkehr nach Hause und zu den letzten Lebenswochen vgl. Hildegard *Hamm-Brücher*/Hermann *Rudolph,* Theodor Heuss. Eine Bildbiographie, S. 160.
2 Vgl. Nr. 268.

Nr. 270
*BA, NL Heuss, Nr. 62, eigenhändig (hierzu die Abb. auf S. 335f.), auf Kopfbogen wie Nr. 87; Abb.: Theodor Heuss. Der Mann, das Werk, die Zeit, S. 423f.; Konrad Adenauer. Seine Zeit – sein Werk, S. 268; StBKAH 10.07 (Abschrift).
1 Vgl. Nr. 269.
2 Vgl. Nr. 268, Kopfregest.
3 Am 21.9.1963 stattete Adenauer Charles *de Gaulle* seinen Abschiedsbesuch in Rambouillet ab. Hierzu und zu den abschließenden Aktivitäten im Amt vgl. Horst *Osterheld,* »Ich gehe nicht leichten Herzens ...«, S. 254-262. Vgl. a. Nr. 271, Anm. 1.

Nr. 271
*StBKAH 10.07 (hierzu die Abb. auf S. 337), auf Kopfbogen wie Nr. 43; BA, NL Heuss, Nr. 62 (Durchschlag); Druck: »Allgemeine Wochenzeitung der Juden in Deutschland« vom 26.3.1965; Theodor Heuss. Politiker und Publizist, S. 530. –

Die Erstveröffentlichung erfolgte im Hinblick auf die kurz bevorstehende Bekanntgabe der in diesem *letzten* Heuss-Brief an Adenauer erörterten Aufnahme diplomatischer Beziehungen zwischen Israel und der Bundesrepublik (12.5.1965). Dazu vgl. Rolf *Vogel* (Hrsg.), Der deutsch-israelische Dialog, T. I, Bd. 1, S. 253-305, und Klaus *Hildebrand*, Von Erhard zur Großen Koalition 1963–1969, S. 111-118.

1 30.9.: Empfang für die Auslandspresse; 3.10.: Frühstück beim Bundesratspräsidenten und Herrenessen des CDU/CSU-Fraktionsvorsitzenden; 4.10.: Abendessen für die Ministerpräsidenten der Länder; 5.10.: CDU/CSU-Kundgebung in München; 7.10.: Abschiedsbesuch im Bundespresse- und Informationsamt und Abendessen für Vertreter von Wissenschaft, Wirtschaft, kommunalen Verbänden und Kirchen; 8.10.: Empfang des belgischen Ministerpräsidenten und des Königs von Burundi, danach Abendessen für den Bundestag; 9./10.10.: Besuch in Berlin (Verleihung der Ehrenbürgerurkunde); 10.10.: Abendessen für die Missionschefs; *11.10., 10.45 Uhr: beim Bundespräsidenten, Übergabe des Rücktrittsschreibens,* dann Fernsehaufnahmen für CBS und ein Abendessen für die Kabinettsmitglieder; 12.10.: Abschiedsparade der Bundeswehr in Wunstorf, dann CDU-Kundgebung in Köln; 14.10.: Pontifikalmesse im Bonner Münster und Abschiedsempfang durch den Bundespräsidenten; 15.10.1963, 12.00–13.15 Uhr: Verabschiedung vor dem Plenum des Deutschen Bundestages; Wortlaut der dort gehaltenen Rede: Adenauer-Reden, S. 453-456 (Terminkalender StBKAH). Zu den Ereignissen der letzten Tage im Amt (Abschiedsansprachen und Dankschreiben) vgl. a. die 1964 vom Presse- und Informationsamt der Bundesregierung herausgegebene Dokumentation: Konrad Adenauer. Würdigung und Dank.

2 Vgl. Nr. 231, Anm. 1.

3 Während dieser Reise im Mai 1961 besuchte Heuss u. a. Nizza, Marseille und Cluny (am 25.5. auch die Matisse-Kapelle in Vence; vgl. Nr. 200, Anm. 2); vgl. Tagesnotizbücher NL Heuss.

4 Vgl. Nr. 230, Anm. 5.

5 Ernst *Majonica* (geb. 1920), 1950–1955 Vorsitzender der Jungen Union Deutschlands, 1950–1972 MdB (CDU), 1959–1969 Vorsitzender des Arbeitskreises Außenpolitik der CDU/CSU-Fraktion, 1979–1983 Mitglied des Europäischen Parlaments.

6 Berthold *Martin* (1913–1973), 1954–1957 MdL (CDU) in Hessen, 1957–1973 MdB, 1961–1965 Vorsitzender des Ausschusses für Kulturpolitik und Publizistik, 1961–1969 Vorsitzender des Unterausschusses für Auslandskulturarbeit im Auswärtigen Ausschuß.

7 Während einer Reise der beiden Unionsabgeordneten in mehrere arabische Länder (Interview Martins mit »El Ahram«, »... soll versichert haben, daß die Bundesrepublik Israel nicht anerkennen werde ...«); vgl. den Artikel »Keine Weisen im Morgenland« im »Rheinischen Merkur« vom 20.9.1963. Hierzu auch ein Schreiben von Franz *Böhm* an Heinrich *von Brentano* vom 14.9.1963; Teildruck: Rolf *Vogel* (Hrsg.), a.a.O., S. 226f.

8 Vgl. Nr. 272.

Nr. 272
*BA, NL Heuss, Nr. 62 (Kopie), auf Kopfbogen wie Nr. 9, mit ms. Vermerk »*Vertraulich!*«; StBKAH 10.07 (Durchschlag).
1 Vgl. Nr. 271.
2 Hierfür keine Belege in StBKAH. – Adenauer wußte sich in *dieser* zentralen Angelegenheit mit seinem Nachfolger *Erhard* einig: »Ich bin der festen Überzeugung, daß die große Mehrheit unserer Bevölkerung ehrlich und aufrichtig sich von den Irrtümern der Vergangenheit gelöst hat und bereit ist, auch weiterhin zu einer Wiedergutmachung des begangenen Unrechts beizutragen. Ebenso fest überzeugt bin ich davon, daß auch die künftige Bundesregierung die unter meiner Führung begonnene Politik der Versöhnung und Wiedergutmachung fortsetzen wird« (am 30.8.1963 an Leo *Lion*, Baden-Baden; StBKAH 10.08).

Nr. 273
*BA, NL Heuss, Nr. 62, auf Kopfbogen wie Nr. 246.
1 Im Frühjahr 1963 fertiggestellt: Theodor *Heuss*, Erinnerungen 1905–1933 (vgl. die Abb. auf S. 339 f.); zu den abschließenden Arbeiten vgl. die Unterlagen in BA, NL Heuss, Nr. 478, 479, und seine Tagebuchbriefe, S. 505-511.
Adenauer wird hierin nur zweimal kurz erwähnt – dies auch wegen anderer Absichten, über die Heuss am 11.10.1963 dem Publizisten Karl *Brammer* schrieb: »Das Bild, das ich von [Adenauer] selber zu entwerfen haben werde, wird rein literarisch nicht ganz leicht sein, denn ich glaube seine Stärke zu sehen, und ich weiß auch, daß er über mich nicht so wegwerfend gesprochen hat wie über die meisten seiner Minister« (BA, NL Heuss, Nr. 62). Am 24.9. 1963 hatte Heuss dem »Spiegel«-Herausgeber Rudolf *Augstein* mitgeteilt: »Ihrer Bitte, einen Beitrag aus meiner Feder über Bundeskanzler Adenauer für den Spiegel zu schreiben [für die Adenauer-Sondernummer des Magazins vom 9.10.1963], kann ich leider nicht entsprechen. Zur Zeit bin ich einfach zu müde. Ich werde ja in meinen Erinnerungen später auch über Adenauer etwas auszusagen haben. Die Mitteilung, daß ich ein Buch über A. schreiben werde, beruht allerdings auf einem Mißverständnis« (das Schreiben wurde vom »Spiegel«-Verlag für diese Edition zur Verfügung gestellt).

Nr. 274
*Telegramm in Privatbesitz Frau Ursula Heuss-Wolff, Basel; Druck: Deutschland-Union-Dienst, Nr. 237 (1963), S. 3. Teildruck: »Frankfurter Allgemeine« vom 14.12. 1963.
1 Heuss war am 12.12.1963 an den Folgen der im August vorgenommenen Beinamputation gestorben. – Vor der Teilnahme am Staatsakt am 17.12.1963 im Stuttgarter Landtagsgebäude und der anschließenden Trauerfeier in der dortigen Stiftskirche (hierzu die Photos auf S. 343 f.) würdigte Adenauer Heuss am 13.12.1963 auch in einer Rundfunkansprache: »Ich habe den Heimgegangenen, Prof. Theodor Heuss, kennengelernt im Parlamentarischen Rat. Der Parlamenta-

rische Rat war nicht groß, infolgedessen lernten sich die einzelnen Mitglieder viel schneller näher kennen, als das sonst in einem Parlamente der Fall ist. Der Parlamentarische Rat hatte eine nationale Aufgabe. Alle Mitglieder des Parlamentarischen Rates waren von dieser einen Aufgabe erfüllt und suchten ihr gerecht zu werden. Bei den Verhandlungen im Parlamentarischen Rat hat Prof. Theodor Heuss in allen wichtigen Fragen, die dort zu entscheiden waren, eine große Rolle gespielt, oft die Entscheidung gegeben, und er hatte da schon unser aller Zuneigung und unser aller Respekt wegen seiner großen Kenntnisse und seines umfassenden Wissens.
Als Prof. Heuss Bundespräsident geworden war, hat er mich vorgeschlagen zum Bundeskanzler, und ich bin damals gewählt worden und habe unter ihm die ganzen Jahre hindurch gearbeitet. Wir standen uns sehr nahe, nicht nur dienstlich, auch persönlich. Alle großen Fragen, die an uns herantraten, habe ich mit ihm besprochen, und ich habe auch bei diesen sehr häufigen und intimeren Gesprächen immer wieder gestaunt über sein tiefes Wissen, seine umfangreichen Kenntnisse auch der Vergangenheit des deutschen Volkes und seine Menschenfreundlichkeit. Gerade seine Menschenfreundlichkeit war es, die jeden, der mit ihm in Verbindung trat, tief für sich einnahm, und so entstand zwischen ihm und mir ein sehr enges und gutes Verhältnis. Durch seinen Tod haben wir alle, habe insbesondere auch ich, viel verloren. Er wird unvergessen bleiben, weil er wohl keinen Feind gehabt hat, sondern alle ihn liebten« (Mitschnitt im Deutschen Rundfunkarchiv, Frankfurt/Main, BR Dok 19 228, zitiert nach der Veröffentlichung desselben Tages durch das Bundespresse- und Informationsamt). Vgl. a. den Beitrag Adenauers »Der erste Präsident« in der »Kölnischen Rundschau« vom 15.12.1963.

Bundesarchiv (Koblenz), Nachlaß Theodor Heuss:
26 f., 118, 124, 132 f., 159, 236 f., 318, 324–326, 335 f., 344 f.

Deutsche Bundesbank (Frankfurt/Main): 41

»Hamburger Abendblatt«: 285

Abtei Maria Laach: 215

Presse- und Informationsamt der Bundesregierung, Bundesbildstelle (Bonn):
53, 70, 230, 241, 257, 290 f.

Stiftung Bundeskanzler-Adenauer-Haus (Bad Honnef – Rhöndorf):
16, 22–24, 28–31, 33 f., 38 f., 43, 46 f., 48, 55, 60, 85, 90, 105, 115, 121–123, 127, 131, 146, 149, 153, 158, 167, 177, 186 f., 190 f., 195, 200 f., 204 f., 209, 241 f., 245–247, 250 f., 256 f., 260 f., 270–272, 276 f., 286, 289, 298 f., 307, 310 f., 337–341

»Südkurier« (Konstanz): 287

Privatbesitz Ursula Heuss-Wolff (Basel):
17, 37, 56 f., 66 f., 71, 75, 92, 143, 163, 203, 219, 221, 235, 297, 313, 317, 321 f.

AA	Auswärtiges Amt (Politisches Archiv)
a.a.O.	am angegebenen Ort
Abb.	Abbildung
Abg.	Abgeordneter
ACDP	Archiv für Christlich-Demokratische Politik der Konrad-Adenauer-Stiftung
AdG	Keesing's Archiv der Gegenwart
AdL	Archiv des Deutschen Liberalismus
AdsD	Archiv der sozialen Demokratie
AG	Aktiengesellschaft
AHK	Alliierte Hohe Kommission
Anm.	Anmerkung
Art.	Artikel
B 122	Akten des Bundespräsidialamtes
B 136	Akten des Bundeskanzleramtes
BA	Bundesarchiv
BBC	British Broadcasting Corporation
Bd./Bde.	Band/Bände
BDI	Bundesverband der Deutschen Industrie
Bearb.	Bearbeiter
bearb.	bearbeitet
BGBl.	Bundesgesetzblatt
BHE	Block der Heimatvertriebenen und Entrechteten
CDP	Christlich-Demokratischer Pressedienst
CDU	Christlich Demokratische Union Deutschlands
CSU	Christlich-Soziale Union
DDP	Deutsche Demokratische Partei
DDR	Deutsche Demokratische Republik
ders.	derselbe
DGB	Deutscher Gewerkschaftsbund
DP	Deutsche Partei
DRK	Deutsches Rotes Kreuz
DStP	Deutsche Staatspartei
DVP	Deutsche Volkspartei
EA	Europa-Archiv
EFTA	European Free Trade Association
EGKS	Europäische Gemeinschaft für Kohle und Stahl
EKD	Evangelische Kirche in Deutschland
Euratom	Europäische Atomgemeinschaft
EVG	Europäische Verteidigungsgemeinschaft
EWG	Europäische Wirtschaftsgemeinschaft

FAZ	Frankfurter Allgemeine, Zeitung für Deutschland
FDP	Freie Demokratische Partei
FVP	Freie Volkspartei
GB	Gesamtdeutscher Block
GG	Grundgesetz
GmbH	Gesellschaft mit beschränkter Haftung
H.	Heft
Hrsg.	Herausgeber
hs.	handschriftlich
IG	Industriegewerkschaft
Jg.	Jahrgang
KPdSU	Kommunistische Partei der Sowjetunion
LDP	Liberal-Demokratische Partei
LES	Ludwig-Erhard-Stiftung
MdB	Mitglied des Bundestages
MdL	Mitglied des Landtages
MdR	Mitglied des Reichstages
MRP	Mouvement Républicain Populaire
ms.	maschinenschriftlich
NATO	North Atlantic Treaty Organization
NL	Nachlaß
Nr.	Nummer
NWDR	Nordwestdeutscher Rundfunk
NSDAP	Nationalsozialistische Deutsche Arbeiterpartei
o. D.	ohne Datum
o. J.	ohne Jahr
OSB	Ordo Sancti Benedicti
PEN	poets/playwrights, essayists/editors, novelists
SBZ	Sowjetisch Besetzte Zone
SPD	Sozialdemokratische Partei Deutschlands
StBKAH	Stiftung Bundeskanzler-Adenauer-Haus
UdSSR	Union der Sozialistischen Sowjet-Republiken
UNO	United Nations Organization
USA	United States of America
VELKD	Vereinigte Evangelisch-Lutherische Kirche Deutschlands
VfZ	Vierteljahrshefte für Zeitgeschichte
WEU	Westeuropäische Union
ZK	Zentralkomitee

Quellen- und Literaturverzeichnis

Ungedruckte Quellen:

Bundesarchiv Koblenz/Hangelar
Akten des Bundeskanzleramtes
Akten des Bundespräsidialamtes
Nachlaß Theodor Heuss
Nachlaß Herbert Blankenhorn
Nachlaß Heinrich von Brentano

Stiftung Bundeskanzler-Adenauer-Haus, Bad Honnef-Rhöndorf
Nachlaß Konrad Adenauer
Bestand Dannie N. Heineman

Schriftliche und mündliche Auskünfte:

Dr. Gerd Albrecht, Deutsches Institut für Filmkunde, Frankfurt/Main
Bayerischer Rundfunk (Archiv), München
Rüdiger Bock, Bundesminister für Post- und Fernmeldewesen, Bonn
Prof. Dr. Hans Booms, Präsident des Bundesarchivs, Koblenz
Michael von Brentano, London
Deutsche Bundesbank, Frankfurt/Main
Deutscher Bundestag (Wissenschaftliche Dienste), Bonn
Deutscher Tennis Bund, Hannover
Dr. Monika Faßbender, Archiv des Deutschen Liberalismus, Gummersbach
»Frankfurter Allgemeine« (Archiv), Frankfurt/Main
Dr. Theodor Gehling, Politisches Archiv des Auswärtigen Amtes, Bonn
Georg Wilhelm Prinz von Hannover, Schliersee
Germanisches Nationalmuseum (Archiv), Nürnberg
Dr. Klaus Gotto, Archiv für Christlich-Demokratische Politik der Konrad-Adenauer-Stiftung, St. Augustin
»Hamburger Abendblatt« (Archiv), Hamburg
»Heilbronner Stimme« (Archiv), Heilbronn
Prof. Dr. Jürgen C. Heß, Amsterdam
Dr. Ludwig Theodor Heuss, Basel
Ursula Heuss-Wolff, Basel

Dr. Kai von Jena, Bundesarchiv, Koblenz
»Kölnische Rundschau« (Archiv), Köln
Gisela M. Krause, Archiv der sozialen Demokratie, Gummersbach
Dr. Volkhard Laitenberger, Ludwig-Erhard-Stiftung, Bonn
Yrsa von Leistner, St. Augustin
Dr. Klaus Oldenhage, Bundesarchiv, Koblenz
Dr. Hans-Jochen Pretsch, Politisches Archiv des Auswärtigen Amtes, Bonn
Dr. Heinz Jürgen Real, Bundesarchiv, Koblenz
Dr. Konrad Reiser, Bundesarchiv, Koblenz
Dr. Peter-Paul Schneider, Deutsches Literaturarchiv / Schiller-Nationalmuseum, Marbach / Neckar
Dr. Max Schulze-Vorberg, Bonn
P. Dr. Emmanuel v. Severus OSB, Archiv der Abtei Maria Laach
»Der Spiegel« (Archiv), Hamburg
Stadtverwaltung, Bingen
»Stuttgarter Zeitung« (Archiv), Stuttgart
Dr. Wolfram Werner, Bundesarchiv, Koblenz
»Die Zeit« (Archiv), Hamburg

Gedruckte Quellen und Literatur:

Adenauer, Konrad: Erinnerungen, Bd. 1: 1945–1953; Bd. 2: 1953–1955; Bd. 3: 1955–1959; Bd. 4: 1959–1963. Fragmente, Stuttgart 1965–1968.

Adenauer, Briefe 1945–1947; 1947–1949; 1949–1951; 1951–1953, hrsg. von *Rudolf Morsey/Hans-Peter Schwarz,* bearb. von *Hans Peter Mensing,* Berlin 1983, 1984, 1985 und 1987.

Adenauer, Teegespräche 1950–1954; 1955–1958; 1959–1961, hrsg. von *Rudolf Morsey/Hans-Peter Schwarz,* bearb. von *Hanns Jürgen Küsters,* Berlin 1984, 1986 und 1988.

Adenauer: »Es mußte alles neu gemacht werden.« Die Protokolle des CDU-Bundesvorstandes 1950–1953, bearb. von *Günter Buchstab,* Stuttgart 1986.

Adenauer-Studien, Bd. I-V, hrsg. von *Rudolf Morsey/Konrad Repgen,* Mainz 1971, 1972, 1974, 1977 und 1986.

Konrad Adenauer. Dokumente aus vier Epochen deutscher Geschichte. Führer durch Ausstellung und Wohnhaus in Rhöndorf, Bad Honnef-Rhöndorf [5]1986.

Konrad Adenauer. Reden 1917–1967. Eine Auswahl, hrsg. von *Hans-Peter Schwarz,* Stuttgart 1975.

Konrad Adenauer und seine Zeit. Politik und Persönlichkeit des ersten Bundeskanzlers, Bd. 1: Beiträge von Weg- und Zeitgenossen; Bd. 2: Beiträge der Wissenschaft, hrsg. von *Dieter Blumenwitz/Klaus Gotto/Hans Maier/Konrad Repgen/Hans-Peter Schwarz,* Stuttgart 1976.

Konrad Adenauer. Seine Zeit – sein Werk. [Katalog zur] Ausstellung aus Anlaß des 100. Geburtstages am 5. Januar 1976, bearb. von *Everhard Kleinertz/Hugo Stehkämper,* Köln 1976.

Anfänge westdeutscher Sicherheitspolitik 1945–1956. Bd. 1: Von der Kapitulation bis zum Pleven-Plan, hrsg. vom *Militärgeschichtlichen Forschungsamt,* München–Wien 1982.

Die Auswärtige Politik der Bundesrepublik Deutschland, hrsg. vom *Auswärtigen Amt* unter Mitwirkung eines wissenschaftlichen Beirats, Köln 1972.

Baring, Arnulf: Außenpolitik in Adenauers Kanzlerdemokratie. Bonns Beitrag zur Europäischen Verteidigungsgemeinschaft, München–Wien 1969.

Baring, Arnulf: Sehr verehrter Herr Bundeskanzler! Heinrich von Brentano im Briefwechsel mit Konrad Adenauer 1949–1964, Hamburg 1974.

Berber, Friedrich J. (Hrsg.): Völkerrechtliche Verträge, München ^{3}1983.

Bernecker, Walter L./Dotterweich, Volker (Hrsg.): Persönlichkeit und Politik in der Bundesrepublik Deutschland. Politische Porträts, 2 Bde., Göttingen 1982.

Bibliographie zur Geschichte der CDU und CSU 1945–1980, erstellt von *Gerhard Hahn,* Stuttgart 1982.

Biographien zur Zeitgeschichte 1945–1983, hrsg. von *Wolf-Rüdiger Baumann/Gustav Fochler-Hauke,* Frankfurt/Main 1983.

Biographisches Handbuch der deutschsprachigen Emigration nach 1933, Bd. I: Politik, Wirtschaft, Öffentliches Leben; Bd. II: The Arts, Science and Literature; Bd. III: Gesamtregister, hrsg. vom *Institut für Zeitgeschichte,* München, und von der *Research Foundation for Jewish Immigration,* Inc., New York, München–New York–London–Paris 1980 und 1983.

Blankenhorn, Herbert: Verständnis und Verständigung. Blätter eines politischen Tagebuchs 1949 bis 1979, Frankfurt/Main–Berlin–Wien 1980.

Bott, Hans: Theodor Heuss in seiner Zeit, Göttingen 1966.

Bott, Hans/Leins, Hermann (Hrsg.): Begegnungen mit Theodor Heuss, Tübingen 1954.

Boveri, Margret/Prinzing, Walter s. Theodor Heuss.

Bracher, Karl Dietrich: Theodor Heuss und die Wiederbegründung der Demokratie in Deutschland, Tübingen 1965.

Carl J. Burckhardt. Briefe 1908–1974, hrsg. vom *Kuratorium Carl J. Burckhardt,* besorgt von *Ingrid Metzger-Buddenberg,* Frankfurt/Main 1986.

Bulletin des Presse- und Informationsamtes der Bundesregierung, Jg. 1951–1963.

Der Bundespräsident. [Katalog zu einer] Ausstellung des Bundesarchivs für ein Haus der Geschichte der Bundesrepublik Deutschland, Bonn o. J.

Casdorff, Claus Hinrich (Hrsg.): Demokraten. Profile unserer Republik, Königstein/Taunus 1983.

Die CDU/CSU im Parlamentarischen Rat. Sitzungsprotokolle der Unionsfraktion, bearb. von *Rainer Salzmann,* Stuttgart 1981.

Datenhandbuch zur Geschichte des Deutschen Bundestages 1949 bis 1982, hrsg. vom *Presse- und Informationszentrum des Deutschen Bundestages,* Bonn ^{3}1984.

Datenhandbuch zur Geschichte des Deutschen Bundestages 1980 bis 1984. Fortschreibungs- und Ergänzungsband zum Datenhandbuch zur Geschichte des Deutschen Bundestages 1949 bis 1982, hrsg. von der *Verwaltung des Deutschen Bundestages,* Abteilung Wissenschaftliche Dokumentation, Baden-Baden 1986.

Deutsche Verwaltungsgeschichte, Bd. 5: Die Bundesrepublik Deutschland, hrsg. von *Kurt G. A. Jeserich/Hans Pohl/Georg-Christoph von Unruh,* Stuttgart 1987.

Doering-Manteuffel, Anselm: Die Bundesrepublik Deutschland in der Ära Adenauer. Außenpolitik und innere Entwicklung 1949–1963, Darmstadt 1983.

Doering-Manteuffel, Anselm: Katholizismus und Wiederbewaffnung. Die Haltung der deutschen Katholiken gegenüber der Wehrfrage 1948–1955, Mainz 1981.

Dokumente zur Berlin-Frage 1944–1966, hrsg. vom *Forschungsinstitut der Deutschen Gesellschaft für Auswärtige Politik e. V.,* Bonn, in Zusammenarbeit mit dem *Senat von Berlin,* München ^{4}1987.

Dokumente zur Deutschlandpolitik, IV. Reihe/Bd. 1-7, hrsg. vom *Bundesministerium für gesamtdeutsche Fragen,* Frankfurt/Main(–Berlin) 1971, 1972, 1973, 1975 und 1976.

Domes, Jürgen: Mehrheitsfraktion und Bundesregierung. Aspekte des Verhältnisses der Fraktion der CDU/CSU im zweiten und dritten Deutschen Bundestag zum Kabinett Adenauer, Köln–Opladen 1964.

Eckardt, Felix von: Ein unordentliches Leben. Lebenserinnerungen, Düsseldorf–Wien 1967.

Europa-Archiv, Jg. 1-18 (1946–1963).

Feuchte, Paul: Verfassungsgeschichte von Baden-Württemberg, Stuttgart 1983.

»Frankfurter Allgemeine. Zeitung für Deutschland«, Jg. 1949–1963.

Gerstenmaier, Eugen: Streit und Friede hat seine Zeit. Ein Lebensbericht, Frankfurt/Main–Berlin–Wien 1981.

Gotto, Klaus: Adenauer, die CDU und die Wahl des Bundespräsidenten 1959, in: *Konrad-Adenauer-Stiftung* (Hrsg.), Konrad Adenauer – Ziele und Wege, Mainz 1972, S. 97-144.

Gotto, Klaus: Adenauers Deutschland- und Ostpolitik 1954–1963, in: Adenauer-Studien, Bd. III, S. 3-91.

Gotto, Klaus (Hrsg.): Der Staatssekretär Adenauers. Persönlichkeit und politisches Wirken Hans Globkes, Stuttgart 1980.

Grewe, Wilhelm G.: Rückblenden 1976–1951. Aufzeichnungen eines Augenzeugen deutscher Außenpolitik von Adenauer bis Schmidt, Frankfurt/Main–Berlin–Wien 1979.

Haas, Wilhelm: Beitrag zur Geschichte der Entstehung des Auswärtigen Dienstes der Bundesrepublik Deutschland, Bremen 1969.

Hamm-Brücher, Hildegard/Rudolph, Hermann: Theodor Heuss. Eine Bildbiographie, Stuttgart 1983.

Hattenhauer, Hans: Deutsche Nationalsymbole. Zeichen und Bedeutung, München 1984.

Heß, Jürgen C.: Theodor Heuss vor 1933. Ein Beitrag zur Geschichte des demokratischen Denkens in Deutschland, Stuttgart 1973.

Heß, Jürgen C.: »Machtlos inmitten des Mächtespiels der anderen ...«. Theodor Heuss und die deutsche Frage 1945–1949, in: VfZ, Jg. 33 (1985), S. 88-135.

Heß, Jürgen C. / Steensel van der Aa, E. van: Bibliographie zum deutschen Liberalismus, Göttingen 1981.

Heuss, Theodor: Aufzeichnungen 1945–1947, hrsg. von *Eberhard Pikart,* Tübingen 1966.

Heuss, Theodor: Erinnerungen 1905–1933, Tübingen [5]1964.

Theodor Heuss. Die großen Reden, München 1967 (Taschenbuchausgabe).

Theodor Heuss. *Margret Boveri:* Die literarische Gestalt, *Walter Prinzing:* Bibliographie der Schriften und Reden von Theodor Heuss und Elly Heuss-Knapp, hrsg. von der *Württembergischen Bibliotheksgesellschaft,* Stuttgart 1954.

Theodor Heuss: Lieber Dehler! Briefwechsel mit Thomas Dehler, hrsg. von *Friedrich Henning,* München–Wien 1983.

Theodor Heuss. Der Mann, das Werk, die Zeit. [Katalog zu einer] Sonderausstellung des Schiller-Nationalmuseums, bearb. von *Eberhard Pikart* unter Mitarbeit von *Dirk Mende,* Stuttgart 1967.

Theodor Heuss. Politik durch Kultur 1949–1959. [Katalog zu einer] Ausstellung des *Arbeitskreises selbständiger Kultur-Institute (ASKI),* bearb. von *Michael Kienzle / Dirk Mende,* Stuttgart 1984.

Theodor Heuss. Politiker und Publizist. Aufsätze und Reden, hrsg. von *Ralf Dahrendorf / Martin Vogt,* Tübingen 1984.

Theodor Heuss. Tagebuchbriefe 1955/1963. Eine Auswahl aus Briefen an Toni Stolper, hrsg. von *Eberhard Pikart,* Tübingen–Stuttgart 1970.

Theodor Heuss. Würdigungen. Reden, Aufsätze und Briefe aus den Jahren 1949–1955, hrsg. von *Hans Bott,* Tübingen 1955.

Theodor Heuss / Elly Knapp: So bist Du mir Heimat geworden. Eine Liebesgeschichte in Briefen aus dem Anfang des Jahrhunderts, hrsg. von *Hermann Rudolph,* Stuttgart [3]1987.

Hildebrand, Klaus: Von Erhard zur Großen Koalition 1963–1969. Geschichte der Bundesrepublik Deutschland, Bd. 4, Stuttgart–Wiesbaden, 1984.

The International Who's who, 19.-47. Ausg., London 1955–1983.

Juling, Peter: Programmatische Entwicklung der FDP 1946 bis 1969. Einführung und Dokumente, Meisenheim / Glan 1977.

Die Kabinettsprotokolle der Bundesregierung, hrsg. für das Bundesarchiv von *Hans Booms,* Bd. 1: 1949; Bd. 2: 1950; Bd. 3: 1950 – Wortprotokolle, bearb. von *Ulrich Enders / Konrad Reiser;* Bd. 4: 1951, bearb. von *Ursula Hüllbusch;* Bd. 5: 1952, bearb. von *Kai von Jena,* Boppard / Rhein 1982, 1984, 1986, 1988 und 1989.

Keesing's Archiv der Gegenwart, Jg. 16-33 (1946–1963).

Klingl, Friedrich: »Das ganze Deutschland soll es sein!« Thomas Dehler und die außenpolitischen Weichenstellungen der fünfziger Jahre. Eine Analyse der außenpolitischen Konzeption und des außenpolitischen Verhaltens Thomas Dehlers, München 1987.

Koerfer, Daniel: Kampf ums Kanzleramt. Erhard und Adenauer, Stuttgart 1987.

Krone, Heinrich: Aufzeichnungen zur Deutschland- und Ostpolitik 1954–1969, in: Adenauer-Studien, Bd. III, S. 134-201.

Küsters, Hanns Jürgen: Konrad Adenauer, die Presse, der Rundfunk und das Fernsehen, in: Konrad Adenauer und die Presse. Rhöndorfer Gespräche, Bd. 9, hrsg. von *Karl-Günther von Hase,* Bonn 1988, S. 13-31.

Küsters, Hanns Jürgen: Die Gründung der Europäischen Wirtschaftsgemeinschaft, Baden-Baden 1982.

Küsters, Hanns Jürgen: Kanzler in der Krise. Journalistenberichte über Adenauers Hintergrundgespräche zwischen Berlin–Ultimatum und Bundespräsidentenwahl 1959, in: VfZ, Jg. 36 (1988), S. 733-768.

Laitenberger, Volkhard: Ludwig Erhard. Der Nationalökonom als Politiker, Göttingen–Zürich 1986.

Lange, Erhard H. M.: Die Diskussion über die Stellung des Staatsoberhauptes 1945–1949 unter besonderer Berücksichtigung der Erörterungen im Parlamentarischen Rat, in: VfZ, Jg. 26 (1978), S. 601-651.

Loewenberg, Gerhard: Parlamentarismus im politischen System der Bundesrepublik Deutschland, Tübingen 1969.

Maier, Reinhold: Erinnerungen 1948–1953, Tübingen 1966.

Mende, Erich: Die neue Freiheit 1945–1961, München–Berlin 1984.

Mensing, Hans Peter: Frühe Westdiplomatie und landespolitische Weichenstellung. Neue Quellenfunde zu den Nachkriegsaktivitäten Konrad Adenauers, in: Geschichte im Westen, Jg. 1 (1986), S. 79-92.

Mitteilungen des Presse- und Informationsamtes der Bundesregierung, März 1951–Oktober 1951.

Morsey, Rudolf: Konrad Adenauer und der Deutsche Bundestag, in: Rhöndorfer Gespräche, Bd. 8, hrsg. von *Hans Buchheim,* Bonn 1986, S. 14-40.

Morsey, Rudolf (Hrsg.): Konrad Adenauer und die Gründung der Bundesrepublik Deutschland. Rhöndorfer Gespräche, Bd. 3, Stuttgart–Zürich 1979.

Morsey, Rudolf: Die Bundesrepublik Deutschland. Entstehung und Entwicklung bis 1969, München 1987.

Morsey, Rudolf: Die Rolle Konrad Adenauers im Parlamentarischen Rat, in: VfZ, Jg. 18 (1970), S. 62-94.

Nikel, Ulrike (Hrsg.): Politiker der Bundesrepublik Deutschland. Persönlichkeiten des politischen Lebens seit 1949 von A bis Z, Düsseldorf 1985.

Osterheld, Horst: Konrad Adenauer. Ein Charakterbild, Bonn 1973.

Osterheld, Horst: »Ich gehe nicht leichten Herzens ...«. Adenauers letzte Kanzlerjahre – ein dokumentarischer Lebensbericht. Adenauer-Studien, Bd. V, Mainz 1986.

Parlamentarischer Rat. Stenographische Berichte über die Plenarsitzungen Bonn 1948/49, Bonn 1949.

Parlamentarischer Rat. Verhandlungen des Hauptausschusses Bonn 1948/49, Bonn 1949.

Pikart, Eberhard: Theodor Heuss und Konrad Adenauer. Ihre Einstellung zu

Demokratie und Parlamentarismus, in: Adenauer-Studien, Bd. I, S. 58-70.

Pikart, Eberhard: Theodor Heuss und Konrad Adenauer. Die Rolle des Bundespräsidenten in der Kanzlerdemokratie, Stuttgart 1976.

Poppinga, Anneliese: Meine Erinnerungen an Konrad Adenauer, Stuttgart 1970.

Reden der deutschen Bundespräsidenten Heuss–Lübke–Heinemann–Scheel, eingeleitet von *Dolf Sternberger,* München–Wien 1979.

Regierung Adenauer 1949–1963, hrsg. vom *Presse- und Informationsamt der Bundesregierung,* Bonn 1963.

»Rheinischer Merkur«, Jg. 6-18 (1951–1963).

Rothfels, Hans: Theodor Heuss, die Frage der Kriegsorden und die Friedensklasse des Pour le mérite, in: VfZ, Jg. 17 (1969), S. 414-422.

Scheuner, Ulrich: Das Amt des Bundespräsidenten als Aufgabe verfassungsrechtlicher Gestaltung, Tübingen 1966.

Schmid, Carlo: Erinnerungen, Bern–München–Wien 1979.

Kurt Schumacher. Reden–Schriften–Korrespondenzen 1945–1952, hrsg. von *Willy Albrecht,* Berlin–Bonn 1985.

Schwarz, Hans-Peter: Adenauer. Der Aufstieg: 1876–1952, Stuttgart 1986.

Schwarz, Hans-Peter (Hrsg.): Adenauer und Frankreich. Die deutsch-französischen Beziehungen 1958–1969. Rhöndorfer Gespräche, Bd. 7, Bonn 1985.

Schwarz, Hans-Peter: Die Ära Adenauer. Gründerjahre der Republik 1949–1957; Epochenwechsel 1957–1963. Geschichte der Bundesrepublik Deutschland, Bd. 2 und 3, Stuttgart–Wiesbaden 1981 und 1983.

Schwarz, Hans-Peter (Hrsg.): Berlinkrise und Mauerbau. Rhöndorfer Gespräche, Bd. 6, Bonn 1985.

Schwarz, Hans-Peter (Hrsg.): Entspannung und Wiedervereinigung. Deutschlandpolitische Vorstellungen Konrad Adenauers 1955–1958. Rhöndorfer Gespräche, Bd. 2, Stuttgart–Zürich 1979.

Schwarz, Hans-Peter: Vom Reich zur Bundesrepublik. Deutschland im Widerstreit der außenpolitischen Konzeptionen in den Jahren der Besatzungsherrschaft 1945–1949, Stuttgart [2]1980.

Schwarz, Hans-Peter (Hrsg.): Die Wiederherstellung des deutschen Kredits. Das Londoner Schuldenabkommen. Rhöndorfer Gespräche, Bd. 4, Stuttgart–Zürich 1982.

Schwarz, Max: MdR. Biographisches Handbuch der Reichstage, Hannover 1965.

»Der Spiegel«, Jg. 5-10 (1951–1956).

Stamm, Thomas: Zwischen Staat und Selbstverwaltung. Die deutsche Forschung im Wiederaufbau 1945–1965, Köln 1981.

Stehkämper, Hugo (Hrsg.): Konrad Adenauer. Oberbürgermeister von Köln. Festgabe der Stadt Köln zum 100. Geburtstag ihres Ehrenbürgers am 5. Januar 1976, Köln 1976.

Stenographische Berichte s. Verhandlungen des Deutschen Bundestages.

Stockhorst, Erich: Fünftausend Köpfe. Wer war was im Dritten Reich, Rheinhausen 1967.

Stöss, Richard (Hrsg.): Parteien-Handbuch. Die Parteien der Bundesrepublik

Deutschland 1945–1980, Bd. I und II, Opladen 1983 und 1984.
Storbeck, Anna Christine: Die Regierungen des Bundes und der Länder seit 1945, München–Wien 1970.
Sulzer, Dieter: Der Nachlaß Wilhelm Hausenstein. Ein Bericht mit einem unveröffentlichten Essay, Briefen und einer Erinnerung von *Paul Frank,* in: Verzeichnisse–Berichte–Informationen des Deutschen Literaturarchivs, Bd. 11, Marbach/Neckar 1982.
Verhandlungen des Deutschen Bundestages. 1.-4. Wahlperiode 1949, 1953, 1957, 1961. Stenographische Berichte, Bonn 1949–1953, 1953–1957, 1957–1961, 1961–1963.
Vogel, Rolf (Hrsg.): Deutschlands Weg nach Israel, Stuttgart ^{2}1967.
Vogel, Rolf (Hrsg.): Der deutsch-israelische Dialog. Dokumentation eines erregenden Kapitels deutscher Außenpolitik. Teil I: Politik. Bd. 1, München–New York–London–Paris 1987.
Vogel, Walter: Westdeutschland 1945–1950. Der Aufbau von Verfassungs- und Verwaltungseinrichtungen über den Ländern der drei westlichen Besatzungszonen, T. I-III, Koblenz 1956, Boppard/Rhein, 1964 und 1983.
Wagner, Wolfgang: Die Bundespräsidentenwahl 1959. Adenauer-Studien, Bd. II, Mainz 1972.
Welchert, Hans-Heinrich: Theodor Heuss. Ein Lebensbild, Frankfurt/Main–Bonn 1959.
»Die Welt«, Jg. 6-18 (1951–1963).
Wengst, Udo: Auftakt zur Ära Adenauer. Koalitionsverhandlungen und Regierungsbildung 1949, Düsseldorf 1985.
Wengst, Udo: Staatsaufbau und Regierungspraxis 1948–1953. Zur Geschichte der Verfassungsorgane der Bundesrepublik Deutschland, Düsseldorf 1984.
Wer ist wer? Das deutsche Who's who, XII.-XXV. Ausgabe von Degeners Wer ist's?, Berlin–Frankfurt/Main–Lübeck 1951–1986/87.
Das Werden des Bundesrepublik. [Katalog zu einer] Ausstellung des Bundesarchivs, Boppard/Rhein 1969.
Weymar, Paul: Konrad Adenauer. Die autorisierte Biographie, München 1955.
Who's who 1951–1983, hrsg. von *Adam Black/Charles Black,* London 1951–1983.
Who's who in America, 27.-40. Ausgabe, Chicago 1952–1979.
Wistrich, Robert: Wer war wer im Dritten Reich. Anhänger, Mitläufer, Gegner aus Politik, Wirtschaft, Militär, Kunst und Wissenschaft, München 1983.

Personenregister

Fettgedruckte Seitenzahlen weisen die biographischen Angaben im Kommentar aus.

Ursula Pinkus, Anne Rüter und Marion Wengler waren an der Erstellung des Registers beteiligt.

Adenauer

Rhöndorfer Ausgabe

Herausgegeben von
Rudolf Morsey und Hans-Peter Schwarz
im Auftrag der
Stiftung Bundeskanzler-Adenauer-Haus

Bearbeiter Hans Peter Mensing
und Hans Jürgen Küsters

Bisher erschienen

Briefe	1945-1947
Briefe	1947-1949
Briefe	1949-1951
Briefe	1951-1953
Teegespräche	1950-1954
Teegespräche	1955-1958
Teegespräche	1959-1961

In Vorbereitung

Teegespräche 1961-1963

Pressestimmen

zu den Briefbänden der »Rhöndorfer Ausgabe«

»Die Briefbände sind selbst für den, der Adenauer ganz gut zu kennen meinte, eine große Überraschung: Wider Erwarten erweist sich der alte Herr als bedeutender Briefschreiber. Es gibt viel zu lernen von ihm in dieser Kunst. Hier kann man beobachten, wie und wann man sich anderen zu nähern vermag, dabei vorankommt, energisch und beschwingt, wie man beharrlich-behutsam seinen Zielen zustrebt, sich durchsetzt, imponiert und lockt, für sich einnimmt – im Politischen, im Privaten. Adenauer ist ganz präsent in jeder Zeile. Absichtsvoll, liebenswürdig.«

Arnulf Baring/
Frankfurter Allgemeine Zeitung

»Adenauers Briefe und Aufzeichnungen, nichts davon für Veröffentlichung und Nachwelt bestimmt, geben viel von dem preis, was die ›Erinnerungen‹ nur andeuten. Diese Briefe, denen weitere Bände folgen sollen, spiegeln mit den deutschen Lebens- und Überlebensfragen ihrer Entstehungszeit auch die Antworten wider, die ein Mann gab, dessen historische Größe, je weiter der Abstand, unzweideutig hervortritt.«

Michael Stürmer/
Neue Züricher Zeitung

Pressestimmen

zu den Teegespräch-Bänden der »Rhöndorfer Ausgabe«

»Diese Aufzeichnungen haben ihren Wert – in doppelter Hinsicht: In ihnen spiegelt sich die Entwicklung in einem außenpolitisch dramatischen, innenpolitisch zunehmend schwierigen Zeitabschnitt, spiegelt sich zugleich aber auch das Wirken Konrad Adenauers, dieses ›Vaters der Füchse‹. Er spielt die Hautprolle, ihm gelingen glänzende Auftritte, er spricht den entscheidenden Text. Da gibt es den weisen, den philosophischen, den ironischen – und nicht zuletzt den charmanten Adenauer! Geschickt setzt er sein beträchtliches Talent im Umgang mit Menschen, seine Alters- und Amtsautorität ein, um in der ihm zunehmend kritisch gegenüberstehenden Presseschar alte Verbündete bei der Stange zu halten, neue zu gewinnen ...«

Die Zeit

»Es ist ein Glücksfall, daß diese Unterhaltungen protokolliert worden sind, sei es von Teilnehmern selber, sei es von Beamten, und daß man sie nun in weitgehend authentischer Form vor sich hat. So erhält man zu den nachträglichen Deutungen und Rückblicken nun unverstellte dokumentarische Momentaufnahmen, wie es gewesen bzw. gesehen und empfunden worden ist.«

Neue Züricher Zeitung

im Siedler Verlag

CIP-Kurztitelaufnahme der Deutschen Bibliothek

Adenauer, Konrad:
Adenauer / Stiftung Bundeskanzler-Adenauer-Haus.
Hrsg. von Rudolf Morsey u. Hans-Peter Schwarz. –
Rhöndorfer Ausg. – Berlin: Siedler

NE: Adenauer, Konrad [Sammlung]; HST

Unserem Vaterlande zugute: Der Briefwechsel Theodor Heuss/
Konrad Adenauer, bearb. von Hans Peter Mensing. – 1. Aufl. –
Berlin: Siedler, 1989
ISBN 3-88680-319-8

NE: Heuss, Theodor [Mitverf.]; Adenauer, Konrad [Mitverf.]

Der Siedler Verlag ist ein gemeinsames Unternehmen
der Verlagsgruppe Bertelsmann und von Wolf Jobst Siedler.

Einband und Typographie: Hans Peter Willberg, Eppstein
Schutzumschlag: Jürgen Stockmeier, Berlin
Reproduktionen: Rembert Faesser, Berlin
Satz: Bongé + Partner, Berlin
Druck: May & Co. Nachf., Darmstadt
Buchbinder: Lüderitz & Bauer, Berlin

Printed in Germany 1989
ISBN 3-88680-319-8